HISTOIRE

DES

GUERRES CIVILES

DE FRANCE

TYPOGRAPHIE DE H. VRAYET DE SURCY, RUE DE SÈVRES, 37.

HISTOIRE

DES

GUERRES CIVILES

DE FRANCE

DEPUIS LES TEMPS MÉROVINGIENS JUSQU'A NOS JOURS

PAR

MM. LAPONNERAYE & HIPPOLYTE LUCAS

TOME PREMIER

A PARIS
AU BUREAU DE LA SOCIÉTÉ DE L'INDUSTRIE FRATERNELLE
RUE DE LA SORBONNE, 1

1847

HISTOIRE DES GUERRES CIVILES DE FRANCE.

CHAPITRE PREMIER.

SOMMAIRE.

État de la Gaule sous Clovis et sous ses successeurs immédiats. — Première guerre civile. — Mort de Chramne. — Rivalité des Francs austrasiens et des Francs neustriens. — Guerres des fils de Clotaire Ier entre eux. — Sigebert, roi d'Austrasie, envahit à plusieurs reprises la Neustrie à la tête des hordes germaniques. — Théodebert, fils de Chilpéric, est vaincu et tué en Aquitaine. — Grande détresse de Chilpéric réfugié dans Tournai. — Sa femme, Frédégonde, le tire d'embarras en faisant assassiner Sigebert. — Lutte de Frédégonde et de Brunehault. — La première, après avoir triomphé de tous ses ennemis à force de crimes, meurt au comble de la gloire et des prospérités. — La lutte continue, ardente et opiniâtre, entre la Neustrie et l'Austrasie. — Warnachaire, maire du palais de Bourgogne, livre Brunehault à Clotaire II, qui la fait périr dans des tourments affreux.

Clovis, à la tête de ses bandes invincibles, avait conquis la Gaule, d'abord sur Syagrius, dernier représentant de la puissance romaine dans cette contrée, ensuite sur les Bourguignons et sur les Visigoths [1]. La domination franque s'étendait de l'Océan aux Alpes et des Py-

---

[1] Grégoire de Tours, *Histoire des Francs*, liv. II.—Procope, *Guerre des Goths*, liv. Ier. — *Gesta regum francorum.* — *Chroniques de Saint-Denys*, tom. III, ch. XXII. — Adrien de Valois, liv. VI.

rénées au Rhin ; mais cette domination n'avait aucune racine dans le sol, elle se repliait comme une tente et s'emportait où le roi allait. Clovis, comme l'a fort bien dit un historien moderne, était le roi des hommes, non celui du pays [1]. Les Francs ne formaient pas, à proprement parler, une nation, c'était un amalgame de tribus arrivées isolément et successivement dans la Gaule, et que Clovis, le premier, avait réunies sous son sceptre, en exterminant les chefs et en attirant à lui les guerriers par l'appât du butin. Son armée, qui, d'abord, ne se composait que de trois à quatre mille soldats [2], s'accrut prodigieusement par la suite, avalanche grossie dans sa marche, et devint la terreur de l'Occident.

Afin de consolider cette armée, qui n'aurait pas manqué de se dissoudre si elle était restée inactive, Clovis et ses successeurs la tinrent continuellement en haleine, et la conduisirent d'expéditions en expéditions. Mais il s'en fallait bien que les conquérants de la Gaule régnassent partout où ils avaient promené leurs ravages, ils passaient et laissaient derrière eux des débris, semblables au torrent débordé. Ils n'étaient pas assez nombreux pour occuper militairement un aussi vaste territoire que celui de la Gaule. Après s'être disséminés dans les contrées du centre et du midi pour piller, ils revenaient, chargés de butin, dans la portion comprise entre la Somme et le Rhin, où se trouvait agglomérée la race conquérante, et qui était le siége réel de sa domination.

L'autorité de Clovis ne s'étendait régulièrement que sur les guerriers francs toujours cantonnés à peu de distance de sa personne ; à l'égard des habitants de la Gaule, que l'on appelait indistinctement Gaulois ou Romains, son pouvoir était d'une autre nature ; Clovis n'était ni leur magistrat, ni leur général, ni leur roi, il était leur vainqueur, et ce mot explique suffisamment l'état de sujétion dans lequel se trouvaient vis-à-vis de lui les Gallo-Romains. Ces derniers, néanmoins, continuèrent à être gouvernés par les lois romaines. Le plus grand nombre d'entre eux se réfugièrent dans les villes, où là du moins ils étaient à l'abri de la licence des

---

[1] SISMONDI, *Histoire des Français*, tom. Ier, pag. 192.
[2] DUBOS, *Histoire critique de l'établissement de la monarchie française dans les Gaules*, liv. III, ch. XIX.

soldats; il ne resta dans les champs pour les cultiver que les colons et les esclaves. Clovis ne changea rien à l'administration municipale de la Gaule; chaque cité conserva sa curie, ses coutumes, ses usages; et, à la tête du gouvernement municipal fut placé par les Gallo-Romains un magistrat que Marculfe, dans ses formules, nomme le *défenseur* [1].

Les Francs se gouvernaient d'après un code de lois apporté des forêts de la Germanie, et qui nous a été conservé sous le titre de *loi salique,* non point tel qu'il existait originairement, mais tel qu'il fut modifié par les rois mérovingiens, ces rois ayant senti la nécessité de le mettre en harmonie avec la religion chrétienne, nouvellement embrassée par les Francs. A part quelques articles de la loi salique qui punissaient les crimes, et à la seule protection desquels se trouvaient réduits les Gallo-Romains, sujets de Clovis, la plupart des dispositions de cette loi avaient rapport aux dommages ruraux chez un peuple cultivateur [2]. Toutes les offenses, dans la loi salique, étaient compensées par des amendes proportionnées au rang de l'offensé. En cas d'homicide, l'amende pour le meurtre d'un Franc était une fois plus forte que pour celui d'un Romain [3], et cette inégalité montre d'une manière sensible la différence de condition que la conquête avait mise entre le premier et le second, différence que M. Augustin Thierry compare avec juste raison, à celle qui existait naguère entre les Turcs oppresseurs et les pauvres Raïas, vexés, pillés, déportés à plaisir [4].

Dans leurs expéditions de mort les Francs se montraient inaccessibles à la pitié comme à la crainte; ils transformaient les plus riantes, les plus fertiles provinces en d'affreuses solitudes. Nous citerons, entre autres, leur invasion en Auvergne sous Thierry, fils de Clovis, invasion qui fut signalée par les plus effroyables ravages. Ils ne quittèrent le pays qu'après s'être gorgés de meurtres et de butin. « Tout ce qu'il y avait d'hommes illustres par leur rang

---

[1] *Marculfi monachi formulæ,* lib. II, cap. xxxvii.

[2] *Lex salica secundum varios codices.* (Scriptores rerum francicarum, tom. IV, pag. 120-251.)

[3] *Lex salica de homicidiis ingenuorum,* tit. xliv.

[4] Septième Lettre sur l'histoire de France.

« ou leurs richesses, dit un chroniqueur, se trouvaient réduits au
« pain de l'aumône, obligés d'aller hors de la contrée, mendier ou
« vivre de salaire. Rien ne fut laissé aux habitants, si ce n'est la
« terre que les Barbares ne pouvaient emporter [1]. » Ce tableau est
éloquent et vrai. L'armée des Francs, quand elle reprit la route
du Nord, traîna à sa suite de longues files de voitures couvertes de
dépouilles, et un innombrable troupeau de prisonniers de tout état,
clercs et laïcs, qui furent conduits ainsi sur les bords de la Moselle
et du Rhin, pour y être réduits en esclavage.

Lorsque Clovis mourut, en 511, il partagea entre ses quatre fils,
non pas la monarchie française, qui n'existait point encore, selon
l'acception moderne de ce mot, mais le commandement de la
redoutable armée avec laquelle il avait soumis la Gaule. Il y eut
dès lors, non pas quatre rois, quatre royaumes, quatre centres
d'administration distincts, mais quatre chefs d'armée, dont les intérêts politiques furent communs. Ces quatre chefs, ou, pour nous
servir de l'expression consacrée, ces quatre rois se partagèrent par
égale portion les domaines, les trésors, et généralement tout ce
qui avait appartenu à leur père. Mais comme l'équité ne présidait
pas toujours à ces partages entre fils de roi; comme la violence, la
duplicité, la ruse, se mettaient souvent de la partie, il arriva plus
d'une fois que des guerres acharnées et sanglantes s'allumèrent
pour la possession d'une ville ou d'une simple bourgade.

Il est tellement vrai que les quatre fils de Clovis doivent être
considérés comme des chefs d'armée et non comme des souverains
indépendants, que dans chaque portion d'héritage, prise isolément,
il n'y avait rien de ce qui constitue un État, un royaume à part.
L'autorité personnelle des quatre princes était reconnue tout au
plus dans les quatre villes où ils avaient fixé leur résidence, telles
que Paris, Orléans, Soissons et Metz. Hors de ces villes leur pouvoir était plus nominal que réel. Pour les fils de Clovis comme
pour leurs successeurs, la royauté consistait uniquement dans le
luxe et dans les richesses dont elle procurait la jouissance. Être roi
c'était avoir un plus beau palais, une meilleure table, un plus

---

[1] *Ex chronico Virodunensi Hugonis.* (Script. rer. francic., tom. III, pag. 557.)

grand nombre de chevaux et de maîtresses qu'aucun des autres Francs. Le peuple, abandonné à lui-même, n'était pas gouverné, dans le sens que l'on attache à ce mot aujourd'hui. En temps de paix, les fonctions de la royauté, pour chaque prince, se réduisaient presqu'à la garde de son trésor. Mais lorsque la guerre venait à éclater, il appelait à lui ses *leudes* ou *fidèles*, les conduisait à l'ennemi, et, dans le feu des batailles, donnait à tous l'exemple de l'intrépidité; car il n'était chef, il n'était roi, qu'à la condition d'être le plus brave entre les braves.

Des quatre fils de Clovis, Clotaire, le plus jeune, survécut à ses trois aînés, et se trouva seul possesseur de la monarchie des Francs, en 558[1]. Pendant les cinquante années qui s'étaient écoulées depuis la mort de Clovis, les limites de cette monarchie avaient été reculées de l'embouchure de la Meuse à celle de l'Elbe, non par le fait d'une conquête, mais par celui d'une association volontaire. Au midi, les Francs avaient agrandi et consolidé leur domination en achevant la conquête du royaume des Bourguignons, en enlevant aux Visigoths le Rouergue et Lodève, en allant combattre au delà des Alpes les Ostrogoths et les Grecs, en s'emparant de la Provence. Mais cette époque brillante de leur histoire fut ensanglantée par la première guerre civile dont fassent mention nos vieilles chroniques.

Childebert ou Hildebert, dans le but de se venger de son frère Clotaire, qui avait usurpé l'héritage de leur neveu commun, Théodebald, excita à la révolte Chramne, fils aîné de Clotaire. Chramne, à qui ce dernier avait confié le gouvernement de l'Auvergne, leva des troupes aussitôt, mit à contribution les territoires de Limoges et de Poitiers, força à la retraite une armée que deux de ses frères conduisirent contre lui, et la poursuivit jusqu'en Bourgogne, où il s'empara de Châlons et de Dijon. De son côté, Childebert ravagea cruellement la Champagne. Mais sa mort, qui arriva peu de temps après, livra le malheureux Chramne à tout le ressentiment de son implacable père. Clotaire se rendit maître d'abord des trésors de Childebert, et envoya en exil sa femme Ultrogothe et ses deux filles[2].

---

[1] Grégoire de Tours, *Histoire des Francs*, liv. IV.
[2] Ibid. — *Fredegarii epitomata*, cap. LII et LIII.

Tournant ensuite toute sa fureur contre son fils, il marcha en personne pour le réduire. Chramne s'était enfui dans la petite Bretagne, restée indépendante jusqu'à ce jour, et où régnait Conan ou Canao que Grégoire de Tours appelle Conobre, lequel, vers 547, s'était emparé de la souveraineté en faisant périr trois de ses frères, Conan et Chramne, à la tête de l'armée bretonne, s'avancèrent à la rencontre de Clotaire et lui livrèrent bataille. Mais ils furent vaincus, et Conan lui-même succomba les armes à la main. « Après quoi, poursuit Grégoire de Tours à qui nous
« empruntons ce récit, Chramne commença à fuir vers les vais-
« seaux qu'il avait préparés sur la mer; mais, tandis qu'il s'oc-
« cupait à sauver sa femme et ses filles, il fut atteint par l'armée
« de son père, pris et lié; et lorsqu'on eut annoncé la chose à
« Clotaire, il ordonna qu'il fût brûlé avec sa femme et ses filles :
« on les enferma donc dans la cabane d'un pauvre homme, où
« Chramne, étendu sur un banc, fut étranglé avec un mouchoir,
« et ensuite on mit le feu à la cabane, et il périt avec sa femme et
« ses filles.

« Le roi Clotaire vint à Tours dans la cinquante-unième année
« de son règne, apportant beaucoup de présents au tombeau du
« bienheureux Martin; et lorsqu'il fut arrivé au tombeau de cet
« évêque, il se mit à repasser dans son esprit toutes les *négligences*
« qu'il pouvait avoir commises, et à prier avec de grands gémisse-
« ments le bienheureux confesseur d'implorer sur ses fautes la mi-
« séricorde de Dieu, et d'obtenir par son intercession qu'il fût lavé
« de ce qu'il avait fait de contraire à la sagesse; ensuite, s'en étant
« allé, comme il était, durant la cinquante-unième année de son
« règne, dans la forêt de Cuisé, occupé à la chasse, il fut saisi de
« la fièvre et se rendit à Compiègne [1]. Là, cruellement tourmenté
« de la fièvre, il disait : — Hélas! que pensez-vous que soit ce roi du
« ciel qui fait mourir ainsi de si puissants rois? — Et il rendit l'esprit
« dans cette tristesse. Ses quatre fils le portèrent à Soissons avec de
« grands honneurs et l'ensevelirent dans la basilique du bienheu-

---

[1] « Exin regressus, quinquagesimo primo regni sui anno, dum in cotia silva venationem exercerat, a febre corripitur, et exinde Compendium villam rediit. » Grégoire de Tours, *Histoire des Francs*, liv. IV.

CLOTAIRE 1ᵉʳ FAIT BRULER SON FILS CHRAMNE

qui s'était révolté contre lui.

« reux Médard. Il mourut, l'année révolue, au jour même où
« Chramne avait été tué¹. »

Grégoire de Tours aurait pu ajouter : Juste est le roi du ciel de faire mourir dans les tourments ces puissants rois de la terre, si implacables dans leurs inimitiés, si cruels dans leurs vengeances exercées quelquefois contre leur propre famille; ces rois orgueilleux qui croient que la vie des hommes leur appartient, et qui n'ont de règles que les instincts malfaisants de leur ambition! Mais Grégoire de Tours, le digne évêque, est plus préoccupé des *négligences* dont Clotaire a pu se rendre coupable envers la sainte Église, ou le bienheureux Martin, que de la fin tragique de Chramne, brûlé par ordre de son père, avec sa femme et ses enfants! Étrange aveuglement de la puissance! Son excès fait croire à une sorte d'éternité. Clotaire s'étonne presque de mourir!

Clotaire Ier laissa, comme son père, quatre fils qui se partagègent ses États de la manière suivante : Gontran fut roi d'Orléans et de Bourgogne, Charibert régna sur Paris, Sigebert sur l'Austrasie, et Chilpéric sur la Neustrie. Les fils de Clotaire se partagèrent même par portions égales les tributs que payaient l'Aquitaine et la Provence, afin que tous les quatre eussent un intérêt égal à défendre ces deux provinces qui n'appartenaient en propre à aucun d'eux. Bien que l'empire des Francs se fût considérablement augmenté depuis Clovis, les fils de Clotaire furent moins puissants et moins redoutés de leurs voisins que ne l'avaient été ceux du conquérant de la Gaule. Au lieu de continuer à s'étendre au dehors, soit par des conquêtes, soit par de grandes confédérations, c'est à peine s'ils purent conserver ce que leurs prédécesseurs avaient acquis.

Au bout de six ans de règne, en 567, Charibert, roi de Paris, mourut sans laisser d'enfants mâles². Le partage de ses États qui eut lieu entre ses frères, contribua encore à embrouiller la géographie de la Gaule si obscure à cette époque. Les fils de Clotaire ne

---

¹ GRÉGOIRE DE TOURS, *ibid.*— *Fredegarii epitomata*, cap. LII, LIV.— *Chroniques de Saint-Denys*, liv. II, ch. XXIX. — *Histoire de Bretagne*, par le P. Lobineau, bénédictin, liv. Ier, ch. XXXIII et suiv.

² GREGORII TURONENSIS, *de gloria confessorum*, cap. XIX.

vécurent pas longtemps en bonne intelligence. Indépendamment des nombreuses causes de jalousie et d'inimitié qui existaient entre eux, la confédération franque commençait à ne plus former qu'un même peuple; profondément travaillée par un vieil esprit de rivalité, elle tendait à se fractionner en deux nations, en deux États distincts [1].

A l'orient et au nord, les Francs ripuaires se séparaient de plus en plus des Francs saliens qui habitaient au sud et à l'occident. Les premiers, sous le nom d'Austrasiens, conservaient de nombreuses relations avec la Germanie; la civilisation et les mœurs romaines n'avaient fait que les effleurer sans rien changer à leur caractère national; ils étaient restés Germains par les mœurs, par les usages comme par le sang. Les seconds, au contraire, sous le nom de Neustriens, avaient subi, au contact des populations gallo-romaines, une assez profonde transformation. Moins nombreux et plus dispersés que les Austrasiens, plus éloignés surtout de leur ancienne patrie, ils avaient perdu peu à peu les traditions germaniques, et étaient devenus insensiblement tout Gaulois, tout Romains. A cette cause grave d'hostilité et d'antipathie entre les deux principales tribus franques, se joignait la jalousie du commandement. Chacune de son côté aspirait à la domination politique sur l'autre; chacune tendait, non-seulement à conquérir son indépendance absolue, mais à former la tête de la confédération. Cette rivalité engendra des guerres civiles qui se prolongèrent durant tout le viie siècle et une partie du huitième.

Les différents partages de la Gaule qui eurent lieu sous les premiers mérovingiens, et qui semblaient devoir diviser cette contrée en quatre royaumes, ceux d'Austrasie, de Bourgogne, de Neustrie et d'Aquitaine, ne laissèrent que de faibles traces. La division fondamentale et permanente s'établit entre les deux royaumes d'Austrasie et de Neustrie, entre le royaume des *Francs germains*, et le royaume des *Francs romains*, comme les appelle un écrivain du xe siècle [2], royaumes qui étaient séparés l'un de l'autre par la forêt

---

[1] Augustin Thierry, *dixième Lettre sur l'histoire de France*.
[2] Luitprand, liv. Ier, ch. ii et vii.

des Ardennes [1], et qui comprenaient, le premier, les pays situés entre la Meuse et le Rhin; le second, ceux qui s'étendaient de la Loire à la Meuse [2].

Ce fut sous les fils de Clotaire Ier que la lutte entre les deux tribus rivales, entre les deux royaumes de Neustrie et d'Austrasie, commença à éclater. Chilpéric, roi de Neustrie, profitant de l'absence de Sigebert, roi d'Austrasie, qui s'était avancé au delà du Rhin, à la rencontre des Avares, pour les combattre, envahit les États de son frère, s'empara de Reims, et leva des contributions sur ses autres cités. Lorsque Sigebert fut de retour de son expédition, il se vengea de Chilpéric en ravageant la Neustrie, et en prenant de vive force Soissons, sa capitale [3]. Dans la suite, Chilpéric ayant renouvelé ses hostilités contre Sigebert, celui-ci pénétra une seconde fois en Neustrie avec une armée presque entièrement composée de Germains à qui il avait promis le pillage de la Gaule; il brûla tous les villages des environs de Paris, et s'avança vers Chartres où s'était retiré Chilpéric. Au moment où le combat allait s'engager, les seigneurs des deux partis, effrayés des conséquences qu'il pouvait avoir, interposèrent leur médiation entre les deux rois, et les amenèrent à signer une paix qui ne fut qu'une simple trêve [4].

Dès que l'armée germanique eut repassé le Rhin, non sans une vive répugnance de sa part, car elle voulait ne se retirer qu'après avoir pillé la riche contrée où l'avait conduite Sigebert, Chilpéric proposa à son autre frère, Gontran, roi de Bourgogne, de se liguer avec lui contre le roi d'Austrasie. Gontran accepta, et Chilpéric, après que les deux rois eurent réglé les conditions de l'alliance et se furent concertés sur leurs opérations militaires, fit irruption en Austrasie et y mit tout à feu et à sang. Sigebert, à la nouvelle de cette sauvage agression et de ces odieux brigandages, rassemble de nouveau les Austrasiens et les peuples d'Outre-Rhin, et envahit une troisième fois la Neustrie; mais cette fois ce fut dans

---

[1] Silva carbonaria.
[2] GUIZOT, *Essais sur l'Histoire de France.*
[3] GRÉGOIRE DE TOURS, *Histoire des Francs,* liv. IV.
[4] IBID.

la pensée d'un duel à mort avec son frère Chilpéric qu'il marcha contre lui [1].

Pendant que la Neustrie était ravagée par les hordes germaniques, le midi de la Gaule éprouvait aussi les désastres de la guerre civile. Théodebert, fils de Chilpéric, avait été chargé par celui-ci de conquérir la portion de l'Aquitaine qui appartenait au roi d'Austrasie, et il s'acquittait de cette mission en incendiant les villages, en détruisant les récoltes, en pillant tout ce qui pouvait s'emporter. Sigebert, avant d'attaquer Chilpéric qui, évitant le combat comme dans la précédente campagne, faisait retraite devant lui, envoya contre Théodebert des troupes commandées par Godégésile et Gontran-Boson. Le fils de Chilpéric, bien qu'il eût été abandonné de la plus grande partie de son armée, n'hésita pas à livrer combat aux Austrasiens avec la poignée de soldats qui lui restaient. « Il fut vaincu et tué sur le champ de bataille, et, chose « douloureuse à raconter, son corps inanimé fut dépouillé par les « ennemis ; mais un certain Arnulph le retira d'entre les morts, le « lava, et l'enveloppant de vêtements honorables, l'ensevelit dans « la cité d'Angoulême [2]. »

En même temps qu'il apprenait la mort de son fils et la perte de son armée d'Aquitaine, Chilpéric fut instruit que Gontran, son frère, avec lequel, peu de temps auparavant, il avait contracté alliance, s'était réconcilié avec Sigebert. A la nouvelle de cette trahison, il fut saisi du plus violent désespoir, et, croyant tout perdu pour lui, il courut se renfermer dans les murs de Tournai avec sa femme, ses enfants et ses guerriers les plus fidèles [3] ; mais un coup plus terrible était réservé au roi de Neustrie. Son rival, Sigebert, avait pris possession de Paris, et la femme de ce dernier, Brunehault, était venue l'y rejoindre avec ses enfants et ses trésors. C'était elle principalement qui le poussait à la guerre contre son frère, en lui demandant sans cesse vengeance du sang de sa sœur Gal-

---

[1] Augustin Thierry, *Récits des temps mérovingiens*, tom. II, pag. 59.

[2] Grégoire de Tours, *Histoire des Francs*, liv. IV.

[3] « Chilpericus vero cognoscens, quod iterum se Guntchramnus cum Sigiberto pacificasset, se infra tornencenses muros cum uxore et filiis suis communivit. » Grégoire de Tours, *Histoire des Francs*, liv. IV.

swinthe, femme de Chilpéric, et que Chilpéric avait fait mourir à l'instigation de sa maîtresse, la cruelle Frédégonde. Brunehault insistait pour que Sigebert ne se contentât pas de la conquête de quelques provinces, mais pour qu'il arrachât à Chilpéric la couronne et la vie.

Les Francs neustriens, d'accord en cela avec Brunehault, qui les avait peut-être gagnés secrètement, mais animés par un tout autre motif qu'elle, offrirent à Sigebert de le mettre solennellement à leur tête par une élection populaire; c'était à leurs yeux le seul moyen de terminer la guerre civile, et de soustraire leur malheureux pays aux ravages des farouches soldats d'Outre-Rhin. Sigebert n'eut garde de repousser une offre aussi importante. Ayant envoyé une partie de ses troupes investir Tournai, il se rendit avec le reste à Vitry, sur la Scarpe, où son élection devait avoir lieu. Sa marche de Paris à Vitry fut un triomphe continuel. De toutes parts les Francs neustriens, de haute et de basse condition, accoururent pour prendre part à l'inauguration du nouveau roi. Un seul, parmi les grands de Neustrie, ne se trouva pas au rendez-vous, et son absence qui fut remarquée, lui valut dans la suite un grand renom de fidélité à la royauté malheureuse; il se nommait Ansowald [1].

Assis sur un bouclier que quatre soldats robustes portaient à la hauteur de leurs épaules, Sigebert fut promené trois fois d'un bout à l'autre de l'armée formée en cercle, et salué roi de Neustrie aux acclamations des soldats. Après le troisième tour, l'inauguration royale se trouva consommée et l'on redescendit Sigebert; mais au même instant il tomba sous les coups de deux assassins envoyés par Frédégonde, et que cette reine atroce avait armés elle-même de couteaux, appelés *strama-sax*, dont la lame était empoisonnée [2].

Ce crime changea subitement les choses de face en Neustrie. Chilpéric, en proie aux plus mortelles inquiétudes, délibérait avec lui-même s'il s'enfuirait de Tournai où s'il y soutiendrait un siége, lorsqu'on vint lui annoncer que son frère Sigebert n'était plus, et

---

[1] FRÉDÉGAIRE, *Epitomata*. (Script. rer. francic., tom. II, pag. 407.)
[2] GRÉGOIRE DE TOURS, *Histoire des Francs*, liv. IV.

que la nombreuse armée ennemie avait plié bagage et repris le chemin de l'Austrasie. Echappé à une mort presque infaillible, il sortit de Tournai, et reprit tranquillement possession de son royaume.

La mort de Sigebert précipita Brunehault de la plus haute fortune dans un abîme de maux. Cette reine orgueilleuse et vindicative, qui avait voué à Chilpéric et à Frédégonde une haine implacable, se trouvait tout à coup, elle et sa famille, livrée à leur discrétion, à leur ressentiment. Une chose que l'on ne comprend pas et que les narrateurs du temps ne se sont pas donné la peine de nous expliquer, c'est que l'armée austrasienne, dans une si critique conjoncture, n'ait pas pris sous sa protection la veuve et les enfants de son monarque assassiné, ou, tout au moins, qu'elle ne les ait pas emmenés avec elle en regagnant son pays. Brunehault, qui n'osait se fier à personne, et qui craignait, si elle se mettait en route pour retourner en Austrasie, d'être arrêtée ou trahie dans sa fuite, se tint blottie dans le vieux palais impérial [1] qu'elle occupait sur la rive gauche de la Seine, et qui devint pour elle une prison. Voulant, toutefois, soustraire son fils Childebert, âgé de cinq ans, aux coups de Chilpéric, elle concerta son évasion avec le duc Gondebaud, seul ami qui, dans son infortune, lui fût resté fidèle. « L'enfant, placé dans un grand panier qui servait aux provisions « de la maison, fut descendu par une fenêtre et transporté de nuit « hors de la ville [2]. » Gondebaud le conduisit en Austrasie, où il fut reçu aux acclamations du peuple et des grands qui le proclamèrent roi le jour de Noël de l'année 575. Son arrivée, son élection relevèrent la royauté nationale d'Austrasie, à laquelle la mort de Sigebert avait porté un rude coup ; un conseil choisi parmi les grands et les évêques exerça la régence au nom du jeune roi qui fut appelé Childebert II.

Chilpéric entra dans une véritable fureur à la nouvelle de cette élection qui renversait toutes ses espérances ambitieuses. Il s'était flatté, en effet, de pouvoir réunir sans guerre à son royaume le

---

[1] Le palais des Thermes.
[2] AUGUSTIN THIERRY, *Récits des temps mérovingiens*, tom. II, pag. 68.

royaume de Sigebert, et voilà que tout à coup cette magnifique proie lui échappait, grâce à l'habile prévoyance de Brunehault. Le roi de Neustrie se transporta en toute hâte à Paris afin de s'assurer au moins de la personne et des richesses de la reine d'Austrasie. Il fit conduire cette dernière à Rouen et ses filles à Meaux, se réservant de statuer plus tard sur leur sort, et ne s'occupa pour le moment qu'à faire compter et inventorier les sacs d'or et d'argent, les coffres de joyaux et les ballots d'étoffes précieuses qui composaient le trésor de Brunehault[1].

Mais cette reine malheureuse, alors âgée de vingt-huit ans, avait dans sa beauté un autre trésor qui la sauva. Mérovée, fils de Chilpéric, devint éperdument amoureux d'elle, et l'épousa à l'insu et contre le gré de son père. Cette union du neveu avec la veuve de l'oncle était réprouvée par les lois de l'Église ; et ce fut armé de ces lois inexorables que Chilpéric se disposait à faire casser un mariage qui avait à ses yeux le double caractère d'une trahison et d'une révolte de Mérovée contre son autorité paternelle et royale, lorsque d'autres événements vinrent absorber son attention. Une armée d'Austrasiens, faisant subitement irruption sur les terres de Neustrie, avait mis le siége devant Soissons où séjournait Frédégonde avec son jeune fils au berceau, et cette reine n'avait eu que le temps de fuir en toute hâte pour ne pas tomber au pouvoir de ses ennemis. Chilpéric, à la tête de forces considérables, s'avança contre les Austrasiens, leur livra bataille, et, pour la première fois de sa vie, fut vainqueur. Il en ressentit une joie prodigieuse ; mais cette joie ne tarda pas à être troublée par l'idée qui lui vint que cette tentative des Austrasiens pouvait bien avoir été concertée avec Brunehault et Mérovée. Sans plus approfondir ce soupçon, il ordonna que son fils fût désarmé et gardé à vue, et s'empressa de rendre la liberté à la veuve de Sigebert dont il redoutait le génie artificieux et inquiet. A cette révocation inespérée des ordres qui la retenaient captive, Brunehault partit de Rouen et gagna à grandes journées le royaume d'Austrasie où sa présence causa bientôt de grands troubles.

Nous avons dit que le gouvernement de ce royaume avait été

---

[1] GRÉGOIRE DE TOURS, *Histoire des Francs*, liv. V.

confié à un conseil de régence composé de seigneurs et d'évêques. A la tête de ce conseil fut placé un premier magistrat élu par les grands et auquel on donna tour à tour le nom de nourricier du roi et celui de majordome ou maire du palais. Telle fut l'origine de cette charge fameuse appelée à jouer un si grand rôle dans la suite. D'après le témoignage de Frédégaire, auteur presque contemporain, le maire du palais, dans le principe, n'était nullement, comme on l'a prétendu, un officier du roi chargé de percevoir les revenus des domaines royaux, mais un officier public qui rendait la justice indépendamment du roi. Les seigneurs austrasiens, ducs et comtes, sous la présidence de leur maire, constituèrent solidement leur aristocratie, et se rendirent, chacun dans les provinces qu'il avait à gouverner, absolument indépendants de l'autorité royale.

Ce fut sur ces entrefaites que reparut en Austrasie la reine Brunehault, délivrée, comme par miracle, des redoutables mains de Chilpéric et de Frédégonde. La mère de Childebert II réclama vainement la tutelle de son fils et la régence du royaume. La faction des grands resta à la tête des affaires, et accabla Brunehault du poids de son orgueil et de son mépris. Dans leur opposition sauvage, les seigneurs austrasiens s'attaquaient non-seulement à la veuve de Sigebert, mais à tous ceux qui se groupaient autour d'elle pour faire triompher la cause de l'ordre et de la paix publique, profondément compromise par le déchaînement des volontés individuelles et par l'absence de tout frein légal. C'est ainsi que le romain Lupus, duc de Champagne, administrateur sévère et vigilant, devint l'objet de leur plus ardente haine. Un jour plusieurs seigneurs fondirent sur lui et sur ses gens aux portes mêmes du palais où logeaient le jeune Childebert et sa mère. Brunehault, attirée par le tumulte, se précipita courageusement au milieu des cavaliers armés, et cria aux assaillants : « Pourquoi attaquer ainsi « un homme innocent? N'engagez pas un combat qui serait la ruine « du pays. — Femme, lui répondit brutalement l'un des seigneurs, « nommé Ursio, retire-toi; qu'il te suffise d'avoir gouverné du vi- « vant de ton mari; c'est ton fils qui règne maintenant, et c'est « notre tutelle et non la tienne qui fait la sûreté du royaume. Re-

« tire-toi donc, ou nous allons t'écraser sous les pieds de nos che-
« vaux. » L'énergie virile de Brunehault ne s'effraya pas de ces
paroles menaçantes; elle parvint à faire suspendre le combat et à
soustraire le duc de Champagne à la rage homicide de ses ennemis; mais elle ne put empêcher le pillage de ses biens [1].

Vers l'an 581, les Austrasiens s'unirent à Chilpéric contre Gontran, roi de Bourgogne, coupable à leurs yeux de vouloir arrêter
les progrès de l'aristocratie, non-seulement dans ses États, mais
dans ceux de son neveu Childebert. Voici le discours que le roi de
Neustrie adressa en audience solennelle aux ambassadeurs des Austrasiens : « Mes fils m'ont été enlevés en punition de mes péchés,
« et il ne me reste point d'autre héritier que Childebert, fils de
« Sigebert, mon frère; qu'il soit donc reconnu pour mon succes-
« seur dans tout ce que je possède, ou que je pourrai acquérir;
« mais aussi qu'on me laisse, autant que je vivrai, garder sans
« contrôle et sans scrupule tout ce que nous pourrons acquérir. »
Il s'agissait, comme on le voit, de dépouiller Gontran de son
royaume qui aurait appartenu à Chilpéric, sa vie durant, et qui,
à sa mort, aurait passé à Childebert. C'est à ces conditions que
l'alliance de la Neustrie et de l'Austrasie fut conclue [2].

Les hostilités commencèrent immédiatement. D'une part les
Austrasiens enlevèrent à Gontran la moitié de la ville de Marseille
qui appartenait à leur royaume, et dont le roi de Bourgogne s'était
emparé indûment; de l'autre, Chilpéric ordonna à Didier, duc de
l'Aquitaine neustrienne, d'attaquer Ragnovald, duc de l'Aquitaine
bourguignonne. Ce dernier fut défait et mis en fuite. Périgueux et
Agen ouvrirent leurs portes aux troupes neustriennes, et prêtèrent
serment de fidélité à Chilpéric. La guerre, entre ce dernier et
Gontran, se poursuivit pendant les deux années suivantes avec des
circonstances effroyables : le Berri et la Touraine furent complètement ruinés, et la moitié de leurs habitants emmenés en esclavage. On ajoute même qu'il ne resta plus trace de bétail dans ces
deux provinces.

---

[1] Grégoire de Tours, *Histoire des Francs*, liv. VI.
[2] Ibid.

Cependant, l'alliance des seigneurs austrasiens avec Chilpéric était loin d'être populaire en Austrasie. Le peuple de ce royaume ne se soumettait qu'en frémissant à la tyrannie des grands, qu'il accusait de trahir le prince et de vendre sa couronne au roi de Neustrie. Une sédition éclata à ce sujet dans le camp de Childebert. L'évêque de Reims, Egidius, chef de la faction aristocratique, en conçut un tel effroi qu'il s'enfuit dans le plus grand désordre vers sa ville épiscopale. « Le peuple, dit le narrateur « contemporain, le poursuivit avec de grands cris, jetant après lui « des pierres et vomissant des injures. L'évêque était saisi d'une « telle frayeur qu'une de ses bottes étant sortie de son pied, il ne « s'arrêta point pour la ramasser, mais arriva ainsi jusqu'à Reims, « où il se mit à couvert dans les murs de la ville [1]. »

Chilpéric, privé désormais de l'assistance des Austrasiens, n'en poursuivit pas moins ses projets belliqueux contre le roi de Bourgogne, et alla mettre le siége devant Melun, l'une des villes frontières de Gontran, tandis que son lieutenant, Desiderius, attaquait Bourges, autre place de la domination de ce prince. Le siége de ces deux villes n'était dans l'esprit du roi de Neustrie que le prélude d'une invasion totale des États de Gontran. A la nouvelle de cette double agression, qui mettait sa couronne en péril, ce dernier, malgré sa paresse habituelle, son amour du repos, se mit à la tête de ses meilleures troupes et marcha contre Chilpéric avec la résolution de provoquer une bataille décisive qui, selon sa croyance mêlée de traditions germaniques et d'idées chrétiennes, devait être le jugement de Dieu. Il régnait dans le camp des Neustriens une telle indiscipline, une telle licence, qu'il ne fut pas difficile à Gontran de le surprendre, et de faire un grand carnage des soldats de Chilpéric, lesquels, au moment de l'attaque, se trouvaient pour la plupart répandus dans la campagne, occupés à fourrager et à piller. Après cette rude leçon, Chilpéric, frappé de découragement et de terreur, renonça tout à coup à ses espérances de gloire et de conquête, et fit porter à son frère des paroles d'accommodement. Gontran, que la victoire n'avait nullement enivré, et qui désirait

---

[1] Grégoire de Tours, *Histoire des Francs*, liv. VI.

vivement lui-même terminer une querelle qui l'arrachait aux douceurs de sa vie casanière, députa, de son côté, des envoyés à Chilpéric. Les ambassadeurs du roi vainqueur et ceux du roi vaincu, s'étant rencontrés, conclurent, au nom de leurs maîtres, un pacte de réconciliation formulé suivant la vieille coutume germanique, c'est-à-dire que Chilpéric et Gontran traitèrent ensemble, non comme souverains indépendants, mais comme membres d'une même famille, soumis l'un et l'autre à une autorité supérieure, celle de la loi nationale. « Ils convinrent, dit Grégoire de Tours, « que celui des deux qui, d'après le jugement des évêques et des « anciens du peuple, serait reconnu avoir dépassé les bornes de la « loi, paierait à l'autre une composition [1]. »

Le rétablissement de la paix entre les deux rois Chilpéric et Gontran fut suivi, peu de temps après, de la mort du premier, qui périt assassiné par une main inconnue. Les chroniqueurs ne s'accordent point à cet égard. L'auteur des *Gestes des rois francs* attribue ce forfait à Frédégonde, qui en était bien capable, sans doute, mais à qui il fut plus funeste qu'utile, car la mort de Chilpéric la mit dans le plus cruel embarras, et plongea le royaume de Neustrie dans une horrible confusion. Il est donc plus probable, comme le croit Frédégaire, que Brunehault, qui avait à venger la mort de sa sœur Galswinthe et de son mari Sigebert, fut l'instigatrice du meurtre. Quoi qu'il en soit, comme personne n'aimait Chilpéric, surnommé par les auteurs du temps, le *Néron de la Gaule*, personne ne le regretta; au moment de sa mort, dit Grégoire de Tours, il fut abandonné de tout le monde. Un évêque qui depuis trois jours demandait en vain une audience, prit seul soin de son corps, et lui rendit les honneurs funèbres [2].

De tous les fils de Chilpéric le seul qui lui survécut fut Clotaire II, qui était à peine âgé de quatre mois à la mort de son père. La reine Frédégonde, effrayée de sa position, commença par se réfugier avec son fils et ses trésors, dans la cathédrale de Paris.

---

[1] « Pollicentes alter alterutro, ut quicquid sacerdotes vel seniores populi judicarent, pars parti componeret quæ terminum legis excesserat. » GRÉGOIRE DE TOURS, *Histoire des Francs*, liv. VI.

[2] IBID.

Ensuite elle envoya au roi Gontran un message ainsi conçu :
« Que mon seigneur vienne et prenne possession du royaume de
« son frère. J'ai un petit enfant que je désire mettre dans ses bras,
« et je me soumets moi-même humblement à son pouvoir. » Le
roi Gontran se rendit à l'invitation de sa belle-sœur, et arriva à
Paris accompagné d'une armée. Childebert, conduit par les seigneurs austrasiens, s'y présenta de son côté, mais les portes de la
ville furent fermées pour lui. Alors une vive discussion s'engagea
par ambassadeurs entre Gontran et les grands d'Austrasie. Ces
derniers réclamèrent l'observation des conventions établies entre
les quatre fils de Clotaire Ier, la restitution de tout ce que Chilpéric
avait usurpé, et le partage égal de la tutelle de son fils. Gontran
répondit que l'alliance récente des Austrasiens avec Chilpéric
contre lui, que leur fréquente violation des conventions qu'ils invoquaient, enfin que l'autorité tyrannique qu'ils exerçaient sur
son neveu, le dispensaient d'obtempérer à leurs désirs. Il déclara
en outre que non-seulement il se chargerait seul de protéger l'enfance de Clotaire II, sans permettre qu'ils prissent la moindre part
à son gouvernement, mais qu'il ne restituerait aucune portion de
l'héritage de Charibert en Aquitaine. Les Austrasiens se relâchèrent alors de leurs prétentions, et demandèrent que tout au moins
Frédégonde leur fût livrée pour expier tous les crimes qu'elle avait
commis. Mais Gontran, qui avait promis qu'il n'arriverait aucun
dommage à Frédégonde, renvoya sur ce point les Austrasiens aux
plaids futurs du royaume.

C'est alors que les grands d'Austrasie, furieux de l'énergie avec
laquelle le roi de Bourgogne avait repoussé leurs prétentions, lui
suscitèrent pour rival un certain Gondowald, fils adultérin de
Clotaire Ier, que Gontran-Boson, le plus actif et le plus intrigant
d'entre eux, était allé chercher à Constantinople où il s'était réfugié. Gondowald fut salué roi en Aquitaine, et de nouvelles collisions éclatèrent dans ce pays tant de fois ravagé déjà par la guerre
civile.

Pendant que l'on combattait dans la Gaule méridionale, les
plaids du royaume s'assemblèrent à Paris. L'aristocratie austrasienne y fut représentée par ses trois principaux chefs, Egidius,

évêque de Reims (celui qui savait si bien courir), Gontran-Boson et Sigevald. Beaucoup d'autres seigneurs austrasiens les accompagnaient. « Lorsqu'ils furent entrés, dit Grégoire de Tours, qui fut
« probablement témoin oculaire de la scène extraordinaire qu'il
« raconte, l'évêque prit la parole : Nous rendons grâce au Dieu
« tout-puissant, dit-il au roi Gontran, de ce qu'après beaucoup de
« travaux il t'a rendu à tes provinces et à ton royaume. — En ef-
« fet, répondit le roi, c'est à lui qui est le Roi des rois et le Sei-
« gneur des seigneurs que nous devons rendre grâce; c'est lui qui
« a fait ces choses par sa miséricorde, et non pas toi, qui, par ton
« conseil perfide et tes parjures, as fait brûler mes provinces l'an-
« née passée, toi qui n'as jamais gardé ta foi à aucun homme, toi
« dont les fraudes s'étendent partout, et qui te montres non point
« en prêtre, mais en ennemi de notre royaume. — L'évêque,
« tremblant de colère, ne répliqua rien à ce discours; mais Gon-
« tran-Boson s'approcha du roi, comme s'il avait quelque chose à
« dire. Gontran le prévint et lui dit : — Ennemi de ce pays et de
« notre royaume, pourquoi as-tu passé en Orient, il y a quelques
« années, pour en faire venir ce *Bellomer* (c'est ainsi que le roi
« appelait toujours Gondowald), et le conduire dans nos États.
« Toujours tu fus perfide, et tu n'as jamais gardé une seule de tes
« promesses. Gontran-Boson lui répondit : — Tu es seigneur et
« roi, et tu sièges sur le trône, en sorte que personne n'ose répon-
« dre aux choses que tu avances. Je proteste seulement que je suis
« innocent de tout ce que tu viens de dire; mais si quelqu'un de
« même rang que moi m'a accusé en secret de ces crimes, qu'il
« vienne à présent au grand jour, et qu'il parle; et toi, ô roi, tu
« soumettras cette cause au jugement de Dieu, afin qu'il décide
« entre nous, lorsqu'il nous verra combattre en champ clos. Un
« autre député adressa à Gontran les mots suivants : — Nous pre-
« nons congé de toi, ô roi; car, puisque tu n'as point voulu rendre
« les cités qui appartiennent à ton neveu, nous savons que la
« hache est encore entière qui a frappé tes deux frères à la tête;
« elle abattra la tienne aussi. — Ils partirent ainsi avec scandale;
« et le roi, irrité de leurs paroles, ordonna qu'on leur jetât à la
« tête le fumier des chevaux, la paille, le foin pourri et les boues

« de la ville. Ils se retirèrent avec leurs habits tout tachés; l'affront
« et l'injure qu'ils reçurent furent immenses [1]. »

Gondowald, cependant, s'était rendu maître de toute l'Aquitaine. Avant de se mesurer en personne avec lui, Gontran eut avec son neveu Childebert une entrevue dans laquelle les deux rois se réconcilièrent pleinement, et se liguèrent contre l'aristocratie qui avait voulu gouverner l'un et détrôner l'autre. Cette réconciliation du roi de Bourgogne et du roi d'Austrasie eut pour effet de décourager les partisans de Gondowald. Les grands d'Austrasie eux-mêmes, qui jusqu'alors l'avaient secondé de tout leur pouvoir, désertèrent sa cause, et les généraux de Gontran en eurent facilement raison.

C'est à cette époque que commença la fameuse lutte de Frédégonde et de Brunehault, toutes les deux mères de rois mineurs au nom desquels elles gouvernaient. Jusqu'alors ces deux femmes s'étaient fait tout le mal qu'elles avaient pu se faire, mais sourdement et par des moyens cachés. Leur haine, trop longtemps contenue, finit par éclater au grand jour, terrible et implacable, et elles s'abandonnèrent sans honte comme sans frein, à toute la violence de leurs passions. Brunehault avait eu l'adresse, après la mort du maire Wandelinus, d'empêcher qu'on ne lui donnât un successeur, alléguant que son fils était en âge de gouverner, et qu'elle suffisait à lui donner des conseils; Childebert, qui n'avait alors que dix-sept ans, s'abandonna entièrement à sa direction, et elle exerça un pouvoir d'autant plus absolu que les grands, qu'elle contenait par le peuple, tremblaient devant elle. Sa rivale, Frédégonde, moins habile qu'elle peut-être, mais plus profondément scélérate, gouvernait surtout par le poignard et par le poison. Belles et dissolues toutes deux, elles firent servir leurs charmes au triomphe de leur ambition; elles eurent des amants qui ne furent que les premiers ministres de leurs volontés, que les leviers au moyen desquels elles remuèrent toutes choses. Frédégonde, fille du peuple, apporta sur le trône une arrogance de parvenue; Brunehault, fille de roi, y déploya la fierté indomptable d'une Espagnole [2].

---

[1] Grégoire de Tours, *Histoire des Francs*, liv. VII.
[2] Elle était fille d'Athanalgide, roi d'Espagne.

Quant au roi Gontran, toujours flottant entre son neveu Childebert et son neveu Clotaire; protégeant tantôt l'un tantôt l'autre, il paraît s'être proposé pour but de tenir une exacte balance entre l'Austrasie et la Neustrie continuellement prêtes à se ruer l'une sur l'autre dans une guerre d'extermination. Car la lutte de Brunehault et de Frédégonde, cette lutte accompagnée de tant d'incidents terribles, de tant de funérailles, n'est autre chose que la rivalité de ces deux grandes fractions de l'empire franc.

Gontran, qui, pendant tout le temps de son règne, avait exercé dans la famille de Clovis une sorte de pouvoir modérateur, étant venu à mourir, en 593, les hostilités recommencèrent avec plus d'acharnement que jamais entre les Austrasiens et les Neustriens, entre les deux implacables reines qui présidaient à leurs destinées, et en qui se personnifiait leur ardente et inextinguible inimitié.

Gontran n'ayant point laissé de fils, Childebert prit possession de la Bourgogne qu'il réunit à l'Austrasie, son patrimoine, et à l'Aquitaine dont il possédait la plus grande partie. Loin d'appeler son cousin, Clotaire II, au partage de la succession de son oncle, il voulut profiter de l'accroissement de ses forces pour conquérir la Neustrie. Mais les Neustriens, conduits par leur maire Landry ou Landeric, homme vaillant et habile, que l'auteur des *Gestes des rois francs* nous représente comme l'amant de Frédégonde, même du vivant de Chilpéric, remportèrent une victoire complète sur les Austrasiens [1].

Après la mort de Childebert II, arrivée en 596, Frédégonde, prenant l'offensive à son tour, attaqua sans déclaration de guerre ses deux fils Theodebert et Thierry, dont le premier régnait sur l'Austrasie et le second sur la Bourgogne. Les Austrasiens essuyèrent une nouvelle et plus grave défaite dans un lieu nommé Latofao; que l'on croit près de Sens, et Frédégonde recouvra par ce grand succès Paris et toutes les villes de la Seine qui avaient été détachées du royaume de Neustrie. Triomphante de ses ennemis, elle vint s'établir avec son fils Clotaire dans la première de ces ci-

---

[1] Frédégaire, *Chronique*, ch. xiv. — Adrien de Valois, liv. XVI. — *Gesta regum francorum*, cap. xxxvi.

tés, et y mourut en l'année 597, au comble de la gloire et des prospérités. « Des crimes effroyables ont souillé sa mémoire, dit « un historien, des talents égaux à son ambition la firent triom-« pher de la haine universelle; ils l'aidèrent à se relever, après « des revers dont toute autre aurait été accablée, et ils lui permi-« rent de mourir en paix dans la pleine jouissance de ses honneurs « et de son pouvoir. »

La mort de Frédégonde ne ralentit nullement la lutte entre les Austrasiens et les Neustriens ; cette lutte continua ardente et opiniâtre, parce que la cause qui avait armé les deux tribus rivales l'une contre l'autre subsistait toujours. En l'année 600, les royaumes d'Austrasie et de Bourgogne se liguèrent contre les Neustriens, et ces derniers furent vaincus avec une perte immense. Toutes les villes et tous les villages que Frédégonde avait recouvrés quatre ans auparavant furent saccagés, et presque tous leurs habitants vendus comme esclaves dans le camp de Theodebert et de Thierry. Les Neustriens, réduits à implorer la paix, abandonnèrent aux Austrasiens et aux Bourguignons la plus grande partie de leurs possessions, et ne réservèrent à leur roi Clotaire que douze comtés situés entre l'Oise, la Seine et l'Océan [1].

Dans la suite, les Neustriens prirent leur revanche. De graves dissensions s'étant élevées entre la Bourgogne et l'Austrasie, entre Thierry, gouverné par Brunehault et Theodebert, gouverné par l'aristocratie austrasienne, les Neustriens en profitèrent, non-seulement pour regagner tout le terrain qu'ils avaient perdu, mais pour devenir prépondérants dans la Gaule. Ils s'allièrent à Thierry contre Theodebert, et ce fut avec leur appui que le roi de Bourgogne triompha du roi d'Austrasie. Ce dernier, fait prisonnier, après une sanglante bataille, fut mis à mort par l'ordre de son frère Thierry et de son aïeule Brunehault. Quand ceux-ci eurent vaincu l'Austrasie, avec le secours de Clotaire II, ils tournèrent leurs armes contre lui; mais au moment d'entrer en campagne, Thierry mourut. Brunehault s'efforça alors de faire recon-

---

[1] FRÉDÉGAIRE, *Chronique*, ch. xx. — ADRIEN DE VALOIS, *Gesta Francorum*, lib. XVI.

naître pour son successeur l'aîné de ses quatre fils, nommé Sigebert. Mais les grands d'Austrasie détestaient Brunehault, qui avait mis constamment obstacle à leurs empiétements; afin de ne pas subir plus longtemps son joug, ils offrirent secrètement la couronne à Clotaire II. Trahie par Warnachaire, maire du palais de Bourgogne, Brunehault fut livrée, avec ses arrière-petits-fils, à Clotaire II, qui, lorsqu'il l'eut en son pouvoir, donna l'essor à toute la haine que sa mère Frédégonde lui avait transmise. Après l'avoir accablée de reproches et d'injures, il la fit promener sur un chameau à la vue de toute l'armée; puis il la fit attacher par les cheveux, par un pied et par un bras, à la queue d'un cheval indompté qui l'emporta à travers les champs et mit son corps en lambeaux [1].

Ainsi périt la puissante reine Brunehault, fille, sœur, femme, mère et aïeule de rois; laquelle, vingt fois abattue pendant le cours de sa longue carrière, vingt fois remonta au faîte des grandeurs par son courage indomptable, par ses rares talents dans l'art de gouverner, de maîtriser les hommes.

---

[1] FRÉDÉGAIRE, *Chronique*, ch. XLII. — *Chroniques de Saint-Denys*, liv. IV, ch. XIX. — *Gesta regum francorum*, cap. XL.

CHAPITRE II.

SOMMAIRE.

Progrès de l'aristocratie chez les Francs. — Ses luttes contre le pouvoir royal enfantent de nombreuses guerres civiles. — Règnes de Dagobert Ier, de Sigebert III et de Clovis II. — Efforts du maire Ebroin pour abaisser les grands de Neustrie. — Il gagne sur eux la bataille de Loixi. — Après sa mort la guerre continue entre le parti populaire et le parti aristocratique. — Bataille de Testry où Pépin d'Héristal, duc d'Austrasie, écrase les Neustriens. — Les seigneurs francs, dans un but d'ambition personnelle, remettent en vigueur les assemblées du Champ-de-Mars. — La lutte entre les Neustriens et les Austrasiens se renouvelle sous Charles Martel. — Bataille de Vincy où les premiers sont défaits. — Soumission de la Neustrie à Charles Martel. — Guerre de Carloman et de Pépin contre Hunold, duc d'Aquitaine. — Déposition de Childéric III, dernier descendant de Clovis.

Nous venons de mentionner la mort de Brunehault, mort que le bel esprit romain, Venantius Fortunatus, qui avait chanté l'hymen de cette reine, en vers latins, comparerait sans doute, s'il existait encore, à celle de Diomède dévoré par ses chevaux. Nous ne saurions abandonner Brunehault sans restituer encore quelques traits à sa physionomie : cette princesse a été diversement jugée par les historiens, mais elle nous paraît représenter dans ces temps barbares une civilisation plus avancée; sa figure séduisante est éclairée d'un reflet de coquetterie; si elle fut rusée et cruelle, elle le fut moins encore que ceux qui l'entouraient; elle éleva des monuments qui ont attesté longtemps après elle son goût pour les arts. Grégoire de Tours, lui sachant gré sans doute des nombreuses églises qu'elle fit bâtir, a plus épargné sa mémoire que Frédégaire et Aimoin, lesquels du reste n'étaient pas ses contemporains : voici le portrait que Grégoire de Tours a laissé d'elle, à l'époque où la fille des Visigoths vint s'unir à Sigebert : « La jeune vierge avait de la noblesse dans ses actions, elle était belle à voir, ses manières respiraient la politesse et la grâce ; elle était bonne pour le conseil et ses discours charmaient. » Quarante-huit ans de règne altérèrent assurément ces excellentes qualités, mais Brunehault qui eut presque toujours le bon droit dans ses vengeances, n'en reste pas moins intéressante par ses malheurs.

Ces premières guerres civiles sont des guerres de famille et d'héritage pendant lesquelles les habitants des campagnes et des villes subissaient tour à tour la domination des vainqueurs, c'est-à-dire le ravage par le fer et par le feu. Les paroles de Chilpéric à Sigebert, lors d'une réconciliation qui eut lieu entre eux, font foi de cette misérable position du peuple. « Pardonne-leur, disait-il, en « parlant des habitants de quatre villes qui s'étaient soumises à lui, « et ne mets pas la faute sur eux, car s'ils ont manqué à la foi « qu'ils te devaient, c'est que je les y ai contraints par le fer et par « le feu. » Après la mort de Brunehault, et la réunion de toute la nation franque sous le sceptre de Clotaire II, il y eut une interruption de vingt-cinq ans. Ce long calme, succédant à de si furieuses tempêtes, venait moins de l'apaisement des haines nationales que de l'effroyable destruction qui s'était faite dans la famille de Clovis. En effet, Clotaire survivait seul à tous ses frères aînés, au nombre de sept, dont plusieurs avaient péri de mort violente, à tous les fils de Gontran, de Sigebert, de Childebert, de Theodebert et de Thierry. La paix dont jouissait l'empire franc était la paix des tombeaux ; le trône de Clotaire II avait pour degrés vingt cadavres de rois et de princes, dont quelques-uns palpitaient encore.

Frédégaire a tracé un magnifique éloge de Clotaire II. Il ne reprend en lui que deux choses, son goût pour la chasse et sa passion pour les femmes et pour les jeunes filles [1]. Du reste, il nous initie en quelques mots à sa manière énergique et expéditive de gouverner : « Clotaire, dit-il, créa Herpon, Franc d'origine, duc « du pays situé au delà du Jura (la Bourgogne transjurane). Her- « pon ayant commencé à établir la paix dans ce pays en répri- « mant les méchants, fut tué dans une rébellion par les habitants

---

[1] FRÉDÉGAIRE, *Chronique*, ch. XLII.

« du pays eux-mêmes. Clotaire étant venu à Marlheim, en Al-
« sace, avec la reine Bertrude, rétablit l'ordre et punit par le
« glaive un grand nombre de mauvaises gens [1]. »

Un siècle à peine s'était écoulé depuis la mort de Clovis, et pendant ce laps de temps de grands changements avaient eu lieu, non-seulement dans les mœurs des Francs, mais dans leur organisation politique. A leur sortie des forêts de la Germanie, ces conquérants étaient tous égaux entre eux; ils votaient en commun, au champ de Mars, sur les lois, sur les expéditions militaires, sur tout ce qui concernait les intérêts généraux. Mais une fois qu'ils eurent conquis cette Gaule opulente où semblaient s'être réfugiée comme dans un dernier asile, la splendide civilisation des Romains, ils dépouillèrent en peu de temps leur pauvreté héroïque et devinrent riches. De là naquit une aristocratie territoriale qui marcha l'égale de la royauté, et qui, luttant de puissance avec elle, lui suscita les plus graves embarras. Le langage même des historiens indique les progrès de l'esprit aristocratique chez les Francs.

Grégoire de Tours, quand il raconte le règne des fils de Clotaire, parle souvent des *optimates*, dont jusqu'alors il n'a pas été question dans sa narration. Ces *optimates* ne sont autre chose que les possesseurs de vastes domaines, que les grands propriétaires qui ont surgi à la suite de la conquête, et qui forment déjà un ordre dans l'État, une caste à part. Frédégaire désigne les mêmes individus en Austrasie, sous le nom de *proceres,* en Bourgogne, sous celui de *burgondæ farones* [2]. Dans le récit du même chroniqueur, le nom de *leudes,* qui s'appliquait originairement à tous les guerriers, est circonscrit au petit nombre de ceux qui forment, autour de la personne royale, comme une sorte d'état-major, et ce nom devient une véritable distinction honorifique.

Ceux des Francs, en beaucoup plus grand nombre, qui n'étaient ni grands propriétaires, ni leudes, constituaient toujours, par rapport aux Gallo-Romains, la nation conquérante; mais, par rapport à l'aristocratie, ils formaient une classe inférieure : c'était la plèbe de l'empire franc. Entre cette plèbe et les grands proprié-

---

[1] FRÉDÉGAIRE, *Chronique*, ch. XLIII et XLIV.
[2] IBID., ch. XLIV et LII.

taires régnait une ardente inimitié; et lorsque des luttes opiniâtres et terribles se furent engagées entre l'aristocratie et la royauté, cette dernière trouva dans la plèbe un auxiliaire puissant qui lui donna plus d'une fois la victoire. C'est probablement du sein de cette classe déshéritée, de cette plèbe, que sortirent la plupart des maires du palais, à en juger par leurs constants efforts pour abaisser l'aristocratie, pour la ramener à l'obéissance. Sous Clotaire II, particulièrement, les trois maires de Neustrie, de Bourgogne et d'Austrasie, Gundoland, Warnachaire et Raddon, paraissent avoir prêté à la royauté un actif concours pour la faire triompher de ses ennemis, qui étaient aussi les ennemis du peuple.

En 622, Clotaire, voulant apaiser le mécontentement des Austrasiens, qui ne supportaient qu'avec impatience le joug de la Neustrie, leur envoya, comme roi, Dagobert, son fils, alors âgé de quinze ans, et donna à ce dernier, pour gardiens et pour conseillers, deux seigneurs austrasiens, Arnolphe et Pepin, en possession de toute sa confiance, et qui avaient puissamment contribué à placer sur sa tête la couronne d'Austrasie. Pepin devint maire du palais, et Arnolphe évêque de Metz. Le second, avant d'embrasser l'état ecclésiastique, avait eu un fils nommé Ansigise, qui épousa Begga, fils de Pepin. Ce fut de cette union que naquit Pepin d'Héristal, père de Charles Martel, aïeul de Pepin le Bref, et bisaïeul de Charlemagne.

Clotaire II conserva sur Dagobert l'autorité d'un père et d'un maître; mais il n'en fut pas de même à l'égard de l'Austrasie. On en pourra juger par le récit suivant de Frédégaire : « La quarante-« unième année du règne de Clotaire (en 624), comme Dagobert « régnait heureusement en Austrasie, un certain seigneur de la « race des Agilolfinges [1], nommé Chrodoald, excita le courroux de « Dagobert, d'après le conseil du saint évêque Arnolphe, de Pe-« pin, maire du palais, ainsi que d'autres grands d'Austrasie; car « cet homme, très-riche lui-même, était un continuel ravisseur « du bien des autres, plein d'orgueil, d'insolence, et qui n'avait « rien de bon.

---

[1] Nom de la famille qui donnait aux Bavarois des ducs héréditaires.

« Dagobert [1] voulant le tuer à cause de ses crimes, Chrodoald « s'enfuit auprès de Clotaire, le priant de vouloir bien obtenir « sa grâce de son fils. Clotaire ayant vu Dagobert, entre autres « paroles, lui demanda la vie de Chrodoald. Dagobert promit « que si Chrodoald se corrigeait de ses mauvaises pratiques, il ne « courrait pas risque de la vie; mais aussitôt après, Chrodoald « étant venu vers Dagobert, à Trèves, il fut tué sur-le-champ par « son ordre. Un homme de Scharpeigne, nommé Berthaire, lui « trancha la tête avec son épée à la porte de la chambre du roi [2]. »

Il y a tout lieu de croire que l'ordre de tuer Chrodoald fut moins donné par Dagobert, qui avait engagé à son père sa parole royale, que par les grands du royaume d'Austrasie qui devaient détester en lui le protégé d'un roi étranger, et, qui pis est, du roi de Neustrie.

« L'année suivante, continue le même chroniqueur, Dagobert « vint par l'ordre de son père avec ses leudes, dans un appareil « royal, à Clichy près de Paris, et reçut en mariage Gomatrude, « sœur de la reine Sichilde, sa belle-mère. Le troisième jour après « les noces, il s'éleva entre Clotaire et Dagobert, son fils, une sé- « rieuse querelle. Dagobert demandait tout ce qui appartenait au « royaume d'Austrasie, pour le soumettre à sa domination, et Clo- « taire refusait avec force de le lui céder. Ces deux rois choisirent « douze seigneurs d'entre les Francs pour que leur jugement ter- « minât cette contestation; parmi ces seigneurs était Arnolphe, « évêque de Metz, ainsi que d'autres évêques; et, selon sa sainteté, « il parlait toujours de paix au père et au fils. Enfin les évêques et « les plus sages seigneurs accordèrent le fils avec le père, qui lui « céda ce qui appartenait au royaume des Austrasiens, ne gardant « que ce qui était situé au delà de la Loire et du côté de la Pro- « vence [3]. » Si l'on fait réflexion que Dagobert n'avait que dix- huit ans alors, on se convaincra que cette querelle, qui nous est

---

[1] Frédégaire attribue toujours à la personne même du roi ce qui était l'acte du gouvernement.

[2] FRÉDÉGAIRE, *Chronique*, ch. LII.

[3] FRÉDÉGAIRE, *Chronique*, ch. LIII. — AIMOIN, liv. IV, ch. XII. — ADRIEN DE VALOIS, liv. XVIII.

représentée par Frédégaire comme un conflit d'ambition entre Clotaire et son fils, dut être une contestation entre les deux royaumes, entre les deux peuples rivaux, accidentellement réunis sous une même domination. Dagobert à dix-huit ans, et dans plusieurs autres actes de sa vie, ne s'annonce pas avec cette débonnaireté et cette distraction dont le gratifient les chansons populaires.

A la mort de Clotaire II, qui arriva en 628, Dagobert, aidé de toutes les forces de l'Austrasie, s'empara de la Neustrie et de la Bourgogne au détriment de son jeune frère Charibert, auquel, par compensation, il abandonna l'Aquitaine qui, depuis 567, avait cessé de former un État indépendant. Le moine anonyme de Saint-Denis, auquel nous devons une vie de Dagobert, nous apprend que Brunulf, oncle maternel de Charibert, voulant faire régner son neveu, prit les armes contre Dagobert, mais que celui-ci étouffa promptement ces premières étincelles de guerre civile. Dagobert ne concéda l'Aquitaine à son frère Charibert qu'à la condition qu'il y vivrait comme un riche particulier, et qu'il ne lui redemanderait jamais rien des autres royaumes de leur père [1].

Maître de l'Austrasie, de la Neustrie et de la Bourgogne, c'est-à-dire de la plus grande partie de la Gaule, Dagobert eut la fantaisie de parcourir en grande pompe ses vastes États. Nous disons fantaisie, car nous ne pouvons croire à aucune combinaison bien sérieuse de la part d'un roi de vingt-deux ans qui ne s'était probablement pas encore affranchi de la tutelle des seigneurs auxquels sa jeunesse avait été confiée. Frédégaire nous a conservé les détails de ce voyage, et son récit, qui est le monument le plus authentique du règne peu connu de Dagobert, a été copié par le moine de Saint-Denis et par la plupart des autres chroniqueurs. Le voici : « Il entra en Bourgogne, et frappa de tant de terreur « les pontifes, les grands et le reste des leudes de ce royaume, « qu'il en devint l'objet de l'admiration universelle. Il répandait « ainsi une grande joie parmi les pauvres, auxquels il faisait ob-« tenir la justice. Lorsqu'il arriva à Langres, il prononça ses ju-

---

[1] *Gesta Dagoberti regis*, cap. XXI et XXII. — *Gesta regum francorum*, cap. XLI et XLII.

« gements avec tant de justice entre les leudes, aussi bien les plus
« pauvres que les plus éminents, qu'on dut croire qu'il était en-
« tièrement agréable à Dieu ; car il ne recevait aucun présent, il
« ne faisait aucune acception de personnes, et il ne laissait domi-
« ner que la seule justice que le Très-Haut chérit. De là, il prit le
« chemin de Dijon et de Saint-Jean-de-Losne, où il résida quel-
« ques jours, avec une forte volonté de juger le peuple de tout son
« royaume selon la justice. Plein de ce désir bienfaisant, il n'ad-
« mettait point le sommeil dans ses yeux, il ne se rassasiait point
« de nourriture, n'ayant d'autre pensée que de faire que tous pus-
« sent se retirer contents de sa présence, après avoir obtenu jus-
« tice. Le jour même où il comptait se rendre de Saint-Jean-de-
« Losne à Châlons, il entra dans le bain avant qu'il fît tout à fait
« jour, et en même temps il fit tuer Brodulphe, oncle de son frère
« Charibert....... La huitième année de son règne, comme il fai-
« sait le tour de l'Austrasie avec une pompe royale, il appela à son
« lit une jeune fille, nommée Ragnetrude, dont il eut, la même an-
« née, un fils nommé Sigebert. Revenant ensuite dans la Neus-
« trie, et s'affectionnant au palais de son père, Clotaire, il réso-
« lut d'y fixer sa résidence. Là, oubliant entièrement la justice
« qu'il avait auparavant chérie, il ne s'occupa plus qu'à remplir
« ses trésors des dépouilles des églises, et des biens de ses leudes,
« qu'une cupidité insatiable lui faisait recueillir de toutes parts.
« S'abandonnant sans mesure à la luxure, il avait, à l'exemple de
« Salomon, trois reines et un grand nombre de concubines. Les
« reines étaient Nantechilde, Wulfegunde et Berchilde ; quant à
« ses maîtresses, il y en avait tant, que j'ai redouté la fatigue d'in-
« sérer leurs noms dans cette chronique. Son cœur s'était ainsi
« détourné et retiré de la pensée de Dieu. Cependant, comme il
« accordait d'abondantes aumônes aux pauvres, si la cupidité n'a-
« vait enfin mis un terme à ses charités, il aurait sans doute mé-
« rité le royaume de la vie éternelle [1]. »

Nous ajouterons que Dagobert ne démentait pas le sang des Clovis, des Clotaire, des Chilpéric, qui coulait dans ses veines. Son

---

[1] Frédégaire, *Chronique*, ch. LVIII, LIX et LX.

frère Charibert étant mort en 631, il se hâta de mettre la main sur ses trésors et de faire égorger son fils, âgé de trois ans. Après quoi, réunissant l'Aquitaine à ses autres possessions, son empire, comme celui de Clotaire II, son père, s'étendit des Pyrénées jusqu'à l'Elbe, et de l'Océan atlantique jusqu'au Danube. Imitant l'habile politique de Clotaire II, il plaça son jeune fils Sigebert sur le trône d'Austrasie, afin de faire cesser les murmures des habitants de ce royaume qui se repentaient de l'avoir aidé à soumettre la Neustrie et la Bourgogne ; car, à dater du moment où le siége du gouvernement avait été transporté à Paris, les seigneurs austrasiens avaient perdu toute influence dans ses conseils, et s'étaient vus entièrement sacrifiés à ceux de Neustrie. La restauration du royaume d'Austrasie mit fin à cet état de choses ; mais à peine cette restauration se fut-elle accomplie que l'une des nombreuses femmes de Dagobert lui donna un fils qui fut nommé Clovis. Destinant à ce nouveau-né la Neustrie et la Bourgogne, il fondit ces deux royaumes en un seul, sous le nom de France occidentale ; puis, marquant avec précision la limite des deux dominations, il fit confirmer ce partage par les serments solennels des évêques, des grands propriétaires et des leudes d'Austrasie, de Neustrie et de Bourgogne [1]. Ce fut peu de temps après cet arrangement que Dagobert mourut âgé de trente-et-un ans seulement. Bien qu'il eût régné sur un empire presque aussi vaste que celui de Charlemagne, qu'il eût couvert la France de monuments religieux, enrichis des ornements de saint Éloi, habile orfévre du temps, qu'il eût réformé la législation, puisque c'est par son ordre que furent publiées les anciennes lois des Saliens, ainsi que celles des Bavarois et des Allemands, une profonde obscurité enveloppe la plupart des actions de ce prince, dont le nom tudesque signifiait brillant comme le jour. Encore avons-nous la chronique qu'un moine de Saint-Denis écrivit au IXe siècle, sur les faits et gestes de ce roi, en reconnaissance des présents qu'il avait faits à la sainte basilique. Cette obscurité, dont nous venons de parler, devient plus intense encore à mesure que nous avançons, et ne commence à se dissiper qu'à

---

[1] FRÉDÉGAIRE, *Chronique*, ch. LXXVI.

l'avénement de la seconde race, c'est-à-dire vers le milieu du viiie siècle. On peut considérer Dagobert comme le dernier des rois mérovingiens qui exerça une grande et souveraine action sur les destinées de l'empire franc. Après lui s'ouvre la longue et fastidieuse liste des rois fainéants, pâles fantômes qui ne font que passer silencieusement sur le trône comme des larves échappées du tombeau, et qui rentrent dans le néant comme ils en sont sortis, par la toute-puissante volonté des maires du palais.

Deux minorités succédèrent au règne de Dagobert, celle de Sigebert III, roi d'Austrasie, âgé de dix-huit ans, et celle de Clovis II, roi de Neustrie et de Bourgogne, âgé de quatre ans. Le premier fut mis sous la tutelle de Pepin, et le second sous celle d'Æga : ces deux hommes, qui gouvernèrent avec sagesse et modération, ne vécurent pas assez longtemps pour le bonheur de la France ; leur mort devint le signal de nouveaux déchirements, de nouvelles guerres civiles.

A Pepin succéda, en Austrasie, son fils Grimoald, qui avait pour lui l'armée et les grands, et contre lui les courtisans et la volonté enfantine du jeune roi Sigebert. Cette volonté lui donna pour concurrent un certain Othon que Grimoald fit tuer sans plus de façon ; ensuite il s'attribua l'autorité de maire du palais, qui devint entre ses mains beaucoup plus absolue qu'elle ne l'avait jamais été dans celles de son père. La Neustrie et la Bourgogne n'avaient eu jusqu'alors qu'un seul maire ; après la mort d'Æga, chacun de ces royaumes eut le sien : Erchinoald fut élu en Neustrie, et Flaochat en Bourgogne ; ce dernier avait pour rival d'ambition le patrice Willibad qui, fier de ses immenses richesses, acquises par la rapine, et de la haute influence qu'elles lui procuraient, osa entrer en lutte avec le maire Flaochat, et travailla, non-seulement à réduire son autorité, mais à le perdre lui-même. Flaochat n'était pas homme à se laisser impassiblement dépouiller du pouvoir et de la vie. Ayant résolu de faire périr Willibad, il lui enjoignit de se rendre à Autun où se trouvait alors le jeune roi Clovis. Willibad obéit ; mais soupçonnant le dessein de son ennemi, il se fit accompagner de ses plus zélés partisans, parmi lesquels figuraient un grand nombre d'évêques, de nobles et de braves guerriers qui

avaient associé leur fortune à la sienne. Ces précautions de Willibad furent vaines ; Flaochat lui livra combat à peu de distance d'Autun, le tua et tailla en pièces une partie des siens. « Ces cho« ses s'étant ainsi passées, ajoute Frédégaire, en terminant sa
« précieuse chronique, Flaochat s'éloigna le lendemain d'Autun
« et s'avança vers Châlons. Étant entré dans la ville, le lendemain,
« je ne sais par quel accident elle fut dévorée tout entière par un
« incendie. Flaochat, frappé du jugement de Dieu, fut attaqué de
« la fièvre. On l'embarqua dans un bateau sur la Saône, et na« viguant vers Saint-Jean-de-Losne, il rendit l'âme dans le voyage,
« onze jours après la mort de Willibad : il fut enseveli dans l'é« glise de Saint-Benoît, dans le faubourg de Dijon. Beaucoup de
« gens crurent que, comme Flaochat et Willibad s'étaient juré
« une amitié réciproque dans les lieux saints, et qu'ils avaient tous
« deux, par leur avidité, opprimé et dépouillé les peuples, ce
« fut le jugement de Dieu qui délivra le pays de leur tyrannie, et
« que leurs perfidies et leurs mensonges furent la cause de leur
« mort [1]. »

Les règnes de Sigebert III et de Clovis II nous sont à peu près inconnus. Nous savons seulement que ces deux rois moururent fort jeunes, laissant l'un et l'autre des enfants aussi profondément nuls que leurs pères. Le premier continuateur de Frédégaire nous apprend que Clovis II fut atteint de folie pendant les deux dernières années de sa vie ; et l'auteur des *Gestes des rois francs* nous dit qu'il mérita ce châtiment pour avoir, à l'instigation du diable, profané les reliques de Saint-Denis. Le même auteur nous le représente comme adonné à toute espèce de vices : fornicateur, séducteur de femmes, gourmand, ivrogne [2], tel enfin que devait être un roi fainéant que d'ambitieux seigneurs avaient systématiquement corrompu, et dont l'esprit et le corps s'étiolaient dans de honteuses voluptés. Voici du reste le portrait qu'Éginhard nous a

---

[1] Frédégaire, *Chronique*, ch. xc et dernier. Ici s'arrête la chronique de Frédégaire qui nous a été du plus grand secours. Dans la profonde nuit où nous allons nous trouver pendant un siècle entier, nous n'aurons pour nous guider que des légendes fabuleuses et de sèches et inexactes chroniques.

[2] *Gesta regum francorum*, cap. xliv.

laissé du roi fainéant : « Ce prince, dit-il, se contentait d'avoir « les cheveux flottants et la barbe longue ; il était réduit à une pen- « sion alimentaire réglée par le maire du palais ; il ne possédait « qu'une maison de campagne, d'un revenu modique, et quand il « voyageait, c'était sur un chariot traîné par des bœufs, et qu'un « bouvier conduisait à la manière des paysans. »

Le maire Grimoald voulut prématurément supprimer la race mérovingienne, devenue une sorte de superfétation dans le gouvernement, et lui substituer sa propre race en faisant couronner, roi d'Austrasie, son fils Childebert ; mais il rencontra chez les hommes libres une opposition invincible. Arrêté et envoyé par eux à Paris, il y mourut en prison avec son fils [1].

L'Austrasie fut alors réunie à la France occidentale, et demeura quelque temps soumise au même gouvernement. Ce fut une époque d'abaissement pour la maison de Pepin, et pour tous les grands qui avaient été frappés dans la personne de Grimoald, leur chef ; mais cette maison puissante ne tarda pas à se relever, et les grands à reprendre le rang et l'influence dont les avaient un moment dépouillés les hommes libres.

L'élection d'Ébroin à la mairie de Neustrie, qui eut lieu à cette époque, fut un événement considérable. De tous les hommes qui occupèrent cette charge à laquelle on ne s'élevait d'abord que par le mérite (*reges en nobilitate, duces en virtute sumunt*), ce fut le plus jaloux de la puissance des grands, et le plus déterminé à y porter de rudes atteintes. L'aristocratie austrasienne qui savait de quelles intentions il était animé, refusa de le reconnaître, et demanda que la France eût de nouveau deux rois et deux gouvernements. Clovis II était mort, et Bathilde, sa veuve, gouvernait en qualité de régente. Cédant au vœu des grands d'Austrasie, Bathilde leur envoya son second fils, Childéric II, auquel ils donnèrent pour tuteur le duc Wulfoald, investi par eux de la mairie du palais. En Neustrie, de cruelles dissensions éclatèrent bientôt entre les grands et le maire Ébroin, que la retraite de Bathilde dans un couvent, laissa seul au timon de l'État. Les grands reprochaient à Ébroin

---

[1] *Gesta regum francorum*, cap. XLIV.

de viser à la tyrannie et de s'attribuer tous les pouvoirs; ils lui faisaient un crime surtout d'une mesure qui lui valut les bénédictions du peuple, et qui consistait à choisir les ducs et les comtes dans une province éloignée de celle où ils avaient leurs possessions, leurs esclaves et leurs clients, afin d'éviter que les offices devinssent héréditaires dans les familles de ceux qui les possédaient. En voulant relever la royauté de son profond abaissement, Ébroin amoncela sur sa tête un formidable orage. Les grands de Neustrie et ceux de Bourgogne se liguèrent contre lui, ayant à leur tête Léodegaire ou Léger, évêque d'Autun, le plus implacable ennemi d'Ébroin. Wulfoald, qui appartenait à la faction aristocratique, n'hésita pas à seconder une entreprise qui avait pour but de terrasser l'ennemi commun; il mit une armée austrasienne à la disposition des grands de Neustrie et de Bourgogne, et ceux-ci concertèrent si bien leurs mesures que le maire Ébroin, malgré toute son énergie, n'essaya pas même de se défendre. S'étant réfugié dans une église avec son roi Thierry III, on les força l'un et l'autre de recevoir la tonsure ecclésiastique, afin de les exclure à jamais des affaires publiques, et on les renferma, Ébroin dans le couvent de Luxeuil, en Bourgogne, et Thierry dans celui de Saint-Denis [1].

La chute d'Ébroin fut le triomphe de l'aristocratie. Les grands, victorieux, appelèrent à Paris Childéric II, roi d'Austrasie, et le proclamèrent chef de tout l'empire franc comme l'avaient été Clovis le Grand, Clotaire Ier, Clotaire II et Dagobert. Mais Childéric II répondit mal à la confiance que les grands, et particulièrement Léodegaire, avaient placée en lui; livré avec emportement à toutes ses passions, il fit arrêter, sous un frivole prétexte, ce Léodegaire, à qui il était en grande partie redevable de la couronne de Neustrie et de celle de Bourgogne, et le fit jeter dans le couvent de Luxeuil où Ébroin était déjà prisonnier. Le vainqueur et le vaincu, le chef de l'aristocratie et le chef des hommes libres, se trouvaient donc confondus dans une même infortune. De quel front durent-

---

[1] LE CONTINUATEUR DE FRÉDÉGAIRE, ch. XCIV. — *Vita sancti Leodegarii*, cap. III. — *Gesta regum francorum*, cap. XLV.

ils s'aborder ces deux hommes dont les débats avaient bouleversé trois royaumes, et qui se voyaient réduits, pour tout champ de bataille, à l'étroite enceinte d'un cloître? Quel triste et amer retour ne durent-ils pas faire sur l'instabilité des choses humaines, sur le néant de la toute-puissance? Ils se réconcilièrent, dit-on; Ébroin pardonna à Léodegaire, Léodegaire pardonna à Ébroin; ils vécurent pendant quelque temps amis, ne s'occupant en apparence que des choses du ciel; mais leur pensée était toute à la terre; le virus de l'ambition les rongeait au cœur.

Pendant ce temps de graves événements avaient lieu. Laissons parler le continuateur de Frédégaire : « Childéric, dit-il, était « emporté et léger, poussant la nation des Francs dans les séditions, les insultes et les troubles; tant qu'enfin il s'éleva contre « lui une furieuse haine, qui alla jusqu'à la révolte et au meurtre. « Comme elle croissait de jour en jour, Childéric fit, contre la loi, « attacher à un arbre et frapper de verges un Franc noble, nommé « Bodilon. A cette vue, saisis d'indignation, les Francs Ingolbert « et Amalbert et les autres grands excitèrent une sédition contre « Childéric. Bodilon s'arma avec un grand nombre de mécontents, « et tua, crime douloureux à rapporter, le roi avec la reine Bili- « childe, alors enceinte, dans la forêt de Bondi. »

Les conjurés, à qui il fallait un roi, n'importe lequel, retirèrent du couvent de Saint-Denis ce Thierry III, qu'ils y avaient eux-mêmes plongé trois ans auparavant, et le remirent sur le trône. Ce fut à la faveur de cette révolution inattendue qu'Ébroin et son compagnon de captivité, Léodegaire, sortirent du couvent de Luxeuil. On dit que l'abbé, à la garde duquel ils avaient été confiés, ne leur ouvrit les portes claustrales qu'après avoir exigé d'eux le serment qu'ils observeraient dans le monde la paix qu'ils avaient jurée dans le couvent. Ils sortirent ensemble, et se rendirent à Autun où Léodegaire reprit possession de son évêché. Mais Ébroin, craignant quelque surprise, en repartit la nuit même, et se réfugia en Austrasie où le parti des hommes libres était tout-puissant alors; ce parti donna à Ébroin une armée avec laquelle il rentra en Neustrie, et reconquit toute son ancienne autorité. Cette victoire d'Ébroin fut suivie d'atroces vengeances; le terrible maire

de Neustrie fit cruellement expier à ses ennemis le mal qu'ils lui avaient fait. Au nombre de ses victimes fut Léodegaire sur lequel il épuisa toute sa rage. Ce malheureux eut les yeux arrachés (supplice commun alors), les lèvres et la langue coupées, les membres mutilés, et enfin la tête tranchée [1]. Léodegaire, évêque d'Autun, fut canonisé sous le nom de saint Léger, et c'est un des martyrs que vénère aujourd'hui l'Église. Son biographe énumère longuement les miracles qu'il accomplit après sa mort, surtout pendant la translation de ses cendres du lieu de son supplice au monastère de Saint-Maixent où il fut enseveli : « Malades, infirmes, aveu-
« gles, sourds-muets, paralytiques, boiteux, possédés du démon,
« tous retrouvèrent par sa puissance une entière santé, dit-il.
« Dans la route on pouvait à peine compter le nombre de ceux qui
« s'employaient à le porter. De nobles matrones offraient des orne-
« ments magnifiques, des manteaux, des voiles ornés tout en or et
« en soie, dans le seul espoir que celle qui, la première, aurait
« présenté son vœu au Seigneur, aurait aussi la première part à
« ses bienfaits. »

Pendant qu'Ébroin ressaisissait le pouvoir en Neustrie, une révolution nouvelle s'était accomplie en Austrasie ; le parti des grands, ayant pour chef Pepin d'Héristal, fort jeune encore, avait triomphé du parti des hommes libres. Le contre-coup de cet événement politique se fit immédiatement sentir en Neustrie. Les grands de ce dernier royaume prirent les armes et s'unirent à ceux d'Austrasie contre Ébroin, lequel, mettant aussitôt une armée sur pied pour les réduire, leur livra bataille dans un lieu appelé Loixi, et remporta sur eux une victoire complète, quoique vivement disputée. En poursuivant les Austrasiens vaincus, il entra à son tour en Austrasie et y fit de cruels ravages. Peut-être son courage, sa persévérance, ses rares talents militaires, auraient-ils fini par triompher des deux aristocraties de Neustrie et de Bourgogne, conjurées pour le perdre, lorsqu'il tomba sous les coups d'un ennemi privé, Ermenfroi, en 681.

Ébroin ne nous est connu que par le récit de ses adversaires, misé-

---

[1] *Vita sancti Leodegarii*, par un moine de Saint-Symphorien d'Autun.

rables annalistes, membres du clergé dont il avait froissé plus d'une fois les intérêts, et qui étaient seuls, dans ce temps en possession d'écrire l'histoire. Un moine a assuré avoir entendu les diables emporter en enfer l'âme de ce maire du palais. L'histoire de cette époque se trouve en grande partie dans les vies des Saints, lesquels saints, entre autres miracles, auraient bien dû produire de meilleurs historiens; Ébroin y aurait certainement gagné. Le premier, il lutta avec une vigueur extraordinaire contre cette aristocratie territoriale dont nous avons déjà parlé, et qui devait un jour détruire du même coup le pouvoir des rois et le pouvoir du peuple. Il la combattit tour à tour par la force ouverte et par la perfidie, sur les champs de bataille et avec le glaive du bourreau.

Les hommes libres de Neustrie lui donnèrent pour successeur Warato, puis Berthaire; mais ces deux hommes étaient loin d'avoir son énergie et ses talents. Berthaire livra à Pepin d'Héristal cette désastreuse bataille de Testry, où les Francs neustriens, après des prodiges de valeur, furent écrasés. Thierri III, ce monarque banal, qui avait servi d'instrument tour à tour aux hommes libres et aux grands, fut reconnu par Pepin qui le fit reconnaître à l'Austrasie, certain de ne pouvoir placer sur le trône un homme plus timide et plus docile; mais en même temps Pepin se décerna à lui-même le titre de maire du palais de Neustrie, et avec ce titre une puissance sans bornes [1].

Cependant il paraît avoir fait beaucoup plus de cas de son duché d'Austrasie que de la mairie de Neustrie; car au lieu de s'établir à Paris, où était sa vraie place, il fixa sa résidence à Cologne, au milieu de ses possessions et des soldats qui lui étaient dévoués, abandonnant la garde de Thierry III et le gouvernement de la Neustrie à l'un de ses lieutenants, Nordbert.

La victoire de Testry n'eut pas seulement pour résultat d'abattre le parti des hommes libres, tant en Neustrie qu'en Austrasie, elle rendit plus indépendants, qu'ils ne l'étaient déjà, les grands du midi de la Gaule, lesquels refusaient de reconnaître la supré-

---

[1] LE DEUXIÈME CONTINUATEUR DE FRÉDÉGAIRE, ch. C. — *Gesta regum francorum*, cap. XLVIII. — *Annales meteuses*.

matie du duc d'Austrasie, et se croyaient dispensés de toute obéissance envers le simulacre de roi que Pepin avait laissé sur le trône. Le royaume de Bourgogne se détachait de plus en plus de l'empire franc; quant à l'Aquitaine et à la Provence, elles lui échappaient entièrement. Les chroniques du viie siècle ne nous donnent d'ailleurs que de très-vagues notions sur ces provinces méridionales.

Les seigneurs austrasiens et neustriens qui avaient triomphé avec Pepin, prétendirent avoir part au gouvernement, et être consultés sur toutes les affaires de la paix et de la guerre. Ils exigèrent que Pepin assemblât chaque année, aux Calendes de Mars, les comices généraux de la nation, que les Francs, depuis le règne des petits-fils de Clovis, et pendant la fureur des guerres civiles, avaient laissés tomber en désuétude. Dans ces comices, Pepin faisait paraître le souverain mérovingien, qui présidait l'assemblée, prononçait un discours sur la paix intérieure, la défense des églises, des veuves et des orphelins, et recevait les hommages et les présents des seigneurs francs. Après quoi, Pepin le renvoyait dans sa maison de campagne de Maumague, sur la rive gauche de l'Oise, pour s'y replonger dans les plaisirs et dans les débauches, seules occupations de sa royale vie.

Lorsque Thierry III mourut en 691, laissant deux fils en bas âge, Pepin fit proclamer l'aîné, sous le nom de Clovis III, dans les trois royaumes de Neustrie, d'Austrasie et de Bourgogne, et il n'y eut rien de changé dans l'administration. Pepin était chef de l'aristocratie austrasienne; mais cette aristocratie le jalousait, et ne voyait qu'avec un profond dépit l'immense pouvoir dont il était revêtu. Elle en était à regretter d'avoir abaissé la royauté pour instituer à sa place une magistrature bien autrement redoutable, et qui la tenait dans une plus complète dépendance que celle où elle se trouvait sous les rois. Pepin, voyant ces dispositions des grands, chercha, dit-on, à se réconcilier avec le parti qu'il avait vaincu à Testry. Dans ce but, il se rapprocha d'Ausfride et de sa fille Austrude, veuves, la première de Warato, la seconde de Berthaire, les deux derniers maires nommés par la faction populaire. Ces deux matrones avaient conservé sur le parti des hommes libres un ascendant d'autant plus grand, que ce parti n'avait pas d'autres chefs. Non-seulement Pepin rechercha leur amitié, mais il fit épouser Austrude à son fils Drogon, auquel il donna un nouveau duché en Bourgogne, et qui devint, par cette alliance, un des personnages les plus considérables de l'empire franc.

Pepin avait un second fils nommé Grimoald, qu'il fit maire du palais de Neustrie, et auquel il confia la garde du jeune roi Childebert III, qui avait succédé à son frère Clovis III. « Il semble, dit « un historien, que Pepin regardait déjà ces fonctions (celles de « maire du palais) comme au-dessous de sa dignité. » Outre les deux fils que nous venons de nommer, et qu'il avait eus de sa femme Plectrude, Pepin en avait un troisième appelé *Karl* ou *Charles*, nom qui signifie *le valeureux*, dont la mère Alpaïde, que quelques auteurs regardent comme sa maîtresse, d'autres comme sa seconde femme, appartenait à une famille distinguée parmi les Francs. Le concubinage et la polygamie étaient au nombre des prérogatives que s'arrogeaient les hommes puissants dans ces temps barbares, et Pepin ne faisait que suivre le torrent des mauvaises mœurs en prenant, comme tant d'autres, plusieurs femmes, soit à titre d'épouses, soit à titre de maîtresses. Cependant les prêtres, dont le crédit grandissait tous les jours, commençaient à exercer une censure très-sévère sur les grands de la terre, et les menaçaient de l'excommunication lorsqu'ils bravaient trop ouvertement la morale religieuse. Nous citerons, entre autres, Lambert, évêque de Maestricht, lequel, suivant son biographe, reprocha publiquement à Pepin le scandale de sa bigamie. Dodon, frère d'Alpaïde, à qui Lambert avait fait cruellement affront, chargea deux de ses parents d'en tirer vengeance. Mais les neveux de Lambert tuèrent les parents de Dodon. Celui-ci, alors, fit entourer la maison de Lambert, à Liége, par des assassins qui le massacrèrent pendant qu'il était en prière. L'évêque assassiné ne manqua pas d'être inscrit sur la liste des martyrs, et la dévotion des peuples alla jusqu'à lui élever un temple à Liége [1].

---

[1] *Vita sancti Landeberti, episcopi Trajecti ad Mosam.* — ADRIEN DE VALOIS, liv. XXIII.

Les dernières années de l'administration de Pepin furent employées à rappeler à l'obéissance les nations germaniques qui avaient profité du désordre inséparable des guerres civiles, pour se soustraire à la domination des Francs. De ce nombre furent les Frisons, sur lesquels Pepin remporta à Duersteden, entre le Rhin et la Meuse, une grande victoire après laquelle il continua activement les hostilités jusqu'à ce que les Frisons eussent demandé la paix. Cette paix fut cimentée par le mariage de Grimoald, second fils de Pepin, avec Theusinde, fille de Radbode, duc des Frisons [1]. Pepin combattit aussi les Allemands qui s'étaient détachés de la monarchie franque. Avant la fin de cette guerre, qui paraît avoir été longue et sanglante, Childebert III mourut et fut remplacé sur le trône par son fils Dagobert III, encore en bas âge.

Pepin lui-même touchait au terme de son existence. Atteint d'une dangereuse maladie, il se fit transporter, au printemps de l'année 714, à sa maison de plaisance de Jopil, située sur la Meuse, vis-à-vis d'Héristal, et manda auprès de lui son second fils Grimoald, le premier, Drogon, étant mort quelques années auparavant. Mais Grimoald avant d'arriver à Jopil, passa par Liége, où se trouvait le tombeau de saint Lambert, et voulut rendre hommage à la châsse de ce saint qui avait perdu la vie en défendant ses propres droits et ceux de sa mère Plectrude. Au moment où il était agenouillé devant le tombeau, un Franc se précipita sur lui et le tua. Aucun historien de l'époque n'accuse Alpaïde ni Charles, son fils, de ce crime; cependant comme ils étaient seuls intéressés à la mort de Grimoald, tout porte à croire qu'ils n'y furent pas étrangers, et que si les historiens ont observé à leur égard un mystérieux silence, c'est que tous écrivirent sous la domination de Charles et de ses descendants. La conduite de Pepin semble d'ailleurs incriminer Alpaïde et son fils. Ce dernier fut non-seulement déshérité, mais jeté en prison sous la garde de sa belle-mère Plectrude; et un fils naturel de Grimoald, nommé Théodoald, âgé seulement de six ans, fut investi de l'importante charge de maire du palais de Neustrie, et de la tutelle du jeune roi Dagobert III,

[1] LE DEUXIÈME CONTINUATEUR DE FRÉDÉGAIRE, ch. CII et CIV. — *Annales metenses.*

qui avait seize ans, le tout sous la haute direction de Plectrude. Ces arrangements terminés, Pepin d'Héristal rendit le dernier soupir le 16 décembre 714, après avoir gouverné la France entière pendant près de vingt-huit ans, depuis la bataille de Testry.

Les dernières dispositions de Pepin reçurent l'approbation des Austrasiens, mais elles révoltèrent à juste titre l'orgueil national des Neustriens, qui ne purent souffrir qu'on leur donnât pour maire du palais un enfant de six ans, comme s'il s'agissait d'un roi. Ils prirent les armes, et, mettant à leur tête le roi Dagobert III, ils s'avancèrent au devant de Plectrude et de son petit-fils Théodoald, qui, accompagnés de l'armée austrasienne, venaient prendre possession du gouvernement de la Neustrie. Les Neustriens attendirent les Austrasiens dans la forêt de Guise, près de Compiègne, et leur livrèrent une furieuse bataille. Le temps n'avait fait qu'augmenter la jalousie et la rivalité des deux peuples qui, malgré la communauté d'origine, de langage et de mœurs, se regardaient de plus en plus comme étrangers l'un à l'autre. Ils combattirent avec un tel acharnement que presque tous les vieux guerriers de Pepin et de Grimoald furent exterminés. Les Neustriens restèrent vainqueurs, et leur premier soin, après ce grand succès, fut d'élire pour maire un de leurs compatriotes, nommé Raginfred. Ensuite ils contractèrent alliance avec Radbode, duc des Frisons, qui prit l'engagement d'attaquer l'Austrasie au nord, tandis que les Neustriens l'attaqueraient au midi. Ces derniers poussèrent leurs dévastations jusqu'à la Meuse. En même temps tous les Neustriens établis en Austrasie, et tous les Austrasiens établis en Neustrie, furent cruellement persécutés [1].

Les Austrasiens, vaincus et humiliés, regrettèrent vivement alors de s'être soumis à une femme et à un enfant, tandis qu'il restait de Pepin un fils qui, par sa bravoure et ses talents, était digne de succéder à son père. Quelques-uns des partisans de Charles brisèrent les portes de la prison où le retenait sa belle-mère, et le présentèrent aux Austrasiens qui, croyant voir re-

---

[1] LE DEUXIÈME CONTINUATEUR DE FRÉDÉGAIRE, ch. CIV. — *Gesta regum francorum*, cap. XXXI. — *Annales metenses*.

vivre en lui Pepin, l'accueillirent avec le plus vif enthousiasme. « C'était, dit le moine, auteur des *Annales de Metz*, le soleil qui « renaît, et qui paraît plus brillant après une éclipse. » Autour de lui se forma aussitôt une armée avec laquelle il tint la campagne, afin de remonter le moral de ses compatriotes découragés.

En Neustrie, Dagobert III venait de succomber à l'âge de dix-sept ans à peine. Cette race mérovingienne, dont presque tous les rejetons mouraient avant d'avoir atteint l'âge d'homme, semblait frappée d'une réprobation céleste. Le maire Raginfred tira alors de nous ne savons plus quel couvent un moine ayant nom Daniel, qu'il donna pour le fils de Childéric II, mort en 674. Ceci se passait en l'année 715. Daniel avait donc au moins quarante-deux ans; mais la vie abrutissante du cloître avait prolongé indéfiniment son enfance; c'était précisément ce qui convenait à Raginfred. Il donna à ce roi de sa façon le nom de Chilpéric II, le coiffa d'un diadème, l'affubla d'un manteau royal, et l'installa sur le trône au grand ébahissement des Neustriens, qui ne savaient d'où leur tombait ce nouveau mannequin couronné. Après l'inauguration du moine Daniel comme roi de Neustrie, Raginfred attaqua l'Austrasie de concert avec son allié Radbode. Charles, fils de Pepin, marcha contre ce dernier; en vint aux mains avec lui, et fut complétement défait avec une perte d'hommes considérable. Le chef des Frisons fit ensuite sa jonction devant Cologne avec l'armée neustrienne conduite par son maire, et les deux peuples alliés exercèrent en Austrasie de cruelles dévastations jusqu'à ce que Plectrude eut acheté leur éloignement par de riches dons. L'armée neustrienne reprit alors la route de son pays; mais elle fut surprise par Charles auprès d'Amblef, dans la forêt des Ardennes; et, bien que les Austrasiens fussent de beaucoup inférieurs en nombre aux Neustriens, ils remportèrent sur eux une victoire signalée et leur firent un grand nombre de prisonniers [1].

L'Austrasie n'avait pas seulement à faire tête aux Neustriens et aux Frisons, elle était attaquée sans relâche par les Saxons qui,

---

[1] LE DEUXIÈME CONTINUATEUR DE FRÉDÉGAIRE, ch. CVI. — *Gesta regum francorum.* — *Annales metenses.* — ADRIEN DE VALOIS, liv. XXIII.

étendant de proche en proche leur puissance, et se fortifiant chaque jour par des alliances nouvelles, semblaient se proposer pour but de rétablir dans toute la Germanie le culte de ses anciens dieux. Charles s'opposa, autant qu'il lui fut possible, à leur progrès; mais comme sa principale affaire était de résister aux Neustriens, toujours ardents à assaillir l'Austrasie, les Saxons purent tout à leur aise développer leur sauvage domination.

Au printemps de l'année 717, Charles passa la forêt des Ardennes et porta le fer et la flamme en Neustrie. Raginfred rassembla aussitôt son armée, formée principalement de la milice des villes, et s'avança à la rencontre du fils de Pepin, traînant après lui, parmi ses bagages, son Chilpéric II. Les Neustriens étaient plus nombreux que les Austrasiens, mais ils étaient moins aguerris. De part et d'autre il y avait un égal courage, une égale animosité; Austrasiens et Neustriens étaient résolus de vaincre ou de périr. Lorsque les deux armées furent en présence, Charles, dans le seul but probablement de mettre de son côté l'apparence du bon droit, adressa à Raginfred des propositions de paix. Il lui demanda d'arrêter l'effusion du sang français et de renoncer à l'alliance des Frisons qu'il avait appelés en Austrasie. Puis, se plaignant qu'on l'eût frustré de la mairie de Neustrie, qu'il regardait comme son bien propre, comme son héritage, il adjura Raginfred de s'en dessaisir à son profit. Raginfred, comme on le pense bien et comme le pensait Charles lui-même, repoussa avec indignation ces ouvertures, et répondit que loin de céder à son rival la mairie de Neustrie, il le dépouillerait de ce qui lui restait de l'héritage paternel. Charles ayant communiqué cette réponse aux ducs et aux grands d'Austrasie, afin d'exciter leur ressentiment, donna le signal de l'action. Elle s'engagea à Vincy, près de Cambrai, le 21 mars 717. L'acharnement des deux peuples fut proportionné à la haine profonde dont ils étaient animés l'un contre l'autre. Longtemps la victoire resta en suspens. Aucun des deux partis ne pouvait se résoudre à lâcher pied. Le carnage fut épouvantable. Les Neustriens, qui paraissent avoir été les plus maltraités dans cette journée terrible ne s'en relevèrent jamais. Ils cédèrent à la fin, ou du moins ils succombèrent presque tous, car ce ne fut que le petit nombre qui prit la fuite, et dans ce petit nombre se trouvèrent Raginfred et Chilpéric, qui furent menés battant jusqu'en vue de Paris, où là seulement s'arrêta la poursuite acharnée des Austrasiens [1].

Charles avait gagné ses éperons. Les Austrasiens, pour le récompenser des rares talents et de la bravoure indomptable qu'il avait déployés dans la grande journée de Vincy, lui décernèrent le titre de duc d'Austrasie, et forcèrent Plectrude de lui livrer tous les trésors de son père. « En même temps, dit un historien, pour « satisfaire ceux des Austrasiens qui croyaient encore le sort de la « monarchie attaché au sang de Mérovée, ils proclamèrent un roi « qu'ils nommèrent Clotaire IV, et que Charles prétendit être issu « de la maison royale, mais on ne sait même pas à quel père ce fils « supposé fut attribué. »

Les Neustriens étaient vaincus mais non soumis. Obligé de repousser alternativement ses ennemis du nord-est et ceux du sud-ouest, Charles ne put recueillir immédiatement le gain de la bataille de Vincy. Il consacra la campagne de 718 à repousser les Saxons, qu'il vainquit en bataille rangée sur les bords du Weser. Mais en 719, il tourna de nouveau ses armes contre la Neustrie. Raginfred avait mis à profit ce délai pour se créer une nouvelle armée, et pour former une étroite alliance avec Eudes, duc d'Aquitaine, lequel s'était rendu indépendant dans les provinces situées entre la Garonne et la Loire, tandis que les Gascons avaient édifié un nouveau duché entre la Garonne et les Pyrénées. On croit même que le maire de Neustrie, afin de s'assurer l'amitié et le concours actif du duc d'Aquitaine, lui accorda ou les droits régaliens sur ces provinces, ou même le titre de roi.

Une armée d'Aquitains, commandée par Eudes, vint donc se réunir à l'armée neustrienne, aux ordres de Raginfred, et ses forces combinées marchèrent au-devant des Austrasiens qu'elles rencontrèrent auprès de Soissons. Une nouvelle et non moins sanglante bataille s'engagea dans laquelle les bandes austrasiennes fu-

---

[1] LE DEUXIÈME CONTINUATEUR DE FRÉDÉGAIRE, ch. CVI. — *Annales melenses.* — *Gesta regum francorum.* — ADRIEN DE VALOIS, liv. XXIII.

rent encore une fois victorieuses. Les Neustriens et les Aquitains s'enfuirent jusqu'à Orléans, où Eudes repassa la Loire, emmenant avec lui Chilpéric II et le trésor royal. Quant à Raginfred il prit le sage parti de céder à une fortune plus haute que la sienne ; il résigna le titre et les fonctions de maire du palais de Neustrie entre les mains de Charles, et reçut dans la suite, à titre de dédommagement, le duché d'Anjou à gouverner. Clotaire IV étant mort sur ces entrefaites, Charles offrit la paix au duc d'Aquitaine ; à la condition que Chilpéric lui serait livré et que ce roi sans volonté continuerait de régner nominalement sous sa tutelle comme il avait régné sous celle de Raginfred.

Après que Charles, par l'entière soumission de la Neustrie, eut mis fin aux guerres civiles et pacifié la Gaule, il s'occupa de ramener à la dépendance de l'empire des Francs les peuples de la Germanie qui avaient secoué le joug. Il s'imposa ensuite une tâche bien autrement importante. Cette vaillante armée que Pepin d'Héristal avait formée pour faire triompher la cause des grands, Charles la fit servir à les abaisser et à fonder un pouvoir fort et redoutable devant lequel se courbassent toutes les volontés individuelles de quelque nature qu'elles fussent. La nation franque, sous Pepin et sous son héroïque fils était redevenue toute militaire, et, chose remarquable, tout en recouvrant une vigueur et une audace dignes de ses plus beaux jours, elle prit des habitudes d'obéissance et de subordination sans lesquelles un peuple, quelque intrépide, quelque entreprenant qu'il soit, ne peut exécuter rien de grand ni de durable.

Charles, à qui la rapidité foudroyante de ses exploits fit donner le surnom de *Martel,* combattit successivement les Allemands, les Bavarois, les Frisons et les Saxons ; il triompha de ces trois premiers peuples et leur imposa la suprématie de la France. Quant aux Saxons, qui occupaient tout l'espace compris entre le Weser, la Vistule et la Baltique, Charles pénétra six fois dans leur pays, sans pouvoir les soumettre. Ce non-succès nous est expliqué par l'invasion des Sarrasins dans le midi de la Gaule, invasion qui opéra, en faveur des Saxons, une diversion puissante, et qui mit l'empire franc dans un sérieux danger. La situation de cet empire était à peu près la même, à l'égard des peuples barbares qui le pressaient au nord et au midi, que celle où s'était trouvé autrefois l'empire romain à l'égard de ses vainqueurs. Presque aussi barbares que les peuples qui les attaquaient, presque toujours armés les uns contre les autres, les Francs ne semblaient pas devoir réussir mieux que les Romains à repousser les hordes étrangères; mais l'œuvre d'unité accomplie par Charles Martel sauva leur empire d'une ruine imminente.

Au moment où les Sarrasins firent irruption dans l'Aquitaine, Eudes, qui prétendait à une indépendance absolue, faisait la guerre à Charles Martel. Vaincu dans une sanglante bataille par Abdérame, il ne lui resta plus qu'à venir, avec les restes découragés de son armée, chercher un refuge auprès de Charles Martel lui-même, qui, oubliant leurs démêlés, lui fit un accueil honorable et se réconcilia franchement avec lui. La Gaule semblait menacée du même sort que l'Espagne, livrée aux Maures, par suite de l'amour du roi Rodrigue, pour Florinde, fille du comte Julien, surnommée depuis la *Cava*, c'est-à-dire femme malheureuse. Charles, se mettant à la tête de ses vieilles et redoutables bandes, marcha contre l'immense armée des Sarrasins qu'il rencontra non loin de Poitiers. Cette célèbre bataille n'appartient pas au sujet que nous traitons, mais elle a une telle importance, puisqu'elle empêcha l'Évangile de céder place au Coran, en sauvant le monde chrétien, que nous ne pouvons la passer sous silence. On a représenté l'armée des Francs comme une muraille de granit contre laquelle vinrent se briser, sans y faire la moindre brèche, les légers et innombrables escadrons arabes. L'épée des hommes du Nord moissonna par milliers les sectateurs de Mahomet qui n'avaient jamais eu affaire à de si terribles ennemis. Abdérame lui-même, le vaillant capitaine, qui rêvait dans son orgueil insensé la conquête de toute la chrétienté, tomba sous leurs coups. La nuit survenant alors, les Francs épuisés de fatigue, soulevèrent leurs armes comme pour demander quelque repos à leurs chefs. Voyant au loin la plaine couverte de tentes, et ne doutant pas qu'il ne dût en sortir de nouveaux guerriers pour leur disputer la victoire, ils voulaient se réserver pour une seconde action. Après avoir dormi sur leurs armes, ils se rangèrent de nouveau en bataille ; mais ils attendirent vainement l'ennemi : il avait profité des ombres de la nuit pour battre en retraite. Charles, qui avait probablement payé cher sa victoire, renonça à les poursuivre, et ramena ses vaillantes troupes dans leurs foyers. S'il faut en croire Paul Diacre et Anastase le bibliothécaire, cette bataille mémorable, ce choc de la race conquérante du Nord et de la race conquérante du Midi, coûta la vie à trois cent soixante-quinze mille Sarrasins ; mais cette estimation est évidemment de beaucoup exagérée [1].

Deux ans après la défaite d'Abdérame, Eudes, duc d'Aquitaine, étant mort, Charles pénétra dans ses États, s'empara de Bordeaux et de Blaye, et reçut le serment de fidélité d'Hunold, fils d'Eudes, qu'il investit du duché de son père. Charles Martel lui-même ne survécut que de quelques années à sa grande victoire sur les Sarrasins. Il avait trois fils de deux femmes différentes, Carloman et Pepin, que lui avait donnés Rotrude, et Grifon, dont la mère se nommait Sonichilde. Partageant entre eux l'empire franc comme s'il eût été sa propriété, il donna à l'aîné, Carloman, l'Austrasie, avec la Souabe et la Thuringe qui en relevaient ; à Pepin, la Neustrie, la Bourgogne et la Provence ; et à Grifon le pays de Laon, qui se trouvait resserré entre les États de Carloman et ceux de Pepin. Mais ce partage ne fut point observé. A peine Charles Martel eut-il fermé les yeux, en 741, que ses deux fils, Carloman et Pepin se liguèrent contre leur plus jeune frère Grifon, et le dépossédèrent de sa part d'héritage. Ce qui rendait cet acte plus odieux, c'est que Grifon n'était pas encore parvenu à l'âge d'homme, et que Charles Martel l'avait en quelque sorte confié aux soins de ses deux fils aînés. C'est ainsi qu'au berceau de toutes les dynasties on rencontre presque toujours la force et la violence, terribles divinités se tenant par la main comme dans la tragédie d'*Eschyle* ; ajoutons que le peuple, cet ardent Prométhée, est toujours enchaîné !

Après que Carloman et Pepin eurent consommé cette œuvre

---

[1] *Chronicon Isidori Episcopi Pacensis*. — PAUL DIACRE, liv. VI, ch. LVI. — ANASTASE LE BIBLIOTHÉCAIRE, *Vie du pape saint Grégoire II*. — *Chroniques de Saint-Denys*, liv. V, ch. XXVI. — *Histoire générale du Languedoc*, liv. VIII, ch. XXVI.

d'iniquité, ils tournèrent leurs armes contre Hunold, duc d'Aquitaine, qui refusait de reconnaître leur autorité, brûlèrent ses villes, massacrèrent ses sujets, le vainquirent enfin lui-même, et le forcèrent de s'humilier devant eux. Hunold se vengea sur son frère Hatton, comte de Poitiers, qui avait pris parti pour Pepin et Carloman. L'ayant attiré à sa cour, il lui fit arracher les yeux et le jeta dans une prison où le malheureux comte ne tarda pas à mourir. Après cette effroyable action, Hunold résigna en faveur de son fils Guaifer la souveraineté de l'Aquitaine, et s'enferma dans un couvent pour y vivre dévotement.

Carloman prit une résolution semblable en 747. « Touché d'un « amour divin et du désir d'une patrie céleste, dit l'auteur de la « *Chronique de Moissiac*, il abandonna volontairement son royaume « et ses fils, qu'il recommanda à son frère Pepin. Ensuite, s'a-« cheminant vers Rome, il parvint à la porte de saint Pierre l'a-« pôtre, avec plusieurs des grands de ses États et des présents sans « nombre qu'il déposa devant le tombeau de saint Pierre. Alors il « coupa les cheveux de sa tête, il revêtit l'habit de clerc par les « ordres du saint pape Zacharie, et il resta quelque temps auprès « de lui. Mais ensuite, par les conseils du même pape, il se retira « au couvent de Saint-Benoît, sur le mont Cassin ; il s'y soumit à « l'obéissance régulière envers l'abbé Optat, et il y fit les vœux « monastiques. »

Carloman, comme on vient de le lire, avait recommandé ses fils à Pepin. Mais celui-ci ne tint aucun compte de cette recommandation, et s'empara du royaume d'Austrasie au préjudice de ses neveux. Lorsque dans la suite Carloman revint auprès de lui avec une mission du pape, Pepin se hâta de faire tonsurer les enfants de son frère, afin qu'ils ne pussent rien prétendre de lui. Couper la chevelure alors, cette couronne naturelle de l'homme, c'était ôter les droits au diadème royal, mais les droits reparaissaient, si l'on peut s'exprimer ainsi, avec les cheveux. Aussi un des malheureux princes de cette époque, à qui l'on avait fait subir cette dégradante opération pour un Mérovingien, s'écria-t-il avec une secrète joie : « Les feuilles ont été coupées sur un bois vert, « elles repousseront. »

La même politique qui porta Pepin à déposséder ses neveux, lui fit recevoir à sa cour son jeune frère Grifon auquel il assigna à titre d'apanage plusieurs comtés et des revenus fiscaux. Mais Grifon aspirait plus haut; sentant couler dans ses veines le sang de Charles Martel, il s'indignait de l'obscurité à laquelle il était réduit et se forma secrètement un parti. Lorsqu'il se crut assez fort pour lever l'étendard de la révolte contre Pepin, il franchit le Rhin suivi d'une troupe de jeunes gens intrépides, espérant trouver plus de sympathie chez les populations germaniques. Pepin se mit à sa poursuite, mais ne put l'atteindre. Les deux frères se réconcilièrent dans la suite, et Pepin donna la ville du Mans et douze comtés à Grifon qui s'en contenta pour un temps.

Par l'abdication de Carloman et par l'acquiescement forcé de Grifon, Pepin se trouva seul chef de la nation franque. Il jouissait de toutes les prérogatives royales; le titre seul de roi lui manquait. Pepin jugea qu'il était temps de faire cesser cette longue comédie des maires du palais qui durait depuis plus d'un siècle. Il envoya à Rome Burchard, évêque de Wirtzbourg, et son chapelain Fulrad, « pour consulter le pontife sur les rois qui existaient alors en « France, et qui n'avaient que le nom de roi sans aucune puis- « sance royale. Par eux, le pontife répondit qu'il valait mieux que « celui-là fût roi, qui exerçait la puissance royale; et, l'ayant « sanctionné de son autorité, il fit que Pepin fut constitué roi [1]. »

Fort de cet assentiment du pape Zacharie, Pepin réunit à Soissons les principaux évêques et les principaux chefs militaires de l'empire franc, afin qu'ils statuassent sur le sort de Childéric III, dernier rejeton de la race de Clovis. Cette assemblée déclara Childéric déchu du trône, et le condamna à finir ses jours dans un cloître. Pepin fut ensuite proclamé roi des Francs et élevé sur un bouclier comme l'avaient été tous les rois mérovingiens. On croit que cette cérémonie eut lieu le 1ᵉʳ mars 752. Mais Pepin ne se contenta plus de cette vaine élévation sur un bouclier, qui n'impressionnait plus assez vivement les imaginations populaires; il se fit sacrer deux fois, une première par saint Boniface, archevêque de

---

[1] Éginhard, *Annales*, année 749.

Mayence, et une seconde par le pape lui-même, lorsqu'il vint en 755 réclamer son appui contre les Lombards. Pepin fut donc roi du consentement de tous, roi *selon les anciennes coutumes*, dit le continuateur de Frédégaire ; ainsi se conclut la prétendue usurpation inventée par quelques historiens. Comme l'a fait remarquer M. de Châteaubriand avec la rare sagacité qu'il a apportée dans ses études historiques, là où la monarchie est élective c'est l'hérédité qui est une usurpation.

CHAPITRE III.

SOMMAIRE.

Avénement de la seconde dynastie franque. — Caractère de cette révolution. — Pepin le Bref fait une guerre acharnée aux Aquitains. — Guaifer, leur duc, périt assassiné par son ordre. — Réunion de l'Aquitaine à l'empire franc. — Pepin partage cet empire entre ses deux fils Charles et Carloman. — Révolte de l'Aquitaine. — Mort de Carloman. — Ses fils sont frustrés de leur héritage par Charles qui étend sa domination sur la totalité de l'empire. — Absence complète de guerre civile pendant le long et glorieux règne de Charlemagne. — Rétablissement de l'empire d'Occident. — Les premiers symptômes de dissolution de cet empire se font sentir sous Louis le Débonnaire. — Conspiration de Bernard, roi d'Italie, et cruel châtiment qui lui est infligé. — Les fils de Louis le Débonnaire se révoltent contre leur père, et le privent de toute autorité. — Ils se brouillent entre eux. — Profonde anarchie engendrée par leurs dissensions. — Mort de Louis le Débonnaire. — Louis le Germanique et Charles le Chauve s'unissent contre Lothaire. — Sanglante bataille de Fontenai. — Lothaire, vaincu, renonce à la prééminence impériale. — Traité de Verdun qui consacre le démembrement de l'empire en trois grandes monarchies.

L'avénement de la dynastie carlovingienne fut moins la substitution d'un roi à un autre roi, d'une race à une autre race, qu'une nouvelle invasion de la Gaule par l'élément germanique. Rappelons-nous la séparation profonde qui s'était opérée entre les Francs austrasiens et les Francs neustriens, c'est-à-dire entre les Francs qui étaient restés tout Germains, et les Francs qui avaient adopté le langage, les mœurs, les habitudes des Gallo-Romains; de cette séparation, de cet antagonisme si fécond en guerres civiles, résulta à la longue et après de sanglantes vicissitudes, le changement de dynastie.

Tandis que les Neustriens, en proie à de cruels déchirements intérieurs, tombaient dans une désorganisation qui n'était que la conséquence de leur transformation nationale, les Austrasiens ralliés autour de la puissante famille de Pepin, formaient un indestructible faisceau à qui devaient nécessairement appartenir la victoire et la domination. Conservateurs des saintes traditions de la patrie d'Outre-Rhin, de ses mœurs, de ses institutions, de son indomptable énergie guerrière, les Austrasiens regardaient avec un profond mépris ces Neustriens si amollis, si énervés, si corrompus, lesquels, de leur origine germanique, avaient conservé seulement un nom qu'ils n'étaient plus dignes de porter. Après avoir triomphé d'eux par le glaive, ils ne daignèrent même pas les associer à leurs travaux guerriers; ils se chargèrent seuls de lutter contre les ennemis du dehors; ce fut une armée austrasienne qui porta tant de fois le fer et la flamme chez les Saxons, chez les Allemands, chez les Frisons; ce fut une armée austrasienne qui, dans les plaines de Poitiers, fit mordre la poussière aux vaillantes bandes d'Abdérame. Cette armée ayant, à la suite de Charles Martel, imprimé dans toutes les parties de la Gaule les traces de son glorieux passage, finit par considérer cette contrée comme un pays de conquête, et si les maires d'Austrasie purent si facilement se substituer à la race dégénérée et abâtardie de Mérovée, c'est que leur ambition personnelle se trouva à la tête d'un mouvement national, c'est qu'ils se firent les chefs d'une réaction de la France germaine contre la France romaine. Conquérants nouveaux, ils devinrent les fondateurs d'un nouveau royaume, d'une nouvelle domination; Pepin le Bref recommença à certains égards le rôle de Clovis; chef des guerriers, comme lui, il se tailla, à son exemple, un manteau royal avec la pointe de sa redoutable épée, et couronna son front des palmes de la victoire, avant de le ceindre du bandeau des rois.

Pepin le Bref ne fut donc point un usurpateur, dans l'acception ordinaire de ce mot, mais le chef d'un peuple qui subjugue un autre peuple, et qui lui impose ses lois par droit de conquête. Depuis longtemps les faibles et ineptes Mérovingiens n'étaient plus rois que de nom; leur déposition par l'assemblée de la nation ne fut que la consécration d'un fait qui avait acquis force de chose jugée. Une fois cette grande révolution accomplie, les Carlovingiens n'imitèrent pas la faute dans laquelle étaient tombés leurs devanciers; ce qui avait rendu inévitable la chute des descendants de Clovis, c'est qu'ayant établi le siége de leur puissance à Soissons, à Orléans, à Paris, ils ne purent résister au mouvement qui poussait sur le territoire gaulois les peuples de la Germanie; pour dominer ce mouvement, pour refouler en arrière ces hordes sauvages et désordonnées que vomissaient à tout moment les forêts de la Germanie, il fallait prendre solidement pied sur le Rhin; voilà ce que fit le successeur de Pepin, Charlemagne, en fixant son séjour alternativement à Aix-la-Chapelle, à Worms, à Paderborn. De là il put non-seulement repousser les incursions germaines, mais réduire sous son joug tous les peuples qui depuis quatre siècles se ruaient sur l'Europe occidentale. L'œuvre de ce grand homme fut donc une œuvre de conservation non moins que de conquête; il ordonna au torrent de l'invasion de s'arrêter; le torrent de l'invasion n'alla pas plus loin.

La seule guerre civile que nous offre le règne de Pepin le Bref, règne qui nous est très-peu connu du reste, est celle que fit aux Aquitains le chef de la seconde dynastie, et qui dura depuis l'année 760 jusqu'à l'année 768. Pepin voulut probablement se venger de l'assistance que Guaifer ou Waïfre avait donnée à son frère Grifon, lorsque celui-ci, après avoir été dépouillé de son héritage, alla chercher un refuge en Aquitaine. Mais Pepin allégua un autre motif; il prétendit qu'il faisait la guerre parce que le duc d'Aquitaine s'était emparé des biens que possédaient dans ses États quelques évêques de Neustrie et d'Austrasie. Guaifer, très-effrayé à l'approche de Pepin, promit de faire tout ce qui lui serait prescrit, de rendre tout ce qu'on lui demanderait; il donna même, comme ôtage, deux des premiers de sa nation. « Par là, dit Égin« hard, il apaisa si bien l'esprit irrité du roi, que Pepin consentit
« à ne point faire la guerre. Ayant reçu les ôtages en foi de l'ac« complissement des traités, il s'abstint de livrer bataille, revint
« chez lui, renvoya son armée, et passa l'hiver à Quiersy, où il cé« lébra la fête de Noël et celle de Pâques [1]. »

[1] Éginhard, *Annales*, ann. 760.

Guaifer ne s'était humilié devant Pepin que parce qu'il avait été pris à l'improviste, et qu'il n'était pas prêt à combattre. Voulant tirer une vengeance éclatante de l'agression du roi des Francs, il mit sur pied une nombreuse armée, pénétra en Bourgogne, et s'avança jusqu'à Châlons, en ravageant cruellement les possessions de son ennemi. Pepin, plongé dans une sécurité profonde, se trouvait alors dans la ville de Duren où il tenait l'assemblée générale de la nation. A la nouvelle de l'invasion de Guaifer dans ses États, il appelle à lui tous ses alliés, met en mouvement toutes ses troupes, et fond sur l'Aquitaine la rage dans le cœur. Ce malheureux pays eut à souffrir des maux atroces; le Berri et l'Auvergne surtout furent transformés en déserts. Pepin poussa ses dévastations jusqu'à la ville de Limoges, puis ramena au nord de la Loire ses soldats gorgés de sang et de dépouilles.

Cette guerre d'Aquitaine fut effroyable. Chaque année vit s'accomplir de nouvelles et plus lamentables horreurs. Pepin semblait avoir moins en vue de conquérir que de détruire. Guaifer implora vainement la paix; toutes ses ouvertures furent rejetées, et il dut se résigner à subir jusqu'à ses dernières conséquences cette guerre d'extermination.

En l'année 767, Pepin prit Toulouse et un grand nombre de châteaux; pour la première fois il passa l'hiver au midi de la Loire, ce qui indique que les ressources de Guaifer commençaient à s'épuiser et qu'il n'inspirait plus de bien sérieuses inquiétudes à son rival. Celui-ci, ardent et infatigable, se remit en campagne dès que la saison fut devenue moins rigoureuse, et, pour son premier exploit, fit prisonnier Rémistan, oncle de Guaifer, qu'il fit pendre selon le continuateur de Frédégaire, et qu'il traita, au contraire, avec distinction, selon Éginhard. Poursuivi sans trêve ni pitié, le malheureux duc d'Aquitaine fuyait de retraites en retraites, lorsque le 2 juin 768, il périt assassiné par ses propres gens que Pepin poussa à commettre ce meurtre. Dès lors, le vaste et beau duché d'Aquitaine fut réuni à la monarchie franque[1].

---

[1] Éginhard, *Annales*, ann. 764–768. — Le quatrième Continuateur de Frédégaire, ch. cxxxiv et cxxxv.

La même année, le 24 septembre, mourut d'hydropisie Pepin, dont le corps fut inhumé dans la basilique de Saint-Denis. Avant de rendre le dernier soupir, il avait partagé ses États entre ses deux fils, Charles et Carloman, que les Francs, réunis en assemblée générale et solennelle, s'empressèrent de reconnaître pour rois. « Tous deux, dit Éginhard, prirent les insignes de la « royauté, Charles, dans la ville de Noyon, et Carloman dans « celle de Soissons. » Dans ce partage de l'empire franc, l'Occident échut à Charles, et l'Orient à Carloman. L'union se maintint entre les deux rois, mais ce ne fut qu'avec une extrême difficulté. Chaque monarque avait son parti qui poussait énergiquement à une rupture; et sans la mort de Carloman, qui arriva trois ans après celle de Pepin, nul doute qu'une guerre civile n'eût fini par éclater entre les deux frères.

L'Aquitaine n'était qu'imparfaitement soumise. Cette province n'avait jamais supporté qu'avec la plus vive répugnance la domination des Francs; elle leva l'étendard de la révolte à la mort de Pepin, et le vieux Hunold, père de Guaifer, sortit bouillant de son cloître pour venger son fils. « Le roi Charles, dit encore Éginhard, « marcha à la tête de son armée contre lui. Mais il ne put obtenir de « secours de son frère qui en était détourné par les mauvais con- « seils des grands de son royaume. Les deux frères eurent à Duar- « dives une conférence à ce sujet. Carloman retourna dans son « royaume, et Charles, continuant sa route vers Angoulême, ville « d'Aquitaine, fit rassembler en ce lieu toutes ses troupes, pour- « suivit Hunold, et faillit le prendre; mais Hunold s'échappa à la « faveur de la connaissance qu'il avait des localités. Il s'éloigna de « l'Aquitaine et gagna la Gascogne où il se croyait en sûreté, ne « mettant pas en doute la fidélité de Loup, duc de Gascogne. Le « roi envoya au duc une ambassade, pour lui ordonner de rendre « le rebelle, l'avertissant que, s'il ne se soumettait à cette condi- « tion, il entrerait les armes à la main en Gascogne, et n'en sor- « tirait qu'après avoir mis fin à sa désobéissance. Loup, effrayé « des menaces du roi, promit de se soumettre désormais à ses vo- « lontés, et livra sans retard Hunold et sa femme. Charles, en at- « tendant le retour de ses envoyés, bâtit un fort, nommé Fronsac,

« sur la rive de la Dordogne, et après leur arrivée, en possession
« du rebelle, il regagna son royaume [1]. »

A la mort de Carloman, sa veuve et ses enfants se réfugièrent en Italie auprès de Didier, roi des Lombards, craignant sans doute que Charles, qui n'avait pas vécu en bonne intelligence avec son frère, ne leur fît un mauvais parti. Charles, en effet, s'empara de tout l'héritage de Carloman et régna alors sur la totalité de l'empire franc. Il n'entre pas dans notre sujet de raconter en détail la vie de ce grand prince, ses glorieuses expéditions, au nombre de cinquante-trois, ses nobles et constants efforts pour arracher l'Europe occidentale aux ténèbres de la barbarie. Mais ce que nous constaterons, c'est l'absence complète de guerre civile pendant son long et magnifique règne. Sous cette main puissante, qui donc aurait osé arborer le drapeau de la rébellion? Toutes les forces, toutes les activités convergeaient vers un seul et même but, la résistance aux hordes du Nord et du Midi, également menaçantes et redoutables. Deux conspirations cependant mirent en danger les jours de Charlemagne; mais ce sont deux faits isolés, deux faits ne se rattachant à aucune des grandes questions politiques et nationales qui avaient suscité tant de guerres civiles sous les Mérovingiens. Il paraît, néanmoins, qu'elles furent l'une et l'autre l'œuvre des grands. La première eut pour chef un bâtard de Charlemagne nommé Pepin, qui était bossu, quoique *beau de visage*, dit Éginhard. Un clerc qui avait entendu les conjurés délibérer sur la mort du roi, courut tout révéler à ce dernier. Le moine de Saint-Gall rapporte que le pauvre clerc ne parvint qu'avec une extrême difficulté jusqu'à la chambre à coucher de Charles. « Il frappe, dit-il; le roi, toujours alerte, s'éveille, fort
« étonné que l'on ose venir le troubler à une pareille heure. Il
« ordonne cependant aux femmes de service de la reine et de ses
« filles, d'aller voir qui est à la porte et ce qu'on demande. Ces
« femmes sortent donc, et voyant un homme de la condition la
« plus inférieure, referment la porte, se cachent dans les coins de
« la chambre et pressent leur robe sur leur bouche pour étouffer

---

[1] ÉGINHARD, *Annales*, ann. 769.

« les éclats de leur rire moqueur. Mais le roi, à la sagacité duquel
« rien sous le ciel ne pouvait échapper, demande à ces femmes
« ce qu'elles ont à rire ainsi et qui frappe à la porte. Elles répon-
« dent alors que c'est un misérable marchand, sans barbe, sot et
« insensé, n'ayant pour tout vêtement qu'une chemise de toile et
« des hauts-de-chausses, et qui sollicitait la permission de lui par-
« ler sur-le-champ. Charles, au grand étonnement de ces fem-
« mes, ordonne de l'introduire. Le clerc, s'étant précipité à ses
« pieds, lui dévoila dans le plus grand détail tout le complot.
« Avant la troisième heure du jour tous les conjurés étaient
« punis, les uns de l'exil, les autres de différentes peines. Quant
« au nain et bossu Pepin, battu sans pitié et tondu, il fut envoyé
« pour un certain temps, et par correction, au monastère de Saint-
« Gall, regardé comme l'endroit le plus pauvre et le plus mes-
« quin séjour de ce vaste empire[1]. »

On dirait une légende faite exprès pour apprendre à ne mé-
priser personne, en montrant que le plus chétif mortel peut
porter dans sa besace la destinée d'un grand roi. Telle a sans
doute été l'intention du moine de Saint-Gall : Charlemagne, ce
prince qui ne néglige rien, qui impose silence à la moquerie des
femmes et reçoit le pauvre clerc avec bonté, est offert en modèle
aux puissants de la terre.

Malgré la prompte et énergique répression que nous venons de
mentionner, un nouveau complot se trama quelque temps après
et fut découvert comme le premier. Charlemagne, naturellement
clément, répugnait à punir les conspirateurs. Incertain de ce qu'il
devait faire, il lui vint la bizarre pensée d'envoyer des messagers
à ce même Pepin pour le consulter sur le sort qu'il devait infliger
aux coupables. Les députés trouvèrent Pepin dans le jardin du
monastère, occupé à arracher avec une bêche les orties et les mauvaises herbes, afin que les plantes utiles pussent croître avec plus
de force. Ils lui exposèrent le motif de leur visite ; mais lui, poussant de profonds soupirs, leur répondit : « Si Charles attachait le
« moindre prix à mes avis, il ne me tiendrait pas ici pour être si

---

[1] *Chronique du moine de Saint-Gall*, liv. II.

« indignement traité; je ne lui demande rien, dites-lui seulement
« ce que vous m'avez vu faire. » Les envoyés, nullement satisfaits
de cette réponse, dont ils ne comprenaient pas le sens, insistèrent
pour qu'il leur en fît une plus positive. Pepin, impatienté, répliqua tout en colère : « Je n'ai rien à lui mander, sinon ce que je
« fais; je nettoie les ordures afin que les bons légumes puissent
« croître plus librement. » Les envoyés se retirèrent très-affligés
de n'avoir pu obtenir d'autre réponse, et rendirent fidèlement
compte à Charles du résultat de leur mission. Charles, pour qui
les paroles de Pepin étaient parfaitement claires, s'écria, en se
frottant les oreilles et en enflant ses narines : « Fidèles vassaux,
« vous me rapportez une réponse pleine de sens. » Et aussitôt il
ordonna que les conspirateurs fussent mis à mort. L'un d'eux, qui
s'était emparé d'une colline fort élevée, afin de mieux voir ce qui
se passait autour de lui, fut attaché par son ordre à une très-haute potence sur le sommet de cette même colline. Quant à Pepin, il adoucit son sort pour le récompenser des judicieuses paroles
adressées à ses envoyés, et qui avaient été pour lui comme un trait
de lumière [1].

Ce récit, où l'on reconnaît un souvenir de l'antiquité, offre moins
de charme que la naïve histoire du pauvre clerc. Si l'on doit y
ajouter foi, Charles qui, selon Éginhard, se faisait lire à son
dîner les histoires et exploits des anciens, ne dut pas avoir de peine
à comprendre cette réponse énigmatique, inspirée par celle de
Tarquin.

Le rétablissement de l'empire d'Occident au profit de Charlemagne fut l'événement capital de son règne. Cette récompense
était bien due au guerrier formidable qui avait étendu sa domination de l'Èbre à la Vistule; qui, ralliant sous son sceptre, contre
l'ennemi commun, tous les peuples occidentaux, Goths, Francs,
Bourguignons, Lombards, avait maintenu contre les barbares du
Nord l'intégrité du territoire de l'ancien empire romain, et porté
dans le foyer des invasions un glaive exterminateur. Mais combien
dut être amer et douloureux le désappointement de ce grand

---

[1] *Chronique du moine de Saint-Gall*, liv. II. — ÉGINHARD, *Vie de Charlemagne*.

homme lorsque, sur la fin de sa carrière, il s'aperçut que l'ébranlement qu'il croyait avoir entièrement étouffé dans la Germanie septentrionale, avait pris la voie des expéditions maritimes, et que les Saxons, vaincus dans tant de combats, reparaissaient tout aussi terribles, non plus sur les bords de l'Elbe, mais sur les rivages de l'océan Atlantique, non plus comme soldats de Witikind, mais comme pirates déterminés. Le moine de Saint-Gall raconte à ce sujet un fait qui peint bien les inquiétudes qu'inspiraient à Charlemagne ces redoutables écumeurs de mer, connus sous le nom de Normands :

« Charles, qui toujours était en course, dit-il, arriva par hasard et inopinément dans une certaine ville maritime de la Gaule narbonnaise. Pendant qu'il dînait et n'était encore connu de personne, des corsaires normands vinrent pour exercer leurs pirateries jusque dans le port. Quand on aperçut les vaisseaux, on prétendit que c'étaient des marchands juifs selon ceux-ci, Africains suivant ceux-là, Bretons au sentiment d'autres; mais l'habile monarque, reconnaissant à la construction et à l'agilité des bâtiments qu'ils portaient, non des marchands, mais des ennemis, dit aux siens : — Ces vaisseaux ne sont point chargés de marchandises, mais remplis de cruels ennemis. — A ces mots, tous les Francs, à l'envie les uns des autres, courent à leurs navires, mais inutilement. Les Normands, en effet, apprenant que là était celui qu'ils avaient coutume d'appeler Charles le marteau, craignirent que toute leur flotte ne fût prise dans ce port, ou ne pérît réduite en débris, et ils évitèrent, par une fuite d'une inconcevable rapidité, non-seulement les glaives, mais même les yeux de ceux qui les poursuivaient. Le religieux Charles cependant, saisi d'une juste crainte, se levant de table, se mit à la fenêtre qui regardait l'orient, et demeura très-longtemps le visage inondé de pleurs. Personne n'osant l'interroger, ce prince belliqueux, expliquant aux grands qui l'entouraient la cause de son action et de ses larmes, leur dit : — Savez-vous, mes fidèles, pourquoi je pleure si amèrement? Certes, je ne crains pas que ces hommes réussissent à me nuire par leurs misérables pirateries; mais je m'afflige profondément que, moi vivant, ils

LOUIS LE DÉBONNAIRE

fait arracher les yeux à son neveu Bernard, roi d'Italie.

« aient été près de toucher ce rivage, et je suis tourmenté d'une
« violente douleur quand je prévois de quels maux ils écraseront
« mes neveux et leurs peuples [1]. »

Peu s'en faut que le monarque, saisi d'une profonde mélancolie, ne jette sa coupe à la mer, comme le vieux roi de la ballade, en s'écriant qu'il ne boira plus désormais. Admirable tableau bien digne de clore toute cette merveilleuse histoire qu'on appelle le règne de Charlemagne.

Charlemagne termina le 28 janvier 814, à l'âge de soixante-douze ans, sa grande et active existence, après en avoir régné quarante-sept. Son fils Louis, associé de son vivant à l'empire, lui succéda comme chef de l'immense monarchie qu'il avait fondée, et qui comprenait plus de la moitié de l'Europe moderne. Mais un si énorme fardeau accabla la faiblesse du nouvel empereur. Dès les premières années de son règne, il fut aisé de prévoir que l'empire d'Occident subirait, dans un avenir peu éloigné, un nouveau démembrement. Trois années seulement après son avènement au trône, son neveu, Bernard, roi d'Italie, prit les armes pour le renverser. Louis, à cette nouvelle, rassembla en grande hâte, de tous les points de la Gaule et de la Germanie, une armée considérable, et s'avança à marches forcées vers l'Italie, dont Bernard avait fortifié tous les passages. Ce dernier, abandonné de la plupart de ceux qui l'avaient poussé à cette folle révolte, et comprenant toute la gravité de sa position, ne songea plus alors qu'à fléchir son oncle, et vint le trouver à Châlons-sur-Saône pour implorer son pardon. Tous ses partisans suivirent son exemple; et, non-seulement ils se rendirent à discrétion, mais ils déclarèrent volontairement, et à la première question qu'on leur adressa, comment les choses s'étaient passées. Malgré leur soumission, ils furent tous condamnés à mort, sans en excepter Bernard lui-même, et Louis, que l'on a surnommé *le pieux* et *le débonnaire*, crut faire en leur faveur un acte de haute clémence, en ordonnant qu'ils eussent seulement les yeux arrachés. Le malheureux Bernard et l'un de ses complices, nommé Réginard, moururent trois jours après avoir enduré ce

---

[1] *Chronique du moine de Saint-Gall*, liv. II.

supplice [1]. Louis, en apprenant la mort de son neveu, s'abandonna à une vive douleur, pleura pendant longtemps, se confessa en présence de tous les évêques, s'imposa une pénitence rigoureuse, et enfin distribua beaucoup d'argent aux pauvres, *pour le salut de son âme*, dit Thégan. Ainsi donc, si Bernard avait survécu à l'horrible traitement qui lui fut infligé, la conscience de Louis le Débonnaire n'eût pas été le moins du monde troublée ; sa conscience ne s'alarma que parce que l'infortuné mourut des suites de cette atroce mutilation. Étrange commutation de peine que celle-là !...

La révolte de Bernard, bien qu'elle n'eût pas été suivie d'effet, peut être considérée néanmoins comme l'un des premiers symptômes de la dissolution de l'empire d'Occident. Il faut croire que déjà des symptômes semblables s'étaient manifestés, puisque Louis avait jugé à propos d'associer à l'empire son fils Lothaire pour succéder, après lui, à toutes ses couronnes. « A cause de cela, dit « un chroniqueur, ses autres fils entrèrent en courroux. » Ce fut même probablement ce qui poussa Bernard à sa malheureuse échauffourée. Louis, éclairé par cet événement, fit tonsurer ses trois frères, Drogon, Hugues et Théodoric, afin de prévenir toute nouvelle révolte ; mais il épargna ses fils, et dans la suite, tous ses malheurs vinrent de ces mêmes fils.

Sa femme Hermengarde lui en avait donné trois, dont le premier, Lothaire, portait déjà le titre d'empereur ; le second, Pepin, fut nommé roi d'Aquitaine, et le troisième, Louis, roi de Bavière. Après ces arrangements, qui semblaient devoir assurer la tranquillité de l'empire, Louis le Débonnaire, qui avait perdu sa première femme, épousa en secondes noces la fille du duc Guelf, de la plus illustre race des Bavarois. « Elle se nommait Judith, et sortait, « par sa mère, d'une famille très-noble parmi les Saxons. Louis la « couronna reine : elle était très-belle [2]. » Au bout de quelques années, il naquit de ce mariage un fils que Louis appela Charles, et

---

[1] ÉGINHARD, *Annales*, ann. 818. — NITHARD, *Histoire des dissensions des fils de Louis le Débonnaire*, liv. Ier. — THÉGAN, *De la Vie et des Actions de Louis le Débonnaire*. — L'ASTRONOME, *Vie de Louis le Débonnaire*.

[2] THÉGAN, *De la Vie et des Actions de Louis le Débonnaire*.

auquel il voulut donner un apanage comme à ses autres fils. Tourmenté de cette idée, il supplia ces derniers de consentir à un nouveau partage de l'empire. Lothaire se rendit à sa prière, et non-seulement lui permit de donner au jeune prince tel royaume qu'il jugerait convenable, mais jura solennellement qu'il serait son appui et son défenseur contre tous ses ennemis [1]. Ce serment, Lothaire ne le garda qu'aussi longtemps qu'il ne fut pas contraire à ses intérêts; se repentant bientôt d'avoir été aussi facile avec son père, il travailla secrètement à détruire tout ce que celui-ci avait fait en faveur de son jeune fils. Louis, voyant cela, accorda toute sa confiance à Bernard, duc de Septimanie, et l'opposa à Lothaire. Ce Bernard était le conseiller et le favori de l'impératrice Judith, dont on le soupçonnait même d'être l'amant. Louis, qui ne voyait que par les yeux de sa femme, éleva Bernard aux premières dignités de l'empire, et lui confia même l'éducation du jeune Charles qui passait pour être le fruit de ses relations criminelles avec l'impératrice. L'élévation du duc de Septimanie au timon des affaires, loin de calmer les mécontentements qui surgissaient de toutes parts, ne fit que les aigrir et les augmenter davantage. Un orage épouvantable s'amoncelait sur la tête du malheureux Louis, qui était encore plus méprisé que haï. Mais lui, bravant l'animadversion publique, convoqua une diète à Worms, en 829, et y donna à son quatrième fils Charles un royaume formé du territoire des Allemands, de la Rhétie et d'une partie de la Bourgogne [2]. Cette donation se fit sous les yeux de Lothaire et de Louis, premier et troisième fils de l'empereur; celui-ci avait exigé qu'ils la sanctionnassent par leur présence, pensant qu'ils se croiraient par cela même obligés de maintenir l'intégrité du nouveau royaume; mais Lothaire et Louis, non plus que leur frère Pepin, ne le jugèrent ainsi. Très-irrités du magnifique don que l'empereur avait fait à son plus jeune fils, ils ne songèrent qu'à se révolter contre lui, qu'à le dépouiller d'un pouvoir dont il faisait usage pour réduire leur part de souveraineté.

---

[1] NITHARD, *Histoire des Dissensions des fils de Louis le Débonnaire*, liv. Ier.
[2] THÉGAN, *De la Vie et des Actions de Louis le Débonnaire*.

Rien ne leur était plus facile; ils n'avaient qu'à se mettre à la tête des nombreux mécontents que le gouvernement inepte et lâche de Louis le Débonnaire avait enfantés. L'Astronome nous donne à cet égard de précieux détails : « Pendant que l'empereur
« parcourait les provinces maritimes de son empire, dit-il, les
« chefs de la faction, ne pouvant tenir plus longtemps leurs des-
« seins secrets, les découvrirent. Ils entraînent d'abord dans leur
« conjuration les principaux seigneurs, puis ils gagnent et s'ad-
« joignent les seigneurs les moins puissants. Soutenus par la mul-
« titude et par l'assentiment d'un grand nombre de seigneurs, les
« conjurés vont trouver Pepin, fils de l'empereur, et lui repré-
« sentent le mépris où ils sont tombés, l'insolence de Bernard, le
« dédain des autres seigneurs; ils affirment même, ce qu'il est un
« crime de dire, que Bernard souille la couche de l'empereur,
« que ce prince a les yeux fascinés de tels prestiges que, bien loin
« de vouloir punir cet outrage, il ne s'en aperçoit même pas. Ils
« ajoutaient qu'un bon fils ne pouvait supporter qu'avec indigna-
« tion le déshonneur de son père, et devait s'efforcer de le rendre
« à sa raison et à sa dignité; qu'en se conduisant ainsi il obtien-
« drait une grande renommée de vertu et l'accroissement de son
« royaume. C'est ainsi qu'ils coloraient leur crime. Le jeune
« homme, séduit par ces insinuations, se rendit avec eux et une
« grande quantité de troupes à Orléans, en chassa Odon, mit à
« sa place Mathfried (l'un des principaux chefs des mécontents),
« et poussa jusqu'à Verberie [1]. »

Louis le Débonnaire se trouvait alors à Compiègne avec son troisième fils Louis, surnommé le Germanique. Ce dernier, apprenant que son frère approchait avec des intentions hostiles contre l'empereur, vint le rejoindre, et tous les deux marchèrent contre leur père. Louis le Débonnaire, craignant plus pour Judith et pour Bernard que pour lui-même, laissa celui-ci libre de se retirer dans son duché de Septimanie, et envoya sa femme au monastère des Filles de Sainte-Marie à Laon. Quant à lui, il n'eut

---

[1] L'Astronome, *Vie de Louis le Débonnaire*. — Thégan, *De la Vie et des Actions de Louis le Débonnaire*.

pas même le triste courage de la fuite, et attendit dans une sorte d'impassibilité stupide qu'il plût à ses fils d'ordonner de son sort.

Pepin et Louis s'étant fait amener Judith, l'obligèrent, sous peine de mort, de se rendre auprès de l'empereur et d'exiger de lui qu'il abdiquât le souverain pouvoir, et qu'il embrassât la vie monastique. « Comme ils désiraient ardemment qu'une telle chose « arrivât, dit encore l'Astronome, ils en conçurent facilement l'es- « pérance : Ils firent donc accompagner l'impératrice par un petit « nombre des leurs, qui la conduisirent auprès de Louis. Ayant « obtenu la liberté de l'entretenir en secret, ce prince consentit « bien à ce qu'elle acceptât le voile pour échapper à la mort, mais « il demanda que, pour sa propre réclusion, on lui laissât le loisir « de délibérer. Judith étant donc revenue vers eux, ils s'abstin- « rent de tout autre attentat, se bornant, pour céder aux cla- « meurs du vulgaire, à ordonner qu'elle fût bannie et renfermée « dans le monastère de Sainte-Radegonde. »

Au mois de mai suivant, Lothaire arriva d'Italie et approuva tout ce que ses frères avaient fait. Reconnu chef du parti qui s'était révolté contre l'empereur, il prit en main l'autorité, et ses premiers actes furent des actes de proscription : il fit arracher les yeux à Héribert, frère de Bernard, qui avait eu l'imprudence de rester à la cour, condamna à l'exil Odon, cousin de ce même Bernard, enferma dans un couvent Conrad et Rodolphe, frères de l'impératrice Judith. Mais le plus important était de savoir ce que l'on ferait de l'empereur. Les trois fils de Louis le Débonnaire délibérèrent sur ce point avec Wala, abbé de Corbie, Hilduin, archichapelain et abbé de Saint-Denis, et Jessé, évêque d'Amiens. Ces derniers voulaient que l'empereur fût déposé solennellement par l'assemblée des Francs; mais ce parti parut trop violent aux trois princes qui avaient conservé un reste d'affection pour leur père; ils le rejetèrent en donnant pour raison que Louis, accoutumé de tout temps à se laisser gouverner par un favori, se prêterait volontiers à tout ce que l'on exigerait de lui, et que l'on pouvait sans crainte laisser sur son front la couronne impériale. Dans une assemblée générale tenue à Compiègne, il fut arrêté que Pepin retournerait en Aquitaine, Louis le Germanique en Bavière, et que Lothaire demeurerait chargé, conjointement avec Louis le Débonnaire, du gouvernement de l'empire[1].

Mais le vieil empereur, qui, de son plein gré, s'était laissé imposer des lois par Judith et par Bernard, ne souffrit qu'impatiemment le joug de ses trois fils, et surtout l'insolente tutelle de Lothaire. Pour secouer ce joug, pour recouvrer sa liberté d'action, il déploya tout à coup une activité et une ruse qu'on ne lui connaissait pas encore. Il faut dire qu'il fut puissamment aidé dans cette œuvre par les moines auxquels Lothaire l'avait confié, « afin
« qu'ils l'accoutumassent à la vie monastique, dit Nithard, et qu'ils
« l'engageassent à l'embrasser. Comme chacun alors, livré à ses
« passions, ajoute le même chroniqueur, ne cherchait que son
« propre intérêt, la république empirait chaque jour. C'est pour-
« quoi les moines dont nous avons parlé, et d'autres gens qui gé-
« missaient de ce qui avait été fait, demandèrent au seigneur Louis
« si, en cas qu'on le remît à la tête du gouvernement, il voudrait
« le rétablir et le soutenir avec vigueur, et surtout remettre sur
« pied le culte divin qui dirige et protége tout le reste. Comme il
« y consentit facilement, on s'entendit bientôt sur sa restauration.
« Ayant pris un certain moine, nommé Gondebaud, Louis l'en-
« voya pour ce dessein vers Pepin et Louis, ses fils, leur promet-
« tant que, s'ils voulaient concourir avec ses partisans à son réta-
« blissement, il agrandirait leurs royaumes. Ils y consentirent
« aisément et avidement; une assemblée fut convoquée; la reine
« et ses frères furent rendus à l'empereur, et tout le peuple fut
« soumis à sa domination. Les partisans de Lothaire furent traduits
« devant l'assemblée, et condamnés à mort par Lothaire lui-
« même; on leur accorda la vie et ils furent envoyés en exil. Louis
« permit à Lothaire, obligé de se contenter de l'Italie seulement,
« de s'en aller à condition que désormais il ne tenterait aucun des-
« sein contre la volonté de son père[2]. »

Cette restauration de Louis le Débonnaire eut une autre cause

---

[1] L'Astronome, *Vie de Louis le Débonnaire*. — *Annales de Saint-Bertin*. — *Chroniques de Saint-Denys*, ch. XVI.

[2] Nithard, *Histoire des Dissensions des fils de Louis le Débonnaire*, liv. Ier.

encore que celle qui vient d'être indiquée par Nithard; cause plus profonde, plus générale, et qui consistait dans l'inimitié, dans l'antagonisme des Germains, ou Francs orientaux, et des Français, ou Francs occidentaux. Les vieilles dénominations d'Austrasiens et de Neustriens n'existaient plus, mais l'ardente rivalité qui avait tant de fois armé l'une contre l'autre ces deux fractions d'un même peuple reparaissait sous d'autres noms.

Dans toutes les guerres, dans toutes les convulsions qui précédèrent et qui accompagnèrent le démembrement de l'empire de Charlemagne, les Francs orientaux s'unirent de préférence aux peuplades tudesques, même anciennement ennemies des Francs, contre les Francs occidentaux, lesquels, vivant au milieu de la population gauloise, se ralliaient, malgré leur origine, à l'intérêt du peuple vaincu par leurs ancêtres. Ces derniers prirent en général parti contre Louis le Débonnaire, c'est-à-dire contre l'empire à la tête duquel il se trouvait placé, et qui était, pour les Gaulois indigènes, un gouvernement de conquête. Les premiers, au contraire, soutinrent énergiquement les droits de l'empereur; ligués en apparence pour faire triompher sa cause personnelle, ils défendaient, en réalité, leur propre cause, leur cause nationale, car la puissance impériale était le résultat des victoires germaniques. C'est ce qui nous explique pourquoi, lorsqu'il fut question de convoquer l'assemblée générale qui devait statuer sur les différends de Louis le Débonnaire et de ses fils, le premier insista fortement pour qu'elle n'eût pas lieu en France. « Car, dit l'Astronome, il se dé-
« fiait des Français, et il n'avait d'espérance que dans les Ger-
« mains [1]. » Cette assemblée ayant eu lieu à Nimègue, c'est-à-dire au centre de la puissance germanique, donna raison à l'empereur contre ses fils; si elle avait eu lieu en France, c'est le contraire qui serait arrivé.

Une fois Louis le Débonnaire rétabli dans la plénitude de ses droits, la discorde continua de régner dans le gouvernement. Deux hommes, également ambitieux, se disputèrent le second rang dans

---

[1] « Diffidens quidem Francis, magisque se credens Germanis. » L'ASTRONOME, *Vie de Louis le Débonnaire*.

l'empire, l'un était ce moine Gondebaud, qui avait si efficacement coopéré à la restauration de l'empereur; l'autre était le fameux duc de Septimanie lui-même, qui, revenu à la cour, prétendait y reprendre la place qu'il y avait occupée naguère. Pepin et Louis le Germanique, de leur côté, quoique leurs États eussent été augmentés, selon la promesse qui leur en avait été faite, s'efforçaient tous les deux de supplanter Gondebaud et Bernard [1]. Ces tiraillements, ces rivalités amenèrent inévitablement de nouveaux troubles. Les trois fils aînés de l'empereur se liguèrent encore une fois avec les mécontents; mais Lothaire s'en tint à des correspondances qu'il nia ensuite. Louis le Germanique mit sur pied une armée, et s'avança jusqu'à l'abbaye de Saint-Nazaire. « Il y resta, dit un chroniqueur, « jusqu'à ce que son père, venant à Mayence, rassemblât son ar- « mée et le poursuivît. Alors il retourna dans son palais, et y at- « tendit l'arrivée de son père, résolu de se défendre. Son père, « lorsqu'il fut arrivé, le fit venir auprès de lui, le reçut avec bonté, « et eut avec lui un entretien pacifique. Quelques jours après ils « se séparèrent pleins de joie et de tendresse. Le fils resta chez lui; « le père retourna en France [2]. »

Les choses ne se passèrent pas aussi pacifiquement entre Louis le Débonnaire et Pepin. Ce dernier qui avait quitté clandestinement la cour de son père, qui ensuite avait refusé de se trouver aux États convoqués à Orléans, fit soulever l'Aquitaine et déclara ouvertement la guerre à son père. L'empereur marcha contre lui, se saisit de sa personne, et le fit conduire à Trèves dans le but, selon l'Astronome, de corriger ses mœurs dépravées; mais gardé trop négligemment pendant le voyage, il fut délivré par les siens. Les hostilités continuèrent en Aquitaine durant une partie de la saison rigoureuse; harcelé sans relâche par les Aquitains, l'empereur se décida à battre en retraite; mais avant de se retirer, il déclara Pepin déchu du royaume d'Aquitaine, et transmit ce royaume à son plus jeune fils Charles.

Grand fut alors le mécontentement de ses fils aînés qui saisirent

---

[1] Nithard, *Histoire des Dissensions des fils de Louis le Débonnaire*, liv. 1er.
[2] Thégan, *De la Vie et des Actions de Louis le Débonnaire*.

cette occasion de reprendre les armes. Leur cause paraissait tellement juste que le pape Grégoire ne fit nulle difficulté de se rendre auprès d'eux afin de fortifier leur parti par sa présence. La conduite déloyale de Louis le Débonnaire, qui, sans respect pour la foi jurée, sacrifiait les trois fils de son premier lit à leur plus jeune frère, et mettait au néant ses propres lois, ses propres conventions, soulevait contre lui une haine universelle. Lothaire, Louis le Germanique et Pepin s'étant réunis avec leurs nombreux partisans près de Colmar en Alsace, dans le but de contraindre leur père à maintenir le premier partage qu'il avait fait, l'empereur marcha contre eux à la tête d'une armée considérable, et s'avança jusqu'à Worms. Là il délibéra longtemps sur le parti qu'il devait prendre.

« Enfin, dit un narrateur contemporain, il envoya l'évêque Ber-
« nard et plusieurs autres seigneurs pour exhorter ses fils à reve-
« nir auprès de lui ; il les chargea aussi de demander au pape pour
« quel motif il tardait tant à le venir trouver, si son intention était
« véritablement d'imiter l'exemple de ses prédécesseurs. Cepen-
« dant le bruit se répandait de toutes parts que le pape n'était
« venu que dans l'intention de tenir sous le coup de l'excommu-
« nication l'empereur et les évêques, s'ils voulaient résister à
« la volonté des fils de ce prince ou à la sienne propre. Cette
« audace présomptueuse ne diminua rien de la fermeté des évê-
« ques de l'empereur, qui protestèrent qu'ils ne voulaient en
« aucune façon fléchir sous l'autorité du pape ; que s'il était venu
« pour excommunier, il s'en retournerait excommunié, et que les
« anciens canons lui étaient entièrement contraires [1]. »

L'empereur et ses trois fils se trouvèrent bientôt en présence. Les deux partis paraissaient plus disposés à négocier qu'à combattre ; et le pape, encourageant de tous ses efforts ces dispositions pacifiques, passait d'un camp dans l'autre, afin d'amener les membres divisés de la famille impériale à un accommodement. Les soldats et les courtisans de Louis le Débonnaire, honteux de servir les intérêts d'une femme ambitieuse qui compromettait à tout mo-

---

[1] L'Astronome, *Vie de Louis le Débonnaire.*

ment la tranquillité de l'empire, prirent alors une résolution extrême qui leur était commandée par leur propre sécurité. Dans la nuit du 24 juin 833, ils passèrent tous dans le camp des trois fils de l'empereur, et laissèrent ce dernier seul et désespéré. Le lieu où Louis éprouva cette défection terrible, connu auparavant sous le nom de *Rothfeld* (le champ rouge), reçut celui de *Lugenfeld* (le champ du mensonge). Louis, abandonné de son armée, et réduit à la position la plus triste où puisse se trouver un souverain et un père, se rendit avec sa femme et son plus jeune fils au camp de ses fils aînés. Ceux-ci descendirent de cheval pour le recevoir; mais ce fut là à peu près la seule marque de déférence qu'ils lui donnèrent. L'empereur les conjura de ne pas oublier ce qu'ils avaient autrefois promis à l'égard de sa femme, de son fils Charles et de lui-même. Les princes l'ayant assuré de leurs bonnes intentions, il les embrassa et les suivit jusque dans leur camp. Mais à peine y fut-il arrivé, qu'on lui enleva Judith, et qu'on la conduisit dans le camp particulier de Louis le Germanique. Quant à lui, il fut emmené, ainsi que le jeune Charles, dans le camp de Lothaire, qui lui avait fait préparer une tente, et il perdit alors toute illusion sur les projets que nourrissaient contre lui ses fils. L'autorité fut encore une fois arrachée de ses débiles mains; sa femme fut envoyée prisonnière dans la citadelle de Tortone en Italie, et son fils Charles enfermé dans l'abbaye de Prüym. Enfin, le partage de l'empire, tel qu'il avait eu lieu en 817, fut confirmé par de nouveaux serments; toutes ces choses réglées, les trois princes se séparèrent. Pepin reprit la route de l'Aquitaine, et Louis celle de la Bavière, tandis que Lothaire, resté seul chargé du gouvernement impérial, conduisit sous bonne garde son père à Compiègne [1].

L'historien Thégan, qui a raconté ces scènes dramatiques pleines d'intérêt, nous dit que Lothaire, réuni aux évêques et à plusieurs autres seigneurs, persécuta cruellement son père, et qu'il voulut même le contraindre à s'enfermer pour le reste de ses jours dans un monastère. Les deux fils puînés de l'empereur, Pepin et Louis,

---

[1] L'Astronome, *Vie de Louis le Débonnaire*. — Thégan, *De la Vie et des Actions de Louis le Débonnaire*. — *Annales de Saint-Bertin*.

n'approuvèrent pas cette rigueur dénaturée. Ils étaient outrés d'indignation, d'ailleurs, que Lothaire se fût approprié tout le pouvoir, et qu'il cherchât par tous les moyens à les abaisser. Ce qui acheva de les révolter ce fut la pénitence publique à laquelle on força le malheureux Louis. Les évêques du parti de Lothaire exigèrent de lui qu'il confessât ses péchés et ses crimes en présence de tout le peuple assemblé. Le but qu'ils se proposaient était de le rendre incapable de remonter jamais sur le trône. Voici en quels termes fut rédigé l'acte authentique dressé à l'époque même, et dans lequel se trouvent consignés tous les détails de cette cérémonie ignominieuse pour l'empereur déchu. « Le seigneur Louis étant venu
« dans l'église de la Sainte-Vierge, où sont déposés les corps de
« saint Médard et de saint Sébastien, en présence des prêtres, des
« diacres et d'une grande multitude de clercs, en présence aussi
« de son fils, le seigneur Lothaire, de ses grands et de tout le peu-
« ple, autant que l'église pouvait en contenir, il se prosterna en
« terre sur le cilice, devant le saint autel, et il confessa devant tout
« le monde, qu'il avait indignement rempli le ministère qui lui
« était confié; qu'il y avait offensé Dieu de différentes manières;
« qu'il avait scandalisé l'Église du Christ, et que par sa négligence
« il avait induit le peuple de plusieurs manières dans le désordre.
« En conséquence, et par pénitence de tant de crimes, il déclara
« qu'il voulait en faire une expiation publique et ecclésiastique,
« afin qu'avec l'aide du Seigneur il pût ensuite obtenir l'absolution
« de ses forfaits, par le ministère et l'appui de ceux auxquels Dieu
« a donné le pouvoir de lier et de délier. Alors, ces mêmes pon-
« tifes agissant comme ses ministres spirituels, l'avertirent, pour
« son salut, qu'une vraie rémission de ses péchés suivrait une
« confession pure et simple. Après cet avertissement, il confessa
« qu'il avait péché dans toutes les choses dont il avait été repris
« par les mêmes pontifes. Après cette confession il remit au prêtre
« l'écrit qui contenait l'énumération de ses péchés, pour qu'ils le
« gardassent en mémoire de cet événement, et ceux-ci le posèrent
« sur l'autel. Ensuite il détacha sa ceinture militaire et la plaça
« lui-même sur l'autel : puis, se dépouillant de l'habit du siècle,
« il reçut des évêques, avec l'imposition des mains, l'habit de pé-

« nitent ; car après une si grande et telle pénitence, un homme
« ne peut jamais rentrer dans la milice du siècle. »

A la nouvelle de cet odieux attentat du clergé contre Louis le Débonnaire, les peuples de France, de Bourgogne, d'Aquitaine et de Germanie, poussèrent un long cri de compassion et de douleur. Une réaction immense s'opéra en faveur du monarque dépossédé ; ses deux fils, Pepin et Louis, se mirent à la tête de ce grand mouvement, et s'avancèrent contre Lothaire qui, traînant son père après lui de ville en ville, se trouvait alors à Saint-Denis. Lothaire, dans l'impossibilité où il était de résister à ses deux frères, ne jugea pas à propos de les attendre, soit qu'il craignît des représailles de leur part, soit qu'il ne voulût pas assister à la nouvelle restauration de Louis le Débonnaire. Il mit en liberté ce dernier ainsi que le jeune Charles, et partit pour Vienne, en Dauphiné, où il avait l'intention de réunir ses partisans, beaucoup plus nombreux dans les provinces méridionales de la Gaule que dans les pays teutoniques.

Louis le Débonnaire, redevenu libre, ne se hâta pas de reprendre le souverain pouvoir ; avant d'oser agir en prince séculier, il voulait que les évêques eussent levé la sentence ecclésiastique dont ils l'avaient frappé. Louis et Pepin s'empressèrent d'effacer par des témoignages de respect et d'amour le souvenir de leur récente insubordination envers leur père ; quant à Lothaire, à qui l'empereur aurait voulu pouvoir pardonner aussi, il repoussa toute proposition d'accommodement, et se mit en campagne à la tête d'une nombreuse armée. Les dispositions de Louis le Débonnaire à la clémence et à la paix firent place à un vif ressentiment dès que sa femme Judith, délivrée de sa prison de Tortone, l'eut rejoint à Aix-la-Chapelle. Il mit sur pied deux armées, dont l'une, sous le commandement de trois comtes, fut chargée de combattre Lothaire, et l'autre, aux ordres d'Odon, de lutter contre Lambert, comte de Nantes, et Mathfried, comte d'Orléans, qui tous deux étaient à la tête d'un nombreux parti de mécontents. La première de ces armées fut défaite et presque entièrement détruite par Lothaire, après cinq jours d'un combat acharné, à la suite duquel il prit et incendia Châlons-sur-Saône, et y commit d'affreuses cruautés. La seconde armée, commandée par Odon, éprouva un sort semblable, et Odon périt dans l'action. Lothaire et les siens, fiers de cette double victoire, et ne doutant pas que l'empire ne dût rentrer sous leur domination, se rendirent à Orléans, afin d'y délibérer sur le parti qu'ils avaient à prendre. A cette nouvelle, l'empereur rassemble une grande armée, composée principalement de Germains, appelle à son secours son fils Louis, et marche contre Lothaire, lequel, animé de l'espoir de séduire encore une fois les partisans de son père, se décide à aller à sa rencontre. Ils s'avancèrent de part et d'autre jusqu'à un fleuve sur les bords duquel ils campèrent. « Mais les Francs, dit un chroniqueur, « pleins de repentir d'avoir deux fois abandonné leur empereur, « et jugeant qu'il serait honteux de faire encore de même, « ne voulurent point se laisser entraîner à la défection. C'est « pourquoi Lothaire mit fin à la guerre, promettant que, dans « un nombre de jours fixé, il repasserait les Alpes, que désormais « il n'entrerait pas dans le pays des Francs sans l'ordre de « son père, et n'entreprendrait rien dans l'empire contre sa volonté. « Il prêta serment, avec les siens, qu'il observerait ces conventions [1]. »

Le calme étant de nouveau rétabli dans l'empire, Louis le Débonnaire recommença à gouverner de la même façon et avec les mêmes conseillers que par le passé. Convaincu que le peuple ne voudrait plus déserter sa cause et qu'il pouvait impunément tout oser, il convoqua à Aix-la-Chapelle une assemblée générale en présence de laquelle il donna à son fils Charles une partie de ses États à titre de royaume. Cette nouvelle souveraineté comprenait toute la Gaule septentrionale, et s'étendait depuis la Seine jusqu'à la frontière des Saxons.

L'affaiblissement rapide de l'empereur, qui faisait craindre ou sa mort prochaine ou un tel degré d'imbécillité que le sceptre ne pût plus rester entre ses mains, inspira à l'impératrice la résolution de le réconcilier, à quelque prix que ce fût, avec l'un de ses fils aînés, afin qu'il servît de tuteur et d'appui au jeune Charles.

[1] Nithard, *Histoire des Dissensions des fils de Louis le Débonnaire*, liv. Ier.

Lothaire, à qui des ouvertures furent faites à ce sujet, se rendit aussitôt à Worms, et là, en présence de toute la cour impériale, se jeta humblement aux pieds de son père, en disant : « Je reconnais, mon seigneur et père, que j'ai péché envers Dieu et vous. Je vous demande, non le royaume, mais votre indulgence et la grâce de votre pardon. » Louis, père tendre et indulgent, touché de sa soumission, lui pardonna ses offenses, à condition que désormais il n'entreprendrait plus rien contre lui ni contre son fils Charles. On procéda ensuite à un nouveau partage de l'empire. La partie orientale, sauf la Bavière, échut à Lothaire, et la partie occidentale, moins l'Aquitaine, à Charles. Louis le Débonnaire ayant ainsi réglé toutes choses entre ses deux fils, les supplia de s'aimer mutuellement, de se protéger, de se soutenir l'un l'autre et d'être toujours soumis à ses volontés.

Vers la même époque mourut Pepin, dont le fils aîné fut proclamé roi par les Aquitains, sous le nom de Pepin II. Mais Louis le Débonnaire, loin de sanctionner cette élection, marcha à la tête d'une puissante armée contre son petit-fils, qu'il voulait déposséder au profit de son fils bien-aimé Charles, et ravagea l'Aquitaine ; les braves et fidèles habitants de ce royaume défendirent leur roi avec vigueur et ne cédèrent qu'au nombre. Au moment où Louis se reposait à Poitiers des fatigues de cette laborieuse campagne, il apprit que son fils le Germanique désolait l'Allemagne avec une armée de Thuringiens et de Saxons. Il laisse à Poitiers Charles et sa mère, et vole contre son fils rebelle. Celui-ci n'ose affronter l'armée de son père et se sauve en Bavière. Mais le Débonnaire, atteint d'une grave maladie, se fit porter à Worms, puis au palais d'Ingelheim, bâti dans une île du Rhin, et y rendit le dernier soupir le 20 juin 840.

Aucun des fils de l'empereur ne se trouvait auprès de lui quand il mourut. Lothaire, qui était en Italie, envoya aussitôt des messagers dans tous les pays de la domination des Francs, avec ordre d'annoncer qu'il allait venir prendre possession de l'empire auquel il avait été associé par son père et qui lui appartenait légitimement, promettant, non-seulement de conserver à chacun les honneurs et bénéfices accordés par l'empereur défunt, mais de les augmenter encore[1]. Lothaire prétendait, avec quelque apparence de raison, qu'il devait être reconnu chef de l'empire comme l'avaient été son père et son aïeul, et qu'il devait exercer sur les trois rois, ses frères et son neveu, une juridiction semblable à celle qui pendant quarante ans avait été exercée par les empereurs sur les rois. Cette prétention fut énergiquement repoussée par ses deux frères. Louis, qui avait gagné l'affection des Allemands en vivant constamment au milieu d'eux, profita de la mort de son père pour soulever les populations germaniques, et pour reculer les bornes de sa domination jusqu'au Rhin. Charles, de son côté, travaillait activement à se rendre indépendant du chef de sa famille, et, pour arriver à ce but, faisait la guerre à Pepin II, qu'il voulait dépouiller du royaume d'Aquitaine, et négociait avec Bernard, duc de Septimanie. La cause de ce Charles, que l'on a surnommé *le Chauve*, était essentiellement la cause française. De son règne date l'indépendance de la nation qui créait la langue que nous parlons aujourd'hui, et qui à cette époque se sépara irrévocablement des Allemands et des Italiens. Avec lui commence à poindre la véritable monarchie française, et avec la monarchie la nationalité.

Lothaire menaça d'une guerre à outrance successivement Louis le Germanique et Charles le Chauve. Ces deux derniers, afin de conjurer le danger, s'unirent étroitement contre leur frère aîné, qui, de son côté, s'allia à Pepin II. Tout le monde souhaitait ardemment que la question de la prééminence de l'empire sur les royaumes se décidât par une bataille générale; c'était un appel au jugement de Dieu par lequel tous les Francs et tous les Romans-Gaulois espéraient terminer les dissensions qui désolaient l'empire depuis dix ans. Cette bataille tant désirée eut lieu enfin; elle fut effroyable.

Le 13 mai 841, Louis le Germanique força le passage du Rhin, qui était défendu par Adalbert, duc de Metz, et réunit ses forces à celles de Charles le Chauve. Les deux rois se trouvèrent en présence de Lothaire dans le voisinage d'Auxerre. Lothaire qui n'avait pas encore fait sa jonction avec Pepin, entama des négocia-

---

[1] NITHARD, *Histoire des Dissensions des fils de Louis le Débonnaire*, liv. II.

tions dans le but de donner à ce dernier le temps d'arriver. Il paraissait disposé à traiter, mais ce n'était qu'une feinte de sa part : dès que Pepin fut arrivé avec ses troupes il manda à Louis et à Charles qu'ils devaient savoir que le titre d'empereur lui avait été donné par une autorité supérieure, et qu'un pouvoir sans bornes était inséparable d'un pareil titre. Ces paroles hautaines furent le signal de la grande bataille qui devait décider de l'indépendance nationale des peuples de l'Occident.

« Comme tout espoir de justice et de paix paraissait enlevé, dit
« Nithard, qui, avant d'écrire l'histoire de son temps, avait été l'un
« des plus vaillants capitaines de Charles le Chauve, Louis et Char-
« les firent dire à Lothaire que, puisqu'il n'avait rien trouvé de
« mieux, il eût à accepter une de leurs propositions, sinon qu'il
« sût que le lendemain (25 juin) ils en viendraient au jugement
« de Dieu, auquel il les forçait de recourir, bien contre leur gré.
« Lothaire, selon sa coutume, méprisa insolemment ce message,
« et répondit qu'ils verraient bien ce qu'il savait faire. Tout étant
« ainsi rompu, au point du jour, Louis et Charles levèrent leur
« camp, et occupèrent, avec le tiers de l'armée, le sommet d'une
« colline voisine du camp de Lothaire ; ils attendirent là son appro-
« che, et à la deuxième heure du jour, comme leurs hommes l'a-
« vaient juré, les deux armées étant en présence, un grand et rude
« combat s'engagea sur les bords d'une petite rivière de Bourgo-
« gne. Louis et Lothaire en vinrent vaillamment aux mains dans
« un lieu nommé les Bretignelles, et là Lothaire vaincu prit la
« fuite. La portion de l'armée que Charles attaqua dans un lieu
« nommé le Fay s'enfuit aussitôt ; celle qui était près du lieu de
« Goulenne soutint vaillamment le choc du comte Adalhard et
« d'autres auxquels, avec l'aide de Dieu, je prêtai un utile secours.
« Les deux rois furent donc vainqueurs..... Louis et Charles déli-
« bérèrent, sur le champ de bataille même, sur ce qu'ils devaient
« faire des fuyards. Quelques-uns, enflammés de fureur, conseil-
« laient de poursuivre l'ennemi ; d'autres, et surtout les rois, pre-
« nant pitié de leur frère et de son peuple, étaient d'avis de leur
« témoigner en cette occasion la miséricorde de Dieu. Le reste de
« l'armée y ayant consenti, tous cessèrent de combattre et de faire

« du butin, et rentrèrent dans leur camp vers le milieu du jour.
« Par divers motifs, ils résolurent de passer le lendemain, qui était
« un dimanche, en cet endroit, et ce jour-là, après la célébration de
« la messe, ils enterrèrent également amis et ennemis, fidèles et
« traîtres, et soignèrent également tous les blessés, selon leur pou-
« voir. Ils envoyèrent après ceux qui s'étaient enfuis, leur dire que,
« s'ils voulaient retourner à leur foi, toute offense leur serait par-
« donnée. Ensuite les rois et l'armée, affligés d'en être venus aux
« mains, avec un frère et des chrétiens, interrogèrent les évêques
« sur ce qu'ils devaient faire à cause de cela. Tous les évêques se
« réunirent en concile ; et il fut déclaré dans cette assemblée qu'on
« avait combattu pour la seule justice, que le jugement de Dieu
« l'avait prouvé manifestement, et qu'ainsi quiconque avait pris
« part à l'affaire, soit par conseil, soit en actions, comme instru-
« ment de la volonté de Dieu, était exempt de tout reproche ; mais
« que si quelqu'un, au témoignage de sa propre conscience, avait
« conseillé ou agi dans cette guerre par colère, ou haine, ou vaine
« gloire, ou quelque autre vice, il devait avouer sa faute en confes-
« sion, et faire la pénitence qui lui serait imposée [1]. »

Telle fut la meurtrière bataille de Fontenai ou de Fontenaille dans laquelle les Francs firent des pertes si considérables que leur puissance militaire ne put s'en relever, et qu'ils se trouvèrent désormais dans l'impuissance d'arrêter les incursions des Normands, des Sarrasins et des Bretons. Ce n'était pas assez d'avoir vaincu Lothaire, les deux rois se réunirent à Strasbourg, l'année suivante, et confirmèrent leur alliance par des serments solennels, afin de prouver au peuple qu'ils agissaient sans arrière-pensée ; ils jurèrent mutuellement de maintenir, contre l'empereur, l'indépendance de leur couronne, et de ne point faire de paix avec lui, au détriment l'un de l'autre.

Cette alliance étroite de Louis et de Charles, ces serments en présence des deux armées qui avaient vaincu à Fontenai, et qui étaient prêtes à combattre encore pour le triomphe de la même cause, ébranlèrent la fidélité des partisans de Lothaire, et leur firent com-

---

[1] NITHARD, *Histoire des Dissensions des fils de Louis le Débonnaire*, liv. II et III.

prendre que la paix, dont l'empire avait un si grand besoin, ne pourrait se rétablir qu'autant que l'empereur se relâcherait de ses intolérables prétentions. Abandonné de la plus grande partie des siens, Lothaire quitta en fugitif le palais d'Aix-la-Chapelle, dont il enleva le trésor et les ornements impériaux, et se retira à Troyes d'abord, puis à Lyon. Convaincu enfin qu'aucune des nations qui composaient le vaste empire de Charlemagne n'était disposée à se dévouer pour la cause de la prééminence impériale, et redoutant les chances d'une nouvelle bataille, il députa vers ses frères trois de ses leudes, Joseph, Ébernard et Egbert, pour leur faire des propositions de paix. Louis et Charles les accueillirent avec empressement, et un traité ne tarda pas à être conclu à Verdun, aux termes duquel tous les pays de langue teutonique furent abandonnés à Louis; toute la partie de la Gaule située à l'ouest de l'Escaut, de la Meuse, de la Saône et du Rhône, avec le nord de l'Espagne jusqu'à l'Èbre, fut adjugée à Charles, et tous les pays situés entre ces deux grandes portions devinrent l'apanage de Lothaire. Quant à Pepin II, à qui Lothaire avait garanti la possession de l'Aquitaine, il fut mis entièrement hors de cause. L'empire de Charlemagne se trouva donc divisé en trois grandes monarchies complétement indépendantes les unes des autres. Ce démembrement, que les historiens modernes considèrent comme un événement calamiteux, fut une cause de joie pour les peuples, qui ne s'étaient soumis qu'avec une extrême répugnance au joug de Charlemagne, et qui depuis la mort de ce conquérant, avaient continuellement fait effort pour reconquérir leur indépendance [1].

---

[1] Nithard, *Histoire des Dissensions des fils de Louis le Débonnaire*, liv. IV. — *Annales de Saint-Bertin*. — *Annales de Metz*.

CHAPITRE IV.

SOMMAIRE.

L'empire carlovingien continue de se démembrer. — Guerre de Charles le Chauve et de Pepin pour la possession de l'Aquitaine. — Ravages des Normands. — Partage de la succession de Lothaire entre ses trois fils. — Les Francs neustriens et les Aquitains implorent l'appui de Louis le Germanique contre les Normands. — Louis et Charles sont sur le point d'en venir aux mains. — Déplorable situation de la France. — Révolte des fils de Charles le Chauve. — Ce dernier conclut un traité honteux avec les Normands. — Les évêques font arracher les yeux à son fils Carloman. — Charles le Chauve envahit l'Italie et se fait couronner empereur à Rome. — Mort de Louis le Germanique. — Charles le Chauve vaincu par Louis de Saxe. — Il envahit une seconde fois l'Italie et en est chassé par Carloman. — Il meurt en 877. — Louis le Bègue, son fils et son successeur, ne règne que sur une partie de ses États. — Alain le Grand secoue son autorité en Bretagne. — Après la mort de Louis le Bègue, les grands se partagent entre ses fils, Louis III et Carloman d'une part, et Louis de Saxe de l'autre. — Boson est élu roi de Provence. — Louis III s'empare de la Neustrie et Carloman de l'Aquitaine. — Prééminence de Charles le Gros, empereur, sur les rois, ses neveux. — Il règne après eux sur la totalité de l'empire carlovingien. — Sa déposition et sa mort. — Nouveau partage de l'empire carlovingien.

L'empire carlovingien, fractionné en trois grandes monarchies par le traité de Verdun, ne se trouvait pas encore dans une position stable. Les mêmes causes de dissolution qui avaient amené un premier démembrement, en rendirent un second inévitable. Il régnait entre les diverses populations que la main puissante de Charlemagne avait associées mais non fondues ensemble, de si grandes différences d'origine, de mœurs et de langage, que ces populations devaient tendre naturellement à ressaisir leur indépendance et leur nationalité dès que la mort eut glacé cette main qui avait gagné tant de batailles et dompté tant de peuples. L'impulsion une fois donnée pour la séparation des nombreux intérêts nationaux qui s'excluaient violemment, le mouvement des masses suivit une progression ascendante; au démembrement de l'empire carlovingien succéda le démembrement des trois grands royaumes formés des débris de cet empire, et qui eux-mêmes se trouvaient composés des mêmes éléments hétérogènes. C'est le tableau de ce second démembrement que nous allons offrir dans le présent chapitre.

Cette seconde période de l'histoire des Carlovingiens est infiniment plus embrouillée, plus obscure que la précédente; à mesure que l'on s'éloigne de l'époque où vivait l'*invincible Karl*, comme l'appellent les chroniqueurs, l'intérêt historique diminue, les hommes et les faits se rapetissent, et les peuples deviennent le jouet et la proie de cinq ou six rois stupides, qui se ruent avec fureur les uns contre les autres pour s'arracher quelques lambeaux d'empire.

Après la conclusion du traité de Verdun, qui mit fin aux guerres civiles, Lothaire et Louis vécurent assez tranquillement chacun dans son royaume; mais il n'en fut pas de même de Charles le Chauve; celui-ci paraît avoir été doué de ce besoin de mouvement qu'éprouvent quelquefois les hommes médiocres, et qui ne ressemble en rien à l'ardente activité des hommes supérieurs. Il faut dire que Pepin II lui disputait opiniâtrément la possession de l'Aquitaine, et que Charles ne pouvait se résoudre à abandonner à son neveu une province qui était le plus beau fleuron de sa couronne. L'année même où fut signé le traité de Verdun Charles assiégea Toulouse que Pepin défendit en personne, et ne put parvenir à s'en rendre maître; l'année suivante (844), il investit de nouveau cette capitale du royaume d'Aquitaine, depuis le 11 mai jusqu'à la fin de juin, ainsi que l'attestent ses chartes, mais sans plus de succès. Ce fut pendant la durée de ce second siège que Charles le Chauve fit mourir Bernard, duc de Septimanie, qui avait été l'amant de sa mère et qui, selon toute apparence, était son père. Les uns disent qu'il le livra au bourreau, les autres qu'il le tua de sa propre main. Bernard depuis longtemps nourrissait de grands projets et aspirait à se créer une souveraineté indépendante des duchés de Septimanie, de Gothie et de Barcelone. Dans ce but il avait cherché à rester neutre entre tous les partis, et s'était abstenu de prendre part à la bataille de Fontenai, bien qu'il fût arrivé avec ses troupes à trois lieues seulement de l'endroit où combattirent les fils de Louis le Débonnaire. Ne prenant fait et cause ni pour Charles ni pour Pepin, il négociait avec l'un et avec l'autre, et avait jusqu'alors été assez habile pour se faire craindre par tous les deux. Sa mort ne profita point à Charles, car son fils aîné, Guillaume, recueillit sa succession et travailla activement à le venger. Il contracta alliance tout à la fois avec Pepin et avec Abdérame, calife de Cordoue, et il introduisit les Sarrasins dans toute la partie de ses États qui se trouvait au delà des Pyrénées[1].

Charles, cependant, ne réussit pas mieux cette année que l'année précédente à prendre Toulouse. Des renforts qui lui furent expédiés de Neustrie ne parvinrent pas jusqu'à lui. « Pepin, fils
« du feu roi Pepin, dit l'*annaliste de Saint-Bertin*, attaqua dans le
« pays d'Angoulême une armée de Francs allant trouver Charles,
« lequel assiégeait la ville de Toulouse; il la défit si promptement
« et sans perdre aucun des siens, que les premiers ayant été tués,
« et les autres prenant la fuite avant même d'avoir commencé à
« combattre, il s'en échappa à peine un petit nombre; il prit les
« autres, ou, après les avoir dépouillés et obligés au serment, il
« leur permit de retourner chez eux. Dans cette attaque imprévue,
« furent tués Hugues, prêtre et abbé, fils du défunt empereur
« Charlemagne, frère de Louis, pareillement empereur, et oncle
« des rois Lothaire, Louis et Charles; Richebot, abbé et cousin des
« rois, c'est à savoir petit-fils de l'empereur Charles par une de
« ses filles, ainsi que les comtes Eckard et Ravan, et plusieurs au-
« tres. Furent pris Ébroin, évêque de Poitiers, Ragenaire, évêque
« d'Amiens, l'abbé Loup et les deux fils du comte Eckard, ainsi
« que les comtes Lockhard, Guntard et Richwin, et aussi Engilwin
« et un grand nombre de nobles[2]. »

---

[1] *Annales de Saint-Bertin.* — *Annales de Fulde.* — *Annales de Metz.* — *Histoire générale du Languedoc*, liv. X, ch. xxvii.

[2] *Annales de Saint-Bertin.*

Ce désastre obligea Charles le Chauve de lever le siége de Toulouse, comme il l'avait fait déjà une première fois. Il ramena ses troupes dans le nord de la Gaule, et se rendit à Thionville où était convoquée une assemblée générale des Francs. Là, les trois fils de Louis le Débonnaire essayèrent d'obtenir, au nom de toute la nation franque, ce que la force des armes était impuissante à opérer. Ils sommèrent Pepin II d'évacuer l'Aquitaine, et Noménoé, duc des Bretons, de ne plus franchir les limites de ses États pour dévaster les provinces voisines, et enjoignirent à tous les deux de renoncer au titre de roi qu'ils usurpaient. Mais ni l'un ni l'autre ne tinrent compte de ces sommations. Pepin continua de régner sur les Aquitains dont le plus grand nombre le reconnaissaient pour roi; et Noménoé, avec l'aide du comte Lambert, s'avança jusqu'au Mans, ravageant et dépeuplant le pays *en long et en large,* disent les *Annales de Saint-Bertin.* La Neustrie ne fut sauvée de l'invasion des Bretons que parce que ceux-ci furent rappelés dans leur pays par une descente des Normands.

Ces terribles enfants du nord, ces *rois de mer,* commettaient alors les plus effroyables ravages, non-seulement sur les côtes de l'empire franc, mais dans l'intérieur des terres où ils pénétraient en remontant les grands cours d'eau.

Charlemagne, dans sa haute prévoyance, avait placé à l'embouchure de toutes les rivières des flottes toujours prêtes à combattre les barbares; mais ces mesures de défense furent abandonnées pendant la faible administration de Louis le Débonnaire, et surtout pendant les cruelles dissensions de ses fils, beaucoup plus occupés de s'entre-détruire que de défendre l'intégrité du territoire. Enhardis par l'impunité, les pirates revinrent en plus grand nombre, et de pillards qu'ils étaient songèrent à devenir conquérants. En 841, Oscar, l'un de leurs chefs, remonta la Seine jusqu'à Rouen, dépouilla et saccagea cette grande ville, et ne se retira qu'après avoir mis à contribution les abbayes de Jumièges et de Saint-Vandrille. En 843, ils portèrent, avec un redoublement de fureur, leurs dévastations sur les bords de la Loire. Ils furent appelés, dit-on, dans ces contrées par le duc des Bretons, Noménoé, qui voulait s'assurer la possession des villes de Nantes, de Vannes et de Rennes, demeurées fidèles à Charles le Chauve, ce qui le gênait dans sa continuelle rébellion, ou plutôt dans son désir de reconstituer la nationalité bretonne, rêve de toute sa vie. Noménoé envoya en effet l'abbé de Redon, saint Convoion, solliciter à Rome le pape d'appuyer la *restauration du royaume de Bretagne, autrefois envahi injustement par les Francs*. En 845, Ragner, autre chef des hommes du nord, pénétra dans la Seine à la tête d'une centaine de barques, la remonta avec une incroyable audace, et arriva devant Paris le samedi 28 mars. Cette ville, qui avait perdu son titre de capitale depuis l'avénement des Carlovingiens, était encore la plus importante de toutes celles que possédait Charles le Chauve, non-seulement par le grand nombre de basiliques et de couvents célèbres qu'elle renfermait, mais par les immenses trésors qui se trouvaient entassés dans ses églises. Les Normands pillèrent Paris et massacrèrent impitoyablement tous ceux de ses habitants qu'ils purent atteindre, et Charles, l'indigne petit-fils de Charlemagne, campé à Saint-Denis avec sa lâche noblesse, assista, les bras croisés, au sac et à la destruction de la plus florissante de ses villes, sans trouver dans son cœur aucune étincelle du grand courage de ses aïeux. Il rendait probablement justice aux siens, « en pré« voyant, disent les *Annales de Saint-Bertin*, qu'ils ne pourraient, « en aucune façon, remporter l'avantage sur les Normands; il pac« tisa donc avec eux, et, par un don de sept mille livres, il les « empêcha d'avancer et leur persuada de s'en retourner. » Cette honteuse transaction ne vérifie-t-elle pas les larmes prophétiques de Charlemagne?

Aguis, abbé de Varbre, a laissé un tableau sinistre des déprédations de ces bandes de pirates : « Dans presque tous les cantons « situés le long de l'Océan gallique, dit-il, les églises étaient rui« nées, les villes dépeuplées, les monastères abandonnés; les per« sécuteurs égorgeaient tous ceux des chrétiens qu'ils pouvaient « saisir, ou s'ils étaient las de verser le sang des innocents, ils les « gardaient pour les obliger à se racheter....... Quelques-uns des « chrétiens abandonnaient leurs biens et leur patrimoine pour « s'enfuir dans les régions orientales; beaucoup aimaient mieux « mourir sous les piques des païens que de quitter les foyers pater-

« nels ; bien d'autres dans le cœur desquels la foi était faiblement
« enracinée, oubliaient qu'ils avaient été régénérés par les eaux
« saintes du baptême, se précipitaient dans les erreurs fâcheuses
« des païens et s'associaient à leurs forfaits. » Ainsi la guerre civile s'unissait de toutes parts à ces terribles invasions.

Un troisième chef normand, nommé Hastings, commença, vers la même époque, ses courses dévastatrices qui durèrent sans interruption pendant trente ans, avec une rage de meurtres et de destruction qui n'a jamais été surpassée. On prétend qu'il était Gaulois d'origine, et né parmi la plus basse classe des paysans du diocèse de Troyes ; que ne pouvant supporter l'épouvantable oppression dans laquelle végétait cette classe infortunée, il se retira chez les païens du Nord, embrassa leur religion, adopta leurs mœurs et leur langage, et devint un de leurs chefs les plus entreprenants, les plus habiles. C'est du moins ce que l'on a supposé pour expliquer la soif de vengeance dont il était animé contre les seigneurs et les prêtres. Presque toutes les églises auxquelles il put atteindre furent réduites en cendres.

Les cruels ravages des Normands joints à ceux des guerres civiles, causèrent en France une effroyable misère. Le peuple était obligé de mêler de la terre avec un peu de farine pour s'en faire du pain. « Chose exécrable et déplorable, dit un chroniqueur, « c'est qu'aux chevaux des seigneurs abondait la pâture ; tandis « qu'aux pauvres serfs manquaient même ces morceaux de pain « mêlés de terre. » Tant de maux, tant d'angoisses, forcèrent Charles et Pepin de cesser les hostilités. Ils eurent une conférence, en juin 845, au couvent de Saint-Benoît-sur-Loire, et signèrent la paix. Charles céda à Pepin tout le royaume d'Aquitaine, à l'exception de l'Angoumois, de la Saintonge et du Poitou. Pepin, en retour, prit envers son oncle l'engagement de l'honorer et de le servir comme son seigneur [1]. L'année suivante, Charles conclut pareillement la paix avec le duc des Bretons, et l'un et l'autre la sanctionnèrent par des serments solennels, ce qui n'empêcha pas Noménoé, quelques années après, d'envahir de nouveau les États

---

[1] Annales de Saint-Bertin.

de Charles, avec son adresse accoutumée, et de s'emparer d'Angers et des pays circonvoisins [1].

Pepin II, qui avait montré quelque activité et quelque énergie dans sa lutte contre son oncle, s'abandonna à la débauche dès que la couronne d'Aquitaine eut été affermie sur sa tête. Sans nul souci du bien-être et de la sécurité de ses peuples, il n'opposa aucune résistance aux déprédations des Normands, et les laissa piller et incendier Bordeaux. Les Aquitains, justement révoltés de cette négligence, de cette incurie coupable de leur roi, désertèrent sa cause. Les plus grands seigneurs, les évêques et les abbés d'Aquitaine se réunirent en assemblée extraordinaire à Orléans, et, là, ils déclarèrent Pepin II indigne de la couronne, proclamèrent sa déchéance, et élirent à sa place Charles le Chauve, dont les intrigues avaient probablement préparé cette révolution.

La guerre civile recommença donc dans la malheureuse Aquitaine, entre Charles et Pepin. Ce dernier resserra son alliance avec Guillaume, duc de Septimanie, et appela à son aide Abdérame II, calife de Cordoue, lequel, saisissant cette occasion de franchir de nouveau les Pyrénées, s'avança jusqu'à Arles, en dévastant tout sur son passage, et ne se retira qu'après avoir fait un immense butin. Pendant ce temps, la frontière armoricaine était ravagée non moins cruellement par Noménoé, que secondaient Lambert et Garnier, autrefois comtes de Nantes, en sorte que presque tous les seigneurs à qui Charles avait confié le gouvernement de ses provinces, se trouvaient en révolte contre lui. Le seul succès obtenu par Charles, dans cette nouvelle guerre, succès dû au hasard, fut la prise du frère de Pepin, qu'il força, sous peine de mort, à recevoir la tonsure ecclésiastique des mains des évêques; il l'obligea même à déclarer en pleine chaire que c'était volontairement qu'il recevait la prêtrise. Après quoi, on l'enferma au couvent de Corbie [2]. En l'année 852, Pepin lui-même lui fut livré par Sanche, marquis de Gascogne, qui jusqu'alors avait été l'un de ses plus zélés partisans. Dès que Charles eut Pepin en son pouvoir, il

---

[1] *Annales de Saint-Bertin.*
[2] IBID.

assembla les seigneurs et les évêques de son royaume, et leur fit rendre une sentence par laquelle Pepin fut tonsuré comme son frère et comme lui renfermé dans un couvent. Mais deux ans après les deux princes s'échappèrent de leur prison claustrale, rejoignirent leurs partisans en Aquitaine, et renouvelèrent les hostilités.

Dans cette même année 852 eut lieu la célèbre conférence de Mersen entre les trois fils de Louis le Débonnaire. Après s'être donné mutuellement de nombreuses marques de confiance et d'amitié, ils arrêtèrent, de l'avis et du consentement de leurs grands, les conventions suivantes, qui semblaient devoir éterniser la paix entre eux, et qui n'étaient qu'un leurre au moyen duquel les trois frères cherchaient à se tromper les uns les autres :

« *Article 1er*. Soit mutuellement pardonné entre nous, à tous
« ceux qui les ont commis, tout ce qui s'est fait par le passé de
« maux, d'hostilités, d'usurpations, de machinations ennemies ou
« autres actions nuisibles; qu'ils soient entièrement effacés de nos
« cœurs, ainsi que toute malveillance et ressentiment, afin que, de
« ce moment, il ne demeure à l'avenir aucun souvenir de ven-
« geance pour ces maux, hostilités et affronts.

« *Article 2*. Qu'à compter de ce moment il existe entre nous,
« avec l'aide de Dieu, une telle bienveillance d'affection, de charité
« véritable, conservées d'un cœur pur, d'une conscience droite,
« d'une foi sans feintise, tromperie ou dissimulation, qu'aucun de
« nous ne convoite le royaume de l'un des autres ou ses fidèles, ou ce
« qui fait la sûreté, la prospérité et l'honneur de son règne, ni ne l'at-
« taque par des mauvais conseils, ni ne consente à écouter les men-
« songes et les calomnies composés à plaisir par de secrets délateurs.

« *Article 3*. Chacun de nous aidera l'autre, lorsqu'il sera néces-
« saire, de ses secours et de ses conseils, afin qu'il puisse dûment
« posséder son royaume, ses fidèles, la prospérité et la dignité
« royale; et avons arrêté de vivre, à compter de ce présent mo-
« ment, en une telle foi les uns avec les autres que, si quelqu'un
« de nous meurt, ceux de ses frères qui lui survivront la conserve-
« ront à ses enfants.

« *Article 4*. Et comme la paix et la tranquillité des royaumes est
« troublée par des hommes qui errent de côté et d'autre sans rien

« respecter, nous voulons que, lorsque quelqu'un de cette sorte vien-
« dra à nous, aucun de nous ne le reçoive ni ne le retienne, si ce
« n'est pour l'obliger à faire dûment raison et amende de ses actions.

« *Article* 5. La même chose doit avoir lieu lorsque quelqu'un
« aura été repris d'un évêque pour quelque crime capital et pu-
« blic, ou que sous le poids d'une excommunication il changera de
« royaume et de domination, afin de ne pas subir la pénitence qui
« lui est due, ou, qu'après l'avoir reçue, il se soustraira à son ac-
« complissement...

« *Article* 6. Nos fidèles seront, chacun en son ordre et rang, vé-
« ritablement en sûreté de notre part, en telle sorte qu'à compter
« de ce moment, aucun d'eux ne condamnerons, déshonorerons ou
« opprimerons contre la loi et la justice, contre l'autorité et le droit
« légitime, ou ne tourmenterons par des manœuvres indues.

« *Article* 7. De même qu'entre nous et nos frères réciproque-
« ment, et nous avec nos fidèles et nos fidèles avec nous, nous
« nous réconcilions tous ensemble avec Dieu, et pour qu'il nous
« devienne propice, lui présentons une dévote offrande chacun
« l'aveu de nos fautes sans nous excuser et nous justifier, en quelle
« occasion nous déclarerons devant tous et en détail ce que nous
« avons fait ou consenti chacun en particulier ou en commun
« contre ses ordres et décrets, relativement aux affaires de l'Église
« ou de l'État...

« *Article* 8. Et si quelqu'un des sujets, de quelque ordre et rang
« que ce soit, manque à cette convention ou s'en retire, ou s'op-
« pose à ce décret commun, les seigneurs, avec l'aide de leurs vé-
« ritables fidèles, l'exécuteront selon la volonté de Dieu et la loi et
« le droit légitime, soit que le veuille ou non celui qui s'opposera
« et contredira aux conseils et décrets divins et à cette convention.
« Et si quelqu'un des seigneurs manque à cette convention ou
« s'en retire, se réuniront en une assemblée plusieurs des sei-
« gneurs, nos fidèles et les premiers du royaume; et alors, de
« l'avis de ceux des seigneurs qui auront observé les présentes con-
« ventions, ainsi que d'après le jugement et du commun con-
« sentement des évêques, nous déciderons avec l'aide de Dieu ce
« qui devra être fait envers celui qui, dûment averti, aura persé-

« véré dans une incorrigible résistance. Et afin que les capitulaires
« ci-dessus soient fermement et inviolablement observés par nous
« avec la grâce de Dieu, comme aussi afin que vous croyiez assu-
« rément que nous les observerons, nous les avons souscrits de
« notre propre main [1]. »

Ces commandements sont curieux à plus d'un titre. Ils montrent d'abord que les fils de Louis le Débonnaire, si prompts à rompre leurs engagements, ne l'étaient pas moins à en contracter de nouveaux, violés ensuite avec la même facilité; cette pièce prouve encore que les chefs des trois grandes monarchies formées du démembrement de l'empire de Charlemagne, sentaient la nécessité de se réunir, de se coaliser afin de résister aux tendances de dissolution qui minaient sourdement leurs royaumes.

Dans l'année même où furent arrêtées les conventions de Mersen, mourut Noménoé, qui, de duc et de lieutenant de Louis le Débonnaire, s'était fait roi de Bretagne, qui depuis dix ans soutenait avec succès une guerre acharnée contre Charles le Chauve, qui avait soustrait les évêques de Bretagne à la suprématie de l'archevêque de Tours pour les soumettre à celui de Dol, et cela afin que le roi de France ne conservât aucune influence sur eux. Hérispoé, fils de Noménoé, succéda à toutes ses prétentions comme à tout son crédit sur les Bretons, et Charles le Chauve, qui avait été impuissant à réduire le père, s'estima heureux que le fils vînt le trouver à Angers pour lui rendre hommage en mettant ses mains dans les siennes. L'annaliste de Saint-Bertin nous apprend que Charles laissa Hérispoé, dans cette cérémonie, porter les habits royaux, et qu'il ajouta aux États de son père, les villes de Rennes, de Nantes et de Retz. Ce fut alors que la Bretagne celtique reçut le nom de *Basse-Bretagne* ou *Bretagne bretonnante*; les comtés réunis s'appelèrent la *Haute-Bretagne*.

La Bretagne, qui commence à apparaître dans notre histoire, et qui doit y jouer un rôle important, mérite d'être signalée dès à présent. Nous ne pouvons mieux faire que d'emprunter à l'un des plus admirables écrivains qu'elle ait produits, les traits caractéris-

---

[1] *Annales de Saint-Bertin.*

tiques qui peuvent le mieux peindre cette contrée, toujours si prompte et si vaillante à défendre son indépendance. « La Breta-
« gne, dit M. de Châteaubriand, formait, à l'extrémité occidentale
« de la France, un état différent du reste du royaume par le génie,
« les mœurs et la langue d'une partie de ses habitants. Cette lon-
« gue presqu'île, d'un aspect sauvage, a quelque chose de singu-
« lier. Dans ses étroites vallées des rivières non navigables bai-
« gnent des donjons en ruines, de vieilles abbayes, des huttes cou-
« vertes de chaume où les troupeaux vivent pêle-mêle avec les
« pâtres. Ces vallées sont séparées entre elles ou par des forêts
« remplies de houx, grands comme des chênes, ou par des bruyères
« semées de pierres druidiques autour desquelles plane l'oiseau
« marin, où paissent des vaches maigres avec de petites brebis. Un
« voyageur à pied peut cheminer quelques jours sans apercevoir
« autre chose que des landes, des grèves et une mer qui blanchit
« contre une multitude d'écueils, région solitaire, triste, orageuse,
« enveloppée de brouillard, couverte de nuages, où le bruit des vents
« et des flots est éternel. — Sur les bruyères et dans les vallées de la
« Bretagne, vous rencontrez quelques laboureurs couverts de peaux
« de chèvre, les cheveux longs, épars et hérissés ; ou vous voyez
« danser au pied d'une croix, au son d'une cornemuse, d'autres
« paysans portant l'habit gaulois : le sayon, la casaque bigarrée,
« les larges braies, et parlant la langue celtique, d'une imagina-
« tion vive et néanmoins mélancolique, d'une humeur aussi mo-
« bile que leur caractère est obstiné ; les Bretons se distinguent
« par leur bravoure, leur franchise, leur attachement pour la re-
« ligion, leur amour pour leur pays. »

Tel est le pays qui prêta un si ferme appui au roi Noménoé, dans sa lutte contre Charles, et que nous retrouverons le même toutes les fois qu'il se croira menacé dans ses priviléges, ses croyances ou sa liberté.

En l'année 855, l'empereur Lothaire, atteint d'une fièvre lente, se voyant en danger de mourir, partagea ses États entre ses trois fils de la manière suivante : à l'aîné, Louis II, qui depuis vingt-six ans était associé à la dignité impériale, il donna l'Italie ; au second, nommé Lothaire, comme son père, il légua les provinces situées

entre la Meuse et le Rhin, lesquelles, depuis longtemps, étaient désignées sous le nom de Lotharingia ou Lorraine ; enfin, au troisième, appelé Charles, il concéda les pays compris entre le Rhône et les Alpes, et qui, dès-lors, portaient le nom de royaume de Provence. Ce partage terminé, Lothaire se retira au monastère de Pruym, dans les Ardennes. « Là, dit un vieux narrateur, renon-
« çant entièrement au monde et à son royaume, il fut tondu, et
« prit humblement l'habit et la vie de moine. » Mais cette vie, il ne la mena pas longtemps : il mourut six jours après l'avoir embrassée ; d'autres disent six mois.

Lothaire avait transmis à ses deux fils aînés son ambition inquiète et remuante. Ils projetèrent de faire tonsurer leur jeune frère Charles et de se partager ensuite ses dépouilles ; mais n'ayant pu s'entendre sur la manière dont s'effectuerait ce partage, ils y renoncèrent et eurent avec Charles une conférence à Orbe en Suisse. Dans cette conférence ils en seraient venus infailliblement aux mains, si leurs leudes ne s'étaient refusés non-seulement à s'entr'égorger, mais encore à déshériter Charles de Provence, qui fut au contraire confirmé dans la souveraineté de ce royaume et dans celle du duché de Lyon.

Les Normands continuaient leurs affreux ravages, et Charles le Chauve, qui retrouvait bien quelque énergie pour faire la guerre à ses proches, laissait ces barbares dévaster impunément ses États. Un auteur contemporain ajoute encore quelques lignes aux lugubres descriptions que nous avons déjà données : « Il ne restait pas,
« dit-il, une ville, pas un village, pas un hameau en France qui
« n'eût éprouvé à son tour l'effroyable barbarie des païens. Ils
« parcouraient les provinces de ce royaume d'abord à pied, car alors
« ils ignoraient encore l'usage de la cavalerie, mais plus tard à che-
« val comme les nôtres ; les stations de leurs vaisseaux étaient
« comme autant d'asiles pour tous leurs brigandages ; ils bâtis-
« saient auprès des cabanes qui semblaient former de grands vil-
« lages, et c'est là qu'ils gardaient attachés à des chaînes leurs
« troupeaux de captifs [1]. »

---

[1] Ex Miraculis sancti Benedicti.

Écoutons aussi un évêque de Meaux, précurseur éloquent de Bossuet : « La Seine, dit-il, roulait à la mer d'innombrables ca-« davres chrétiens ; les îles du fleuve sont toutes blanches des os « des captifs morts entre les mains des Normands. »

Le meilleur ou plutôt le seul moyen de couper court à ces cruelles invasions, c'était peut-être de recommencer à certains égards l'œuvre de Charlemagne, et de porter la guerre dans le pays des Normands, aujourd'hui le Danemark. Parmi les descendants de Louis le Débonnaire, celui à qui cette tâche semblait principalement dévolue était Louis le Germanique, dont les possessions s'étendaient jusqu'à l'Eyder. Ce fut, selon toute probabilité, le motif qui détermina les seigneurs de Neustrie et d'Aquitaine à offrir à Louis le Germanique la couronne de France que Charles le Chauve portait si lâchement. Leurs premières ouvertures à ce sujet datent de l'année 856. A cette époque, Louis soutenait une guerre malheureuse contre les Slaves ; découragé des nombreux revers qu'il avait essuyés, Louis mit peu d'empressement à répondre à leur appel. Les seigneurs adressèrent alors des remontrances à Charles, dans le but de lui faire changer de système et de le rappeler à ses devoirs de roi. Nous avons la remontrance qu'ils lui adressèrent de Bonneuil, au mois d'août 856. Elle est écrite au nom des évêques, des abbés et des autres fidèles du roi Charles. On y remarque le passage suivant : « Nous vous dirons « que l'état des couvents de votre royaume est perverti et con-« fondu, comme il ne doit ni ne peut point l'être ; que vous devez « au plus tôt, le mieux et le plus raisonnablement que vous pour-« rez, vous efforcer de le restituer et de le corriger. Et nous ne « vous avertissons pas seulement d'y travailler vous et ceux qui « vous sont soumis dans le royaume ; mais aussi nous vous aver-« tissons, nous vous exhortons et nous vous prions d'exécuter « scrupuleusement les capitulaires que vous avez souscrits de votre « propre main à Cologne, à Beauvais, à Thionville, etc. »

Charles le Chauve était fort effrayé du projet des seigneurs et des prélats de le déposer ; il entama avec eux de longues et actives négociations, et les appela successivement à quatre diètes, où ils ne daignèrent même pas se rendre. Enfin il y eut à Kiersy, au

mois de février 857, une assemblée nationale, composée des prélats et d'un certain nombre de seigneurs, et dans laquelle Charles publia un capitulaire pour la réforme du royaume. Sur ces entrefaites de nouvelles nuées de Normands fondirent sur la France ; ils incendièrent Paris, saccagèrent Tours, Blois, Chartres, livrèrent au pillage un grand nombre de provinces, entre autres l'île des Bataves où ils ne rencontrèrent aucune résistance. Dans cette désolation universelle, les Français, profondément indignés contre Charles le Chauve qui ne prenait aucune mesure de défense, eurent de nouveau recours à Louis le Germanique. Ils députèrent vers lui l'abbé Adalhard et le comte Othon, « qui lui demandè-
« rent, dit l'annaliste de Fulde, de secourir par sa présence un
« peuple en danger, et qui était dans un état d'angoisse. S'ils ne le
« voyaient arriver promptement, ils seraient forcés de demander
« aux païens, au péril de toute la chrétienté, ces secours qu'ils
« n'auraient pu obtenir de leurs seigneurs légitimes et orthodoxes.
« Ils attestaient qu'ils ne pouvaient supporter plus longtemps la
« tyrannie de Charles. Personne ne s'opposant aux païens du
« dehors, ou ne les couvrant de son bouclier, ceux-ci pillaient,
« tuaient, brûlaient, vendaient toutes les propriétés; et le peu
« qu'ils avaient laissé aux Français, Charles le détruisait avec un
« mélange de ruse et de cruauté. Dans tout son peuple, il ne res-
« tait plus personne qui ajoutât aucune foi à ses promesses ou à
« ses serments, personne qui se flattât encore de trouver quelque
« bonté en lui [1]. »

Cette fois, Louis le Germanique se rendit aux vœux des sujets de son frère Charles. Nous avons peine à croire, néanmoins, que ce prince, comme le prétend l'annaliste de Fulde, ne fût guidé dans cette circonstance par aucun sentiment d'ambition ni de haine; et que le seul désir de maintenir debout l'empire de Charlemagne lui mît les armes à la main. Quoi qu'il en soit, il rassembla son armée à Worms, traversa l'Alsace, et s'avança jusqu'à Pontyon, où la plupart des grands du royaume de Charles vinrent se joindre à lui. Charles était campé alors sur les bords de la Seine

---

[1] Annales de Fulde.

avec son armée, et il assistait, comme de coutume, aux ravages des Normands sans oser y mettre obstacle. A la nouvelle de l'invasion de Louis il marcha contre lui, et les deux frères se trouvèrent en présence à Brienne. Pendant trois jours on négocia activement de part et d'autre afin d'éviter une bataille également redoutée des deux partis qui se rappelaient avec effroi la boucherie de Fontenai. Charles et Louis n'ayant pu parvenir à s'entendre, se préparèrent à en venir aux mains. Ils rangèrent leurs troupes en bataille ; mais au moment d'engager l'action, le premier, doutant tout à coup de la fidélité des siens et craignant quelque trahison de leur part, prit la fuite et se retira en Bourgogne. Ses troupes, du reste, justifièrent le peu de confiance qu'il avait en elles, en passant immédiatement sous les drapeaux de Louis. Celui-ci, au comble de la puissance, parcourut alors la Neustrie, distribuant des comtés, des abbayes, des villes royales, des fiefs à tous ceux qui avaient déserté la cause de Charles pour la sienne [1].

Il était plus facile à Louis le Germanique de s'emparer de la Neustrie que de s'y maintenir. Non moins pusillanime que Charles, il ne tenta rien pour affranchir ce pays du joug abhorré des Normands, et ne sembla avoir dépossédé son frère de la couronne de France que pour marcher servilement sur ses traces. Convaincu de son impuissance à faire mieux ou moins mal que Charles, et apprenant que la frontière orientale de ses possessions germaniques était menacée par les Sorabes, il prit le parti de rentrer en Allemagne. Charles le Chauve d'ailleurs avait réuni une nouvelle armée avec l'aide de son neveu Lothaire, et il était décidé à tenter le sort des armes pour recouvrer sa souveraineté. Louis battit en retraite devant lui et perdit la couronne de France comme il l'avait gagnée, sans tirer l'épée du fourreau.

Au milieu de ces dissensions civiles, les anciennes assemblées, connues sous le nom de plaids, avaient insensiblement fait place à des espèces de conciles composés d'évêques seulement, qui se réunissaient chaque année et s'arrogeaient le droit de réprimander les rois et les grands à cause de leurs vices et de leurs infractions aux

---

[1] *Annales de Saint-Bertin.* — *Annales de Fulde.*

lois de l'Église. Tout le pouvoir législatif avait donc passé au clergé, et celui-ci en usait avec une arrogance que n'avaient jamais montrée les assemblées les plus populaires. Après que Louis le Germanique eut renoncé à la possession de la Neustrie et qu'il eut regagné ses États, le concile de Metz lui envoya trois députés qui, de la part des prélats assemblés, lui intimèrent l'ordre de se soumettre à une pénitence proportionnée au péché qu'il avait commis en envahissant le royaume de son frère et en l'exposant aux ravages de son armée; moyennant cette pénitence on lui offrait indulgence pleine et entière. A la tête de cette députation se trouvait le célèbre Hincmar, archevêque de Reims, qui exerçait alors une influence sans bornes sur le clergé de France. Voici comment les trois envoyés rendirent compte de leur mission : « Le roi Louis « nous donna audience à Worms, le 4 juin, et il nous dit : —Je « veux vous prier, si je vous ai offensés en aucune chose, de vou- « loir bien me le pardonner, pour que je puisse ensuite parler en « sûreté avec vous. A cela Hincmar, qui était placé le premier à « sa gauche, répondit : —Notre affaire sera donc bientôt terminée, « car nous venons justement vous offrir le pardon que vous nous « demandez. Grimoald, chapelain du roi, et l'évêque Théodoric « ayant fait à Hincmar quelque observation, il reprit : —Vous n'a- « vez rien fait contre moi qui ait laissé dans mon cœur une ran- « cune condamnable; s'il en était autrement je n'oserais point « m'approcher de l'autel pour offrir un sacrifice au Seigneur. Gri- « moald et les évêques Théodoric et Salomon adressèrent encore « quelques mots à Hincmar, et Théodoric lui dit : —Faites ce dont « ce seigneur vous prie, pardonnez-lui. A quoi Hincmar répondit : « —Quant à ce qui ne regarde que moi et ma propre personne, je « vous ai pardonné et je vous pardonne. Mais quant aux offenses « contre l'Église qui m'est commise et contre mon peuple, je puis « seulement vous donner volontairement mes conseils et vous of- « frir le secours de Dieu, pour que vous en obteniez l'absolution, « pourvu que vous le vouliez. Alors les évêques s'écrièrent : —Cer- « tainement il dit bien. Tous nos frères s'étant trouvés unanimes « à cet égard, et ne s'en étant jamais départis, ce fut toute l'indul- « gence qui lui fut accordée, et rien de plus... Car nous atten-

« dions qu'il nous demandât conseil sur le salut qui lui était offert,
« et alors nous l'aurions conseillé selon l'écrit dont nous étions
« porteurs; mais il nous répondit de son trône qu'il ne s'occupe-
« rait point de cet écrit avant d'avoir consulté avec ses évêques[1]. »

Un autre concile, plus nombreux que celui de Metz, s'assembla quelque temps après à Savonières, près de Toul, dans le dessein de rétablir la paix entre les rois des Francs. Les réprimandes et l'autorité des prélats parvinrent enfin à réconcilier Louis le Germanique, Charles le Chauve et Lothaire, ou du moins à leur arracher de nouveaux serments qu'ils étaient ensuite toujours prêts à violer. Dans une conférence qu'ils eurent à Coblentz en 860, ils posèrent les bases de leur réconciliation, et promirent réciproquement une entière amnistie à ceux de leurs sujets qui avaient agi contre eux.

Cette réconciliation, comme les précédentes, n'apporta aucun changement dans la condition des peuples. Pillés par les Normands, ou pressurés par les rois et les seigneurs, ils se trouvaient toujours en butte aux mêmes maux, aux mêmes souffrances.

La France, à cette époque, était comme un vaste champ en friche où ne croissaient que des ronces et des épines, et où erraient çà et là des bandes de malheureux affamés à qui les barbares du dehors et les tyrans du dedans avaient arraché jusqu'à leur dernier morceau de pain.

Charles le Chauve, après avoir eu à lutter contre ses frères et ses neveux, vit se révolter contre lui ses propres fils, Louis et Charles, dont le plus jeune avait à peine quinze ans. Mariés sans le consentement de leur père, ces deux princes furent poussés à la révolte par les parents de leurs femmes, les comtes d'Auvergne et de Bourges, qui leur firent contracter alliance avec Salomon, fils de Hérispoé, duc ou roi des Bretons. On croit que cette prise d'armes eut pour cause la jalousie qu'excitait chez les seigneurs riverains de la Loire, la grandeur naissante de Robert, comte d'Anjou, qu'on a surnommé le *Fort*, et qui avait reçu de Charles le Chauve, en récompense de quelques victoires remportées sur les

---

[1] BALUZE, *Capitularia Caroli Calvi*, tom. II, tit. XXVIII. — BARONIUS, *Annales ecclésiastiques*.

Bretons et sur les Normands, un duché qui s'étendait de la Seine à la Loire. Robert, en retour d'un si magnifique don, attaqua Louis, l'un des fils rebelles du roi de France, le vainquit et le força de rentrer dans le devoir [1]. Charles le Chauve récompensa la soumission de son fils aîné par le concession du comté de Meaux et de l'abbaye de Saint-Crispin. Dans le but de se réconcilier également avec son second fils, Charles, roi d'Aquitaine, il eut avec lui, à Melun-sur-Loire, une conférence qui n'aboutit à aucun résultat. Le roi de France rassembla alors une armée avec laquelle il s'avança jusqu'à Nevers. Charles, intimidé, se rendit dans cette ville avec les principaux seigneurs de son parti, et implora son pardon qu'il obtint sans beaucoup de peine d'un père indulgent; ce même Charles mourut au bout de deux ans. Pepin II, son rival, que Charles le Chauve avait dépossédé du royaume d'Aquitaine, en faveur de son fils, essaya alors de ressaisir un sceptre qui avait échappé tant de fois de sa débile main. Ne pouvant armer pour sa cause les Aquitains fatigués de tant de luttes sanglantes et stériles, il implora l'assistance des ennemis de sa race, de sa religion et de son pays; il appela les Normands, et conduisit lui-même leurs hordes furibondes. On prétend même que, pour se les rendre plus favorables, il avait embrassé la religion d'Odin. A leur tête il s'empara de Poitiers en 863. La ville se racheta moyennant une forte rançon, mais l'église cathédrale, consacrée à saint Hilaire, fut incendiée. Pepin pénétra ensuite, toujours accompagné des Normands, dans le Limousin et l'Auvergne. Étienne, comte de ce dernier pays, fut tué dans un combat en défendant son Dieu et son peuple. Clermont fut pillé, et le butin enlevé dans ces montagnes du centre de la France fut transporté jusqu'aux rivières éloignées où les Normands avaient laissé leurs vaisseaux.

Après avoir saccagé l'Auvergne, Pepin II assiégea Toulouse sans pouvoir s'en rendre maître. Il ne tarda pas à tomber par trahison entre les mains de Charles le Chauve qui le fit condamner à mort comme apostat, et comme ennemi de la patrie et de la chrétienté. Cette sentence rigoureuse et méritée ne reçut point son exécution.

---

[1] *Annales de Saint-Bertin.*

Renfermé dans un cachot du couvent de Senlis, Pepin y termina ses jours après une longue et dure captivité.

Impuissant à repousser les Normands, Charles le Chauve conclut avec eux un traité qui fut le couronnement de toutes les lâchetés de son règne, et qui prouve à quel degré de faiblesse et de pusillanimité était tombée la race de Charlemagne. Toujours prêt à payer, aimant mieux se servir de l'argent que du fer, il compta aux ravageurs de ses États quatre mille livres pesant d'argent, afin qu'ils cessassent leurs déprédations. Par le même traité il convint que tous les Français, réduits en esclavage par les Normands et qui avaient trouvé moyen de s'échapper, ou leur seraient rendus, ou payeraient une rançon dont le chiffre serait fixé par leurs maîtres. Enfin, il promit, et ceci est le comble de l'ignominie, de payer une somme pour chaque Normand qui aurait été tué par ses sujets; admettant ainsi que les Normands avaient le droit de réduire les Français en esclavage, de les massacrer même, mais que les Français n'avaient pas celui de se défendre.

Pendant les années 867 et 868, la France ne fut occupée que des démêlés des deux femmes de Lothaire, Valdrade et Theutberge. La première avait pour elle Lothaire et tout le clergé du royaume de Lorraine; la seconde était soutenue par Charles le Chauve, Hincmar et le Saint-Siège. Theutberge triompha de sa rivale; et le pape Adrien II ayant ordonné à Lothaire de se rendre à Rome afin de se purger des accusations qui pesaient sur lui, ou de s'en laver par la pénitence, s'il était coupable, Lothaire obéit. Arrivé à Rome, il fut invité par le pape à une communion solennelle qui impressionna vivement le malheureux roi de Lorraine. « Après la messe finie, dit avec naïveté l'annaliste de Metz,
« le souverain pontife prenant en ses mains le corps et le sang du
« Seigneur, appela le roi à la table du Christ, et lui parla ainsi :
« — Si tu te reconnais pour innocent du crime d'adultère, pour le-
« quel tu fus interdit, et si tu as bien arrêté dans ton cœur de ne
« jamais plus, dans tous les jours de ta vie, avoir un commerce
« coupable avec Valdrade, ta maîtresse, approche-toi avec con-
« fiance, et reçois ce sacrement de salut, qui sera pour toi le gage
« de la rémission de tes péchés et de ton salut éternel. Mais si dans

« ton âme tu t'es proposé de céder de nouveau aux séductions de
« ta maîtresse, garde-toi de prendre ce sacrement, de peur que ce
« que le Seigneur a préparé pour remède à ses fidèles, ne se change
« pour toi en châtiment. Lothaire, l'esprit égaré, reçut, sans se
« rétracter, la communion des mains du pontife. Après quoi,
« Adrien se tournant vers les compagnons du roi, leur offrit à
« chacun la communion en ces termes : — Si tu n'as point prêté ton
« consentement aux fautes de ton roi Lothaire, et si tu n'as point
« communié avec Valdrade, ou avec les autres que le Saint-Siége
« a excommuniés, puissent le corps et le sang de notre Seigneur
« Jésus-Christ te servir pour la vie éternelle. — Chacun d'eux se
« sentant compromis, prit la communion avec une audace témé-
« raire ; chacun mourut par un jugement divin, avant le premier
« jour de l'année suivante. Il y en eut un très-petit nombre qui
« évitèrent de prendre la communion, et qui réussirent ainsi à se
« soustraire à la mort. Lothaire, lui-même, en sortant de Rome,
« fut atteint de la maladie, et en arrivant à Plaisance, il y mourut
« le 8 août. Tout le peuple de ce roi fut en même temps frappé
« d'un tel fléau qu'on aurait dit que toute la noblesse du royaume,
« au lieu de succomber à la peste, avait péri par le fer ennemi[1]. »

Charles le Chauve, dès qu'il eut appris la mort de Lothaire, qu'il avait cruellement tourmenté durant sa vie, envoya dans tous les sanctuaires de France des sommes considérables afin d'y fonder des prières pour le salut de l'âme du défunt. Puis il se mit en mesure de recueillir la succession de Lothaire, succession qui cependant, d'après la convention de Mersen, aurait dû passer sans partage à l'empereur Louis II. De tous les descendants de Charlemagne, Louis II, frère de Lothaire, n'avait eu jusqu'alors presque aucune relation avec la France ; c'était celui qui avait manifesté le plus de talents et de vertus. Occupé à défendre Rome contre les Sarrasins, Louis II paraissait à Charles le Chauve un concurrent peu redoutable. D'un autre côté, Louis le Germanique était retenu à l'extrémité orientale de son royaume par une guerre contre les Venèdes. Charles, mettant à profit cette double cir-

---

[1] *Annales de Metz.*

constance, envahit l'héritage de son neveu et se fit couronner roi de Lorraine à Metz.

Ni l'empereur Louis II, légitime héritier de Lothaire, ni Louis le Germanique qui, lui aussi, élevait des prétentions à son héritage, n'étaient disposés à tolérer l'usurpation de Charles le Chauve. Le second se hâta de faire la paix avec les Vénèdes, et marcha à grandes journées vers l'occident pour aller disputer à son frère la possession de la Lorraine. Mais il fut arrêté en route par une grave maladie. Quant au premier, il recourut au pape Adrien II, afin que le pontife, qu'il protégeait contre les Musulmans, le protégeât à son tour. Adrien envoya aussitôt deux légats à Charles le Chauve, avec injonction à ce roi de respecter la succession de Lothaire sous peine d'excommunication. Mais Hincmar, le principal conseiller de Charles le Chauve, opposa son crédit à celui du pape, et encouragea le monarque à persévérer dans la ligne de conduite qu'il avait adoptée. Charles, rassuré sur l'issue que pouvait avoir une lutte entre lui et le Saint-Siége, congédia les légats sans obtempérer aux ordres dont ils étaient porteurs, et se mit en campagne dans le dessein de réduire l'Alsace.

Louis le Germanique, guéri de sa maladie, somma alors Charles le Chauve de lui abandonner une part de l'héritage de Lothaire, menaçant de se l'approprier par la force des armes si l'on persistait à la lui refuser. Les deux frères entrèrent en négociation. S'étant rencontrés sur la Meuse, le 8 août 870, ils se partagèrent par égale portion le royaume de Lorraine, puis se séparèrent en toute hâte comme s'ils avaient eu peur l'un de l'autre. Dans ce partage, le Dauphiné, le Lyonnais et la plus grande partie de la Bourgogne, du pays de Liége et du Brabant, échurent à Charles le Chauve; tandis que les provinces germaniques de France, en Alsace, en Lorraine et sur le Rhin, tombèrent en partage à Louis.

Si les droits de l'empereur Louis II se trouvaient lésés par cet arrangement, il faut reconnaître qu'il était parfaitement à la convenance des peuples, car on avait eu soin, dans le partage, de réunir au royaume de France les populations qui parlaient français, et au royaume de Germanie celles qui parlaient allemand. Mais cette convenance n'aurait point suffi pour faire renoncer Louis II à ses droits, si les guerres qu'il eut à soutenir pendant les quelques années qu'il vécut encore, ne l'avaient empêché de vider par les armes une querelle qui intéressait à si haut point toute la famille des Carlovingiens.

Nous avons déjà parlé des deux fils aînés de Charles le Chauve, Louis et Charles, qui s'étaient révoltés contre leur père. Son troisième fils était mort; le quatrième, nommé Carloman, fut consacré à Dieu, bien qu'il montrât fort peu de goût pour la vie ecclésiastique; mais Charles le Chauve, en contraignant son fils à se faire prêtre, eut principalement en vue le salut de son âme à lui-même; car il était admis alors qu'un père pouvait racheter ses péchés par la pénitence de son fils. Carloman, accusé à tort ou à raison d'avoir conspiré contre son père, fut arrêté, dépouillé de ses bénéfices, et retenu prisonnier à Senlis. Remis en liberté au bout de quelques mois, il rassembla une troupe de soldats et de brigands, et commit d'affreux ravages dans tout le nord de la France et dans la Bourgogne. Séduit enfin par les promesses de pardon de son père, il vint se rendre à lui; mais au lieu de l'indulgence sur laquelle il comptait, il fut replongé en prison. Un synode, assemblé à Senlis, le dégrada de la prêtrise, et le condamna à perdre les yeux [1].

Avant de se constituer prisonnier, Carloman avait porté sa cause au tribunal du pape Adrien II, et celui-ci, saisissant avec empressement une si belle occasion d'intervenir dans les affaires intérieures de la France, écrivit à Charles le Chauve une lettre pleine de fiel et d'outrages que nous allons reproduire comme un témoignage de l'omnipotence que s'arrogeait déjà le Saint-Siége à l'égard des rois. « Adrien, évêque, serviteur des serviteurs de Dieu, « à Charles, roi. En même temps que tu crois t'être approprié les « biens d'autrui que tu usurpes, on range aussi au nombre de tes « excès, que surpassant la cruauté des brutes elles-mêmes, tu ne « redoutes point de sévir contre tes propres entrailles, contre ton « fils Carloman : tu imites donc l'autruche, ainsi que nous l'appre-

---

[1] *Annales de Saint-Bertin.*

« nons du saint livre de Job ; tu endurcis comme elle ton cœur
« contre ton fils, comme s'il n'était point à toi. Non-seulement tu
« l'as privé de la faveur paternelle et de ses bénéfices, mais tu l'as
« chassé des limites de ton royaume, et tu as recherché, ce qui est
« plus impie encore, de le faire soumettre à l'excommunication.
« Mais Carloman a recouru au siége apostolique, par ses députés ;
« il nous a interpellé, par les lettres qu'il nous a adressées ; aussi
« en vertu de l'autorité apostolique, nous mettons un frein à tes
« entreprises ; nous t'exhortons ensuite, pour ton propre salut, à
« ne pas provoquer la colère de ton fils contre l'apôtre lui-même.
« Garde-toi d'ajouter péché sur péché ; amende-toi de tes précé-
« dentes usurpations et de ton avarice ; efforce-toi de toute ta puis-
« sance d'obtenir le pardon apostolique, en faisant voir que tu te
« perfectionnes sous la correction. Alors le terme de tes forfaits
« sera aussi le terme de mes reproches ; et avec l'aide de Dieu, tu
« atteindras en même temps la fin de la coulpe et celle de la
« peine. »

Charles, soutenu par les évêques, répondit à la violence de ce langage avec une énergie qui ne lui était pas habituelle, et qu'on aurait lieu de louer si la mort d'un fils n'en avait pas été la conséquence ; il lui déclara que les rois francs n'étaient les vicaires de personne, mais les *seigneurs de la terre*. Le pape, voyant que ni Charles le Chauve, ni le clergé de France ne fléchissaient devant lui, revint à des sentiments plus modérés, et finit par abandonner Carloman. Ce malheureux prince subit alors la cruelle sentence prononcée contre lui par les officiers du palais, après avoir encouru la condamnation des évêques ; il eut les yeux arrachés, et ne survécut pas longtemps à cet horrible supplice, si commun alors.

Le pape Adrien II, afin de détruire le mauvais effet de la lettre écrite par lui à Charles le Chauve, lettre qui, en révoltant d'indignation les évêques français, avait failli amener un schisme dans l'Église, promit au roi de France que, dans le cas où il survivrait à Louis II, son neveu, le Saint-Siége ne reconnaîtrait que lui pour empereur. En vertu de cette promesse, Charles le Chauve, lorsque Louis II fut mort, en 875, franchit les Alpes et réclama la pourpre qui avait été successivement portée déjà par quatre empereurs carlovingiens, Charlemagne, Louis le Débonnaire, Lothaire et Louis II. Charles contenta le désir qu'il avait de se revêtir de la dalmatique, à la façon des empereurs byzantins ; *il dédaignait les anciennes coutumes des rois francs, et n'estimait plus que les vanités grecques* [1]. Le roi de Germanie envoya vainement ses deux fils, Charles le Gros et Carloman, pour disputer à leur oncle Charles le Chauve la possession de l'Italie; ils ne réussirent point dans cette entreprise. Gagnés par les présents de Charles, dit l'annaliste de Fulde, et trompés par ses faux serments, ils se retirèrent dans la persuasion que leur oncle se retirerait aussi. Mais dès qu'il eut écarté le seul obstacle qui pouvait empêcher l'accomplissement de ses desseins, il marcha droit à Rome, et y arriva le 17 décembre 875. Le jour de Noël de la même année, il reçut la couronne impériale, et repartit quelques jours après pour la France, où il avait hâte de rentrer, ayant appris que Louis le Germanique, son frère, avait passé le Rhin avec son troisième fils, Louis de Saxe, dans le but de se venger de l'indigne supercherie par laquelle Charles le Chauve avait éloigné d'Italie ses deux fils aînés. Louis s'était avancé jusqu'au palais d'Attigny, ravageant tout sur son passage. Mais à l'approche de Charles le Chauve, qui revenait d'Italie à la tête de forces imposantes, il évacua la France et se retira à Francfort, où il mourut le 28 août 876.

La mort de Louis le Germanique inspira à Charles le Chauve la pensée ambitieuse de réunir sous sa domination tous les États qui avaient fait partie du vaste empire de Charlemagne. Louis, en mourant, avait partagé son royaume entre ses trois fils : à Carloman il avait laissé la Bavière, à Louis la Saxe et la Thuringe, à Charles le Gros la Souabe. Louis se trouvait à la tête de l'armée avec laquelle son père avait tout récemment envahi la France. Ne se fiant pas trop à la fidélité de cette armée, il entama des négociations avec son oncle, et invoqua la foi des traités, la justice, le jugement de Dieu, plutôt que de recourir aux armes. Charles le Chauve, usant de ruse, comme à son ordinaire, accueillit favora-

---

[1] *Annales de Fulde.*

blement ses ouvertures et lui acccorda même un armistice. Quand il crut son neveu plongé dans une profonde sécurité, il marcha contre lui avec toutes ses troupes, et fit une extrême diligence afin de le surprendre. Mais Louis de Saxe, connaissant la perfidie de son oncle, se tenait sur ses gardes. Le roi de France trouva l'armée germanique rangée en bataille, et prête à le bien recevoir. L'action s'engagea; mais dès le premier choc, les Français furent renversés par les Allemands; et Charles le Chauve ayant voulu rétablir le combat avec la réserve qu'il commandait en personne, fut entraîné lui-même dans la déroute par le torrent des fuyards.

Ce rude échec ne découragea point Charles le Chauve. Il convoqua à Kiersy une assemblée dans laquelle il nomma Louis le Bègue, son fils, chef de la France en son absence, puis il partit pour l'Italie afin d'y consolider sa puissance. Mais à peine arrivé à Pavie il apprit que l'aîné des fils de Louis le Germanique, Carloman, accourait avec une formidable armée pour lui en disputer la possession. Saisi de terreur à cette nouvelle, il prit la fuite; mais au moment où il repassait précipitamment les Alpes, il fut attaqué d'une fièvre violente dans un lieu nommé Brios, et y mourut le 6 octobre 877[1]. L'annaliste de saint Bertin prétend qu'il fut empoisonné par un médecin juif nommé Sédécias.

Le caractère de ce prince offrit un singulier mélange de violence et de pusillanimité, d'abandon et de perfidie, d'intelligence civilisée et de cruauté barbare. Les lettres et les arts brillèrent un moment à sa cour avant de retomber dans l'ombre des cloîtres, leur plus sûr asile alors.

Son fils, Louis le Bègue, lui succéda comme roi de France, mais son autorité ne s'étendit que sur une partie des États de son père; l'Italie et la Lorraine lui échappèrent; Alain le Grand, duc ou roi des Bretons, refusa de lui rendre hommage; en sorte qu'il se trouva réduit aux seules provinces de Neustrie, d'Aquitaine et de Provence, sur lesquelles encore son pouvoir était plus nominal que réel; car la Provence était exclusivement gouvernée par Boson; l'Aquitaine par les deux Bernard, l'un marquis de Gothie,

---

[1] *Annales de Saint-Bertin.* — *Annales de Fulde.* — *Annales de Metz.*

et l'autre comte d'Auvergne; la Neustrie par les abbés Gauzelin et Hugues, et par Conrad, comte de Paris.

Louis le Bègue mourut après deux années d'un règne tellement insignifiant, que l'historien n'y trouve aucun fait à mentionner si ce n'est la profonde nullité du monarque et l'ambition toujours croissante des grands feudataires du royaume. Louis le Bègue laissa deux fils, Louis III et Carloman, dont l'aîné n'avait que dix-sept ans. Lorsqu'il fut question de régler la succession de la couronne, deux factions puissantes firent tout à coup valoir des prétentions opposées; l'une dirigée par Gauzelin, abbé de Saint-Denis et de Saint-Germain, offrit la succession de Louis le Bègue à Louis de Saxe; l'autre, ayant à sa tête Hugues, abbé de Saint-Germain-l'Auxerrois et de Saint-Martin de Tours, se prononça énergiquement pour les enfants du roi défunt et l'emporta. Louis III et Carloman furent couronnés par Anségise, archevêque de Sens.

Dans le même temps, Boson fut proclamé par le pape Jean VIII, son père adoptif, roi de Provence, et cette élection fut ratifiée solennellement par une assemblée qui se réunit à Mantaille et dans laquelle siégeaient les six archevêques de Vienne, de Lyon, de Tarentaise, d'Aix, d'Arles et de Besançon, dix-sept évêques de Provence, de Dauphiné, de Savoie et de Bourgogne, et un certain nombre de comtes et de seigneurs laïques. Ainsi fut fondé le nouveau royaume d'Arles ou de Provence, par la diète de Mantaille qui détacha du sceptre des Carlovingiens une grande partie de la France actuelle. C'est en vain que les fils de Louis le Bègue protestèrent contre ce qu'ils appelaient une usurpation; ils durent se résigner à un démembrement qui était plus encore dans le vœu des peuples que dans celui des princes.

Louis III et Carloman, après avoir vu l'inutilité de leurs protestations, se partagèrent fraternellement ce qui leur restait des États de leur père. Ce partage eut lieu à Amiens, au mois de mars 880. Louis III eut pour sa part la Neustrie, et Carloman l'Aquitaine. Peu de temps après, Charles le Gros, troisième fils de Louis le Germanique, se trouvant seul possesseur de l'Allemagne par la mort de ses deux frères aînés, se fit décerner par le pape la dignité impériale, et devint alors le chef de la famille carlovingienne.

Louis III et Carloman, trop faibles pour prétendre à une indépendance absolue, reconnurent sa prééminence, et ne se considérèrent en quelque sorte que comme ses lieutenants. Mais la même mortalité qui avait frappé la race de Clovis, décima non moins cruellement celle de Charlemagne. Nous avons vu Louis le Bègue s'éteindre après un règne très-court; son fils Louis III ne lui survécut que de deux ans, et deux autres années après Carloman rejoignit dans la tombe son frère et son père.

L'empereur Charles le Gros régna alors sur la totalité de l'empire carlovingien; mais il régna honteusement comme tous ses prédécesseurs depuis Louis le Débonnaire, et fut déposé en 888. Sa mort suivit de près sa déposition. Arnolphe, son neveu, lui succéda comme roi de Germanie. L'Italie devint un royaume à part que se disputèrent des prétendants de race germanique, mais naturalisés italiens depuis plusieurs générations. La France actuelle vit s'élever dans son sein autant de souverainetés indépendantes qu'il y avait alors de races distinctes. Nous avons déjà parlé du royaume d'Arles ou de Provence. Au nord de ce royaume s'en forma un autre, sous le nom de *Burgondie* ou Bourgogne supérieure, qui se composa de tout le pays compris entre les Alpes, le Jura et les sources du Rhin, et dont la capitale fut Genève. Un roi d'Aquitaine, dont les possessions s'étendaient de la Loire aux Pyrénées fut inauguré à Poitiers; deux autres États, celui d'Alain le Grand, roi des Bretons, et celui de Sanche Mitarra, duc des Gascons, étaient formés depuis longtemps; entre le Rhin, la Meuse et la Saône s'éleva le petit royaume des *Lotheringhe* ou de Lorraine. Enfin, au milieu de ces différents États, se trouva resserrée, d'une manière fixe, la puissance dont le territoire conserva depuis lors le nom de France, et qui eut pour bornes au nord la Meuse, au sud la Loire [1]. Ainsi s'accomplit le second démembrement de l'empire de Charlemagne. Le premier avait donné naissance à trois grandes monarchies, le second enfanta neuf États parfaitement indépendants les uns des autres.

---

[1] *Recueil des Historiens de France*, tom. VII et VIII.

CHAPITRE V.

SOMMAIRE.

Établissement du régime féodal. — Élection du roi Eudes. — Avénement de Charles le Simple. — Guerre civile entre Charles le Simple et Eudes. — Le premier concède la Normandie à Rollon. — Révolte des grands vassaux contre Charles le Simple. — Captivité de ce monarque. — Guerre des grands vassaux entre eux. — Puissance de Hugues le Blanc, comte de Paris. — Il place sur le trône de France Louis d'Outre-Mer, fils de Charles le Simple. — Partage du duché de Bourgogne entre Hugues le Blanc, Hugues le Noir et Giselbert. — Règne de Louis d'Outre-Mer. — Hugues le Grand fait couronner Lothaire. — Tentative de Hugues pour s'emparer de l'Aquitaine. — Thibaud le Tricheur brouille Lothaire avec les Normands. — Guerres de Lothaire et d'Othon II. — Louis V, surnommé le Fainéant, succède à Lothaire, son père. — Brouille de ce roi avec sa mère. — Mort de Louis V. — Charles de Lorraine, dernier rejeton de la race carlovingienne, est écarté du trône. — Avénement d'une troisième dynastie dans la personne de Hugues Capet. — Caractère de cette révolution.

Par le premier démembrement de l'empire carlovingien les pays de langue romane avaient été séparés des pays de langue tudesque. Par le second démembrement la même séparation s'opéra entre les pays de la langue d'*ouy* et ceux de la langue d'*oc*. De cette seconde révolution date, à proprement parler, l'existence de la nation française, dont il ne faut chercher le berceau ni dans la patrie des Francs d'Outre-Rhin, ni dans toute l'étendue de la Gaule, mais dans la contrée seulement qui se prolonge de la Meuse à la Loire. Le royaume de France, au moyen de cette position centrale, parvint à la longue et par une suite non interrompue de conquêtes, à s'assimiler tous les États formés autour de lui et comme lui des débris de l'empire de Charlemagne. De là surgit la grande, la formidable unité française. De tous ces rayons s'alluma le foyer d'où la lumière devait se répandre sur l'univers.

Mais cette unité ne fut qu'une conséquence éloignée des événements par lesquels se constitua la nation française. Cette nation, avant de former un tout homogène et complet fut longtemps morcelée et fractionnée en un grand nombre de petites souverainetés indépendantes les unes des autres, et n'ayant d'autre lien entre elles qu'une subordination nominale et illusoire au pouvoir royal; c'est ce que l'on appelle la féodalité, renaissance momentanée de l'ordre et de la civilisation au milieu d'une société en décomposition.

« Quand l'existence des hommes, dit M. Guizot, ne s'étend guère
« hors de l'étroit espace où ils naissent et meurent, quand l'ab-
« sence du commerce, de l'industrie, du mouvement d'esprit, la
« nullité ou la rareté des communications matérielles et intellec-
« tuelles resserrent leur pensée dans un horizon à peu près aussi
« borné que celui qu'embrasse leur vue, comment une grande so-
« ciété pourrait-elle subsister? Quelles idées, quelles relations,
« quels intérêts en seraient le lien et l'aliment? La seule société
« qui soit possible alors est une société étroite, locale, comme l'es-
« prit et la vie de ses membres. Et si, par quelque puissant acci-
« dent, par quelque cause passagère, une société plus vaste est un
« moment formée, on la voit bientôt se dissoudre; et à sa place
« naissent une multitude de petites sociétés faites à la mesure du
« degré de développement des hommes, et qui bientôt produisent,
« chacune dans ses limites, un gouvernement de même dimension.
« Tel est le phénomène qui commença à se développer en France
« après la mort de Charlemagne, et dont le dernier terme fut l'é-
« tablissement du régime féodal [1]. »

Charlemagne, à l'exemple de Dieu, avait créé de rien un puissant empire; mais son œuvre ne lui survécut pas. Sous ses faibles successeurs, chaque propriétaire libre et fort se fit souverain dans ses domaines et réalisa en petit ce qu'il avait exécuté en grand. Et ce ne fut pas seulement chaque propriétaire qui se créa ainsi une souveraineté à part, mais chaque comte, chaque marquis, chaque duc, dans le district que le souverain lui avait donné à gouverner. « C'était partout le travail de la société aspirant à se former et in-

---

[1] Guizot, *Troisième Essai sur l'Histoire de France*.

« capable de s'étendre au delà d'étroites limites, dit encore le sa-
« vant écrivain que nous avons cité plus haut. Tout devint local
« parce que rien ne pouvait être général, parce que toute généra-
« lité était bannie des intérêts, des existences, des esprits. Les lois,
« les jugements, les moyens d'ordre, les guerres, les tyrannies, les
« libertés, tout se resserra dans de petits territoires, parce que rien
« ne pouvait se régler ni se maintenir dans un cercle plus étendu[1]. »

C'est à dater seulement de l'établissement du régime féodal que la France si dévastée, si déserte, commença à se repeupler, à se fortifier, à se couvrir de soldats. Quelque défectueux que fût en lui-même ce système, il était bien supérieur à tout ce qui avait existé jusqu'alors. Lente création de plusieurs siècles, il rendit une patrie à toute une classe de citoyens qui en étaient privés, il releva le caractère avili des anciens propriétaires, mit en honneur la bravoure en lui confiant la défense de tous les intérêts person- nels, et fit naître enfin l'idée de ces vertus chevaleresques qui in- fluèrent d'une manière si heureuse sur les mœurs nationales.

« La féodalité, a dit un autre historien[2], qui a traité cette
« question avec sagacité, apporte avec elle un certain idéal poli-
« tique ; sa théorie est une hiérarchie guerrière partant du dernier
« feudataire, possesseur d'une tour, d'un cheval et d'une armure,
« pour s'élever de degré en degré jusqu'au roi, clef de voûte de
« l'édifice en chef de cette grande armée de propriétaires soldats,
« jusqu'au roi dont la couronne ne relève que de Dieu et de son
« épée. A tous les degrés de cette hiérarchie, un serment récipro-
« que, renouvelé à chaque mutation de personne, lie le seigneur
« et le vassal : le vassal doit se lever en armes au ban de son sei-
« gneur, siéger comme *assesseur* dans les *plaids* seigneuriaux, ai-
« der le seigneur de ses deniers si le seigneur est pris en guerre et
« mis en rançon : le seigneur doit protéger le vassal dans la jouis-
« sance du fief envers et contre tous : le vassal perd son fief pour
« félonie envers son sire, le seigneur perd sa suzeraineté s'il at-
« tente à la vie du vassal, ou à l'honneur de sa femme ou de sa fille,

---

[1] Guizot, *Troisième Essai sur l'Histoire de France*.
[2] Henri Martin, tom. III, pag. 5.

« ou s'il veut le priver indûment de son fief; le droit de guerre,
« le vieux droit germanique de se faire justice à soi-même est re-
« connu à tous les degrés, en cas d'infraction de serment. De toute
« la théorie féodale, c'est la seule partie qui soit suivie en pra-
« tique; une confusion inextricable règne dans la hiérarchie; les
« fiefs sont si bien enchevêtrés, que beaucoup de seigneurs sont
« mutuellement vassaux les uns des autres, que tel baron tient des
« terres de plusieurs suzerains et peut être requis à la fois du ser-
« vice militaire par deux chefs ennemis, enfin que tel petit feuda-
« taire se trouve avoir droit à l'hommage d'un prince souverain,
« comte, duc lui-même, comme étant suzerain d'une terre échue
« à ce dernier par héritage ou autrement. Ces bizarreries n'au-
« raient du reste qu'une importance secondaire si les grandes re-
« lations féodales étaient régularisées, mais il n'en est rien. Le
« pouvoir de chaque seigneur vis-à-vis de son supérieur et de ses
« inférieurs dépend encore de son caractère personnel et des cir-
« constances locales, et le premier des seigneurs, le roi, est relati-
« vement le moins puissant de tous; chose naturelle et facile à
« comprendre, puisque l'établissement de la féodalité résulte de la
« défaite des rois, et que la royauté nouvelle est née de la ruine
« du pouvoir monarchique. Le roi n'a quelque moyen de force et
« d'action qu'en qualité de seigneur du duché de France; comme
« roi quelques prérogatives honorifiques, quelques droits sur les
« églises, faisaient son partage; il est à peine le premier entre ses
« pairs; mais l'idéal féodal combat pour la royauté et tend à éta-
« blir que les grands doivent aux rois les mêmes services qu'ils
« exigent de leurs propres vassaux. La féodalité recèle dans son
« sein les armes dont elle sera frappée. ».

Elle recèle surtout, et c'est là son grave abus, le despotisme in-
dividuel; elle confère le droit de haute et basse justice, de vie et
de mort, de pilori et de gibet, à une foule de petits tyrans qui éri-
gent en droits leurs caprices et leurs passions; elle devient un continuel élément de guerre civile. Tantôt nous verrons les seigneurs
lutter entre eux pour se piller mutuellement, et faire main basse sur
leurs vassaux; tantôt nous les verrons laïques ou ecclésiastiques,
car il y avait les seigneurs d'église, essayer de réduire les bourgeois,

les propriétaires citadins, les corporations de marchands, d'artisans, chez lesquels réside un souffle d'indépendance, une tendance démocratique, une résistance à l'oppression, qui finiront par triompher et constituer les libertés de la France.

Charles le Chauve, par l'édit qu'il promulgua à Kiersy en 877, rendit héréditaires les comtes et les autres grands seigneurs qui, jusqu'à ce moment, n'avaient joui que d'un pouvoir viager. Chacune de leurs dynasties remonte à peu près à cette époque. Chacun de ces petits souverains mérite désormais une attention particulière; car, agissant d'après leur impulsion propre, ils sortirent de l'uniformité à laquelle tout semblait soumis depuis près d'un siècle, et influèrent directement sur le développement et sur le bonheur des masses.

Après la mort de Charles le Gros la couronne de France se trouva vacante, sinon de droit, puisqu'il existait un fils posthume de Louis le Bègue, qui fut depuis Charles le Simple, mais de fait, car ce rejeton des Carlovingiens, âgé seulement de neuf ans, n'avait aucun moyen de faire valoir ses prétentions. Parmi les divers compétiteurs qui se présentèrent pour ramasser cette couronne tombée à terre, il en est un qui, sans réunir l'unanimité des suffrages, était soutenu par un parti puissant. Nous voulons parler du comte Eudes qui s'était signalé deux ans auparavant à la défense de Paris. Dans une diète qu'il assembla à Compiègne, Gauthier, archevêque de Sens, lui mit, du consentement de tous, la couronne sur la tête; mais en dehors de cette assemblée, deux partis protestèrent contre l'élection du comte Eudes; l'un voulait porter au trône Guido, duc de Spolète, l'autre Arnolphe, roi des Germains. Un nouvel avantage qu'Eudes remporta sur les Normands, et dont ses partisans exagérèrent l'importance, décida l'opinion publique en sa faveur, et il fut seul roi de France [1].

Un écrivain de nos jours a fait remarquer très-judicieusement que dès l'époque où commença à poindre la nation française, il se manifesta dans cette nation un vif sentiment de répugnance pour la dynastie carlovingienne. « A la révolution territoriale de 888,

---

[1] *Annales de Saint-Vaast.* — *Annales de Metz.*

« ajoute-t-il, correspond de la manière la plus précise un mouve-
« ment d'un autre genre, qui élève sur le trône un homme entiè-
« rement étranger à la famille des *Karolings*. Élu au détriment
« d'un héritier qui se qualifiait de légitime, Eudes fut le candidat
« national de la population mixte qui avait combattu cinquante
« ans pour former un État par elle-même ; et son règne marque
« l'ouverture d'une nouvelle série de guerres civiles terminées
« après un siècle, par l'exclusion définitive de la race de Karl le
« Grand [1]. »

Plusieurs années s'écoulèrent pendant lesquelles Eudes essuya divers échecs contre les Normands, et administra avec tant d'impéritie son royaume que la famine y causa d'affreux ravages. A l'instigation de ses ennemis secrets il eut l'imprudence de conduire son armée au midi de la Loire afin de soumettre à son sceptre l'Aquitaine. Ses ennemis, à la tête desquels étaient Foulques, archevêque de Reims, et Héribert, comte de Vermandois, profitèrent de son absence pour mettre à exécution un projet qu'ils nourrissaient depuis longtemps. Le 28 janvier 893, ils proclamèrent roi de France Charles le Simple, alors âgé de treize ans, qui reçut l'onction royale des mains de Foulques lui-même [2].

Nous n'avons aucun détail sur la guerre civile qui s'engagea alors entre Charles le Simple et Eudes. Nous savons seulement qu'un certain nombre de seigneurs prirent parti pour le premier, dont la cause leur parut plus juste que celle de son compétiteur, et que parmi ces seigneurs se trouvaient Richard, duc de Bourgogne, Guillaume, comte d'Auvergne et duc d'Aquitaine, et Adémar, comte de Poitiers. Après diverses hostilités de peu d'importance, Eudes envoya au camp de son rival un héraut d'armes qui somma en son nom les seigneurs du parti de Charles le Simple de se rappeler le serment qu'ils lui avaient prêté à lui, Eudes, les assurant qu'il était prêt à oublier leur rébellion s'ils rentraient incontinent dans le devoir. Cette simple sommation suffit pour dissiper l'armée de Charles, et celui-ci, abandonné de tous ses

---

[1] Augustin Thierry, *Douzième Lettre sur l'Histoire de France*.
[2] Flodoard, *Histoire de Reims*, liv. IV, ch. I.

partisans, fut obligé de sortir du royaume. Cependant quelques mois après, au moment où l'on ne s'y attendait pas, il rentra en France avec une petite armée et recommença à guerroyer. Mais Eudes, dont les forces étaient plus considérables que les siennes, le contraignit de s'expatrier une seconde fois; Charles se retira auprès du puissant roi de Germanie, Arnolphe, dont l'archevêque de Reims lui avait ménagé la protection [1]. Arnolphe, qui avait auparavant conclu une alliance avec Eudes, ne résista point aux présents que lui offrit Charles, et qu'il accepta comme un tribut des Gaules. Il sanctionna son élection au trône de France, et lui donna une armée avec laquelle Charles rentra dans le royaume dont il disputait la possession à Eudes. Celui-ci, soutenu par le parti national qui l'avait investi de la royauté, triompha aisément d'un concurrent qui comprenait assez peu ses intérêts pour se mettre sous le patronage d'un souverain étranger. Eudes et Charles se rencontrèrent sur les bords de l'Aisne; mais les comtes et les évêques qui commandaient l'armée germanique ne voulurent point attaquer Eudes, avec lequel, dit-on, ils étaient liés d'amitié; ils entamèrent des négociations dont Charles n'attendit pas le résultat; il alla chercher un refuge chez Richard, duc de Bourgogne [2]. Là, ses partisans se livrèrent à des désordres qui excitèrent contre eux une clameur universelle. Les peuples, fatigués d'une guerre civile qui les exposait à des maux sans cesse renaissants, portèrent leurs plaintes aux pieds d'Arnolphe, le plus puissant monarque de la chrétienté alors, et qui venait dans une courte campagne de joindre la couronne d'Italie à celle d'Allemagne. Arnolphe, voulant en finir lui-même avec ces dissensions interminables, somma les deux prétendants, Eudes et Charles, de se rendre aux états qu'il convoqua à Worms pour les fêtes de Pâques de l'année 895. Eudes seul obtempéra à cette injonction, et en fut récompensé par des secours que lui accorda Arnolphe pour triompher de son adversaire.

La guerre se poursuivit deux années encore avec des chances

---

[1] FLODOARD, *Histoire de Reims*, liv. IV, ch. v.
[2] *Annales de Saint-Vaast.*

diverses entre Eudes, le représentant de l'intérêt national, et Charles, le représentant de la race dégénérée des conquérants; Charles eût consenti volontiers à traiter aux conditions qu'il aurait plu à son adversaire de lui imposer, mais les seigneurs qui faisaient la guerre en son nom ne voulaient traiter à aucun prix. Eudes entreprit alors de les soumettre successivement. Il attaqua l'un après l'autre Héribert, comte de Vermandois, Errenger, comte de Melun, et enfin Foulques, archevêque de Reims, qui se défendirent avec vigueur; et, après les avoir dépouillés de tous leurs châteaux, il les contraignit de lui jurer obéissance. Il ne paraît pas que Charles ait pris activement part à cette guerre. Les surnoms de *simplex* et de *stultus*, que lui décernent les historiens, indiquent sa profonde nullité. Pendant que les grands combattaient pour sa cause, et un peu aussi pour la leur, il était allé chercher un refuge dans le royaume de Lorraine, où régnait alors un fils naturel d'Arnolphe, nommé Zwentibold. Mais ne se trouvant nulle part en sûreté, et voyant diminuer chaque jour le nombre de ses partisans, il recourut à la générosité de son rival, qui saisit avec empressement cette occasion de mettre fin aux guerres civiles en accordant à Charles un apanage que les narrateurs contemporains ne nous font point connaître. Peu de temps après cette réconciliation, Eudes mourut le 1er janvier 898, après dix ans de règne. On assure qu'à ses derniers moments il recommanda à tous ceux qui l'entouraient de reconnaître Charles pour leur roi après sa mort. Charles, en effet, devint seul roi de France du consentement de tous, et, pour la seconde fois, il fut inauguré à Reims et placé sur le trône [1].

Charles le Simple régna d'abord vingt-deux ans, de 898 à 920, sans opposition. Le parti français ou national, qui avait porté Eudes au trône en haine de la dynastie franque, semblait avoir abdiqué toute prétention entre les mains du nouveau roi, et s'être résigné à l'obéissance. C'est pendant ce laps de temps que Charles, dans le but de se ménager un appui contre ce parti qu'il redoutait toujours, concéda, à titre de fief, au chef normand Rolf ou Rollon,

---

[1] *Annales de Saint-Vaast.* — *Annales de Metz.*

cette portion de la Neustrie qui avoisine l'embouchure de la Seine et qui prit dès lors le nom de Normandie. Avec cette riche province Charles donna à Rollon le titre de duc et sa fille en mariage. Sans doute il eût mieux valu repousser les Normands, et leur interdire à tout jamais l'accès du territoire en organisant sur les côtes un système formidable de défense; mais puisque toute énergie et toute vaillance semblaient éteintes chez la nation française à cette époque de transformation où tout se renouvelait dans son sein, mœurs, idées, langage, gouvernement, la concession de Charles le Simple à Rollon fut un acte de haute prévoyance et de sage politique.

En l'année 920, une révolte éclata contre Charles le Simple. Voici comment un chroniqueur raconte ce fait : « Presque tous les « comtes français abandonnèrent leur roi Charles auprès de Sois- « sons, parce qu'il ne voulait pas renoncer à son conseiller Hague- « non, que, de condition médiocre, il avait rendu puissant. Hé- « rivée, archevêque de Reims, reçut le roi lorsque tous l'avaient « délaissé, le conduisit à sa demeure dans le domaine de Carcasi- « rie; le lendemain ils se rendirent à Crosne, domaine de l'arche- « vêque de Reims, et demeurèrent là jusqu'à leur retour à Reims. « L'archevêque le garda ainsi presque sept mois, jusqu'à ce qu'il « eût ramené les grands à lui, et lui au royaume [1]. »

Il faut croire néanmoins que cette réconciliation n'avait rien de bien sincère, puisque Charles, au lieu de retourner à Soissons, sa résidence habituelle jusqu'alors, se cantonna à Laon, seule ville qu'il n'eût point donnée en fief, et où, par conséquent, il se trouvât en sûreté. La mauvaise administration de ce monarque, sa prodigalité, ses fautes, lui aliénèrent de nouveau l'esprit des grands. Parmi ces derniers, les deux plus puissants, le comte Robert, frère d'Eudes, et Hugues le Blanc, fils de Robert, levèrent l'étendard de la révolte contre Charles; celui-ci, étant hors d'état de leur résister, s'enfuit de l'autre côté de la Meuse, suivi de son favori Haguenon, et y leva une petite armée avec laquelle il essaya de tenir tête aux seigneurs révoltés. Après divers engagements sans impor-

---

[1] Frodoard, *Chronique*.

tance, Charles, abandonné des siens, se vit de nouveau obligé de passer la Meuse sans que personne songeât à l'arrêter. Cette nouvelle fuite du roi carlovingien parut au parti national une abdication; dès lors le comte Robert, chef de ce parti, se fit proclamer roi par les Français rassemblés autour de lui. Hérivée, archevêque de Reims, qui avait servi avec tant de dévouement Charles, et dont Charles avait payé les services de la plus odieuse ingratitude, donna l'onction sainte à Robert, et l'élection de celui-ci fut confirmée par tous les évêques et tous les grands du royaume [1].

Après cette double consécration, Robert s'occupa de réduire Charles, ce qui n'était pas chose facile, car l'héritier des Carlovingiens, poussé par un penchant héréditaire à chercher des amis dans les pays teutoniques, trouvait dans le royaume de Lorraine, alors soumis à la domination des Germains, des soldats toujours prêts à suivre ses étendards, à mourir pour sa cause. Robert envoya d'abord son fils Hugues, en Lorraine, avec une armée, pour forcer Charles à lever le siége du château de Chévremont. Hugues fit reculer l'armée du roi; mais celui-ci, recrutant de nouveaux soldats, pénétra hardiment dans le royaume de France et parut sur l'Aisne, au mois de juin 923, lorsqu'on le croyait tenu en échec par Hugues au fond de la Lorraine. Laissons parler Frodoard :

« Ayant appris, dit-il, que Robert campait près de la ville de Sois-
« sons, Charles passa l'Aisne tout à coup, avant que celui-ci eût
« pu assembler ses fidèles, et le lendemain, le jour du dimanche,
« après l'heure du midi, Charles fondit avec ses Lorrains sur Ro-
« bert et les Francs, qui n'attendaient point de combat en ce jour,
« et dont beaucoup dînaient alors. Robert fit armer ceux qui étaient
« avec lui, et marcha contre Charles. Le combat s'engagea; beau-
« coup périrent de l'un et l'autre côté; et le roi Robert, percé
« d'une lance, tomba mort. Cependant ses partisans ayant à leur
« tête Hugues, son fils, et Héribert, remportèrent la victoire, et
« Charles s'enfuit avec ses Lorrains. Les partisans de Robert, oc-
« cupés de la mort de leur roi, ne continuèrent point à les pour-
« suivre, mais s'emparèrent de leur camp. Ensuite, les Lorrains,

---

[1] Frodoard, *Chronique*.

« après avoir perdu beaucoup de bagages, laissant Charles dans le
« royaume de France, revinrent chez eux [1]. »

Abandonné de nouveau à sa mauvaise fortune, Charles, après avoir tenté vainement d'intéresser à son sort plusieurs seigneurs du parti contraire, se retira en Lorraine où il attendit tout du ciel et des événements. Hugues le Blanc était alors maître de Paris, de presque tout le pays situé entre la Seine et la Loire, et du territoire de plusieurs riches couvents dont il était abbé séculier; il était reconnu pour chef par le parti national qui, chaque jour, acquérait de nouvelles forces, et s'il avait voulu ceindre son front de la couronne qu'avaient portée son oncle Eudes et son père Robert, il n'y aurait trouvé aucun obstacle. Mais par des motifs que l'on ignore, il fit proclamer roi son beau-frère Rodolphe ou Raoul, duc de Bourgogne, qui fut sacré le 13 juillet 923 dans l'église de Saint-Médard de Soissons, par Gaultier, archevêque de Sens.

Cette élection d'un nouveau roi, loin de couper court à la guerre civile, aurait pu la prolonger longtemps encore, si Héribert, comte de Vermandois, n'avait trouvé moyen d'attirer Charles dans un piége et de le réduire en captivité. Un historien presque contemporain, Raoul Glaber, nous a transmis de curieux détails sur cet événement. « Charles, dit-il, avait parmi les grands de son royaume
« un certain Héribert, dont il avait tenu le fils sur les fonts sacrés
« du baptême, et dont l'esprit rusé aurait dû suffire pour éveiller
« ses soupçons, avant même que la découverte de ses projets per-
« fides les eût confirmés. En effet, cet Héribert avait résolu de
« tromper le roi en prétextant quelque affaire dont ils avaient à
« délibérer pour l'attirer, comme il le fit plus tard à force de ca-
« resses, dans un de ses châteaux, où il put l'enchaîner et le gar-
« der en prison. Mais on finit par suggérer au roi qu'il eût à se
« conduire avec beaucoup de précaution pour n'être pas enveloppé
« dans les piéges d'Héribert. Docile à ces avis, il s'était promis de
« se tenir sur ses gardes contre Héribert, lorsqu'un jour ce sei-
« gneur pénètre sans obstacle avec son fils dans le palais du roi,
« et pendant que le prince se lève en lui tendant les bras pour

---

[1] FRODOARD, Chronique.

« l'embrasser, il se baisse dans la posture la plus humble pour re-
« cevoir l'accolade du roi. Le monarque embrasse ensuite le fils :
« ce jeune homme était debout, et quoique initié aux desseins per-
« fides de son père, plus novice pourtant dans l'art de la dissimu-
« lation, il ne songea point du tout à s'incliner devant le roi. Son
« père, qui se tenait près de lui, l'ayant vu, lui appliqua un vigou-
« reux soufflet, en lui disant : — Quand le seigneur roi vous em-
« brasse, apprenez à ne pas rester debout pour recevoir cet hon-
« neur. — Cette action d'Héribert convainquit le roi et tous les
« assistants de son innocence, et dissipa tout soupçon de fraude
« et de supercherie. Voyant donc qu'il avait calmé le ressentiment
« du prince, Héribert n'en fit que plus d'instances pour l'engager
« à venir chez lui régler cette affaire dont il parlait depuis long-
« temps. Aussitôt le roi promit de le suivre partout où il voudrait.
« Au jour convenu, il se rendit en effet dans un lieu que lui avait
« désigné Héribert, et n'emmena avec lui qu'une faible escorte,
« pour donner à ce seigneur une preuve de confiance. Le premier
« jour il reçut un accueil magnifique; le second, Héribert, d'après
« un ordre prétendu de Charles, invita ceux qui avaient accompa-
« gné le roi à se retirer chez eux, parce que, disait-il, sa garde et
« lui suffiraient pour le service du prince. Ils partirent donc;
« mais, en exécutant les ordres d'Héribert, ils ne se doutaient
« guère qu'ils laissaient leur roi dans les fers [1]. »

Héribert, en effet, arrêta Charles le Simple, qui n'avait jamais
mieux mérité son surnom qu'en cette occasion, et le retint prisonnier à Château-Thierry [2]. La femme du monarque, Odgive, fille
d'Édouard l'Ancien, roi d'Angleterre, apprenant la captivité de
son mari, se retira auprès d'Athelstan, son frère, qui régnait alors
sur les Anglo-Saxons, et elle emmena avec elle son fils Louis, âgé
de neuf ans, qui plus tard fut surnommé à cause de cela Louis
d'Outre-Mer [3].

La captivité de Charles le Simple dura quatre ans. Rodolphe,

---

[1] Raoul Glaber, *Chronique*, liv. Ier, ch. II.

[2] Frodoard, *Chronique*.

[3] *Chronique saxonne*.

que nous appellerons Raoul, pour nous conformer à l'orthographe de la plupart des historiens, n'était guère roi de France que de nom; il abandonnait le gouvernement de ce royaume à Hugues, comte de Paris, et à Héribert, comte de Vermandois, et résidait le plus souvent dans son duché de Bourgogne. La plupart de ses diplômes sont datés d'Autun, de Châlons, de Dijon, d'Auxerre, ou de divers châteaux situés dans le voisinage de ces villes [1]. Mais il était difficile de contenter longtemps des grands vassaux orgueilleux et avides, qui croyaient que la royauté ne faisait jamais assez pour eux tant qu'il lui restait quelque chose à faire. « Il s'éleva, « dit Frodoard, une querelle entre le roi Raoul et le comte Héri- « bert pour le comté de Laon qu'Héribert désirait donner à son « fils, et que le roi avait accordé à un certain Roger [2]. » Héribert, dans son vif mécontentement, remit Charles le Simple en liberté et le conduisit à Saint-Quentin. Mais comme ce malheureux roi avait perdu durant sa captivité le peu d'intelligence dont il était doué, il ne fit aucun usage de la liberté qui lui était rendue. Héribert essaya d'intéresser en sa faveur successivement Hugues le Blanc, comte de Paris, Guillaume Longue-Épée, duc de Normandie, Henri l'Oiseleur et le pape Jean X; mais il échoua de tous les côtés. Pendant ce temps, Raoul entra avec une armée de Bourguignons dans le duché de France, et le mit à feu et à sang. Le comte de Vermandois, malgré toute son activité, n'avait pu réunir une armée assez considérable pour tenir tête à celle du roi. Hugues le Blanc interposa sa médiation entre Héribert et Raoul, et les amena à conclure la paix, mais aux dépens de l'infortuné Charles qui fut replongé en prison. Raoul, bien convaincu qu'il n'avait rien à redouter de ce triste rival, finit par lui montrer quelque compassion; il ordonna qu'il fût remis en liberté; il alla le voir à Reims, lui fit des présents, et l'établit dans le palais d'Attigny, où le descendant de Charlemagne put se croire encore environné de la toute-puissance. Charles le Simple mourut au milieu de ces bons offices d'un compétiteur heureux, le 7 octobre 929 [3]. Sa mort, loin de rétablir

---

[1] *Diplomata Rodulphi regis*, tom. IX, pag. 565.

[2] FRODOARD, *Chronique*.

[3] IBID.

la tranquillité dans le royaume, sembla être le signal de nouvelles guerres civiles. Hugues et Héribert se brouillèrent et en vinrent aux mains. Raoul, qui peut-être était jaloux de l'un et de l'autre, et qui trouvait son compte à ce qu'ils s'affaiblissent mutuellement, se garda bien d'intervenir dans leur querelle. Mais ces guerres privées, de vassaux à vassaux, eurent pour résultat au contraire de les aguerrir, de leur apprendre l'art d'attaquer et de défendre les places, et de faire renaître dans leurs petits États cet esprit d'entreprise, cette bravoure, cette audace qu'une longue servitude avait presque éteints[1].

Pendant que le comte de Paris et le comte de Vermandois étaient aux prises, le roi Raoul remportait une grande victoire sur les Normands près de Limoges, et soumettait les uns après les autres les principaux seigneurs de l'Aquitaine, en sorte que le nom de Raoul fut dès lors inscrit sur les actes publics dans les quatre grandes divisions de la France à cette époque, savoir : la Neustrie ou France proprement dite, la Bourgogne, l'Aquitaine et la Provence. Hugues et Héribert continuèrent à se faire une guerre acharnée jusqu'en 935 ; le second, trop faible pour résister à son redoutable adversaire, contracta alliance avec Gislebert, qui portait le titre de duc de Lorraine, et qui était le plus puissant des seigneurs dont les États s'étendaient de la Meuse au Rhin. Gislebert obtint d'Héribert qu'il fît comme lui hommage à Henri l'Oiseleur, roi de Germanie. « Dans cette guerre, dit un historien, plus que dans au-
« cune des précédentes, on vit se manifester le caractère nouveau
« que l'indépendance des grands vassaux devait donner à l'art
« militaire. Il n'y eut point de bataille rangée, point de province
« envahie ou perdue après une seule victoire, mais seulement des
« siéges et des surprises de villes et de châteaux. La France s'était
« enfin hérissée de forteresses ; chaque ville, chaque position va-
« lait la peine d'être défendue, et ceux qui jusqu'alors n'avaient su
« que fuir à l'approche de l'ennemi, empruntaient du courage aux
« remparts dont ils étaient couverts, et faisaient tête à l'ennemi.
« Saint-Quentin, Péronne, Château-Thierry, Doullens, Ham et

---

[1] FRODOARD, *Chronique*.

« Roye furent successivement assiégés et pris par le comte Hugues.
« Mais la perte de tant de places fortes ne suffit point pour abattre
« le courage du comte de Vermandois [1]. »

Cet intrépide seigneur contraignit plusieurs fois, en effet, le comte de Paris à lui accorder des suspensions d'armes; il assiégea et reprit plusieurs des forteresses que celui-ci lui avait enlevées; il trouva surtout de puissantes ressources dans l'affection de ses propres vassaux, qui, regardant depuis longtemps la France comme un pays qui leur était étranger, sentaient renaître en eux l'amour de la patrie en le rapportant au fief auquel ils appartenaient. Héribert savait même se faire un parti dans les États de ses voisins; c'est ainsi que les habitants de Reims, auxquels il avait fait accepter comme archevêque son fils Hugues, âgé de cinq ans seulement, le défendirent vaillamment, et soutinrent un siége de trois semaines avant de consentir à l'élection d'un autre archevêque [2]. Amiens, qui s'était pareillement déclaré pour Héribert, soutint la même année un siége contre le comte Hugues, auquel s'étaient réunis plusieurs évêques de France. Saint-Quentin, qui, avant de se rendre au comte de Paris, avait résisté deux mois à tous ses efforts, se souleva de nouveau en 933 à la voix d'Héribert, qui avait pénétré seul dans ses murs sous un déguisement, et fit prisonnière la garnison du comte Hugues. Enfin, dans la même année, Château-Thierry, qui avait résisté six semaines au roi Raoul lui-même, tomba aussi facilement au pouvoir d'Héribert. La paix fut rétablie en 935 par la médiation de Henri l'Oiseleur, et toutes les querelles qui avaient si longtemps ensanglanté le nord de la France se trouvèrent assoupies [3].

Raoul mourut l'année suivante sans laisser d'enfants. A cette époque, Hugues le Blanc surpassait tellement en puissance tous les autres grands vassaux, qu'il semblait seul maître de disposer de la couronne de France. Il gouvernait, sous le nom de duché de Neustrie, tout le pays situé entre la Seine et la Loire, jusqu'aux frontières de la Normandie et de la Bretagne, et, sous le nom de

---

[1] SISMONDI, *Histoire des Français*, tom. III, pag. 377 et 378.

[2] FRODOARD, *Chronique*.

[3] IBID.

duché de France, tout le pays situé entre la Seine et la Meuse. Il se portait héritier du duché de Bourgogne, patrimoine de son beau-frère. Enfin il était abbé laïque de Saint-Martin de Tours, de Saint-Denis et de Saint-Germain-des-Prés, et possédait à ces titres divers un pouvoir si étendu et des propriétés si considérables, qu'il en reçut le surnom de Grand. Une seule chose étonne, c'est que se trouvant si près d'un trône où s'étaient assis son oncle, son père, son beau-frère, et où devait monter un jour son fils Hugues Capet, il n'ait pas été tenté de s'y asseoir lui-même, et qu'il ait préféré y appeler Louis d'Outre-Mer, fils de ce Charles le Simple dont il avait été l'ennemi.

En recouvrant la couronne de son père, Louis d'Outre-Mer ne recueillit guère que la souveraineté directe qu'il avait exercée sur la ville de Laon ; tout le reste de la France appartenait aux seigneurs bien plus qu'à lui, et Hugues dut s'attendre à demeurer le seul guide, le seul conseiller d'un prince si faible et si dépendant. A peine l'eut-il fait couronner, qu'il le conduisit en Bourgogne dans le dessein de s'approprier une bonne partie de ce grand et beau duché, et de faire légaliser par Louis d'Outre-Mer son usurpation ; il s'empara de la ville de Langres sur l'un des deux compétiteurs qui lui disputaient la Bourgogne, et finit par conclure avec tous les deux, Hugues le Noir et Gislebert, un traité de partage qui le rendit maître de la magnifique proie qu'il avait convoitée.

Hugues le Grand s'était grossièrement mépris quand il avait cru que le jeune roi, rappelé par lui d'Angleterre, serait un instrument docile de ses volontés. La reine Odgive ne cessait d'entretenir Louis d'Outre-Mer, son fils, des longues persécutions qu'elle et son mari avaient eues à souffrir de la part du comte de Paris. L'archevêque de Reims, Artaud, qui avait toute la confiance du roi, et qui était l'ennemi personnel de Hugues, lui communiquait de son côté son animosité et ses défiances. Ce qui acheva de rendre tout accord impossible entre Louis et Hugues, c'est que le premier, qui avait de l'activité, de la bravoure et une intelligence bien supérieure à celle de son père, avait résolu de secouer le joug imposé à sa famille, et de rendre à l'autorité royale toute sa splendeur passée ; il commença par faire quelques expéditions contre les châteaux du voisinage de Laon, afin de reculer les bornes de ses domaines et d'aguerrir ses soldats, et s'empara, entre autres, du château de Montigny, repaire d'un seigneur nommé Serlo, qui se livrait au brigandage ; il attaqua ensuite le comte Héribert, et lui enleva une citadelle qu'il possédait dans la ville de Laon même. Cette activité inattendue du jeune roi ayant inspiré des inquiétudes à Hugues, à Héribert et à Gislebert, duc de Lorraine, ces trois seigneurs se liguèrent contre lui. Louis d'Outre-Mer, de son côté, contracta alliance avec Hugues le Noir, et des hostilités s'engagèrent qui n'aboutirent à aucun résultat important. Hugues le Noir ne fut pas le seul allié de Louis d'Outre-Mer dans ses luttes contre le puissant comte de Paris ; il reçut des secours du roi d'Angleterre Athelstan, son oncle, et des seigneurs de l'Aquitaine, qui paraissaient avoir conservé un reste d'attachement pour le sang de Charlemagne [1]. Mais l'alliance la plus importante que contracta le fils de Charles le Simple fut avec Othon le Grand, roi de Germanie, le prince le plus puissant et le plus ambitieux de l'époque. Cette alliance mécontenta vivement les seigneurs, qui avaient une grande aversion pour l'influence teutonique ; mais elle n'eut qu'une durée éphémère. Louis s'aliéna Othon en acceptant l'hommage des seigneurs de Lorraine révoltés contre le roi de Germanie ; et ce dernier, usant de représailles, reçut l'hommage de Hugues, comte de Paris, de Héribert de Vermandois, de Guillaume, duc des Normands, et d'Arnolphe, comte de Flandre, tous les quatre ligués contre Louis d'Outre-Mer.

Le seul avantage que le roi de France retira de cette guerre, ce fut d'épouser Gerberge, veuve du duc de Lorraine, qui était la propre sœur d'Othon et sœur également d'Hedwige, femme du comte de Paris ; en sorte que Louis se trouva beau-frère de ses deux plus puissants ennemis ; mais cette parenté n'amena aucun changement dans les dispositions réciproques des parties belligérantes. On continua activement la guerre de part et d'autre, et la situation de Louis d'Outre-Mer devint fort critique. Pressé au midi par ses

---

[1] Frodoard, *Chronique*. — *Histoire générale du Languedoc*, liv. XII, ch. xxiii.

grands vassaux soulevés, au nord par Othon, à l'est par Conrad, roi de Bourgogne, il semblait près de succomber; mais il trouva dans son courage et dans son énergie des ressources qui le sauvèrent d'une complète ruine. Avec l'appui des seigneurs du Midi de la Loire, notamment de Guillaume Tête-d'Étoupe, il se maintint contre tous ses ennemis. A la fin, le sort cessa de lui être contraire. Trois puissants seigneurs de Bretagne, Alain, Barbe-Torte et Juhel Béranger, se déterminèrent à lui faire hommage; Guillaume Longue-Épée fit sa paix avec lui; un nonce du Pape Étienne VIII vint en France sommer les seigneurs qui lui faisaient la guerre de se soumettre à lui sous peine d'excommunication; enfin, Othon le Grand, comprenant qu'il y aurait plus de gloire à pacifier l'Occident qu'à y attiser le feu des discordes civiles, s'entremit pour réconcilier Louis d'Outre-Mer avec ses sujets, et eut alternativement des conférences amicales avec le roi, avec Hugues et avec Héribert. Ces deux derniers, las eux-mêmes d'une guerre qui durait depuis cinq ans, et dont ils avaient souffert pour le moins autant que Louis d'Outre-Mer, firent hommage de nouveau de leurs comtés au descendant de Charlemagne, et la paix fut rétablie d'un bout à l'autre de la France, à la satisfaction générale [1].

Peu de temps après, mourut assassiné Guillaume Longue-Épée, duc des Normands, ne laissant pour tout héritier qu'un fils naturel, Richard, qui fut depuis surnommé sans Peur, et qui n'était âgé que de dix ans. Louis d'Outre-Mer entrevit aussitôt dans cet événement l'occasion de relever l'autorité royale; il se fit livrer le jeune duc Richard sous prétexte de le faire élever à Laon dans les mœurs des Français, mais en réalité afin de pouvoir en son absence s'approprier le duché de Normandie. Hugues le Grand ayant annoncé de son côté les mêmes intentions, il fut conclu entre le roi et le seigneur une sorte de pacte, aux termes duquel ils auraient fait en commun la conquête de la Normandie et s'en seraient attribué chacun une part : Rouen fût rentré sous la domination immédiate de la couronne et Bayeux sous celle du comte de Paris. Mais le Normand Osmond, gouverneur du duc Richard, déjoua cette

---

[1] Frodoard, *Chronique*.

trame en enlevant ce jeune seigneur de la ville de Laon, où il était retenu prisonnier, et en le conduisant secrètement en Normandie.

D'un autre côté, Bernard le Danois, comte de Rouen, auquel le gouvernement de ce duché avait été confié pendant la minorité de Richard, se conduisit avec tant d'habileté, qu'il fit échouer complétement les projets de Louis et de Hugues. Tandis qu'il amusait le premier par de feintes assurances de soumission et de respect, il appelait en Normandie le roi de Danemark Harald ou Aigrold, qui s'empressa de s'y rendre avec une vaillante armée de ses sujets païens pour secourir le jeune Richard, dont le père, Guillaume, l'avait lui-même remis sur le trône. Dans une rencontre qui eut lieu entre Louis d'Outre-Mer et Harald, le premier fut vaincu, fait prisonnier avec seize de ses comtes et enfermé dans la tour de Laon, d'où il ne sortit que pour être livré à Hugues, redevenu son ennemi. Celui-ci, changeant tout à coup de rôle, confia le roi prisonnier à la garde de son vassal Thibault, comte de Chartres, et déclara qu'il ne le remettrait en liberté qu'autant que la ville de Laon, la seule qui jusqu'alors fût demeurée sous l'autorité immédiate de la couronne, lui serait donnée comme rançon [1].

Louis resta un an prisonnier avant de pouvoir se résoudre à livrer, pour se racheter, sa dernière forteresse. Il s'y détermina enfin, au moment où le roi de Germanie, Othon, cédant aux prières de sa sœur Gerberge, femme de Louis, rassemblait une armée pour secourir ce dernier. Le roi de France, se croyant délié de toute bonne foi envers des hommes qui se faisaient eux-mêmes un jeu de manquer à leurs engagements les plus sacrés, alla joindre immédiatement Othon, et, de concert avec lui, attaqua ses vassaux rebelles. Cette guerre, dans laquelle Louis d'Outre-Mer donna de nouvelles preuves d'habileté et de courage, dura jusqu'en 950; il rentra de nuit et par escalade dans sa bonne ville de Laon, attaqua avec vigueur la garnison qu'il avait surprise, et la fit presque toute prisonnière. Enfin, la paix fut de nouveau rétablie par les bons offices du duc de Lorraine, Conrad, gendre d'Othon, que celui-ci avait chargé de la négocier.

---

[1] Frodoard, *Chronique*.

Ce fut durant cette guerre qu'eut lieu le fameux concile d'Ingelheim, où se rassemblèrent, par ordre du roi Othon, tous les évêques de Germanie, et devant lequel parut en suppliant Louis d'Outre-Mer. « En présence des prélats et dans l'église d'Ingel-
« heim, dit un vieux narrateur, lorsqu'on eut récité les prières sui-
« vant le rite de la célébration d'un concile et lu les injonctions sa-
« crées, que les glorieux rois Othon et Louis furent entrés, et que
« Marin, légat du Saint-Siége, eut fait son allocution, le roi Louis
« se leva d'auprès du seigneur Othon, et, avec sa permission, il ex-
« posa à haute voix ses plaintes, en présence de Marin, vicaire du
« siége de Rome, et des autres évêques qui siégeaient avec lui. Il
« rappela comment Hugues et les autres princes de France l'avaient
« invité à revenir des régions d'outre-mer pour reprendre le
« royaume héréditaire de son père, comment les vœux et les accla-
« mations de tous les grands et chevaliers français l'avaient élevé et
« désigné pour obtenir les marques du pouvoir royal, de quelle
« manière ensuite le même Hugues l'avait chassé, attiré par des
« ruses, pris et retenu un an en captivité, et n'avait pas voulu le
« relâcher jusqu'à ce que la reine Gerberge lui eût abandonné le
« château de Laon, qu'il avait attaqué, et qui seul entre tous les
« châteaux royaux était resté au pouvoir des fidèles du roi ; et il
« ajouta que si quelqu'un disait que tous ces maux, soufferts de-
« puis la prise de possession de son royaume, lui étaient arrivés
« par sa faute, il se purgerait de cette accusation, selon le juge-
« ment du synode et la volonté du roi Othon, ou s'en défendrait
« par un combat singulier [1]. »

Les membres du concile d'Ingelheim hésitèrent longtemps à se prononcer entre Hugues, dont ils redoutaient la puissance, et Louis d'Outre-Mer, monarque sans royaume, réduit à implorer l'assistance étrangère. Cependant Othon et Louis obtinrent d'eux une déclaration conçue en ces termes : « Qu'aucun désormais n'ait la
« présomption d'usurper la puissance royale ou de faire montre
« d'aucune tache de perfidie ; car nous avons décrété, en nous con-
« formant au concile de Tolède, que Hugues, envahisseur et ravis-

---

[1] Frodoard, *Chronique*, ann. 948.

« seur du royaume du roi Louis, doit être frappé du glaive de l'ex-
« communication, à moins qu'il ne se rende au concile synodal,
« au temps qui lui sera prescrit, et qu'il ne le satisfasse par sa re-
« pentance pour une audace si coupable. »

Hugues ne paraît pas s'être beaucoup pressé d'obtempérer aux ordres du concile. Aussi, cette assemblée ayant été transférée à Trèves, sur les instances de Leudulf, chapelain et délégué du roi de Germanie, prononça la sentence suivante : « En vertu de l'au-
« torité apostolique, nous excommunions le comte Hugues, en-
« nemi du roi Louis, à cause des maux de tout genre qu'il lui a
« faits, jusqu'à ce que ledit comte vienne à résipiscence et donne
« pleine satisfaction devant le légat du souverain pontife. Que s'il
« refuse de se soumettre, il devra faire le voyage de Rome pour
« recevoir son absolution [1]. »

Louis d'Outre-Mer, qui mérite l'attention de la postérité pour avoir lutté avec constance et talent contre l'anarchie toujours croissante, contre la désorganisation universelle de son temps, mourut en 954, d'une chute de cheval, laissant deux fils, Lothaire et Charles, dont le premier n'avait que treize ans [2]. Gerberge, sa veuve, sentant qu'elle ne réussirait pas avec ses seules forces à faire asseoir son fils aîné sur le trône, recourut à l'assistance de ce comte de Paris, Hugues, que son mari avait combattu pendant toute la durée de son règne. Hugues promit son appui, mais à des conditions onéreuses que l'on s'estima trop heureux encore d'accepter. Lothaire fut couronné par l'archevêque Artaud, à Saint-Remi de Reims, le 12 novembre 954, et afin de récompenser Hugues, le nouveau roi joignit à ses possessions, déjà si considérables, le duché d'Aquitaine. Mais il était plus facile d'arracher à un monarque imberbe cette concession importante que de se rendre maître d'un duché qui comprenait à lui seul plus d'un tiers de la France actuelle. Lorsque Hugues voulut mettre la main sur l'Aquitaine, il rencontra une résistance qui lui ôta toute envie de pousser plus loin son entreprise ; et, à dater de ce moment, la

---

[1] *Scriptores rerum francicarum*, tom. VIII, pag. 175.
[2] Frodoard, *Chronique*, ann. 954.

puissance royale se trouva complétement anéantie au midi de la Loire jusque vers le milieu du douzième siècle [1].

La mort de Hugues le Grand, qui arriva en 956, ramena un peu de calme dans cette malheureuse France au sein de laquelle l'ambition du puissant comte de Paris avait fait naître tant de troubles. Son fils aîné, nommé Hugues comme lui, et qui fut depuis surnommé Capet, lui succéda au comté de Paris et au duché de France; il n'avait que dix ans. Les deux sœurs, Gerberge et Hedwige, tutrices, l'une de Lothaire, l'autre de Hugues, se réconcilièrent et se mirent ensemble sous la protection de leur frère Bruno, archevêque de Cologne et duc de Lorraine, et une longue paix fut le résultat de cet accord inattendu entre deux puissances qui, depuis près d'un siècle, se faisaient une guerre si acharnée.

Si le roi Lothaire vécut en bonne intelligence avec son cousin Hugues, il n'en fut pas de même à l'égard des autres grands vassaux de la couronne. Sans vouloir mentionner toutes les petites guerres qu'il eut à soutenir contre eux, ce qui n'offrirait aucun intérêt, nous parlerons seulement de sa brouille avec les Normands, parce qu'elle eut des conséquences graves pour la France. Cette brouille fut l'œuvre de Thibault le Tricheur, comte de Chartres et de Blois, qui, pour le malheur du jeune roi Lothaire, avait acquis sur son esprit une grande influence. Richard sans Peur, duc de Normandie, désespérant de tenir tête au roi de France, appela à son secours ce même Harald, roi de Danemark, qui déjà vingt ans auparavant avait pris sa défense. Harald lui envoya en effet une armée de Normands païens, qui, remontant la Seine, exerça en Neustrie les plus effroyables ravages. Lothaire ne put y mettre un terme qu'en demandant la paix au duc des Normands et en donnant à son puissant vassal satisfaction pleine et entière pour le tort qu'il lui avait causé en l'attaquant injustement.

Lothaire tourna plusieurs fois ses armes contre Othon II, roi de Germanie, d'abord par ambition, ensuite pour rendre quelque popularité à sa couronne, contre laquelle conspiraient sourdement ces mêmes seigneurs qui avaient lutté contre son père et son aïeul, et

---

[1] *Histoire générale du Languedoc*, liv. XII, ch. LVII.

qui étaient les adversaires implacables de la race des Carlovingiens. Néanmoins, pendant tout le temps que Lothaire occupa le trône, aucune rébellion déclarée ne s'éleva contre lui ; mais chaque jour son pouvoir allait en décroissant, l'autorité se retirait de lui en quelque sorte et passait tout entière aux mains de Hugues Capet. « Lothaire n'est roi que de nom, écrivait Gerbert ; Hugues n'en « porte pas le titre, mais il l'est en fait et en œuvres. »

Lothaire étant mort en 986, son fils Louis V, surnommé le Fainéant, lui succéda sans opposition et reçut en commun avec sa mère, Emma, le serment de fidélité des grands vassaux. Mais les ennemis de la dynastie franque brouillèrent bientôt la mère avec le fils et accusèrent Emma d'un commerce illicite avec Adalbéron, évêque de Laon. Les intrigues de Hugues Capet firent le reste. Louis V mourut, après un an de règne seulement, empoisonné, dit-on, par sa femme Blanche, qui aurait commis ce crime à l'instigation de Hugues.

Charles, duc de Lorraine, frère de Lothaire, et oncle du dernier roi, était l'héritier présomptif du trône, et le dernier des Carlovingiens. Il fit quelques démarches pour se faire reconnaître roi, mais ne rencontra partout qu'indifférence et même antipathie. Hugues Capet lui fut préféré ; il reçut l'onction sainte des mains d'Adalbéron, archevêque de Reims, le 3 juillet 987, et devint le chef de la troisième dynastie. Peu de jours auparavant, il avait été salué roi à Noyon par son armée. Le caractère de cette révolution a été admirablement apprécié par un écrivain qui marche à la tête des études historiques en France. « Sans doute, dit-il, dans « les événements qui suivirent, en 987, la mort prématurée de « Lodowig, fils de Lother, il faut faire une grande part à l'ambi- « tion personnelle et au caractère du fondateur de la troisième « dynastie. Dans ses projets contre la postérité de Karle le Grand, « Hugues Capet songeait plutôt à lui-même et à sa famille qu'à « l'intérêt du pays, dont l'indépendance exigeait, pour dernière « garantie, l'expulsion de la race de Karle. Néanmoins, on peut « affirmer que cette ambition de régner, héréditaire depuis un « siècle dans la famille de Robert le Fort, fut entretenue et servie « par le mouvement de l'opinion nationale. Les expressions mêmes

« des chroniques, toutes sèches qu'elles sont à cette époque de
« notre histoire, donnent à entendre que la question du change-
« ment de dynastie n'était point regardée alors comme une affaire
« personnelle. Selon elles, il s'agissait d'une haine invétérée, d'une
« entreprise commencée depuis longtemps dans la vue de *déraciner*
« *du royaume de France la postérité des rois franks*. Cette révo-
« lution, qui dans ses flux et reflux avait causé tant de troubles,
« se termina sans aucune violence. La grande majorité des sei-
« gneurs et du peuple se rangea autour du comte Hugues ; et le
« prétendant à titre héréditaire demeura seul avec quelques amis,
« pendant que son compétiteur, élu roi par l'acclamation publique,
« était couronné à Noyon. Cette élection n'eut point lieu avec des
« formes régulières ; on ne s'avisa ni de recueillir, ni de compter
« les voix des seigneurs : ce fut un coup d'entraînement ; et Hugues
« Capet devint roi des Français, parce que sa popularité était im-
« mense. Quoique issu d'une famille germanique, l'absence de toute
« parenté avec la famille impériale, l'obscurité même de son ori-
« gine, dont on ne retrouvait plus de trace certaine après la troi-
« sième génération, le désignaient comme candidat à la race in-
« digène, dont la restauration s'opérait en quelque sorte depuis le
« démembrement de l'empire [1]. »

[1] Augustin Thierry, *Douzième Lettre sur l'Histoire de France.*

CHAPITRE VI.

SOMMAIRE.

Consolidation du régime féodal par le changement de dynastie. — Charles de Lorraine s'empare de Laon et de Reims. — Expédition de Hugues Capet contre Guillaume Fier-à-Bras. — Hugues Capet assiége Laon sans succès. — Charles est livré par trahison à Hugues Capet. — Il meurt captif à Orléans. — Hugues Capet réduit à l'obéissance les grands vassaux soulevés. — Guerre des Bretons et des Angevins. — Ils se livrent deux fois bataille dans la lande de Conquéreux. — Robert succède à son père Hugues Capet. — Croyance universelle à la fin prochaine du monde. — Soulèvement des paysans de Normandie contre leurs seigneurs. — Commencement de l'hérésie albigeoise. — Robert s'empare du duché de Bourgogne et le donne en apanage à son fils Henri. — Longue rivalité d'Eudes de Champagne et de Foulques d'Anjou. — Révolte des fils de Robert. — Ce monarque laisse, en mourant, la couronne à son fils Henri déjà investi du duché de Bourgogne. — Henri cède ce duché à son frère Robert. — Guerres civiles entre les grands vassaux. — Trêve de Dieu. — Mort de Henri Ier.

L'avénement de la troisième dynastie eut pour conséquence immédiate de consolider le régime féodal formé à l'exclusion de la dynastie franque. L'état de lutte et d'antagonisme, qui existait entre les grands vassaux et la royauté, cessa, ou du moins changea de caractère, du moment où cette dernière fut devenue nationale, où un gouvernement indigène eut été substitué au gouvernement fondé par la conquête. L'élection de Hugues Capet au trône fut donc le complément de la révolution féodale. Depuis que les bénéfices avaient été rendus héréditaires, depuis que chaque seigneur était devenu en quelque sorte indépendant du pouvoir central, la France avait offert le spectacle d'une république de gentilshommes, véritable corps sans tête, marchant à l'aventure. Hugues Capet, investi du titre de roi, devint la tête de ce corps, le chef de cette république aristocratique, et comme la royauté, à cette époque, était plutôt une dignité qu'un pouvoir, le changement de dynastie, qui devait avoir de si grands résultats dans l'avenir, ne fut considéré par les contemporains que comme un événement ordinaire. C'est ce qui explique la brièveté avec laquelle en parlent les écrivains du xe et du xie siècle, et l'indifférence qu'ils témoignent pour les actions de Hugues Capet.

Le nouveau roi ne fut reconnu d'abord que par ses propres vassaux, qui n'avaient qu'à gagner à l'élévation de leur suzerain; le duc de Bourgogne, son frère, et le duc de Normandie, son beau-frère, sanctionnèrent son élection ensuite; mais la plupart des grands feudataires, tels que Héribert III, comte de Vermandois, Arnoult II, comte de Flandre, Guillaume Fier-à-Bras, comte d'Aquitaine et de Poitou, Guillaume Taille-Fer, comte de Toulouse, se déclarèrent pour Charles de Lorraine, dernier rejeton de la dynastie carlovingienne.

Charles, à qui son fief de Basse-Lorraine ne fournissait qu'un petit nombre de soldats, et qui manquait probablement d'argent pour en recruter en pays étranger, laissa passer dix mois avant de réclamer l'héritage de son neveu Louis V. Ce ne fut qu'au commencement de mai 988 qu'avec l'assistance d'Héribert III, son beau-père, et d'Arnoult II, comte de Flandre, il s'empara par surprise de la ville de Laon, où il fut proclamé roi par les partisans de sa famille [1]. Maître de cette place importante, qui pendant tant d'années avait été le seul domaine de la dynastie carlovingienne, Charles fit avancer jusqu'à Reims une troupe de soldats qui y furent introduits par l'archevêque lui-même, nommé Arnolphe, neveu du prétendant par sa mère. Hugues Capet mit plus de lenteur encore à chasser Charles de ces deux villes, que celui-ci n'en avait mis à s'en rendre maître. Trois années s'écoulèrent pendant lesquelles le chef de la troisième race paraît n'avoir été occupé qu'à consolider sa naissante royauté; et comme quelques-uns des grands vassaux qui s'étaient déclarés contre lui avaient des domaines plus étendus que les siens, et pouvaient mettre sur pied des armées

---

[1] *Chronique de Guillaume de Nangis.*

plus considérables, il évita autant que possible d'avoir recours aux armes, et appliqua ses efforts à résoudre pacifiquement toutes les difficultés que son élévation au trône avait fait surgir. Ce fut surtout dans le clergé qu'il plaça son espérance, et il s'attacha à mettre dans ses intérêts les deux archevêques de Sens et de Reims.

Un chroniqueur nous le représente comme également apte de corps et d'esprit à triompher de tous les obstacles. « Hugues, dit-il, « ayant reçu la conduite du royaume des Francs, ne fut pas long- « temps sans voir son autorité méconnue par ceux mêmes qui lui « étaient soumis auparavant dans toute la France ; mais, grâce à la « vivacité de son esprit, qui ne le cédait en rien à la vigueur de son « corps, il finit par étouffer toutes les révoltes [1]. » On pense que c'est vers l'année 990 que Hugues Capet marcha contre Guillaume Fier-à-Bras, duc d'Aquitaine et comte de Poitou, pour le forcer à reconnaître son autorité. Il mit le siége devant Poitiers, mais toutes ses attaques furent repoussées, et son armée, en se retirant, fut poursuivie jusqu'à la Loire. Sur les bords de ce fleuve, Hugues livra aux Aquitains une sanglante bataille dans laquelle éclata toute l'animosité des deux populations du nord et du midi de la Gaule [2]. Le roi de France fut vainqueur ; mais tout le fruit de cette victoire fut d'accomplir sa retraite sans être plus longtemps harcelé. Bientôt après ce même Guillaume Fier-à-Bras rechercha son alliance contre Adalbert, comte de Périgueux, qui lui faisait activement la guerre et qui s'était emparé de Poitiers et de Tours. Hugues Capet était inquiet des progrès d'Adalbert, mais il n'osait affronter les armes de ce redoutable seigneur. Quand il apprit cependant qu'il avait joint à son titre de comte de Périgueux celui de comte de Poitiers et de Tours, il lui adressa dans un message la question suivante : « Qui t'a fait comte ? — Qui t'a fait roi ? » répliqua fièrement Adalbert, réponse qui a été mal interprétée et qui signifiait simplement qu'un comte de Périgueux était souverain à aussi bon titre qu'un roi de France [3].

---

[1] Raoul Glaber, *Chronique*, liv. II, ch. 1er.

[2] *Scriptores rerum francicarum*, tom. X, pag. 145.

[3] Ibid., pag. 146.

C'est probablement pendant l'été de 990 que Hugues Capet se décida à combattre son compétiteur. Il assiégea la ville de Laon où l'archevêque Arnolphe, assisté de ses vassaux, s'était renfermé avec Charles de Lorraine, son oncle. Rien de mémorable ne survint pendant les premiers temps du siége ; mais dans le second mois, Charles fit à la tête de ses troupes une si vigoureuse sortie qu'il se rendit maître du camp de Hugues Capet, le livra aux flammes, et força ce monarque à prendre honteusement la fuite. Ce désastre eut un tel retentissement que Gerbert, qui paraît avoir cumulé auprès de Hugues Capet les fonctions de secrétaire et celles de ministre, crut devoir, afin d'en amortir le mauvais effet, écrire à l'évêque de Trèves la lettre suivante : « N'accueillez point trop légè-
« rement les rapports du peuple ; avec la grâce de Dieu et par
« l'aide de vos prières, nous sommes toujours, comme devant,
« maîtres de tout l'évêché ; et de toute la rumeur que vous avez
« entendue, rien n'est vrai, si ce n'est que les soldats du roi, étant
« après midi accablés par le vin et par le sommeil, les habitants de
« la ville ont fait une sortie que les nôtres ont repoussée ; mais
« pendant ce temps le camp a été brûlé par des goujats, et tous
« les préparatifs du siége ont été détruits. Ce dommage sera cepen-
« dant réparé avant le 25 août [1]. »

Hugues Capet, pour réparer ce grave échec, recourut à l'intrigue et à la trahison comme à des moyens plus infaillibles que ceux qu'il avait employés jusqu'alors. Il lia des intelligences avec l'évêque de Laon, Adalbéron, le même qu'on accusait d'avoir été l'amant de la reine Emma, et qui avait eu à souffrir de l'inimitié de Charles de Lorraine. L'évêque, gagné par les brillantes promesses de Hugues Capet, pénétra dans l'appartement du prétendant à la tête d'une bande de gens armés, se saisit de lui ainsi que de sa femme et de son neveu Arnolphe, archevêque de Reims, et les livra tous les trois au roi de France ; celui-ci fit enfermer Charles dans la tour d'Orléans où il mourut au bout d'une année. Sa femme, qui était grosse au moment de son arrestation, accoucha dans cette prison de deux jumeaux, auxquels on donna

---

[1] *Gerberti epistola* XLIV, pag. 599.

le nom de Charles et de Louis, et qui, rendus à la liberté dans la suite, trouvèrent un asile en Allemagne, où se conservait à leur égard l'ancienne sympathie d'origine et de parenté. Leur postérité ne s'éteignit qu'en 1248 [1].

Il faut croire, d'après le passage de Raoul Glaber que nous avons cité plus haut, que Hugues Capet triompha avec le même bonheur de tous les grands vassaux soulevés contre lui; mais nous ne savons ni les noms de ces grands vassaux, ni la date des combats qu'il leur livra. On nous apprend aussi qu'il eut lieu de se repentir d'avoir associé son fils Robert à la couronne, et que ce fils dénaturé affligea sa vieillesse; mais nous ignorons complétement à quelle occasion le père et le fils se divisèrent.

Nous sommes mieux instruits des guerres que se faisaient entre eux les grands feudataires, guerres qui éclataient partout à la fois sanglantes et terribles. Au temps de Hugues Capet, la Bretagne était partagée entre deux princes rivaux, Conan le Tort, à qui appartenaient les deux comtés de Rennes et de Nantes, et Bénédict, lequel, bien que marié, était en même temps évêque de Quimper et comte de Cornouailles [2]. La maison d'Anjou, qui de bonne heure se fit remarquer par une ambition ardente et par un goût prononcé pour la guerre, paraît avoir voulu mettre à profit cette division des forces de la Bretagne pour étendre sa domination sur toute la partie de cette contrée où l'on parlait français. En 981, le comte d'Anjou, Geoffroi Grisegonnelle, fit une première tentative qui tourna à sa confusion; il fut vaincu en bataille rangée dans la lande de Conquéreux, par Conan le Tort, et cette action, glorieuse pour la Bretagne, donna naissance à ce jeu de mots : *C'est comme à la bataille de Conquéreux où le tort l'emporte sur le droit.* Conan et Geoffroi firent la paix et la cimentèrent par une alliance matrimoniale : le premier devint le gendre du second.

Cette alliance n'empêcha pas les hostilités de recommencer après la mort de Geoffroi Grisegonnelle, arrivée en 987. Son fils, Foulques Nerra, lui succéda, et son premier soin fut de s'emparer du

---

[1] *Scriptores rerum francicarum*, tom. IX, pag. 145.
[2] *Histoire de Bretagne*, par le P. Lobineau, liv. III, ch. xxxv.

comté du Maine. Conan voulut surprendre Angers en l'absence de Foulques ; mais il échoua malgré l'audace et la bravoure de ses quatre fils et de ses Bretons. Après que les deux comtes eurent guerroyé longtemps l'un contre l'autre, et se furent fait beaucoup de mal par des ravages mutuels, ils convinrent de se rencontrer comme dans un champ clos, dans cette fameuse lande de Conquéreux que les Bretons et les Angevins avaient déjà ensanglantée dix ans auparavant. Les premiers, inférieurs en cavalerie, eurent recours à un stratagème qui faillit devenir fatal à leurs adversaires. « En effet, continue le narrateur à qui nous empruntons ces dé-
« tails, ils vinrent en secret, avant le combat, dans le lieu qui avait
« été désigné pour champ de bataille, et y creusèrent adroitement
« un fossé long et profond qu'ils eurent soin de recouvrir de bran-
« ches bien serrées. Quand ils eurent ainsi préparé l'appât et tendu
« le piége, ils se retirèrent. Au jour convenu, les deux comtes ar-
« rivèrent chacun avec son armée. Déjà les rangs étaient formés et
« la bataille prochaine, quand les Bretons, toujours occupés du
« succès de leur ruse, feignent de vouloir prendre la fuite pour
« que l'ennemi donne tête baissée dans le piége qu'ils lui ont pré-
« paré. L'armée de Foulques les voyant s'ébranler, veut presser
« leur poursuite, et les soldats du comte d'Angers se précipitent en
« grand nombre dans la fosse que les Bretons avaient creusée sous
« leurs pas ; ceux-ci font alors volte-face, arrêtent leur fuite si-
« mulée, et s'élancent avidement sur leurs ennemis surpris, dont
« ils font un horrible carnage. Foulques lui-même est jeté à bas
« de son cheval et renversé par terre, armé de sa cuirasse. Mais
« bientôt il se relève enflammé de fureur, ranime par ses cris la
« valeur de ses soldats ; et, semblable à un ouragan violent qui
« renverse les épis pressés dans la plaine, il abat à ses pieds les
« Bretons et les égorge sans pitié ; leur armée fut détruite pres-
« que tout entière. Conan, leur prince, fut pris, et les vainqueurs
« le livrèrent à Foulques après lui avoir coupé la main droite.
« Après cette victoire le comte d'Angers revint dans son pays, et
« depuis, jamais un Breton ne lui causa la moindre inquiétude[1]. »

---

[1] Raoul Glaber, *Chronique*, liv. II, ch. III.

Cette bataille, la plus importante de toutes celles qui se livrèrent sous le règne de Hugues Capet, n'eut aucun résultat. Geoffroi, fils aîné de Conan, hérita du comté de Rennes, et signa un accommodement avec Foulques Nerra. Ayant, peu de temps après, soumis toute la Bretagne, il s'en fit appeler duc [1].

Ce n'était pas seulement entre grands vassaux que les guerres civiles avaient lieu, mais souvent entre les membres d'une même famille ; témoin celle qui éclata entre Guillaume Fier-à-Bras et sa femme, Emmeline, fille de Thibault, comte de Blois. Elle eut pour cause l'infidélité du premier, qui, trop sensible aux charmes de la vicomtesse de Thouars, avait conçu pour elle un amour qu'il parvint à faire partager. De là, grande fureur d'Emmeline, laquelle, bien qu'occupée uniquement de fondations de couvents et d'églises, n'en était pas moins extrêmement jalouse de ses droits d'épouse. Elle commença par accabler des plus vifs reproches son mari, qui, après avoir vainement cherché à la calmer, finit par ne plus lui répondre, croyant que son ressentiment s'exhalerait en vaines et impuissantes imprécations. Mais la pieuse Emmeline, comme l'appelle le moine de Maillezais, était devenue une lionne, et une lionne altérée de vengeance. Elle s'approcha de Thouars avec une suite nombreuse de chevaliers et de pages, et, le hasard lui ayant fait rencontrer en rase campagne sa rivale, elle attaqua et dispersa sa suite ; puis, s'emparant de la belle vicomtesse, elle la livra, pendant toute une nuit, aux outrages de chacun de ses chevaliers, afin de la déshonorer aux yeux de Guillaume en la prostituant ainsi : véritable vengeance de femme ! Cela fait, craignant à son tour le ressentiment de son mari, elle se retira dans le château de Chinon, qui lui appartenait. Ainsi que l'avait prévu Emmeline, Guillaume Fier-à-Bras prit fort mal la chose ; il attaqua le château de Chinon, et si, dans le premier moment de sa colère, il avait pu s'en emparer, il est probable qu'il aurait vengé dans le sang de sa femme l'odieuse violence faite à sa maîtresse, ne pouvant, comme mari, lui appliquer la peine du talion. Mais Emmeline se défendit vaillamment, et une véritable guerre s'en-

---

[1] Lobineau, liv. III, ch. xxxvi.

gagea entre les deux époux, tous les deux à la tête de leurs vassaux respectifs. Cette guerre désola pendant deux ans les campagnes de l'Aquitaine, et ne s'apaisa que par l'intercession du clergé, lequel remontra à Guillaume que la bénédiction de Dieu avait toujours reposé sur sa tête tant que le mari fidèle avait vécu en paix avec sa sainte femme, et que la colère céleste menaçait de fondre sur lui depuis qu'il s'était brouillé avec Emmeline [1].

Hugues Capet mourut en 996, à Paris, sa résidence habituelle. On assure que ce chef de la troisième race, qui fut surtout le roi des prêtres, adressa en mourant à son fils Robert le discours suivant : « Bon fils, je t'adjure, au nom de la sainte et indivisible « Trinité, de ne pas livrer ton âme aux conseils des flatteurs, et « de ne pas écouter les vœux de leur ambition, en leur faisant un « don empoisonné de ces abbayes que je te confie pour toujours; « je souhaite également qu'il ne t'arrive point, conduit par la lé- « gèreté d'esprit, ou ému par la colère, de distraire ou enlever « quelque chose de leurs biens : mais je te recommande surtout « de veiller à ce que, pour aucune raison, tu ne déplaises jamais « à leur chef commun, le grand saint Benoît, qui est un accès « sûr auprès du souverain juge, un port de tranquillité, et un « asile de sûreté, après la sortie de la chair [2]. »

Le roi Robert suivit les conseils de son père, et fut un prince très-religieux, bien que la religion, dont l'empire s'était singulièrement accru, ait contrarié ses plus vives affections. Robert avait épousé Berthe de Bourgogne, sa cousine au quatrième degré, veuve d'Eudes, comte de Chartres, après avoir été le parrain d'un de leurs enfants. Cette double parenté, quoiqu'elle eût paru innocente à Archambauld, évêque de Tours, blessa le légat Léon, qui réclama, au nom du pape, contre la validité du mariage, et le tint pour illégitime. Robert s'efforça d'apaiser la cour de Rome; mais le pape Grégoire V lança, contre le malheureux roi, un interdit qui prouve toute la puissance de l'Église :

« Que le roi Robert, qui a épousé Berthe, sa parente, contre les

---

[1] *Petri Malleacensis monachi Relatio*, lib. I*er*, cap. II.
[2] HELGAUD DE FLEURY, *Vie du roi Robert*.

« saints canons, ait à la quitter aussitôt et à faire une pénitence
« de sept ans, conformément à la coutume de l'Église. S'il n'obéit
« pas, qu'il soit anathème ! Ainsi soit fait pareillement en ce qui
« concerne Berthe !

« Qu'Archambauld, archevêque de Tours, qui a consacré cette
« union incestueuse, et tous les évêques qui l'ont autorisée par
« leur présence, soient suspendus de la très-sainte communion,
« jusqu'à ce qu'ils soient venus à Rome satisfaire au Saint-Siége
« apostolique. »

Quels affreux blasphèmes contre le sentiment doux et pur qui avait entraîné l'un vers l'autre le roi Robert et sa cousine Berthe ; et, ce qu'il y avait de plus épouvantable, c'est que la malédiction avait de terribles conséquences. Celui qui était excommunié se voyait traité comme un lépreux ; ses parents, ses domestiques l'abandonnaient. Robert et Berthe essayèrent de lutter ; mais, dans ce royaume en interdit, il était défendu de célébrer l'office divin, d'administrer les sacrements aux adultes, d'enterrer les morts en terre sainte ; le son des cloches cessait, on voilait les tableaux dans les églises, on descendait les statues des saints, on les revêtait de noir, on les couchait sur la cendre ; tout prenait un aspect sinistre et lugubre ; la population entière souffrait du prétendu crime de deux personnes. Il fallait céder ; Robert et Berthe, qui s'aimaient tendrement, furent contraints de se séparer. La révolte était sur le point d'éclater autour d'eux.

L'époque à laquelle nous sommes parvenus est peut-être une des plus obscures de l'histoire de France, sans en excepter la période mérovingienne. Les rois et les peuples se perdent dans une nuit profonde, et le petit nombre de faits qui surnagent sont continuellement en contradiction les uns avec les autres. Plusieurs causes ont contribué à cette obscurité ; d'abord le manque de communication entre les hommes, ensuite, l'anéantissement de la puissance royale, qui rendait les peuples complétement indifférents aux faits et gestes de ceux qui les gouvernaient ; enfin, et surtout, la croyance universelle à la fin du monde. « Autant qu'on
« pouvait comprendre les obscures prophéties de l'Apocalypse, dit
« un historien, elles semblaient annoncer que mille ans après la

« naissance de Jésus-Christ, l'Antechrist commencerait son règne,
« et qu'il serait suivi de bien près par le jugement universel. Plus
« on avait approché de ce terme fatal, et plus la terreur de cette
« catastrophe s'était emparée des esprits. Le clergé, qui y trou-
« vait son avantage, l'avait fortement répandue; il invitait tous
« les pécheurs à la repentance, et surtout à l'expiation, pendant
« le bref espace de temps qui leur était encore accordé; il encou-
« rageait des donations à son profit... Cette terreur, qui augmenta
« si fort les richesses des églises, tenait tous les fidèles dans la si-
« tuation d'esprit d'un condamné dont les jours sont comptés, et
« dont le supplice approche; en particulier, elle rendait presque
« ridicule le travail d'écrire une histoire ou des chroniques, pour
« l'avantage d'une postérité qui ne devait jamais voir le jour [1]. »

Voici le passage de l'Apocalypse qui entretenait cette frayeur générale : « *Au bout de mille ans*, dit saint Jean, Satan sortira de
« sa prison et séduira les peuples qui sont aux quatre angles de la
« terre... le livre de la vie sera ouvert; la mer rendra ses morts,
« l'abîme infernal rendra ses morts, chacun sera jugé selon ses
« œuvres par celui qui est assis sur un grand trône resplendissant,
« et il y aura un ciel nouveau et une terre nouvelle. »

Cette croyance à la fin prochaine du monde paraît ne pas avoir produit sur les paysans du duché de Normandie le même effet que sur les autres populations. Tandis que partout ailleurs on était dans l'attente du jugement dernier; tandis que chacun n'était occupé que de son salut éternel, les serfs normands songèrent à leur salut présent, et se soulevèrent pour anéantir une intolérable oppression. Ils choisirent le moment où un nouveau duc, Richard II, succéda à son père, Richard sans Peur, changement qui eut lieu la même année où Robert remplaça sur le trône Hugues Capet. Cet effort du peuple pour secouer le joug est d'autant plus remarquable que c'est le premier qui apparaisse dans notre histoire depuis cinq cents ans que la Gaule a été subjuguée par les Francs. Les paysans se parlaient ainsi : « Les seigneurs ne nous font que du
« mal; avec eux nous n'avons ni gain, ni profit de nos labeurs;

---

[1] Sismondi, *Histoire des Français*, tom. IV, pag. 86.

« chaque jour on nous prend nos bêtes pour les corvées et les
« services ; puis ce sont les justices vieilles et nouvelles, des plaids
« et des procès sans fin : plaids de monnaies, plaids de marchés,
« plaids de routes, plaids de forêts, plaids de moutures, plaids
« d'hommages. Il y a tant de prévôts et de baillis que nous n'a-
« vons pas une heure de paix ; tous les jours ils nous courent sus,
« prennent nos meubles et nous chassent de nos terres ; il n'est
« nulle garantie pour nous contre les seigneurs et leurs sergents, et
« nul pacte ne tient avec eux. Pourquoi nous laisser ainsi traiter
« et ne pas nous tirer de peine ? Ne sommes-nous pas des hommes
« comme eux ? c'est du cœur seulement qu'il nous faut. Lions-nous
« donc ensemble par un serment, jurons de nous soutenir les uns
« les autres ; et s'ils veulent nous faire la guerre, n'avons-nous
« pas pour un chevalier trente ou quarante paysans, jeunes, dis-
« pos et prêts à combattre à coups de massue, à coups de pieu, à
« coups de flèches, à coups de hache, à coups de pierres faute
« d'autres armes ? Sachons résister aux chevaliers et nous serons
« libres de couper des arbres, de courir le gibier, de pêcher à no-
« tre guise, et nous ferons notre volonté sur l'eau, dans les champs
« et dans les bois. » Éloquentes plaintes de ces pauvres gens op-
primés par la dureté du système féodal. La *communion* des paysans ne tarda pas à être dissoute par la force : la brutalité triompha du droit. Laissons parler Guillaume de Jumièges, historien normand du milieu du XIe siècle. « Les paysans, dit-il, s'étant
« rasssemblés en conventicules dans tous les comtés de la Norman-
« die, résolurent, d'un consentement unanime, de vivre à leur
« gré, sans se soumettre plus à aucune des lois établies, quant à
« l'usage qu'ils pourraient faire des bois, des forêts et des eaux.
« Chaque assemblée de ce peuple furieux nomma deux députés
« qui devaient se réunir en assemblée générale, au milieu du pays,
« pour maintenir leurs prétentions. Mais le nouveau duc, en étant
« averti, envoya aussitôt une troupe de soldats, sous la conduite du
« comte Rodolphe, pour dissiper cette assemblée rustique. Celui-
« ci, exécutant ses ordres sans retard, fit arrêter tous les députés et
« quelques autres paysans avec eux, et leur ayant fait couper les
« mains et les pieds, il les renvoya ainsi à leurs familles, rendus

« inutiles pour la vie. Les paysans ayant éprouvé ces rigueurs, et
« craignant des châtiments plus sévères encore, renoncèrent aus-
« sitôt à leurs assemblées et retournèrent à leurs charrues [1]. »

Le xie siècle, dans lequel nous entrons, fut une époque où les esprits fermentèrent prodigieusement. L'intelligence humaine semblait se réveiller d'une longue léthargie, et aspirait à une émancipation complète. Plusieurs siècles s'étaient écoulés pendant lesquels l'Église n'avait été troublée par aucune hérésie. L'Église se réjouissait de ce résultat comme d'un triomphe; mais elle ne le devait qu'à l'ignorance profonde des masses, à leur soumission servile, à leur foi aveugle. A mesure que les études scolastiques se répandirent, des doutes s'élevèrent dans quelques esprits, et l'on se mit à tout examiner, à tout approfondir. Un certain Leutard, natif du bourg de Vertus, en Champagne, commença le premier, vers l'an 1000, à prêcher une réforme qu'il appuyait sur l'autorité de l'Écriture. Il brisa les crucifix et les images, déclama contre le payement des dîmes, et se vit bientôt entouré d'une foule nombreuse de prosélytes. Les prêtres s'alarmèrent, et à la suite d'une conférence que Leutard eut avec l'évêque de son diocèse, on annonça au peuple que cet hérétique, se voyant convaincu d'erreur, s'était de lui-même précipité dans un puits [2]. Un autre hérétique fut découvert à la même époque près de Ravenne en Italie; mais l'Église prit moins de ménagements à son égard, elle se délivra de lui et de ses sectateurs par le fer et par le feu. Les études classiques firent elles-mêmes de singuliers hérétiques; à force de relire Virgile, Horace et Juvénal, un grammairien prétendit les placer dans le calendrier des saints.

Peu d'années après, deux prêtres d'Orléans, Étienne et Lisois, furent dénoncés à la chrétienté, comme ayant renouvelé la doctrine des gnostiques. Ils regardaient, en effet, comme dégradante pour la divinité la supposition qu'elle eût revêtu un corps humain, et qu'elle se fût soumise à toutes les infirmités de l'homme; ils prétendaient que ce n'était qu'une apparence, non un corps réel, qu'on

---

[1] Guillaume de Jumièges, *Histoire des Normands*, liv. V, ch. ii.
[2] Raoul Glaber, *Chronique*, liv. II, ch. ii.

avait vu naître de la vierge Marie, souffrir sur la croix, être déposé dans le sépulcre, et ressusciter ensuite du sein des morts. Ils ajoutaient enfin que le baptême n'effaçait pas tous les péchés, que le corps et le sang de Jésus-Christ n'étaient point présents dans l'eucharistie, et que l'invocation des martyrs et des confesseurs était pure idolâtrie.

Étienne, Lisois et leurs sectateurs avouèrent courageusement qu'ils avaient professé ces dogmes, et ils se déclarèrent prêts à subir, pour l'amour de Jésus-Christ, tous les supplices qu'on voudrait leur infliger. Le concile d'Orléans, devant lequel ils furent traduits, les dégrada, puis le roi Robert, qui présidait le concile, les condamna à périr dans les flammes. Cette sentence reçut immédiatement son exécution dans une chaumière que l'on avait remplie de matières combustibles, et qui était située à peu de distance de la ville. Les condamnés se rendirent au lieu de leur supplice en chantant des hymnes. Étienne marchait en tête de cette procession lugubre. La femme du roi Robert, Constance, dont il avait été le confesseur, le père spirituel, le voyant passer, et cédant à un mouvement de fanatisme sauvage, s'élança sur lui, et, avec une baguette ferrée qu'elle tenait à la main, elle lui arracha un œil. Treize hérétiques furent consumés dans les flammes [1].

La condamnation des hérétiques d'Orléans fut un acheminement à de nombreuses persécutions. Une fois entrée dans cette voie funeste l'Église ne s'arrêta plus; elle dressa en tous lieux des bûchers et des échafauds, et gouverna la chrétienté la torche dans une main et le glaive dans l'autre. D'Orléans, l'hérésie nouvelle se répandit dans toute l'Aquitaine et y fermenta sourdement jusqu'à l'époque où elle fit explosion sous le nom d'hérésie albigeoise.

Le 15 octobre 1002 mourut Henri, duc de Bourgogne, frère de Hugues Capet et, par conséquent, oncle du roi Robert. Cette mort fut le signal de nouvelles guerres civiles. Le duc Henri ne laissant point d'enfants, son fief devait retourner à la couronne. Mais les seigneurs de Bourgogne ne l'entendaient point ainsi; pendant

---

[1] RAOUL GLABER, *Chronique*, liv. III, ch. VIII. — BARONIUS, *Annales ecclésiastiques*. — *Gesta synodi aurelianensis*.

toute la vie de Henri ils avaient réussi à se rendre presque indépendants de l'autorité ducale; et comme leurs comtés comprenaient la plus grande partie du duché, le domaine propre des ducs était peu considérable. Dès que Henri eut fermé les yeux, ils s'en emparèrent les armes à la main, et se partagèrent ses palais et ses châteaux [1]. Il semblait presque impossible que Robert pût recueillir l'héritage de son oncle; le seul seigneur bourguignon qui demeurât attaché à la maison royale, Hugues, évêque d'Auxerre, fut chassé de cette ville par Landeric, comte de Nevers, et la Bourgogne se trouva alors presque entièrement au pouvoir du comte Othe-Guillaume et de ses partisans. Ce Othe-Guillaume, fils de la femme du duc Henri et de son premier mari Adalbert, roi d'Italie, se posa comme le concurrent, comme le rival de Robert. Pourvu du comté de Bourgogne, qui relevait de la couronne d'Arles, du comté de Nevers, qu'il avait cédé ensuite à son gendre Landeric, du comté de Mâcon, il se rendit maître encore de celui de Dijon, à la mort de son beau-père. Il était puissamment secondé par Bruno, évêque de Langres, dont il avait épousé la sœur, et par d'autres seigneurs bourguignons qui avaient partagé avec lui les dépouilles du dernier duc [2].

Robert, en présence d'un si redoutable compétiteur, avait peu de chances de rentrer en possession du duché de Bourgogne. Cependant il se mit en mesure de faire valoir ses droits par les armes. Le duché de France ne lui fournissant qu'un nombre insuffisant de soldats pour une si grande entreprise, il appela à son aide Richard II, duc de Normandie, lequel, jeune encore, et chef d'un peuple brave et entreprenant, saisit avec empressement une si belle occasion de se signaler à la guerre, et joignit ses armes à celles du roi de France. A la tête de trente mille hommes, Robert et Richard envahirent la Bourgogne en 1003, et ravagèrent tout le plat pays. Othe-Guillaume et les seigneurs qui avaient embrassé sa cause n'osant pas affronter cette armée formidable, se renfermèrent dans les places fortes. Robert et Richard, n'espérant pas

---

[1] Raoul Glaber, *Chronique*, liv. III, ch. II.
[2] Ibid., liv. III, ch. II.

amener les Bourguignons à combattre en bataille rangée, assiégèrent Auxerre; mais toutes leurs attaques furent vaines. Ils se rabattirent alors sur le couvent de Saint-Germain, qui, par sa position sur une éminence, en dehors de la ville, pouvait en être considéré comme la citadelle, et sommèrent l'abbé Hildéric d'en sortir avec ses moines. Hildéric obéit, mais en se retirant il laissa huit religieux dans le cloître, afin que le service divin n'y fût point suspendu. L'évêque d'Auxerre, qui se trouvait dans le camp du roi, l'exhortait à donner l'assaut au couvent de Saint-Germain, et à en chasser la garnison qu'y avait établie le comte de Nevers; mais d'un autre côté l'on menaçait Robert de toute la colère de saint Germain s'il osait profaner son cloître. Robert était dans cette perplexité, lorsqu'il s'éleva de la rivière un brouillard épais. Alors ses soldats s'écrièrent : « Voilà saint Germain qui couvre ses élus « de son bouclier, et qui nous livre à leurs coups. » Et ils prirent honteusement la fuite [1].

Épuisé de l'effort qu'il avait fait, et n'ayant peut-être pas les moyens de réunir immédiatement une nouvelle armée, l'indolent et pacifique Robert laissa s'écouler l'année 1004 sans renouveler les hostilités contre les Bourguignons; mais l'année suivante il fit sur la Bourgogne une seconde tentative qui fut presque aussi infructueuse que la précédente : il échoua contre Dijon comme il avait échoué contre Auxerre, et ne réussit à prendre que le château d'Avallon après un siége de trois mois. Il attaqua de nouveau Auxerre; mais on ignore s'il parvint à s'en emparer. Après ces deux campagnes, dans lesquelles les avantages recueillis par Robert étaient loin de compenser les immenses sacrifices qu'il avait faits, la guerre de Bourgogne fut suspendue pendant dix années, du moins entre le roi de France et les Bourguignons; mais elle continua sourdement entre Othe-Guillaume et l'évêque d'Auxerre. Les deux principaux seigneurs du parti de Guillaume, Bruno, évêque de Langres, et Landeric, comte de Nevers, étant morts, et Guillaume voyant se former contre lui un orage dans le royaume d'Arles, il sollicita de lui-même un accommodement avec le roi

---

[1] Raoul Glaber, *Chronique*, liv. II, ch. VIII.

Robert. La seule concession qu'il fit fut de renoncer aux titres qu'il avait usurpés, sans toutefois se dépouiller du pouvoir que lui avaient conféré ces mêmes titres. Le roi Robert fut reçu à Dijon avec sa femme Constance et ses enfants, par tous les seigneurs bourguignons; avec leur consentement, il donna à son second fils Henri le titre de duc de Bourgogne, et Othe-Guillaume se contenta de celui de comte; mais ce dernier conserva les comtés de Dijon, de Mâcon et de Besançon, et tous les autres seigneurs gardèrent leurs fiefs.

Après la guerre de Bourgogne, qui se termina, comme on vient de le voir, par l'investiture de ce duché à l'un des fils de Robert, l'événement le plus important du règne de ce monarque fut la longue rivalité de Foulques Nerra, comte d'Anjou, et d'Eudes II, comte de Champagne. Ce dernier, dont la puissance inquiétait également l'empereur d'Allemagne et le roi de France, était plus redoutable encore par son génie pour l'intrigue, par son activité, par ses richesses, que par ses talents militaires, du moins si l'on en juge par les nombreuses défaites que lui firent essuyer Burchard, comte de Corbeil et de Melun, Richard III, duc de Normandie, et Foulques Nerra lui-même. A la bataille de Pont-le-Roi, donnée le 6 juillet 1016, Foulques et Eudes combattirent avec tant d'acharnement que, malgré la petitesse de leurs armées, trois mille morts restèrent couchés sur la poussière. Mais Eudes était si habile à tirer parti des moindres circonstances, qu'il se relevait toujours plus puissant de ses défaites. En 1019, il s'empara de la plus grande partie de l'héritage d'Étienne, comte de Champagne et de Brie, de la maison de Vermandois. C'est de cette réunion des comtés de Troyes et de Meaux à ceux de Blois et de Chartres que date la grandeur de la nouvelle maison de Champagne [1].

Foulques d'Anjou et Eudes de Champagne avaient des prétentions opposées sur le comté de Tours, situé à la convenance de l'un et de l'autre. Le premier y avait fait bâtir le château de Montboël, que le second lui prit en 1025; Foulques, de son côté, s'empara du château de Montbazon et incendia la ville de Saumur, qui faisaient

---

[1] Raoul Glaber, *Chronique*, liv. III, ch. II.

partie des possessions d'Eudes. Les hostilités duraient depuis fort longtemps entre ces deux intraitables rivaux, lorsque le comte de Champagne, dont l'ambition était insatiable, se mit en tête de revendiquer le royaume d'Arles comme neveu de Rodolphe III, à qui appartenait ce royaume. Il comptait dans la Bourgogne transjurane un grand nombre de partisans, et nul doute qu'il ne l'eût emporté sur son concurrent, le duc de Souabe, si sa rivalité avec Foulques n'eût absorbé une partie de son temps et de ses forces. Foulques fut très-effrayé des prétentions de son implacable ennemi sur le royaume d'Arles. Si, en effet, Eudes eût réussi à joindre la Provence, le Dauphiné, la Savoie, le Lyonnais et la Franche-Comté à ses possessions en Champagne et sur la Loire, non-seulement il aurait écrasé Foulques d'Anjou, mais il aurait aisément dominé et peut-être expulsé la race nouvelle des Capétiens.

Le danger était des plus graves. Foulques le représenta à la reine Constance, qui était sa nièce, et lui demanda de l'assister contre un rival non moins redoutable pour elle que pour lui. Constance, toute-puissante sur l'esprit de son faible époux, pouvait, en réunissant les armes du duché de France à celles de Foulques, donner la victoire à ce dernier; mais il aurait fallu pour cela que son intérêt le lui commandât, et son intérêt lui prescrivait le contraire. Après avoir juré à son oncle qu'elle ne l'abandonnerait jamais, elle fit cause commune avec son ennemi. Voici à quelle occasion : Conrad le Salique venait de succéder sur le trône impérial à Henri II; les vassaux de l'empire de ce côté-ci du Rhin, notamment ceux de Lorraine, qui n'acceptaient qu'avec une extrême répugnance la suzeraineté germanique, voulurent profiter de ce changement de règne pour s'en affranchir; ils offrirent donc à Robert la couronne de Lorraine, mais à la condition formelle qu'il appuierait de tout son pouvoir les prétentions d'Eudes de Champagne sur le royaume d'Arles. Constance sacrifia sans balancer son oncle Foulques à l'appât d'une nouvelle couronne, et conseilla à Robert de faire alliance avec Eudes. On croit que c'est pendant que se négociait cette réconciliation entre le roi de France et son plus puissant feudataire, que celui-ci lui écrivit la lettre si remarquable que l'on va lire, et qui nous fait parfaitement connaître les rapports qui existaient au commencement du onzième siècle entre les grands vassaux et le roi. Cette lettre est ainsi conçue :

« Je ne veux, Seigneur, te dire que peu de choses, si tu daignes
« les entendre. Le comte Richard, duc de Normandie, ton fidèle,
« m'a averti de venir à justice ou à concorde, sur les plaintes que
« tu formais contre moi : en effet, j'ai placé toute ma cause entre
« ses mains. Alors, avec ton consentement, il a indiqué des plaids
« où nous aurions pu la terminer ; mais comme l'époque fixée ap-
« prochait, et que j'étais prêt à m'y rendre, il m'a averti de ne
« point prendre cette peine, parce que tu étais résolu à n'admettre
« de ma part ni justification, ni accord, mais à me faire défendre
« de tenir aucun fief de toi, comme en étant indigne. D'ailleurs il
« ne lui convenait point, disait-il, de m'admettre à un tel juge-
« ment, sans une assemblée de ses pairs. Telle est la raison pour
« laquelle je ne me suis point rendu à tes plaids. Toutefois, je
« m'émerveille fortement de toi, Seigneur, qui me juges, avec tant
« de précipitation, indigne de tes fiefs, sans avoir discuté ma cause.
« Si tu regardes à ma condition, Dieu m'a fait la grâce de la rendre
« héréditaire ; si c'est à la qualité de mon fief, il est sûr qu'il n'est
« point de ton domaine, mais qu'il a, sauf ta grâce, appartenu à
« mes ancêtres par droit de succession ; si enfin tu considères mes
« services, tu sais fort bien comment je t'ai servi dans ta maison,
« et à la guerre et en voyage, aussi longtemps que j'ai été en fa-
« veur auprès de toi ; mais depuis que tu as détourné ta grâce de
« moi, et que tu t'es efforcé de m'arracher les honneurs que tu
« m'avais donnés, si j'ai fait des choses qui t'ont déplu, c'est poussé
« à bout par les injures, forcé par la nécessité, et dans la défense
« de ma personne et de mon honneur. Comment pourrais-je re-
« noncer à défendre mon propre honneur? Dieu m'est témoin
« dans mon âme que j'aime mieux mourir avec honneur que d'être
« déshonoré. Mais si tu renonces à ce qui pourrait l'entacher, il
« n'y a rien au monde que je désire plus que d'obtenir ta grâce
« ou de la mériter. Ma discorde avec toi, mon Seigneur, est pour
« moi une chose très-pénible ; mais aussi elle t'ôte à toi-même
« et la racine et les fruits de ton office, savoir la justice et la paix.

« Au nom de cette clémence qu'on trouve naturellement en toi,
« quand des conseils pervers ne l'étouffent pas, je te supplie donc
« de cesser de me persécuter, et de permettre que je me réconci-
« lie à toi, ou par tes domestiques, ou par l'entremise des princes.
« Salut [1]. »

La réconciliation du roi Robert et du comte Eudes fut suivie de celle de ce dernier et du comte d'Anjou. Foulques obtint la souveraineté de Saumur, et rasa le château de Montboël. Eudes, alors, se trouva libre de poursuivre ses projets sur le royaume d'Arles, mais le moment de faire valoir ses prétentions était passé; Conrad le Salique avait, par ses talents et son activité, écrasé tous ses ennemis; il était tout-puissant en Provence, en Lorraine, en Italie, aussi bien qu'en Allemagne, et il y aurait eu folie à vouloir démembrer quelque partie de sa vaste domination. Eudes y renonça, et il fit sagement.

Les premières années du règne de Robert avaient été assombries par ses démêlés avec le Saint-Siége, relativement à sa femme Berthe, qu'on l'avait forcé de répudier comme nous l'avons raconté, parce que l'on prétendait qu'elle était sa commère. Les dernières années de sa vie ne furent pas moins tristes : il eut la douleur de voir ses deux fils, Henri et Robert, se révolter contre lui. Le sujet de cette révolte nous est peu connu. Henri surtout avait d'autant moins sujet de s'armer contre son père, que celui-ci venait de le faire couronner à Reims comme son successeur, et qu'il était déjà investi du duché de Bourgogne. L'historien Raoul Glaber s'exprime ainsi dans sa précieuse chronique : « Après un peu
« de temps, les deux frères ayant confirmé leur amitié par une al-
« liance, principalement à cause de l'insolence de leur mère, com-
« mencèrent à envahir les châteaux et les villages de leur père, et
« à piller ceux de ses biens qu'ils pouvaient atteindre. Henri lui
« enleva le château de Dreux; Robert ceux de Beaune et d'Aval-
« lon en Bourgogne. Le roi, gravement troublé et affligé, rassem-
« bla son armée et entra en Bourgogne; c'était une guerre plus
« que civile.... Mais après un siége et quelques ravages dans l'une

---

[1] *Variorum epistolœ*, traduction de Sismondi.

« et l'autre province, ils firent la paix, et demeurèrent en repos
« pour un peu de temps [1]. »

Robert en était venu à un singulier abandon de lui-même ; il poussait l'esprit de la charité chrétienne jusqu'à se laisser dérober par les pauvres les franges de son manteau. On cite de lui une réponse qui ne laisse pas d'avoir quelque chose de touchant. Le roi s'était prosterné dans une église devant Dieu, un pauvre s'approcha de lui par derrière, et coupa la moitié de la fourrure royale ; il se disposait à s'emparer de l'autre moitié, lorsque le roi, se retournant, lui dit : « C'est assez, tu dois être content de ta part ; quelque autre aura peut-être besoin du reste. » La reine Constance ne partageait pas ce système d'aumônes, et le roi était obligé de se cacher d'elle comme un enfant.

Robert mourut en 1031, et son fils Henri lui succéda. Déjà couronné du vivant de son père, le nouveau roi n'avait pas besoin d'une élection nouvelle pour être reconnu par les grands vassaux qui, à dater de la mort de Robert, inscrivirent leurs actes au nom de Henri Ier ; mais, chose assez étrange, il ne lui fut pas aussi facile de se faire reconnaître par le duché de France, son héritage propre. C'est à Langres, où il se trouvait passagèrement, que lui parvint la nouvelle de la mort de son père, et il apprit en même temps que sa mère, la reine Constance, dont il avait plus d'une fois déjà éprouvé l'inimitié, intriguait activement auprès des grands de l'État pour que la couronne de France fût déférée à son plus jeune fils Robert. Foulques d'Anjou était tout dévoué à Constance, sa nièce, malgré la trahison dont elle s'était rendue coupable à son égard. Eudes de Champagne n'était que médiocrement enclin à la servir ; mais cette femme adroite et artificieuse le mit entièrement dans ses intérêts en lui abandonnant la moitié de la ville de Sens qui lui appartenait. Quant aux feudataires du duché de France qui avaient profité de l'extrême faiblesse de Robert pour secouer toute obéissance, ils promirent à Constance de la seconder, espérant qu'une guerre civile leur fournirait l'occasion de se rendre plus indépendants encore. Bientôt la veuve du roi Robert se trouva

---

[1] RAOUL GLABER, *Chronique*, liv. III, ch. IX.

maîtresse de Senlis, de Melun, de Poissy, de Coucy, de Dammartin, de Béthisy et du Puiset.

Henri désespéra alors de sa cause et de lui-même ; loin de chercher à réunir une armée, pour soutenir ses droits, il alla étourdiment se jeter dans les bras de Robert le Magnifique, duc de Normandie (Robert le Diable des légendes), qui lui fit un brillant accueil, il est vrai, mais qui par-là acquit sur lui un grand avantage, un redoutable ascendant. Robert fournit en abondance des armes et des chevaux à Henri, et ordonna à son cousin Mauger, comte de Corbeil, de le replacer sur le trône d'où voulait l'exclure sa mère. Mauger obéit. A la tête de l'armée royale il vint mettre le siége devant Poissy, tandis que les Normands, ardents au pillage et à l'incendie, dévastaient cruellement le beau duché de France. Poissy et le Puiset furent enlevés en peu de temps.

La reine Constance commença à faire de sérieuses réflexions sur la guerre qu'elle avait imprudemment déclarée à son fils aîné. Pressée par son oncle, Foulques d'Anjou, de se réconcilier avec Henri, elle demanda à traiter. Elle obtint pour son fils préféré, Robert, la cession du duché de Bourgogne, et pour elle-même quelques avantages de peu d'importance. A ces conditions elle rendit à son fils Henri les places qu'elle tenait encore, et Henri fut reconnu dans le duché de France [1]. Mais cette pacification n'était pas complète : Eudes de Champagne n'y avait point été compris. L'archevêque de Sens, Leutheric, étant venu à mourir peu de temps après, le roi de France et le comte de Champagne prétendirent, chacun de son côté, au droit de lui donner un successeur. Ce n'était pas une futile querelle que celle-là, car le droit de disposer des hautes dignités ecclésiastiques était la plus importante des prérogatives royales et celle qui rapportait au roi le plus d'argent. Le candidat du comte de Champagne, Mainard, trésorier de l'Église, avait en même temps les sympathies du clergé et du peuple ; mais le candidat du roi de France, Gelduin, qui offrait pour cette prélature une somme plus considérable, fut préféré. On dit qu'une fois en possession de l'archevêché de Sens, Gelduin pilla les trésors de la

---

[1] RAOUL GLABER, *Chronique*, liv. III, ch. IX.

cathédrale, afin de se dédommager de la somme qu'il avait payée au roi pour en obtenir l'investiture. Ce ne fut qu'après deux années d'hostilités que Henri parvint à installer dans son siége l'archevêque Gelduin. Eudes de Champagne fit sa paix avec le roi en 1033 ou 1034, et non-seulement il consentit à recevoir Gelduin dans Sens, mais il mit Henri en possession de la moitié de la seigneurie de cette ville.

Après cette petite guerre, dont l'archevêché de Sens avait été l'occasion, Henri cessa de jouer un rôle actif dans les événements de son temps. Il ne signala plus son existence que par les chartes qu'il accorda aux monastères. Quant à Robert le Magnifique, il fut magnifiquement récompensé de l'appui qu'il avait prêté à Henri; ce roi lui céda en fief, ainsi qu'il s'y était probablement engagé, le Vexin, c'est-à-dire tout le pays situé entre l'Oise et l'Epte. Par cette impolitique donation, Henri rapprocha les Normands de Paris, dont ils ne furent plus séparés que par une distance de six lieues.

Si la paix régna désormais entre la royauté et les grands vassaux, il n'en fut pas de même de ces derniers entre eux. Ils étaient presque continuellement en lutte les uns contre les autres; tantôt c'était Geoffroi-Martel qui se révoltait contre Foulques d'Anjou, son père; tantôt c'était ce même Geoffroi qui combattait pour arracher aux fils d'Eudes de Champagne une partie de leur héritage; quelques années après, c'étaient Guillaume le Bâtard et Gui de Mâcon qui se disputaient la possession du duché de Normandie; enfin, sur tous les points du territoire, la guerre civile agitait ses détestables brandons, et le malheureux peuple se trouvait réduit à la plus profonde misère. Les historiens du temps nous ont conservé le souvenir de l'effroyable famine qui survint alors, et qui eut pour principale cause l'anarchie féodale. « Le muid de blé, dit Raoul
« Glaber, s'éleva à soixante sols d'or. Les riches maigrirent et pâ-
« lirent; les pauvres rongèrent les racines des forêts; plusieurs,
« chose horrible à dire, se laissèrent aller à dévorer des chairs hu-
« maines sur les chemins : les forts saisissaient les faibles, les dé-
« chiraient, les rôtissaient, les mangeaient. Quelques-uns présen-
« taient à des enfants un œuf, un fruit, et les attiraient à l'écart

« pour les dévorer. Ce délire, cette rage alla au point que la bête
« était plus en sûreté que l'homme. Comme si c'eût été désormais
« une coutume établie de manger de la chair humaine, il y en eut
« un qui osa en étaler à vendre dans le marché de Tournus. Il ne
« nia point, et fut brûlé. Un autre alla pendant la nuit déterrer
« cette même chair, la mangea, et fut brûlé de même.... Dans la
« forêt de Mâcon, près l'église de Saint-Jean de Castanedo, un mi-
« sérable avait bâti une chaumière, où il égorgeait la nuit ceux qui
« lui demandaient l'hospitalité. Un homme y aperçut des osse-
« ments et parvint à s'enfuir. On y trouva quarante-huit têtes
« d'hommes, de femmes et d'enfants. Le tourment de la faim était
« si affreux que plusieurs, tirant de la craie du fond de la terre, la
« mêlaient à la farine. Une autre calamité survint : c'est que les
« loups, alléchés par la multitude des cadavres sans sépulture,
« commencèrent à s'attaquer aux hommes. Alors les gens crai-
« gnant Dieu ouvrirent des fosses, où le fils traînait le père, le
« frère son frère, la mère son fils, quand ils les voyaient défaillir;
« et le survivant lui-même, désespérant de sa vie, s'y jetait sou-
« vent après eux. Cependant, les prélats des cités de la Gaule, s'é-
« tant assemblés en concile pour chercher remède à de tels maux,
« avisèrent que, puisqu'on ne pouvait alimenter tous ces affamés,
« on sustentât comme on pourrait ceux qui semblaient les plus ro-
« bustes, de peur que la terre ne demeurât sans culture [1]. »

Quel tableau! tant de misères, tant de calamités adoucirent les
cœurs les plus farouches, les natures les plus indomptables. Les
mille petits seigneurs qui s'entre-déchiraient à plaisir mirent le
glaive dans le fourreau, tremblants eux-mêmes sous le glaive de
Dieu. Un évêque annonça alors qu'il avait reçu du ciel, d'une
manière miraculeuse, l'ordre de prêcher la paix à la terre. « Bien-
« tôt, dit encore Glaber, notre principale, notre plus sûre auto-
« rité, bientôt les évêques commencèrent à célébrer des conciles,
« où assistaient avec eux les abbés et les autres hommes consacrés

---

[1] RAOUL GLABER, *Chronique*, liv. IV, ch. IV. Cette belle et saisissante traduction est due à la plume éloquente de M. Michelet. Le lecteur nous saura gré de l'avoir préférée à toute autre.

« à la religion, et tout le peuple, comme on avait annoncé que
« ces conciles avaient pour but de réformer la paix et les institu-
« tions sacrées de la foi, tout le peuple s'y porta avec joie, prêt à
« obéir aux ordres des pasteurs de l'Église. Chacun, en effet,
« était troublé par les fléaux qu'on venait d'éprouver. On fit donc
« dans ces conciles l'énumération de tout ce qui était défendu, de
« tout ce que les signataires s'engageaient à ne pas faire. Le plus
« important de leurs engagements était celui de conserver une
« paix inviolable; en sorte que les hommes de toute condition
« pussent désormais marcher sans armes et sans crainte. Tout
« brigand, et généralement tous ceux qui envahiraient le bien
« d'autrui, étaient soumis, par cette loi, à la perte de leurs biens,
« ou à des peines corporelles. Quiconque chercherait un refuge
« dans les lieux saints, de quelque faute qu'il fût coupable, devait
« y demeurer en sûreté, excepté seulement celui qui aurait violé
« l'engagement de cette paix. Quant à ce dernier, on pouvait l'ar-
« rêter, même sur l'autel, pour lui faire subir la peine qu'il avait
« encourue. Enfin tous les clercs, les moines et les moinesses, de-
« vaient couvrir de leur garantie ceux qui voyageaient avec eux,
« en sorte qu'ils ne fussent exposés à aucune injure [1]. »

C'est ce que l'on appelait la PAIX ou la TRÊVE DE DIEU. Dans chaque province où cette paix était établie, un diacre en donnait communication au peuple. Après avoir lu l'Évangile, il fulminait contre les infracteurs de la paix la malédiction suivante : « Nous
« excommunions tous les chevaliers de cet évêché qui ne voudront
« point s'engager à la paix et à la justice, comme leur évêque
« l'exige d'eux. Qu'ils soient maudits et ceux qui les aident à faire
« le mal; que leurs armes soient maudites, ainsi que leurs che-
« vaux; qu'ils soient relégués avec Caïn le fratricide, avec le traître
« Judas, avec Dathan et Abiron, qui entrèrent tout vivants dans
« l'enfer. Et de même que ces flambeaux s'éteignent à vos yeux,
« que leur joie s'éteigne à l'aspect des saints anges; à moins qu'ils
« ne fassent satisfaction avant leur mort, et qu'ils ne se soumettent
« à une juste pénitence, selon le jugement de leurs évêques. »

[1] RAOUL GLABER, *Chronique*, liv. IV, ch. v.

Après quoi les évêques et les prêtres éteignaient les cierges allumés qu'ils tenaient dans leurs mains, et le peuple, saisi d'effroi, répétait d'une voix lamentable : « Que Dieu éteigne ainsi la joie « de ceux qui ne veulent pas accepter la paix et la justice. »

L'Église remplit ici un rôle magnifique ; il est à regretter qu'elle n'ait pas toujours été aussi bien inspirée. Lorsqu'elle s'enrichissait en exploitant la croyance de la fin prochaine du monde, elle était loin de remplir aussi dignement son évangélique mission. L'Église était parvenue alors à un haut point de splendeur, et pour lui payer le tribut qu'on lui doit, car nous la rencontrerons dans la suite plus hostile que favorable à la civilisation, plus belligérante que pacifique, nous emprunterons à M. de Châteaubriand quelques pages de ses *Études historiques*, sur les bienfaits du clergé dans ces temps barbares :

« On ne peut rien imaginer, dit notre auteur, de plus favorable
« aux travaux de l'esprit et à l'indépendance individuelle que la vie
« cénobitique. Une communauté religieuse représentait une famille
« artificielle toujours dans sa virilité, et qui n'avait pas comme la
« famille naturelle, à traverser l'imbécillité de l'enfance et de la
« vieillesse ; elle ignorait les temps de tutelle et de minorité, et tous
« les inconvénients attachés à l'infirmité de la femme. Cette famille
« qui ne mourait point, accroissait ses biens sans pouvoir les perdre,
« et, dégagée des soins du monde, exerçait sur lui un prodigieux
« empire. Aujourd'hui que la société n'a plus à souffrir de l'acca-
« parement d'une propriété immobile et de l'abus de la puissance
« monacale, elle juge avec impartialité des institutions qui furent
« sous plusieurs rapports utiles à l'espèce humaine à l'époque de sa
« formation. »

« Les couvents devinrent des espèces de forteresses où la civilisa-
« tion se mit à l'abri sous la bannière de quelque saint : la culture
« de la haute intelligence s'y conserva avec la vérité philosophique
« qui renaquit de la vérité religieuse. La vérité politique, ou la li-
« berté, trouva un interprète et un complice dans l'indépendance
« du moine qui recherchait tout, disait tout et ne craignait rien...
« Ces grandes découvertes, dont l'Europe se vante, n'auraient pu
« avoir lieu dans la société barbare, sans l'inviolabilité et le loisir

« du cloître; les livres et les langues de l'antiquité ne nous auraient
« point été transmis, et la chaîne qui lie le passé au présent eût été
« brisée. L'astronomie, l'arithmétique, la géométrie, le droit civil,
« la physique et la médecine, l'étude des auteurs profanes, la gram-
« maire et les humanités, tous les arts eurent une suite de maîtres,
« non interrompue depuis les premiers temps de Khlovigh (Clovis)
« jusqu'au siècle où les universités elles-mêmes religieuses firent
« sortir la science du monastère. »

L'auteur ajoute quelques réflexions très-justes sur le sentiment plébéien, démocratique, qui anima la plupart des membres du clergé régulier. « Les ordres mendiants avaient des relations de
« sympathie et de famille avec les classes inférieures; vous les trou-
« verez partout à la tête des insurrections populaires; la croix à la
« main, ils menaient les bandes de *pastoureaux* dans les champs
« comme les *processions* de la Ligue dans les murs de Paris. En
« chaire, ils exaltaient les petits devant les grands et rabaissaient
« les grands devant les petits; plus les siècles étaient superstitieux,
« plus il y avait de cérémonies, plus le moine avait d'occasion d'ex-
« pliquer ces vérités de la nature déposées dans l'Évangile; il était
« impossible qu'à la longue elles ne descendissent pas de l'ordre
« religieux dans l'ordre politique; la milice de saint François se
« multiplia, parce que le peuple s'y enrôla en foule; il troqua sa
« chaîne contre une corde, et reçut de celle-ci l'indépendance que
« celle-là lui ôtait : il put braver les puissants de la terre, aller
« avec un bâton, une barbe sale, des pieds crottés et nus, faire à
« ces terribles châtelains d'outrageantes leçons. Le maître, intérieu-
« rement indigné, était obligé de subir la réprimande de son *homme*
« *de poeste* transformé en *ingénu* par cela seul qu'il avait changé de
« robe. Le capuchon affranchissait plus vite encore que le heaume,
« et la liberté rentrait dans la société par des voies inattendues. A
« cette époque le peuple se fit prêtre, et c'est sous ce déguisement
« qu'il faut le chercher. »

Chaque moine, dans les hallucinations du cloître, pouvait voir poindre à son front la tiare pontificale, et, armé de son divin pouvoir, lutter, par l'autorité de la religion, avec la puissance féodale. Qu'on se figure un pauvre serf naguère opprimé, qui force son seigneur à s'agenouiller devant lui, et arrive aux grands effets de la paix de Dieu. Voilà le drame curieux qu'offre cette période historique, drame, qui sous une puissante main, offrirait un admirable intérêt.

Le règne de Henri Ier se termina sans autres guerres civiles, si ce n'est quelques difficultés qui s'élevèrent à plusieurs reprises entre lui et le duc de Normandie, Guillaume le Bâtard, et qui s'aplanirent facilement. Henri Ier mourut en 1060.

Le règne de Henri fut comme celui de son père, d'une grande nullité. La *Chronique d'Anjou* s'exprime ainsi sur ce prince. « Nous « avons vu Robert régner dans la dernière inertie, et nous voyons « maintenant son fils, Henri *le roitelet*, ne pas dégénérer de la pa- « resse paternelle. »

CHAPITRE VII.

SOMMAIRE.

Chevalerie. — Minorité de Philippe 1er. — Puissance de Guillaume le Bâtard. — Il fait la conquête de l'Angleterre. — Contre-coup de cet événement en France. — Commencement de la Révolution communale. — Commune du Mans. — Guerre de Philippe 1er contre Robert le Frison. — Bataille de Cassel où le roi de France est vaincu. — Rupture de Philippe 1er et de Guillaume le Conquérant. — Mort de ce dernier. — Guerres civiles en Normandie. — Philippe 1er frappé d'excommunication par le concile national d'Autun. — Prédication de la Croisade. — Départ des Croisés. — Dernières années du règne de Philippe 1er. — Il est remplacé sur le trône par Louis le Gros, son fils. — L'autorité royale reprend quelque vigueur sous ce prince. — Les habitants de Laon achètent de Louis une charte pour leur commune. — Louis, peu de temps après, retire cette charte à la sollicitation de l'évêque et des seigneurs de Laon. — Fondation de la commune d'Amiens. — Opposition du seigneur de Coucy. — Louis prend la commune d'Amiens sous sa protection et se déclare contre celle de Laon. — Il délivre les bourgeois d'Amiens de la tyrannie de Thomas de Marle. — Guerre de Louis contre les grands vassaux. — Commencement des démêlés d'Étienne de Blois et de Mathilde. — Histoire des communes de Cambrai, de Noyon, de Beauvais, de Saint-Quentin, de Laon, d'Amiens, de Soissons, de Sens, de Reims et de Vezelay. — Mort de Louis le Gros.

Nous venons de voir sortir tout d'un coup du tumulte de la société la trêve de Dieu, qui, entre autres prescriptions, ordonnait que personne n'attaquerait son ennemi depuis l'heure de none du samedi (trois heures après midi) jusqu'au lundi à l'heure de prime (six heures du matin), ce qui était autant de gagné sur les sanglantes et barbares attaques des suzerains entre eux. Les jours de grandes fêtes, et l'avent et le carême, entraient aussi dans cette heureuse trêve, laquelle malheureusement n'était pas observée rigoureusement. Du sein de la féodalité sortit encore une institution, dont le principe était noble et généreux, et que la poésie a entourée d'un prestige qui dure encore. Nous voulons parler de la chevalerie;

malgré les brigandages de toutes sortes auxquels elle s'est mêlée elle-même, on ne saurait lui refuser des intentions de redressements de torts et d'injustices, au milieu de ces temps, où l'individualité jouait un si grand rôle, et où le premier gentilhomme venu, doué de la force corporelle et de la grandeur de l'âme, pouvait défendre et protéger de pauvres gens contre d'iniques oppresseurs. La chevalerie était un contre-poids donné aux vexations d'une foule de petits tyrans.

Les devoirs du chevalier se résumaient dans ces commandements que le parrain ne manquait pas de rappeler au récipiendaire lorsqu'il lui conférait l'ordre : « Tout chevalier doit avoir droiture
« et loyauté ensemble ; il doit garder et protéger les pauvres gens
« pour que les riches ne les puissent fouler, et soutenir les faibles
« pour que les forts ne les puissent honnir ; il se doit éloigner de
« tout lieu où gît la trahison ou le *faux jugement* (l'injustice) ; lors-
« que dames et demoiselles ont *métier* (besoin) de lui, et les doit
« aider de son pouvoir, s'il veut gagner *los* (louange) et prix ; car
« il faut honorer les femmes et porter grand faix pour défendre leur
« droit ; il doit jeûner tous les vendredis, ouïr la messe chaque
« jour et y faire offrande, s'il a de quoi ; les chevaliers doivent
« garder la foi inviolablement à tout le monde, et surtout à leurs
« compagnons ; ils se doivent aimer, honorer et assister les uns
« les autres en toutes occasions. »

Si les chevaliers avaient suivi à la lettre ces commandements, ils auraient assurément mérité les éloges qui leur ont été prodigués par les troubadours ; mais en aucun temps les actions des hommes ne sont entièrement d'accord avec leurs lois, et dans ce temps-là surtout les passions brutales l'emportaient souvent sur la raison ; il résulta néanmoins beaucoup de bienfaits de la chevalerie ; le culte dont on entoura la femme en fut un, et des plus grands. La délicatesse de sentiments qui se porta de ce côté adoucit les mœurs, et la *courtoisie* naquit. La chevalerie, à l'abri de ces créneaux qu'elle savait défendre quelquefois aussi vigoureusement que son cœur, offrit, par le respect, dont libre elle l'enveloppait comme d'un pudique voile, un modèle idéal qui séparait complétement la femme moderne de la femme de la civilisation antique.

Pendant que la société, livrée ainsi à elle-même, sans main supérieure qui la dirigeât, cherchait à sortir du chaos de la barbarie, à réaliser des conceptions d'un ordre élevé, les rois mouraient et se succédaient obscurément.

A la mort de Henri Ier, la couronne de France appartenait depuis soixante-quatorze ans aux Capétiens. Trois générations de rois s'étaient assises sur le trône, et cependant il n'était pas resté dans la nation un seul souvenir glorieux de Hugues, de Robert et de Henri ; jamais usurpation peut-être n'avait été justifiée par moins de talents et moins de vertus. La troisième race commençait comme avaient fini les deux premières.

Henri Ier laissa deux fils dont le plus âgé, qui régna sous le nom de Philippe Ier, n'avait que sept ans. La régence appartenait de droit à l'un des deux oncles du jeune roi; mais de ces deux oncles le plus jeune, Robert, était duc de Bourgogne, et l'on craignait que, puissant et ambitieux comme il l'était, il ne profitât du pouvoir sans bornes que lui eût conféré la régence, pour détrôner son neveu ; le plus âgé, Eudes, avait été écarté du trône à cause de son imbécillité. En conséquence, Henri décerna en mourant la régence du royaume et la tutelle de ses fils à son beau-frère Baudoin V, comte de Flandre, avec l'intention explicite de faire passer la couronne aux enfants que Baudoin avait eus de sa sœur Adèle, si les siens n'atteignaient pas l'âge d'homme. « Baudoin, dit un « historien, fut constitué bail, tuteur et mainbourg de la personne « et biens de Philippe ; et en la susdite qualité, les princes et ba- « rons de France firent hommage audit Baudoin, consentant et « promettant que si ledit Philippe mourait sans hoirs de son corps, « ils tiendraient ledit Baudoin pour roi de France, sans aucune ul- « térieure solennité [1]. »

Baudoin ne prit aucune part au gouvernement de la France, et se contenta d'administrer les biens de son royal pupille auprès duquel il ne résidait même pas; il venait de temps en temps le voir, et c'est alors qu'il signait les diplômes qui nous restent de lui. Si Baudoin s'était activement occupé de l'administration du royaume

---

[1] OUDEGHERST, *Chroniques et Annales de Flandre*, ch. XLI.

nous en trouverions quelque trace dans les nombreux documents qui nous sont parvenus sur le xie siècle ; mais nous ne possédons à cet égard que le témoignage insuffisant d'une chronique anonyme recueillie par les bénédictins, et où se trouve le passage suivant : « Philippe, étant encore enfant, avait reçu de son père, pour tu-
« teur et gouverneur, Baudoin, comte de Flandre, homme d'une
« grande probité et fermement attaché à la justice ; il l'éleva avec
« affection jusqu'à l'âge de raison, gouverna avec de grands soins
« son royaume, et frappa de la verge régulatrice les rebelles et les
« séditieux. Philippe, étant parvenu à l'adolescence, Baudoin lui
« rendit son royaume intact [1]. »

Ce fut pendant la minorité de Philippe Ier que s'opéra la conquête de l'Angleterre par les Normands ; événement considérable, qui influa d'une manière prodigieuse non-seulement sur les destinées du peuple conquis, mais encore sur celles du peuple conquérant. De tous les grands vassaux qui relevaient de la couronne de France, Guillaume le Bâtard était le plus puissant, le plus formidable ; il régnait sur un peuple qui joignait à une rare intrépidité cet esprit d'aventures qui mène aux grandes choses, quand il a le génie pour guide, alors même que l'intérêt plus que la noble passion de la gloire en est le but. Enflammé d'ambition, Guillaume aspirait à placer sur sa tête, à côté de la couronne ducale, la couronne d'Angleterre dont la faiblesse d'Édouard le Confesseur était écrasée. Des droits, il feignait d'en avoir ; il se fondait sur une promesse qu'il prétendait avoir obtenue de ce même Édouard, pendant un séjour qu'il avait fait en Normandie, promesse de lui léguer après sa mort le royaume d'Angleterre. Mais le duc de Normandie s'aveuglait si peu sur la validité d'une pareille promesse et sur la légitimité de ses droits, qu'il n'est sorte de ruses et de subterfuges qu'il n'employât pour colorer ses prétentions d'une ombre de justice.

C'est ainsi qu'il profita d'un voyage que fit en Normandie Harold, l'un des plus grands seigneurs saxons, pour extorquer de lui le serment qu'il l'aiderait de tout son pouvoir à obtenir le royaume

---

[1] *Fragments de l'Histoire des Français.*

d'Angleterre après la mort d'Édouard. Ce serment, bien qu'il eût été fait sur des reliques, à l'insu de celui qui le prêtait, était d'aussi nul effet que la promesse d'Édouard. Mais Guillaume se prévalut de l'un comme de l'autre, et les appuya tous les deux avec le glaive. Quelques historiens ont prétendu à tort qu'Édouard avait laissé un testament en faveur de Guillaume. La Chronique saxonne dit expressément que le roi Édouard déclara, à son lit de mort, aux chefs qui le consultaient sur le choix d'un successeur, qu'à son avis, l'homme le plus digne de régner était Harold, fils de Godwin. Harold fut élu roi d'Angleterre le lendemain même des funérailles d'Édouard, et sacré par l'archevêque de Canterbury, Stigand. Guillaume, quand la nouvelle de la mort d'Édouard et de l'avénement d'Harold lui fut parvenue, devint tout à coup pensif. Il se promenait de long en large dans une grande agitation, tantôt s'asseyant, tantôt se levant, et ne pouvant rester en aucun lieu. Un de ses officiers, qui était plus avant dans sa confiance que tous les autres, se hasarda à lui adresser la parole : « Seigneur, lui dit-il, à quoi bon nous cacher « vos nouvelles ? qu'y gagnerez-vous ? Il est de bruit commun par « la ville que le roi d'Angleterre est mort et que Harold s'est em- « paré du royaume, mentant à sa foi envers vous. — L'on dit vrai, « répondit le duc ; mon dépit vient de la mort d'Édouard et du tort « que m'a fait Harold. — Eh bien ! Seigneur, reprit le courtisan, ne « vous courroucez pas d'une chose qui peut être amendée. A la « mort d'Édouard il n'y a nul remède, mais il y en a aux torts d'Ha- « rold ; à vous est le bon droit ; vous avez de bons chevaliers ; entre- « prenez donc hardiment : chose bien entreprise est à demi faite[1]. »

Un tel conseil ne pouvait que flatter extrêmement l'ambition de Guillaume ; mais il était trop prudent, trop habile, pour compromettre par une impétuosité juvénile une entreprise si grave. Avant donc d'entamer les hostilités, il résolut de mettre le Saint-Siége dans ses intérêts, certain qu'avec un si puissant auxiliaire la victoire ne lui ferait pas défaut. Mais d'abord il envoya au roi Harold un messager qui lui parla en ces termes : « Guillaume, duc « des Normands, te rappelle le serment que tu lui as juré de ta bou-

---

[1] *Chronique de Normandie.*

« che et de ta main sur de bons et saints reliquaires. — Il est
« vrai, répondit le fils de Godwin, que j'ai fait ce serment au roi
« Guillaume; mais je l'ai fait me trouvant sous la force; j'ai promis
« ce qui ne m'appartenait pas, ce que je ne pouvais nullement tenir,
« car ma royauté n'est point à moi, et je ne saurais m'en démettre
« sans l'aveu du pays. » En recevant cette réponse, Guillaume jura
que dans l'année même il punirait ce qu'il appelait le parjure d'Harold. Les Normands manifestèrent une vive opposition à son projet
de descente en Angleterre, mais il parvint à vaincre leur résistance,
et quand il les eut fait entrer dans ses vues, il ne s'occupa plus que
des immenses préparatifs de son expédition. « Bientôt, dit notre
« grand narrateur Thierry, bientôt arriva de Rome la bannière con-
« sacrée et la bulle qui autorisait l'agression contre l'Angleterre. A
« cette vue l'empressement redoubla; chacun apporta ce qu'il pou-
« vait; les mères envoyaient leurs fils s'enrôler pour le salut de leurs
« âmes. Guillaume fit publier son ban de guerre dans les contrées
« voisines; il offrit une forte somme et le pillage de l'Angleterre à
« tout homme robuste et de haute taille qui voudrait se servir de la
« lance, de l'épée ou de l'arbalète. Il en vint une multitude par tou-
« tes les routes, de loin et de près, du Nord et du Midi; il en vint du
« Maine et de l'Anjou, du Poitou et de la Bretagne, de la France et
« de la Flandre, de l'Aquitaine et de la Bourgogne, du Piémont et
« des bords du Rhin [1]. »

Tout concourait à favoriser l'entreprise de Guillaume. Conan, duc
de Bretagne, avec lequel il était en guerre, et qui avait pénétré en
Normandie avec une nombreuse armée, mourut subitement, et
cette mort le tira d'un grand embarras. Une foule de Bretons, au
lieu de l'attaquer, se rangèrent sous ses drapeaux et le suivirent en
Angleterre. Guillaume, instruit que son rival Harold se trouvait aux
prises avec les Danois, jugea le moment favorable pour l'attaquer,
et mit à la voile de Saint-Valery le 27 septembre 1066. Sa flotte se
composait de quatre cents navires à grande voilure et d'un millier
de bateaux de transport; l'armée de terre s'élevait à soixante mille
hommes. Le vaisseau que montait Guillaume marchait en tête, por-

---

[1] *Histoire de la Conquête de l'Angleterre par les Normands*, tom. Ier.

tant, au haut de son mât, la bannière envoyée par le Pape, et une croix sur son pavillon. Pas un vaisseau anglais ne se présenta pour disputer le passage du détroit à la flotte normande. Le débarquement s'effectua le 28 septembre sans résistance, et, le 14 octobre suivant, se livra la fameuse bataille d'Hasting, où Guillaume triompha d'Harold et de l'Angleterre.

Le contre-coup de ce grand événement se fit immédiatement sentir de ce côté-ci du détroit. La révolution communale, qui couvait depuis longtemps, fit explosion presque aussitôt, et, bien que la conquête de l'Angleterre par les Normands ne paraisse pas avoir été la cause déterminante de cette mémorable protestation du droit contre le fait brutal et oppresseur, elle en fut du moins la cause occasionnelle; car c'est de la ville du Mans que partit le premier signal de l'insurrection; or, cette ville se trouvait sous la dépendance de Guillaume de Normandie, et ses habitants profitèrent de son éloignement et des embarras sans nombre que lui avait suscités la conquête pour s'affranchir de la domination normande.

Il reste un curieux monument de la façon dont Guillaume se moquait des habitants de ses villes de Normandie : Lorsqu'il s'était agi de porter la guerre en Angleterre, ses conseillers lui dirent qu'il fallait consulter les bourgeois notables, les gens d'Église et de négoce, les plus considérables, et il en convoqua l'assemblée. Alors se passa une scène digne du pinceau de Molière. Les membres de l'assemblée, après une orageuse discussion, conclurent à ce qu'on s'opposât à la guerre, attendu que la guerre ruinerait le pays; ils chargèrent de leurs remontrances Guillaume, fils d'Osbert, sénéchal dévoué au prince; Guillaume, après avoir écouté attentivement leurs plaintes, prit la parole, et dit au duc : « Je ne « crois pas, Seigneur, qu'il y ait au monde des gens plus zélés que « ceux-ci; vous savez les aides qu'ils vous ont accordées, les services « onéreux qu'ils vous ont rendus; eh bien! ils veulent faire davan- « tage; ils se proposent de vous servir au delà de la mer comme en « deçà : allez donc en avant et ne les épargnez guère. Tel qui vous « a fourni deux bons hommes d'armes à cheval vous en fournira « quatre... »

A ce discours inattendu, vous eussiez vu se lever tous les membres de l'assemblée : « Ce n'est pas cela, criaient-ils; nous vous « avons chargé d'une réponse toute contraire. Cela ne sera pas; « nous devons aider le duc à défendre sa terre, mais nous ne sommes « point tenus de l'aider à conquérir la terre d'autrui. D'ailleurs, si « nous lui faisions une seule fois double service, et si nous le suivions « outre mer, il érigerait cela en coutumes pour l'avenir, et grève- « rait nos enfants. »

Le sénéchal, fils d'Osbert, s'excusa d'avoir mal compris leurs vœux, et engagea Guillaume à vaincre leurs résistances, en leur promettant quelque avantage à chacun séparément; ce que fit Guillaume, et il obtint tout ce qu'il voulut. « Lorsque les Nor- « mands ne se sentent pas les plus forts, disait, dans le siècle sui- « vant, Guillaume de Malesbury, ils sont toujours enclins à employer « la ruse ou à corrompre leurs adversaires à prix d'or. » On peut à un pareil trait faire une pareille application; mais les exactions de ce genre allaient enfin trouver de plus vives résistances.

La révolution communale fut une véritable réaction de la plèbe contre la féodalité. Car il ne faut pas s'y méprendre, ce n'est pas la royauté qui a fondé les communes, comme l'ont avancé à tort beaucoup d'historiens, ce sont les communes elles-mêmes qui se sont affranchies, et qui ensuite sont venues au secours des rois pour les aider à secouer le joug des hauts barons. Sans les communes, sans ce tiers-état envers lequel le gouvernement royal s'est montré depuis si ingrat, il est à croire que la royauté, faible plante qui n'avait ni consistance ni racines, eût été renversée et broyée par l'aquilon féodal.

En effet, le pouvoir royal était circonscrit alors aux pays situés entre la Loire et la Somme. Au nord de cette dernière rivière, on entrait sur les terres du comte de Flandre, vassal de l'empire d'Allemagne; en outre, la Lorraine, la Franche-Comté, une partie de la Bourgogne, le Dauphiné, étaient sous la suzeraineté de cet empire. La Provence, le Languedoc, la Guyenne, l'Auvergne, le Limousin et le Poitou, étaient des États libres, sous des ducs ou des comtes qui ne reconnaissaient de suzerains que pour la forme et en changeaient à volonté. L'Anjou, quoique soumis féodalement au roi de France, ne relevait point de son autorité administrative. La Bretagne était un Etat libre, et la Normandie obéissait au roi d'Angleterre.

Si le pouvoir des rois de France ne s'étendait pas au-delà de la Somme, au nord, et de la Loire au midi, dans l'espace compris entre ces deux cours d'eau, peut-on du moins les considérer comme les fondateurs des communes? Pas davantage. L'histoire est là pour attester que, dans le grand mouvement d'où sortirent les communes du moyen âge, pensée et exécution, tout fut l'œuvre des marchands et des artisans dont se composait la population des villes. « Quoique les communes du moyen âge, dit M. Augustin « Thierry, aient pour principe la municipalité des derniers temps « de l'empire romain, autant cette dernière institution était dé- « pendante, autant l'autre, dès son origine, se montra libre et « énergique. L'enthousiasme républicain du vieux temps se com- « muniquait de proche en proche, et produisait des révolutions « partout où il se trouvait une population assez nombreuse pour « oser entrer en lutte avec la puissance féodale. Les habitants des « villes que ce mouvement avait gagnés, se réunissaient dans la « grande église ou sur la place du marché; et là, ils prêtaient, « sur les choses saintes, le serment de se soutenir les uns les au- « tres, de ne point permettre que qui que ce fût fît tort à l'un d'en- « tre eux ou le traitât désormais en serf. C'était ce serment ou « cette *conjuration*, comme s'expriment les anciens documents, qui « donnait naissance à la commune. Tous ceux qui s'étaient liés « de cette manière prenaient dès lors le nom de *communiers* ou de « *jurés*, et pour eux, ces titres nouveaux comprenaient les idées de « devoir, de fidélité et de dévouement réciproques, exprimées dans « l'antiquité par le mot de citoyen [1]. »

Si les rois de France ne prirent point l'initiative de la révolution communale, si le mérite de cette grande et généreuse innovation ne leur appartient pas, il est juste de dire qu'ils n'y mirent pas obstacle, et qu'ils la favorisèrent au contraire de tout leur pouvoir; mais s'ils la favorisèrent, ce fut dans les villes seulement apparte-

---

[1] *Treizième Lettre sur l'Histoire de France.*

nant aux grands vassaux, et non dans celles qui relevaient immédiatement de leur couronne. Pas une de ces villes, les plus florissantes du royaume, n'obtint un affranchissement aussi complet que celui des villes seigneuriales. La raison en est toute simple : la royauté voulait susciter aux seigneurs des embarras multipliés afin de mieux les maîtriser et les dompter. Dans l'état d'abaissement où se trouvait le pouvoir royal, la révolution communale vint admirablement à point pour lui rendre sa vigueur première.

Tandis donc que les rois apposaient avec empressement leur signature et leur grand sceau aux chartes des communes seigneuriales, ils réprimaient avec une énergie impitoyable toute tentative d'insurrection dans les villes de leurs domaines. Nous lisons dans les *Chroniques de Saint-Denis*, qu'Orléans entreprit, sous Louis le Jeune, de s'ériger en commune, mais qu'une exécution militaire et des supplices châtièrent *la forsennerie de ces musards qui, pour raison de la commune, faisaient mine de se rebeller et dresser contre la couronne.*

Il est à remarquer que les communes n'étaient pas toutes constituées de même, et que leur état politique offrait une foule de nuances et de degrés. Il y en avait, comme Toulouse, dont l'organisation et la puissance étaient telles qu'elles marchaient les égales des rois, entretenaient une armée, et exerçaient tous les droits de la souveraineté ; il y en avait d'autres qui n'étaient, à proprement parler, que des rassemblements de serfs et de vagabonds auxquels les rois et les seigneurs ouvraient un asile sur leurs terres. Ces asiles donnèrent naissance à un grand nombre de *villes neuves* dont le gouvernement était toujours subordonné à un prévôt du roi ou du seigneur, et ne garantissait aux habitants que la jouissance de quelques droits civils. Ces droits, quelque restreints qu'ils fussent, étaient un grand adoucissement au sort du peuple ; aussi les paysans des seigneuries voisines désertaient-ils en foule pour venir peupler ces *villes neuves* ; les ouvriers ambulants, les petits marchands colporteurs accouraient de toutes parts pour y fixer leur domicile. Le fondateur de ces communes, roi ou seigneur, faisait publier au loin la charte qui octroyait le droit de bourgeoisie aux nouveaux domiciliés, afin qu'elle fût connue de tous ceux qui, moyennant un prix modique et une taille raisonnable, voulaient devenir bourgeois et propriétaires. Voici en quels termes ces sortes de chartes étaient rédigées : « Moi, Henri, comte de Troyes, « fais savoir à tous présents et à venir, que j'ai établi les coutumes « ci-dessous énoncées pour les habitants de ma ville neuve (près « Pont-sur-Seine), entre les chaussées des ponts de Pugny. Tout « homme demeurant dans ladite ville paiera, dans chaque année, « douze deniers et une mine d'avoine pour prix de son domicile ; « et s'il veut avoir une portion de terre ou de pré, il donnera par « arpent quatre deniers de rente. Les maisons, vignes et prés, « pourront être vendus ou aliénés à la volonté de l'acquéreur. Les « hommes résidant dans ladite ville n'iront ni à l'ost ni à aucune « chevauchée, si je ne suis moi-même à leur tête. Je leur accorde « en outre le droit d'avoir six échevins qui administreront les affai- « res communes de la ville, et assisteront mon prévôt dans ses « plaids. J'ai arrêté que nul seigneur, chevalier ou autre, ne pour- « rait tirer hors de la ville aucun des nouveaux habitants, pour « quelque raison que ce fût, à moins que ce dernier ne fût son « homme de corps, ou n'eût un arriéré de taille à lui payer. Fait « à Provins, l'an de l'Incarnation 1175 [1]. »

L'établissement de la commune du Mans, vers l'an 1070, fut l'un des symptômes les plus énergiques et les plus remarquables de la fermentation universelle qui régnait au onzième siècle, et qui était comme les premières lueurs du crépuscule après une longue et ténébreuse nuit. C'est une tâche rude et difficile que celle de démêler les progrès de l'ordre populaire à cette époque de notre histoire; car, ainsi que le fait observer judicieusement un historien, ces progrès ne furent point marqués par de grands événements nationaux, leurs traces ne se trouvent pas dans les écrits du temps, il faut les chercher dans le progrès des mœurs et les deviner plutôt que les suivre.

Le but de toute commune fut originairement la défense mutuelle. De temporaires qu'elles étaient d'abord, les communes devinrent permanentes, et la révolution fut irrévocablement accomplie à dater du jour où on leur donna une organisation administrative et ju-

---

[1] *Recueil des Ordonnances des rois de France*, tom. VI, pag. 319 et 320.

diciaire : « Commune, dit un écrivain ecclésiastique du xii° siè-
« cle, est un mot nouveau et détestable, et voici ce qu'on entend
« par ce mot : les gens taillables ne paient plus qu'une fois l'an à
« leur seigneur la rente qu'ils lui doivent. S'ils commettent quelque
« délit, ils en sont quittes pour une amende légalement fixée; et
« quant aux levées d'argent qu'on a coutume d'infliger aux serfs,
« ils en sont entièrement exempts. »

Malgré leur position désavantageuse entre deux États beaucoup plus puissants que le leur, la Normandie et l'Anjou, les habitants du Maine, et en particulier ceux de la ville du Mans, luttaient souvent avec une énergie désespérée pour recouvrer leur indépendance nationale. Quelques années avant la conquête de l'Angleterre par le duc de Normandie ils s'étaient donnés à ce dernier; mais quand ils le virent embarqué dans une si difficile et si dangereuse entreprise, ils résolurent, comme nous l'avons déjà dit, de secouer le joug. L'insurrection fut unanime et générale; toutes les classes de la population concoururent à cette œuvre de liberté. Mais une fois les Normands expulsés et le pouvoir des seigneurs nationaux rétabli, un mouvement d'un autre genre éclata dans la ville du Mans. Rentrés dans leurs foyers, les Manceaux s'indignèrent d'avoir combattu uniquement au profit des seigneurs et de n'avoir fait que changer de maîtres. Ils se soulevèrent et formèrent entre eux une association jurée, qui s'organisa sous des chefs électifs, et prit le nom de commune [1]. Le comte régnant, ou du moins son tuteur, Geoffroy de Mayenne, car lui-même était encore en bas âge, voulut résister, aidé de quelques seigneurs des environs; mais eux et lui furent vaincus. Voici comment un historien raconte cette victoire des bourgeois du Mans :

« Il arriva, dit-il, que l'un des barons du pays, nommé Hugues
« de Sillé, attira sur lui la colère des membres de la commune, en
« s'opposant aux institutions qu'ils avaient promulguées. Ceux-ci
« envoyèrent aussitôt des messagers dans tous les cantons d'alentour
« et rassemblèrent une armée qui se porta avec beaucoup d'ardeur
« contre le château de Sillé; l'évêque du Mans et les prêtres de cha-

---

[1] *Scriptores rerum francicarum*, tom. XII, pag. 539-541.

« que paroisse marchaient en tête avec les croix et les bannières.
« L'armée s'arrêta pour camper à quelque distance du château,
« tandis que Geoffroy de Mayenne, venu de son côté avec ses hom-
« mes d'armes, prenait son quartier séparément. Il faisait semblant
« de vouloir aider la commune dans son expédition; mais il eut, dès
« la nuit même, des intelligences avec l'ennemi, et ne s'occupa d'au-
« tres choses que de faire échouer l'entreprise des bourgeois. A
« peine fut-il jour que la garnison du château fit une sortie avec de
« grands cris; et au moment où les nôtres, pris au dépourvu, se le-
« vaient et s'armaient pour combattre, dans toutes les parties du
« camp, des gens apostés répandirent qu'on était trahi, que la ville
« du Mans venait d'être livrée au parti ennemi. Cette fausse nou-
« velle, jointe à une attaque imprévue, produisit une terreur géné-
« rale; les bourgeois et leurs auxiliaires prirent la fuite en jetant
« leurs armes; beaucoup furent tués, tant nobles que vilains, et
« l'évêque lui-même se trouva parmi les prisonniers.

« Geoffroy de Mayenne, de plus en plus suspect aux gens de la
« commune, et craignant leur ressentiment, abandonna la tutelle
« du jeune comte et se retira hors de la ville, dans un château
« nommé la Géole. Mais la mère de l'enfant, Guersende, fille du
« comte Herbert, qui entretenait avec Geoffroy un commerce illi-
« cite, s'ennuya bientôt de son absence et ourdit sous main un com-
« plot pour lui livrer la ville. Un dimanche, par la connivence de
« quelques traîtres, il entra avec quatre-vingts chevaliers dans un
« des forts de la cité voisin de la principale église, et de là se mit à
« guerroyer contre les habitants. Ceux-ci, appelant à leur aide les
« barons du pays, assiégèrent la forteresse. L'attaque était difficile,
« parce que, outre le château, Geoffroy de Mayenne et ses gens oc-
« cupaient deux maisons flanquées de tourelles : les nôtres n'hési-
« tèrent pas à mettre le feu à ces maisons, quoiqu'elles fussent tout
« près de l'église, qu'on eut peine à préserver de l'incendie. En-
« suite l'attaque du fort commença à l'aide de machines, si vive-
« ment, que Geoffroy, perdant courage, s'échappa de nuit, disant
« aux siens qu'il allait chercher du secours. Les autres ne tardèrent
« pas à se rendre, et les bourgeois, rentrés en possession de la for-
« teresse, en rasèrent les murailles intérieures jusqu'à la hauteur

« du mur de ville, ne laissant subsister en entier que les remparts
« tournés vers la campagne [1]. »

Trois ans s'étaient à peine écoulés depuis que les Manceaux avaient proclamé leur indépendance, lorsque Guillaume de Normandie, se voyant maître assuré de l'Angleterre, repassa le détroit, la vengeance dans le cœur, pour les faire rentrer sous ses lois. L'armée qu'il traînait à sa suite se composait en grande partie d'hommes de race anglaise à qui il avait offert une solde, et qui s'étaient enrôlés sous la bannière normande, dit un historien, sans cesser de haïr les Normands. En marchant contre les Manceaux, qui, sept ans auparavant, avaient pris part à la conquête de l'Angleterre, et qui leur semblaient être de la même race que leurs oppresseurs, les Anglais crurent accomplir un acte de vengeance nationale. Ils exercèrent de si épouvantables ravages dans le Maine, que les Manceaux, saisis de terreur, firent leur soumission presque sans combattre. Ils prêtèrent serment à Guillaume comme à leur légitime seigneur, et la commune du Mans fut abolie, selon toute apparence, car il n'en est plus fait mention dans l'histoire.

Pendant que ces choses se passaient entre la Seine et la Loire, d'autres événements éclataient dans le nord de la France. Baudoin V, comte de Flandre, le même qui avait été tuteur de Philippe Ier, était mort en 1067, laissant plusieurs fils et plusieurs filles. Robert, l'aîné de ses fils, avait été exclus de son héritage, et Baudoin VI, son second fils, déjà comte de Mons, lui avait succédé. Robert, réduit à ses seules forces pour se créer une position, un avenir, rassembla une troupe d'aventuriers et se mit à guerroyer à tort et à travers. Profitant de la mort de Florent Ier, comte de Frise et de Hollande, il attaqua sa veuve, Gertrude, et ses enfants en bas âge, et leur fit pendant deux ans une guerre acharnée. Gertrude, afin de mettre un terme à ses cruelles hostilités, consentit à lui donner sa main, avec le titre de comte de Frise, et à l'associer à la tutelle de ses enfants. C'est à dater de ce moment que le nouvel époux de Gertrude fut appelé Robert le Frison [2].

---

[1] *Scriptores rerum francicarum*, tom. XII, pag. 539-541.

[2] LAMBERT D'ASCHAFFENBOURG, année 1071.

La guerre ne tarda pas à éclater entre ce dernier et son frère Baudoin VI. Suivant Lambert d'Aschaffenbourg, c'est Baudoin qui fut l'agresseur, et qui envahit la Hollande à la tête d'une nombreuse armée. Robert, qui avait cherché vainement à conserver la paix, se mit en état de défense, et les deux frères en vinrent aux mains. Baudoin ayant été vaincu et tué, sa veuve Richilde, et son jeune fils Arnolphe, à qui la succession de la Flandre était destinée, se réfugièrent auprès du roi de France, Philippe Ier, et implorèrent son secours contre Robert le Frison.

Philippe Ier avait dix-huit ans alors. Sans trop calculer dans quels embarras il allait se précipiter, et n'écoutant que la voix de l'honneur qui lui dictait de prendre sous sa protection le petit-fils de celui qui avait protégé son enfance, il rassembla une armée à la hâte, et s'achemina vers la Flandre avec les jeunes seigneurs de sa cour, comme à une partie de chasse. Guillaume Fitz-Osbert, qui gouvernait la Normandie au nom du roi d'Angleterre, sollicité par la comtesse de Flandre de prendre part à cette guerre, se rendit avec empressement à ses désirs, et arriva au camp de Philippe Ier suivi de dix chevaliers seulement, parés comme pour un tournoi. Cette brillante et fougueuse jeunesse ne s'imaginait pas qu'un comte de Hollande osât tenir la campagne devant elle, et elle s'avança avec une imprévoyante sécurité dans un pays entrecoupé de canaux et de fossés qui l'arrêtaient à chaque pas. Robert le Frison augmenta encore la confiance des Français en reculant devant eux, et en affectant une terreur qu'il était loin de ressentir. Il les attaqua tout à coup près de Cassel, le dimanche 20 février 1071, et leur fit essuyer une déroute complète. Au nombre des morts se trouvèrent le jeune comte de Flandre, Arnolphe, et Guillaume Fitz Osbert. Quant à Philippe, il s'enfuit honteusement, laissant Robert paisible possesseur de la Flandre. Dans la suite, il fit un nouvel armement, ayant pour but de venger sa défaite; mais cette seconde expédition n'aboutit qu'à la prise de Saint-Omer, qui fut traité avec une cruauté effroyable, et elle se termina par une nouvelle et plus honteuse fuite de Philippe, qui décidément n'avait rien de chevaleresque. Richilde trouva un allié plus belliqueux dans Godefroy le Bossu, duc de Lorraine, lequel avait quelques prétentions à la souveraineté de la Frise. Il pénétra dans ce pays, et le mit, ainsi que la Hollande, à feu et à sang. Cette guerre civile dura trois années encore; au bout de ce temps, la paix fut conclue par l'entremise de l'évêque de Liége. Le fils de Richilde, Baudoin, garda le Hainaut, et Robert le Frison la Flandre. Afin de cimenter cette paix, il fut convenu que Baudoin épouserait la nièce de Robert, et que cette dernière apporterait en dot à son mari la ville de Douai. Mais lorsque Baudoin vit arriver à Mons sa future épouse, il la trouva si dépourvue d'attraits que la ville de Douai lui parut achetée trop cher au prix de son union avec elle. La pacification des Flandres fut complétée par le mariage de Philippe Ier avec Berthe de Hollande, fille du comte Florent et de cette Gertrude qui avait épousé en secondes noces Robert le Frison [1].

Naturellement indolent et livré au plaisir, Philippe ne prit presque aucune part aux événements qui éclatèrent sous son règne. Sous un pareil roi, la société serait tombée dans une complète dissolution si le système féodal, véritable clef de voûte de l'ordre social à cette époque, ne l'eût retenue sur le penchant de sa ruine. « Le « serment de fidélité, l'hommage, l'investiture, avaient, dit un « historien, substitué, dans tous les esprits, l'idée du devoir à « celle de la force et de la puissance. Ce devoir faisait la garantie « des comtes et des ducs, vis-à-vis des vicomtes ou des comtes « ruraux, leurs vassaux; et de ceux-ci, à leur tour, vis-à-vis des « simples chevaliers; chacun s'efforçait de l'affermir, de le régu- « lariser, d'y paraître soumis lui-même, afin d'avoir plus de droit « d'exiger la soumission d'autrui. »

Cette subordination des grands vassaux à la couronne était si absolue que le duc des Normands lui-même, bien qu'il fût devenu roi d'Angleterre, et qu'il se trouvât infiniment supérieur en puissance et en richesses au roi de France, ne se considérait point comme son égal. Il méprisait Philippe, il ne voyait en lui qu'un roi pusillanime et lâche dont il n'avait rien à craindre, et cepen-

---

[1] LAMBERT D'ASCHAFFENBOURG. — OUDEGHERST; *Chronique de Flandre*, ch. LIII et LIV.

dant il n'oublia jamais l'hommage qu'il lui avait rendu, et il évita aussi longtemps qu'il le put de lui faire la guerre. Ce ne fut qu'à la dernière extrémité, et au terme même de son existence, qu'il se détermina à prendre les armes contre lui, encore ne le fit-il que pour arrêter les brigandages des habitants de Mantes. La petite province du Vexin, située entre l'Epte et l'Oise, avait été démembrée de la Normandie et réunie à la France par le roi Henri, père de Philippe Ier; depuis lors, deux gentilshommes, Hugues de Stavelo et Raoul de Mauvoisin, profitant de l'anarchie qui régnait dans les États de Philippe, transformèrent cette province en un repaire de brigands, accoutumèrent aux armes les habitants de Mantes, et, à leur tête, passèrent l'Eure et étendirent leurs ravages dans tout le diocèse d'Évreux. Irrité de ces brigandages incessants, Guillaume s'en plaignit à Philippe, et lui demanda, non-seulement de les faire cesser, mais de lui rendre le Vexin, à la moitié duquel tout au moins il prétendait avoir des droits. Guillaume se flattait de recouvrer sans guerre cette portion de son héritage, et, en attendant la réponse du roi de France, il gardait le lit à Rouen, et se soumettait à une diète rigoureuse, d'après le conseil de ses médecins, afin de réduire l'embonpoint excessif dont il était affligé. Philippe, fort inconsidéré de sa nature, et croyant n'avoir rien à craindre d'un homme que son obésité réduisait à une complète inaction, s'avisa de dire en plaisantant aux seigneurs de sa cour : « Sur ma foi, le roi d'Angleterre est long à faire ses couches; il y « aura grande fête aux relevailles. » A la nouvelle de ce propos, Guillaume entra dans une vive colère, et jura, *par la splendeur et la naissance de Dieu*, ses plus grands serments, d'aller faire ses relevailles à Notre-Dame de Paris, avec dix mille lances en guise de cierges [1].

L'effet suivit de près la menace. Retrouvant tout à coup l'activité de ses jeunes années, Guillaume rassembla des troupes et pénétra dans les États de Philippe par le Vexin même. C'était au mois de juillet de l'année 1087. La moisson n'était pas encore faite, et les arbres commençaient à se couvrir de fruits; le conquérant

---

[1] *Chronique de Normandie*, Recueil des historiens de France, tom. XIII, pag. 240.

fit fouler les blés par sa cavalerie, arracher les vignes et couper les arbres fruitiers. Mantes-sur-Seine, première ville qui s'offrit à sa fureur, fut livrée aux flammes par son ordre; mais cet incendie lui devint fatal; comme il galopait à travers les décombres, encourageant ses soldats au meurtre et au pillage, et jouissant de ce spectacle de destruction et de mort, son cheval s'abattit et le blessa au ventre. Transporté malade à Rouen, il languit quelque temps, puis il mourut [1].

Il se passa un événement assez étrange aux funérailles de Guillaume; ce puissant baron, ce grand conquérant faillit ne pas avoir de tombeau. Son corps avait été transporté dans la basilique de Saint-Étienne de Caen, qui avait été fondée par lui. On avait creusé là fosse entre le chœur et l'autel. Au moment où l'on se disposait à y descendre le corps, un homme fendit la foule, et protesta en ces termes contre l'enterrement : « Clercs, évêques, dit-il aux assistants, cette « terre où vous êtes fut l'emplacement de la maison de mon père; « l'homme pour lequel vous priez me l'a prise de force pour y bâtir « son église. Je n'ai point vendu la terre, je ne l'ai point engagée, « je ne l'ai point *forfaite*, je ne l'ai point donnée, elle est de mon « droit; je la réclame de la part de Dieu, je défends que le corps du « ravisseur soit couvert de ma glèbe. » Cette énergique protestation eut son effet. Les évêques lui payèrent une certaine somme pour enterrer le monarque, qui avait dépossédé tout un peuple et s'était fait la fortune la plus considérable parmi les princes de son temps, au moyen de ses spoliations. Philosophique retour des choses d'ici-bas ! Un simple particulier fit triompher le droit sur le cercueil de Guillaume.

A la nouvelle de la mort de ce prince, Robert Courte-Heuse, son fils aîné, auquel il avait autrefois, du consentement des chefs normands, légué son titre de duc, vint prendre possession du duché de Normandie. Il ne rencontra, dans le premier moment, aucune opposition, parce que son frère puîné, Guillaume le Roux, était occupé à s'assurer le royaume d'Angleterre; mais dès que celui-ci se crut solidement assis sur le trône, il songea à enlever la Normandie

---

[1] Orderic Vital, *Histoire ecclésiastique*, liv. VII.

à Robert. Guillaume le Roux était hautain, cruel, avare, débauché; et bien qu'il fût gravement intéressé à ménager ses sujets anglais, il les opprima plus cruellement encore que n'avait fait son père. Il mécontenta même un grand nombre de Normands, qui résolurent de le déposer et de mettre à sa place son frère Robert [1]. A la tête de cette conjuration figurait Eudes de Bayeux lui-même, frère du conquérant. Les deux partis en vinrent aux mains, mais l'on combattit de part et d'autre assez mollement. Cette querelle de famille s'étant apaisée peu à peu, un traité fut conclu entre les deux partis et les deux frères. Robert fit l'abandon de ses prétentions à la royauté pour des propriétés territoriales, et il fut convenu que le roi, s'il survivait au duc, aurait le duché de Normandie, et que, dans le cas contraire, le duc aurait le royaume d'Angleterre.

Dans cette lutte, Robert s'était vu obligé de recourir à l'assistance de Foulques le Réchin, comte d'Anjou, l'un des plus ambitieux seigneurs de France. Mais Foulques avait mis une condition à son alliance. « Je te garantirai le comté du Maine, dit-il au duc de Norman« die, et je te servirai en fidèle ami, si tu fais la chose que je désire. « J'aime Bertrade, fille du comte Simon de Montfort, qui est élevée « aujourd'hui par le comte et la comtesse d'Évreux, son oncle et sa « tante : fais-la-moi obtenir pour épouse. » S'il faut en croire un contemporain, dans cette fameuse Bertrade il n'y avait à louer que la beauté. Grâce à l'intervention du duc Robert, et malgré la grande disproportion d'âge, elle devint la femme de Foulques, et celui-ci, fidèle à sa promesse, empêcha pendant toute une année les Manceaux de reprendre les armes contre la domination normande [2]. Mais au bout de ce temps, leur aversion patriotique fit soudain explosion, et, à la faveur des hostilités qui s'engagèrent, Élie de la Flèche se fit reconnaître comme comte du Maine. Beaucoup de guerres particulières eurent lieu en Normandie. On cite un Arcelin de Goel, qui, s'étant emparé de son suzerain, Guillaume de Breteuil, lui fit subir une singulière torture pour lui extorquer une rançon. Chaque matin, c'était pendant l'hiver, il l'exposait presque nu au nord de

---

[1] *Chronique saxonne.*
[2] Orderic Vital, *Histoire ecclésiastique*, liv. VIII.

son manoir et le faisait inonder d'eau froide, qui se glaçait autour du corps. Henri, troisième fils de Guillaume, précipitait lui-même Conan, duc de Bretagne, du haut de la citadelle de Rouen, après lui avoir fait admirer le pays que le prince avait voulu soumettre. Une comtesse d'Évreux, nommée Albérède, faisait trancher la tête à son architecte du château d'Ivri, dans la crainte qu'il ne révélât à ses ennemis les mystères du château bâti par lui; et cette même comtesse, pour la même raison, était un peu plus tard mise à mort par son mari. Le duc Robert, tout pillard qu'il était, possédait une âme moins barbare, sans placer très-heureusement sa sensibilité. « Il laissa impunis les rapts et les pilleries, dit Orderic Vital; aussi « indulgent pour les crimes des autres que pour ses propres pas- « sions, il ne pouvait voir un homme traîné devant lui, chargé « de chaînes et versant des larmes, sans pleurer, à son tour, de « commisération, et sans délivrer le coupable, celui-ci eût-il les « mains teintes de sang. A cette facilité d'attendrissement se joi- « gnait en lui une telle générosité, qu'il ne regardait jamais au « prix d'un faucon ou d'un chien, et dans le même temps sa table « n'était alimentée qu'avec les fruits des pillages exercés sur les « citoyens. »

Cet éloge de la sensibilité et de la générosité du duc Robert est curieux.

Ce fut quatre années seulement après le mariage de Bertrade avec Foulques le Réchin que Philippe Ier devint amoureux d'elle et l'enleva à son mari. Cette aventure scandaleuse, que l'on peut regarder comme l'événement le plus important de la vie de Philippe, eut des suites extrêmement graves. Ce monarque, esclave de ses passions, prétendait avoir des raisons légitimes pour se séparer de Berthe, sa première femme, et pour faire prononcer le divorce entre Bertrade et Foulques. Néanmoins il eut quelque peine à trouver un prêtre qui consentît à bénir une union réprouvée par toutes les lois divines et humaines. Sur le refus de plusieurs prélats français, il eut recours à Eudes de Bayeux, selon les uns, à l'archevêque de Rouen, suivant les autres. Mais, indépendamment des graves démêlés que cette union lui suscita avec le clergé, il eut à soutenir deux guerres de famille qui lui créèrent d'assez grands embarras; l'une contre Foulques le Réchin, qui voulait le forcer à lui rendre sa femme Bertrade; l'autre contre Robert le Frison, qui voulait le contraindre à reprendre Berthe, sa parente. Cette double guerre fut marquée par des pillages, des dévastations, comme toujours. Mais les hostilités qui s'engagèrent entre le roi et le clergé, sans être aussi sanglantes, n'en furent pas moins redoutables dans leurs conséquences. Philippe se trouva chaque jour en butte à des remontrances, à des censures, à des menaces d'excommunication. La mort de Berthe, qui arriva deux ans après l'enlèvement de Bertrade, ne rendit pas plus valide son mariage avec cette dernière. Cette affaire fit si grand bruit dans toute la chrétienté, que le pape Urbain II chargea l'archevêque de Lyon de dissoudre le mariage adultère du roi de France. Celui-ci avait assemblé un concile à Reims pour se faire absoudre; l'archevêque de Lyon en convoqua un autre à Autun, lequel excommunia Philippe et sa seconde épouse. Malgré cette apparente sévérité, Urbain II, qui avait déjà bien assez de sa lutte contre l'empire, et qui craignait d'augmenter ses embarras en se rendant hostile le roi de France, le traita avec une indulgence extrême. Même après l'avoir excommunié, il l'appelait encore dans ses lettres *son cher fils*. S'il exigeait que dans toute ville où se trouvait le roi le chant des prêtres et le son des cloches fussent suspendus, il lui permettait de se faire dire des messes basses dans sa chapelle pour sa dévotion privée. Plusieurs prélats, qui ne comprenaient pas les véritables motifs d'Urbain, s'indignèrent de son indulgence et accusèrent de vénalité la cour de Rome [1].

Ce n'est pas avec ces ménagements que Grégoire VII avait traité naguère Philippe Ier. Pour subvenir à ses plaisirs, ce roi n'avait point la ressource des impôts, mais il avait celle de la distribution des bénéfices ecclésiastiques, qui était pour lui une abondante source de revenus. Cet usage de vendre les évêchés et les abbayes, flétri du nom de simonie, était devenu si universel, que ce marché ignoble se faisait publiquement et en quelque sorte à l'enchère. Le prix des dignités ecclésiastiques était le revenu qui servait le plus ordinairement à payer les maîtresses des rois et leurs honteuses turpitudes.

[1] Hugues de Flavigny, *Chronique*.

Voici en quels termes le pape Grégoire VII s'exprimait à l'égard de Philippe et de sa vie licencieuse, dans une lettre écrite à l'archevêque de Châlons : « Entre tous les princes de notre temps qui, « par une cupidité perverse, ont vendu l'Église de Dieu et dissipé « ses biens, et ont ainsi rendu esclave et foulé aux pieds leur mère, « à laquelle, d'après le commandement de Dieu, ils doivent hon- « neur et respect, nous avons appris que Philippe, roi des Français, « tenait le premier rang. Il a tellement opprimé l'Église des Gaules, « qu'on peut dire qu'il est parvenu au comble de ce forfait détes- « table... Notre zèle pour la charge qui nous est confiée nous ani- « mait à punir avec sévérité des forfaits aussi audacieux; mais, dans « ces derniers jours, son chambellan est venu nous promettre de sa « part qu'il se soumettrait à notre censure, qu'il réformerait sa vie « et qu'il respecterait les églises. »

Le pontife terminait sa lettre en menaçant le roi de France de mettre son royaume en interdit, et de le frapper lui-même des foudres de l'excommunication, s'il ne se soumettait à ses injonctions. Philippe, s'humiliant devant le prince des apôtres, envoya à Rome une députation chargée de lui déclarer que son intention était d'obéir toujours très-humblement à ses ordres. Grégoire lui accorda alors son superbe pardon dans une lettre où il lui fit sentir, en termes très-durs, la supériorité du Saint-Siége et l'abaissement de la royauté. Il faut croire que Philippe ne tarda pas à retomber dans les fautes qui lui avaient valu de si sévères admonitions; car vers la fin de la même année, Grégoire écrivit de nouveau aux archevêques et aux évêques de France pour l'accuser devant eux. « Un long espace de temps, dit-il, s'est déjà écoulé « depuis que le royaume de France, autrefois si fameux et si puis- « sant, a commencé à voir décliner sa gloire et à perdre les mar- « ques de toutes les vertus, tandis que les mauvaises mœurs s'y « accroissent. Mais dans ces derniers temps, nous avons vu tom- « ber son honneur et toute apparence de décence; car les lois y « sont négligées, et toute justice foulée aux pieds; tout ce qu'on « saurait faire de honteux, de cruel, de misérable, d'intolérable, « s'y fait impunément, et y a même passé en habitude par une « longue licence..... Bien plus, ajoute le pontife romain, aujour-

« d'hui une méchanceté nouvelle les ayant atteints comme une
« peste, ils commencent à commettre des forfaits exécrables et
« horribles; ils ne sont arrêtés par aucun respect divin ou humain;
« ils regardent comme rien les parjures, les sacriléges, les incestes,
« les trahisons..... C'est votre roi ou bien plutôt votre tyran, qui,
« *à la persuasion du diable*, est l'origine et la cause de toutes les
« calamités; il a souillé toute sa jeunesse par les crimes et les in-
« famies; aussi faible que misérable, il porte inutilement les rênes
« du royaume dont il s'est chargé, et non-seulement il abandonne
« à tous les crimes le peuple qui lui est soumis en relâchant les
« liens de l'obéissance, il excite encore, par l'exemple de ses goûts
« et de ses actions, dans tout ce qui n'est pas permis de faire ni
« même de dire. Il ne lui suffit point d'avoir mérité la colère de
« Dieu par le pillage des églises, par les adultères, par des rapines
« détestables, par des parjures et par des fraudes de tout genre que
« nous lui avons reprochées à plusieurs reprises; il vient, à la ma-
« nière d'un brigand, d'enlever des sommes énormes à des mar-
« chands qui, de toutes les parties de la terre, se rendaient à je ne
« sais quelle foire en France. Dans les fables même on n'avait ja-
« mais raconté rien de semblable d'un roi; lui qui devait être le
« défenseur des lois et de la justice, en a été le plus grand con-
« tempteur; il a agi de telle sorte que ses forfaits ne se sont pas
« renfermés dans les bornes du royaume qui lui est confié, mais
« que pour sa confusion, la connaissance s'en répande en tous
« lieux. » Tel est le portrait que Grégoire VII, ce fameux Hilde-
brand qui organisa la puissance de l'Église, avait tracé de Philippe Ier.

Cette lettre montre quelles étaient les mœurs de ce roi, et dans
quelle déplorable situation se trouvait alors plongée la France;
elle montre aussi l'autorité sans bornes que s'arrogeait l'Église sur
les têtes couronnées. Grégoire VII, dont tous les efforts tendaient
à établir la suprématie de l'Église sur l'État, ordonne, dans la
même missive, aux évêques de France, d'exiger de Philippe des
réparations solennelles; s'il s'y refuse, il leur enjoint de frapper le
royaume d'interdit et de suspendre en tous lieux le service divin.
Et si ces peines ne suffisent pas encore, l'implacable pontife dé-

clare qu'avec l'aide de Dieu, il tentera par toutes sortes de voies de lui enlever le royaume de France.

Les anciens historiens gardent un si profond silence, non-seulement sur les faits et gestes de Philippe Ier, mais sur tout ce qui concerne l'histoire de la monarchie pendant son long règne, que les lettres de Grégoire VII sont de précieux documents à consulter. Voici comment se terminait une de ces lettres, adressée à Guillaume VI, comte de Poitiers et duc d'Aquitaine, toujours au sujet du roi de France : « S'il s'obstine dans la perversité de ses goûts;
« si, dans la dureté et l'impénitence de son cœur, il thésaurise la
« colère de Dieu et de saint Pierre, nous le séparerons dans le
« synode romain, avec le secours de Dieu et selon que la perver-
« sité le mérite, de la communion de la sainte Église, aussi bien
« que quiconque lui attribuerait les honneurs royaux et l'obéis-
« sance, et chaque jour nous confirmerons notre excommunication
« sur l'autel de Saint-Pierre; car il y a trop longtemps que nous
« supportons ses iniquités; il y a trop longtemps que nous dissi-
« mulons les injures de la sainte Église, en épargnant sa jeunesse.
« A présent, la perversité de ses mœurs s'est rendue si notoire,
« que quand bien même il aurait autant de pouvoir et de vaillance
« que ces empereurs païens qui ont causé tant de maux aux saints
« martyrs, aucune crainte ne ferait jamais que nous laissassions
« ses iniquités impunis. »

Ce ne fut qu'en l'année 1104 que Philippe fit sa paix avec le clergé ; et cette paix, il l'acheta par une démarche qui dut profondément humilier son orgueil. Philippe, habitué aux admonestations des papes, n'en concevait pas une grande frayeur. Il disait joyeusement à Bertrade, en entendant les cloches qui, muettes pendant leur séjour dans une ville, se remettaient en branle à leur départ : « Entends-tu, ma belle, voilà les cloches qui nous chas-
« sent! » il considérait leur carillon comme une musique de départ. Trois conciles ayant été successivement convoqués à Troyes, à Beaugency, et enfin à Paris, pour aviser au moyen de réconcilier Philippe avec l'Église, le roi de France, dans ce dernier, se présenta les pieds nus, et en costume de pénitent, devant Lambert, évêque d'Arras et légat du pape. Il jura solennellement qu'il ces-

serait de considérer Bertrade comme son épouse, qu'il n'aurait plus avec elle aucun commerce, qu'il ne lui adresserait même plus la parole, qu'il ne la verrait pas sans qu'il y eût entre eux des témoins dignes de respect, qui garantissent la décence dans leurs entrevues. A ces conditions, Philippe rentra en grâce auprès du Saint-Siége. Toutes les censures prononcées contre lui furent révoquées, et dès lors il lui fut permis de se parjurer en toute liberté de conscience; car Bertrade, à dater de ce moment, prit le titre de reine, que le clergé ne lui disputa plus; les deux époux vécurent ouvertement ensemble, et l'Église, satisfaite de l'humilité et de la docilité du roi, sanctionna tacitement des nœuds qu'elle avait, quelques années auparavant, anathématisés comme illégitimes [1].

Il paraît, d'après le témoignage d'un ancien narrateur, que Bertrade n'était pas moins remarquable par son adresse à dominer les esprits que par sa beauté. « Son premier mari, Foulques le Réchin, « comte d'Anjou, avait commencé, dit-il, par ressentir une vio- « lente colère contre elle et contre Philippe, qui la lui avait enle- « vée; mais l'âge calma sa jalousie, l'offense fut oubliée avec les « années, et Bertrade mit toute son adresse à se réconcilier avec « son premier mari. Cette réconciliation fut annoncée au monde « d'une manière presque scandaleuse, par la visite que Philippe et « Bertrade firent au comte d'Anjou, le 10 octobre 1106 (quatorze « ans après l'enlèvement de Bertrade par le roi de France). Ils fu- « rent reçus à Angers avec de grands honneurs, par le clergé aussi « bien que par les séculiers; Bertrade obtint même de Philippe une « charte pour confirmer toutes les donations que son autre mari « avait faites aux églises. On vit alors ces deux époux de Bertrade « assis à une même table, couchés dans une même chambre, éga- « lement empressés à lui plaire, également prévenants l'un pour « l'autre et obéissant à l'envi aux moindres signes de cette femme « artificieuse, qui faisait ordinairement asseoir le comte d'Anjou « sur un escabeau à ses pieds [2]. »

---

[1] *Lettre de Lambert d'Arras au pape Pascal II.*
[2] Orderic Vital, *Histoire ecclésiastique*, liv. VIII.

Le fanatisme religieux qui, durant tout le xi⁰ siècle n'avait cessé de faire des progrès, était arrivé à son plus haut degré d'exaltation. Les pèlerinages s'étaient multipliés extraordinairement, et ils avaient fini par s'accomplir les armes à la main. La prise de Jérusalem par les Turcs et les vexations sans nombre auxquelles les pèlerins étaient exposés de la part de ces barbares, excitèrent enfin le ressentiment de tous les peuples de la chrétienté, qui ne connaissaient d'autre gloire que celle des armes. Il ne fallait plus qu'une étincelle pour allumer un immense incendie. Cette étincelle fut apportée du fond de l'Orient par un homme que quelques-uns appellent Coucou-Pierre, mais auquel la généralité des historiens donnent le nom de Pierre l'Ermite [1].

Quoique vieux et d'une petite taille, cet homme parut un géant aux populations, qu'il maîtrisait de son éloquence fougueuse et dominatrice. Il parcourut successivement l'Italie et la France, prêchant en tous lieux sur la misère des chrétiens d'Orient, sur l'humiliation des pèlerins et la profanation des saints lieux. Dans un concile qui se tint à Clermont, et auquel assista le pape Urbain II lui-même, il fut déclaré par un canon « que quiconque, par seule « dévotion, et non pour acquérir des honneurs ou de l'argent, se « consacrerait à délivrer l'Église de Dieu à Jérusalem, obtiendrait « la rémission de tous ses péchés [2]. »

C'est d'Urbain II, le chef spirituel de la chrétienté, que la multitude attendait le signal de courir aux armes. Mais le successeur de saint Pierre prononça un premier discours qui ne répondit point à l'attente des fidèles assemblés. Pierre l'Ermite ayant parlé ensuite, sa parole entraînante et passionnée excita un si vif enthousiasme, qu'Urbain II, subjugué comme tout le monde par cette voix puissante, reprit en ces termes : « Vous venez d'entendre « avec nous, mes chers frères, et nous ne pouvons en parler sans « de profonds sanglots, par combien de calamités, par combien de « souffrances, par combien de cruelles contritions, nos frères les « chrétiens, membres du Christ comme nous, à Jérusalem, à

---

[1] ANNE COMNÈNE, *Histoire d'Alexis Comnène*, liv. X.

[2] BARONIUS, *Annales ecclésiastiques*, ann. 1095.

« Antioche, et dans le reste des villes de l'Orient, sont flagellés,
« sont opprimés, sont injuriés. Ce sont des frères, sortis du même
« sein, destinés aux mêmes demeures ; ils sont fils comme vous du
« même Christ et du même Dieu, et, dans leurs propres maisons
« héréditaires, ils sont faits esclaves par des maîtres étrangers. Les
« uns sont chassés de leurs demeures et viennent mendier chez
« vous; les autres, plus malheureux encore, sont vendus et acca-
« blés d'étrivières sur leur propre patrimoine. C'est du sang chré-
« tien, racheté par le sang du Christ, qui se verse; c'est de la chair
« chrétienne, de la même nature que la chair elle-même du Christ,
« qui est livrée aux opprobres et aux tourments. » Ce second discours du pape fut interrompu à plusieurs reprises par les sanglots
du peuple.

Urbain reprit la parole avec plus de force, et, cette fois, avec
une véritable éloquence, en alléguant parmi ses raisons, comme
on va le voir, l'état permanent de guerre civile où se trouvait le
pays : « Hommes de France, peuples élus et chéris de Dieu entre
« tous, unissez vos forces pour résister aux païens ! que vos cœurs
« s'émeuvent et que vos âmes s'excitent au courage par les faits
« de vos ancêtres, par la vertu et la grandeur du roi Charlemagne
« et de son fils Louis, et de vos autres rois qui ont ruiné la domi-
« nation des mécréants et étendu dans les pays infidèles l'empire de
« la sainte Église ! Oh ! très-courageux chevaliers, postérité sortie
« de pères invincibles, rappelez-vous la vaillance de vos aïeux ! que
« si vous vous sentez retenus par le tendre amour de vos enfants,
« de vos parents, de vos femmes, remettez-vous en mémoire ce
« que dit le Seigneur dans son Évangile : *Quiconque abandonnera*
« *pour moi sa maison, ou ses frères ou ses sœurs, ou son père ou sa*
« *mère, ou sa femme ou ses enfants, ou ses terres, en recevra le cen-*
« *tuple, et aura pour héritage la vie éternelle.* Ne vous laissez re-
« tenir par aucun soin de vos propriétés et de vos affaires de
« famille, car cette terre que vous habitez tient à l'étroit votre
« nombreuse population. Elle n'abonde pas en richesses, et four-
« nit à peine à la nourriture des gens qui la cultivent; c'est pour-
« quoi vous vous déchirez et dévorez à l'envi, vous élevez des
« guerres intestines et vous vous entretuez par de mutuelles bles-

« sures ! Éteignez donc entre vous toute haine; que les querelles
« se taisent et que l'aigreur de vos dissensions s'assoupisse ; prenez
« la route du saint Sépulcre; arrachez le pays d'Israël des mains
« de ces peuples abominables, et soumettez-le à votre puissance !
« Aux fidèles chrétiens qui prendront les armes contre les ennemis
« de Dieu, nous remettrons les pénitences qui leur auraient été
« imposées pour leurs péchés; tous ceux qui mourront en pè-
« lerinage, avec un vrai repentir de leurs fautes, obtiendront assu-
« rément l'indulgence du Seigneur, et gagneront les récompenses
« éternelles ! Tous ceux qui participeront à cette expédition sainte,
« nous les recevons dès à présent, des bienheureux apôtres Pierre
« et Paul, et nous les déclarons spécialement à l'abri de toute vexa-
« tion, soit dans leurs biens, soit dans leurs personnes. Si quel-
« qu'un avait la téméraire audace de leur porter préjudice, qu'il
« soit frappé d'excommunication par l'évêque de son diocèse, jus-
« qu'à parfaite restitution et indemnité convenables; que les
« évêques et les prêtres qui ne réprimeraient pas assez d'aussi
« injustes entreprises soient eux-mêmes suspendus de leurs fonc-
« tions. Prenez donc la route du saint Sépulcre, hommes de
« France, et partez assurés de la gloire impérissable qui vous
« attend dans le royaume des cieux ! »

Tous les assistants, électrisés, s'écrièrent d'une seule voix : *Dieu le veut, Dieu le veut;* et Urbain ajouta : « Très-chers frères, au-
« jourd'hui se manifeste en nous ce que le Seigneur a dit dans son
« Évangile : *Lorsque deux ou plusieurs seront assemblés en mon nom,*
« *je serai au milieu d'eux.* Car si le Seigneur n'eût point été dans
« vos âmes, vous n'eussiez point prononcé une même parole ;
« qu'elle soit donc dans les combats votre cri de guerre, car cette
« parole vient de Dieu. Lorsque vous vous élancerez contre vos
« ennemis, que dans l'armée du Très-Haut s'élève ce seul cri :
« *Dieu le veut, Dieu le veut !...* Nous n'ordonnons ni ne conseillons
« ce voyage aux vieillards, aux impotents, ni à ceux qui ne sont
« pas capables de porter les armes; que cette route ne soit pas
« prise par les femmes sans leurs maris, leurs frères ou leurs pro-
« tecteurs légitimes; que les riches aident les pauvres et emmènent
« avec eux, à leurs frais, des hommes propres à la guerre; que le

« prêtre et le clerc ne partent pas sans le congé de leur évêque, ni
« le laïque sans la bénédiction de son pasteur ; que tout homme
« qui voudra entreprendre ce saint pèlerinage en prenne l'enga-
« gement envers Dieu, et se dévoue en sacrifice comme une vi-
« vante hostie ; qu'il porte le signe de la croix sur son front et sur
« sa poitrine, et que, lorsqu'il voudra se mettre en marche, il place
« la croix sur son dos, entre ses épaules, afin d'accomplir, par cette
« action, le précepte du Seigneur, qui a dit dans son Évangile :
« *Quiconque ne prend pas la croix et ne me suit pas, n'est pas digne*
« *de moi...* »

Dès qu'Urbain eut fini de parler, Aymar, évêque du Puy-en-Velay, mit un genou en terre et lui demanda, avec sa bénédiction, son congé pour aller en terre sainte. Le pape, non-seulement la lui accorda, mais le nomma vicaire apostolique dans cette expédition. L'exemple d'Aymar fut suivi par les ambassadeurs de Raymond de Saint-Gilles, comte de Toulouse, qui déclarèrent au pape que leur maître était prêt à partir pour le *grand passage* avec plusieurs milliers de ses sujets[1] ; par Hugues, frère du roi de France; par Godefroi de Bouillon, duc de Lorraine, et ses frères, Baudoin et Eustache, fils du comte de Boulogne; par Robert, duc de Normandie; par un autre Robert, dit le Jeune, comte de Hollande et de Flandre; par Étienne, comte de Blois, de Chartres et de Meaux, par Baudoin du Bourg, et Baudoin, comte de Hainault; par Isoard, comte de Die, Raimbaud, comte d'Orange, Guillaume, comte de Forez, Étienne, comte d'Aumale, Rotrou, comte du Perche, Hugues, comte de Saint-Paul, et par une foule d'autres seigneurs et chevaliers moins illustres. Une croix rouge, que ces intrépides champions du Christ se mirent sur l'épaule gauche, afin de se reconnaître, leur fit donner le nom de *croisés*, et, à leur sainte et belliqueuse entreprise, celui de *croisade*. Leur départ fut fixé, par le concile de Clermont, au 15 août 1096. Pierre l'Ermite et un chevalier normand, connu sous le nom de Gauthier *sans avoir,* se chargèrent de la pénible tâche de conduire à la terre sainte une multitude confuse et désordonnée d'hommes, de femmes et d'en-

---

[1] ORDERIC VITAL, *Histoire ecclésiastique,* liv. IX.

fants, qui, eux aussi, voulaient contribuer à la délivrance des saints lieux, et dont les chevaliers redoutaient le voisinage. Ces derniers se mirent en marche à l'époque fixée par le concile de Clermont. Le commandement suprême avait été déféré à Godefroi de Bouillon ; et l'on porte à soixante-dix mille fantassins et à dix mille cavaliers l'armée que cet intrépide chef conduisit sous sa bannière.

L'élan fut général. Les violences, les brigandages, les luttes intestines cessèrent un moment ; ce fut pour l'Occident un moment de repos, un moment de liberté ; car beaucoup de barons se virent obligés, pour subvenir aux frais du voyage et de l'équipement, de vendre ou d'engager leurs fiefs, d'octroyer des franchises aux villes qui dépendaient d'eux, de laisser quelque indépendance à leurs chefs, qui, du reste, au milieu de ce mouvement social, s'affranchissaient d'eux-mêmes.

Le but que s'était proposé la papauté en provoquant le grand mouvement des croisades, en faisant naître une sanglante et terrible collision entre les peuples chrétiens et les peuples musulmans, était la dictature universelle qu'elle poursuivait depuis tant de siècles. Mais la papauté se fourvoya en bâtissant ses projets de monarchie absolue sur les croisades. Sans doute les guerres saintes lui donnèrent une grande et souveraine omnipotence, une autorité sans bornes ; mais cette autorité, cette omnipotence furent passagères comme la cause qui les avait fait surgir. A l'époque où la première croisade fut prêchée, le système féodal se trouvait dans toute sa force, et la royauté, faible et languissante, n'avait plus qu'un souffle de vie. C'est cette impuissance de la royauté qui donnait aux papes tant d'audace, et qui leur faisait concevoir l'ambitieuse espérance de soumettre toute l'Europe à leur joug ; mais le résultat le plus immédiat des croisades fut de faire brèche au système féodal, et de frapper au cœur la puissance des grands vassaux. Les seigneurs, à qui le Saint-Siége promettait, dans ce monde, le pillage des plus riches contrées de l'Asie, et, dans l'autre, des béatitudes éternelles, prirent la croix en foule et vendirent à vil prix leurs manoirs et leurs terres pour subvenir aux frais du voyage. Il en résulta un immense déplacement de la propriété, qui fut la source de toutes les révolutions qui s'accomplirent par la suite. Ce déplacement de la propriété, combiné avec l'affranchissement des communes et l'extinction d'un grand nombre de familles féodales, permit à la royauté de ressaisir peu à peu l'influence qu'elle avait perdue sous les pusillanimes successeurs de Charlemagne. Chaque règne, depuis Louis le Gros jusqu'à Louis XI, fut marqué par de nouvelles conquêtes du pouvoir royal sur les grands vassaux, et cette résurrection de la puissance séculière eut pour conséquence l'affaiblissement graduel de la papauté. Les papes travaillèrent donc sans le savoir à leur ruine, en armant le dogme chrétien contre le Coran, en *arrachant l'Europe de ses fondements pour la précipiter sur l'Asie*, selon la magnifique expression d'Anne Comnène. Et les rois, de leur côté, firent preuve de beaucoup d'habileté et d'une parfaite entente de leurs intérêts, en usant du peu d'autorité et d'influence qui leur était laissé pour forcer les seigneurs à prendre la croix, et en se mettant eux-mêmes à la tête des croisades; mais ce ne fut que plus tard, et lorsque les rois eurent reconnu tout le parti qu'ils pouvaient tirer des guerres saintes, qu'ils en prirent la direction, comme nous le verrons par la suite.

Lorsque les premières infirmités d'une vieillesse prématurée attaquèrent Philippe I*er*, il se hâta d'associer à la royauté son fils aîné comme avaient fait ses trois prédécesseurs. Il mourut en 1108, après avoir occupé le trône quarante-huit ans. Son règne n'avait été qu'une longue anarchie pendant laquelle le gouvernement royal fut comme anéanti et le lien social presque brisé. Cependant, par un effet de cette puissance providentielle qui pousse incessamment l'humanité en avant, jamais la France n'avait fait de progrès si réels que pendant ces quarante-huit années. La nation française avait subi une transformation complète. Les villes étaient plus nombreuses, plus peuplées, plus industrieuses; la justice y était distribuée entre égaux et par des égaux; et la liberté communale, conquise par le glaive, résistait à tous les efforts des nobles pour la détruire. La chevalerie, ainsi que nous l'avons dit en commençant ce chapitre, avait fait germer dans les âmes des vertus nouvelles; elle avait attaché la gloire à la loyauté comme à la bravoure. La langue s'était formée; l'idiome roman avait remplacé le latin. Les progrès de l'esprit se manifestaient surtout par le goût de l'étude et de la science. Malheureusement le clergé, en rapportant tout à lui-même, paralysait ce noble et sublime essor des intelligences. Les prêtres absorbaient tout; ils recrutaient leur milice de tous ceux qui portaient au front le sceau du talent ou du génie. De là, cette fausse et déplorable direction donnée aux études. Les hautes dignités ecclésiastiques étant dévolues aux plus éloquents, toute éducation savante avait pour objet la théologie ou la philosophie scolastique. Les esprits les mieux organisés, les plus vigoureux, s'étiolaient à la recherche de ces sciences oiseuses et sans utilité; et dépensaient en pure perte des forces qui auraient pu être si efficacement employées à l'amélioration et au perfectionnement de l'espèce humaine.

Telle avait été la complète nullité du pouvoir royal sous Hugues Capet, Robert, Henri Ier et Philippe Ier, que ces quatre premiers Capétiens, véritables fantômes couronnés, ne laissèrent presque aucune trace de leur passage, et descendirent silencieusement dans la tombe sans attacher leur nom à aucun événement important, sans exciter aucune sympathie profonde et durable. Ce ne fut, à proprement parler, qu'à dater du cinquième roi capétien, Louis le Gros, que la royauté commença à se réveiller de sa longue léthargie, et à miner sourdement son orgueilleuse rivale, la féodalité. A partir de cette époque, la royauté, emportée par une force irrésistible, ne s'arrêtera plus dans sa marche ascendante vers l'absolutisme; elle frappera à coups redoublés le vieil édifice féodal jusqu'à ce qu'elle l'ait réduit en poussière.

Il y avait sept ans que Louis le Gros était chargé des principaux soins du gouvernement lorsque mourut Philippe Ier, son père, ce qui n'empêcha pas sa belle-mère, Bertrade, de vouloir faire monter sur le trône l'un des deux fils qu'elle avait donnés au roi défunt. Elle eût été infailliblement soutenue dans cette entreprise, soit par les feudataires du duché de France, toujours en état de révolte, soit par les grands vassaux eux-mêmes, qui, bien plus indépendants encore, ne s'apercevaient guère de l'existence d'un roi qu'à l'époque d'un changement de règne. Mais Louis le Gros, d'après le conseil de l'évêque de Chartres, réputé le plus savant entre tous les

prélats des Gaules, se fit sacrer en toute hâte à Orléans par l'archevêque de Sens. « Il rejeta, dit l'abbé Suger, son biographe, l'é-
« pée de la milice du siècle, pour ceindre l'épée ecclésiastique des-
« tinée à la destruction des malfaiteurs; il reçut en même temps le
« sceptre et la verge, qui représentaient la défense de l'Église et
« des pauvres, et il entoura son front du diadème, avec l'approba-
« tion du clergé et du peuple [1]. »

Pendant les huit premières années de son règne, Louis le Gros eut constamment les armes à la main; tantôt il fit la guerre aux barons qui relevaient du duché de France, tels que Philippe de Mantes, son frère, le seigneur du Puiset, Thomas de Marle, fils d'Engherrand de Coucy, Aymon de Bourbon; tantôt il prit une part active aux querelles des communes de Laon et d'Amiens; tantôt enfin il en vint aux mains avec le roi d'Angleterre et avec le comte de Champagne. Philippe, fils aîné de Bertrade, avait, en 1104, épousé l'héritière de Montlhéri, et Louis, à qui ce château inspirait de l'inquiétude, se l'était fait céder en échange du comté de Mantes. Les auteurs du temps ne nous expliquent point comment, malgré cet échange, Philippe possédait en même temps, en 1109, Mantes et Montlhéri. Il profitait de ce dernier château pour détrousser les marchands qui se rendaient d'Orléans à Paris; et il était devenu la terreur des populations. Louis somma son frère Philippe de comparaître devant la cour de ses pairs, afin de répondre aux plaintes portées contre lui. Philippe s'y refusa avec orgueil; déclarant qu'il ne reconnaissait d'autres juges que les armes de ses chevaliers, réponse digne d'un haut baron de l'époque féodale. Louis forma aussitôt le siége de Mantes et s'en empara de vive force. Il se disposait à faire subir le même sort à Montlhéri, lorsque Bertrade, pour détourner le nouveau coup qui allait frapper son fils, fit au roi de France une proposition insidieuse qu'il se garda bien d'accepter. Louis s'étant rendu maître de Montlhéri, presque sans coup férir, en détruisit les fortifications, à l'exception d'une tour, et le donna à Milon de Braie, descendant des anciens seigneurs de ce château [2].

---

[1] *Vie de Louis le Gros*, par Suger.
[2] *Ibid.*

Quant à Philippe, dépouillé de ses deux seigneuries, il se retira chez Amaury de Montfort, son oncle, qui lui confia, pour le dédommager, le commandement d'Évreux. Sa mère, Bertrade, voyant tous ses projets anéantis, prit le voile au couvent de Fontevrault où elle ne tarda pas à mourir.

Nous ne suivrons pas Louis le Gros dans ses démêlés avec les autres barons du voisinage de Paris; nous dirons seulement que par son activité infatigable il parvint à rendre quelque vigueur à la royauté. Son domaine particulier se bornait en quelque sorte aux cinq villes de Paris, d'Orléans, d'Étampes, de Melun et de Compiègne. Tout l'espace compris entre ces villes était occupé par des seigneurs qui, fortifiés dans leurs châteaux, lui faisaient presque continuellement la guerre. Le commerce et les fabriques étaient les seuls moyens d'existence des habitants des cinq villes que nous venons de nommer; Louis le Gros, qui avait le plus grand intérêt à favoriser des cités auxquelles il devait toute sa puissance, protégeait de tout son pouvoir leur commerce et leur industrie. C'était presque toujours pour faire obtenir justice aux marchands que les gentilshommes avaient dévalisés sur les grands chemins, que ce roi valeureux attaquait avec le fer et la flamme les forteresses de ses vassaux, véritables repaires de brigands pour la plupart. Non content de protéger et de défendre les bourgeois de ses cinq bonnes villes, Louis leur accordait souvent par ses lettres patentes des priviléges et des exemptions de taille [1]; mais aucune de ces cités ne put obtenir la permission de constituer une commune.

Dans les villes, au contraire, qui reconnaissaient un autre seigneur que le roi, et surtout un seigneur ecclésiastique, Louis le Gros se fit de bonne heure un devoir de favoriser les progrès d'une liberté qui lui procurait, ou de nouveaux sujets, ou du moins des alliés plus puissants. « Pour réprimer la tyrannie des brigands et « des séditieux, dit Orderic Vital, il fut forcé de demander les se- « cours des évêques dans toutes les Gaules; alors la *commune popu-* « *laire* fut établie en France par les prélats, pour que les prêtres « accompagnassent le roi dans les siéges et les combats avec leurs

---

[1] *Ordonnances des rois de France*, tom. XI, pag. 185.

MASSACRE DE L'EVÊQUE DE LAON.

Publié par la Société de l'Industrie Fraternelle.

« drapeaux et tous leurs paroissiens [1]. » En effet, l'abbé Suger nous apprend qu'au siége du Puiset, les vassaux de Saint-Denis combattirent sous les ordres de leurs curés, et qu'on les désignait dans l'armée sous le nom de communes.

La ville de Laon, qui avait été la résidence et presque l'unique domaine des derniers rois de la dynastie carlovingienne, et qui par cela même avait acquis une très-grande importance, fut une des premières à prétendre aux droits de commune et à se mettre en possession de la liberté. Sa population était industrieuse, riche et active. L'évêque, comme à Reims et dans beaucoup d'autres villes, y exerçait la seigneurie temporelle, et le siége épiscopal de Laon était même un des plus productifs et des plus recherchés du royaume. Cette ville était depuis longtemps le théâtre des plus graves désordres enfantés par la turbulence et l'avidité des nobles de la ville et des clercs du chapitre, et aussi par la connivence, ou tout au moins par l'insouciance coupable de l'évêque, dont le devoir eût été de protéger les malheureux habitants contre les extorsions et les persécutions de ses gentilshommes et de ses moines.

En 1106, après une vacance de deux années, pendant laquelle le désordre n'avait fait que s'aggraver, un certain Gaudri fut promu à l'épiscopat. Bien loin d'apporter remède aux maux existants, le nouvel évêque signala son élévation par des meurtres et des violences atroces. Les habitants réduits au désespoir, et voulant, à quelque prix que ce fût, sortir de cette affreuse position, tinrent des assemblées politiques et résolurent de tout sacrifier pour leur affranchissement commun et pour l'institution d'une magistrature élective. En l'absence de l'évêque, les bourgeois s'adressèrent aux chevaliers et aux clercs, et leur offrirent beaucoup d'argent s'ils voulaient consentir à l'établissement d'une commune. Ceux-ci, séduits par l'appât du gain, promirent d'accorder tout ce que l'on voudrait, quitte ensuite à revenir sur leur promesse dès qu'ils se seraient enrichis aux dépens des bourgeois.

La commune fut établie, et le roi Louis le Gros accorda, moyennant quatre cents livres d'argent, une charte qui fut promulguée

---

[1] ORDERIC VITAL, *Histoire ecclésiastique*, liv. XI.

et jurée. « Le roi, dit l'abbé de Nogent, se trouva violenté par
« cette largesse plébéienne; il ne put se refuser à confirmer par
« serment leurs libertés. Bon Dieu, qui pourrait dire combien de
« présents furent reçus de ce peuple, combien de serments lui fu-
« rent donnés en échange, et combien il fallut ensuite de peine pour
« ramener à leur première condition ces esclaves, à qui on avait une
« première fois permis de secouer le joug [1] ! » A son retour, l'évêque
entra dans une grande colère; mais son courroux ne résista pas à une
somme considérable que les bourgeois lui offrirent, et moyennant
laquelle il jura de respecter leurs priviléges et de renoncer, pour lui-
même et pour ses successeurs, aux anciens droits de la seigneurie.

Jusque-là tout allait bien. Mais les bonnes dispositions de l'évêque firent place bientôt au regret d'avoir abandonné pour une
somme une fois payée le revenu qu'il tirait des tailles, des aides et
de la main morte. Ce regret fut partagé par les nobles et les clercs,
et tous, d'un commun accord, résolurent de détruire la commune,
et de faire rentrer les bourgeois et les artisans de Laon dans leur
ancien état de servitude. L'évêque invita le roi Louis le Gros à venir
sanctionner par sa présence cette contre-révolution. La charte fut
déclarée nulle et non avenue, et l'on publia, de par le roi et l'évêque,
l'ordre à tous les magistrats de la commune de cesser leurs fonctions.

Une grande effervescence se manifesta d'abord. Elle fut telle
que Louis le Gros, très-effrayé, s'empressa de quitter la ville. Les
bourgeois, pendant plusieurs jours, tinrent des assemblées, formèrent des rassemblements tumultueux, et allèrent même jusqu'à
piller les hôtels des nobles. L'évêque, se croyant en sûreté derrière
les murailles de son palais, se prit à rire de ces symptômes mena-
çants, et répondit à ceux qui vinrent lui faire part de ce qui se
passait : « Que voulez-vous que fassent ces bonnes gens avec leurs
« émeutes? Si Jean, mon noir, s'amusait à tirer par le nez le plus
« redoutable d'entre eux, le pauvre diable n'oserait grogner [2]. »

Le lendemain l'insurrection éclata dans toute sa fureur. Au cri
de *commune! commune!* de nombreuses bandes de bourgeois armés

---

[1] *Vie de Guilbert de Nogent*, liv. III.
[2] *Ibid.*

d'épées, de lances, d'arbalètes, de massues et de haches, assaillirent le palais épiscopal, voisin de l'église métropolitaine, et s'emparèrent de l'église. A la première nouvelle de ce tumulte, les nobles, qui avaient juré à l'évêque de le secourir contre les entreprises du peuple, accoururent de toutes parts. Mais à mesure qu'ils arrivaient, ils étaient massacrés sans pitié par les insurgés. « L'in-
« solente populace, dit Guilbert de Nogent, ne s'arrêtant pas là et
« attaquant son évêque, faisait un bruit effroyable devant les murs
« du palais; le prélat, secondé de quelques hommes d'armes, se
« défendit autant qu'il le put en faisant pleuvoir des pierres et des
« traits sur les assaillants. Dans cette occasion, comme autrefois,
« il montra constamment une grande et vigoureuse ardeur pour
« le combat. Mais comme il avait pris, sans y avoir de titre et sans
« avantage pour personne, un autre glaive que celui de l'église, il
« a péri par le glaive. Ne pouvant à la fin repousser les audacieux
« assauts du peuple, il prit l'habit d'un de ses domestiques, s'en-
« fuit dans le cellier de l'église, s'y renferma et se tapit dans
« une petite tonne, dont un fidèle client boucha l'ouverture, et
« Gaudri s'y crut bien caché. Les bourgeois, courant çà et là,
« cherchaient où il pouvait être et l'appelaient à grands cris, non pas
« évêque, mais coquin; ayant saisi un de ses valets, ils ne purent
« ébranler sa fidélité ni en rien tirer qui leur plût; ils s'empa-
« rèrent d'un autre, et le perfide leur fit connaître par un signe
« de tête où il fallait chercher le prélat; alors, se précipitant dans
« le cellier, ils se mirent à faire des trous de tous côtés, et de cette
« manière, ils parvinrent à trouver leur victime. »

Le même narrateur raconte que l'un des premiers qui arrivèrent au lieu indiqué, et l'un des chefs du soulèvement, était un certain Teudegand, serf de l'église de Saint-Vincent, et longtemps préposé par Enguerrand de Coucy au péage d'un pont voisin de la ville. Dans cet office il avait, dit-on, commis beaucoup de rapines, rançonnant les voyageurs et les tuant ensuite pour les empêcher d'élever des plaintes contre lui. « Chef et moteur de
« la criminelle entreprise qui s'exécutait, poursuit Guilbert de No-
« gent, il mettait tous ses soins à découvrir où était le pontife, qu'il
« haïssait plus violemment que ne le faisait aucun des autres. Ces

« gens allaient donc cherchant le prélat dans chacun des tonneaux.
« Teudegand s'arrêta devant celui où se cachait le malheureux
« Gaudri et en fit déboucher l'ouverture. Tous alors se mirent à
« demander qui était dedans. Quoique Teudegand le frappât d'un
« bâton, à peine le pauvre évêque put-il ouvrir ses lèvres glacées
« par la frayeur et répondre que c'était un malheureux prisonnier.
« Ce prélat avait l'habitude d'appeler Teudegand, par moque-
« rie, à cause de sa figure de loup, *Isengrin*, nom que quelques gens
« donnent ordinairement au loup; aussi le scélérat dit-il à l'évêque :
« Ah! ah! c'est donc le seigneur Isengrin qui est blotti dans ce ton-
« neau. Gaudri qui, quoique pécheur, était cependant l'oint du Sei-
« gneur, est alors tiré par les cheveux hors du tonneau, accablé d'une
« multitude de coups et entraîné en plein jour dans le cul-de-sac
« du cloître des Clercs, devant la maison du chapelain Godefroi.
« L'infortuné implore, du ton le plus lamentable, la pitié de ces
« furieux, s'engage à leur jurer que jamais il ne sera plus leur évê-
« que, leur promet de grosses sommes d'argent et s'oblige à quitter
« le pays; mais tous, roidissant leur cœur, ne lui répondent que par
« des insultes. L'un d'eux, Bernard, surnommé des Bruyères, éle-
« vant sa hache à deux tranchants, fait sauter cruellement la cer-
« velle de la tête de cet homme sacré, quoique pécheur. Le prélat
« chancelle alors entre les mains de ceux qui le tiennent; mais,
« avant de tomber tout à fait, il reçoit d'un autre un coup qui lui
« fend le nez en travers, et il expire. Alors, faisant du pire qu'ils
« peuvent, ses bourreaux lui brisent les os des jambes et le percent
« de mille blessures. Quant à Teudegand, apercevant l'anneau
« pastoral au doigt de celui qui naguère était évêque, et ne pouvant
« le dérober facilement, il coupe de son épée le doigt au pauvre
« mort et s'empare ainsi de l'anneau. Puis enfin, le cadavre de Gau-
« dri, dépouillé de tout vêtement, est jeté nu dans un coin, devant
« la demeure même de son chapelain. O mon Dieu! qui pourrait
« dire que d'infâmes railleries les passants lancèrent sur ce corps
« gisant étendu dans la rue, et de combien de mottes de terre, de
« pierres et de boue ils le couvrirent [1]. »

---

[1] *Vie de Guilbert de Nogent*, liv. III.

Un grand nombre de clercs et de nobles furent tués de même ; le reste n'échappa que par une prompte fuite. Une fois leur colère et leur vengeance satisfaites, les bourgeois de Laon se mirent à réfléchir sur ce qu'ils avaient fait, et tremblèrent à la seule idée des représailles que le roi et les seigneurs pourraient exercer contre eux. Dans l'effroi dont ils étaient saisis, ils s'arrêtèrent tous à la résolution de faire alliance avec le seigneur Thomas de Marle, fils d'Enguerrand de Coucy. Ils connaissaient cependant ses cruautés et ses brigandages ; mais, dans l'affreuse position où ils se trouvaient, ce redoutable baron leur paraissait seul capable de les défendre, ne s'effrayant point d'avoir à combattre à la fois le roi, les nobles et le clergé. Le seigneur de Marle consentit, en effet, à les prendre sous sa protection, mais il y mit pour condition que les bourgeois de Laon se réfugieraient dans sa seigneurie, parce qu'il ne se sentait pas assez fort pour tenir contre le roi dans une ville comme Laon, qui était la tête du royaume. Le plus grand nombre des Laonnais abandonnèrent leur ville et se rendirent au château du seigneur de Marle, qui ne tarda pas à être assiégé et pris par le roi en personne. Tous les émigrés de Laon furent mis à mort comme criminels de lèse-majesté divine et humaine, et leurs corps, privés de sépulture, devinrent la proie des chiens et des oiseaux [1]. Après ce sanglant exploit, Louis le Gros entra dans la ville de Laon, où les deux partis opposés continuaient à se faire une guerre d'assassinat et de brigandage, et il y rétablit les choses sur l'ancien pied.

Seize années après ces événements, en l'année 1128, la bourgeoisie ayant repris le dessus, l'évêque qui avait succédé à Gaudri, craignant une nouvelle explosion de la fureur populaire, consentit à l'institution d'une nouvelle commune sur les mêmes bases que l'ancienne. Dans une assemblée tenue à Compiègne, Louis le Gros en ratifia la charte, dont voici le préambule : « Au nom de la sainte et indivisible « Trinité, ainsi soit-il. Louis, par la grâce de Dieu, roi des Français, « faisons savoir à tous nos féaux présents et à venir que, du consente- « ment des barons de notre royaume et des habitants de la cité de « Laon, nous avons institué dans ladite cité un établissement de paix. »

[1] *Vie de Louis le Gros*, par Suger.

Viennent ensuite plusieurs articles où sont énoncées les limites de la juridiction municipale hors des murs de la ville, les différents cas de procédure et la fixation des tailles sur les bases du premier établissement. La charte se termine par un décret d'amnistie conçu en ces termes :

« Toutes les anciennes forfaitures et offenses commises avant la ra-
« tification du présent traité sont entièrement pardonnées. Si quelque
« homme banni pour avoir forfait par le passé veut rentrer dans la
« ville, il y sera reçu et recouvrera la possession de ses biens. Sont
« néanmoins exceptés du pardon les treize dont les noms suivent :
« Foulques, fils de Bomard; Raoul de Cabrisson; Ancelle, gendre de
« Lebert; Haymon, homme de Lebert; Payen Scille; Robert; Remy
« Bute; Maynard Dray; Raimbault de Soissons; Payen; Osteloup;
« Ancelle Quatre-Mains; Raoul Gastines et Jean de Molrain [1]. »

Quarante-cinq ans s'écoulèrent encore, qui furent pour les habitants de Laon des années de paix et de prospérité. Mais en 1175, le pouvoir épiscopal se ravisant, forma le dessein de ruiner le gouvernement communal. Les bourgeois, éperdus, cherchèrent un appui au dehors; ils firent étroitement alliance avec les communes de Soissons, de Crépy et de Velly, et obtinrent même de Louis le Jeune, moyennant une somme d'argent, qu'il confirmât et jurât de nouveau leur charte. Au bout de deux ans, Louis le Jeune leur en accorda une nouvelle portant confirmation de leur commune.

Malgré cette éclatante protection du roi de France, l'évêque n'en poursuivit pas moins ses projets subversifs. Une seconde guerre civile s'engagea qui fit bientôt éclore une guerre nationale; car Louis le Jeune ayant marché au secours des bourgeois de Laon, l'évêque et ses partisans appelèrent à leur aide le puissant comte de Hainault qui entra immédiatement en campagne à la tête de sept cents chevaliers et de plusieurs milliers de gens de pied. Un traité de paix ne tarda pas à se conclure; l'évêque rentra dans la possession de ses biens et de son évêché dont il avait été dépouillé, et il fit serment de laisser désormais en paix la commune.

Malgré cette promesse solennelle, Louis le Jeune étant mort, le

---

[1] *Recueil des ordonnances des rois de France*, tom. XI, pag. 186.

même prélat obtint de Philippe-Auguste une ordonnance royale, en date de 1190, qui cassait entièrement la commune de Laon. Mais l'année suivante, une somme que le roi de France reçut des bourgeois lui fit annuler cette ordonnance, et il en rendit une autre conçue en ces termes :

« Philippe, par la grâce de Dieu, roi des Français, faisons sa-
« voir à tous présents et à venir, que notre aïeul, de bonne mé-
« moire, le roi Louis, ayant octroyé une *paix* [1] aux habitants de
« Laon ; que notre père, aussi de pieuse mémoire, le roi Louis,
« leur ayant octroyé la même paix et l'ayant confirmée par ser-
« ment, comme elle est contenue dans sa charte authentique que
« nous avons vue; avec l'assentiment des citoyens nous avons fait
« casser ladite charte. Par suite d'une nouvelle convention, dont
« voici la teneur, en vertu de leur établissement de paix, lesdits
« citoyens nous devaient trois droits de gîte chaque année, si nous
« venions dans la ville, ou vingt livres si nous n'y venions pas;
« nous leur remettons à tout jamais les trois gîtes et les vingt li-
« vres, et les en tenons quittes, sous cette condition que, chaque
« année, à la fête de tous les saints, ils paieront à nous et à nos
« successeurs deux cents livres parisis. Moyennant la présente con-
« vention, nous garantissons et confirmons à perpétuité le susdit
« établissement de paix [2]. »

La commune de Laon eut encore à soutenir un grand nombre de luttes dont elle sortit triomphante. Mais, en l'année 1351, Philippe de Valois, gagné par une grosse somme d'argent, que lui donna l'évêque, abolit définitivement cette célèbre commune, après deux siècles révolus d'existence.

L'exemple est contagieux en révolution. Dès qu'une ville s'était constituée en commune, d'autres villes manifestaient aussitôt le désir de recouvrer leur indépendance, et bien loin que la résistance des seigneurs et les moyens énergiques qu'ils employaient pour comprimer la liberté, refroidît ou paralysât les courages, ils

---

[1] On avait substitué le mot *paix* au mot *commune*, parce que ce dernier était devenu un sujet de terreur pour les nobles.

[2] *Recueil des ordonnances des rois de France*, tom. XI, pag. 287.

n'en étaient que plus ardents à battre en ruine l'édifice abhorré de la tyrannie. Un an à peine s'était écoulé depuis la restauration sanglante du pouvoir épiscopal à Laon, en 1112, que les bourgeois d'Amiens annoncèrent l'intention de former, eux aussi, une commune.

Amiens était gouverné par quatre pouvoirs rivaux : l'évêque, qui exerçait les droits de la seigneurie sur une partie de la ville, le comte sur une autre, le vidame sur la troisième, et enfin, le propriétaire d'une grosse tour qu'on nommait *le Châtillon*, prétendait aux mêmes droits sur le quartier voisin de sa forteresse. L'évêque était le plus faible de ces quatre seigneurs, mais c'était celui dont l'autorité, quoique nominale, était la plus généralement reconnue. Dans sa position vis-à-vis de trois rivaux puissants, il avait un immense intérêt à favoriser l'établissement d'une commune qui, au prix de quelques concessions de peu d'importance, lui assurerait un appui redoutable, et réduirait les trois autres seigneurs à une complète nullité. Il céda donc avec une sorte d'empressement aux requêtes des bourgeois, et un gouvernement composé de vingt-quatre échevins sous la présidence d'un majeur, s'installa sans aucun trouble et aux applaudissements du peuple.

La nouvelle commune promulgua ses lois dans la forme suivante :

« Chacun gardera en toute occasion fidélité à son juré et lui prêtera aide et conseil.

« Si quelqu'un viole sciemment les constitutions de la commune
« et qu'il en soit convaincu, la commune, si elle le peut, démolira
« sa maison et ne lui permettra point d'habiter dans ses limites
« jusqu'à ce qu'il ait donné satisfaction.

« Quiconque aura sciemment reçu dans sa maison un ennemi
« de la commune et aura communiqué avec lui, soit en ven-
« dant et achetant, soit en buvant et mangeant, soit en lui prê-
« tant un secours quelconque, ou lui aura donné aide et conseil
« contre la commune, sera coupable de lèze-commune, et à moins
« qu'il ne donne promptement satisfaction en justice, la commune,
« si elle le peut, démolira sa maison.

« Quiconque aura tenu devant témoins des propos injurieux

« pour la commune, si la commune en est informée, et que l'in-
« culpé refuse de répondre en justice, la commune, si elle le peut,
« démolira sa maison, et ne lui permettra pas d'habiter dans ses
« limites jusqu'à ce qu'il ait donné satisfaction.

« Si quelqu'un attaque de paroles injurieuses le majeur dans
« l'exercice de sa juridiction, sa maison sera démolie, ou il paiera
« rançon pour sa maison en la miséricorde des juges.

« Nul ne causera ni vexations ni troubles, soit à ceux qui demeu-
« rent dans les limites de la commune, soit aux marchands qui
« viendront à la ville avec leurs denrées. Si quelqu'un ose le faire,
« il sera réputé violateur de la commune, et justice sera faite sur
« sa personne ou sur ses biens.

« Si un membre de la commune enlève quelque chose à l'un
« des jurés, il sera sommé, par le maire et les échevins, de compa-
« raître en présence de la commune, et fera réparation suivant
« l'arrêt des échevins. Si le vol a été commis par quelqu'un qui
« ne soit pas de la commune, et que cet homme ait refusé de com-
« paraître en justice dans les limites de la banlieue, la commune,
« après l'avoir notifié aux gens du château où le coupable a son
« domicile, le saisira, si elle le peut, lui ou quelque chose qui lui
« appartienne, et les retiendra jusqu'à ce qu'il ait fait réparation.

« Quiconque aura blessé avec armes un de ses jurés, à moins
« qu'il ne se justifie par témoins et par le serment, perdra le poing
« ou paiera neuf livres, six pour les fortifications de la ville et de
« la commune, et trois pour la rançon de son poing ; mais s'il est
« incapable de payer, il abandonnera son poing à la miséricorde
« de la commune. Si un homme, qui n'est pas de la commune,
« frappe ou blesse quelqu'un de la commune, et refuse de compa-
« raître en jugement, la commune, si elle le peut, démolira sa
« maison ; et si elle parvient à le saisir, justice sera faite de lui par-
« devant le majeur et les échevins.

« Quiconque aura donné à l'un de ses jurés le nom de serf ré-
« créant[1], traître ou fripon, paiera vingt sous d'amende.

« Si quelqu'un de la commune a sciemment acheté ou vendu

---

[1] *Récréant*, en vieux français, signifiait *renégat*.

« quelque objet provenant de pillage, il le perdra, et sera tenu de « le restituer aux dépouillés, à moins qu'eux-mêmes ou leurs sei-« gneurs n'aient forfait en quelque chose contre la commune.

« Dans les limites de la commune on n'admettra aucun cham-« pion gagé au combat contre l'un de ses membres.

« En toute espèce de cause, l'accusateur, l'accusé et les témoins « s'expliqueront, s'ils le veulent, par avocat.

« Tous ces articles, ainsi que les ordonnances du majeur de la « commune n'ont force de loi que de juré à juré : il n'y a pas éga-« lité en justice entre le juré et le non-juré [1]. »

Le vidame acquiesça volontiers à cette constitution, moyennant garantie pour quelques-uns de ses droits et une bonne rançon pour le reste. Mais il n'en fut pas de même du comte et du propriétaire de la grosse tour. La guerre s'engagea entre ces derniers et le parti de la commune. Le comte d'Amiens était Enguerrand de Boves ou de Coucy, père de ce Thomas de Marle, qu'on a vu figurer dans l'histoire de la commune de Laon. Enguerrand attaqua la ville d'Amiens avec tout ce qu'il avait de chevaliers et d'archers. Les bourgeois ne pouvant espérer de lutter à force égale contre ce redoutable seigneur, n'eurent d'autre ressource que d'appeler à leur secours Thomas de Marle, qui alors était en guerre avec son père. Thomas de Marle arriva en effet, et, comme son père était vieux et ne pouvait plus monter à cheval, il parvint facilement à le chasser de la ville et le contraignit de se renfermer dans la grosse tour, dont le châtelain, nommé Adam, lui ouvrit les portes.

Dans une guerre révolutionnaire comme celle-ci, où deux principes se trouvaient aux prises, où il s'agissait de savoir laquelle de la liberté ou de la tyrannie l'emporterait sur l'autre, où enfin l'existence même de la gentilhommerie, comme corps politique, était mise en question, Thomas de Marle et son père ne pouvaient rester longtemps ennemis. Ils se réconcilièrent donc et conclurent ensemble un traité d'alliance contre la commune, le vidame et l'é-

---

[1] *Recueil des ordonnances des rois de France*, tom. XI, pag. 264. Cette traduction est de M. Augustin Thierry, qui a interverti l'ordre des articles afin d'y mettre plus de suite, et qui n'a reproduit d'ailleurs que les plus importants.

vêque. Le terrible Thomas de Marle entra aussitôt en campagne contre ses anciens alliés et tua, dit-on, en un seul jour, trente hommes de sa propre main; mais sa fougue héroïque l'ayant fait tomber dans une embuscade où il reçut de graves blessures, il fut contraint de quitter les environs d'Amiens et de se tenir en repos chez lui [1].

Louis le Gros, qui avait, quelques années auparavant, fait rentrer les bourgeois de Laon sous la domination de leur évêque, prit sous sa protection ceux d'Amiens et marcha à leur secours. Grâce à son active assistance, Thomas de Marle fut mis à la raison et obligé de se faire absoudre par l'Église. La grosse tour, après deux ans de siége, fut prise par les bourgeois, et, sur son ordre, démolie et rasée. Ce succès mit fin aux hostilités et consolida irrévocablement l'autorité populaire.

Thomas de Marle ayant continué à exercer ses brigandages sur les voyageurs, les marchands et les églises, Louis le Gros se détermina à l'attaquer de nouveau, et mit le siége devant la forteresse de Coucy réputée imprenable. Cette entreprise aurait pu tourner à la confusion du roi, si Thomas de Marle n'avait été blessé mortellement et fait prisonnier dans une sortie : « Ni ses blessures, ni « ses fers, ni les menaces, ni les prières, dit l'abbé Suger, ne « purent déterminer cet homme perdu de crimes à mettre en li- « berté des marchands que, par une infâme perfidie, il avait dé- « pouillés sur le grand chemin de tout ce qu'ils portaient avec eux, « et qu'il retenait en prison... Une fois qu'il fut mort, le roi, « dédaignant de poursuivre davantage ou lui, ou sa terre, se con- « tenta d'exiger la mise en liberté des marchands, et d'enlever à « la veuve et aux enfants la plus grande partie des trésors du « défunt, et revint triomphant à Paris, après avoir rendu la paix « à l'Église par la mort de ce tyran [2]. »

Louis le Gros, malgré son énorme corpulence, était doué d'une activité prodigieuse. Sa vie fut une continuelle chevauchée. Ses

---

[1] *Vie de Guilbert de Nogent*, liv. III.

[2] *Vie de Louis le Gros*, par l'abbé Suger. (*Mémoires relatifs à l'histoire de France*, tom. VIII, pag. 142.)

guerres contre les grands vassaux remplirent presque tout son règne. Il tourna successivement ses armes contre le comte d'Auvergne, le comte d'Évreux, Étienne de Garlande, Amaury de Montfort; mais celui qui lui montra l'inimitié la plus constante fut Thibaut, comte de Champagne et de Blois, lequel était neveu du roi d'Angleterre, et dirigeait, à son instigation, toutes les intrigues qui troublaient la France. Nous n'avons que fort peu de détails sur la guerre que ce puissant feudataire fit presque continuellement au roi Louis, et qui se bornait de part et d'autre à des siéges de châteaux. En 1130, il força ce monarque à lever le siége de Cosne, et fit prisonnier, pour la seconde fois, son allié, Guillaume II, comte de Nevers. Louis prit sa revanche l'année suivante; il prit et brûla le bourg de Bonneval, et rasa Château-Renard [1].

A la mort de Henri Ier, roi d'Angleterre, deux compétiteurs se mirent sur les rangs pour recueillir son héritage, qui ne se composait pas seulement du royaume conquis sur les Anglo-Saxons par Guillaume le Bâtard, mais de nombreuses possessions en France. Ces deux compétiteurs étaient Étienne de Blois, petit-fils, par sa mère, du conquérant de l'Angleterre, et Mathilde, fille du roi défunt. Étienne, plus adroit, avait su mettre les évêques dans son parti; avec leur active et puissante assistance, il se fit reconnaître par les bourgeois de Londres, et cette usurpation, en affaiblissant la puissance anglaise sur le continent, devint un événement heureux pour la France. Louis le Gros, qui le sentit, écrivit au pape Innocent II pour lui recommander Étienne; et ce pape, en effet, accorda sa protection au nouveau roi d'Angleterre. Une guerre civile s'engagea bientôt en Normandie, en Anjou, et dans plusieurs autres provinces de France, entre les partisans d'Étienne, soutenus par Louis le Gros et par le clergé, et ceux de Mathilde, qui avaient à leur tête Geoffroi Plantagenet, mari de cette dernière. Accompagné de Guillaume X, comte de Poitiers et duc d'Aquitaine, de Geoffroi de Vendôme, de Guillaume de Nevers et de Guillaume de Ponthieu, ses alliés, qui avaient réuni leurs armes aux siennes, Geoffroi Plantagenet envahit la Normandie, et y commit de si

---

[1] *Vie de Louis le Gros*, par Suger.

épouvantables ravages, qu'il souleva contre lui la population tout entière, et ne fut plus maître que de l'étroit espace qu'occupait son armée. Blessé au pied le treizième jour de son entrée en campagne, il se vit contraint d'évacuer la Normandie, et regagna les bords de la Loire, poursuivi par la haine et les imprécations des peuples à qui il avait voulu imposer sa domination sanglante[1].

Revenons à la révolution communale, qui suffirait seule pour immortaliser le règne de Louis le Gros, sous lequel elle commença à faire explosion. Nous avons déjà raconté les vicissitudes des communes du Mans, de Laon et d'Amiens. La commune de Cambrai, comme les deux premières, s'établit par insurrection. Un chroniqueur nous dit que depuis plus de cent ans il y avait guerre ouverte entre les bourgeois et leur évêque, et que si l'empereur d'Allemagne n'était intervenu en faveur de l'autorité épiscopale, les Cambraisiens auraient proclamé leur indépendance dès l'année 957. Ils se soulevèrent de nouveau en 1024, puis en 1064, sans plus de bonheur que la première fois. Ces défaites réitérées ne refroidirent point leur courage ni leur ardent amour de la liberté. En 1076, éclata une nouvelle insurrection qui, cette fois, fut couronnée de succès, et les bourgeois se constituèrent en association permanente sous le nom de commune. Nous empruntons à la *Chronique de Cambrai* le détail de cet événement. « Comme le clergé « et tout le peuple étaient en grande paix, s'en alla l'évêque Gé« rard à l'empereur. Mais ne fut pas très-éloigné quand les bour« geois de Cambrai, par mauvais conseil, jurèrent une commune « et firent ensemble une conspiration que de longtemps avaient « murmurée, et s'allièrent ensemble par serment que si l'évêque « n'octroyait cette commune, ils lui défendraient l'entrée en la « cité. Cependant l'évêque était à Lobbes, et lui fut dit le mal que « le peuple avait fait, et aussitôt il quitta sa route, et pour ce qu'il « n'avait gens pour le venger de ses bourgeois, il prit avec lui son « bon ami Baudoin, le comte de Mons, et ainsi vinrent à la cité « avec grande chevalerie. Lors eurent les bourgeois leurs portes « closes, et mandèrent à l'évêque qu'ils ne laisseraient entrer que

---

[1] ORDERIC VITAL, *Histoire ecclésiastique*, liv. XIII.

« lui et sa maison, et l'évêque répondit qu'il n'entrerait pas sans
« le comte et sa chevalerie, et les bourgeois le refusèrent. Quand
« l'évêque vit la folie de ses sujets, il lui prit grande pitié, et il dé-
« sirait plus faire miséricorde que justice. Alors leur manda qu'il
« traiterait des choses devant dites, en sa cour, en bonne manière,
« et ainsi les apaisa. Alors l'évêque fut laissé entrer, et les bour-
« geois entrèrent en leurs maisons, à grande joie, et tout fut oublié
« de ce qui avait été fait. Mais il advint, après un peu de temps,
« par aventure, sans le su et le consentement de l'évêque, que
« grand nombre de chevaliers les assaillirent en leurs hôtels, en
« occirent aucuns et plusieurs blessèrent. Dont furent les bour-
« geois très-ébahis et fuirent à l'église Saint-Géry ; enfin furent
« pris et menés devant l'évêque. Ainsi fut cette conjuration et la
« commune défaite, et jurèrent désormais féauté à l'évêque [1]. »

Cette lâche trahison des chevaliers eut pour résultat l'abolition de la commune de Cambrai, mais elle renaquit bientôt plus vivace et plus forte. Les bourgeois profitèrent des troubles que l'excommunication de l'empereur Henri IV suscita en Allemagne pour tenter un nouveau soulèvement. Avec l'appui du comte de Flandre, ils rétablirent leur commune et installèrent un nouvel évêque. Les Cambraisiens jouirent de leur indépendance jusqu'en 1107, époque à laquelle l'empereur Henri V vint en personne détruire leur commune. Mais telle était l'ardeur de leur patriotisme que, moins de vingt ans après, ils la rétablirent de nouveau. Cette fois, elle résista à tous les assauts qui lui furent livrés, et se perpétua pour être un modèle d'organisation politique. « Que dirai-je de la liberté
« de cette ville? dit un ancien historien ; ni l'évêque, ni l'empereur
« ne peuvent y asseoir de taxes; aucun tribut n'y est exigé ; on
« n'en peut faire sortir la milice, si ce n'est pour la défense de la
« ville, et encore à cette condition que les bourgeois puissent le
« jour même être de retour dans leurs maisons. »

A Noyon, ce fut l'évêque, nommé Baudry de Sarchainville, qui, de son propre mouvement, organisa la commune, et qui, en cela, rendit un grand service aux habitants, puisqu'il leur épargna la

---

[1] *Scriptores rerum franc.*, tom. XIII, pag. 476.

tâche pénible de conquérir leur liberté à travers des flots de sang, comme l'avaient fait et comme devaient le faire encore d'autres villes. Baudry, ayant convoqué en assemblée tous les habitants de Noyon, clercs, chevaliers, commerçants et gens de métier, il leur présenta une charte qui constituait le corps des bourgeois en association perpétuelle. « Quiconque, était-il dit, voudra entrer dans « cette commune, ne pourra en être reçu membre par un seul « individu, mais en la présence des jurés. La somme d'argent qu'il « donnera alors sera employée pour l'utilité de la ville, et non au « profit particulier de qui que ce soit.

« Si la commune est violée, tous ceux qui l'auront jurée devront « marcher pour sa défense, et nul ne pourra rester dans sa maison, « à moins qu'il ne soit infirme, malade ou tellement pauvre qu'il « ait besoin de garder lui-même sa femme et ses enfants malades.

« Si quelqu'un a blessé ou tué quelqu'un sur le territoire de la « commune, les jurés en tireront vengeance. »

C'est à peu près vers la même époque que les communes de Saint-Quentin et de Beauvais se formèrent, la première pacifiquement, comme celle de Noyon, la seconde par suite d'une conjuration tumultueuse. Nous allons reproduire textuellement les chartes de ces deux communes, et le lecteur pourra se convaincre de la différence qui existait entre une commune obtenue par force et une commune octroyée. La charte de Saint-Quentin, qui fut accordée par le comte de Vermandois pour prévenir les troubles et l'effusion du sang, est une suite de concessions qui semblent arrachées à la peur ; celle de Beauvais est l'expression franche des désirs et des volontés populaires. Voici la première :

« Les hommes de cette commune demeureront entièrement li- « bres de leurs personnes et de leurs biens ; ni nous [1], ni aucun « autre ne pourrons réclamer d'eux quoi que ce soit, si ce n'est « par jugement des échevins ; ni nous ni aucun autre ne réclame- « rons le droit de mainmorte sur aucun d'entre eux.

« Quiconque sera entré dans cette commune sera sauf de son « corps, de son argent et de ses biens.

---

[1] C'est le comte de Vermandois qui parle.

« Si quelqu'un a occupé en paix quelque tenure pendant l'an et
« jour, il la conservera en paix, à moins que réclamation ne soit
« faite par quelqu'un qui aurait été hors du pays ou en tutelle.

« Si quelqu'un a commis un délit dont plainte soit faite en
« présence du majeur et des jurés, la maison du malfaiteur sera
« démolie, s'il en a une, ou il paiera pour racheter sa maison, à
« la volonté du majeur et des jurés. La rançon des maisons à dé-
« molir servira à la réparation des murs et des fortifications de la
« ville. Si le malfaiteur n'a pas de maison, il sera banni de la ville
« ou paiera de son argent pour l'entretien des fortifications.

« Quiconque aura forfait à la commune, le majeur pourra le
« sommer de paraître en justice, et s'il ne se rend pas à la som-
« mation, le majeur pourra le bannir ; il ne rentrera dans la ville
« que par la volonté du majeur et des jurés ; si le malfaiteur a
« une maison dans la banlieue, le majeur et les gens de la ville
« pouront l'abattre ; et si elle est fortifiée de manière à ne pou-
« voir être abattue par eux, nous leur prêterons secours et main
« forte.

« Tout bourgeois pourra être cité en justice partout où il sera
« rencontré soit en jardin, soit en chambre, soit ailleurs, à toute
« heure du jour ; mais il ne pourra être cité de nuit.

« Si quelqu'un meurt possédant quelque tenure, le majeur et
« les jurés doivent mettre aussitôt leurs héritiers en possession.
« Ensuite, s'il y a lieu à procès, la cause sera débattue.

« Si un homme étranger vient dans cette ville, afin d'entrer
« dans la commune, de quelque seigneurie qu'il soit, tout ce qu'il
« aura apporté sera sauf, et tout ce qu'il aura laissé sur la terre de
« son seigneur, sera à son seigneur, excepté son héritage, pourvu
« qu'il en ait été dispensé selon qu'il doit à son seigneur.

« Si nous faisons citer quelque bourgeois de la commune, le
« procès sera terminé par le jugement des échevins, dans l'en-
« ceinte des murs de Saint-Quentin.

« Si un vavasseur ou un sergent d'armes doit quelque somme à
« un bourgeois, et qu'il ne veuille pas se soumettre au jugement
« des échevins, le majeur doit lui commander d'avoir, dans le dé-
« lai de quinze jours, un seigneur capable de faire droit au bour-

« geois pour la somme qui lui est due ; que si, après ce délai, il
« n'en présente point, justice sera faite par les échevins.

« Partout où le majeur et les jurés voudront fortifier la ville,
« ils pourront le faire sur quelque seigneurie que ce soit.

« Nous ne pourrons refondre la monnaie, ni en faire de neuve,
« sans le consentement du majeur et des jurés.

« Nous ne pourrons mettre ni ban ni assise de deniers sur les
« propriétés des bourgeois.

« Les hommes de la ville pourront moudre leur blé et cuire leur
« pain partout où ils voudront.

« Si le majeur, les jurés et la commune ont besoin d'argent pour
« les affaires de la ville et qu'ils lèvent un impôt, ils pourront as-
« seoir cet impôt sur les héritages et l'avoir des bourgeois et sur
« toutes les ventes et profits qui se font dans la ville.

« Nous avons octroyé tout cela, sauf notre droit et notre hon-
« neur, sauf les droits de l'église de Saint-Quentin et des autres
« églises, sauf le droit des hommes libres, et aussi sauf les libertés
« par nous antérieurement octroyées à ladite commune [1]. »

Le mot *octroyé* se trouve répété plusieurs fois dans la charte de Saint-Quentin, comme pour avertir les membres de cette commune que s'ils jouissent de la liberté, c'est moins en vertu d'un droit imprescriptible et sacré que par le *bon plaisir* de leur seigneur et maître, le comte de Vermandois. Quoi qu'il en soit, la faculté laissée à la commune de faire démolir les châteaux des seigneurs dont elle aurait à se plaindre, et l'engagement que prenait le comte de l'aider au besoin à dompter ses ennemis conférait à la bourgeoisie de Saint-Quentin une souveraineté réelle et formidable, devant laquelle les petits despotes féodaux ne devaient qu'en frémissant de rage humilier leur fierté.

On va lire maintenant la charte de Beauvais, œuvre des bourgeois eux-mêmes :

« Tous les hommes domiciliés dans l'enceinte du mur de ville
« et dans les faubourgs, de quelque seigneur que relève le terrain
« où ils habitent, prêteront serment à la commune. Dans toute l'é-

---

[1] *Recueil des ordonnances des rois de France*, tom. XI, pag. 270.

« tendue de la ville, chacun prêtera secours aux autres, loyalement
« et selon son pouvoir. . .

« Treize pairs seront élus par la commune, entre lesquels, d'a-
« près le vote des autres pairs et de tous ceux qui auront juré la
« commune, un ou deux seront créés majeurs.

« Le majeur et les pairs jureront de ne favoriser personne de la
« commune pour cause d'amitié, de ne léser personne pour cause
« d'inimitié, et de donner en toute chose, selon son pouvoir, une
« décision équitable. Tous les autres jureront d'obéir et de prêter
« main forte aux décisions du majeur et des pairs.

« Quiconque aura forfait envers un homme qui aura juré cette
« commune, le majeur et les pairs, si plainte leur en est faite, fe-
« ront justice du corps et des biens du coupable.

« Si le coupable se réfugiait dans quelque château-fort, le ma-
« jeur et les pairs de la commune parleront sur cela au seigneur du
« château ou à celui qui sera en son lieu ; et si, à leur avis, satis-
« faction leur est faite de l'ennemi de la commune, ce sera assez ;
« mais si le seigneur refuse satisfaction, ils se feront justice à eux-
« mêmes sur ses biens et sur ses hommes.

« Si quelque marchand étranger vient à Beauvais pour le mar-
« ché et que quelqu'un lui fasse tort ou injure dans les limites de
« la banlieue, si plainte en est faite au majeur et aux pairs et que
« le marchand puisse trouver son malfaiteur dans la ville, le ma-
« jeur et les pairs en feront justice, à moins que le marchand ne
« soit un des ennemis de la commune.

« Nul homme de la commune ne devra prêter ni créancer son ar-
« gent aux ennemis de la commune tant qu'il y aura guerre avec
« eux, car, s'il le fait, il sera parjure ; et si quelqu'un est convaincu
« de leur avoir prêté ou créancé quoi que ce soit, justice sera faite
« de lui, selon que le majeur et les pairs en décideront.

« S'il arrive que le corps des bourgeois marche hors de la ville
« contre ses ennemis, nul ne parlementera avec eux, si ce n'est
« avec licence du majeur et des pairs.

« Si quelqu'un de la commune a confié son argent à quelqu'un
« de la ville et que celui auquel l'argent aura été confié se réfugie
« dans quelque château-fort, le seigneur du château, en ayant

« reçu la plainte, en rendra l'argent ou chassera le débiteur de son
« château; et s'il ne fait ni l'une ni l'autre de ces choses, *justice*
« *sera faite sur les hommes de ce château.*

« Si quelqu'un enlève de l'argent à un homme de la commune,
« et se réfugie dans quelque château-fort, justice sera faite sur lui
« si on peut le rencontrer, ou sur les hommes et les biens du sei-
« gneur du château, à moins que l'argent ne soit rendu.

« S'il arrive que quelqu'un de la commune ait acheté quelque
« héritage et l'ait tenu pendant l'an et jour, et si quelqu'un vient
« ensuite réclamer et demander le rachat, il ne lui sera point fait
« de réponse, mais l'acheteur demeurera en paix.

« Pour aucune cause, la présente charte ne sera portée hors de
« la ville [1]. »

A Soissons les choses se passèrent d'abord pacifiquement. Une charte fut rédigée et jurée, mais elle provoqua de vives réclamations de la part des seigneurs dont elle froissait les intérêts. Il serait trop long d'énumérer leurs griefs; nous dirons seulement qu'au bout d'une vingtaine d'années, le roi Louis le Gros, importuné des doléances continuelles de l'évêque et des nobles de Soissons, rendit à ces derniers une partie des droits que les bourgeois avaient *usurpés* sur eux. Le maire et les jurés de Soissons furent sommés de jurer, en présence du roi, qu'ils obéiraient à cette sentence, et le sénéchal du royaume alla recevoir le serment de toute la commune.

En 1146, les bourgeois de Sens ayant formé entre eux une association de défense, adoptèrent, avec l'agrément du roi, la charte de Soissons, qui devint également celle de plusieurs villes de Picardie, de Champagne et de Bourgogne. Dès que la commune de Sens fut établie, le clergé des églises, et surtout les religieux de Saint-Pierre-le-Vif, se récrièrent vivement sur le tort qu'elle leur causait, et intriguèrent si activement auprès du roi, que celui-ci ordonna la dissolution immédiate de la nouvelle commune.

A la nouvelle de cette décision, les bourgeois de Sens se soulevèrent en tumulte, enfoncèrent les portes de l'abbaye de Saint-

---

[1] *Recueil des ordonnances des rois de France*, tom. VII, pag. 622.

Pierre-le-Vif, et en massacrèrent l'abbé, nommé Herbert. Louis le Jeune, qui alors occupait le trône de France, tira sur-le-champ vengeance de sa mort; ses troupes entrèrent dans la ville de Sens et firent main basse sur tous ceux qui étaient présumés avoir pris part au meurtre d'Herbert. Mais Philippe-Auguste, dans la suite, rétablit cette commune et lui octroya une charte dont le préambule était ainsi conçu : « Dans l'intention de conserver la paix do-
« rénavant [1], nous avons octroyé que, sauf notre fidélité, une
« commune fût établie à Sens; elle sera jurée par tous ceux qui
« habitent, soit dans l'enceinte des murs, soit dans les faubourgs,
« et par ceux qui entreront dans la commune, à l'exception des
« hommes et des femmes que nous avons rendus à l'archevêque,
« aux églises et aux clercs de Sens. »

La ville de Reims opéra sa révolution communale en 1138, stimulée qu'elle était par l'exemple de Noyon, de Beauvais, de Laon, d'Amiens et de Soissons. Elle avait profité pour conquérir son indépendance de la vacance du siége épiscopal.

Voici en quels termes saint Bernard, fondateur et premier abbé du monastère de Clairvaux, dénonça cet événement à la cour de Rome, et demanda au saint Père sa puissante intercession en faveur du clergé de la métropole de Reims :

« A son très-aimé père et seigneur Innocent, le frère Bernard
« de Clairvaux, appelé abbé, ce qui est peu de chose.

« L'église de Reims tombe à perte; une cité glorieuse est livrée
« aux opprobres; elle crie à ceux qui passent par le chemin qu'il
« n'y a pas de douleur semblable à sa douleur; car au dehors est
« la guerre, au dedans la crainte, et de plus, au dedans, la guerre;
« car ses fils combattent contre elle, et elle n'a pas de père qui
« puisse la délivrer. Son unique espérance est dans Innocent, qui
« essuiera les larmes de ses joues! Mais jusqu'à quand, seigneur,
« tarderez-vous à étendre sur elle le bouclier de votre protection?
« Jusqu'à quand sera-t-elle foulée aux pieds et ne trouvera-t-elle

---

[1] Il paraît que durant le laps de temps qui s'était écoulé depuis l'établissement de la commune, en 1166, la guerre avait constamment régné entre les bourgeois et le clergé de la ville.

« personne qui la relève? Voici que le roi s'est humilié et que sa
« colère contre vous s'est apaisée ; que resté-t-il donc, sinon que
« la main apostolique vienne soutenir l'affligée, apportant des
« soins et un appareil pour ses blessures? La première chose à
« faire, c'est de presser l'élection, de crainte que l'insolence du
« peuple rémois ne ruine le peu qui subsiste encore, à moins qu'on
« ne résiste le bras levé à sa fureur. Si l'élection était solennisée
« avec les cérémonies d'usage, nous avons confiance que, dans
« tout le reste, le seigneur nous donnerait faveur et succès [1]. »

Le pape Innocent II, alarmé de cet événement, s'empressa d'écrire à Louis le Jeune pour l'engager à châtier la rébellion des bourgeois de Reims. Il lui dit dans sa lettre que, puisque Dieu a voulu qu'il fût élu et sacré roi pour défendre son épouse, c'est-à-dire la sainte Église rachetée de son sang, il lui enjoint, pour la rémission de ses péchés, de dissiper par sa puissance royale les coupables associations des Rémois, et de ramener ces derniers à la liberté dont ils jouissaient antérieurement.

Lorsque cette lettre parvint à Louis le Jeune, il avait donné déjà son acquiescement à la commune de Reims. Le clergé métropolitain prétendit que la concession royale n'avait de valeur que pour les habitants de la cité seulement, et que ceux des faubourgs en étaient exclus. De là naquirent beaucoup de débats entre les partisans des libertés bourgeoises et ceux de la seigneurie épiscopale. Ceux-ci, alarmés des progrès rapides que faisait hors des murs l'esprit d'insurrection, adressèrent de grandes plaintes au roi Louis le Jeune. Ce monarque n'osa pas revenir sur ce qu'il avait accordé; mais il se plaignit aux chefs de la commune de Reims que l'on eût excédé les bornes prescrites par la charte de Laon, enjoignant aux magistrats et aux bourgeois de laisser en paix toutes les églises, et les menaçant, s'ils ne tenaient compte de cet avertissement, de prendre fait et cause pour le clergé.

Les menaces de Louis le Jeune ne furent suivies d'aucun effet. Obsédé des plaintes réitérées des églises, il adressa enfin la lettre suivante aux habitants de Reims :

[1] *Scriptores rerum francicarum*, tom. XV, pag. 394.

« Au maire et à la commune de Reims, Louis, par la grâce
« de Dieu, roi des Français et duc des Aquitains, salut et fa-
« veur.

« Il nous est très-pénible de voir que vous faites ce qu'aucune
« autre commune n'a osé faire. Vous excédez en tout point les bor-
« nes de la commune de Laon qui vous a été donnée comme mo-
« dèle, et ce que nommément nous avons défendu, savoir, de faire
« entrer dans votre commune les quartiers et les villages du de-
« hors, vous le faites avec audace et assurance. Les revenus cou-
« tumiers des églises, possédés par elles depuis plusieurs siècles, ou
« vous les leur enlevez vous-mêmes, ou vous défendez aux sujets
« de les payer par l'autorité de votre commune. Vous détruisez en-
« tièrement ou vous dominez les libertés, coutumes et justices ap-
« partenant aux églises de Reims, et spécialement celles des cha-
« noines de l'église Sainte-Marie, qui maintenant est en notre main,
« et n'a d'autre défenseur que nous. En outre, vous avez contraint
« à rançon les sergents des chanoines qui sont sous la même liberté
« que leurs maîtres ; vous en avez emprisonné plusieurs, et quel-
« ques-uns même n'osent sortir de l'église par la peur qu'ils ont
« de vous. Pour tous ces excès, nous vous avons déjà mandé, et
« maintenant nous vous mandons et ordonnons de les laisser aller
« en paix, de leur restituer ce que vous leur avez pris et de con-
« server entièrement aux églises et aux chanoines leurs justices,
« coutumes et franchises. Adieu. »

Un soulèvement ayant éclaté peu de temps après, les troupes
royales l'apaisèrent. En 1160, le propre frère du roi, Henri de
France, ayant été nommé à l'archevêché de Reims, son premier
soin fut de battre en brèche la commune.

Le même prélat, ci-devant évêque de Beauvais, avait déjà signalé
dans cette ville sa haine contre les communes, et pour mieux réussir dans cette entreprise, il avait obtenu de son frère, le roi de
France, un décret par lequel le droit de faire justice était exclusivement dévolu à l'évêque. Le décret se terminait par ces paroles
si remarquables dans la bouche d'un roi : « Mais si, ce qu'à Dieu
« ne plaise, l'évêque n'exerce pas ce droit à la satisfaction de tous,
« alors les habitants auront licence de rendre la justice à leurs

« concitoyens, parce qu'il vaut mieux que justice soit faite par eux
« que de ne l'être pas du tout [1]. »

Les Rémois adressèrent d'abord au nouveau prélat des remontrances respectueuses, le suppliant de les traiter avec justice. L'archevêque fut inflexible. Alors il se forma contre lui une association sous le serment, dans laquelle entrèrent même des clercs et des nobles qui étaient indignés de l'obstination de l'archevêque. Les membres de cette ligue s'insurgèrent, et Henri de France appela son frère à son secours; Louis prononça la dissolution de la commune et fit démolir cinquante maisons appartenant aux plus opiniâtres. Dès qu'il fut parti, l'insurrection recommença. L'archevêque, après avoir fait serment de passer les mutins au fil de l'épée, d'en châtier une partie par des supplices exemplaires, et de rançonner le reste à merci, fut contraint de faire sa paix avec la commune, se contentant d'une somme assez modique pour tous dommages et intérêts.

Les archevêques qui succédèrent à Henri de France furent presque continuellement en lutte avec les bourgeois. Son successeur immédiat, Guillaume de Champagne, octroya une charte au moyen de laquelle il essaya de concilier le pouvoir municipal et la seigneurie de l'église; et de fixer les limites de leurs droits respectifs. Voici le préambule de cette charte :

« De même que les seigneurs terriers, en respectant les droits
« et la liberté de leurs sujets, peuvent acquérir l'amour de Dieu et
« de leur prochain, de même aussi, en violant et altérant des pri-
« viléges obtenus depuis longues années, ils peuvent encourir l'in-
« dignation du Très-Haut, perdre la faveur du peuple, et charger
« leurs âmes d'un fardeau éternel. Nous donc, déterminé par ces
« motifs, et considérant la soumission et le dévouement que vous,
« nos chers fils et nos fidèles bourgeois, vous nous avez témoignés
« jusqu'à ce jour, nous avons jugé à propos de restituer et de confir-
« mer pour toujours, par la garantie de notre autorité, à vous et à
« vos descendants, les coutumes octroyées il y a long-temps, mais
« mal gardées, à cause des fréquents changements de seigneurs.

---

[1] *Recueil des ordonnances des rois de France*, tom. XI, pag. 198.

« Nous voulons que les échevins soient restitués à la ville, qu'ils soient élus au nombre de douze, entre les habitants de notre *ban*, par votre consentement commun, qu'ils nous soient ensuite présentés, et soient renouvelés chaque année, le jour du vendredi saint; enfin, qu'ils prêtent serment de vous juger en toute justice, et de garder fidèlement nos droits en tant qu'il leur appartiendra. »

On ne savait, à proprement parler, à qui appartenait la ville; car tantôt la commune était maîtresse, nommait les commandants du guet et de la garde, et avait en son pouvoir les clefs des portes; tantôt l'archevêque reprenait les clefs et l'exercice de l'autorité militaire. Cet état de choses dura jusqu'en l'an 1255, où les Rémois, poussés à bout par l'intolérable oppression que faisait peser sur eux le pouvoir épiscopal, se soulevèrent de nouveau. Cette fois, le pape intervint dans la querelle, et fulmina une sentence d'excommunication contre les bourgeois de Reims. Ceux-ci s'en montrèrent peu émus et continuèrent de faire valoir leurs droits avec la plus mâle énergie.

Le roi Louis IX rendit par la suite une ordonnance qui enjoignait aux Rémois de payer à leur archevêque, en dédommagement de ses pertes de tout genre, une indemnité de dix mille livres parisis. La commune de Reims, en proie à cette lutte perpétuelle de deux puissances rivales, subsista jusqu'au xive siècle, époque à laquelle elle s'éteignit sans violence et sans éclat, sous la pression de l'autorité royale.

Ce n'était pas seulement les grandes et populeuses cités qui se constituaient en communes; la fièvre révolutionnaire gagnait jusqu'aux simples bourgades, témoin la petite ville de Vézelay, dans le département de l'Yonne, qui eut, il y a près de sept cents ans, l'audace de faire une révolution pour son propre compte.

La ville de Vézelay était vassale de l'abbaye de Sainte-Marie-Madeleine. Un différend s'étant élevé entre le chef de cette abbaye, nommé Pons de Montboissier, et le comte de Nevers, ce dernier, dans le seul but de susciter des embarras à son ennemi, engagea les habitants de Vézelay à se constituer en commune, leur promettant sa protection et son appui.

« Hommes très-illustres, leur dit-il, dans une conférence qu'il
« eut avec eux, renommés au loin pour votre prudence, forts de
« votre courage et riches du bien que vous avez acquis par votre
« mérite, je suis affligé au fond du cœur de la misérable condition
« où vous vous trouvez réduits ; car, possesseurs en apparence de
« beaucoup de choses, réellement vous n'êtes maîtres de rien. En
« songeant à l'état où vous êtes et à ce que vous pourriez devenir
« avec un peu de résolution, je me demande où est cette énergie
« avec laquelle autrefois vous mîtes à mort votre seigneur, l'abbé
« Artaud. C'était un homme qui ne manquait ni de sagesse, ni
« d'autres bonnes qualités, et tout le mal qu'il voulait vous faire
« consistait en une nouvelle taille imposée à deux maisons. Au-
« jourd'hui vous souffrez sans mot dire l'excessive dureté de cet
« étranger, de cet Auvergnat si arrogant dans ses propos et si bas
« dans sa conduite, qui se permet non-seulement des exactions
« sur vos biens, mais encore des violences contre vous. Séparez-
« vous de cet homme, et liez-vous à moi par un pacte réciproque ;
« si vous y consentez, je prends l'engagement de vous affranchir
« désormais de toute exaction et même de toute redevance. »

A l'issue de cette conférence, plusieurs des habitants les plus
considérables de Vézelay, et les plus modérés en fait d'opinions
politiques, se rendirent auprès de l'abbé pour essayer, s'il était
possible, de prévenir une rupture ouverte qui les effrayait. « Nous
« vous rapportons fidèlement, lui dirent-ils, les paroles du comte
« de Nevers, vous priant de nous donner aide et conseil en cette
« rencontre, comme notre seigneur et notre père spirituel. »

L'abbé, sans paraître autrement ému de la confidence des bourgeois, leur répondit que le comte de Nevers étant son ennemi, il
n'était pas étonnant qu'il cherchât à les exciter contre lui ; que
jusqu'alors il avait, lui, abbé, combattu avec persévérance pour
les franchises des habitants de Vézelay, et que si, en retour,
ceux-ci le payaient d'ingratitude, s'ils devenaient traîtres envers
lui et envers l'Église, il saurait s'y résigner, et que la peine de la
trahison retomberait sur eux et sur leurs enfants. Que si, se rendant à de meilleurs conseils, ils demeuraient inébranlables dans la
foi jurée à leur seigneur et à l'Église, qui les avait nourris de son

lait, il se sacrifiera volontiers pour leur liberté, ne doutant pas que de meilleurs jours ne succèdent bientôt à ces tristes circonstances [1]. Les bourgeois le prièrent alors de renoncer à son procès avec le comte de Nevers, et de conclure la paix avec lui. « Moi, répliqua « l'opiniâtre abbé, je n'ai de procès avec personne; mais je suis « prêt à défendre mes droits contre quiconque les attaque. Céder « à des prétentions injustes serait un acte d'insigne lâcheté. J'ai « souvent demandé la paix, tant par prière qu'à prix d'argent, et « jamais je n'ai pu l'obtenir de cet enfant de perdition. »

Tel fut l'*ultimatum* de Pons de Montboissier. Il n'en fallut pas davantage pour déterminer un soulèvement. Les habitants, renonçant à leur foi envers l'abbé et l'église de Sainte-Marie, jurèrent tous de se défendre l'un l'autre, et de n'avoir qu'une seule volonté. Ils élirent des magistrats auxquels ils donnèrent le nom de *consuls*, comme ceux des communes du Midi. Le comte de Nevers, enchanté d'un événement qui donnait satisfaction à son ressentiment particulier contre Pons de Montboissier, entra dans la commune, c'est-à-dire qu'il jura solennellement fidélité aux bourgeois.

Quand toutes ces choses furent accomplies, les magistrats municipaux se rendirent auprès de l'abbé et le prièrent de renoncer volontairement à tout ce qu'il y avait d'arbitraire et de tyrannique dans ses priviléges seigneuriaux. L'abbé refusa inébranlablement de faire aucune concession. Mais, craignant pour sa personne, il se réfugia au monastère de Cluny, et du fond de sa retraite il fit prononcer par un légat du pape une sentence d'excommunication contre les bourgeois de Vézelay; ceux-ci en furent consternés. Cependant ils firent bonne contenance pendant quelque temps encore; mais quand ils virent le roi de France lui-même, à la sollicitation du pape, prendre fait et cause pour l'abbé, ils déclarèrent qu'ils se remettaient de leurs personnes et de leurs biens *en la merci du roi, leur sire, et feraient toutes choses selon son bon plaisir.*

Après en avoir délibéré avec son conseil, le roi prononça la sentence suivante : « Premièrement, les habitants du bourg et de la « banlieue de Vézelay abjureront solennellement la conjuration

---

[1] Hugues de Poitiers, *Histoire du monastère de Vézelay.*

« et la fédération formées entre eux et avec le comte de Nevers. Ils
« livreront, selon leur pouvoir, tous les coupables de meurtres sur
« la personne des frères ou des serviteurs de l'abbaye.

« Secondement, ils jureront sur l'autel et les reliques des saints
« de demeurer à tout jamais fidèles à l'abbé Pons et à ses succes-
« seurs; ils paieront loyalement à l'église de Sainte-Marie-Made-
« leine, à titre d'indemnité, une somme de quarante mille sous, et
« détruiront, dans un délai fixé à la fête de saint André, les tours,
« murailles et enceintes dont ils ont fortifié leurs maisons.

« Troisièmement, ils s'engageront, par le même serment, à exé-
« cuter les présentes conditions, entièrement et de bonne foi, sans
« aucune fraude ni réserve. »

Le premier soin de l'abbé, une fois rentré dans sa seigneurie, fut de se faire indemniser largement de toutes les pertes qu'il avait ou croyait avoir éprouvées. Indépendamment donc des quarante mille sous qui lui avaient été alloués par sentence royale, il établit des contributions extraordinaires, et exigea de chaque bourgeois qu'il lui payât le dixième de ses biens. Les bourgeois payèrent sans proférer le moindre murmure; mais quand il en fallut venir à cette clause du jugement qui ordonnait la démolition des fortifications qu'ils avaient élevées autour de leurs demeures, ils ne se montrèrent pas de si bonne composition. L'abbé, pour trancher court à toute difficulté, fit venir des domaines de son église une troupe nombreuse de jeunes paysans serfs, et, les ayant armés aussi bien qu'il put, il leur donna mission de démolir les tours et les murailles crénelées des bourgeois; ceux-ci, voyant cela, donnèrent à l'abbé des ôtages pour garantie de la destruction de tous leurs ouvrages de défense. Alors toute querelle fut terminée, et l'abbé de Vézelay recouvra le libre exercice de son droit de juridiction sur ce qu'il appelait ses *vassaux rebelles* [1].

Louis le Gros recueillit, avant de descendre dans la tombe, le fruit de l'habile politique qu'il avait constamment suivie pendant toute la durée de son règne. Tous les grands vassaux de la couronne reconnaissaient la suprématie de la maison de France qu'ils

---

[1] Hugues de Poitiers, *Histoire du monastère de Vézelay*.

avaient si longtemps disputée; Étienne de Blois, roi d'Angleterre, lui avait fait hommage pour le duché de Normandie; et en faisant épouser à son fils, Éléonore de Guienne, il avait opéré pacifiquement une conquête de la plus haute importance et qui doublait presque ses États. C'est au milieu de ces prospérités que Louis le Gros s'éteignit le 1er août 1137.

CHAPITRE VIII.

SOMMAIRE.

Avénement de Louis VII, dit le *Jeune*. — Il continue l'œuvre de son père. — Ses guerres contre le comte de Toulouse et le comte de Champagne. — Controverse entre Abailard et saint Bernard. — Louis le Jeune se met à la tête de la seconde croisade. — Régence de l'abbé Suger. — Intrigues de Robert de Dreux en l'absence de Louis le Jeune. — Brouille de ce dernier avec Éléonore de Guienne, sa femme. — Éléonore fait prononcer son divorce par le concile de Beaugency. — Elle épouse en secondes noces Henri, duc de Normandie, et lui apporte en dot ses immenses domaines. — Rivalité de Henri, devenu roi d'Angleterre, et de Louis le Jeune. — Déclin de l'autorité du roi de France. — Le roi d'Angleterre en profite pour étendre sa domination en France. — Persécutions contre les hérétiques. — Dernières années du règne de Louis le Jeune. — Philippe-Auguste, son fils, monte sur le trône après lui. — Ligue des grands vassaux contre le nouveau roi. — Guerres civiles en Languedoc. — Conquête du Mans et de Tours par Philippe-Auguste. — Troisième croisade à laquelle prend part le roi de France. — Rivalité de Philippe-Auguste et de Richard Cœur de Lion. — Réunion de la Normandie au domaine de la couronne. — Croisade contre les Albigeois. — Prise de Béziers. — Massacre général des habitants. — Cruautés de Simon de Montfort. — Guerre de Philippe-Auguste contre les Flamands. — Bataille de Bouvines.

Louis le Jeune, appelé ainsi du vivant de son père pour le distinguer de lui, était en effet fort jeune quand il parvint au suprême pouvoir; il n'avait que dix-huit ans, suivant une chronique de saint Denis, et seize seulement selon l'historien anonyme de sa vie [1]. Il venait d'épouser Éléonore de Guienne et se trouvait à Poitiers, au milieu des fêtes de son mariage, lorsqu'il reçut la nouvelle de la mort de son père. Ses conseillers l'engagèrent à partir immédiatement pour Paris, afin de retenir dans le devoir, par sa présence, ceux qui seraient tentés de troubler l'ordre de succession

---

[1] *Recueil des historiens de France*, tom. XII.

au trône. Laissant donc sa jeune épouse sous la garde de Geoffroi, évêque de Chartres, il se rendit d'abord à Orléans, où il noya dans le sang, comme nous l'avons déjà dit, la commune qui s'y était formée, et inaugura ainsi son règne par une sorte de boucherie qu'il savait bien devoir être agréable à la noblesse et au clergé. D'Orléans il s'achemina vers Paris, où tout était parfaitement tranquille et où il commença à s'occuper de l'administration du royaume [1].

L'un de ses premiers actes fut la convocation d'une cour plénière à Bourges, dans le but de s'y faire couronner une seconde fois, ainsi que sa femme Éléonore ; il choisit de préférence cette ville, située au centre de la France, afin que les habitants du Midi pussent s'y rendre aussi facilement que ceux du Nord. Il paraît, en effet, que le nombre des métropolitains, des évêques, des comtes et des autres seigneurs qui s'y rassemblèrent fut immense. C'étaient, à proprement parler, les États du royaume [2].

Louis le Jeune eut à lutter comme son père contre les grands et les petits seigneurs, qui ne supportaient qu'impatiemment le joug de la royauté. C'est ainsi que dès la première année de son règne, un certain Gaucher, sire de Montjay, d'une branche cadette de la maison de Montmorency, se mit en révolte ouverte contre lui en pillant ses sujets. Louis rassemble aussitôt quelques troupes, met le siége devant le château de Montjay, s'en empare et en détruit les fortifications, à l'exception d'une seule tour, dans laquelle il laisse garnison. Quant au rebelle Gaucher, il le fait conduire dans les prisons de Paris.

La mort de Guillaume X, duc d'Aquitaine, ayant fait passer la souveraineté de ce beau duché à Éléonore, sa fille, Louis le Jeune, mari de cette dernière, s'empressa d'étendre sa juridiction sur toute l'Aquitaine, et, en particulier, sur le pays d'Aunis et sur le comté d'Angoulême, lesquels, dans ce moment, étaient dévastés par les cruelles dissensions d'Ebles de Mauléon et de Godefroi de Rochefort, qui se disputaient le château Julien et la ville de la Ro-

---

[1] *Vie de Louis le Jeune*, par un anonyme.
[2] ORDERIC VITAL, *Histoire ecclésiastique*, liv. XIII.

chelle. Le roi de France évoqua à lui cette contestation et força les deux adversaires de se réconcilier. Peu de temps après, il apaisa également un différend survenu entre l'évêque et le comte d'Angoulême au sujet de quelques biens d'église, et enjoignit au dernier de respecter les propriétés ecclésiastiques que les rois ses prédécesseurs avaient prises sous leur protection.

En l'année 1141, Louis le jeune annonça l'intention de réunir à son domaine le comté de Toulouse, sur lequel sa femme prétendait avoir des droits; mais les grands vassaux se montrèrent très-effrayés de ce projet, qui ne tendait à rien moins qu'à détruire l'équilibre féodal qui existait entre le roi et les seigneurs. Lorsque Louis les convoqua pour prendre part à l'expédition qu'il méditait contre le grand fief du midi, ils refusèrent de se rendre à son appel, et le roi se vit réduit à ses seules forces, ce qui ne l'empêcha pas d'entreprendre le siége de Toulouse; mais il fut bientôt obligé de le lever. Cette campagne en Languedoc eut cela d'avantageux du moins, qu'elle accoutuma les peuples de cette contrée à la présence du roi de France, qui ne s'était pas montré à eux depuis près de deux cents ans. Parmi les grands vassaux qui avaient refusé de suivre Louis le Jeune dans son expédition contre Toulouse, se trouvait le puissant comte de Champagne et de Blois, Thibaud IV, contre lequel le roi avait conçu un vif ressentiment. A ce grief principal vinrent s'en ajouter plusieurs autres, qui rendirent une rupture inévitable. Louis le Jeune, depuis la réunion de l'Aquitaine à son domaine, l'emportait en puissance sur tous les rois qui depuis trois siècles l'avaient précédé sur le trône de France. Dans la guerre qui s'alluma entre lui et le comte de Champagne, et qui dura plusieurs années, ce dernier n'éprouva que des revers. Ce fut en 1142 ou 1143 que Louis assiégea et prit le château de Vitry en Champagne, l'un des plus importants de Thibaud, et qu'il y fit mettre le feu. Les flammes gagnant la principale église, où s'était réfugiée la plus grande partie de la population, causèrent une catastrophe effroyable : treize cents infortunés, tant hommes, femmes, qu'enfants, périrent dans cet océan de feu dont les vagues les enveloppèrent de toutes parts, et les consumèrent jusqu'au dernier. Le roi entendit les cris des victimes, qu'il ne put probablement pas secourir; et cette scène lamentable le glaça d'épouvante et de remords. Elle contribua bien plus qu'une défaite à lui faire conclure la paix.

Vers le même temps, une guerre d'une tout autre nature était engagée entre les deux plus puissants génies de l'époque, Abailard et saint Bernard, guerre dans laquelle les deux antagonistes, avec les seules armes de la dialectique, se portaient des coups bien autrement redoutables que ceux qu'ils auraient pu se porter avec la lance et l'épée. Abailard, c'était la scolastique en personne, qui expliquait par la métaphysique les dogmes chrétiens. Saint Bernard voyait en lui tout à la fois, Arius, Pélage et Nestorius. Au dire de ses accusateurs, Abailard rejetait la divinité de Jésus-Christ; à ses yeux, le crucifié n'était qu'un philosophe, instituteur des hommes par ses leçons et par ses exemples; dans sa défense des anciens sages, il disait que Platon et les brahmanes avaient été inspirés de la grâce divine; enfin il ruinait la doctrine du péché originel en soutenant qu'Adam n'a pas transmis à sa postérité la coulpe du péché, mais seulement la peine. Saint Bernard, de son côté, c'était l'ardent et infatigable champion de l'Église, non pas de cette Église des premiers temps qui s'inspirait des sublimes préceptes de l'Évangile, mais de l'Église du moyen âge, qui prétendait tout abaisser, tout immobiliser autour d'elle.

L'orage amassé depuis longtemps contre Abailard éclata enfin. Un concile s'assembla à Sens dans le seul but de prononcer entre ce grand homme et saint Bernard. Le roi Louis le Jeune devait y assister parmi les évêques. La France attendait impatiemment l'issue de cette lutte intellectuelle. Si Abailard était considéré comme l'homme le plus savant et le plus profond de l'Europe, son adversaire, aux yeux des membres du concile, passait déjà pour un saint dont les opinions ne pouvaient plus être soumises à la discussion. Les choses se trouvaient en cet état lorsque le concile s'ouvrit. Mais les deux rivaux eurent peur l'un et l'autre, et se refusèrent également au combat; ou, pour mieux dire, saint Bernard, redoutant l'éloquence d'Abailard, prit des mesures secrètes pour limiter sa défense, et déclara ne pas vouloir exposer des questions de foi aux subtilités d'un dialecticien. Il se borna, en conséquence, à donner lecture au concile de quelques chapitres des ouvrages d'Abailard. Celui-ci, s'apercevant, à cette manière d'entamer son procès, que tout le désavantage était de son côté, garda un silence absolu sur l'accusation portée contre lui par saint Bernard, et n'ouvrit la bouche que pour en appeler au pape; puis il se retira de l'assemblée. Recueilli par Pierre le Vénérable dans l'abbaye de Cluny, il y termina ses jours au bout de deux ans, après s'être, dit-on, réconcilié avec saint Bernard.

« L'Occident commençait à jouir de quelque repos, dit un historien; l'autorité royale s'affermissait dans une grande partie de la France; les guerres civiles, qui avaient désolé l'Angleterre et l'Allemagne, semblaient s'assoupir; la liberté jetait de profondes racines dans les villes, le commerce et les manufactures y florissaient, et la population s'accroissait avec les richesses; lorsque l'Europe fut alarmée par la nouvelle que la ville d'Édesse, que les Orientaux nommaient *Rohas*, avait été ouverte aux musulmans la nuit même de Noël de l'an 1144, que la plupart des habitants avaient été massacrés, et que le vainqueur, encouragé par ce succès, comptait achever en peu de mois la conquête de la Terre-Sainte, si les chrétiens d'Occident ne se hâtaient de venir au secours du royaume de Jérusalem qu'ils y avaient fondé [1]. »

A la nouvelle de ce terrible événement, tout l'Occident s'émut, et une nouvelle croisade s'organisa. Louis le Jeune en prit le commandement. Ayant laissé au sage abbé Suger la régence du royaume, il partit avec une puissante armée et prit sa route à travers l'Allemagne, la Bohême, la Hongrie, puis arriva sur les terres de l'empire grec et franchit le Bosphore. Après des marches pénibles, sous un soleil dévorant, l'armée française parvint sur les bords du Méandre, où elle rencontra et mit en fuite une armée d'infidèles. Les Français, vainqueurs, poursuivirent leur marche et arrivèrent à Antioche. Cette ville appartenait à Raymond de Poitiers, oncle de la reine Éléonore, qui avait suivi son époux en Asie. Pendant le séjour des Français à Antioche, Éléonore eut, dit-on, un commerce incestueux avec son oncle. On prétend même

---

[1] Pagi *Critica in Annales Baronii, ad ann.* 1144, pag. 543.

que Raymond ne fut pas le seul auquel elle prodigua ses royales faveurs et qu'elle eut pour amant un jeune musulman nommé Saladin. Louis, à qui des serviteurs officieux révélèrent la conduite désordonnée de sa femme, dissimula son ressentiment et partit en toute hâte pour Jérusalem. Quand il eut fait ses dévotions aux saints lieux, il tenta contre Damas une expédition qui échoua. Malgré ce non-succès et plusieurs autres, le roi de France ne se pressa pas de revenir dans ses États; il fallut, pour l'y décider, une lettre de l'abbé Suger, que nous croyons devoir reproduire à cause de sa haute importance historique. Quelques-uns des grands seigneurs qui avaient accompagné le roi en Terre-Sainte, entre autres Robert de Dreux, son frère, étaient de retour, et intriguaient activement pour troubler la paix du royaume. Robert de Dreux tendait ouvertement à profiter du mécontentement causé par la fâcheuse issue de la croisade pour déposséder son frère de la couronne de France. « Les perturbateurs du repos public, écrivit Suger à Louis le Jeune,
« sont de retour, tandis qu'obligé de défendre vos sujets vous de-
« meurez comme captif dans une terre étrangère. A quoi pensez-
« vous, Seigneur, de laisser ainsi les brebis qui vous sont confiées à
« la merci des loups? Comment pouvez-vous vous dissimuler les pé-
« rils dont les ravisseurs qui vous ont devancé menacent vos États?
« Non, il ne vous est pas permis de vous tenir plus longtemps éloi-
« gné de nous. Tout réclame ici votre présence. Nous supplions
« donc votre altesse, nous exhortons votre piété, nous interpellons
« la bonté de votre cœur; enfin, nous vous conjurons, par la foi
« qui lie réciproquement le prince et les sujets, de ne pas prolon-
« ger votre séjour en Syrie au delà des fêtes de Pâques, de peur
« qu'un plus long délai ne vous rende coupable aux yeux du Sei-
« gneur, de manquer au serment que vous avez fait en recevant la
« couronne...... Vous aurez lieu, je pense, d'être satisfait de notre
« conduite. Nous avons remis entre les mains des chevaliers du
« Temple l'argent que nous avions résolu de vous envoyer; nous
« avons, de plus, remboursé au comte de Vermandois les trois
« mille livres qu'il vous avait prêtées pour votre service. Votre
« terre et vos hommes jouissent, quant à présent, d'une heureuse
« paix. Nous réservons pour votre retour les reliefs des fiefs mou-

« vants de vous, les tailles et les provisions de bouche que nous
« levons sur vos domaines. Vous trouverez vos maisons et vos palais en bon état par le soin que nous avons pris d'en faire les réparations. Me voilà présentement sur le déclin de l'âge; mais
« j'ose dire que les occupations où je me suis engagé pour l'amour
« de Dieu et par attachement pour votre personne ont beaucoup
« avancé ma vieillesse. A l'égard de la reine votre épouse, je suis
« d'avis que vous dissimuliez le mécontentement qu'elle vous cause,
« jusqu'à ce que, rendu en vos États, vous puissiez tranquillement
« délibérer sur cela et sur d'autres objets. »

Un certain temps s'écoula encore, avant le retour du roi, pendant lequel Suger eut à lutter contre les prétentions et les complots de Robert de Dreux et de ses partisans. Sentant son impuissance à les maîtriser, il convoqua à Soissons une assemblée des évêques et des principaux barons du royaume, et leur demanda aide et appui contre ses ennemis. Cette démarche obtint un plein succès; l'assemblée accorda à Suger tous les pouvoirs dont il avait besoin pour tenir tête aux *perturbateurs du repos public*, comme il les appelle dans sa lettre. Ceux-ci, battus en France, attaquèrent le régent en Palestine, et cherchèrent à le perdre dans l'esprit du roi; qui, léger et crédule, ajouta foi d'abord à leurs calomnies. Mais bientôt détrompé par le pape Eugène III lui-même, sur le compte de son grand ministre, Louis le Jeune lui rendit toute la justice qui lui était due. Le bon ordre qu'il trouva établi en France, les ressources que lui avait ménagées Suger, et l'empressement de celui-ci à se démettre du fardeau de la toute-puissance, achevèrent de dissiper les fâcheuses impressions que l'on avait fait naître dans son esprit contre lui.

Un des premiers soins de Louis le Jeune, à son retour en France, fut de se séparer de cette Éléonore de Guienne, de qui il avait si gravement à se plaindre. Il paraît, néanmoins, que ce fut sur la demande d'Éléonore elle-même que le concile de Beaugency prononça le divorce entre les deux époux, sous prétexte de parenté. Louis ne chercha ni à confirmer ni à détruire cette allégation; et se contenta de déclarer qu'il se soumettait au jugement de l'Église, et qu'il ferait ce que les pères du concile jugeraient convenable.

Ce divorce fut, de la part de Louis le Jeune, une faute immense, en ce qu'il démembra de la monarchie les vastes domaines qu'Éléonore lui avait apportés en dot, et qu'il les fit passer entre les mains d'un ennemi; car six semaines seulement après son divorce avec le roi de France, Éléonore épousa en secondes noces Henri Plantagenet, duc de Normandie, lequel devint peu de temps après roi d'Angleterre. A dater de ce moment, une ardente rivalité s'alluma entre Henri et Louis, tous les deux princes français, car l'Angevin Henri II se regardait comme aussi français que Louis le Jeune. Dans l'enceinte de la France, et sans compter la riche et belliqueuse Angleterre, le premier l'emportait de beaucoup sur le second en puissance. Il n'y avait pas seulement une grande disproportion de forces entre eux, leur caractère et leurs talents différaient essentiellement. Henri II était aussi habile que puissant; il embrassait l'avenir dans ses projets; caressant les voisins qu'il voulait dépouiller, il évitait avec soin toute démarche prématurée qui aurait pu les alarmer sur ses intentions, et il réussissait à n'avoir jamais qu'une affaire à la fois sur les bras. Louis le Jeune, au contraire, n'avait ni fixité ni suite dans les idées; il était brave et loyal; mais le courage d'esprit dont il avait fait preuve pendant les premières années de son règne, avait fait place depuis son retour d'Asie à une timidité, à une incertitude, à une défiance de lui-même, qui devaient inévitablement donner gain de cause à ses ennemis. Il adoptait subitement les résolutions les plus importantes et les abandonnait presque aussitôt. Dans les guerres qu'il entreprenait légèrement et sans y être préparé, il était presque toujours victime de son imprévoyance et de sa précipitation; et dans les négociations qui les terminaient, n'ayant jamais de vues arrêtées, il se trouvait toujours dupe de l'habileté de ses adversaires.

Un grand nombre de questions litigieuses surgirent bientôt entre le roi de France et le roi d'Angleterre; ils se firent la guerre; mais les hostilités n'aboutirent ni d'un côté ni de l'autre à aucun résultat important; car si Henri avait une grande supériorité comme homme et comme roi sur Louis, l'équilibre était rétabli entre eux par l'empire qu'exerçait sur l'esprit du premier le système féodal. Vassal du roi de France, Henri le regardait moins comme son ennemi que comme son seigneur ; il avait pour lui une déférence telle qu'il considérait comme un honneur, lui qui était assis sur l'un des premiers trônes de l'Europe, d'être, comme comte d'Anjou, le sénéchal du roi de France. Il faut croire néanmoins, que si Henri en agissait ainsi, c'est qu'il trouvait sa propre sûreté dans la subordination féodale, et qu'il donnait l'exemple du respect pour son seigneur, afin que ses vassaux le respectassent à leur tour. Dans son empressement à traiter avec Louis, dès que l'occasion s'en présentait, dans le soin qu'il mettait à ne pas porter directement les armes contre lui, il y avait un sentiment, que tout tendait alors à fortifier, et qui protégeait le roi de France contre sa propre faiblesse.

Au surplus, malgré tout le respect que le roi Henri témoignait à Louis le Jeune, il n'en profita pas moins du déclin de son autorité pour étendre la sienne, surtout en Aquitaine et en Gascogne ; il chercha, au moyen de son titre de sénéchal de France, à se substituer à lui, en quelque sorte, à se mettre en son lieu et place. « Louis, dit un historien, n'aurait pu admettre cette prétention du
« roi, son rival, à le représenter, à commander ses armées par
« droit héréditaire, et à juger pour lui dans les causes où leurs in-
« térêts étaient en opposition, sans renoncer à la royauté. Déjà il
« semblait oublié par ses sujets comme par les historiens, et il
« tombait dans cette nullité où l'on avait vu descendre les rois
« de la première race, sous l'empire des maires du palais ; il ne
« laissait guère d'autre monument de son règne que les chartes
« qu'il accordait aux églises et aux couvents, et les immunités ec-
« clésiastiques qu'il accordait. »

Le pouvoir de Henri II s'accroissait tous les jours. Il avait forcé Guillaume, comte de Boulogne, à lui remettre tous les châteaux qui lui appartenaient encore en Angleterre et en Normandie, et dans cette dernière province, il ne restait pas un seul de ces barons, autrefois si fiers, qui osât résister à sa domination ; il élevait des prétentions sur le comté de Toulouse, comme héritage de Philippa, l'aïeule de sa femme Éléonore ; il s'efforçait de rattacher à ses intérêts les comtes de Champagne, de Blois et de Sancerre, fils de Thibaud le Grand. Ces menées du roi d'Angleterre n'échappèrent pas à Louis qui, pour se mettre en garde contre les entreprises de son rival, fit proposer à l'empereur d'Allemagne, Frédéric Barberousse, de conclure avec lui une étroite alliance contre Henri II. Celui-ci, alarmé de ce projet, redoubla d'égards et de déférence envers le roi de France. Il eut avec lui une entrevue dans laquelle il ne cessa de le traiter comme son seigneur, et lui demanda en mariage pour son fils, âgé de trois ans, sa fille Marguerite qui n'avait que six mois. Afin de rendre la réconciliation plus solennelle, et de témoigner à Louis une plus entière confiance, Henri II vint à Paris, au mois de septembre 1158, avec une suite peu nombreuse. On lui rendit des honneurs extraordinaires, et Louis le reconduisit jusqu'à Mantes, ce qui n'empêcha pas Henri, quelques mois après, de faire une tentative pour s'emparer du comté de Toulouse ; à la tête d'une armée, composée en grande partie de soldats aventuriers, nommés *Brabançons,* il s'avança contre Toulouse. Louis, après avoir inutilement employé la voie des négociations pour le faire renoncer à son entreprise, se jeta dans cette ville déjà très-forte par elle-même, déterminé à la défendre jusqu'à la dernière extrémité. Henri, qui ne se sentait peut-être pas en état d'en faire le siége, et qui d'ailleurs ne voulait point renoncer encore au système de ménagement et de temporisation qu'il avait adopté à l'égard du roi de France, lui fit dire que, par respect pour l'autorité royale, il n'attaquerait point la ville où résidait son seigneur ; mais en même temps il profita d'une intelligence qu'il avait dans celle de Cahors pour se la faire livrer. Il assiégea et prit successivement les meilleurs châteaux du Toulousain, et ravagea cruellement cette malheureuse province.

Louis le Jeune regagna dans la suite l'ascendant qu'il avait perdu, mais ce fut principalement avec l'appui de l'Église. Dans la fameuse querelle de Henri II et de Thomas Becket, archevêque de Canterbury, il prit habilement parti pour ce dernier, et suscita par ce moyen au roi d'Angleterre d'inextricables embarras. Plus tard, il encouragea et seconda de tout son pouvoir la rébellion des trois fils de Henri contre leur père ; il les reçut à sa cour, et prit les armes en leur faveur. Mais après s'être emparé de Verneuil et avoir livré cette ville aux flammes, il fut attaqué et mis en déroute par le roi d'Angleterre. A dater de cette victoire, Henri eut des succès presque continuels contre ses ennemis, et, au mois de septembre 1174, la paix se conclut à Montlouis entre les deux monarques rivaux.

Cependant, l'hérésie albigeoise, dont nous avons eu déjà occasion de parler, faisait chaque jour des progrès considérables, malgré, ou peut-être même, à cause des persécutions dont elle était l'objet. Cette hérésie, dont le siége principal se trouvait dans le midi de la France, avait des ramifications en Espagne, en Angleterre, en Allemagne et jusqu'en Italie. Les prélats anglais, dans le but de l'extirper, ordonnèrent que les hérétiques, après avoir été battus de verges, fussent marqués au front avec un fer rouge; en même temps, ils interdirent à tous les chrétiens de les recevoir dans leurs maisons, ou de leur fournir aucun aliment, aucun remède, aucun habit. Les hérétiques, abandonnés sur les grands chemins, au milieu des rigueurs de l'hiver, avec leurs épaules sanglantes et leurs fronts cautérisés, y périrent presque tous de faim, de froid et de misère [1].

Au mois de mai 1165, un concile provincial s'assembla à Lombers, dans le diocèse d'Albi, pour condamner les sectaires qui, dans ce diocèse, prêchaient, sous le nom de *bons hommes*, la réforme de l'Église et celle des mœurs. Ils étaient peu d'accord entre eux; dit-on, et quelques-uns, égarés par leur enthousiasme, se croyaient doués d'un pouvoir surnaturel. Mais tous tendaient également à ramener le clergé à une sévère discipline. On estimait que dans la populeuse cité de Toulouse, plus de la moitié des habitants avait embrassé la doctrine nouvelle. Cette doctrine ne trouvait pas seulement des partisans dans les classes inférieures; des hommes riches, des barons, des chevaliers se faisaient gloire de l'adopter, et l'on reconnaissait leur conversion à la réforme de leurs mœurs.

Alarmé des progrès de l'hérésie, le pape Alexandre III envoya en Languedoc un légat muni de pleins pouvoirs pour sévir avec une impitoyable rigueur contre les hérétiques. Ce légat arriva à

---

[1] *Guillelmi Neubrigensis de Rebus anglicis*, liv. II, pag. 108.

Toulouse accompagné de l'archevêque de Bourges, des évêques de Bath et de Poitiers et de l'abbé de Clairvaux, et se fit désigner par les magistrats ceux des habitants qui étaient imbus d'hérésie. Le premier qu'on lui signala était un chevalier, appelé Pierre de Mauran qui, par son éloquence et ses richesses, l'emportait tellement sur les autres hérétiques, qu'il était considéré comme le chef de la secte, et qu'on l'avait surnommé *Saint Jean l'évangéliste*. Mauran, interpellé sur sa croyance religieuse, déclara qu'il était orthodoxe, et qu'il n'entendait nullement se séparer de l'Église. Cette déclaration disposa le légat à l'indulgence; il voulut bien le tenir pour converti, et, en raison de sa prompte pénitence, il se contenta de le condamner à la confiscation de tous ses biens, à un exil de trois ans à la Terre-Sainte, et à recevoir tous les jours un certain nombre de coups de discipline sur ses épaules nues, dans l'église de Saint-Saturnin, pendant les quarante jours qui précéderaient son départ. Ce furent l'évêque de Toulouse et l'abbé de Saint-Saturnin qui se chargèrent de lui administrer cette correction ecclésiastique, et ils s'en acquittèrent, dit-on, avec un zèle qui arracha des larmes aux assistants.

Le légat prononça ensuite l'excommunication et l'anathème contre tous les hérétiques en général; il confirma une sentence rendue antérieurement qui les bannissait du pays, et crut avoir pour toujours anéanti l'hérésie dans le diocèse de Toulouse; il n'avait fait que la rendre plus vivace et plus redoutable. A Castres, à Béziers et dans tout le haut Languedoc, il rencontra une plus vive résistance. Les sectaires se retirèrent dans les montagnes les plus inaccessibles, et, de là, ils défièrent tous les anathèmes de l'Église.

Le 18 septembre 1180, mourut Louis le Jeune, « homme d'une « dévotion fervente envers Dieu, dit un de ses contemporains, et « d'une extrême douceur pour ses sujets, plein de vénération pour « les ordres sacrés, mais plus simple qu'il n'aurait convenu à un « prince; car se fiant plus qu'il n'aurait dû aux conseils des grands « seigneurs, qui ne se souciaient point de ce qui est honnête ou équi- « table, il imprima plus d'une tache grave à son caractère louable[1]. »

---

[1] *Guillelmi Neubrigens.*, liv. III, pag. 119.

Louis le Jeune laissait un fils qu'il avait eu d'Alix de Champagne, sa troisième femme. Il se nommait Philippe, et n'était âgé que de quinze ans. Philippe, que l'on a surnommé *Auguste*, parce qu'il était né dans le mois d'août, avait été couronné du vivant de son père et avait profité de la dernière maladie de celui-ci pour s'emparer des rênes du gouvernement. Son premier soin, dès qu'il eut le sceptre en main, fut de réparer les brèches que les offrandes envoyées par son père à toutes les églises avaient faites au trésor royal. L'expédient dont il usa mérite d'être rapporté. En un seul jour, tous les Juifs de ses domaines furent incarcérés et dépouillés de tout l'or et de tout l'argent que l'on trouva sur leurs personnes. Il publia en même temps un édit aux termes duquel abolition pleine et entière de leurs dettes fut accordée aux débiteurs des Juifs qui paieraient à son trésor le cinquième de leurs créances. A ce premier édit en succéda bientôt un second, non moins spoliateur, qui confisqua au profit du roi tous les immeubles des Juifs, et enjoignit à ces derniers de vendre tous leurs meubles et de sortir du royaume dans un délai fixé.

Pendant les dernières années de son règne, Louis le Jeune, dont les facultés étaient considérablement affaiblies, avait abandonné la direction des affaires à sa femme, Alix de Champagne, et aux quatre frères de sa femme, les comtes de Blois, de Champagne, de Sancerre, et l'archevêque de Reims. Après l'avénement de Philippe, ces cinq personnages crurent avoir le droit de régler la conduite d'un roi de quinze ans; mais ce roi était doué d'une telle énergie de caractère qu'il se cabra sous le joug qu'on voulait lui imposer, et saisit désormais toutes les occasions de faire sentir sa puissance à sa mère et à ses quatre oncles. Il paraît qu'il fut surtout excité à agir ainsi par un certain Robert Clément, qui avait la charge de maréchal du palais ou la direction des écuries royales, fonction importante dans un temps où le prince devait moins apprendre à lire qu'à monter à cheval. Clément conseilla au jeune roi de contracter alliance avec Philippe d'Alsace, comte de Flandre, son parrain, auquel, dit-on, il avait été recommandé par son père. Ce puissant seigneur, en sa qualité de premier comte du royaume, semble avoir eu quelque droit féodal à la garde d'un roi mineur. Il commença par faire épouser à Philippe-Auguste sa nièce Isabelle, héritière du Hainaut et d'une partie de la Flandre, mariage qui se conclut sans le consentement de la reine-mère et de ses quatre frères. Il lui conseilla en outre de se faire couronner une seconde fois; et comme il était à craindre que les grands du royaume ne s'opposassent à cette cérémonie, elle eut lieu à Sens un mois avant le jour où ils avaient été convoqués pour y assister. Les grands en témoignèrent un vif mécontentement, et, dans leur dépit, prétendirent que Isabelle de Hainaut n'était pas d'un rang à porter la couronne de France. Peu s'en fallut qu'une guerre civile n'éclatât à ce sujet, et sans l'intervention du roi d'Angleterre, qui eut la générosité de s'entremettre entre le roi de France et ses hauts barons, probablement les deux partis en seraient venus aux mains.

Dans la suite, le jeune Philippe-Auguste s'éloigna de la famille de sa femme, comme il s'était éloigné de celle de sa mère. Il semble, comme le fait remarquer un historien, qu'à peine sorti de l'enfance, une jalousie extrême de son autorité le mettait en garde contre tous ceux qui auraient pu exercer sur lui une légitime influence. Un rapprochement s'opéra entre le comte de Flandre, mortifié des hauteurs du jeune roi, et les frères d'Alix de Champagne. L'un de ces derniers, Étienne, comte de Sancerre, dans le but de s'assurer l'alliance du premier, se déclara son vassal, et lui fit hommage du château de Saint-Briçon dans le Berri, qu'il possédait auparavant en franc-alleu, et, par cette oblation de fief, les deux seigneurs se trouvèrent réciproquement obligés de se défendre[1]. Dans la même alliance entrèrent la comtesse de Champagne et Hugues III, duc de Bourgogne. Cette ligue de presque tous les grands vassaux aurait pu devenir fatale à Philippe-Auguste, si ce jeune monarque n'eût trouvé un appui redoutable dans les fils du roi d'Angleterre, Henri II. Déjà il avait éprouvé quelques revers lorsque Henri au Court-Mantel, l'aîné des princes anglais, lui amena un renfort de Brabançons, avec lesquels il ravagea, par représailles, les terres du comte de Sancerre dans le Berri, puis celles

---

[1] *Roberti de Monte*, tom. XIII, pag. 524.

du comte de Champagne et du duc de Bourgogne. La mauvaise saison suspendit bientôt les hostilités. Au printemps de l'année 1182, se réunit à Senlis, par les bons offices du roi d'Angleterre, un congrès, auquel assista, outre les princes anglais, le roi de France et les grands vassaux qui avaient pris les armes contre lui. Le premier point que l'on discuta dans cette assemblée furent les prétentions litigieuses de Philippe-Auguste et du comte de Flandre. Henri II, qui paraît avoir voulu ménager le comte de Flandre, tout en conservant son crédit sur Philippe, les amena à des concessions mutuelles. Il fut convenu que le comte céderait au roi la ville et le territoire d'Amiens, et qu'il garderait le reste de l'héritage de sa femme, Élisabeth de Vermandois, non point à titre de propriété, mais comme un gage que Philippe-Auguste pourrait retirer à sa volonté, en remboursant au comte de Flandre la somme de soixante mille livres.

Pendant que ces choses se passaient dans le nord de la France, une guerre cruelle ravageait le Midi. Maître d'une grande partie du Languedoc, d'une moitié de la Provence et d'une portion du Dauphiné, Raymond V, comte de Toulouse, était, après le roi d'Angleterre, le plus puissant des grands vassaux de la couronne de France ; mais il se trouvait en butte à la jalousie et aux hostilités de Henri II, qui voyait avec plaisir tout ce qui pouvait tendre à l'affaiblir. La guerre et l'anarchie avaient multiplié dans le Languedoc ces fameuses bandes de Brabançons, de Routiers et de Cotereaux, qui tantôt se mettaient à la solde des hauts barons en guerre les uns contre les autres, et tantôt exerçaient le brigandage pour leur propre compte. Un ecclésiastique, envoyé en mission dans les provinces méridionales, écrivait ce qui suit : « Je me trouve dans « un danger continuel par les courses des voleurs, des Cotereaux, « des Basques et des Aragonais…….; je ne rencontre partout que « des villes consumées par le feu et des maisons ruinées, et l'i- « mage de la mort est sans cesse présente à mes yeux. »

Ces bandes redoutables s'étant prodigieusement accrues, et aucun gouvernement ne songeant à faire cesser leurs effroyables brigandages, les populations que le roi et les seigneurs abandonnaient ne s'abandonnèrent pas elles-mêmes. Un pauvre homme, nommé

Durand, simple charpentier, entreprit de délivrer son pays du fléau des Brabançons et des routiers ; il avait cru entendre la vierge Marie elle-même, l'exhortant à prêcher une ligue pour la répression des brigands et le rétablissement de la paix.

L'évêque du Puy-en-Velay et douze habitants de la même ville fondèrent, de concert avec lui, la société des pacificateurs ou *Capuchons*, ainsi appelés du capuchon de toile qui leur couvrait la tête et qui servait à les distinguer ; ils se reconnaissaient encore à une petite image de la Vierge qui pendait à leur poitrine. Les membres de cette société ne se liaient par aucun vœu d'obéissance ou de pauvreté, et ne s'abstenaient point du mariage ; ils se promettaient seulement de travailler de toutes leurs forces à maintenir la paix, et se réunissaient à la première sommation pour repousser les brigands [1].

C'est en l'année 1182 que paraît s'être formée la société des *Capuchons*. Elle compta bientôt un si grand nombre de membres, elle était si vaillante, si exercée au rude métier de la guerre, que le 20 juillet 1183, elle enveloppa, près de Châteaudun, un corps de plus de sept mille de ces soldats d'aventure qui dévastaient le pays, et qu'il n'en échappa pas un seul.

La guerre continuait toujours dans le midi de la France. Raymond V se trouvait aux prises en même temps avec Henri II, roi d'Angleterre et Alphonse II, roi d'Aragon. Afin de résister à ces deux puissants adversaires, il s'unit étroitement avec Hugues III, duc de Bourgogne, et rechercha l'alliance des seigneurs d'Aquitaine qui s'étaient montrés le plus hostiles à Henri II. Ce monarque, de son côté, redoutant l'ambition toujours croissante de Philippe-Auguste, travaillait activement, mais infructueusement, à pacifier l'Aquitaine, son fils, Richard Cœur de Lion, lui suscitant d'inextricables embarras, et cherchant à se créer dans cette partie de la France une souveraineté indépendante.

La paix conclue entre Philippe-Auguste et le comte de Flandre ne fut que de courte durée. Les hostilités recommencèrent en

---

[1] Rigord, *Vie de Philippe-Auguste.* — *Gervasii Doroberii. Chron. de rebus Angliæ,* pag. 665.

1185, parce que le roi de France ne reconnaissait pas au comte de Flandre, son oncle et son parrain, le droit de convoler en secondes noces sans son consentement ; il craignait que le comte ne laissât ses riches domaines aux enfants qui pourraient naître de son second mariage, et résolut de se mettre en possession de vive force du comté de Hainaut et du comté de Flandre. Henri II s'interposa encore une fois pour faire accepter une trêve aux deux partis, mais ce fut inutilement. La guerre s'alluma. Le comte de Flandre entra le premier en campagne ; il vint mettre le siège devant Corbie, et son armée ravagea tout le pays situé au nord de la Somme. Après quoi, franchissant cette rivière, il étendit ses dévastations jusqu'à l'Oise, qu'il passa également, et arriva à neuf lieues de Paris ; il avait juré qu'il planterait ses drapeaux dans la rue de la Calandre, ou tout au moins qu'il romprait sa lance contre la porte de la ville ; mais ses conseillers lui ayant fait comprendre qu'il serait dangereux de pousser plus loin son invasion, il rétrograda prudemment.

Philippe-Auguste s'ébranla à son tour. Après avoir forcé le comte de Flandre d'accélérer sa retraite, il attaqua le château de Boves, qui dépendait d'Amiens, et dont la possession l'eût rendu maître de cette ville. C'est alors que les oncles du roi, Guillaume, archevêque de Reims, et Thibaud, comte de Chartres, parvinrent à opérer un rapprochement entre le comte de Flandre et Philippe-Auguste. Le premier redoutait l'issue d'un combat entre les milices flamandes et la gendarmerie du roi ; il sentait aussi qu'une plus longue interruption du commerce ruinerait ses villes manufacturières ; il accepta donc la paix à des conditions désavantageuses ; il rendit à Philippe-Auguste, Amiens et le Vermandois, à l'exception de Péronne et de Saint-Quentin, et il s'engagea à réparer les dommages qu'il avait causés au comte de Hainaut [1].

Après cette pacification, Philippe-Auguste fit la guerre à Hugues III, duc de Bourgogne. Puis, tournant ses armes contre Henri II, roi d'Angleterre ; il conquit sur lui la ville du Mans et

---

[1] RIGORD, *Vie de Philippe-Auguste*. — *Gisleberti Montensis Chron. Hannoniæ*, tom. XVIII, pag. 580. — *Chroniques de Saint-Denys*, pag. 356.

la ville de Tours. En même temps les Bretons, séduits par Richard Cœur de Lion, qui s'était révolté contre son père, attaquèrent ce dernier sur un autre point. Tant de revers déterminèrent Henri II à demander la paix; et, comme il sentait sa faiblesse, il accepta les conditions qui lui furent imposées. Il renouvela son hommage pour ceux de ses fiefs qui relevaient de la couronne de France; il renonça à tout droit sur le Berry et sur l'Auvergne et s'engagea à payer vingt mille marcs d'argent au moment où le roi de France lui restituerait toutes ses conquêtes. Huit jours seulement après la conclusion de cette paix humiliante, Henri II mourut en maudissant tous ses enfants, qui l'avaient abreuvé de dégoût, et en maudissant l'heure où lui-même avait reçu la naissance [1].

Philippe-Auguste, quand la France fut parfaitement tranquille, se croisa avec Richard Cœur de Lion, devenu roi d'Angleterre. Jérusalem était tombée au pouvoir du puissant Saladin, qui avait chassé les chrétiens de presque toute la Syrie. Il s'agissait de reconquérir sur lui les saints lieux, et de laver dans le sang des infidèles la honte de toutes les défaites essuyées par les sectateurs du Christ. Philippe profita de l'enthousiasme religieux de ses sujets pour frapper un impôt du dixième du revenu sur tous ceux qui ne prirent point part à l'expédition. Cet impôt fut appelé *dîme saladine*. Après avoir confié la régence à sa mère, Alix, il s'embarqua à Gênes pour la Terre-Sainte; mais les vents contraires le forcèrent de relâcher en Sicile, où il eut de violents démêlés avec Richard Cœur de Lion. Les deux rois furent même plusieurs fois sur le point d'en venir aux mains. Après de longues et opiniâtres contestations, qui durèrent tout un automne et tout un hiver, ils se réconcilièrent cependant et firent voile pour l'Asie.

Cette croisade, qui était la troisième, n'eut pas le succès de la première. Malgré les forces considérables que Philippe et Richard transportèrent en Syrie, ils ne réussirent ni à reprendre Jérusalem ni à dompter l'héroïque Saladin. Leur expédition eut pour mince et unique résultat la prise de Saint-Jean-d'Acre, appelé alors Pto-

---

[1] Rigord. *Vie de Philippe-Auguste.* — *Chroniques de Saint-Denys*, pag. 570.

lémaïs. L'incompatibilité d'humeur qui avait déjà éclaté en Sicile entre les deux monarques, jointe au non-succès de leur entreprise, suscita de nouveaux différends entre eux. Ils se brouillèrent, et Philippe revint en Europe.

La première chose qu'il fit, une fois de retour dans ses États, fut d'envahir les possessions de Richard en France. A la nouvelle de cette agression, le roi d'Angleterre quitta la Syrie et reprit en toute hâte la route de l'Occident. Assailli par une tempête, il fit naufrage dans le golfe Adriatique et fut obligé de continuer son voyage par terre. Mais, en traversant les domaines du duc d'Autriche, Richard tomba entre les mains de ce prince, qui, pour se venger d'un affront qu'il en avait reçu, le fit charger de fers. Le prince anglais ne recouvra sa liberté qu'au bout de dix-huit mois, et moyennant une énorme rançon. De retour dans le royaume d'Angleterre, dont son frère Jean s'était emparé en son absence, il eut beaucoup de peine à y rétablir son autorité. Dès qu'il y fut parvenu, il s'unit étroitement à Baudouin, comte de Flandre, et tourna tous ses efforts contre Philippe-Auguste. Baudouin, à la tête d'un corps de troupes considérable, s'empara de plusieurs places et investit Arras. Le roi de France marcha aussitôt contre lui et le força de battre en retraite; mais le comte de Flandre ayant fait rompre les écluses et détruire les ponts derrière son puissant adversaire, celui-ci se trouva obligé de proposer un accommodement au comte. Baudouin y consentit, mais à la condition que Philippe aurait une entrevue avec Richard. Cette entrevue eut lieu en Normandie, et, bien que les deux monarques fussent extrêmement irrités l'un contre l'autre et ne voulussent point consentir à une entière réconciliation, les prélats et les seigneurs, qui portaient tout le poids de la guerre, les amenèrent à signer une trêve d'un an.

Dès que cette trêve fut expirée, Baudouin entra dans l'Artois et s'empara de Saint-Omer, tandis que le roi de France, de son côté, ravageait les frontières de Normandie. Richard, lui aussi, se mit en campagne, et ordonna à ses soldats de crever les yeux à tous les Français qu'ils feraient prisonniers; Philippe-Auguste usa de représailles à l'égard de tous les Anglais qui tombaient entre ses mains, et cette guerre prit un caractère atroce. Dans un combat que les deux rois se livrèrent à Vernon, Richard fut vainqueur. Philippe tenta une seconde fois le sort des armes près de Courcelles, mais sans plus de succès. Un pont qui se rompit pendant que l'armée française traversait la rivière d'Epte, causa la mort d'un grand nombre d'hommes, et le roi lui-même faillit périr. Cet accident ayant coupé la retraite à une partie de l'armée française, tout ce qui resta en deçà de la rivière fut tué ou pris.

Les hostilités durèrent jusqu'en l'année 1199, où fut conclu entre les rois de France et d'Angleterre un arrangement aux termes duquel le second s'engagea à donner sa nièce, Blanche de Castille, en mariage au prince Louis, fils aîné de Philippe, avec la ville de Gisors et vingt mille marcs d'argent pour dot. Une trêve de cinq ans fut signée. La même année, Richard reçut une blessure mortelle en faisant le siége du château de Chalus dans le Limousin. Il fut assisté à ses derniers moments par Foulques de Neuilli, qui l'exhortait à abjurer ses vices; Richard lui répondit plaisamment : « Je laisse mon avarice aux moines de Cîteaux, ma luxure aux « prélats, mon orgueil aux Templiers. » Lorsque le château fut pris, Richard se fit, dit-on, amener le soldat qui l'avait blessé d'un coup de flèche, et lui demanda quel mal il lui avait fait pour avoir ainsi attenté à sa vie. Le soldat répondit hardiment que Richard avait tué de sa propre main son père et ses deux frères, et qu'il supporterait avec joie tous les tourments, content d'avoir été l'instrument dont la Providence s'était servie pour délivrer la terre d'un tyran qui l'avait remplie de sang et de carnage [1].

Jean sans Terre s'étant emparé de la couronne d'Angleterre, au détriment du jeune Arthur, neveu de Richard et son légitime héritier, Philippe-Auguste prit parti pour ce dernier, et lui accorda des secours avec lesquels Arthur fit la guerre pendant cinq ans à l'usurpateur Jean, son oncle. Mais ayant eu le malheur d'être fait prisonnier dans un combat, cet infortuné prince fut égorgé de la main même du féroce Jean sans Terre. « Quoique commis dans « les ténèbres, dit un historien, ce crime affreux fut bientôt connu.

---

[1] RIGORD, *Vie de Philippe-Auguste.* — *Gervasii Dorobern. Chron. de rebus Angliæ*, pag. 678. — *Chroniques de Saint-Denys*, pag. 386. — ROGER DE HOVEDEN, continuateur des *Annales de Bède*.

« Il excita une indignation universelle. Les Bretons, qui aimaient
« tendrement Arthur, le seul descendant de leurs princes, cou-
« rurent à la vengeance, et se jetèrent sur la Normandie, de tous
« les États de Jean sans Terre le plus près d'eux. Beaucoup de
« seigneurs normands, soit pour n'être pas pillés, soit par horreur
« de ce crime atroce, se joignirent aux Bretons. Tous ensemble
« en demandèrent la punition au roi de France, leur seigneur
« suzerain. Philippe, qui n'était peut-être pas étranger à cette
« commotion générale, assemble la cour des pairs, y cite son
« vassal, pour répondre tant sur ce crime que sur d'autres chefs
« d'accusation, entre lesquels, outre ce qu'on appelait la *foi mentie*,
« se trouvaient des perfidies semblables à l'assassinat des officiers
« de la garnison d'Évreux[1]. »

Jean sans Terre ne déclina point la compétence de la Cour des pairs; seulement il demanda un sauf-conduit à Philippe-Auguste. Celui-ci répondit qu'il pouvait venir en toute sécurité; mais qu'il serait retenu prisonnier si la Cour des pairs prononçait une condamnation contre lui. Jean sans Terre ne comparut point; les pairs le condamnèrent à mort, et déclarèrent les terres qu'il possédait en France confisquées au profit du roi. Philippe se hâta, en conséquence, de prendre possession de la Normandie, du Poitou, de la Guienne et de plusieurs autres domaines. Jean se retira en Angleterre où Philippe se préparait à le poursuivre, lorsque le pape Innocent III, qui avait pris sous sa protection le roi Jean, malgré ses crimes, intima au roi de France l'ordre de renoncer à son entreprise, sous peine d'excommunication.

Revenons à l'hérésie albigeoise qui occupe une si grande place dans le règne de Philippe-Auguste, et qui causa, pendant la première moitié du xiii° siècle, une si profonde commotion dans toute la chrétienté.

---

[1] Jean sans Terre avait reçu de Philippe-Auguste plusieurs places de sûreté afin qu'il pût se soustraire au ressentiment de Richard, son frère, dont il avait usurpé le trône pendant le séjour de celui-ci en Terre-Sainte. Au retour de Richard, Jean, dans le but d'obtenir son pardon, fit massacrer trois cents officiers de la garnison française d'Évreux, et livra cette place au roi d'Angleterre, qui, en récompense d'une si atroce perfidie, rendit ses bonnes grâces à Jean sans Terre.

A la même époque, et quelques années seulement avant l'explosion de l'hérésie albigeoise, les Vaudois s'étaient séparés avec éclat de l'Église romaine. On les appelait Vaudois, du nom de Pierre Valdo ou de Vaud qui, le premier, s'éleva contre le papisme. Pierre de Vaud était un riche marchand de Lyon. Il distribua tous ses biens aux pauvres et prêcha la fraternité entre les hommes et le mépris des richesses. Il fit un grand nombre de sectateurs, qui tous, bien que laïques, s'attribuèrent également le droit de prêcher. Les Vaudois soutenaient que l'Église catholique n'était plus la véritable Église de Jésus-Christ, et que la plupart de ses opinions et de ses pratiques étaient condamnables ; ils attaquaient, entre autres choses, le culte des saints et de leurs reliques, les sacrements, les cérémonies, le purgatoire, les indulgences, etc. Les Vaudois étaient aussi appelés *pauvres de Lyon*, parce que le plus grand nombre appartenaient aux classes souffrantes et nécessiteuses ; ils avaient déserté la religion de leurs pères pour embrasser une doctrine basée sur l'égalité et la fraternité.

Les Vaudois furent expulsés de la ville de Lyon à l'instigation du clergé catholique. Les uns gagnèrent l'Allemagne ; les autres se répandirent en Provence, en Dauphiné et en Savoie ; enfin il y en eut qui se réfugièrent dans le diocèse d'Albi, où leurs principes religieux furent accueillis avec enthousiasme. Les Albigeois avaient à peu près les mêmes dogmes que les Vaudois ; comme eux ils s'élevaient avec énergie contre les simonies de l'Église, contre les richesses et l'immoralité du clergé catholique. La seule différence qui existât entre les deux sectes, c'est que les croyances des Albigeois étaient plus radicales que celles des Vaudois, et que les premiers faisaient une guerre encore plus acharnée que les seconds aux dogmes catholiques et au despotisme papal.

L'hérésie albigeoise, fondue avec celle des Vaudois, fit en très-peu de temps des progrès tellement rapides que la cour de Rome, épouvantée, se hâta d'assembler plusieurs conciles pour aviser au moyen de comprimer ce schisme qui débordait déjà de toutes parts. Voici comment s'exprimait le concile de Tours, en 1163, au sujet des Albigeois : « Il y a quelque temps qu'une hérésie détestable, qui a
« pris son origine dans Toulouse, gagne les villes voisines et in-

« feste un grand nombre de fidèles. Nous ordonnons aux évêques
« et aux prêtres qui sont dans ces provinces d'y veiller comme ils
« doivent, et nous défendons, sous peine d'excommunication, de
« donner retraite ni secours à ceux qu'on saura soutenir cette hé-
« résie, afin que la privation des avantages de la vie civile les force
« à quitter l'erreur. Si quelqu'un ose contrevenir à ces ordres,
« qu'on l'excommunie. Que les princes catholiques fassent em-
« prisonner les hérétiques et confisquent leurs biens. Qu'on fasse
« une recherche exacte des lieux où ils tiennent leurs assemblées
« et qu'on les empêche de s'y réunir. »

Plusieurs autres conciles, parmi lesquels il faut compter le troisième concile général de Latran, parlèrent dans le même sens et manifestèrent à l'égard de l'hérésie albigeoise les mêmes dispositions hostiles. Néanmoins toutes ces menaces restèrent sans effet jusqu'à l'élévation d'Innocent III au trône pontifical, en 1198. Depuis quarante ans que l'hérésie albigeoise existait, elle avait pris une extension extraordinaire; le Languedoc presque tout entier avait abjuré le catholicisme. La cour de Rome était dans la consternation. On ne savait où s'arrêterait ce torrent, qui menaçait de tout renverser, de tout engloutir. Si, du moins, les idées nouvelles, en fixant le siége de leur empire dans le Midi de la France, n'avaient point fait sentir leur influence au delà des limites du Languedoc, le danger aurait été moins grand pour la papauté. Mais tous les pays catholiques étaient en émoi; une fermentation sourde se manifestait d'un bout à l'autre de l'Europe, et surtout en Allemagne, cette terre classique de la philosophie et du raisonnement. Innocent III comprit qu'il fallait, dans le plus bref délai, frapper la nouvelle religion, afin de conjurer la ruine de l'Église romaine, et que les moindres retards pouvaient rendre le mal incurable.

Il commença par envoyer Pierre de Castelnau et Raoul, moines de Cîteaux, en qualité de missionnaires et de légats, dans les pays infestés d'hérésie, pour faire le procès aux Albigeois. Il investit ces deux agents d'un pouvoir sans bornes et leur donna même le droit de suspendre les évêques. Le bref par lequel il les investissait d'une si redoutable puissance était ainsi conçu : « Nous mandons
« aux princes, aux comtes et à tous les seigneurs de notre province

« de les assister puissamment contre les hérétiques, par la punition
« des méchants; en sorte qu'après que le seigneur Raoul aura pro-
« noncé l'excommunication contre eux, les seigneurs confisquent
« leurs biens, les bannissent de leurs terres et les punissent plus
« sévèrement s'ils osent y résister. Or, nous avons donné pou-
« voir à frère Raoul d'y contraindre les seigneurs par excommuni-
« cation et par interdit sur leurs biens. »

Pierre de Castelnau et Raoul se rendirent en Languedoc envi-
ronnés d'un luxe oriental qui révolta les populations. On se demandait si c'étaient bien là les ministres d'un Dieu né dans une
crèche, et qui avait vécu dans la pauvreté et l'humilité. Au lieu
de faire rentrer les hérétiques dans le sein de l'Église catholique,
ils les en éloignèrent encore plus. Le pape, voyant le peu de succès
de leur mission, leur adjoignit Arnaud, abbé de Cîteaux, qui déploya un plus grand luxe encore que les deux premiers légats. Le
peuple, indigné, leur criait de s'amender avant de chercher à
amender les autres, et de se dépouiller de leurs richesses ou de ne
plus prêcher. Sur le conseil d'un prélat espagnol, l'évêque d'Osma,
qui les exhorta à vivre austèrement et à mieux imiter l'exemple
des apôtres, ne fût-ce que pour ne plus donner prise aux reproches
des hérétiques, les envoyés du pape introduisirent quelques réformes dans leurs vêtements et dans leur manière de vivre, et essayèrent de lutter de simplicité avec les Albigeois.

Cependant, le comte de Foix, le comte de Toulouse, Raymond VI,
et la plupart des autres princes et seigneurs du Languedoc, que la
cour de Rome avait très-vivement mécontentés, embrassèrent les
dogmes nouveaux, encore plus peut-être par politique que par une
véritable conviction. Pierre de Castelnau excommunia le comte de
Toulouse, sous prétexte qu'il faisait toujours la guerre à ses voisins, et que ceux-ci avaient imploré la protection du Saint-Siége.
Raymond, effrayé, fit à plusieurs reprises des soumissions aux
légats, avec serment de ne plus reprendre les armes, et toujours
il recommençait à guerroyer. Pierre de Castelnau, qui était animé
du plus ardent fanatisme, osa lui reprocher en face ses parjures.
Ce légat du pape prenait tant à cœur les intérêts du catholicisme,
qu'il disait souvent : « L'affaire de Jésus-Christ ne réussira jamais

« en ce pays jusqu'à ce quelqu'un de nous autres missionnaires
« verse son sang pour la foi : Dieu veuille que je sois la première
« victime ! » Son vœu fut exaucé. S'étant rendu avec ses collègues
à l'invitation du comte de Toulouse, qui les avait appelés à Saint-
Gilles, afin de leur donner satisfaction sur les différents chefs d'accusation dirigés contre lui, il eut, ainsi que les deux autres légats,
une très-vive altercation avec Raymond, qui les menaça de les faire
tuer.

La *Chronique* de Pierre de Vaux-Cernay, à laquelle nous empruntons ces détails, ajoute que les consuls de Saint-Gilles firent
conduire les légats jusqu'au bord du Rhône, sous bonne escorte,
afin de les soustraire aux violences du comte. Nous devons dire
que l'auteur de cette chronique était l'un des plus ardents ennemis
de l'hérésie albigeoise, et que probablement, en écrivant l'histoire
des événements que nous rapportons d'après lui, il n'a pu se défendre d'une certaine partialité en faveur des catholiques, partialité qui lui fait condamner indistinctement tous les actes des Albigeois, et approuver indistinctement tous ceux des catholiques.

Les légats passèrent la nuit au bord du fleuve, ayant avec eux
deux inconnus qui, selon la chronique dont je viens de parler,
n'étaient autre chose que des affidés de Raymond. Le lendemain
matin, l'un de ces deux inconnus, au moment où les légats allaient franchir le Rhône, frappa Pierre de Castelnau d'un coup
de lance au bas des côtes. « Dieu veuille vous le pardonner comme
« je vous le pardonne, dit Pierre, sans en être autrement ému. »
Il répéta les mêmes paroles plusieurs fois, et il expira ensuite. Son
corps, rapporté à Saint-Gilles, y fut enterré dans le cloître du monastère [1].

Telle était alors la puissance du catholicisme, que la mort de
Pierre de Castelnau, simple légat, détermina un des plus vastes
incendies dont l'Europe ait été le théâtre. Toutes les nations chrétiennes s'en émurent comme d'un événement extraordinaire. Avant
l'assassinat du légat, on s'était borné à des excommunications
d'une part, et à des récriminations de l'autre ; mais après que

---

[1] Pierre de Vaux-Cernay, *Histoire des Albigeois*, ch. VIII.

Pierre de Castelnau eut succombé sous la main d'un meurtrier, on songea sérieusement à prendre les armes. Une croisade fut résolue contre le comte de Toulouse et contre les Albigeois. C'était, de la part de la cour de Rome, exploiter très-habilement et très-perfidement un crime auquel Raymond était, selon toute apparence, étranger. Innocent III, qui avait déjà vainement exhorté Philippe-Auguste et les principaux seigneurs de France à déclarer la guerre à Raymond de Toulouse, profita du meurtre de son légat pour les enrôler dans une croisade contre celui qu'il accusait injustement d'être l'auteur de ce meurtre. Chose étrange et bizarre! tous ceux qui jusqu'alors étaient restés froids à ses exhortations, se croisèrent avec enthousiasme lorsqu'il les appela à venger la mort d'un moine assassiné. L'ordre de Cîteaux et celui des Bernardins, qui, à eux seuls, ne comptaient pas moins de huit cents couvents dans la chrétienté, prêchèrent la croisade en tous lieux.

Le pape rendit une bulle qui déliait les sujets de Raymond du serment de fidélité qu'ils lui avaient prêté. Raymond, mis pour ainsi dire hors la loi vis-à-vis des populations du Languedoc, se dépouilla alors de toute sa fierté, et ne sut plus que courber la tête devant les insolentes injonctions de la papauté. Un des légats du Saint-Siége lui ordonna de se rendre à Valence pour comparaître à son tribunal; il lui enjoignit en outre de lui livrer sept châteaux, de prendre les armes contre ses propres sujets, les Albigeois, enfin, de faire amende honorable. Raymond reçut la discipline autour du maître-autel de Saint-Gilles, la corde au cou et les épaules nues, et fit tout ce qu'on exigea de lui, soit qu'il redoutât réellement les foudres de l'Église, soit, ce qui est plus probable, qu'il fût découragé de l'isolement où il se trouvait en présence de la formidable coalition formée contre lui. En effet, hors du Languedoc, l'opinion publique était loin de pencher en faveur du comte et des Albigeois, bien que leurs idées eussent vivement impressionné les masses. Partout le catholicisme avait poussé des racines si profondes que l'hérésie albigeoise soulevait une réprobation universelle.

Il faut bien dire aussi que cette hérésie se composait d'une multitude de sectes distinctes et même hostiles les unes aux autres, en sorte qu'il n'y avait parmi les schismatiques aucune unité de dogmes et de croyances, et qu'ils étaient en proie à une horrible anarchie. Ces différentes sectes n'avaient de commun entre elles que leur haine contre la papauté. Les moines de Cîteaux et les autres prédicateurs de la croisade, tirèrent parti de cette circonstance pour rejeter sur la religion albigeoise proprement dite, qui n'avait rien que de fort raisonnable en elle-même, tout ce qu'il y avait d'absurde et de contradictoire dans les autres sectes dissidentes. Nous ajouterons qu'il existait une antipathie profonde entre les populations du nord et celles du midi de la France, antipathie qui prenait sa source dans la différence des mœurs, des coutumes, des idées, des institutions, et qui explique la facilité avec laquelle les peuples méridionaux embrassèrent les idées nouvelles, et l'horreur, au contraire, qu'elles inspirèrent aux peuples septentrionaux.

Une armée de plus de soixante mille croisés se mit en marche contre les Albigeois; elle se composait de Français, d'Allemands et d'Anglais. A la suite de cette armée s'avançait une multitude innombrable et indisciplinée, dont les seules armes étaient des pieux et des faux. A la tête des croisés se trouvaient Eudes III, duc de Bourgogne, les comtes de Nevers, de Saint-Paul, de Genève, de Forez, d'Auxerre, etc. Mais il était un chef qui se faisait remarquer entre tous par son ardente ambition et par son fanatisme implacable; c'était le trop fameux comte de Montfort, qui joua un si épouvantable rôle dans ce drame terrible. Le pape était représenté à la croisade par Arnaud Amalric, abbé de Cîteaux, dont l'influence sur les croisés aurait dû être toute spirituelle, mais qui, pour le malheur des populations, prit une part très-active à la direction temporelle de la campagne.

L'armée des croisés commença ses opérations par le siége de Béziers. Après une résistance de quelques jours, cette ville fut emportée d'assaut. Les habitants, qui s'étaient vainement réfugiés dans les églises, y furent tous massacrés. Avant de les passer au fil de l'épée, les soldats de l'orthodoxie demandèrent au légat à quel signe ils devaient reconnaître les hérétiques. Arnaud leur fit alors cette exécrable réponse : « Tuez-les tous, le Seigneur reconnaîtra

« bien ceux qui sont à lui. » Le nombre des habitants de Béziers, qui périrent sous le glaive catholique, s'éleva, selon les uns, à quinze mille, selon les autres, à soixante mille. La ville fut réduite en cendres.

Après cette atroce victoire, les croisés investirent Carcassonne, qui tint plus longtemps que Béziers. Les habitants de Carcassonne, épouvantés du sort qui leur était réservé, implorèrent la pitié des assiégeants. Malgré l'intercession du roi d'Aragon en leur faveur, les croisés leur refusèrent toute espèce de capitulation. Les assiégés essayèrent alors de s'évader par un souterrain; mais tous ne parvinrent pas à se sauver par ce moyen; il en tomba un certain nombre entre les mains des catholiques, qui en pendirent cinquante, et en firent périrent quatre cents dans les flammes [1].

Simon de Montfort, que son zèle fanatique avait fait surnommer le *Machabée*, le *Défenseur de l'Église*, promena dans tout le Languedoc le glaive de l'extermination, et s'empara de presque tous les pays habités par les hérétiques. Pour le récompenser de ses services, les terres de Raymond-Roger, vicomte de Béziers et neveu du comte de Toulouse, lui furent données par l'Église. Quelque temps après, le vicomte Roger étant mort dans un cachot où l'avait fait jeter Simon de Montfort, sa mort fut généralement attribuée à ce dernier. Jusque-là, les États du comte de Toulouse n'avaient point été sérieusement entamés. La campagne n'avait duré que quarante jours; au bout de ce temps, le plus grand nombre des croisés, ayant accompli leur service féodal et s'étant retirés dans leurs foyers, la croisade se trouva un moment interrompue. Mais bientôt l'abbé de Vaux-Cernay amena de nombreux renforts à l'armée catholique; les chefs de l'expédition résolurent alors d'attaquer le comte de Toulouse lui-même; il fut préalablement excommunié par les légats du pape. Cette mesure le démoralisa à tel point qu'il se hâta de prendre la fuite et se réfugia chez son beau-frère Pierre II, roi d'Aragon, qui avait presque autant de griefs que lui contre les chefs de la croisade.

Sur ces entrefaites, Simon de Monfort, ayant gravement mé-

---

[1] Pierre de Vaux-Cernay, *Histoire des Albigeois*, chap. xvi.

contenté les croisés par son arrogance insupportable, par ses ambitieuses prétentions, ils ne voulurent plus marcher sous ses ordres, et se révoltèrent même contre lui. Ce chef orgueilleux se trouva donc réduit à combattre ceux de sa religion pour défendre ses jours. Mais sa femme, Alix de Montmorency, étant venue le rejoindre avec un corps de troupes considérable, il reprit les hostilités et se rendit maître d'un grand nombre de châteaux, tels que ceux de Brom, d'Alairac, de Minerve, de Termes, de Constance, de Puyvert, etc. En s'emparant du château de Minerve, les croisés promirent la vie sauve à tous ceux des habitants qui se convertiraient à la foi catholique. Quelqu'un s'étant plaint de cet excès de modération de la part des défenseurs de l'Église, Arnaud s'écria : « N'ayez pas de crainte, car je crois qu'il y en aura bien peu qui se « convertiront. » En effet, aucun des habitants ne voulut abjurer sa religion pour se sauver de la mort; tous, au nombre de cent quarante, se précipitèrent dans les flammes avec un courage intrépide.

L'armée des croisés, sans cesse décimée par les combats et par les maladies, se recrutait sans cesse, et se trouvait toujours au complet, tant était grand le nombre de ceux qui voulaient conquérir des indulgences en prenant part à l'extermination des hérétiques. Entraînés par les sollicitations de Fouquet, évêque de Toulouse, une multitude de prélats et de seigneurs français, qui jusqu'alors étaient restés spectateurs impassibles de la guerre que l'on faisait aux Albigeois, se croisèrent à la fin. Parmi eux se trouvaient l'évêque de Paris, Robert de Courtenay, comte d'Auxerre, Enguerrand de Coucy, etc. Bientôt une armée allemande, conduite par Léopold, duc d'Autriche, vint associer ses efforts à ceux des catholiques de France pour dompter l'hérésie.

Après avoir reçu ces renforts, les croisés poussèrent leurs conquêtes avec une nouvelle ardeur, et se rendirent maîtres de beaucoup de villes et de châteaux. A la prise de Cassaro, ils brûlèrent soixante hérétiques; à celle de Lavaur, ils massacrèrent quatre-vingts chevaliers, et jetèrent dans un puits la sœur d'Aimery de Montréal, seigneur de Lavaur, qui fut égorgé lui-même un des premiers.

Enfin, les croisés mirent le siége devant Toulouse. Ceux des habitants de cette ville qui tenaient pour le dogme catholique, avaient formé une société sous le nom de *compagnie blanche*, dont le but était d'exterminer tous les hérétiques. Ceux-ci, de leur côté, en avaient créé une toute semblable, appelée *compagnie noire*, qui avait pour objet de résister aux attaques des catholiques. A tout moment, ces deux sociétés en venaient aux mains, et ensanglantaient les rues de Toulouse. Malgré ces dissensions intestines, malgré la puissante diversion que la *compagnie blanche* opérait dans l'intérieur de la place en faveur des assiégeants, ceux-ci ne purent parvenir à se rendre maîtres de Toulouse. Le siége traîna en longueur; et, après avoir perdu un temps considérable, les croisés se retirèrent honteusement. Afin de se dédommager de cet échec, ils ravagèrent avec une fureur inouïe le Quercy et le comté de Foix.

Le pape ne s'était pas contenté de donner à Simon de Montfort les terres du vicomte Roger, comme nous l'avons vu plus haut; il lui avait fait présent encore des États du comte de Toulouse. Le roi d'Aragon, Pierre II, indigné d'une si abominable spoliation, résolut de défendre, les armes à la main, les droits de son malheureux beau-frère, Raymond VI. Il passa donc les Pyrénées à la tête d'une armée que les historiens catholiques, intéressés à en grossir le nombre afin d'augmenter la gloire des croisés, font monter à cent mille hommes, mais qui, selon toute probabilité, était moins nombreuse, et mit le siége devant Muret. Simon de Montfort, à la nouvelle de l'invasion du roi d'Aragon, rassembla ses soldats et marcha droit à lui. Les deux armées en vinrent aux mains sous les murs de la place assiégée. S'il faut en croire les mêmes auteurs, les croisés n'étaient qu'au nombre de dix-huit cents, ce qui est moins croyable encore, surtout si l'on en juge par l'issue de la bataille. Les Aragonais furent taillés en pièces. Leur roi fit des prodiges de valeur. Deux croisés, Florent de Ville et Alain de Coucy, avaient fait serment de le tuer dans la mêlée; ils le cherchèrent longtemps et attaquèrent un chevalier qu'ils prirent pour lui, parce qu'il était vêtu de même. L'un des deux croisés s'étant écrié : « Ce « n'est pas le roi, il est meilleur chevalier; » le roi d'Aragon qui combattait à quelques pas, répondit aussitôt : « Vraiment non, ce

« n'est pas lui, mais le voici. » Il fut aussitôt assailli par une multitude d'ennemis, et il succomba sous le nombre après s'être longtemps défendu [1].

Lorsque les croisés eurent remporté cette victoire éclatante qui acheva d'ôter tout espoir aux infortunés Albigeois, ils ne songèrent plus qu'à se partager les dépouilles des vaincus. La plupart d'entre eux n'avaient pris les armes que dans un but de pillage; ce but fut complétement atteint. Le quatrième concile de Latran confirma Simon de Montfort dans la possession du comté de Toulouse, et lui conféra en outre la souveraineté de tous les pays qu'il avait conquis. Raymond ne conserva de ses anciens États que le comtat Venaissin et le marquisat de Provence. On lui accorda par grâce une pension de quatre cents marcs d'argent. Les fortifications de Toulouse, de Montpellier, de Carcassonne, de Béziers, furent démolies. Enfin les prélats et autres ecclésiastiques de la croisade, s'adjugèrent les siéges les plus importants du Languedoc. C'est ainsi que Pierre de Vaux-Cernay, qui a écrit l'histoire de la croisade avec une plume passionnée, reçut l'évêché de Carcassonne, et que l'abbé de Cîteaux, lui-même, Arnaud Almaric, fut investi de l'archevêché de Narbonne, pour prix des atrocités qu'il avait ordonnées ou commises.

Philippe-Auguste est le premier roi de France qui s'occupa du nettoyage et de l'embellissement de Paris. Cette capitale, aujourd'hui si brillante, était alors un cloaque infect, où l'on ne respirait qu'un air méphitique, et où règnaient presque continuellement des maladies pestilentielles. Philippe-Auguste fit débarrasser les rues des immondices qui les encombraient, et les fit paver; il fit clore de murs les léproseries, porta des lois sévères contre les prostituées, et pourvut à la sécurité intérieure de la ville, au moyen d'une police vigilante. Enfin, pour la mettre à l'abri des coups de main de la féodalité, il la fit ceindre d'un mur épais, flanqué de grosses tours, qui commençait au petit Châtelet et se terminait à Saint-Gervais. Paris, en effet, par sa situation, se

---

[1] PIERRE DE VAUX-CERNAY, *Histoire des Albigeois*, ch. LXXII et suivants. — MARIANA, *Histoire d'Espagne*, liv. XII, ch. II. — *Histoire générale du Languedoc*, liv. XXII, chap. LVI.

trouvait continuellement exposé aux attaques des grands vassaux.

Ceux-ci, pendant les dernières années du règne de Philippe-Auguste, s'unirent étroitement au roi d'Angleterre pour s'affranchir de l'autorité du roi de France. Philippe, qui déjà avait réuni à son domaine la plus grande partie des possessions du roi Jean sur le continent, songea à passer le détroit afin de porter à son ennemi des coups plus certains et plus terribles. Dans cette vue, il convoqua à Soissons, pour le 8 avril 1213, une assemblée des États du royaume de France. La politique de cet habile monarque avait tendu, pendant toute la durée de son règne, à resserrer le lien féodal des vassaux avec leur seigneur, et ces assemblées, dont on ne trouve que fort peu de traces sous les premiers Capétiens, étaient devenues un de ses principaux moyens de gouvernement. Le comte de Flandre avait été invité à se trouver à l'assemblée de Soissons. Celui qui portait alors ce titre était un prince de Portugal, nommé Ferrand, qui, en 1211, avait épousé Jeanne, héritière du comté de Flandre, sans le consentement des états de cette province. Le prince Louis, fils de Philippe-Auguste, mettant à profit cette circonstance, s'était emparé à main armée des villes de Saint-Omer et d'Aïre, qui, selon lui, dépendaient de l'héritage de sa mère. Le comte Ferrand, indigné de ce qu'il considérait comme une spoliation, déclara qu'il ne se rendrait à l'assemblée de Soissons que lorsque restitution lui aurait été faite des deux villes qu'on lui avait prises. Ce refus eut bientôt après les plus graves conséquences [1].

Philippe-Auguste avait rassemblé dans le comté de Boulogne une formidable armée, destinée à la conquête de l'Angleterre. Le roi Jean semblait perdu sans retour; une seule voie de salut lui restait encore, c'était une entière soumission à l'Église romaine; il s'y résigna, et prit l'engagement de rappeler les prélats exilés de leur siége, de remettre en liberté les ecclésiastiques qu'il avait fait arrêter, de renoncer à tout droit de patronage sur les églises d'Angleterre, enfin de prendre le cardinal Pandolphe, légat du Saint-Siége, pour arbitre de tous les différends qu'il pourrait avoir désormais avec le clergé. Il alla plus loin encore; il fit don à l'Église

---

[1] OUDEGHERST, *Chroniques et Annales de Flandre*, ch. CII.

romaine des royaumes d'Angleterre et d'Irlande, et l'Église les lui rendit immédiatement en fief, sous condition de foi et d'hommage, et d'un tribut annuel de mille marcs sterling. Par cette inféodation, la protection de l'Église se trouvait acquise à tous les domaines du roi Jean, et nul ne pouvait à l'avenir les attaquer sans s'exposer à l'excommunication. Dès que le légat eut reçu au nom du pape l'hommage du roi Jean et une somme de huit mille marcs sterling, il se rendit en France et intima à Philippe-Auguste l'ordre de renoncer à une entreprise désormais impie, puisqu'elle serait dirigée contre un des fidèles et des feudataires de l'Église.

Philippe-Auguste n'osa transgresser cet ordre ; mais comme ce prince voulait que son armement servît à quelque chose, afin de rentrer dans les sommes considérables qu'il avait dépensées, il dirigea contre la Flandre l'orage qui avait jusqu'alors menacé l'Angleterre. Les États du comte Ferrand furent cruellement ravagés ; la ville de Dam et celle de Lille devinrent la proie des flammes, et les riches communes flamandes ne se rachetèrent du pillage que moyennant d'énormes rançons ; après quoi, Philippe, laissant dans la Flandre d'effroyables traces de son passage, ramena son armée sur la Seine et la licencia.

L'année suivante une ligue se forma entre le comte de Flandre, l'empereur Othon et le roi d'Angleterre, contre Philippe-Auguste. Il fut convenu que le roi Jean attaquerait la Guienne, tandis que le comte et l'empereur feraient invasion en France par le Nord. Tous les princes des Pays-Bas étaient entrés dans cette coalition. Les villes industrieuses de cette riche contrée, regardant l'attaque de l'année précédente comme une guerre d'extermination que la chevalerie voulait faire au commerce et à la bourgeoisie, avaient exigé de leurs seigneurs un généreux effort. Philippe-Auguste, dans ces graves circonstances, chargea son fils Louis de tenir tête au roi Jean, et se réserva la tâche la plus difficile, celle de lutter contre l'empereur Othon et contre cette foule de princes qui se groupaient autour de lui. « Quoiqu'il ne fût pas le principal in-
« téressé dans ces combats, dit un historien, et qu'il arrivât en
« France comme auxiliaire ou du duc de Brabant, son beau-père, ou
« du roi d'Angleterre, son oncle, sa haute dignité rangeait tous les

« autres princes sous ses ordres ; l'armée qu'il commandait, com-
« posée presque uniquement d'habitants des Pays-Bas, avec un pe-
« tit nombre de Brunswickois, fut considérée comme armée impé-
« riale, et l'étendard d'Othon, porté sur un *carroccio*, selon l'usage
« qu'il avait emprunté aux Italiens, marchait au milieu d'un ba-
« taillon serré en tête des troupes ; c'était un aigle doré reposant
« sur un dragon [1]. »

Philippe-Auguste, bien qu'il eût rassemblé son armée dès les premiers jours du printemps, n'entra en campagne que le 23 juillet de l'année 1214. Il s'avança sur les terres de Flandre, et *les ravagea royalement*, selon les expressions de son biographe, *les dévastant à droite et à gauche par des incendies*. Un mois s'écoula ainsi. Philippe ne voyant paraître aucun adversaire, se disposait à ramener son armée en France, et déjà il avait donné le signal du départ, quand l'empereur Othon s'avança pour le combattre. Lorsque les coureurs de l'armée impériale atteignirent l'arrière-garde française, au pont de Bouvines, le roi, accablé de chaleur et fatigué du poids de ses armes, se reposait à l'ombre d'un frêne, à côté d'une église consacrée à saint Pierre. « A cette nouvelle, dit un
« historien qui eut le rare avantage d'être témoin oculaire de l'ac-
« tion, le roi entra dans l'église, et, après une courte prière au
« Seigneur, en ressortit, revêtit ses armes, et d'un visage joyeux
« comme s'il était appelé à des noces, il remonta sur son cheval ;
« au travers du champ on entendit le cri, *aux armes ! aux armes !*
« les trompettes retentissaient, les escadrons qui avaient déjà passé
« le pont, revenaient en arrière ; on fit redemander aussi le dra-
« peau de saint Denis, qui, dans les combats, doit précéder tous
« les autres ; mais, comme il tardait à revenir, on ne l'attendit pas.
« Le roi partit à cheval, et se plaça à la première ligne, où une
« petite élévation le séparait des ennemis.

« Ceux-ci voyant, contre leur espérance, que le roi était de re-
« tour, frappés d'étonnement, tournèrent sur la droite et s'étendi-
« rent à l'occident, en occupant la partie la plus élevée de la
« plaine. Ils avaient le dos au nord, et dans les yeux le soleil, qui

---

[1] Guillelmus Armoricus, pag. 95.

« ce jour-là était plus ardent que de coutume. Le roi déploya son
« armée vis-à-vis d'eux, occupant une longue ligne au midi de la
« plaine, et ayant le soleil sur les épaules. Les deux armées demeu-
« rèrent ainsi quelque peu de temps, offrant deux lignes à peu près
« de même longueur, et n'étant séparées que par un court es-
« pace[1]. »

Le roi de France était entouré de ses plus vaillants chevaliers, Guillaume des Barres, Barthelemy de Roye, le jeune Gaultier, Pierre de Montvoisin, Gérard Scropha, Étienne de Longchamp, Guillaume de Mortemer, Jean de Rouvrai, Guillaume de Garlande et le jeune comte de Bar. Derrière Philippe se trouvait placé Guillaume le Breton, son chapelain, qui nous a laissé une si curieuse description de la bataille de Bouvines.

L'action commença par une escarmouche entre cent cinquante écuyers français et les Flamands. Bientôt les chevaliers, de part et d'autre, se chargèrent avec beaucoup d'ardeur et de résolution, et du sein de la mêlée, à travers le cliquetis des armes et les cris de rage des combattants, on entendait par intervalles ces mots : « Chevaliers, souvenez-vous de vos dames! »

« Après trois heures du combat le plus acharné, dit Guillaume le
« Breton, tout le poids de la guerre se tourna contre le comte Fer-
« rand. Ce prince, percé de beaucoup de blessures, et renversé par
« terre, fut fait prisonnier avec un grand nombre de ses chevaliers.
« Il avait presque perdu le souffle par la longueur du combat, lors-
« qu'il se rendit à Hugues de Mareuil et à Jean son frère.

« Pendant ce temps, les légions des communes qui étaient déjà
« parvenues presque jusqu'à leur quartier, arrivèrent sur le champ
« de bataille, avec l'étendard de saint Denis, et elles vinrent im-
« médiatement se ranger près du corps de bataille du roi, où elles
« voyaient l'étendard royal des fleurs de lis, que portait ce jour-
« là Galon de Montigny, vaillant, mais pauvre chevalier. Les mi-
« lices de Corbie, Amiens, Beauvais, Compiègne et Arras, passè-
« rent entre les escouades des chevaliers, et vinrent se mettre en
« bataille devant le roi. Mais la chevalerie d'Othon, composée

---

[1] GUILLELMUS ARMORICUS, pag. 95.

« d'hommes très-belliqueux et très-audacieux, les chargeant incon-
« tinent, les repoussa, les mit en désordre, et parvint presque jus-
« qu'au roi. A cette vue, les chevaliers qui formaient le bataillon
« du roi, s'avancèrent pour le couvrir, en le laissant un peu der-
« rière eux, et ils arrêtèrent Othon et les siens qui, avec leur fu-
« reur teutonique, n'en voulaient qu'au roi seul ; mais tandis
« qu'ils se portaient en avant, et qu'avec une vertu admirable ils
« arrêtaient les Allemands, les fantassins ennemis entourèrent le
« roi, et avec leurs petites lances et leurs crochets, ils l'entraînè-
« rent à bas de son cheval, et ils l'y auraient tué, si la main divine
« et l'excellence de son armure ne l'avaient protégé. Un petit
« nombre de chevaliers qui étaient restés avec lui, et surtout
« Galon de Montigny, qui, en agitant son drapeau, appelait du
« secours, et Pierre Tristan qui, se jetant à bas de son cheval,
« s'exposait aux coups pour le roi, repoussèrent ces fantassins
« ennemis, les tuèrent ou les mirent en fuite ; tandis que le roi, se
« relevant de terre plus tôt qu'on ne s'y attendait, remonta sur
« son cheval avec une légèreté qu'on ne lui croyait pas[1]. »

Pendant que Philippe-Auguste était exposé à cet immense
péril, l'empereur Othon courait un danger non moins grand.
Les chevaliers français, perçant la foule épaisse qui l'entourait,
étaient parvenus jusqu'à lui : « Pierre de Montvoisin saisit même la
« bride de son cheval, poursuit Guillaume le Breton ; comme il ne
« pouvait l'arracher du milieu des siens, Gérard Scropha le frappa à
« la poitrine du couteau qu'il tenait nu à la main : il ne traversa
« point l'armure impénétrable dont les chevaliers de nos jours sont
« couverts ; et comme il voulait redoubler, le cheval d'Othon en
« se cabrant, reçut le coup dans la tête ; blessé mortellement à
« l'œil, il tourna sur lui-même et prit sa course du côté par où il
« était venu. L'empereur nous montrant ainsi le dos, et nous lais-
« sant en proie son aigle et le char qui le portait, le roi dit aux
« siens : *Vous ne verrez plus sa face d'aujourd'hui.* Cependant son
« cheval avait fait bien peu de chemin lorsqu'il tomba mort ; mais
« on lui en présenta aussitôt un autre avec lequel il recommença

---

[1] GUILLELMUS ARMORICUS, pag. 97.

« à fuir ; il ne pouvait plus résister à la valeur de nos chevaliers.
« En effet Guillaume des Barres l'avait déjà deux fois tenu par le
« cou ; mais il se déroba à lui par la rapidité de son cheval, et par
« l'épaisseur des rangs de ses soldats [1]. »

La fuite d'Othon ne termina point la bataille ; les chevaliers de l'empereur, moins soigneux de leurs personnes et plus soucieux de leur gloire, chargèrent une dernière fois les Français et les firent reculer ; mais ceux-ci, revenant avec une plus terrible furie, les firent tous prisonniers. Alors la déroute des Flamands devint générale. On vit fuir le duc de Louvain, le duc de Limbourg, Hugues de Boves, et, avec eux, des escadrons tout entiers. Le brave Renaud, comte de Boulogne, tint plus longtemps que les autres, et combattit jusqu'au dernier moment avec un courage indomptable ; mais, renversé de son cheval et blessé, il se rendit à l'évêque de Senlis. Restaient sept cents fantassins brabançons qui, depuis le commencement de cette rude journée, occupaient le front de bataille de l'armée impériale ; tout avait fui autour d'eux, eux seuls étaient inébranlables. Les Français les attaquèrent de toutes parts, et les tuèrent presque tous, sans qu'ils songeassent à mettre bas les armes. La nuit approchait. Le roi de France, craignant que dans le désordre triomphant d'une victoire quelques-uns de ses importants prisonniers ne vinssent à s'échapper, fit cesser la poursuite des vaincus et rallia ses troupes autour de son étendard royal.

La dernière scène de la bataille de Bouvines a été décrite d'une manière pittoresque par l'auteur de la *Philippide;* nous aimons à répandre sur nos récits la couleur du temps, et toutes les fois que nous trouvons occasion de citer les anciens écrivains, nous la saisissons, persuadés que la vérité se fait ainsi beaucoup mieux jour. Voici dans quels termes l'Homère du règne de Philippe-Auguste dépeint, dans ses vers, les terribles suites des grandes batailles [2] :
« Les cordes et les chaînes manquent pour charger tous ceux qui doivent être garrottés ; car la foule des prisonniers est plus nom-

---

[1] Guillelmus Armoricus, pag. 98.
[2] *Philippide*, chant XI.

breuse que la foule de ceux qui doivent les enchaîner. Déjà la lune se préparait à faire avancer son char à deux chevaux ; déjà le quadrige du soleil dirigeait ses roues vers l'Océan... Aussitôt les clairons changent leurs chants guerriers en sons de rappel, et donnent le joyeux signal de la retraite. Alors enfin, il est permis aux Français de rechercher le butin et de ravir aux ennemis étendus sur le champ de bataille leurs armes et leurs dépouilles. Celui-ci se plaît à s'emparer d'un destrier ; là, un maigre roussin présente sa tête à un maître inconnu, et est attaché par une ignoble corde. D'autres enlèvent dans les champs les armes abandonnées ; l'un s'empare d'un bouclier, un autre d'une épée ou d'un heaume. Celui-ci s'en va content avec des bottes, celui-là se plaît à prendre une cuirasse, un troisième ramasse des vêtements ou des armures. Plus heureux encore, et mieux en position de résister aux rigueurs de la fortune, est celui qui parvient à s'emparer des chevaux chargés de bagage, ou de l'airain caché dans de grosses bourses, ou bien encore de ces chars que le Belge, au temps de sa splendeur, est réputé avoir construits le premier, chars remplis de vases d'or, de toutes sortes d'ustensiles agréables, de vêtements travaillés avec beaucoup d'art par les Chinois, et que le marchand transporte chez nous de ces contrées lointaines. Chacun de ces chariots, porté sur quatre roues, est surmonté d'une chambre qui ne diffère en rien de la superbe alcôve nuptiale où une jeune mariée se prépare à l'hymen, tant cette chambre, tressée en osier brillant, renferme, dans ses vastes contours, d'effets, de provisions, d'ornements précieux. A peine seize chevaux attelés à chacune de ses voitures peuvent-ils suffire pour enlever et traîner les dépouilles dont elles sont remplies. Quant au char sur lequel Othon le Réprouvé avait dressé son dragon et suspendu son aigle aux ailes dorées, bientôt il tombe sous les coups innombrables des haches ; et, brisé en mille pièces, il devient la proie des flammes. Car on veut qu'il ne reste aucune trace de tant de faste, et que l'orgueil, ainsi condamné, disparaisse avec toutes ses pompes. L'aigle, dont les ailes étaient brisées, ayant été promptement restaurée, le roï l'envoya sur l'heure même à l'empereur Frédéric ; afin qu'il apprît par ce présent qu'Othon, son rival, ayant été vaincu, les insignes de l'empire passaient entre ses mains par une faveur céleste. Mais la nuit approchait, l'armée, chargée de richesses et de gloire, rentra dans le camp ; et le roi, plein de reconnaissance et de joie, rendit mille actions de grâce au roi suprême qui lui avait donné de terrasser tant d'ennemis. »

Parmi les prisonniers se trouvaient cinq comtes : Ferrand de Flandre, Renaud de Boulogne, Guillaume de Salisbury, Othon de Teklembourg et Conrad de Dortmund ; vingt-cinq chevaliers bannerets, et une multitude d'autres d'un rang inférieur. Le roi abandonna quelques-uns de ces captifs aux communes, afin que chacune pût s'enorgueillir de la part qu'elle avait prise à la grande victoire de Bouvines. Les communes qui avaient combattu dans cette journée fameuse étaient au nombre de quinze : Noyon, Montdidier, Montreuil, Soissons, Bruyères, Hesdin, Cernay, Crespy en Laonnais, Crandeleu, Veley, Corbie, Compiègne, Roye, Amiens et Beauvais. C'était la démocratie qui faisait sa première apparition sur les champs de bataille de la féodalité, et qui, pour son coup d'essai, avait fait un coup de maître.

Le retour de Philippe-Auguste à Paris eut tout l'éclat d'un triomphe ; jamais encore le peuple français n'avait applaudi avec tant d'enthousiasme aux succès de ses rois ; toutes les villes, tous les villages, à travers lesquels passa le vainqueur de Bouvines, étaient décorés d'arcs de verdure, et la joie des Parisiens surpassa encore celle des campagnards ; elle tenait du délire [1].... Clercs et laïques allaient au devant du roi, en chantant des cantiques et des hymnes ; toutes les cloches des villes faisaient entendre de joyeux carillons. Partout des danses et des jeux ; les instruments de musique ne cessaient de résonner. Pas une église, pas une maison, disent les chroniques de France, qui ne fût tapissée de courtines, de draps de soie, jonchée de fleurs et de branchages ; c'était alors le temps de la moisson. De tous côtés les paysans abandonnaient leurs travaux ; ils étaient curieux de voir dans les fers le prince Fernand,

---

[1] GUILLELMUS ARMORICUS, *Histoire de Philippe-Auguste*, pag. 102. — DOM CALMET, *Histoire de Lorraine*, tom. II, liv. XXIII, ch. V. — OUDEGHERST, *Chroniques et Annales de Flandre*, ch. CIV. — GUILLAUME DE NANGIS, *Chronique*. — ROGER DE HOVEDEN. — *Chroniques de Saint-Denys*, pag. 413.

qui avait été un sujet de terreur pour eux : *Cernere capientes Fernandum in vinculis quem nuper formidabant in armis;* sur le passage du cortége royal ils formaient des arcs de triomphe avec leurs houes, leurs faucilles et leurs râteaux. Le comte de Flandre entra à Paris lié sur une litière portée par deux chevaux bai-brun qu'on appelait des *auférans*. Le peuple de Paris, de tout temps, fort ami des jeux de mots, sacrifia la pitié qu'on doit aux vaincus au misérable esprit d'une sorte de pot-pourri. Il s'écria en voyant passer Fernand, qu'il appelait Ferrand :

> Ferrand portent deux auférans,
> Qui tous deux sont de poil ferrant ;
> Ainsi s'en va lié en fer,
> Comte Ferrand en son enfer,
> Les auferant de fer ferré,
> Emportent Ferrand enferré.

Les chroniques de France trouvent avec raison que l'allégresse publique passa la mesure à l'égard du prince malheureux : « Les vilains, les vieilles et les enfants, ajoutent-elles, n'avaient pas honte de le moquier et escharnir ; si avaient trouvé occasion de lui gaber par l'équivocation de son nom pour ce que le nom est équivoque à homme et à cheval. »

CHAPITRE IX.

SOMMAIRE.

Fin du règne de Philippe-Auguste. — Continuation de la guerre contre les Albigeois. — Avénement de Louis VIII au trône de France. — Conquête du Poitou par le nouveau roi. — Bulle du pape Honorius III contre Raymond VII. — Concile de Bourges. — Louis VIII acquiert tous les droits de la maison de Montfort. — Nouvelle croisade contre les Albigeois. — Siége et prise d'Avignon. — Mort de Louis VIII. — Minorité de Louis IX sous la régence de Blanche de Castille, sa mère. — La régente, malgré le déchaînement des grands vassaux contre elle, poursuit la conquête de l'Albigeois. — Traité de Paris qui assure le Languedoc à la France. — Établissement de l'inquisition dans cette province. — Progrès de l'esprit républicain dans les villes libres du midi de la France. — Ligue de plusieurs grands feudataires contre Louis IX. — Ils sont vaincus à Taillebourg. — Soumission des comtes de Toulouse, de Foix et de la Marche. — Croisade de Louis IX. — Nouvelle régence de Blanche de Castille. — Soulèvement des Pastoureaux. — Guerre civile en Flandre. — Retour du roi. — Lois promulguées par Louis IX sous le nom d'*Establissements*. — La France passe du régime féodal au régime absolu. — Seconde croisade de Louis IX. — Il meurt devant Tunis. — Avénement de Philippe III, surnommé le *Hardi*. — Réunion du comté de Toulouse à la couronne. — Soumission du comté de Foix. — Mort de Philippe III.

La bataille de Bouvines eut pour résultat la destruction de la ligue formée contre Philippe-Auguste et la soumission de la Flandre. Les affaires de Jean sans Terre se trouvèrent désespérées; la noblesse anglaise le déclara déchu du trône, et offrit sa couronne au fils du roi de France. Philippe ayant accepté cette offre, malgré les remontrances et les menées de la cour de Rome, son fils, le prince Louis, passa le détroit sur une flotte de sept cents voiles, débarqua avec une puissante armée, et fut reçu avec des transports de joie par les Anglais qui abhorraient la tyrannie de Jean ; c'est alors que celui-ci, dans le but de se réconcilier avec les hauts barons et les évêques, leur accorda la grande charte (*magna charta*), qui limitait considérablement les prérogatives royales, et augmentait d'autant les priviléges de la noblesse et du clergé. Louis fit son entrée à Londres, et y fut couronné roi. Tout faisait présager qu'il régnerait paisiblement sur l'Angleterre ; mais un événement imprévu changea les choses de face. Jean sans Terre mourut, et les Anglais, ne voulant pas rendre ses enfants responsables de ses forfaits, proclamèrent roi l'un d'entre eux, sous le nom de Henri III. Louis lutta pendant quelque temps pour se maintenir sur le trône ; mais la circonspection de Philippe-Auguste, qui n'osa pas lui envoyer ouvertement des secours parce qu'il était excommunié, et surtout l'énergie que déployèrent les Anglais pour s'affranchir de la domination étrangère, le mirent dans la nécessité d'abdiquer, et il repassa en France.

Philippe-Auguste agrandit considérablement la monarchie française, tant par ses conquêtes que par ses alliances ; il s'empara de la Normandie, de l'Anjou, du Maine et de la Touraine, sur le roi d'Angleterre, comme nous l'avons déjà dit ; de la Picardie, sur le comte de Flandre ; de l'Auvergne et de Châtellerault, sur les comtes qui en étaient possesseurs ; il acquit l'Artois par son mariage avec Isabelle de Hainaut, et acheta un grand nombre de villes et de châteaux.

Le règne de ce monarque fut incontestablement une époque de progrès intellectuel, où les lumières commencèrent à jaillir du sein des ténèbres et de la barbarie. Philippe-Auguste, par ses constants et infatigables efforts pour substituer au morcellement féodal l'unité monarchique, et pour affranchir le peuple du joug des seigneurs, rendit d'incontestables services à la civilisation et à l'humanité. Ses démêlés avec la cour de Rome eurent un grand éclat ; bien qu'il eût payé son tribut aux croisades et guerroyé pour la foi, il fut solennellement excommunié, en 1193, pour avoir répudié sa seconde femme, Ingelburge, et épousé Agnès de Méranie ; ce fut probablement le souvenir des maux que lui avaient causés les foudres ecclésiastiques qui, sur la fin de sa carrière, lui fit garder une si prudente réserve à l'égard de son fils excommunié, et l'empêcha de lui prêter son appui contre les Anglais. Philippe, malgré la fière indépendance de son caractère, fut obligé, afin d'obtenir son absolution et la levée de l'interdit mis sur son royaume par le Saint-Siége, de répudier à son tour Agnès qu'il aimait, et de reprendre Ingelburge qu'il avait détestée dès les premiers jours de leur union, au point que l'on croyait qu'un maléfice avait été jeté sur elle; car rien dans sa personne ne méritait les dédains du roi. Cette soumission à l'autorité pontificale lui valut dans la suite les faveurs de la cour de Rome, qui savait récompenser aussi bien qu'elle savait punir. Philippe-Auguste mourut en 1223, et eut pour successeur son fils Louis, huitième du nom, qui n'avait point été couronné du vivant de son père, comme ses prédécesseurs, ce qui montre que la dynastie capétienne était désormais solidement assise en France, et que le droit de primogéniture avait acquis force de loi. Louis VIII se fit sacrer à Reims, sans contestation de la part des grands vassaux. Au lieu de défendre contre les Anglais les conquêtes de son père, le nouveau roi se mit à la tête d'une croisade contre les hérétiques du Midi.

L'hérésie albigeoise n'avait pas entièrement disparu. Le peu d'hérétiques qui avaient survécu aux massacres de la première croisade n'étaient pas assez nombreux pour inspirer de sérieuses inquiétudes aux catholiques, il est vrai, mais ils l'étaient assez pour fournir à ces derniers le prétexte de continuer la guerre, et, par conséquent de prolonger l'immense curée à laquelle chacun voulait prendre part à son tour.

Simon de Montfort ne resta pas tranquille possesseur du Toulousain et des autres pays qui lui étaient échus en partage. Des révoltes multipliées eurent lieu contre lui. Il perdit ainsi la plus grande partie de ses conquêtes. La ville de Toulouse elle-même secoua le joug. Le fils du vieux comte de Toulouse, Raymond VII, profita habilement de cette réaction pour ressaisir les États de son père. Montfort l'assiégea dans Toulouse; mais la fortune, cette fois, fut contraire au *nouveau Machabée,* comme on l'appelait; il fut tué d'un coup de pierre. Un poëte provençal fit ainsi son oraison funèbre : « Son épitaphe dit qu'il est saint et martyr, et qu'il ressuscitera en joie merveilleuse et héritera du royaume du ciel. Mais moi, j'ai ouï dire que si pour occire les hommes et répandre le sang, si pour perdre les âmes et se complaire aux meurtres, et pour croire les mauvais conseils, et pour allumer les incendies ; si pour détruire les barons et honnir l'honneur, pour ravir les terres et soutenir orgueil ; si pour attiser le mal et éteindre le bien ; si pour occire les femmes et massacrer les enfants, un homme peut en ce monde conquérir Jésus-Christ, celui-là doit porter la couronne et resplendir au ciel. » Le poëte provençal vengea son malheureux pays.

Ce personnage, si atrocement célèbre, laissa un fils nommé Amaury, qui, ne se sentant ni le courage, ni l'énergie nécessaire pour se maintenir dans la position élevée où son père s'était placé à force d'intrigues, de travaux et de crimes, fit donation au roi de France de toutes les conquêtes de Montfort. Louis VIII venait de succéder à Philippe-Auguste, son père. En échange de cette donation, Louis promit au jeune Montfort la charge de connétable de France. Le nouveau roi désirait vivement se rendre maître de l'Albigeois ; il négocia activement avec l'Église pour obtenir son appui, et commença par faire la conquête du Poitou et de tous les pays qui s'étendent jusqu'à la Garonne. L'Église, qui attachait le plus grand prix à l'extinction totale de l'hérésie, s'associa avec ardeur aux projets de conquête de Louis VIII, et le pape Honorius III publia contre Raymond VII une bulle à laquelle il eût été difficile de répondre, car elle était incompréhensible. Voici ce curieux échantillon de l'éloquence du Vatican au XIII° siècle : « Le misé-
« rable état, ou plutôt la misère établie de la province narbon-
« naise et des régions voisines, disait le pape, nous a longtemps
« tourmenté dans l'anxiété et suspendu dans le doute. Dans notre
« anxiété, nous cherchions une voie et une manière de relever les
« intérêts de la paix et de la foi, qui semblent absolument renver-
« sées dans ces contrées ; dans notre doute, nous hésitions si cette
« terre n'était pas tellement corrompue que tout travail que nous
« y ferions serait inutile... En effet, cette terre, quoique travaillée
« par beaucoup de sueurs, quoique suée par beaucoup de travail,
« a été en vain forgée par son forgeron ; car toute sa malice n'a
« point été consumée, toute sa rouille n'en est point sortie, même
« par le feu, auquel Dieu, par un jugement occulte, mais juste,
« a livré l'infidélité du cœur des habitants, et la gelée de leur ma-

« lice. Ni les fomentations des caresses, ni les tourments des fla-
« gellations, n'ont pu encore les amollir. Ils ont tellement roidi
« leurs cœurs contre Dieu, que, quoique livrés à une multitude
« de fléaux, ils n'ont point accepté leur discipline. Parce qu'ils
« ont eu des succès contre l'Église, ils y voient la confirmation de
« leurs erreurs, ne se souvenant point que la félicité des pécheurs
« est la plus grande des infélicités [1]. »

Il n'était pas possible de soutenir une mauvaise cause par de plus mauvaises raisons. Ce fut pourtant cette bulle ridicule qui ralluma en France le feu mal éteint de la guerre religieuse. Le cardinal de Saint-Ange, légat du Saint-Siége auprès de Louis VIII, convoqua à Bourges, pour le 29 novembre 1225, un concile national où Raymond VII fut invité à se rendre. Ce dernier savait bien que sa ruine était le but auquel tendaient toutes les négociations du roi de France avec l'Église; mais, secrètement uni au roi d'Angleterre, il puisa dans cette alliance le courage de se rendre à Bourges, au milieu de ses plus implacables ennemis.

Le concile fut très-nombreux. On y comptait six archevêques, cent treize évêques, et cent cinquante abbés. Il était présidé par le légat, et le roi de France y assistait avec toute sa cour. Raymond VII, d'une part, et Amaury de Montfort, de l'autre, s'y présentèrent pour faire valoir leurs droits respectifs sur le comté de Toulouse. Amaury y produisit les titres des donations faites à son père par le pape et par Philippe-Auguste, et il insista sur ce que Raymond avait été dépouillé sans retour de son héritage par la plus haute autorité de l'Église, celle du concile œcuménique de Latran. Raymond, de son côté, se déclara prêt à faire le service de ses fiefs, et à s'acquitter, soit envers le roi, soit envers l'Église romaine, de tout ce qu'il pourrait leur devoir, à raison de son héritage. « Vous soumettriez-vous à ce sujet, dit Amaury, au jugement des douze pairs de France? — Que le roi reçoive auparavant mon hommage, répondit judicieusement Raymond, et je suis prêt à m'y soumettre; si nous agissions autrement, peut-être les pairs ne me reconnaîtraient-ils pas pour l'un des leurs. » Cette

---

[1] *Bull.* 15. *Kal. Martii, apud Raynaldum.*

manière loyale et chevaleresque de discuter une question qui intéressait si directement l'Église, déplut au cardinal de Saint-Ange ; il se hâta de mettre fin au colloque engagé entre les deux compétiteurs ; puis il enjoignit à chaque archevêque de prendre avec lui ses évêques, et de délibérer ensemble, sans communiquer avec ses confrères ; il demanda ensuite que chacun lui transmît ses avis par écrit, menaçant de l'excommunication celui des prélats qui révélerait le secret de ces délibérations partielles [1].

Cependant, comme il fallait absolument un prétexte pour entreprendre une nouvelle croisade, le légat répéta contre le comte de Toulouse les accusations d'hérésie et de révolte. Alors Raymond VII s'adressant au représentant du Saint-Siége « le supplia avec les prières les plus instantes de venir lui-même visiter chacune des cités de sa province, de questionner chacun de ses sujets sur les articles de sa foi ; et s'il trouvait quelqu'un qui différât de la croyance catholique, il protesta qu'il était prêt à faire de lui la plus sévère justice, suivant le jugement de la sainte Église. De même s'il s'y trouvait quelque cité qui fût rebelle, il affirma qu'il était prêt, avec tout son pouvoir, à la forcer, ainsi que tous les habitants, d'en faire satisfaction. Quant à lui-même, il offrit, s'il avait péché en quelque chose (ce qu'il ne se souvenait pas d'avoir fait), d'en faire pleinement pénitence à Dieu et à la sainte Église, comme un fidèle chrétien ; et si le légat voulait, il était prêt à subir également lui-même l'examen de sa foi. Mais le légat méprisa toutes ces choses, et le comte, tout catholique qu'il était, ne put obtenir de grâce, qu'autant qu'il renoncerait à son héritage pour lui-même et pour les siens [2]. »

Le légat cardinal, pendant la durée du concile de Bourges, conclut avec Louis VIII un traité aux termes duquel il accorda à tous ceux qui se croiseraient contre les Albigeois les indulgences les plus étendues, et il interdit au roi d'Angleterre, sous peine d'excommunication, d'inquiéter le roi de France aussi longtemps qu'il

---

[1] MATTHIEU PARIS, *Historia major, sive rerum anglicarum historia, à Guillelmi Conquestoris adventu ad annum* 1259, pag. 277.

[2] IBID., pag. 279.

serait au service de Dieu et de l'Église. Après quoi, il congédia le concile et déclara que l'avis séparé qu'il avait reçu de chaque archevêque était que Raymond ne devait point être absous, mais que le roi des Français devait être chargé par l'Église du soin de purger la terre de la *scélératesse des hérétiques*, et que pour dédommager ce roi de ses dépenses, la décime de tous les revenus ecclésiastiques lui serait abandonnée pendant cinq ans, si la guerre durait aussi longtemps.

Le 28 janvier 1226, Louis VIII, en sa qualité de vengeur de l'Église offensée, accepta solennellement la confiscation des terres du comte de Toulouse, et, deux jours après, il prit la croix avec tous ses barons. Le légat excommunia, comme hérétique condamné, l'infortuné Raymond VII; Amaury de Montfort, avec l'approbation de son oncle Gui, céda au roi toutes ses prétentions sur l'Albigeois en échange de la charge de connétable de France; enfin le légat accorda à Louis cent mille livres à prendre annuellement sur les décimes des biens ecclésiastiques du royaume, et il envoya des missionnaires dans toutes les parties de la France, avec pouvoir d'absoudre de tous leurs péchés ceux qui s'enrôleraient sous les bannières de Louis VIII pour exterminer les hérétiques. En peu de temps ce monarque se trouva à la tête d'une armée qui comptait cinquante mille hommes à cheval, et un plus grand nombre de fantassins [1].

Une terreur inexprimable se répandit dans tous les pays que menaçait un si formidable armement, et qui avaient déjà éprouvé la fureur sanguinaire des soldats catholiques. Tous les seigneurs des États de Raymond, toutes les villes qui lui étaient soumises, envoyèrent des députations au roi de France pour lui offrir leur serment de fidélité et toutes les garanties d'une entière soumission. Les habitants d'Avignon furent au nombre de ceux qui députèrent vers Louis; ils mirent à son service l'usage de leur pont sur le Rhône, et lui offrirent même des vivres; mais ce fut à condition que la nombreuse armée des croisés n'entrerait point dans leur ville; et, afin de faire respecter l'espèce de

---

[1] Matthieu Paris, pag. 280.

neutralité qu'ils voulaient garder, ils relevèrent leurs murailles, ils se pourvurent d'armes et de machines de guerre, et firent de grands approvisionnements. La condition posée par les Avignonais ne fut point acceptée. Le légat et les prêtres voulaient punir une cité qui, sous le poids de l'excommunication, avait persisté douze ans dans son impénitence. Les croisés supposaient que de grandes richesses se trouvaient accumulées dans Avignon, et ils les convoitaient ardemment. Enfin, l'orgueil du roi était blessé de toute résistance à son autorité. Il déclara donc aux podestats et aux consuls d'Avignon qu'il voulait traverser leur ville *la lance sur la cuisse*, à la tête de toute son armée. Les magistrats avignonais répondirent hardiment qu'ils ne le permettraient pas, et firent fermer leurs portes.

Le 6 juin 1226, l'armée des croisés arriva devant Avignon; et, le 10, elle en commença le siège. La réduction de cette populeuse cité était une entreprise plus difficile que le légat et les croisés ne l'avaient cru. Forte par sa situation et par une double enceinte de murs, elle comptait sur son bon droit et sur la protection de l'empereur Frédéric II, auquel Louis VIII se hâta d'écrire pour justifier son agression, et l'amour de la liberté enflammait ses habitants d'une héroïque ardeur : « Ils renvoyaient aux assiégeants, dit Matthieu Paris, pierres pour pierres, flèches pour flèches, solives pour solives, javelots pour javelots; ils inventaient des machines destinées à détruire l'effet des machines qui battaient leurs murailles, et ils infligeaient aux croisés des blessures mortelles. »

Ce peu de mots renferment les seuls détails que nous possédions sur un siège qui ne dura pas moins de trois mois, et qui paraît avoir été extrêmement meurtrier. Le manque de vivres et de fourrages dans le camp des assiégeants y causa une épouvantable mortalité, suivie bientôt de fièvres pestilentielles qui enlevèrent plus de vingt mille croisés. Le 12 septembre, les Avignonais capitulèrent. Matthieu Paris assure qu'ils consentirent seulement à recevoir dans leur ville le légat et les plus grands seigneurs de l'armée, et que ceux-ci, une fois introduits, s'emparèrent des postes au mépris de la capitulation, et traitèrent Avignon comme une ville prise d'assaut. Après cet exploit, le seul de toute la campagne, Louis parcourut le Languedoc et s'avança jusqu'à quatre lieues de Toulouse, sans rencontrer un seul hérétique. Ce fut avec une peine infinie qu'on découvrit enfin dans le diocèse de Narbonne, un ancien prédicateur des Albigeois, nommé Pierre Izarn, qui, trop vieux pour quitter le pays, se cachait dans une retraite profonde. Il fut condamné par l'archevêque de Narbonne, et brûlé en grande cérémonie. Bien que cette guerre porte dans l'histoire le nom de croisade, elle fut plutôt politique que religieuse, et eut plutôt pour but l'agrandissement de la France que la destruction de l'hérésie; ce qui le prouve, c'est que Louis eut moins à combattre les hérétiques, qu'il ne rencontra nulle part, que les Languedociens catholiques, ayant à leur tête les comtes de Toulouse et de Foix, lesquels, trop faibles pour affronter la redoutable armée du roi de France, la harcelaient sans relâche, et voyaient moins en ce monarque le *bras droit* de l'Église, qu'un audacieux envahisseur qui voulait les soumettre à son joug. Après avoir exercé dans les provinces méridionales des ravages presque aussi grands que l'exécrable Simon de Montfort, Louis VIII fut atteint de l'épidémie qui décimait son armée, et mourut à Montpensier, en Auvergne, le 8 novembre 1226, après un règne de trois ans seulement [1].

Le fils aîné de Louis VIII n'avait que douze ans lorsqu'il parvint au trône sous le nom de Louis IX. Sa mère, Blanche de Castille, gouverna jusqu'à sa majorité en qualité de régente. Blanche était étrangère, et à ce titre seul elle inspirait de la défiance aux Français; mais elle avait pour soutiens les deux hommes les plus puissants de France, le cardinal romain de Saint-Ange, légat du Saint-Siége, et Thibaud IV, comte palatin de Champagne et de Brie. Le premier manifestait un si vif attachement pour la reine que, de toutes parts, dit un historien que nous avons déjà cité, « s'élevait un bruit inénarrable et sinistre, que ce légat se conduisait avec elle autrement qu'il n'était décent; bruit, ajoute-t-il,

---

[1] GUILLAUME DE NANGIS, *Chronique.* — *Gesta Ludovici VIII,* pag. 310. — *Chroniques de Saint-Denys,* pag. 422. — DOM VAISSETTE, *Histoire générale du Languedoc,* liv. XXIV, ch. XXVII. — GUILLELMUS DE NANGIACO, *Vita Ludovici VIII,* pag. 310.

qu'il serait impie de croire, car c'étaient ses rivaux qui le répandaient [1]. » Le second passait également pour n'être pas indifférent à Blanche de Castille, et fut même accusé d'avoir fait empoisonner Louis VIII, bien qu'il fût loin de lui au moment de sa mort. Avec l'appui de ces deux hommes qui lui étaient entièrement dévoués, la reine Blanche lutta avantageusement contre les nombreux mécontents qui tentèrent d'entraver son administration. Parmi ces mécontents, le plus redoutable était Pierre de Dreux, comte de Bretagne, que sa constante opposition aux usurpations du clergé avait fait surnommer Mauclerc [2]. La province qu'il gouvernait était feudataire en même temps de la couronne d'Angleterre et de celle de France, et Mauclerc, afin de se rendre indépendant de toutes les deux, opposait sans cesse les prétentions de l'une à celles de l'autre. Quelque temps auparavant il avait conclu avec le roi d'Angleterre, Henri III, une sorte d'alliance dans laquelle étaient entrés un certain nombre de grands seigneurs français, dont le but était de recouvrer ce qu'ils appelaient les libertés françaises. On comptait parmi eux Hugues X de Lusignan, comte de la Marche, et sa femme Isabelle, comtesse d'Angoulême, Savary de Mauléon, et le comte de Thouars.

Blanche de Castille tint courageusement tête à cette ligue formidable ; elle assiégea et prit en personne le château de Belesme qui appartenait au duc de Bretagne, et, malgré les graves embarras que lui suscitaient les grands vassaux, elle poursuivit avec une infatigable persévérance la conquête de l'Albigeois. Hubert de Beaujeu fut chargé par elle du commandement des troupes dirigées contre Raymond VII. Celui-ci, mettant à profit les déchirements intérieurs de la France, avait repris vigoureusement l'offensive, s'était emparé de Castel-Sarrazin, et avait battu les catholiques dans deux rencontres successives. Hubert de Beaujeu, réduit aux seules troupes royales qu'il commandait, n'aurait pu tenir longtemps la campagne ; mais les prélats firent pour lui ce que la reine régente ne pouvait faire ; ils prêchèrent la croisade dans

---

[1] Matthieu Paris, pag. 282.

[2] C'est-à-dire le mauvais clerc ou le mauvais savant.

leurs diocèses et lui amenèrent une armée nombreuse et fanatique [1]. L'évêque de Toulouse, Fouquet, se trouvait au milieu des croisés, et il les surpassait tous en zèle sanguinaire ; il se croyait appelé à purifier par les bûchers sa ville épiscopale, et il détermina Beaujeu à se rapprocher de Toulouse. D'après ses conseils les croisés dévastèrent cruellement les environs de cette malheureuse ville, fauchant les blés, arrachant les vignes, abattant les arbres fruitiers, brûlant les maisons. Ces dévastations durèrent trois mois, au bout desquels Toulouse ne se trouva plus environnée que d'un effroyable désert. Tous ses plus riches citoyens se trouvaient ruinés ; la population tout entière soupirait après la paix. Raymond VII lui-même, las d'une guerre si longue et si désastreuse, prêta l'oreille aux ouvertures pacifiques qui lui furent faites de la part de la régente, et, le 12 avril 1229, un traité de paix fut signé à Paris, qui mit fin aux hostilités. Aux termes de ce traité, le comte de Toulouse abandonna au roi Louis IX tout ce qu'il possédait dans le royaume de France proprement dit, une fois moins grand alors qu'il ne l'est aujourd'hui, et au pape le Comtat Venaissin. Raymond VII s'engagea en outre à payer, en quatre ans, vingt mille marcs d'argent, à raser les fortifications de Toulouse et de trente autres places de ses domaines, et à recevoir garnison dans neuf autres. Il fut stipulé enfin qu'une partie du Toulousain, du Quercy, de l'Albigeois, avec les diocèses de l'Agenois et du Rouergue, serait constituée en fief et donnée pour dot à la fille de Raymond, âgée de neuf ans, laquelle fut fiancée à Alphonse, troisième fils de Blanche, et il fut expressément convenu qu'à la mort de cette princesse ce fief serait réuni à la couronne de France. En effet, à la mort de la fille de Raymond VII, en 1271, le comté de Toulouse et toutes ses dépendances furent irrévocablement annexés au royaume de France.

Le pape ne s'oublia pas après la victoire ; il songea à ses intérêts. Le cardinal de Saint-Ange, outre la restitution des biens et des droits des ecclésiastiques, le rétablissement des dîmes et dix mille marcs d'argent d'indemnité, exigea, au nom du Saint-Père,

---

[1] Dom Vaissette, *Histoire générale du Languedoc*, liv. XXIV, ch. xxxviii.

deux mille marcs pour l'abbaye de Cîteaux, mille pour l'abbaye de Grandselve, cinq cents pour celle de Clairvaux, six cents pour les moines de Candeil et de Belle-Perche, six mille pour les fortifications nécessaires à la sûreté de l'Église, quatre mille tous les ans afin d'entretenir quatorze professeurs ecclésiastiques, et d'autres avantages encore. De plus, le cardinal s'empara du Comtat, en le mettant sous la protection de la France, au grand déplaisir de l'empereur Frédéric, qui s'en plaignit. Le pape lui répondit que cette terre était encore chancelante dans la foi, et qu'il devait veiller sur sa *convalescence*; il fit une pareille réponse à Blanche et à saint Louis, qui s'étaient unis à Frédéric pour demander la restitution du marquisat de Raymond VII. La lettre de Grégoire IX est un monument curieux de l'astuce papale; la voici :

« Je prends à témoin Dieu qui règne dans les cœurs, et qui voit tout, que, bien que l'Église romaine se soit réservé la garde de ce pays, elle n'en conserve la possession que pour en écarter les méchants qui le replongeraient dans l'abîme d'où il est sorti. Que de peines, que de dépenses, que de sang répandu afin de conquérir cette terre! Cependant, nous ne prétendons pas nous l'approprier, ni la faire servir à notre avantage particulier : aucun intérêt humain ne nous conduit dans cette affaire. Le maintien de la paix, la pureté de la foi, la gloire de Dieu, voilà les motifs qui nous animent. Mais comme le retour de ce pays à Dieu est encore récent, comme il s'est opéré subitement, il serait à craindre qu'il ne retombât dans ses premières erreurs. Quels soins ne s'est pas donnés votre père, de glorieuse mémoire, dans le commencement de cette entreprise! avec quel zèle ne l'a-t-il pas soutenue? La mort d'une infinité de chrétiens, la destruction des églises et des lieux saints livrés aux flammes, des pertes irréparables ont été le fruit de cette conquête : plût à Dieu qu'elle fût assurée de manière à ne plus rien craindre! mais nous devons apporter le plus grand soin afin de conserver le prix de tant de labeurs et de dépenses. Ainsi, quoique nous aimions le comte comme le propre fils du Saint-Siége, quoique nous nous proposions de défendre ses intérêts, s'il y met obstacle, il convient cependant de ne rien précipiter dans une affaire de cette importance; et, comme nous ignorons encore quel est le parti le plus convenable, nous mandons à l'évêque de Tournay, notre légat, d'assembler les archevêques, les évêques, les abbés, et autres prélats de sa légation; et, après avoir délibéré, de nous envoyer leurs avis, afin que nous décidions ensuite ce qui paraîtra le plus avantageux, de telle sorte que nous tâcherons de satisfaire à Dieu et aux hommes. »

Raymond reçut une missive écrite dans le même sens, et Raymond, affaibli par l'âge, oublieux de sa gloire passée, livra son pays à la domination du pape et à ses cruels représentants.

A toutes les calamités dont le Languedoc avait été victime, se joignit en effet bientôt une dernière et plus terrible calamité, l'inquisition, qui y fut établie par un concile assemblé à Toulouse au mois de novembre 1229. Ce concile subordonna l'inquisition au pouvoir épiscopal, et enjoignit aux évêques de députer dans chaque paroisse un prêtre et deux ou trois laïques pour y rechercher tous les individus soupçonnés d'hérésie. « Qu'ils visitent soigneu-
« sement, disent les membres du concile, chaque maison de leur
« paroisse, et les chambres souterraines que quelque soupçon aura
« fait remarquer, qu'ils examinent tous les appentis, les retraites
« sous les toits, et toutes les cachettes que nous ordonnons du reste
« de détruire partout; s'ils y trouvent des hérétiques ou de leurs
« fauteurs ou recéleurs, qu'ils pourvoient d'abord à ce que ces
« gens ne puissent s'enfuir, qu'ils les dénoncent ensuite en toute
« hâte à l'archevêque, à l'évêque, au seigneur du lieu, ou à leurs
« baillis, pour les faire punir comme ils le méritent. »

On a peine à comprendre comment l'exécrable régime de l'inquisition put s'établir dans ces villes du midi de la France où l'esprit républicain s'était si prodigieusement développé; à Toulouse, il est vrai, les capitouls opposèrent une assez vive résistance aux inquisiteurs, et nous le montrerons tout à l'heure; mais dans toutes les autres villes, ces derniers purent tout à leur aise exercer leurs fureurs. Il nous reste une instruction adressée par un inquisiteur à ses confrères sur la manière de diriger les interrogatoires; ce morceau nous paraît tellement curieux que nous croyons faire plaisir à nos lecteurs en le mettant sous leurs yeux.

« Celui même qui est le plus profondément plongé dans l'hé-

résie, dit l'auteur de cette instruction, peut quelquefois être ramené par les menaces de la mort, ou par l'espérance qu'on lui donne qu'on lui permettra de vivre, pourvu qu'il confesse purement les erreurs qu'il a apprises, et qu'il dénonce les autres qu'il connaîtra pour être de la secte. S'il refuse de le faire, qu'on le renferme dans sa prison, et qu'on lui donne à entendre qu'on a des témoins contre lui, et que, s'il est une fois convaincu par des témoins, on ne lui fera aucune miséricorde, mais on le livrera à la mort; qu'en même temps on retranche sa nourriture, car cette crainte et cette souffrance contribueront à l'humilier. Qu'on ne permette à aucun de ses complices de l'approcher, de peur qu'il ne l'encourage ou qu'il ne lui enseigne à répondre avec artifice et à ne trahir personne. Qu'aucun autre, non plus, ne l'approche, si ce n'est, de temps en temps, deux fidèles adroits, qui l'avertissent avec précaution, et comme s'ils avaient compassion de lui, de se délivrer de la mort, de confesser où il a erré et sur quels points, et qui lui promettent que s'il le fait il pourra échapper, et n'être point brûlé. Car la crainte de la mort et l'espérance de la vie amollissent quelquefois un cœur qu'on n'aurait pu attendrir d'aucune autre manière. Qu'on lui parle aussi d'une manière encourageante, en lui disant : — « Ne craignez point de le confesser,
« si vous avez prêté foi à ces hommes, lorsqu'ils disaient telle et
« telle chose, parce que vous les croyiez vertueux. Si vous les
« écoutiez volontiers, si vous leur donniez de votre bien, si vous
« vous êtes confessé à eux, c'est parce que vous aimiez tous ceux
« que vous jugiez bons, et que vous ne saviez rien de mal sur eux.
« Autant en pourrait arriver à des hommes bien plus sages que
« vous, qui s'y seraient trompés. » — S'il commence alors à s'amollir et à convenir qu'il a, en effet, dans quelque lieu, entendu ces docteurs parler de l'Évangile ou des épîtres, il faut lui demander avec précaution si ces docteurs croyaient telle ou telle chose, par exemple s'ils niaient l'existence du purgatoire ou l'efficacité des prières pour les morts, ou s'ils prétendaient qu'un mauvais prêtre, lié par le péché, ne peut pas absoudre les autres, ou ce qu'ils disaient des sacrements de l'Église. Ensuite, il faudra lui demander avec précaution s'ils regardent cette doctrine comme

bonne et vraie, car celui qui en convient a, par là, confessé son hérésie... Tandis que si vous lui demandez brusquement s'il croyait les mêmes choses, il n'aurait pas répondu, car il aurait craint que vous ne voulussiez le surprendre, et l'accuser ensuite comme hérétique. Ce sont des renards très-rusés, et ce n'est que par une astuce subtile qu'on peut les prendre [1]. »

Tel est l'horrible système qui a fait tant de victimes, telle est l'infâme législation qui couvrit le monde catholique d'auto-da-fés, et que l'esprit de la révolution française a seul anéanti. Que de bûchers alluma le souffle des Dominique et des premiers membres du sombre tribunal de la Foi, ces terribles Dominicains!... Personne n'était plus certain de vivre; la délation jetait qui bon lui semblait devant des juges prévenus et impitoyables. On inventa mille tortures, mille supplices auxquels les plus cruels tyrans n'avaient pas pensé; tout cela au nom d'un Dieu de clémence et de paix! L'art de trouver des coupables fut le grand art des inquisiteurs. Comme les biens des prétendus coupables étaient confisqués, on accusa d'hérésie tous ceux dont la fortune put être convoitée, on brûla un grand nombre de pauvres diables par-dessus le marché, pour faire croire à la justice d'une sainte cause. On rechercha le crime non-seulement sur les vivants, mais encore sur les morts. Frère Arnaud, Catalan, fit déterrer, dans le cimetière de Saint-Étienne, le cadavre d'une femme pour le livrer aux flammes. Tant d'horreurs ne pouvaient manquer, comme nous l'avons dit, de réveiller de vaillantes révoltes, de sanglantes représailles, et le récit d'une de ces expéditions où les habitants de Toulouse firent main-basse sur les inquisiteurs achèvera ce funeste tableau [2] : « Raymond de Planha, dit un témoin de l'action, vint un jour à Montségur apporter à Roger de Mirepoix une lettre de Raymond d'Alfaro, bailli du comte de Toulouse. Aussitôt après l'avoir lue, Roger convoqua tous les chevaliers et hommes d'armes de Montségur et leur annonça que s'ils voulaient le suivre il y avait un bon coup à faire. Personne ne dit non. Il se mit donc à notre tête et

---

[1] *Tractatus de Hæresi pauperum de Lugduno*, tom. V, pag. 1787.
[2] *Archives de l'Inquisition de Carcassonne.*

nous conduisit d'abord dans la forêt de Gaillac. Là, ayant fait halte, nous bûmes du vin et mangeâmes du pain, du froment et autre chose encore que nous envoya Bernard de Saint-Martin. Le repas n'était pas achevé, lorsque Pierre de Mazeirols parla quelque temps en grand secret à Roger de Mirepoix et puis se retira en nous laissant Jorda de Vilar, Pierre Viel, deux arbalétriers et vingt-cinq hommes de Gaillac, armés les uns de haches, les autres d'épées. Après une courte halte au château du Mas, le seigneur Roger appela Vidal et lui dit de choisir douze de ceux qui portaient des haches. Ce choix fait, Bernard de Saint-Martin, Balaguier et Jorda se mirent à leur tête, et ouvrant la marche, nous conduisirent à la maison des lépreux d'Avignonnet. Comme nous arrivions, Raymond Goleiran sortit du château, lui troisième, et abordant Bernard de Saint-Martin et Jorda du Mas, il leur demanda s'ils avaient choisi des hommes à la hache. Sur leur réponse affirmative, il nous dit de le suivre et nous laissa au pied des remparts pour aller voir ce que faisaient les inquisiteurs dans le château. Il sortit encore et rentra de nouveau, après avoir adressé quelques mots à voix basse à Bernard, mais reparaissant bientôt avec précaution : « Les in-« quisiteurs vont se coucher, » dit-il, et à ces mots, Balaguier, Jorda du Mas, Jorda de Guiders, Guilhem Planha, Pierre Vidal, Juan de Puy-Vert et les hommes armés de haches s'approchèrent de la porte, qui leur fut ouverte par les citoyens d'Avignonnet. Raymond d'Alfaro les attendait dans le château avec quinze bourgeois d'Avignonnet ayant des bâtons et des haches et un écuyer, l'homme de confiance des inquisiteurs, qui même leur avait servi à boire toute la soirée. Ils allèrent tous ensemble droit à la salle du comte de Toulouse, où étaient couchés les inquisiteurs, et massacrèrent Guilhem Arnaud, Étienne et neuf de leurs serviteurs et de leurs frères. Il y avait alors au milieu de ces cadavres nageant dans leur sang tous les personnages déjà nommés et Raymond d'Alfaro, en pourpoint blanc, qui se vantait d'avoir assommé deux ou trois frères avec sa massue et répétait en se frottant les mains : « Bien, « c'est très-bien ! » Tous les autres disaient comme lui et s'occupaient les uns à prendre les robes et les livres des inquisiteurs, les autres à forcer leurs coffres. Cette besogne achevée, Raymond d'Al-

faro fit donner des torches aux hommes de Montségur et les accompagna jusque sur la grande route, où les attendait un gros de leurs compagnons. Armand Roger criait de toutes ses forces : « Charbert, Fortin, amenez les chevaux. » — « Eh bien! demandèrent tout
« de suite à Raymond d'Alfaro les chevaliers qui étaient restés,
« est-ce fait? Oui, répondit celui-ci; retirez-vous aussi heureu-
« sement. »

Ils ne se retirèrent pas si heureusement que le pensait Raymond d'Alfaro. Le faible Raymond VII les fit pendre tous pour complaire au pape. C'était un massacre assurément digne de punition, mais dans un autre temps et vis-à-vis d'autres hommes. Depuis le moment où on avait vu Raymond entrer dans l'église de Notre-Dame, nu et en chemise, bras découverts et pieds *déchaux*, pour recevoir l'absolution du légat et se réconcilier avec l'Église, le Midi ne pouvait plus compter sur lui. Raymond s'était placé sous la surveillance du féroce évêque Foulquet, que l'on avait surnommé *l'Évêque des diables*, et il redoutait sans cesse d'attirer de nouveau sur lui les foudres du Vatican.

La plupart des procès dressés contre les malheureux méridionaux se fondaient sur les griefs suivants [1] :

« Les Albigeois croient que le pape est l'Antéchrist.

« Que les sacrements de confirmation, extrême-onction, bap-
« tême, ne sont que superstition.

« Que le saint sacrement de la messe est une invention humaine.

« Qu'il faut abattre, briser, démolir les églises et massacrer les
« prêtres.

« Qu'ils pratiquent la magie.

« Qu'ils se donnent et se prostituent aux diables.

« Qu'ils vont au sabbat avec eux.

« Qu'ils ont foi aux éternuments.

« Qu'ils adorent le grand Lucifer.

« Qu'ils disent que Lucifer a inspiré Moïse.

« Qu'ils commettent d'abominables incestes dont ils font périr
« le fruit. »

---

[1] *Histoire du Midi*, par Mary Lafon.

Nous omettons d'autres griefs obscènes, inventés par l'imagination exaltée des moines.

Si nous résumons cette doctrine albigeoise pour laquelle tant de sang fut versé, nous trouvons, que débarrassée des accusations calomnieuses de ses adversaires, elle se réduisait à ceci :

« Que le baptême était inutile.

« Qu'il ne fallait point bâtir d'églises.

« Que le corps et le sang de Jésus-Christ ne sont point présents « dans l'Eucharistie.

« Que le sacrifice de la messe n'est qu'une invention des hom-« mes.

« Que les prières et les aumônes ne profitent en rien aux morts.

« Que l'on n'est pas obligé de rendre compte de sa foi.

« Que le corps de Jésus-Christ pouvait être consacré par un « laïque homme de bien.

« Que les prêtres seuls n'avaient pas le droit de délier et qu'ils « ne pouvaient exiger aucune dîme. »

Ces principes, Rome crut les avoir noyés dans le sang albigeois, mais Rome les retrouva presque dans son sein, et l'Allemagne leur avait déjà donné l'hospitalité. La guerre qu'on fait aux idées nouvelles ne fait qu'accroître leur empire ; elles finissent toujours par triompher.

Revenons à Louis IX. Ce monarque ne fut peut-être pas moins extraordinaire que Charlemagne ; il fut un des hommes les plus éclairés de son temps. Malgré sa grande piété, qui l'a fait canoniser par l'Église, il arrêta d'un bras ferme et sage les empiétements et les prétentions du clergé ; il renferma dans d'étroites limites la juridiction ecclésiastique, et ne souffrit point que les lois civiles fussent mises au néant, comme il n'était arrivé que trop souvent avant lui, par les exigences ambitieuses des évêques ; il accéléra de tous ses efforts le mouvement de renaissance qui commençait à se faire sentir dans presque toute l'Europe et particulièrement en France. La société française avait subi de grands changements depuis que les rois capétiens travaillaient avec une volonté si persévérante à fonder l'unité dans leurs États. Les onzième, douzième et treizième siècles avaient vu éclore les premiers germes de la civilisation. Les mœurs se réformaient peu à peu ; les sciences commençaient à devenir la pâture d'une jeunesse ardente et studieuse ; l'idiome français s'épurait et devenait la langue la plus claire et la plus logique de l'Europe. L'Université de Paris était créée ; elle se composait de plusieurs facultés distinctes : celle de physique, où l'on enseignait la chimie et la médecine ; celle de théologie, où l'on enseignait le droit canon ; celle des arts, où l'on professait la logique et la métaphysique. L'Université prenait le titre de fille aînée de l'Église, et se trouvait placée sous la protection immédiate du Saint-Siége. Les élèves de l'Université appartenaient à tous les pays et à toutes les conditions ; tous confondus sous le niveau de la science, l'égalité la plus parfaite régnait entre eux.

Il y eut à cette époque une émeute d'écoliers qui faillit avoir de graves conséquences et qui mérite d'être rapportée. « Un Dimanche-Gras, quelques écoliers s'étant pris de querelle avec un cabaretier du faubourg Saint-Marceau, furent rudement battus par les gens du voisinage, accourus au secours du cabaretier ; les écoliers rentrant en ville avec leurs vêtements déchirés, appelèrent leurs camarades à la vengeance ; le lendemain, ils revinrent en force, armés d'épées et de bâtons ; ils envahirent violemment le logis du cabaretier, brisèrent tous les pots, répandirent le vin sur le pavé ; puis courant par les rues du bourg Saint-Marcel, ils assaillirent et laissèrent pour morts tous ceux qu'ils rencontrèrent, hommes ou femmes. Le prieur du Moutier de Saint-Marcel, qui était seigneur du bourg, à la nouvelle de l'injure faite à ses vassaux, qu'il était tenu de protéger, porta plainte au légat romain et à l'évêque de Paris, qui prièrent la reine de ne pas laisser impunie une telle offense. La reine Blanche, avec l'emportement irréfléchi des femmes, commanda au prévôt de Paris et à des routiers qu'elle tenait à sa solde, de prendre les armes et d'aller châtier sur-le-champ les auteurs de cette violence sans faire merci à aucun. Les routiers, trop enclins d'eux-mêmes à toute espèce de cruauté, sortirent de la ville, et trouvèrent hors de la ville beaucoup d'écoliers jouant paisiblement, lesquels n'avaient pas pris part à la faute de leurs compagnons ; car les auteurs du tumulte appartenaient à ce pays voisin de la Flandre qu'on nomme vulgairement Picardie. Les *soul-*

doyers, bien que les clercs fussent désarmés et inoffensifs, tuèrent les uns, blessèrent et dépouillèrent les autres. Parmi les morts, on releva deux écoliers riches et de grande considération, l'un Normand, l'autre Flamand. Dès que cette énorme iniquité fut parvenue aux oreilles des maîtres de l'Université, ils suspendirent à l'instant leurs leçons et *disputations,* et s'assemblèrent tous pour demander justice à la reine et au légat; mais ni la reine, ni le légat, ni l'évêque de Paris ne voulurent leur rendre justice; alors il se fit une dispersion universelle des maîtres et des écoliers. On vit cesser à la fois les enseignements des doctes hommes et l'affluence studieuse des disciples, en sorte qu'il ne resta pas un seul maître en renom dans la cité, et la cité demeura privée de la *clergie* qui faisait sa gloire. Les clercs sortirent de Paris, cette nourrice de philosophie et de sapience, en maudissant le légat romain, la superbe reine, et leur *honteuse connivence,* et la plupart d'entre eux choisirent la cité d'Angers pour métropole de toute doctrine. Telle fut la révolte de l'Université, à laquelle mit seule un terme l'intervention du pape, qui adressa à ce sujet un vif blâme à l'évêque Guillaume, et des remontrances au jeune roi [1]. »

A peine Louis IX eut-il pris en main les rênes du gouvernement à sa majorité, qu'il eut à repousser l'agression du comte de la Marche et de plusieurs autres grands feudataires, soutenus dans leur révolte par le roi d'Angleterre, Henri III. Louis, grâce à la bonne administration de la reine Blanche, avait d'excellentes troupes avec lesquelles il battit plusieurs fois ses ennemis, notamment au passage du pont de Taillebourg, en Poitou. Le roi d'Angleterre paya les frais de la guerre, et les grands vassaux de France rentrèrent dans le devoir pour n'en plus sortir de longtemps. Cette lutte fut la dernière dans laquelle Louis IX eut à les combattre. Sa victoire sur eux mit un terme aux guerres qu'ils avaient jusqu'alors osé soutenir de puissance à puissance contre la couronne. Ils demeurèrent soumis aux descendants de Louis IX jusqu'au temps où le droit héréditaire à la couronne devint douteux, et où les princes du sang eux-mêmes donnèrent de nouveau le

---

[1] Matthieu Paris.

signal des guerres civiles. Louis avait à peine vingt-quatre ans quand il termina aussi heureusement une guerre qui pouvait avoir pour lui les plus graves conséquences. Et ce ne fut pas seulement le comte de la Marche qui lui fit sa soumission, mais le comte de Toulouse et le comte de Foix, qui, jusqu'alors, le dernier surtout, s'étaient trouvés presque continuellement en révolte contre l'autorité royale.

Dès que la paix fut rétablie, Louis IX s'occupa de l'organisation judiciaire et administrative de la France; mais il interrompit brusquement cette œuvre glorieuse pour porter la guerre en Orient. Au treizième siècle, la ferveur et l'enthousiasme qui avaient fait entreprendre les premières croisades étaient considérablement attiédis. Comme besoin religieux, et comme nécessité politique, de nouvelles croisades étaient donc parfaitement inutiles. Cependant Louis IX, soit qu'il fût emporté par un excès de piété, soit qu'il jugeât nécessaire de traîner encore une fois les seigneurs féodaux dans les champs de la Palestine pour affaiblir leur puissance, fit prêcher une nouvelle expédition contre les infidèles. On prétend que ce fut pendant une maladie grave qu'il fit le vœu imprudent de se croiser s'il revenait à la santé. On ajoute que sa mère, sa femme, ses frères, le supplièrent de renoncer à une résolution qui devait coûter tant de sang à la France, mais que Louis IX fut inébranlable. Les préparatifs de la croisade durèrent quatre ans. De nombreux obstacles s'opposaient à cette expédition, Louis les aplanit tous. La plupart des seigneurs refusaient de se croiser sous le prétexte assez plausible qu'ils n'avaient pas d'argent pour s'équiper; mais Louis leva cette objection en les engageant à vendre leurs terres et leurs châteaux. Le clergé, tant séculier que régulier, acquit plusieurs de ces domaines; les bourgeois des villes, enrichis par le commerce, en firent autant; mais ce fut surtout le roi qui acheta un grand nombre de possessions féodales, et qui, par cette habile conduite, désarma les seigneurs qui auraient pu profiter de son absence pour lever l'étendard de la révolte. Il est impossible, d'après cela, de ne pas reconnaître que Louis IX était guidé par de hautes considérations politiques quand il forma le projet de renouveler les guerres saintes.

Avant de quitter la France, Louis nomma sa mère régente du royaume et lui donna des pouvoirs illimités. En outre, il fit prêter serment de fidélité à ses enfants par les seigneurs qui ne l'accompagnaient point. Après quoi, tout étant prêt, il s'embarqua avec une florissante armée à Aigues-Mortes, au mois de juin 1249. Sa flotte se composait de cent-vingt gros vaisseaux et de quinze cents bâtiments de transport, armement prodigieux pour une époque où l'art nautique était encore dans son enfance.

Louis IX, au lieu de descendre sur le rivage de Syrie, opéra son débarquement en Egypte. Le sire de Joinville, qui nous a laissé l'histoire de cette croisade, rapporte que le roi de France, impatient de charger l'ennemi, qui bordait la rive africaine, se jeta tout armé dans la mer, ayant de l'eau jusqu'aux épaules, que ses chevaliers, animés d'une noble émulation, le suivirent en foule, et que bientôt les Sarrasins furent mis en fuite. La ville de Damiette tomba au pouvoir des croisés, qui la fortifièrent, l'approvisionnèrent et en firent leur place d'armes.

Le vieux soudan Maleksala, célèbre par sa sagesse et chéri des musulmans, régnait alors sur l'Égypte, sur la Syrie et sur la Palestine. Il est présumable que Louis IX se détermina à l'attaquer au centre de ses États, parce qu'il savait qu'une fois l'Égypte vaincue et soumise, les autres possessions de Maleksala seraient rapidement conquises. Si, au contraire, il avait commencé par diriger ses efforts contre la Palestine, la conquête de cette province n'aurait que faiblement entamé la puissance du soudan d'Égypte, qui aurait pu fondre avec toutes ses forces sur l'armée française, diminuée par les combats et les maladies. Louis IX agit donc fort sagement en attaquant d'abord l'Égypte.

Après s'être remis des fatigues de la mer, les Français marchèrent sur le Caire. Ils rencontrèrent les Sarrasins à Massoure, leur livrèrent bataille et furent défaits. Dans cette journée sanglante, beaucoup de seigneurs périrent, entre autres le comte d'Artois, frère du roi. Louis IX lui-même fut fait prisonnier avec ses deux frères, les comtes d'Anjou et de Poitiers, et une partie de son armée. La captivité du roi de France fut longue. Il obtint à grand' peine que l'on acceptât pour sa rançon la ville de Damiette, et pour celle de ses frères, de ses chevaliers et de ses soldats une somme de cent mille marcs d'argent. Dès qu'il fut libre, il se rendit en Palestine, où il resta plusieurs années. La mort de sa mère le fit revenir en France, où sa présence répara les maux produits par son éloignement. En l'absence de Louis IX, les habitants des campagnes, par amour pour ce monarque autant que par enthousiasme religieux, se soulevèrent dans le dessein d'aller l'arracher des mains des infidèles. On les désigna sous le nom de *pastoureaux*, parce que c'étaient pour la plupart des bergers.

Un homme dont on ne dit point le nom, mais qu'on croit Hongrois d'origine, se mit à leur tête; il parlait également bien l'allemand, le latin et le français, et prétendait avoir dans la main une lettre de la vierge Marie qui appelait les bergers à la délivrance de la Terre-Sainte. « C'était, disent les chroniqueurs, un vieil homme à grande barbe, au visage maigre et pâle; il se mit à parcourir les campagnes, prêchant sans l'autorisation du pape ni le patronage d'aucun prélat. « Le ciel, s'écriait-il, accorde à l'humble sim-
« plicité des *pastoureaux* ce qu'il a refusé à l'orgueil des chevaliers,
« à savoir de délivrer la Terre-Sainte et de venger le bon roy Loys
« des infidèles. » Les pâtres, comme s'ils entendaient une voix d'en haut, accoururent de tous côtés se ranger sous ses ordres. On l'appela le *Maître aux pastoureaux*. Ils se jetèrent d'abord dans la Flandre et dans la Picardie, attirant à eux les plus simples d'entre le peuple; ils s'étaient déjà élevés au nombre de trente mille lorsqu'ils vinrent dans la cité d'Amiens où les bourgeois leur firent fête; ils se dirigèrent de là sur l'Ile-de-France, en acquérant des forces nouvelles, à mesure qu'ils s'avançaient. Quand ils traversaient les villes, ajoute Guillaume de Nangis, ils défilaient comme une armée sous des chefs et des capitaines, élevant au-dessus de leurs têtes des massues, des haches et d'autres ustensiles de guerre, se rendant si terribles à tous, qu'il n'était ni prévôt, ni bailli pour oser les contredire. »

Bientôt tous les ennemis de l'ordre public, les voleurs, les bannis, les esclaves fugitifs, les excommuniés, qui, dans un temps de désordre universel, formaient une partie importante de la population, se joignirent aux pastoureaux; alors ceux-ci commencèrent à porter des épées, des haches, des poignards. La haine des pastoureaux pour les gens d'église était aussi grande que celle qu'ils portaient aux infidèles. Dans leurs discours, ils taxaient les deux ordres des frères mineurs et des prédicateurs, d'être des vagabonds et des hypocrites ; les moines de Cîteaux de ne songer qu'à envahir des terres et dévorer des troupeaux ; les moines noirs d'être gloutons et superbes ; les chanoines d'être demi-séculiers et nourris de viandes délicates ; les évêques et leur officialité, de courir après l'argent et d'être plongés dans les délices ; la cour romaine enfin de réunir tous les genres d'opprobres. Et le peuple, rempli de haine et de mépris pour le clergé, écoutait favorablement ces accusations, et y applaudissait.

Les pastoureaux ne se contentèrent pas de déclamer contre les prêtres, ils firent main basse sur tous ceux qu'ils purent atteindre, et en tuèrent un grand nombre. Les prélats, effrayés, publièrent des excommunications contre eux, et la reine Blanche, qui avait commencé par les favoriser, donna ordre de leur courir sus et de les détruire. Cet ordre fut exécuté avec la plus impitoyable rigueur, et bientôt il ne resta plus des pastoureaux qu'un sanglant souvenir. Toutes ces bandes, et les *cotereaux* et les routiers qui les avaient précédés, qu'on voyait surgir tout à coup au milieu de la société, attestaient un profond malaise ; ces enfants du peuple cherchaient dans une association armée à briser le joug de la féodalité, et, serfs échappés de leur hutte, ils se faisaient brigands ne pouvant être citoyens.

Le soulèvement des pastoureaux et une guerre civile de peu d'importance qui éclata en Flandre, furent les deux seuls événements qui surgirent pendant la seconde régence de la reine Blanche.

Dans l'intervalle qui s'écoula entre sa première et sa seconde croisade, Louis IX reprit les importants travaux qu'il avait interrompus pour aller se battre sur les bords du Nil. Ce roi, célèbre par deux expéditions malheureuses contre les musulmans, est plus célèbre encore, et à plus juste titre, par les lois sages dont il dota la France, sous le nom d'*Establissements*. Ces lois, qui ne le cèdent guère aux *capitulaires* de Charlemagne, établirent trois sortes de justice : 1° celle des *hommes coutumiers*; on appelait ainsi les hommes des villes; cette justice était rendue par les échevins, sous la présidence des prévôts, qui remplissaient à peu près les mêmes fonctions que nos maires modernes ; 2° la justice féodale; tout homme qui appartenait à la hiérarchie féodale, soit comme possesseur de fiefs, soit comme baron du roi, ne pouvait être jugé que par ses pairs; le tribunal devant lequel il comparaissait devait être composé de trois membres au moins ; les preuves se faisaient par témoins, et s'il arrivait que deux individus, appartenant à des ordres différents, plaidassent l'un contre l'autre, la cause était portée devant la cour du roi ; 3° la justice, que nous appellerons cléricale, et qui était appliquée, selon le droit canon, par les tribunaux ecclésiastiques.

Il se passa peu d'événements remarquables entre les deux croisades de Louis IX. Seulement, une grave contestation s'étant élevée entre le roi d'Angleterre, Henri III, et ses hauts barons, les parties adverses, d'un commun accord, choisirent le roi de France pour arbitre de leur différend. Louis donna gain de cause à Henri III. Le domaine de la couronne, sous le règne de Louis IX, s'augmenta de Péronne, de Namur, d'Avranches, de Mortagne et du Perche.

En l'année 1270, Louis IX tenta une seconde expédition contre les infidèles. La première, échouant sous le rapport militaire, n'avait abouti qu'à un affreux désastre, mais elle avait parfaitement atteint le but politique que le roi de France s'était proposé; nul doute que la seconde ne fût conçue dans le même but que la première. Louis prit terre aux environs de Tunis, et mit aussitôt le siége devant cette place ; mais la peste ayant éclaté dans le camp des croisés, le roi succomba au fléau le 25 août 1270.

Louis IX eut pour successeur son fils aîné qui régna sous le nom de Philippe III, et que l'on a surnommé le *Hardi*, à cause de son intrépide courage. Philippe avait suivi son père dans sa seconde expédition contre les sectateurs de Mahomet. Après la mort de Louis, il leva le siége de Tunis, passa en Sicile avec les malheureux débris de l'armée française, et, de là, exécuta son retour en France.

Philippe III n'a aucune physionomie historique; sa seule vertu, son seul mérite, c'était une bravoure poussée jusqu'à la témérité. La première occasion qui s'offrit à lui d'exercer cette bravoure, après son avénement au trône, fut contre Gérard, comte d'Armagnac, et Roger-Bernard, comte de Foix. Ces deux seigneurs retenaient contre toute justice un domaine qu'ils avaient usurpé, et dont le possesseur avait fait donation au roi. Philippe convoqua le ban et l'arrière-ban des vassaux de la couronne, et marcha contre les deux spoliateurs. A son approche, le comte d'Armagnac fit sa soumission; mais le comte de Foix ayant persévéré dans sa félonie, Philippe l'assiégea et le força de se rendre à discrétion.

Le règne de ce monarque se consuma en guerres insignifiantes. La seule qui eût quelque importance fut celle qu'il entreprit contre le roi d'Aragon en 1285, pour venger le massacre des Vêpres siciliennes dont ce prince avait été l'un des principaux instigateurs. Le pape Martin IV ne s'était pas contenté de lancer une bulle d'excommunication contre le roi d'Aragon; il l'avait déclaré déchu du trône, et avait transmis sa couronne au second fils du roi de France. Philippe pénétra dans l'Aragon, et y fit reconnaître son fils. Mais après avoir, au commencement de la guerre, remporté de brillants avantages, il essuya des revers; son armée se décima par les maladies, et il fut obligé de battre en retraite. Les fatigues de cette campagne, jointes au chagrin qu'il ressentit du non-succès de son expédition, lui causèrent une maladie, dont il mourut à Perpignan, en 1285.

Philippe le Hardi resta fidèle à l'habile politique des rois qui l'avaient précédé sur le trône de France; il travailla sans relâche à miner la féodalité et à fortifier l'unité monarchique. C'est lui qui le premier introduisit la coutume des anoblissements. Avant lui, l'acquisition d'un fief faisait sortir de la classe des serfs, mais n'anoblissait qu'à la troisième génération. Philippe étendit ce privilége à tous ceux qui se distinguèrent dans les arts. Par cette innovation, il diminua l'influence de la noblesse, qui perdit en considération et en crédit ce qu'elle gagna en nombre. En outre, il ordonna que les apanages des princes, faute d'héritiers directs, fussent réunis à la couronne, ce qui était sagement conçu pour empêcher le fractionnement du domaine royal d'où étaient tirés tous les apanages. Il est vrai que Philippe le Hardi accorda aux filles le droit d'hériter et de porter, par mariage, ces apanages dans d'autres familles; mais Philippe le Bel remédia à ce grave abus en réglant que les seuls enfants mâles seraient aptes à recueillir la succession des apanages.

CHAPITRE X.

SOMMAIRE.

La France se monarchise de plus en plus. — Oppression croissante des paysans. — Avénement de Philippe IV, dit *le Bel*. — Persécution des Juifs. — Édouard Ier, roi d'Angleterre, cité devant le parlement de Paris. — Saisie judiciaire du duché d'Aquitaine. — Philippe le Bel fait emprisonner le comte de Flandre et sa fille. — Exactions de ce monarque. — Altération des monnaies. — Émeute des Parisiens. — Philippe le Bel fait ravager la Flandre. — Soulèvement des Flamands. — Bataille de Courtray. — Paix conclue à Paris entre la France et l'Angleterre. — Querelles de Philippe le Bel et du pape Boniface VIII. — Continuation de la guerre de Flandre. — Bataille de Mons-en-Puelle. — Philippe traite avec les Flamands et reconnaît leur indépendance. — Arrestation, procès et supplice des Templiers. — Réformes et innovations de Philippe le Bel. — Caractère de son règne. — Sa mort. — Avénement de Louis X, surnommé *le Hutin*. — Réaction féodale. — Influence de Charles de Valois, oncle du nouveau roi. — Condamnation d'Enguerrand de Marigny. — Louis le Hutin fait étrangler sa femme, Marguerite de Bourgogne. — Affranchissement des serfs dans tous les domaines de la couronne. — Renouvellement de la guerre contre les Flamands. — Mort de Louis le Hutin. — Philippe V, dit *le Long*, lui succède. — Nouveau soulèvement des pastoureaux. — Persécution des lépreux. — Philippe le Long est remplacé sur le trône par son frère Charles IV, dit *le Bel*. — Brigandages de Jourdain de l'Isle. — Il est condamné à mort et exécuté. — Conquête de l'Agénois sur l'Angleterre. — Mort de Charles le Bel.

Louis IX, que l'Église a canonisé, et que la plupart des historiens nomment saint Louis, ne fut pas seulement un roi pieux, ce fut un des plus grands rois qui se soient assis sur le trône de France ; il reconstruisit la monarchie, il lui donna de nouvelles bases ; de féodale qu'elle était, il la rendit absolue. Est-ce à dire que la féodalité fut abolie par Louis IX ? Non, mais qu'à dater de son règne elle cessa d'être souveraine et s'achemina rapidement vers sa ruine. Louis IX, par ses *establissements*, qui sont un prodige de raison pour l'époque où ils furent publiés, ébranla le vieil édifice jusque dans ses fondements; il prépara la tâche de ses successeurs, et le couperet de Louis XI fit le reste.

« Par la centralisation des pouvoirs entre les mains du monarque, dit un historien, la France acquit au dehors plus de puissance et de considération, les successeurs de saint Louis pesèrent sur l'Europe avec toute la richesse et toute la force, qui, avant eux, étaient entre les mains des grands feudataires, et qui servaient alors à contre-balancer la richesse et la force des rois. En même temps, en raison du progrès général des lumières, l'action du gouvernement fut mieux entendue, son but fut plus complétement atteint; le repos et l'ordre furent mieux assurés pour les sujets... Le peuple s'associa en général à la révolution qui s'opérait dans l'État; il avait vu de trop près les seigneurs féodaux pour n'être pas rebuté par leurs caprices, leurs cruautés et leurs vices. Les vassaux ne voyaient dans leurs seigneurs que des tyrans, et se réjouissaient de leur abaissement. Lorsque le peuple, au lieu d'obéir au baron du château voisin, dut transporter son allégeance à un roi qu'il ne voyait jamais, à un roi, l'ennemi de ses ennemis, à un roi dont le pouvoir était disproportionné avec tout ce qu'il connaissait, il se fit de cet être presque abstrait une sorte de divinité; il l'aima parce qu'il le craignait, parce que la pompe dont son maître était entouré et la distance à laquelle il vivait l'empêchaient de reconnaître ou sa faiblesse ou ses vices. C'est ainsi que la révolution commencée par Louis IX fut accomplie avec l'assentiment national [1]. »

Cette révolution, à laquelle il est impossible d'assigner une date précise, ne fut pas l'œuvre d'un seul règne, mais de plusieurs, notamment des règnes qui suivirent immédiatement celui de saint Louis. Sous Philippe le Hardi, les grands vassaux disparurent presque entièrement de la scène, qui ne fut plus désormais remplie que par le roi seul. Lorsque Philippe IV, surnommé *le Bel*, parvint au trône en 1285, il n'était âgé que de seize à dix-sept ans; sa jeunesse ne donna occasion à aucun trouble; les grands,

---

[1] Sismondi, *Histoire des Français*, tom. VIII, pag. 65 et suiv.

loin de chercher à lui dicter des lois, regardèrent comme un honneur insigne de le servir, d'être ses premiers sujets. La France se monarchisait chaque jour davantage et ne reconnaissait plus d'autre autorité que celle qui émanait de la couronne.

La condition du peuple n'en était pas meilleure pour cela. Les seigneurs semblaient vouloir se dédommager de leur sujétion vis-à-vis de la royauté par un redoublement de tyrannie à l'égard de leurs vassaux. Ne se faisant plus la guerre entre eux, et n'ayant plus, par conséquent, besoin de ces derniers, ils étaient moins jaloux de leur affection, et ne craignaient plus, si leurs paysans s'enfuyaient, qu'ils trouvassent un refuge chez leurs rivaux. Assurés que la force publique viendrait au secours de la leur, en cas de soulèvement, ils opprimaient sans pitié leurs malheureux serfs.

Philippe le Bel ne paraît pas avoir pris une part active au gouvernement de la France pendant les premières années de son règne. Guillaume de Nangis, dans sa Chronique, ne le nomme qu'une seule fois, pour nous apprendre la naissance de son fils aîné, en 1289 [1]. Son caractère, qui se développa de bonne heure, était orgueilleux et implacable. Accoutumé dès son enfance à voir toutes les volontés plier devant la sienne, il devint le plus intolérable des despotes.

Au commencement de 1290, il persécuta cruellement les Juifs, contre lesquels les prêtres débitaient des fables absurdes et atroces. Mais le véritable motif de Philippe le Bel fut de s'approprier leurs richesses, et il parvint de cette manière à réaliser des sommes immenses.

Les Juifs avaient déjà subi plusieurs persécutions. La position de ce peuple infortuné, au milieu des nations, pendant tout le moyen âge, a quelque chose d'étrange et d'affreux. Le courage avec lequel il supporta sa misère, et conserva sa nationalité, offre un exemple unique dans les fastes de l'histoire. On ne s'étonne pas que les Juifs s'appellent le peuple de Dieu, lorsqu'on songe à l'adversité qu'ils ont traversée, comme si une main céleste les soutenait dans leur malheur. Le mépris, le pillage, le massacre,

---

[1] GUILLELMI DE NANGIS, pag. 48.

rien n'a pu altérer leur foi. Ils sont restés les enfants de Moïse, fidèles à leurs lois, à leur langue, à leur religion; tandis qu'autour d'eux, les langues, les lois, les religions changeaient. Les Juifs ont présenté le phénomène d'un principe immuable, au milieu des ruines du monde, comme ces pyramides qui survivent aux civilisations passées. La haine dont les Juifs ont été poursuivis est une des plus grandes injustices que le fanatisme ait pu produire. N'est-ce pas une chose qui confond la raison humaine que de voir toutes les générations juives punies pour le crime d'une seule, ou plutôt pour le crime des quelques hommes qui mirent à mort le Christ! Tout bon chrétien voyait dans un Juif celui-là même qui avait percé avec la lance le flanc de son Sauveur, et se croyait en droit de lui faire subir le même traitement. Ajoutons que l'industrie des Juifs, qui accumula les richesses du commerce, offrit souvent un appât aux avides entreprises, et que la cupidité se cacha sous le masque de la religion.

Charlemagne, roi sage, aux vues élevées, avait su tirer parti des Juifs. Il avait favorisé leur commerce, et s'était même servi de leur entremise dans les négociations étrangères. Le moine de Saint-Gall cite un marchand juif, protégé par Charlemagne, et qui allait chercher des choses précieuses dans les pays d'outremer. Louis II et Charles le Chauve leur accordèrent aussi des priviléges, et ils purent étendre leur négoce; la féodalité laissa les Juifs s'emparer du commerce de la France; mais les croisades vinrent les dépouiller de leurs fortunes. Ce fut alors que les Juifs enfouirent leurs trésors et firent valoir comme ils purent leur argent. Philippe-Auguste régla leurs nouveaux rapports avec ses sujets, et ne dédaigna pas de leur faire payer les frais de ses guerres contre les Flamands et les Anglais. Dans l'ordonnance de Philippe-Auguste, nous trouvons cet article : *Les Juifs ne pourront prendre en gage aucun ornement d'église, aucun vêtement ensanglanté ni mouillé, des fers de charrue, ni des animaux qui servent au labour, ni du blé non vanné.* Cela prouve que les Juifs se livraient dès alors à un trafic clandestin et scandaleux; qui ne fit qu'augmenter l'aversion qu'on leur portait. De commerçants, en un mot, ils étaient devenus usuriers par la force des circonstances, leur caractère se prêtant d'ailleurs admirablement à l'astuce de leur nouvelle profession. Saint Louis, qui, ainsi que nous l'avons dit, ne se laissa pas aveugler par la foi, en exilant les Juifs qui s'abandonnaient à l'usure, permit à ceux qui s'occupaient d'arts mécaniques de rester en France; enfin Philippe le Bel les chassa et les rappela plusieurs fois, selon son intérêt.

Les Juifs ont-ils inventé la lettre de change? Cette question, comme toutes celles qui ont rapport au commerce des Juifs, dit M. Beugnot, offre dans sa solution des difficultés nombreuses :

« Les découvertes qui agissent puissamment sur le sort des nations, comme celles de l'imprimerie et de la poudre à canon, sont connues exactement; on sait quels hommes en sont les auteurs, quels moyens y ont conduit, en quel temps, en quel lieu elles ont été faites; mais des données pareilles ne peuvent exister pour fixer l'époque de la découverte d'une chose telle que la lettre de change, qui, ayant été inventée pour frauder l'avidité du fisc, dut nécessairement commencer dans l'ombre, n'être d'abord usitée qu'entre quelques marchands, se répandre et se perfectionner peu à peu, et enfin n'acquérir une véritable publicité que longtemps après qu'elle avait été trouvée. On est dans ce cas réduit aux présomptions, et c'est une triste chose que les présomptions pour écrire l'histoire.

« Nous allons donc examiner, 1° à quelle époque fut inventée la lettre de change, 2° par qui elle fut inventée.

« 1° De tous les écrivains qui ont émis leur opinion sur cette première question, plusieurs prétendent que la lettre de change fut mise en usage sous le règne de Dagobert Ier, vers l'an 640; d'autres la font naître sous le règne de Philippe-Auguste, en 1181; quelques-uns enfin ne font pas remonter cette découverte au delà du règne de Philippe le Long.

« La première de ces dates est inadmissible. Sur quels fondements repose-t-elle? Sur ce seul fait, qu'en 633 Dagobert chassa les Juifs de ses États, à la demande d'Héraclius. Assurément cette preuve ne saurait suffire. Au VIIe siècle, les Juifs ne faisaient pas généralement le commerce; leurs richesses n'étaient pas encore aussi considérables qu'elles le devinrent par la suite, et ils ne se livraient point au négoce des espèces; ils ne durent donc pas ressentir la nécessité qui donna naissance à la lettre de change. D'ailleurs rien ne prouve que Dagobert, en proscrivant les Juifs, ait voulu confisquer leurs biens ; ainsi la supposition que les lettres de change commencèrent à cette époque est tout à fait arbitraire : si l'on pensait autrement, on se trouverait dans l'obligation d'expliquer comment cette découverte, faite dans le viie siècle, resta inconnue et inusitée pendant près de cinq cents ans. La troisième opinion, qui recule l'invention des lettres de change au règne de Philippe le Long, n'est également fondée que sur ce fait, que Philippe bannit en 1316 les Juifs ; et encore ce fait est une erreur, car Philippe le Long, loin de chasser les Juifs, les traita avec une grande faveur.

« Notre avis est donc que c'est à peu près vers la fin du xiie siècle, pendant que Philippe-Auguste occupait le trône, que la lettre de change fut mise en usage. En effet, la France était alors couverte de marchands lombards et de Juifs : ces peuples furent tant de fois chassés, tant de fois rappelés, tant de fois mis à contribution, que l'idée de déposer secrètement leur argent entre les mains de quelques hommes sûrs, et de faire ensuite toucher ces fonds par des voyageurs, au moyen de lettres conçues en des termes vagues et qui ne pussent compromettre personne, dut nécessairement s'offrir à leur esprit. A cette époque d'ailleurs, qui était aussi celle de la naissance de la ligue anséatique et de la rédaction de plusieurs codes maritimes, les usages commerciaux s'étaient fort perfectionnés. Ainsi les présomptions peuvent être admises, car ici elles concordent avec l'histoire et la raison.

« Cherchons actuellement par qui furent inventées les lettres de change.

« Le furent-elles par les Juifs ? Cela est possible, mais il y a autant de raisons pour croire qu'elles le furent par les marchands venus d'Italie, puisque ces derniers exercèrent sur le commerce une influence au moins aussi grande que celle attribuée aux Juifs. De Rubis [1] fait honneur de cette invention aux Florentins, qui, chassés de leur patrie par les Gibelins, se retirèrent en France, où ils commencèrent le commerce du change. Les lettres de change

---

[1] *Hist. de Lyon*, pag. 289.

furent surtout nécessaires aux commerçants qui n'avaient pour toute fortune que de l'argent ou des meubles : or les Lombards étaient plutôt dans ce cas que les Juifs, qui possédaient beaucoup de propriétés immobilières. La ville dans laquelle on fit d'abord usage de la lettre de change fut Lyon; or Lyon était pour le commerce des Italiens ce que Montpellier, Narbonne et Carcassonne étaient, ou avaient été, pour celui des Juifs. La lettre de change fut revêtue dans son origine d'un nom purement italien; on la nommait *polizza di cambio* [1]. Je répète que le problème historique que je viens d'examiner manque d'éléments de solution. Il est probable que ce sont les Juifs, ou les marchands italiens, qui ont trouvé et répandu l'usage de la lettre de change, mais rien ne le prouve formellement. » Que ce soient les Italiens ou les Juifs qui aient inventé la lettre de change, il est acquis pour nous que c'est un fruit des guerres civiles.

Philippe vécut d'abord en assez bonne intelligence avec le roi d'Angleterre, Édouard Ier; mais bientôt cette bonne intelligence fit place à une hostilité déclarée. La cause de cette rupture fut assez futile en elle-même. Un vaisseau anglais ayant été capturé et pillé sur les côtes de Normandie, le roi d'Angleterre réclama en faveur de ses sujets lésés, et en appela à la cour du roi de France. Jusque-là, il n'y avait rien que de fort simple. Mais Édouard, que l'on avait cité à comparaître en personne, ayant fait défaut, le roi de France se crut insulté, ou du moins prit ce prétexte pour ordonner que les terres de son vassal, le roi d'Angleterre, fussent mises sous le séquestre. En conséquence, il fit saisir juridiquement le duché d'Aquitaine, et appuya ses huissiers et ses recors d'une armée aux ordres de Raoul de Clermont, seigneur de Nesle, connétable de France [2].

A la nouvelle de cette étrange agression, Édouard envoya des hérauts d'armes à Philippe, pour renoncer à son allégeance, et nous allons transcrire textuellement l'instruction qu'il leur donna : « Nos messagers diront au roi de France : Notre seigneur le roi

---

[1] Savary, *Parfait Négociant*, tom. II, pag. 87.
[2] *Histoire générale du Languedoc*, tom. XXVIII, ch. xxxv.

d'Angleterre, seigneur d'Irlande et duc d'Aquitaine, vous fit hommage sous condition ; c'est à savoir, selon la forme de la paix faite entre vos ancêtres et les siens, laquelle vous ne lui avez tenue. Et d'autre part, pour apaiser les contestations et riouttes qui ont été entre vos gens et les siens, secrets traités ont été faits entre vous et lui par messire Edmond, son frère, si comme bien vous doit souvenir ; en lesquels traités étaient certains covenants, lesquels ne lui sont gardés en nul point, encore qu'il vous ait fait obéissance, outre la forme de ce traité. Et puis, Sire, il vous a fait deux fois requérir par son frère devant dit, et la tierce fois par aucun des pairs de France et par autres grands seigneurs de votre royaume, que sa terre de la duché d'Aquitaine lui fût rendue, et sa gent qui est sous vos arrêts, délivrée ; desquels rien ne lui avez fait : par où il lui semble que vous ne le tenez pas pour votre homme, ni il l'entend plus l'être. »

On voit que le roi Édouard observait jusqu'au bout les formes respectueuses de la féodalité, et que, tout en déclarant la guerre à Philippe le Bel, car la renonciation à l'hommage n'était autre chose qu'une déclaration de guerre, il s'exprimait avec la déférence qu'un vassal devait à son seigneur. Mais se sentant trop faible pour lutter contre Philippe, il chercha à soulever contre lui tous les voisins de la France, et s'adressa notamment au comte de Flandre et à l'empereur d'Allemagne Adolphe. Ce dernier se borna à écrire une lettre menaçante à Philippe, qui n'y répondit que par ces deux mots : *nimis germanice*. Quant aux Flamands, ils ne se contentèrent pas de faire des menaces, ils agirent ; grâce à l'industrieuse activité de ses sujets, le comte de Flandre égalait en richesse et presqu'en puissance le roi de France, son suzerain. Édouard, voulant puiser à pleines mains dans ses coffres, demanda en mariage pour son fils aîné la fille du comte. Le traité fut conclu à Liége en 1294. Gui de Dampierre, comte de Flandre, promit de donner à Édouard, avec sa fille Philippa, deux cent mille livres de dot. La princesse Philippa était filleule du roi de France. Celui-ci, qui voyait d'un œil fort mécontent l'union projetée, fit dire à Gui de Dampierre qu'il se tiendrait pour offensé si sa filleule ne venait pas lui rendre visite, avant de passer en Angleterre. Le comte de Flandre conduisit sa fille à Paris sans nulle défiance ; mais il n'y fut pas plus tôt arrivé que Philippe le Bel les fit arrêter l'un et l'autre et enfermer dans la tour du Louvre. Il allégua que Gui de Dampierre se rendait coupable d'une sorte de félonie en donnant sa fille, avec une aussi riche dot, à un ennemi de la France. Cette arrestation fut un coup de foudre pour le roi d'Angleterre et pour les Flamands qui armaient activement contre Philippe le Bel. Elle suspendit leurs préparatifs et ajourna l'accomplissement de leurs projets hostiles. Remis en liberté au bout de quelques mois, mais sans sa fille, le comte de Flandre, tremblant pour le précieux ôtage qu'il avait laissé entre les mains du roi, garda désormais une prudente circonspection. Ce ne fut que longtemps après, lorsqu'il apprit que sa fille était morte presque subitement, que croyant ou feignant de croire qu'elle avait été empoisonnée par Philippe, il réunit toutes ses forces à celles des Anglais pour la venger [1].

Philippe le Bel envahit la Flandre, en 1297, avec une armée de soixante mille hommes, battit les Flamands et les Anglais réunis, et les força d'accepter la paix. Quelques années après, les Flamands, indignés des vexations sans nombre que leur faisaient subir les gouverneurs français, se soulevèrent contre la domination de Philippe le Bel. Les excès qui furent commis dans cette occasion rappellent les horreurs des Vêpres siciliennes : « Les uns, dit un historien, déchiraient avec leurs dents les malheureuses victimes de leur férocité, leur ouvraient le ventre, les traînaient par les rues ; d'autres portaient au bout d'une pique des têtes dont ils se jouaient inhumainement. Ils lavaient leurs mains dans le sang, s'en frottaient les bras et le visage ; et ceux qui s'en montraient le plus souillés étaient accueillis avec des applaudissements. Il n'était pas possible que, dans ce désordre, il n'y eût des Flamands mêlés aux Français, et que le peuple ne les poursuivît également. Pierre Leroi, au plus fort du carnage, le fait cesser : — « Suspendez vos coups, « s'écria-t-il, ne confondez point les innocents avec les coupables. « Aucun de ceux-ci n'échappera. »

---

[1] OUDEGHERST, *Annales et Chroniques de Flandre*, ch. CXXX. — GUILLAUME DE NANGIS.

Il fait garder les portes de la ville, vers lesquelles les habitants effrayés se précipitaient en foule. Pour mot du guet, il donne des paroles flamandes que devaient prononcer tous ceux qui voulaient sortir : chose impossible aux Français. Reconnus par cette épreuve, comme s'ils avaient été jugés par un tribunal, ils étaient poussés brutalement hors du guichet et massacrés ou assommés par ceux qui les attendaient armés de coutelas, de haches et de massues. Il périt quinze cents Français ou gentilshommes du pays dans cette malheureuse journée. D'autres écrivains assurent que le massacre dura trois jours; et ils estiment que douze cents cavaliers et deux mille sergents à pied y périrent [1].

Philippe le Bel ordonna aussitôt de grands préparatifs pour châtier les Flamands; il se disposait à diriger en personne les opérations militaires, lorsque des symptômes d'insurrection se manifestèrent à Paris et dans un grand nombre d'autres localités. Il existait en France un mécontentement général, dont les deux principales causes étaient l'altération des monnaies et l'exorbitance des impôts. Les monnaies avaient subi une altération si considérable, qu'elles représentaient une valeur fictive sept fois plus grande que leur valeur intrinsèque, ce qui avait valu à Philippe le Bel le surnom de *faux monnayeur*. Quant aux impôts, ils réduisaient le peuple à un tel état de misère, qu'il se porta contre les partisans aux plus terribles excès; il pilla et démolit leurs maisons. Mais sa fureur intelligente ne s'en tint pas là; elle remonta plus haut et s'attaqua au roi lui-même, qui permettait, qui sanctionnait l'affreux brigandage des partisans. Philippe le Bel n'étant plus en sûreté dans son palais, se réfugia dans le couvent des chevaliers du Temple, où l'émeute rugissante l'investit et le tint deux jours assiégé, sans permettre que des vivres pussent parvenir jusqu'à lui.

Lorsque ce soulèvement fut apaisé, non sans peine, Philippe songea à punir la révolte bien autrement redoutable des Flamands. Il chargea le comte d'Artois, son cousin, de commander l'armée qui devait agir contre eux. Le comte d'Artois livra bataille aux re-

---

[1] OUDEGHERST, *Chroniques et Annales de Flandre*, ch. CXXXVII. — *Chroniques de Saint-Denys*. — GIO. VILLANI, liv. VIII, ch. LIV.

belles près de Courtray. Ces derniers étaient rangés derrière une petite rivière et un fossé bourbeux qu'on ne pouvait apercevoir de loin. Le chef de l'armée française crut qu'il suffirait d'une charge de sa cavalerie toute couverte de fer pour disperser cette *canaille*, comme il l'appelait. Malgré les sages représentations de ses officiers, il donna le signal du combat et fondit impétueusement sur les Flamands. Dans la rapidité de sa course, la gendarmerie française n'aperçut le fatal fossé que lorsqu'il n'était plus temps de l'éviter. Les deux premiers rangs s'y précipitent; hommes et chevaux, tous disparaissent dans ce gouffre. Le reste de la cavalerie s'arrête effrayé, fait volte-face, et se jette sur l'infanterie, dont il rompt les rangs. Les Flamands, attentifs à tout ce qui se passait, profitent de ce moment pour tomber sur les Français, et en font un horrible carnage. Leur victoire fut des plus complètes. On dit qu'ils firent trophées de quatre mille paires d'éperons dorés, dépouilles des chevaliers qui avaient été tués dans la bataille. Après ce succès éclatant, les villes de Flandre qui tenaient encore pour Philippe secouèrent le joug, et la nation flamande se donna pour gouverneur général le comte de Namur [1].

Philippe le Bel ne pouvait laisser sans réparation la bataille de Courtray. A la nouvelle de cet effroyable désastre, qui rabattit sensiblement son orgueil et sa confiance en lui-même, il convoqua le ban et l'arrière-ban de ses vassaux, imposa le cinquième sur tous les revenus, et augmenta encore la valeur des monnaies. Plus traitable qu'auparavant, il fit lui-même les premiers pas auprès du roi d'Angleterre pour arriver à un accommodement, et la paix fut conclue à Paris, le 20 mai 1303. Aux termes de cette paix, Philippe rendit à Édouard le duché d'Aquitaine, avec tous les fiefs, seigneuries et immeubles qu'il lui avait enlevés. Édouard, de son côté, s'engagea à rentrer sous la foi et l'obéissance de Philippe, comme duc d'Aquitaine et pair de France, et à se trouver dans la ville d'Amiens, le 8 septembre suivant, afin de rendre hommage à son seigneur suzerain. Il est à remarquer, du reste, que les deux

---

[1] VILLANI. — LE CONTINUATEUR DE GUILLAUME DE NANGIS. — *Chroniques de Saint-Denys*.

monarques ne stipulèrent que pour eux-mêmes, et que, dans ce traité de paix, ils ne firent aucune mention de leurs alliés, ce qui prouve autant de mauvaise foi d'un côté que de l'autre [1].

Les querelles de Philippe le Bel et du pape Boniface VIII occupent une grande place dans l'histoire du xiv° siècle. Le souverain pontife prétendait que le *vicaire de Jésus-Christ* était l'arbitre né, l'arbitre suprême des rois et des royaumes, et qu'il avait plein pouvoir d'ôter et de donner des couronnes. En vertu de ce principe, il voulut faire ployer Philippe le Bel sous ses lois. Philippe, dont le caractère était indomptable, résista fièrement à toutes les prétentions du Saint-Siége. Une bulle fut lancée contre lui; il la fit jeter au feu, et chassa ignominieusement de ses États le légat qui l'avait apportée. Un second légat fut envoyé par Boniface au roi de France. Il avait ordre de faire venir à Rome le confesseur de Philippe, afin qu'il eût à rendre compte de sa conduite et de celle de son pénitent. « Tout ce que l'esprit humain, dit Voltaire, dans l'*Essai sur les Mœurs*, peut inventer pour élever la puissance du pape était épuisé : les évêques soumis à lui; de nouveaux ordres religieux relevant immédiatement du Saint-Siége, portant partout son étendard; un roi qui confesse ses plus secrètes pensées, ou du moins qui passe pour les confesser à un de ses moines; et enfin, ce confesseur sommé par le pape son maître d'aller rendre compte à Rome de la conscience du roi, son pénitent. »

Philippe le Bel, qui n'était pas un roi ordinaire, refusa d'obtempérer aux ordres insolents du pape. Alors celui-ci ôta à tous les corps ecclésiastiques de France le droit des élections, et aux universités celui d'enseigner; il excommunia Philippe, le déclara déchu du trône, et donna son royaume à l'empereur d'Allemagne, Albert Ier. Le roi de France ne s'épouvanta point de ces foudres impuissantes; il fit enlever et maltraiter le pape, qui resta plusieurs jours prisonnier entre les mains de Nogaret et de Colonne. Boniface survécut peu à ces violences; il mourut, dit-on, dans un accès de frénésie.

---

[1] LE CONTINUATEUR DE GUILLAUME DE NANGIS. — GIO. VILLANI. — RYMER, *Acta Publica*, tom. II, pag. 923.

Le désastre de Courtray ne fut vengé que deux ans après. En l'année 1304, Philippe pénétra en Flandre, à la tête de cinquante mille hommes d'infanterie et de douze mille chevaux ; les Flamands, infiniment plus nombreux, mais mal armés et mal disciplinés, l'attendirent dans un lieu fortifié, nommé Mons-en-Puelle, entre Lille et Douai. Les Français les chargèrent avec leur impétuosité ordinaire, forcèrent leurs retranchements, et les massacrèrent par milliers. Ceux qui purent échapper au carnage se sauvèrent précipitamment. Mais par une ruse qui faillit changer en défaite la victoire de Philippe le Bel, les Flamands profitèrent des ténèbres de la nuit pour revenir à la charge. Ils attaquèrent les Français au moment où ceux-ci, harassés de fatigue, commençaient à se livrer au repos. Ce ne fut qu'après les plus grands efforts que Philippe parvint à rallier ses chevaliers et à chasser l'ennemi de son camp. La déroute des Flamands fut complète ; ils laissèrent, dit-on, sur le champ de bataille trente-six mille morts. Cette perte immense ne les empêcha pas de continuer la guerre et de défendre pied à pied leurs foyers. A la fin, un accommodement suspendit les hostilités; les Flamands s'engagèrent à payer au roi de France cent mille francs pour les frais de la guerre, et Philippe, en retour, reconnut leur indépendance. Une trêve de dix ans fut conclue.

Un des événements les plus importants du règne de Philippe le Bel, fut le procès et le supplice des Templiers. Ce mémorable coup d'état se rattachait au vaste système d'empiétements et de spoliations suivi par les rois de France, depuis le commencement de la troisième race, et qui avait pour but de briser toutes les résistances qui entravaient l'autorité royale.

L'ordre chevaleresque du Temple fut fondé en 1118 par des gentilshommes français qui avaient quitté leur patrie pour aller combattre les infidèles en Palestine. Originairement, les Templiers vivaient pauvres et consacraient leurs bras à la défense des pèlerins qui se rendaient aux saints lieux. Dans la suite, ils amassèrent d'immenses richesses, et se plongèrent dans le faste, la mollesse et l'oisiveté. On les accusa des crimes les plus abominables. Ce qu'il y a de certain, c'est que ces crimes ne furent jamais authentiquement prouvés, et qu'il n'y eut de prouvé que l'animosité et la rage de leurs ennemis. Ce qui est avéré aussi, c'est la haine implacable de Philippe le Bel contre l'ordre du Temple. « Les premiers accusateurs de cet ordre, dit un écrivain, furent un bourgeois de Beziers, nommé Squin de Florian, et Noffo Dei, Florentin, templier apostat, détenus tous deux en prison pour leurs crimes. Ils demandèrent à être conduits devant le roi, à qui seul ils voulaient révéler des choses importantes. S'ils n'avaient pas su quelle était l'indignation du roi contre les Templiers, auraient-ils espéré leur grâce en les accusant? Ils furent écoutés. Le roi, sur leur déposition, ordonne à tous les baillis du royaume, à tous les officiers de prendre main-forte, leur envoie un ordre cacheté, avec défense, sous peine de la vie, de l'ouvrir avant le 13 octobre. Ce jour venu, chacun ouvre son ordre ; il portait de mettre en prison tous les Templiers. Tous furent arrêtés. Le roi aussitôt fait saisir, en son nom, les biens des chevaliers jusqu'à ce qu'on en disposé. »

Il y avait longtemps que Philippe le Bel méditait l'extermination des Templiers. Dès l'année 1306, c'est-à-dire trois ans avant d'ordonner leur arrestation, il avait écrit au comte de Flandre pour lui enjoindre de l'aider à extirper cet ordre de ses États. Le procès des Templiers s'instruisit. Le pape Clément V se joignit au roi de France pour conduire à terme cette grande iniquité. Le pape interrogea lui-même soixante-douze chevaliers; non content de donner à Philippe cette preuve non équivoque de zèle, il envoya des bulles à tous les souverains de l'Europe pour leur intimer l'ordre d'imiter l'exemple du roi de France. En Angleterre, en Aragon, en Castille et en Sicile, on obéit à l'injonction du pape, mais on se borna à expulser les Templiers et à confisquer leurs biens; en France on les fit périr. Deux cents témoins les accusèrent de renier Jésus-Christ à leur entrée dans l'ordre, de cracher sur la croix et d'être adonnés à l'idolâtrie. On les accusa en outre de débauches infâmes, d'assassinats et de monstruosités invraisemblables. S'il faut en croire l'instruction du procès, les Templiers avouèrent les crimes qui leur étaient reprochés. Mais peut-on, de bonne foi, considérer comme sincères des aveux arrachés par les plus cruelles tortures, surtout lorsqu'on promettait de faire grâce à ceux qui s'avoueraient coupables? Cinquante-neuf de ces infortunés furent brûlés vifs. Jusqu'à leur dernier moment, et lorsque la flamme les enveloppait déjà, ils protestèrent de leur innocence à la face du ciel, et refusèrent la vie qu'on leur offrait à condition de reconnaître pour vraie l'accusation qui leur était intentée. Leur supplice eut lieu près de l'abbaye Saint-Antoine de Paris. Un fait que l'on ne doit pas omettre, c'est que soixante-quatorze Templiers non accusés se présentèrent pour défendre l'ordre, et qu'on refusa de les entendre. Mais on ne se borna pas à repousser tous les témoignages qui auraient pu militer en faveur des Templiers; on altéra, on changea leurs dépositions, en sorte que lorsqu'on lut à Jacques de Molay, grand-maître, celle qu'il avait faite en présence de trois cardinaux, il s'écria avec indignation qu'on avait écrit une autre déposition que la sienne, et que les cardinaux qui s'étaient rendus coupables d'une telle perfidie étaient des faussaires. Jacques de Molay et Gui, dauphin d'Auvergne, furent tous les deux conduits sur un échafaud, afin qu'ils fissent, en présence du peuple, l'aveu des crimes imputés à l'ordre tout entier; mais loin de se souiller d'une pareille lâcheté, ils protestèrent, au contraire, de leur innocence et de celle de tous les Templiers. Indigné de leur courageuse fermeté, Philippe le Bel ordonna leur supplice. Ils furent livrés aux flammes sur l'emplacement même où l'on éleva depuis la statue équestre d'Henri IV. L'ordre des Templiers fut supprimé par une [bulle du pape Clément V, et leurs grands biens devinrent la proie de leurs bourreaux. Philippe se fit donner deux cent mille livres, et son fils, Louis le Hutin, soixante mille, sur leurs biens. Le pape lui-même s'en adjugea une partie.

La condamnation des Templiers, répétons-le, fut une des grandes injustices du xive siècle. Cet ordre n'eut d'autre tort que de s'égaler aux papes et aux rois, voilà l'unique motif de sa destruction. On prit pour prétexte un relâchement de mœurs et de religion, mais les accusateurs des Templiers valaient-ils beaucoup mieux qu'eux de ce côté? si les chevaliers du Temple s'abandonnaient à la fougue de leurs passions, comme une ballade nous le montrera tout à l'heure, les autres ordres religieux se conduisaient-ils mieux? Lorsqu'on lit leur procès on est étonné des absurdes calomnies avec lesquelles on a trouvé moyen de les assassiner. On les livra, contre toute loyauté, au tribunal de l'inquisition, et de tous temps les cours extraordinaires ont été des instruments de tyrannie; entre un juge exceptionnel et le bourreau il n'y a que la différence de la voix à la main. La torture fit avouer aux Templiers les crimes imaginaires qu'on leur reprochait; mais de nobles rétractations suivirent la plupart de ces concessions douloureuses, et rétablirent l'honneur de ces braves chevaliers. Ils mouraient en gens de cœur comme ils avaient vécu.

Voici la prière qu'ils adressaient à Dieu dans leurs prisons, lorsqu'on leur eut refusé de les admettre à la célébration des saints offices, sous prétexte qu'ils étaient hérétiques :

« Dieu éternel et tout-puissant, sage créateur..... sauveur clément et miséricordieux, ô Seigneur, je te demande humblement, et je te supplie de m'illuminer, de délivrer et conserver tous les frères du Temple, et tout ton peuple chrétien, que trouble le scandale de nos malheurs.

« O toi, mon Dieu, toi qui sais que nous sommes innocents, procure-nous notre délivrance, afin que nous accomplissions dans notre humilité, et nos vœux et tes préceptes, afin que nous remplissions ton service pieux et ta volonté sainte : délivre-nous de ces affronts cruels et non mérités que nous causent nos grands désastres, nos terribles épreuves et nos affreuses tribulations. Nous avons tout souffert jusqu'à présent; mais nous n'avons plus la force de résister désormais.

« Par ta sainte miséricorde, délivre-nous et conserve-nous ; tu sais que nous sommes innocents des crimes dont on nous accuse. »

Ajoutons à cette belle prière, comme pour la compléter, l'éloquente défense qu'ils adressèrent à la postérité :

« Les formes légales [1], disaient-ils, ont été violées envers nous.

« On nous a arrêtés sans procédure préalable.

« Nous avons été saisis comme des brebis qu'on mène à la boucherie.

---

[1] *Processus contra Templarios.*

« Dépossédés tout à coup de nos biens, nous avons été jetés dans des prisons affreuses.

« On nous a fait subir les épreuves cruelles de divers genres de tourments.

« Un très-grand nombre de chevaliers sont morts dans les tortures ou des suites de ces tortures.

« Plusieurs ont été forcés de porter contre eux-mêmes un faux témoignage, qui, arraché par la douleur, n'a pu nuire ni à eux ni à l'ordre.

« Pour obtenir des aveux mensongers, on leur présentait des lettres du roi qui annonçaient que l'ordre entier était condamné sans retour, et qu'il promettait la vie, la liberté, la fortune aux chevaliers assez lâches pour déposer contre l'ordre.

« Tous ces faits sont si publics et si notoires, qu'il n'y a ni moyen, ni prétexte de les désavouer.

« Quant aux chefs d'accusation que la bulle du pape proclame contre nous, ce ne sont que faussetés, déraisons et turpitudes. La bulle ne contient que des mensonges détestables, horribles et iniques.

« Notre ordre est pur et sans tache; il n'a jamais été coupable des crimes qu'on lui impute, et ceux qui ont dit ou qui disent le contraire sont eux-mêmes faux chrétiens et hérétiques.

« Notre croyance est celle de toute l'Église; nous faisons vœu de pauvreté, d'obéissance, de chasteté et de dévouement militaire pour la défense de la religion contre les infidèles.

« Nous sommes prêts à soutenir et à prouver notre innocence de cœur, de bouche et de fait, et par tous les moyens possibles.

« Nous demandons à comparaître en personne dans un concile général.

« Que ceux des chevaliers qui ont quitté l'habit religieux et ont abjuré l'ordre, après avoir déposé contre lui, soient gardés fidèlement sous la main de l'Église, jusqu'à ce qu'on décide s'ils ont porté un témoignage vrai ou faux.

« Quand on interrogera des accusés, qu'il n'y ait aucun laïque, ni personne qui puisse les intimider.

« Les chevaliers sont frappés d'une telle terreur, qu'il faut bien moins s'étonner s'ils font de faux aveux, qu'admirer le courage de ceux qui soutiennent la vérité, malgré leur péril et leurs justes craintes.

« Et n'est-il pas étonnant qu'on ajoute plus de foi aux mensonges de ceux qui, pour sauver leur vie corporelle, cèdent à l'épreuve des tourments ou aux séductions des promesses, qu'à ceux qui, pour la défense de la vérité, sont morts avec la palme du martyre, et à cette saine et majeure partie de chevaliers qui survivent, et par le seul besoin de satisfaire à leur conscience, ont souffert et souffrent encore chaque jour. »

Il était cruel pour les Templiers qui s'étaient montrés tant de fois animés du zèle de l'honneur et de la religion de se voir accusés comme ils l'étaient d'être des *loups ravissants*, de *société perfide*, *idolâtres, dont les œuvres, dont les paroles seules étaient capables de souiller la terre et d'infecter l'air*. Il y avait loin de ces paroles à celles de saint Bernard, lorsqu'il s'écriait avec enthousiasme qu'ils vivaient sans avoir rien en propre, pas même leur volonté ; qu'ils étaient, pour l'ordinaire, vêtus simplement et couverts de poussière, qu'ils avaient le visage brûlé des ardeurs du soleil, le regard fixe et sévère. Saint Bernard les montre, à l'approche du combat, s'armant de foi au dedans et de fer au dehors, avec leurs armes pour unique parure.

Clément V abandonna les Templiers, comme on l'a vu, et poussa la condescendance vis-à-vis de Philippe le Bel jusqu'à faire mettre en prison neuf Templiers qui s'étaient présentés par-devant le conseil de Vienne pour défendre l'ordre au nom de quinze cents ou deux mille chevaliers. La lettre qu'il écrivit à ce sujet au roi de France est curieuse et mérite d'être rapportée : nous transcrivons cette pièce, qui se trouve insérée dans le volume 763 de la collection des manuscrits de Dupuy, à la bibliothèque royale [1].

« Clément, évêque, serviteur des serviteurs de Dieu, à notre très-cher fils en Jésus-Christ, Philippe, illustre roi des Français, salut et bénédiction apostolique; sachant que les nouvelles de notre bonne santé vous sont agréables, nous vous annonçons,

---

[1] Bulles des papes, depuis Honoré III jusqu'à Grégoire X.

qu'avec l'aide du Tout-Puissant, nous jouissons d'une entière et excellente santé, et que nous avons appris avec joie que la vôtre est également bonne. Pour faire connaître à Votre Grandeur royale la vérité de tous les événements qui surviennent dans l'affaire des Templiers, je dois ne pas vous cacher que tandis que les informations faites contre l'ordre des Templiers étaient lues par-devant les prélats et autres ecclésiastiques qui, d'après la convocation qu'ils avaient reçue de nous, sont venus au présent sacré concile, sept chevaliers de l'ordre des Templiers, dans une séance, et deux autres dans une séance subséquente, se sont, en notre absence, présentés par-devant les mêmes prélats et ecclésiastiques, et offrant de prendre la défense de l'ordre, ont assuré que quinze cents ou deux mille frères du même ordre, qui demeuraient à Lyon ou dans ses environs, se joignaient à eux pour cette défense. Quoique ces neuf Templiers se fussent présentés volontairement, nous avons cependant ordonné qu'ils fussent arrêtés, et nous les faisons retenir en prison. Depuis lors nous avons cru devoir employer, pour la garde de notre personne, des soins plus assidus que de coutume, et devoir annoncer ces événements à Votre Grandeur, afin que la prudence de votre conseil vigilant avise à ce qu'il convient et importe de faire pour la garde de votre personne.

« Donné à Vienne le 11 novembre, an 6 de notre pontificat. »

Clément, dans toute cette affaire des Templiers, montra une grande faiblesse, que sa lettre avoue ingénument. On a fait remarquer que les traditions populaires sur les Templiers ont été contradictoires ; ici, hostiles, et renforçant le proverbe historique : « Boire comme un Templier ; » là, célébrant les hauts faits et les malheurs de l'ordre. La Bretagne possède une ballade curieuse, qui ne chante pas les louanges des Templiers ; elle prouve, ainsi que nous l'avons dit, que leur inconduite avait tellement scandalisé le peuple qu'on leur prêtait facilement les crimes les plus atroces. Cette ballade, recueillie par un écrivain de nos jours, a droit d'être considérée comme un monument historique. Elle est intitulée : *les trois Moines rouges ;* après l'avoir lue, on ne s'étonnera pas que le bûcher sur lequel ont monté les Templiers ait été salué par des cris d'allégresse publique, comme si l'enfer saisissait déjà une proie qui lui était dévolue :

LES TROIS MOINES ROUGES[1].

(DIALECTE DE CORNOUAILLE.)

Je frémis de tous mes membres, je frémis de douleur, en voyant les malheurs qui frappent la terre.

En songeant à l'événement qui vient encore d'arriver aux environs de la ville de Kemper, il y a un an.

Katelik Moal cheminait en disant son chapelet, quand trois moines, armés de toutes pièces, la joignirent ;

Trois moines sur leurs grands chevaux bardés de fer de la tête aux pieds, au milieu du chemin, trois moines rouges.

— Venez avec nous au couvent, venez avec nous, belle jeune fille ; là ni or ni argent ne vous manquera.

— Sauf votre grâce, messeigneurs, ce n'est pas moi qui irai avec vous ; j'ai peur de vos épées qui pendent à votre côté.

— Venez avec nous, jeune fille, il ne vous arrivera aucun mal.
— Je n'irai pas, messeigneurs, on entend dire de vilaines choses !

— On entend dire assez de vilaines choses aux méchants ! Que mille fois maudites soient les mauvaises langues !

Venez avec nous, jeune fille, n'ayez pas peur !
— Non, vraiment ! je n'irai point avec vous ; j'aimerais mieux être brûlée !

— Venez avec nous au couvent, nous vous mettrons à l'aise.
— Je n'irai point au couvent ; j'aime mieux rester dehors.

Sept jeunes filles de la campagne y sont allées, dit-on, sept belles jeunes filles à fiancer, et elles n'en sont point sorties.

— S'il y est entré sept jeunes filles, vous serez la huitième ! —
Et eux de la jeter à cheval, et de s'enfuir au galop ;

De s'enfuir vers leur demeure, de s'enfuir rapidement avec la jeune fille en travers, à cheval, un bandeau sur la bouche.

---

[1] TH. DE LA VILLEMARQUÉ, Chants populaires de la Bretagne.

Et au bout de sept ou huit mois, ou quelque chose de plus, ils furent bien étonnés en cette abbaye;

Au bout de sept ou huit mois, ou quelque chose de plus :
— Que ferons-nous, mes frères, de cette fille-ci maintenant?

— Mettons-la dans un trou de terre. — Mieux vaudrait sous la croix. — Mieux vaudrait encore qu'elle fût enterrée sous le maître-autel.

— Eh bien! enterrons-la ce soir sous le maître-autel, où personne de sa famille ne la viendra chercher! —

Vers la chute du jour, voilà que tout le ciel se fend! De la pluie, du vent, de la grêle, le tonnerre le plus épouvantable!

Et un pauvre chevalier, les habits trempés par la pluie, qui voyageait tard, battu de l'orage;

Qui voyageait par là et cherchait quelque part un asile, arriva devant l'église de l'abbaye.

Et lui de regarder par le trou de la serrure, et d'y voir briller une petite lumière;

Et les trois moines, à gauche, qui creusaient sous le maître-autel; et la jeune fille sur le côté, et dont les petits pieds nus étaient attachés.

La pauvre jeune fille se désolait, demandait grâce.
— Laissez-moi ma vie, messeigneurs! au nom de Dieu!

Messeigneurs, au nom de Dieu! laissez-moi ma vie! J'errerai la nuit et je me cacherai le jour. —

Et la lumière s'éteignit peu après, et il restait à la porte sans bouger, stupéfait.

Quand il entendit la jeune fille se plaindre au fond de son tombeau :
— Je voudrais pour ma créature l'huile et le baptême;

Et l'extrême-onction pour moi-même, et je mourrai contente et de grand cœur après.

— Monseigneur l'évêque de Cornouaille, éveillez-vous bien vite; vous êtes là dans votre lit couché sur la plume molle;

Vous êtes là dans votre lit, sur la plume bien molle et il y a une jeune fille qui gémit au fond d'un trou de terre dure,

Requérant pour sa créature l'huile et le baptême, et l'extrême-onction pour elle-même. —

On creusa sous le maître-autel par ordre du seigneur comte, et on retira la pauvre fille, au moment où l'évêque arrivait;

On retira la pauvre fille de sa fosse profonde, avec son petit enfant, endormi sur son sein.

Elle avait rongé ses deux bras, elle avait déchiré sa poitrine, elle avait déchiré sa blanche poitrine jusqu'à son cœur.

Et le seigneur évêque quand il vit cela, se jeta à deux genoux, en pleurant, sur la tombe ;

Il passa trois jours et trois nuits sur la terre froide, vêtu d'une robe de crin et nu-pieds.

Et au bout de la troisième nuit, tous les moines étant là, l'enfant vint à bouger à la clarté des flambeaux.

Et à ouvrir les yeux et à marcher tout droit, tout droit aux trois moines rouges :
— Ce sont ceux-ci !

Ils ont été brûlés vifs, et leurs cendres jetées au vent ; leur corps a été puni à cause de leur crime.

Cette ballade fait souvenir de la sombre figure du templier Brian de Boisguilbert, dans le beau roman d'*Ivanhoe* de Walter Scott, et l'on est obligé de convenir que les mœurs de ces chevaliers n'ont pas dû être irréprochables, puisqu'elles ont laissé de pareilles traditions. Mais était-ce une raison pour sévir contre l'ordre entier ?

Philippe le Bel ne survécut que peu de temps à ces assassinats juridiques enfantés par son implacable ressentiment, et par le besoin de fortifier, de consolider l'unité monarchique ; il mourut d'une chute de cheval, en 1314, à l'âge de quarante-six ans. Nous ne quitterons pas ce monarque sans parler des réformes et des innovations qu'il introduisit dans la législation française.

Il abolit le duel judiciaire et le servage ; il institua les Parlements comme tribunaux suprêmes et permanents ; mais l'innovation la plus heureuse fut l'introduction du tiers-état dans les plaids royaux, qui depuis lors furent appelés états généraux. La même innovation fut tentée dans presque tous les pays de l'Europe au commencement du XIVe siècle. Sous la première race le plaid était une espèce de conseil de guerre composé de l'élite des chefs militaires, auxquels s'adjoignaient quelques membres du clergé ; ce conseil était tout à la fois militaire et civil. Sous Charlemagne, il se composa de tous les évêques et abbés, et de tous les gouverneurs de provinces, ducs ou comtes. Le plaid continua de subsister sous la troisième race; il y en eut de plusieurs espèces : le plaid ordinaire du roi, qui se composait d'ecclésiastiques et des principaux barons du domaine royal; ce plaid était chargé de l'administration du fief de la couronne ; en outre, chaque grand feudataire du royaume, et même chaque seigneur du domaine royal avait son plaid particulier. « Chaque année, disent les auteurs de l'*Histoire parlementaire,* aux fêtes de Pâques, et quelquefois plusieurs fois l'an, le roi de France tenait cour plénière, ou, en d'autres termes, plaid ou parlement général. Tous les feudataires du royaume, à moins d'empêchements graves, étaient tenus de s'y trouver. Là, comme dans les anciens champs de Mai, on traitait les affaires générales de la communauté, et l'on rendait les arrêts judiciaires ou administratifs qui l'intéressaient [1]. » On donna aux plaids royaux le nom d'états généraux, non-seulement parce que le tiers-état y eut entrée, mais encore pour les distinguer des parlements devenus cours de justice; tout porte à croire qu'à dater de l'année 1256, la réunion des états généraux eut lieu annuellement. Les historiens, il est vrai, ne font mention, sous Philippe le Bel, que des états généraux de 1302, probablement parce qu'ils eurent à délibérer sur des matières de la plus haute importance; mais, ainsi que le font observer les deux écrivains que nous venons de citer, il existe de nombreuses preuves que les lois de saint Louis, appelées *establissements,* étaient scrupuleusement observées un demi-siècle après leur promulgation, c'est-à-dire sous Philippe le Bel. Or, d'après ces mêmes lois, les plaids royaux devaient se réunir annuellement.

Le règne de Philippe le Bel est un des plus grands de la monarchie française. Écoutons à cet égard M. Michelet : « Que Philippe le Bel, dit-il, ait été ou non un méchant homme ou un mauvais roi, on ne peut méconnaître en son règne la grande ère de l'ordre civil en France, la fondation de la monarchie moderne. Saint Louis est encore un roi féodal. On peut mesurer d'un seul mot tout

---

[1] Buchez et Roux, *Introduction à l'Histoire parlementaire,* pag. 119.

le chemin qui se fit de l'un à l'autre : saint Louis assembla les députés des villes du Midi ; Philippe le Bel ceux des États de France. Le premier fit des établissements pour ses domaines ; le second des ordonnances pour le royaume. L'un posa en principe la suprématie de la justice royale sur celles des seigneurs, l'appel au roi ; il essaya de modérer les guerres privées par la *quarantaine* et l'*assurement*. Sous Philippe le Bel, l'appel au roi se trouva si bien établi, que le plus indépendant des grands feudataires, le duc de Bretagne, demande, comme grâce singulière, d'en être exempté. Le Parlement de Paris écrit pour le roi au plus éloigné des barons, au comte de Comminges, ce petit roi des Hautes-Pyrénées, les paroles suivantes qui, un siècle plus tôt, n'eussent pas même été comprises : « Dans tout le royaume, la connaissance et la punition du « port d'armes n'appartient qu'à nous [1]. »

Philippe le Bel eut pour successeur son fils aîné, Louis le Hutin, qui ne régna que dix-huit mois. Le goût de ce nouveau roi pour le *hutin*, ou le désordre, lui avait valu son surnom. Sous son règne éclata une réaction violente de l'esprit féodal, local, provincial, contre l'unité monarchique. Le duc de Bretagne veut juger sans appel ; Amiens ne veut plus que les sergents du roi fassent d'ajournements chez les seigneurs, ni que les prévôts tirent aucun prisonnier de leurs mains ; Bourgogne et Nevers exigent que le roi respecte la justice féodale, qu'il n'affiche plus ses panonceaux aux tours et aux barrières des seigneurs ; la Champagne et le Vermandois interdisent au roi de faire assigner les vassaux inférieurs ; le Périgord et Nîmes s'accordent pour se plaindre de ce que le roi prétend taxer les censiers des nobles ; enfin Bourgogne, Amiens, Champagne, demandent unanimement le rétablissement du gage de bataille, du combat judiciaire.

Le comte de Valois, oncle de Louis X, se fit le chef de cette réaction, et profita de la jeunesse et de l'inexpérience de son neveu pour acquérir une haute et désastreuse influence dans le gouvernement. La femme du nouveau roi, Marguerite de Bourgogne, était prisonnière au château Gaillard, sous prévention d'adultère, quand

---

[1] MICHELET, *Histoire de France*, tom. III, pag. 222.

il monta sur le trône. Louis, voulant convoler en secondes noces avec Clémence, fille du roi de Hongrie, la fit étrangler. Cette Marguerite de Bourgogne est la prétendue héroïne de la fameuse *Tour de Nesle*, qui passait pour avoir abrité tant de débauches royales, et effrayait les habitants de Paris, longtemps après encore, en projetant l'ombre de ses ruines sur la Seine. Messire Pierre de Bourdeilles, seigneur de Brantôme, peu réservé, comme on le sait, en matière galante, a porté contre Marguerite, cette terrible accusation : « C'était, dit-il, une reine qui se tenait à l'hôtel de Nesle, à Paris, faisant le guet aux passants; et ceux qui lui revenaient et agréaient le plus de quelque sorte de gens que ce fussent, elle les faisait appeler et venir à soi de nuit, et après en avoir tiré ce qu'elle en voulait, les faisait précipiter du haut de la tour en l'eau, et les faisait noyer. » Un autre historien ajoute qu'un écolier, nommé Buridan, ne se noya pas, et dénonça la conduite infâme de Marguerite. Bayle a cherché à éclaircir cette histoire, mais ce qui est mieux prouvé, c'est que Marguerite et Blanche, comtesse de la Marche, eurent pour amants Philippe et Gaultier d'Aulnay, deux frères attachés à leur service, et que ces amours découverts amenèrent leur propre réclusion et la perte des deux chevaliers qui furent écorchés vifs. Mais un fait bien autrement saillant fut la condamnation et l'exécution d'Enguerrand de Marigny, qui avait exercé l'importante charge de surintendant des finances sous Philippe le Bel. Enguerrand avait soulevé contre lui la haine de la noblesse qui l'accusait d'avoir dilapidé les fonds de l'État, et d'avoir commis d'innombrables extorsions. Il est difficile de savoir jusqu'à quel point cette accusation était fondée; mais nous inclinons à croire que le seul crime d'Enguerrand était de s'être associé à tous les efforts de Philippe le Bel pour museler l'hydre féodale. Ce qu'il y a de certain, c'est que l'infortuné ministre du roi défunt avait dans le comte de Valois un implacable ennemi, qui s'opiniâtra à sa ruine. Le roi, sur les instances de son oncle, le fit arrêter. Mais là ne se borna pas la vengeance du comte de Valois contre Marigny. « On lui connaissait pour ami, dit un historien, un célèbre avocat, nommé Raoul de Presle, qui aurait pu prendre sa défense et plaider victorieusement sa cause; il fut mis en prison, chargé d'une accusation calomnieuse, et dépouillé de ses biens qu'on ne lui rendit pas quand il fut déclaré innocent. Comme, malgré les perquisitions que l'on faisait pour multiplier et envenimer les griefs reprochés au surintendant, il ne se présentait que des accusations vagues et mal prouvées, on répandit avec profusion une proclamation qui invitait « riches et pauvres, tous ceux « auxquels Enguerrand aurait méfait, de venir à la cour du roi y « faire leurs complaintes, et qu'on y ferait très-bon droit. » Personne ne comparut; mais, à force d'entasser reproches sur reproches sans preuves ni vraisemblance, on vint à bout de former un acte d'accusation.

Enguerrand fut traduit devant un tribunal que présidait le roi lui-même. Louis, voyant combien l'accusation était vague et peu fondée, penchait pour l'acquittement de l'accusé; mais l'acharnement du comte de Valois l'emporta. Enguerrand fut condamné au supplice infamant de la potence, et son corps fut suspendu au gibet de Montfaucon que lui-même avait fait construire.

La réhabilitation suivit de près le supplice. Tous ceux qui avaient pris part au procès de Marigny, sans en excepter le comte de Valois lui-même, manifestèrent le plus vif repentir d'avoir contribué à faire périr un innocent. Louis le Hutin, dans son testament, légua une somme considérable à la femme et aux enfants de Marigny, « en considération, dit-il, de la grande infortune qui leur « était arrivée. »

Le comte de Valois, atteint, quelque temps après la mort du surintendant, d'une maladie douloureuse dont les médecins ignoraient la cause, reconnut humblement qu'il était frappé de la main de Dieu, en punition du meurtre juridique de l'infortuné Marigny. Il fit de nombreuses expiations; ses gens, en distribuant des aumônes en son nom, avaient ordre de dire à chaque pauvre : « Priez « pour monseigneur Enguerrand de Marigny et pour monseigneur « Charles de Valois. »

Le règne de Louis X, qui avait commencé par un assassinat, se termina par un désastre. Louis ayant renouvelé la guerre contre les Flamands, entra en campagne au mois d'août 1315, et investit Tournay; mais des pluies opiniâtres rendirent les travaux du siége impossibles, et les assiégeants, manquant absolument de vivres, furent contraints de battre en retraite à travers des chemins tellement impraticables, que la plus grande partie de l'armée resta embourbée.

Nous devons dire que ce ne fut pas à ces seuls résultats que se borna le règne de Louis le Hutin, et que ce règne fut, à certains égards, une continuation de celui de Philippe le Bel. Louis se distingua comme son père par ses tentatives sur les priviléges de la noblesse et du clergé, par ses constants efforts pour ruiner la féodalité. Son ordonnance du 3 juillet 1315, qui décrétait l'affranchissement des serfs dans tous les domaines relevant de la couronne, était uniquement conçue dans ce but.

Cette ordonnance reconnaît le droit de liberté inhérent à la nature humaine : « Considérant, dit-elle, dans ses dispositions, que notre royaume est nommé le royaume des *Francs*, et voulant que la chose s'accorde vraiment avec le sens, par la délibération de notre grand conseil, avons ordonné et ordonnons que généralement par tout notre royaume, tant comme il peut appartenir à nous et à nos successeurs, telles servitudes soient ramenées à *franchise* et qu'à tous ceux qui sont échus ou pourront choir en servitude, *franchise* soit donnée à bonnes et convenables conditions. » C'était à prix d'argent que les malheureux serfs pouvaient se libérer de la servitude, mais il y avait là néanmoins un progrès. Le principe commençait à apparaître. A cette époque aussi de notre histoire, l'administration de la justice subit de graves modifications.

Louis X mourut en 1316. Quelques auteurs attribuent sa mort au poison ; d'autres à une pleurésie. Sa femme, Clémence de Hongrie, était grosse, et, connaissant probablement l'ambition du frère de son mari, Philippe, comte de Poitiers, elle se mit, ainsi que l'enfant qu'elle portait dans son sein, sous la protection du comte de Valois. « Les barons du royaume, dit le chanoine de Saint-Victor, ayant été convoqués, il fut finalement ordonné que le comte de Poitiers serait gouverneur du royaume de France, qu'il en percevrait tous les revenus, et qu'il fournirait à la reine le nécessaire. Si elle accouchait d'un fils, le comte retiendrait la garde du royaume pendant vingt-quatre ans, il administrerait les guerres et les autres affaires, et il assignerait vingt mille livres de revenu à la reine, dont quatre mille lui resteraient en héritage. Dans la vingt-cinquième année, il résignerait librement le royaume à l'enfant royal, comme au véritable héritier, et dès lors il lui obéirait comme à son seigneur. Si, au contraire, il naissait une fille, le comte serait dès lors reconnu par tous comme roi, et il pourvoirait au sort de la jeune fille, selon que le droit et la coutume le requièrent. Ces choses ayant été convenues et promises, les princes et les barons lui firent hommage, comme le tenant pour gouverneur, excepté le duc de Bourgogne, qui voulait avoir en sa puissance, de peur qu'elle ne fût exposée à quelque fraude, sa nièce, fille de sa sœur, la feue reine de Navarre, que le roi Louis, de son vivant, avait reconnue pour légitime. Elle lui fut en effet remise à élever. »

La veuve de Louis le Hutin ayant accouché d'un fils, qui fut nommé Jean, et qui mourut au bout de huit jours, le régent lui fit faire des funérailles royales et se fit proclamer roi, sous le nom de Phlippe V, au mois de novembre 1316. A son retour de Reims, où il fut sacré, Philippe, que l'on a surnommé *le Long*, assembla les états généraux, à Paris, pour leur faire confirmer son avénement au trône. Les états étaient composés des représentants de la noblesse, du clergé et de la bourgeoisie. Ils commencèrent par reconnaître le nouveau roi et par lui prêter serment de fidélité; ensuite ils déclarèrent solennellement qu'*au royaume de France les femmes ne succèdent point*. Cette déclaration annula les droits que pouvait avoir au trône la fille de Louis le Hutin, dont les prétentions étaient soutenues par une faction puissante, à la tête de laquelle se trouvait Eudes IV, duc de Bourgogne, oncle maternel de la jeune princesse.

Le règne de Philippe le Long n'offre d'autres incidents remarquables qu'un nouveau soulèvement de pastoureaux et une persécution contre les lépreux. « Durant l'année 1320, dit un historien en parlant des premiers, éclata tout à coup et sans qu'on s'y attendît, un mouvement d'hommes impétueux comme un tourbillon de vent; ils voulaient aller outre mer combattre les ennemis de la foi. Si quelqu'un investi du pouvoir judiciaire voulait les punir comme ils le méritaient, ils lui résistaient à main armée, ou s'ils étaient retenus dans les cachots, ils brisaient les prisons et en arrachaient les leurs malgré les seigneurs. Étant entrés dans le Châtelet de Paris, ils précipitèrent lourdement et écrasèrent sur les marches de cette prison le prévôt de Paris, qui voulait leur faire résistance. S'étant mis en défense sur le pré Saint-Germain, personne n'osa s'avancer contre eux, et même on les laissa librement sortir de Paris. Ensuite ils se dirigèrent vers l'Aquitaine; ils attaquaient de tous côtés et dépouillaient de leurs biens les juifs qu'ils pouvaient trouver; ils marchèrent vers Carcassonne, se livrant aux mêmes excès et commettant beaucoup de crimes. »

Ces nouveaux pastoureaux furent exterminés par le sénéchal de Carcassonne, qui, s'étant mis à leur poursuite, les atteignit comme ils se dirigeaient vers la mer, pour s'embarquer à Aigues-Mortes, les enferma dans des plaines marécageuses et pestilentielles, et les y laissa périr de faim, de maladie et de désespoir, faisant pendre ceux qui cherchaient à se frayer un passage pour se soustraire à la mort.

La persécution contre les lépreux s'appuya sur les plus bizarres accusations. On prétendit qu'ils voulaient empoisonner les fontaines et infecter de leur maladie tous les habitants de France, afin qu'il n'y eût plus que des lépreux, et que leur triste sort ne fût plus une cause d'éloignement et de mépris. On les livra de tous côtés aux flammes comme les Albigeois et comme les Templiers. On croirait, à voir la fureur avec laquelle ils furent poursuivis, que cette terrible maladie de la lèpre, entretenue alors par la malpropreté, se propageant de plus en plus, on n'ait trouvé contre elle que ce remède affreux, tant sont absurdes la plupart des imputations qui figurent dans leurs procès.

Un instant, sous Philippe le Long, la guerre se ralluma avec les Flamands; mais elle fut de courte durée. Le deuxième fils de Philippe le Bel travailla à perfectionner les institutions de son père, et s'efforça de marcher sur ses traces; une fin prématurée l'empêcha de donner suite à ses projets de réforme. Charles IV, dit le Bel, troisième fils de Philippe le Bel, succéda à son frère, Philippe le Long, en 1322. L'un des premiers soins du nouveau roi fut de sévir avec une rigueur inexorable contre Gérard Laguette, receveur général des revenus de la couronne, dont les nombreuses et criantes malversations appelaient un châtiment prompt et terrible. Les maltôtiers et les spéculateurs qui dilapidaient la fortune publique et s'engraissaient de la substance du peuple, furent chassés du royaume de France, après toutefois qu'on leur eût fait rendre gorge. Charles le Bel annonçait par ce début qu'il voulait gouverner équitablement, et sa conduite à l'égard des seigneurs ne fut pas moins digne d'éloges. Leur tyrannie et leurs prétentions ambitieuses furent énergiquement réprimées par lui, et il sut les tenir constamment en respect par la terreur du glaive. Nous ne citerons qu'un fait qui montre avec quelle inflexible fermeté ce monarque en agissait à l'égard des seigneurs.

Un gentilhomme gascon, nommé Jourdain de l'Isle, exerçait d'affreux brigandages dans le canton qu'il habitait. Son manoir était le repaire d'une bande de voleurs et d'assassins à la tête desquels il faisait journellement des excursions dans les campagnes environnantes, rançonnant les malheureux paysans, et les massacrant après les avoir dépouillés. Rien ne pouvait fléchir ni intimider ce bandit forcené. Charles le Bel lui-même avait vainement employé les prières et les menaces pour mettre un terme à ses violences. A la fin, il lui envoya un huissier pour lui intimer l'ordre de comparaître à son Parlement. Jourdain de l'Isle tua l'huissier, et, fort de sa parenté avec le pape Jean XXII, qui le protégeait, et de l'appui des seigneurs, qui, pour la plupart, se portaient dans leurs domaines aux mêmes excès que lui, il eut l'audace de comparaître devant le Parlement. Charles le Bel le fit arrêter et juger. On le condamna à mort, et, malgré les instances et les supplications de la noblesse, le roi ordonna que la sentence reçût son exécution dans toute sa teneur. Jourdain de l'Isle fut pendu. Cet acte de justice, dit un historien, valut à Charles le Bel le titre de *sévère justicier, gardant le droit à chacun.*

Le seul fait d'armes important du règne de Charles le Bel fut la conquête de l'Agénois sur les Anglais, par Charles de Valois, son oncle. Charles ne régna que six ans, et mourut en 1328; avec lui s'éteignit la branche aînée des Capets, et la couronne passa à la branche collatérale des Valois. « Quand il aperçut que mourir lui convenait, dit Froissart, il devisa que s'il avenait que la reine s'accouchât d'un fils, il voulait que messire Philippe de Valois, son cousin germain, en fût mainbourg (tuteur), et régent du royaume, jusques à donc que son fils serait en âge d'être roi; et s'il avenait que ce fût une fille, que les douze pairs et les hauts barons de France eussent conseil et avis entre eux d'en ordonner, et donnassent le royaume à celui qui avoir le devrait. Sur ce, le roi Charles alla mourir environ la Chandeleur. Ni demeura mie grandement après ce, que la reine Jeanne d'une fille (cette fille, nommée Blanche, vint au monde le 1er avril 1328). De quoi le plus du royaume en furent durement troublés et courroucés[1]. »

---

[1] Froissart, édit. de Buchon, tom. Ier, ch. XLIX, pag. 121.

CHAPITRE XI.

SOMMAIRE.

Avénement de Philippe de Valois. — Guerre contre les Flamands. — Bataille de Cassel. — Édouard III, roi d'Angleterre, rend hommage à Philippe de Valois. — La guerre éclate entre la France et l'Angleterre. — Invasion d'Édouard III. — Bataille de Crécy. — Siége et prise de Calais. — Peste, dite de Florence. — Mort de Philippe de Valois. — Son fils, Jean *le Bon*, lui succède. — Arrestation du roi de Navarre. — Les Anglais envahissent de nouveau la France. — Bataille de Poitiers. — Captivité du roi Jean. — Horrible situation de la France. — Le dauphin Charles prend en main la direction des affaires. — Efforts d'Étienne Marcel et de Robert *le Coq* pour restreindre les prérogatives royales. — Meurtre des maréchaux de Champagne et de Normandie. — Soulèvement de la Jacquerie. — Mort d'Étienne Marcel. — Brigandages des grandes compagnies. — Nouvelle invasion d'Édouard III. — Traité de Brétigny. — Réunion de la Champagne et de la Bourgogne au domaine royal. — Le roi Jean accable ses sujets d'impôts pour acquitter sa rançon. — Jacques de Bourbon est défait et blessé à mort dans un combat contre les grandes compagnies. — Mort du roi Jean.

La Flandre, au xiv° siècle, était le grand marché où affluaient les marchandises du Nord et du Midi, depuis surtout que les ordonnances de Philippe le Bel contre les Lombards avaient éloigné les marchands étrangers des foires si anciennes et si renommées de la Champagne. La nation flamande n'était, à proprement parler, qu'une agrégation de villes et de communes sans lien ni homogénéité entre elles et se haïssant mortellement. Mais ces villes jouissaient de priviléges considérables, et étaient autant de républiques bourgeoises qui ne reconnaissaient que nominalement l'autorité du comte de Flandre. Riches, parce qu'elles étaient actives et laborieuses; libres, parce qu'elles étaient riches, les communes flamandes traitaient d'égal à égal avec les rois, à qui, plus d'une fois, elles avaient infligé de cruelles leçons.

Entre ces villes de Flandre, passionnées pour la liberté, et les barons français, couvait un vieux levain d'inimitié, toujours prêt à se traduire en guerres acharnées et sanglantes. La noblesse de France, en effet, avait tout à redouter du voisinage de ces terribles communes flamandes où fermentaient si puissamment les idées d'émancipation. Les rois de France, eux-mêmes, ne pouvaient se défendre d'un profond sentiment d'effroi en voyant se développer avec une si redoutable énergie l'esprit démocratique dans les Flandres. Ils voulaient bien se servir des bourgeois pour démanteler la citadelle féodale, mais ils n'entendaient pas se laisser déborder par eux, et encore moins abdiquer en leur faveur.

Telle avait été la politique de Philippe le Bel et de ses trois fils; telle fut celle de leur successeur, Philippe de Valois. Charles le Bel, en mourant, n'avait point laissé d'héritier mâle; sa femme, Jeanne d'Évreux, était grosse. Philippe de Valois, cousin germain de Charles le Bel, s'empara sans opposition de la régence qui lui fut confirmée par les barons du royaume, réunis extraordinairement à Paris. La veuve de Charles le Bel étant accouchée d'une fille, Philippe prit le titre de roi. Les droits de ce dernier à la couronne de France étaient incontestables en vertu de la loi salique qui excluait les femmes du trône; mais il se rencontra des gens qui prétendirent que si la loi salique excluait les femmes, elle n'écartait pas leur descendance masculine, et que la couronne, en conséquence, appartenait légitimement au roi d'Angleterre, Édouard III, petit-fils, par sa mère Isabelle, de Philippe le Bel, et neveu des trois derniers rois de France.

Cette opinion trouva quelques partisans en France; mais la grande majorité des seigneurs se prononça en faveur de Philippe de Valois, lequel, pour reconnaître un si grand service, se crut obligé de leur faire d'énormes concessions, jusqu'à ce point de les dispenser de payer leurs dettes. Les seigneurs, en retour, lui vouèrent un attachement et une fidélité sans bornes.

Non content de répandre à pleines mains ses bienfaits sur cette noblesse à laquelle il était redevable de la couronne, Philippe de

Valois s'associa encore à tous ses ressentiments contre la bourgeoisie, et signala le commencement de son règne par l'abolition des priviléges et immunités de plusieurs communes, notamment de celle de Laon.

Les communes de Flandre se mirent, vers la même époque, en pleine insurrection contre leur comte. Philippe de Valois, dont ce dernier implora le secours, saisit avec empressement une si belle occasion d'humilier la bourgeoisie, et de donner une sévère leçon aux villes de l'Artois et du Vermandois, qui nourrissaient depuis longtemps des sentiments d'indépendance. Il convoqua la noblesse du royaume à Arras, le 22 juillet 1328, et la conduisit contre les Flamands qu'il rencontra à Cassel. Quoique privés de l'assistance des Gantais, et de celle de la noblesse du pays, qui s'était réunie aux Français, les Flamands n'en conçurent pas moins l'audacieuse résolution d'attaquer Philippe de Valois jusque dans son camp. S'étant mis en marche au nombre de seize mille combattants, divisés en trois corps, ils parvinrent sans obstacle jusqu'au pavillon du roi de France, qu'ils surprirent désarmé, pendant qu'il soupait, avec toute sa gendarmerie. Un combat des plus terribles s'engagea alors, mais il ne tourna pas à l'avantage des Flamands. Ces braves gens, malgré des prodiges de valeur, succombèrent sous le nombre; aucun ne chercha son salut dans la fuite. Trois divisions avaient pénétré dans le camp français; trois monceaux de morts marquèrent la place où elles avaient intrépidement combattu. Les chevaliers de Philippe de Valois ne firent aucun quartier; treize mille cadavres furent comptés sur le champ de bataille [1].

Les vainqueurs pillèrent la ville de Cassel, et y exercèrent d'épouvantables cruautés. Poperigen, Bergues, Ypres, Bruges, éprouvèrent le même sort. Rentré en possession de ses droits et de son pouvoir, le comte de Flandre se montra inexorable à l'égard de ses infortunés sujets; dix mille Flamands périrent dans d'effroyables supplices; les priviléges des communes furent abolis et leurs fortifications rasées. Pour couronner tant de rigueurs et tant de ty-

---

[1] Froissart. — Giov. Villani. — Le Continuateur de Guillaume de Nangis. — Oudegherst.

rannie, d'énormes contributions furent imposées à ces villes naguère si florissantes, que la hache des bourreaux avait impitoyablement décimées, et où régnait l'épouvante et la mort.

Mettant à profit cette victoire signalée, qui le plaçait à une grande hauteur dans l'opinion de l'Europe, Philippe obligea le jeune roi d'Angleterre, Édouard III, à lui rendre l'hommage qu'il lui devait pour la Guyenne. C'est dans la cathédrale d'Amiens, le 6 juin 1329, que l'hommage fut rendu, en présence de la brillante cour de France, qui contempla avec une orgueilleuse satisfaction l'abaissement du roi d'Angleterre. Cette cérémonie, à laquelle on donna à dessein un caractère extrêmement solennel, afin d'augmenter l'humiliation d'Édouard, mit la rage dans le cœur de ce prince, et lui fit jurer une haine éternelle à Philippe de Valois.

La résignation apparente avec laquelle Édouard se soumit aux exigences de la loi féodale, n'était pas une preuve qu'il renonçât à ses prétentions à la couronne de France; elle indiquait seulement que le mauvais état de ses affaires le mettait dans l'impossibilité, quant à présent, de les faire valoir. Les choses d'ailleurs n'étaient pas mûres encore pour le grand conflit qui se préparait entre la France et l'Angleterre, conflit qui eut tout à la fois le caractère d'une guerre nationale et d'une guerre civile, puisque Édouard III était en même temps roi d'Angleterre et duc d'Aquitaine.

Avant d'éclater ouvertement, les hostilités s'engagèrent d'une manière indirecte, d'abord en Écosse, où Philippe de Valois épousa chaleureusement la cause de David Bruce contre Édouard Baillol, le protégé, la créature de l'Angleterre; ensuite dans l'Agénois, où le sénéchal du roi de France expulsa violemment les officiers d'Édouard de divers châteaux dont ceux-ci avaient pris possession au nom de leur maître.

Cette façon brutale d'agir aurait suffi pour allumer la guerre entre la France et l'Angleterre, quand la jalousie que nourrissaient l'un contre l'autre, Philippe et Édouard, n'eût pas rendu les hostilités inévitables; quand surtout cette brûlante question de la Flandre n'eût pas mis un obstacle invincible à toute espèce d'accommodement.

L'occasion de prendre les armes, qu'Édouard attendait depuis si longtemps, se présenta enfin. Le comte de Flandre ayant, à l'instigation de Philippe de Valois, fait arrêter, en un seul jour, tous les Anglais qui résidaient dans ses États, le roi d'Angleterre écrivit aux magistrats des communes flamandes pour se plaindre amèrement de ce procédé. Les Flamands craignaient, par-dessus toutes choses, de se brouiller avec l'Angleterre; ils détestaient leur comte, qui avait commis à leurs yeux le double crime d'admettre les Français au partage du commerce de la Flandre, et de protéger les campagnes contre le monopole des communes. Ces bourgeois, dont l'oreille et le cœur ne s'ouvraient qu'aux sordides conseils de l'intérêt, s'empressèrent de donner satisfaction au roi d'Angleterre, en chassant de leurs villes les officiers du comte, et en se mettant une seconde fois en révolte ouverte contre lui.

Jacques Artevelle, riche brasseur de Gand, fut le tout-puissant moteur de ce grand mouvement national; il harangua ses concitoyens assemblés, et leur montra, dit Froissart, « que, sans le roy d'Angleterre, ils ne pouvoient vivre; car toute Flandre estoit fondée sur draperie, et sans laine on ne pouvoit draper. Et pour ce, louoit qu'on teinst le roy d'Angleterre à amy. »

Une étroite alliance se forma alors entre le monarque anglais et le brasseur de Gand. Celui-ci, dans le but de lever les scrupules des Flamands, qui hésitaient à embrasser le parti d'Édouard, contre leur légitime souverain, engagea le premier à prendre le titre de roi de France. Édouard suivit ce conseil et s'en trouva bien; les Flamands se déclarèrent aussitôt pour lui. Le 21 août 1337, il fit proclamer la guerre, et, à partir de ce moment, ne désigna plus Philippe de Valois que par ces mots : « Philippe se prétendant roi de France. »

Au début de cette lutte sanglante, qui était, nous le répétons, une véritable guerre civile, car Édouard III était prince français, les deux rois adoptèrent, à l'égard de leurs peuples, une conduite diamétralement opposée. Édouard fit lire, dans tous les comtés d'Angleterre, une circulaire dans laquelle il informa les seigneurs et les bourgeois de ses griefs contre son suzerain le roi de France, et des efforts qu'il avait tentés inutilement, disait-il, pour conserver la paix. C'était une sorte d'hommage rendu à la souveraineté de la nation anglaise. Philippe, de son côté, ne crut pas devoir en agir ainsi avec ses sujets, et les laissa dans une complète ignorance des motifs de la guerre qu'il allait entreprendre.

Les hostilités traînèrent en longueur jusqu'à l'année 1340, où se donna la fameuse bataille navale de l'Écluse. Philippe de Valois avait ordonné à sa flotte, composée de cent quarante gros vaisseaux et portant quarante mille combattants, de prendre position dans le détroit, et d'en disputer opiniâtrément le passage au roi d'Angleterre. Malheureusement, Hugues Quieret, grand amiral, et Pierre Béhuchet, trésorier, auxquels le roi de France avait confié le commandement de son armée navale, n'avaient nulle expérience de la mer. Au lieu de se tenir au large, afin de conserver la liberté de leurs mouvements, comme le Génois Barbavara leur en donnait le conseil, ils agglomérèrent leurs vaisseaux dans le port de l'Écluse, et les amarrèrent les uns aux autres rangés sur quatre lignes. Cette disposition vicieuse, dont le moindre inconvénient était de faire disparaître la supériorité numérique des Français, donnait un avantage incontestable à un ennemi aussi habile qu'Édouard. Le 24 juin 1340, ayant pris l'avantage du vent et du soleil, il attaqua, toutes voiles déployées, cet immense entassement de navires, qui ne purent opposer au choc redoutable des proues anglaises qu'une résistance d'inertie. La flotte française, après une défense héroïque de six heures, fut vaincue et presque entièrement détruite. Trente mille Français périrent dans cette journée désastreuse qui donna pour longtemps à l'Angleterre l'empire de la mer [1].

Une trêve ne tarda pas à se conclure entre Édouard et Philippe; ce dernier la mit à profit pour détacher de la cause de son rival plusieurs alliés importants, entre autres l'empereur et les princes d'Allemagne, dont les populeux États étaient pour le roi d'Angleterre une pépinière inépuisable de combattants; mais le chef-d'œuvre de sa politique fut de brouiller Édouard avec les Fla-

---

[1] FROISSART, ch. CXX-CXXII. — GIOV. VILLANI, liv. XI, ch. CVII. — LE CONTINUATEUR DE GUILLAUME DE NANGIS.

mands, et de ruiner le crédit de ce Jacques Artevelle, qui avait causé de si grands maux à la France en attisant de tout le feu de ses passions révolutionnaires la haine invétérée d'Édouard contre Philippe de Valois. Après neuf années d'une dictature presque illimitée, Artevelle voulait faire accepter aux Flamands, comme comte, le prince Noir, fils du roi d'Angleterre ; il leur remontra, dit la chronique, « comment le roi Édouard estoit puissant par mer et par terre, et qu'il estoit bien en lui de les grandement aidier ou grever, sa il lui venoit à plaisir. » Les Flamands, épouvantés d'un pareil projet, ne se montrèrent nullement disposés à le seconder. La popularité du brasseur-tribun s'évanouit presque subitement. A Gand, le peuple, qui ordinairement se pressait avec acclamations sur son passage, se retirait à son approche : « Ceux qu'il rencontroit lui tournoient le dos, dit Froissart, et çà et là il entendoit quelques voix proclamer : *Voici celui qui s'est fait trop grand maitre.* » C'était Gérard Denys, chef des tisserands, rival d'Artevelle, qui avait arraché la faveur populaire à ce dernier. Artevelle vit bien que ses jours étaient en danger, et se fortifia dans sa maison ; mais bientôt le peuple, conduit par Gérard Denys, vint lui demander compte du trésor de l'État; on l'accusait de l'avoir fait transporter en Angleterre, dans l'intention de s'y retirer lui-même, après avoir livré la Flandre à Édouard. Ce fut en vain que le dictateur rappela les bienfaits dont il avait comblé son pays; ce fut en vain qu'il offrit de rendre ses comptes. « Maintenant il vous faut mourir, » lui criait-on de toutes parts ; sa maison fut forcée, et il périt de la main même de Gérard Denys. « Ainsi fina, dit encore Froissart, Jacques Artevelle ses jours, qui en son temps avoit esté si grant maistre en Flandres. Povres gens le montrent premierement, et meschantes gens le tuerent en sa parfin. »

Le roi d'Angleterre, voyant ce résultat de l'habileté diplomatique de Philippe, renonça à l'espoir de faire brèche au royaume de France par les Pays-Bas, et tourna désormais toutes ses vues du côté de la Bretagne, par laquelle la France semblait plus vulnérable à ses coups. Deux concurrents, Charles de Blois et Jean de Montfort, se disputaient le duché de Bretagne. Le premier, neveu par sa mère de Philippe de Valois, possédait sur le comte de Montfort le double avantage d'avoir été reconnu par les états de Bretagne comme légitime successeur du dernier duc, et d'être appuyé par la France. Le comte de Montfort, désespérant de pouvoir tenir tête à un compétiteur aussi redoutable, se jeta dans les bras du roi d'Angleterre, lequel s'empressa de passer avec une puissante armée dans le duché de Bretagne déjà envahi par une armée française.

Les Bretons se partagèrent en deux grands partis à peu près d'égale force ; la Bretagne bretonnante épousa les intérêts de Montfort, la Bretagne se dévoua à ceux de Charles de Blois. Dès la première campagne, le protégé de l'Angleterre tomba au pouvoir des Français. Alors on vit sa femme, Jeanne de Flandre, prendre en main la direction de la guerre et la conduire avec une résolution et un courage héroïques. Assiégée dans la ville d'Hennebon, par Charles de Blois lui-même, la vaillante comtesse de Montfort se défendit avec tant de vigueur qu'elle le força de battre honteusement en retraite. Malgré ces prouesses de Jeanne la Flamande, comme l'appellent les chroniques du temps, son parti, qui avait sur les bras toutes les forces du royaume de France, eût été promptement réduit à merci, si le roi d'Angleterre n'était venu en personne à la tête d'une puissante armée. La lutte recommença avec une nouvelle ardeur. Les Anglais assiégèrent Rennes et Nantes, dont ils ne purent se rendre maîtres ; mais ils prirent et saccagèrent Dinan. A l'approche du duc de Normandie, Édouard concentra ses troupes en avant de Vannes, avec la résolution de recevoir la bataille si les Français la leur présentaient.

Les deux partis étaient sur le point d'en venir aux mains, lorsque les légats intervinrent dans leurs démêlés, et leur firent conclure une trêve à Malestroit, le 19 janvier 1343. Édouard la rompit bientôt sous le prétexte de venger la mort de quatorze seigneurs bretons, décapités comme traîtres, par ordre du roi de France, mais en réalité pour revendiquer de nouveau le trône que Philippe, selon ses propres expressions, *lui retenait en dépit de Dieu et de la justice.* C'était là l'objet constant et invariable de son ambition. Malheureusement, une poignée de seigneurs français, en se rangeant déloyalement sous sa bannière, donnaient une ombre de légitimité à ses folles prétentions. Parmi ces enfants dénaturés de la France, qui pactisaient avec l'ennemi de leur pays, se trouvait Geoffroy d'Harcourt, dont les conseils pesèrent d'un si grand poids dans les destinées de la France.

Philippe, naturellement prévoyant, ayant commis l'impardonnable faute d'envoyer la plus grande partie de ses forces en Guyenne, les provinces du Nord, presque entièrement dégarnies de défenseurs, offraient à l'ennemi une proie facile. La première idée d'Édouard, en voyant cette grande concentration de troupes dans le midi de la France, fut de voler au secours de ses possessions continentales; mais d'après l'avis de Geoffroy d'Harcourt, il changea de résolution, fit voile vers la Normandie, et prit terre le 12 juillet 1346, au cap de la Hogue, avec une armée de trente-deux mille hommes. Le roi de France se trouvait pris au dépourvu. La Normandie était, de toutes nos provinces, la moins préparée à repousser une invasion. Depuis que les rois avaient interdit les guerres de vassaux à vassaux, les populations étaient devenues toutes pacifiques, et ne s'occupaient que de la culture des champs. Il faut lire dans les écrivains de l'époque quels furent l'ébahissement et l'épouvante des pauvres paysans de Normandie, à l'aspect de ces terribles hommes d'armes d'Angleterre qui pillaient, brûlaient, massacraient tout sur leur passage. Édouard ne rencontra aucune résistance. Après avoir pris et saccagé Barfleur, Valognes, Cherbourg, Montebourg, Carentan, Saint-Lô, il parut devant Caen, s'en empara et y mit tout à feu et à sang.

A la nouvelle du débarquement d'Édouard, Philippe appela à lui ses fidèles alliés d'Allemagne, sa noblesse de Picardie, de Champagne et de Bourgogne, ainsi que toutes les milices de son royaume, et s'avança contre l'Anglais, qui, à son approche, battit en retraite. Il se mit à sa poursuite et l'atteignit à Crécy, où s'engagea cette bataille si désastreuse pour la France. Les Anglais y firent pour la première fois usage de canons. « Les coups de ces bombardes, dit l'historien Villani, causèrent tant de tremblement et de bruit, qu'il semblait que Dieu tonnait, avec grand massacre de gens, et renversement de chevaux. » Ce qui donna la victoire à Édouard, ce fut moins cette terrible invention que l'audace imprudente de la noblesse française; depuis qu'à l'ancienne tactique s'était substituée une tactique plus savante et plus destructive, cette vaillante et fougueuse chevalerie avait désappris l'art de vaincre, elle ne savait plus que mourir [1].

Le seul avantage que retira Édouard de sa victoire de Crécy, fut de pouvoir continuer sa retraite sans être inquiété. Ayant mis le siége devant Calais, qui était la clef de la France, il déploya, pour s'en rendre maître, toutes les ressources de son génie ardent et tenace, et y parvint, après onze mois des plus opiniâtres efforts. Fatigués d'une lutte si longue et si sanglante, les deux rois rivaux acceptèrent, peu de temps après, la médiation du pape Clément VI, et ils signèrent une trêve qui devait durer dix mois, mais qui se prolongea jusqu'en 1355, malgré de fréquentes violations.

Au fléau de la guerre succéda bientôt un fléau bien autrement redoutable; nous voulons parler de cette terrible peste connue dans l'histoire sous le nom de peste de Florence. Le tiers de la population française succomba à cette épidémie épouvantable. Riches et pauvres, jeunes et vieux, périssaient également. « Leur maladie durait rarement plus de deux ou trois jours, dit le continuateur de Guillaume de Nangis, le plus souvent ils mouraient subitement, tandis qu'on les croyait encore sains. Celui qui était sain aujourd'hui, demain était porté à la fosse; un gonflement paraissait tout à coup aux aisselles ou à l'aine, et dès qu'il se formait c'était un signe infaillible. » Plus loin, le même écrivain ajoute : « Le mal semblait provenir et de l'imagination et de la contagion; car, quand un sain visitait un infirme, il était bien rare qu'il échappât; aussi, dans plusieurs villes et villages, les prêtres s'éloignaient pour ne pas administrer les mourants; dans beaucoup de lieux, sur vingt hommes, il n'en restait pas deux en vie; dans l'Hôtel-Dieu de Paris, la mortalité fut telle, que pendant longtemps on en emporta chaque jour cinq cents morts, dans des chars, au cimetière des Innocents. »

Dès que la France fut débarrassée de la peste, une sorte de joie

---

[1] Voir l'*Histoire des Rivalités et des Luttes de la France et de l'Angleterre*, par LAPONNERAYE, tom. 1er, pag. 52.

délirante s'empara de tous ceux que le fléau avait épargnés. Ils se précipitèrent avec transport dans les fêtes, dans les plaisirs. Le vieux Philippe de Valois voulut, comme les autres, renaître aux douceurs de la vie, et malgré ses cinquante-huit ans, il prit pour femme la jeune et charmante Blanche de Navarre ; mais il ne goûta pas longtemps les joies de cette union ; le 22 août 1350, il mourut en léguant à ses deux fils, Jean et Philippe, sa haine contre Edouard.

Brave et chevaleresque comme son père, Jean était aussi peu capable que lui de commander une armée, surtout ayant pour adversaire un homme de guerre de la trempe du vainqueur de Crécy. Jean fut surnommé *le bon*, moins à cause de la débonnaireté de son caractère, naturellement irascible et vindicatif, que parce qu'il était confiant, étourdi et prodigue à l'excès. Les premières années de son règne furent employées à faire argent de tout, les fêtes splendides de la cour et les largesses royales mettant continuellement à sec le trésor public ; et puis il fallait se préparer à recommencer la guerre contre l'Anglais. Les états généraux de 1355 votèrent une somme énorme dans le but de mettre sur pied une armée de trente mille hommes d'armes, auxquels devaient se joindre les communes du royaume toutes composées d'infanterie.

Au nombre des impôts votés par les états généraux, se trouva la trop fameuse gabelle qui souleva une répulsion générale. A l'instigation du comte Jean d'Harcourt et du roi de Navarre, les nobles de Normandie déclarèrent que la gabelle votée par les états ne serait point établie dans leur pays, et que tout sergent qui chercherait à la percevoir la leur paierait de son corps [1]. Cette résistance, provoquée par deux hommes que le roi Jean détestait depuis longtemps, excita sa colère, et il s'écria « qu'il ne voulait nul maître en France fors que lui, et que jamais n'aurait parfaite joie tant qu'ils fussent en vie. » Jean, apprenant que le roi de Navarre, le comte d'Harcourt et plusieurs seigneurs de leur parti devaient dîner chez son fils, le dauphin Charles, qui tenait sa cour à Rouen,

---

[1] FROISSART.

partit d'Orléans, où il se trouvait alors, et après une marche rapide, arriva au château de Rouen au moment où les convives de son fils s'asseyaient à table. Il monta les degrés de la salle, précédé du maréchal Arnoul d'Audeneham, qui tenait une épée nue à la main. Ce personnage dit en entrant : « Nul ne se meuve pour chose qu'il voie, s'il ne veut être mort de cette épée. » Le roi de Navarre, le comte d'Harcourt, Louis et Guillaume ses frères, les sires de Préau, de Clère, de Friquans, de Tournebeu, de Masmenar et de Graville, qui se trouvaient à table, se levèrent pleins d'effroi pour saluer le roi de France. Mais celui-ci, sans leur répondre, s'avança vers eux, lança son bras dessus le roi de Navarre, le prit par le derrière de la tête, et le tira moult roide contre lui en disant : « Or sus, traître, tu n'es pas digne de seoir à la table de mon fils. Par l'âme de mon père, je ne pense jamais à boire ni à manger, tant comme tu vives. »

Ayant fait venir le roi des ribauds, chef d'une troupe de misérables attachés à sa maison, et destinés à lui rendre de honteux services, Jean lui dit : « Délivrez-nous de tels et tels ; et tantôt après ce, alla dîner le roi de France, et quand il eut dîné, et tous ses enfants, son frère et ses cousins d'Artois, et plusieurs des autres qui étaient venus avec lui, montèrent à cheval, et allèrent en un champ derrière ledit Châtelet, appelé le Champ du Pardon ; et là furent menés en deux charrettes, par le commandement du roi, ledit comte de Harcourt, le seigneur de Graville, monseigneur Maubué et Colinet Doublet ; et là leur furent, ledit jour, les têtes coupées, et puis furent tous quatre traînés jusques au gibet de Rouen, et là furent pendus et leurs têtes mises sur le gibet ; et fut ledit roi de France présent, et aussi sesdits enfants et son frère, à couper lesdites têtes et non pas au pendre. Et ce jour et le lendemain, délivra le roi plusieurs de ceux qui avaient été pris ; et finalement ne demeurèrent prisonniers que trois : c'est à savoir le roi de Navarre, Friquet et Bastalie, lesquels furent menés à Paris, le premier au Louvre, les deux autres au Châtelet [1]. »

Dès que Philippe, frère du roi de Navarre, et Godefroy d'Har-

---

[1] Froissart.

court, oncle du comte Jean, apprirent les exécutions de Rouen, ils ne songèrent plus qu'à sauver ceux des captifs qui vivaient encore et à venger les autres; ils mirent en état de défense leurs châteaux et passèrent en Angleterre dans le but de s'assurer l'alliance du roi Édouard. Godefroy d'Harcourt fit hommage à ce dernier, comme roi de France, pour les fiefs qu'il possédait dans le Cotentin, tandis que le roi Jean, de son côté, s'emparait des forteresses du roi de Navarre en Normandie. Il assiégeait le château de Breteuil, lorsque la nouvelle lui parvint que le Prince Noir, débarqué à Bordeaux, à la tête d'une armée que les auteurs contemporains évaluent à soixante mille combattants, ravageait cruellement nos provinces méridionales. Cette armée se fondit rapidement. Mais avec un corps d'élite de sept à huit mille hommes, le prince anglais parcourut successivement, la torche et le glaive à la main, le Languedoc, le Limousin, l'Auvergne et le Berry. Le roi Jean, avec soixante mille hommes, l'atteignit aux environs de Poitiers et l'enveloppa de telle façon qu'il ne resta à l'Anglais qu'à vaincre ou à périr. S'étant posté avantageusement au sommet d'une colline, le fils d'Édouard attendit de pied ferme l'armée française qui, presque entièrement composée de cavalerie, comme à Crécy, ne put le débusquer de sa position. Une terreur panique s'empara alors de cette armée de soixante mille hommes, qui n'avait devant elle que sept à huit mille Anglais; la plus grande partie de ceux qui la composaient prirent la fuite. Le roi, voyant la bataille perdue, rallia autour de lui une poignée de chevaliers et se défendit longtemps avec un intrépide courage. Son jeune fils, Philippe, âgé de seize ans à peine, combattit vaillamment à ses côtés, quoique blessé. Attentif à tous les coups que l'on portait au roi, l'héroïque enfant lui criait : « Père, gardez-vous à droite, gardez-vous « à gauche. » A la fin, Jean, resté presque seul sur le champ de bataille, rendit son épée à Denis de Morbecque, chevalier d'Artois, qu'à son accent, il reconnut pour être Français. Le Prince Noir, auquel on le conduisit aussitôt, l'accueillit avec les plus grandes démonstrations de respect. Il servit lui-même à genoux son royal captif, et refusa de s'asseoir à la même table que lui, par déférence pour un si grand prince et pour un si vaillant chevalier.

La bataille de Poitiers, moins sanglante que celle de Crécy, fut plus désastreuse encore pour la France, qui, privée de son roi, se trouva livrée à toutes les horreurs de l'anarchie, dans un temps où tout ce qui était administration et gouvernement se résumait dans la royauté.

Le dauphin, Charles, âgé de vingt ans, se rendit à Paris en toute hâte afin d'y exercer l'autorité royale au nom de son père. Son premier soin fut de hausser le prix de l'or et de l'argent, mesure qui était plus propre à augmenter le désordre des finances qu'à le faire cesser. Les États du nord de la France, ou de la *Langue d'Oïl*, s'assemblèrent à Paris le 17 octobre, un mois, jour pour jour, après la bataille. Vers la même époque, ceux du midi, ou de la *Langue d'Oc*, se réunirent à Toulouse sous la présidence du comte d'Armagnac. Il y eut cette différence entre les uns et les autres, que les États du nord, plus frappés de la mauvaise administration du royaume que des dangers que courait la chose publique, ne consentirent à accorder des subsides qu'à la condition qu'ils prendraient une part active à la direction des affaires; tandis que les États du Midi, vivement préoccupés de la situation critique où la captivité du roi plongeait la France, votèrent avec empressement la somme nécessaire à la levée et à l'entretien de treize mille chevaux et de deux mille fantassins.

Étienne Marcel, prévôt des marchands de la ville de Paris, homme très-influent et très-habile, était le chef de l'opposition qui se manifesta au sein des États du Nord, et qui voulait à tout prix mettre un terme aux malversations et aux brigandages des officiers du roi. Le dauphin, grâce à cet esprit sagace et rusé qui lui tenait lieu d'instruction et d'expérience, parvint à éluder des prétentions qui eussent porté la plus grave atteinte aux prérogatives royales, et obtint des députés qu'ils retournassent chez eux pour consulter leurs commettants, tandis que lui-même prendrait les ordres de son père.

Ce qu'il avait en vue, c'était de gagner du temps; car avec ce puissant auxiliaire il espérait calmer les esprits, si profondément émus du désastre de Poitiers, et remettre toutes choses en leur place. Mais les États de la Langue d'Oïl, quand ils s'assemblèrent de nouveau, le 5 février suivant, se montrèrent plus exigeants, plus intraitables que la première fois. L'audace d'Étienne Marcel surtout ne connut plus de bornes. Il avait pour associé et pour émule, dans la carrière révolutionnaire où il s'était engagé, le fameux Robert le Coq, évêque de Laon, qui ne le cédait à Marcel ni en hardiesse ni en activité. Ces deux hommes manœuvrèrent si habilement, qu'ils parvinrent à arracher au dauphin la célèbre ordonnance de 1357, qui frappa d'un seul coup tous les abus et substitua le gouvernement populaire au gouvernement royal. Cette révolution, hâtons-nous de le dire, qui appelait la multitude au maniement des affaires, dans un temps où les masses croupissaient encore dans la plus profonde ignorance, qui désarmait, qui annulait la royauté au moment où la royauté avait le plus besoin de force et d'énergie pour résister aux ennemis du dehors, était plus pernicieuse qu'utile; elle fut le signal des plus horribles convulsions, et fit tomber la France, sanglante et mutilée, aux pieds de l'implacable Angleterre.

Une trêve de deux ans fut conclue entre le prince de Galles et le dauphin. Les Anglais profitèrent de cette suspension d'armes pour faire traverser l'Océan à leur royal prisonnier, sans crainte que les croisières françaises ne l'enlevassent pendant le trajet.

L'Angleterre retira un autre avantage de cet armistice; les barons et les chevaliers, faits prisonniers à Poitiers, et relâchés sur parole, purent travailler à réunir les immenses rançons que l'on exigeait d'eux, et une partie du numéraire de la France passa ainsi de l'autre côté du détroit, et servit à soudoyer de nouvelles hordes d'envahisseurs. Ces gentilshommes se rendirent coupables des plus odieuses extorsions envers leurs vassaux, afin d'en obtenir la somme nécessaire à leur rachat. Non contents de prendre aux paysans leurs meubles, leurs récoltes, leur bétail, leurs attelages, ils les soumettaient à d'horribles tortures pour leur faire avouer en quel lieu ils cachaient leur argent. Il arriva un moment où la patience et la résignation des pauvres paysans, que les nobles appelaient *Jacques Bonhomme*, en signe de mépris, furent à bout. Alors ils s'armèrent de tout ce qui leur tomba sous la main, bâtons, fourches, socs de charrue, et rendirent à leurs seigneurs guerre pour guerre, fureurs pour fureurs. Ils forcèrent les châteaux et firent main basse sur tout ce qu'ils renfermaient; hommes et femmes, enfants et vieillards, nul ne trouvait grâce à leurs yeux. On a donné à ce soulèvement le nom de *Jacquerie*. On trouve peu de détails sur la *Jacquerie* chez nos historiens. Froissart, cet Arioste au petit pied, tout occupé de raconter les grands coups de lance qui plaisaient tant à Mme de Sévigné, ne traite qu'avec un souverain mépris une révolte de paysans. Si ce n'est que cela donna lieu aux chevaliers d'appliquer de bons horions sur les épaules des manants, il en parlerait à peine, et l'on va voir comme il en parle. Mézeray qui passe pour un esprit historique, indépendant et élevé, et qui sema en effet ses récits d'énergiques réflexions apportées par le souffle expirant des guerres civiles, Mézeray lui-même n'a pas jugé à propos de célébrer cette grande épopée ; il fait preuve à ce sujet de la plus complète insensibilité. « Ces forcenés, dit-il, ces enragés se faisaient nommer les *Jacques*, et leur faction, la *Jacquerie*, du nom d'un *Jacques Bonhomme*, leur premier capitaine. On les abattait par monceaux, on les écrasait, on les égorgeait comme des bêtes, si bien qu'il en périt un jour plus de sept mille, tant de ceux qui passèrent par le tranchant de l'épée que de ceux qu'on fit sauter dans une rivière. En Picardie, le régent leur donna aussi la chasse et en tua près de vingt mille. Le sire de Coucy en fit une horrible boucherie par toutes ses terres. » Tel est le langage de Mézeray.

Le continuateur de Nangis nous apprend quelle fut la cause de ce soulèvement : « Dans l'été de l'année 1358, dit-il, les paysans des environs de Saint-Leu et de Clermont, au diocèse de Beauvais, ne pouvant plus supporter les maux qui les accablaient de tous côtés, et voyant que leurs seigneurs, loin de les défendre, les opprimaient et leur causaient plus de dommages que les ennemis, crurent qu'il leur était permis de se soulever contre les nobles du royaume, et de prendre leur revanche des mauvais traitements qu'ils en avaient reçus. »

Ainsi la liberté n'est pas un fruit nouveau en France, et il y a longtemps que l'arbre qui le produit a ses racines dans notre sol. On ne l'a pas vu surgir en 89 comme une plante exotique, et se développer tout à coup dans sa magnificence ; il date de loin, et

SOULÈVEMENT DE LA JACQUERIE.

si, plus d'une fois, il a été coupé jusqu'au pied, il n'en a pas moins, à toutes les époques, sans cesse repoussé; fécondé qu'il était par le sang des victimes d'une odieuse oppression. Lorsqu'on jette les yeux sur le passé de notre histoire, ou plutôt sur celui de l'histoire en général, on demeure confondu en voyant quelles chaînes ont pesé sur la majorité des hommes! On s'étonne qu'ils aient souffert si longtemps l'injuste autorité d'un petit nombre de maîtres cruels, et courbé le front sous le joug du servage, avec la même facilité que des animaux privés de raison. Heureusement pour l'honneur de notre dignité, même dans les siècles où le réseau dans lequel on tenait le peuple emprisonné avait des mailles de fer, au plus fort de la féodalité, il se trouva des hommes courageux qui secouèrent le rude fardeau imposé à leurs épaules. La lâcheté où les masses n'ont que trop de penchant à s'endormir, ne manqua pas d'être stimulée par des cœurs généreux, prompts à se dévouer pour le bien-être des autres. La *Jacquerie*, révolte de paysans, fut une de ces insurrections qui, bien que l'on en déplore les sanglantes représailles, rétablissent sur la terre les principes de l'égalité, trop aisément avilis et méprisés.

Écoutons maintenant Froissart; mais en nous mettant en garde contre son langage passionné sous sa forme naïve :

« Advint, dit-il, une grand'merveilleuse tribulation en plusieurs parties du royaume de France, si comme en Beauvoisin, en Brie, et sur la rivière de Marne, en Valois, en Laonnois, en la terre de Coucy et entour Soissons. Car aucunes gens des villes champêtres, sans chef, s'assemblèrent en Beauvoisin; et ne furent mie cent hommes les premiers; et dirent que tous les nobles du royaume de France, chevaliers et écuyers, honnissoient et trahissoient le royaume, et que ce seroit grand bien qui tous les détruiroit. Et chacun d'eux dit : « Il dit voir ! il dit voir ! honni soit celui par qui « il demeurera que tous les gentils hommes ne soient détruits! » Lors se assemblèrent et s'en allèrent, sans autre conseil et sans nulles armures, fors que de bâtons ferrés et de couteaux, en la maison d'un chevalier qui près de là demeuroit. Si brisèrent la maison et tuèrent le chevalier, la dame et les enfans, petits et grands, et ardirent la maison. Secondement ils s'en allèrent en un autre fort châtel et firent pis assez ; car ils prirent le chevalier et le lièrent à une estache bien et fort, et violèrent sa femme et sa fille les plusieurs, voyant le chevalier : puis tuèrent la femme qui étoit enceinte et grosse d'enfant, et sa fille, et tous les enfans, et puis le dit chevalier à grand martyre, et ardirent et abattirent le châtel. Ainsi firent-ils en plusieurs châteaux et bonnes maisons. Et multiplièrent tant que ils furent bien six mille ; et partout là où ils venoient leur nombre croissoit ; car chacun de leur semblance les suivoit. Si que chacun chevalier, dames et écuyers, leurs femmes et leurs enfans, les fuyoient ; et emportoient les dames et les damoiselles leurs enfans dix ou vingt lieues de loin, où ils se pouvoient garantir ; et laissoient leurs maisons toutes vagues et leur avoir dedans : et ces méchans gens assemblés sans chef et sans armures roboient et ardoient tout, et tuoient et efforçoient et violoient toutes dames et pucelles sans pitié et sans mercy, ainsi comme chiens enragés. Certes oncques n'avint entre Chrétiens et Sarrasins telle forcenerie que ces gens faisoient, ni qui plus fissent de maux et de plus vilains faits, et tels que créature ne devroit oser penser, aviser ni regarder ; et cil qui plus en faisoit étoit le plus prisé et le plus grand maître entre eux. Je n'oserois écrire ni raconter les horribles faits et inconvenables que ils faisoient aux dames. Mais entre les autres désordonnances et vilains faits, ils tuèrent un chevalier et boutèrent en une broche, et le tournèrent au feu et le rôtirent devant la dame et ses enfans. Après ce que dix ou douze eurent la dame efforcée et violée, ils les en voulurent faire manger par force ; et puis les tuèrent et firent mourir de male mort. Et avoient fait un roi entre eux qui étoit, si comme on disoit adonc, de Clermont en Beauvoisin, et l'élurent le pire des mauvais ; et ce roi on appeloit Jacques Bonhomme [1]. Ces méchans gens ardirent au pays

---

[1] Il est nommé *Guillaume Calletet*, quelquefois *Caillet* dans les *Chroniques de France*. Le nom de *Jacques Bonhomme* était donc une espèce de sobriquet : on lit dans le second continuateur de Nangis, qu'on le donnait aux paysans dès l'année 1356. « En ce temps-là, dit-il, les nobles pour se moquer des paysans les nommaient *Jacques Bonhomme ;* et on appelait communément de ce nom les paysans qui servaient dans les armées. » Peut-être ce sobriquet venait-il, de ce qu'ils étaient armés de *jacques*, espèce de casaque contre-pointée qui se mettait autrefois par-dessus la cuirasse, et de

de Beauvoisin et environ Corbie et Amiens et Montdidier plus de soixante bonnes maisons et de forts châteaux; et si Dieu n'y eût mis remède par sa grâce, le meschef fût si multiplié que toutes les communautés eussent été détruites, sainte église après, et toutes riches gens, par tous pays; car tout en telle manière si faites gens faisoient au pays de Brie et de Pertois[1]. Et convint toutes les dames et les damoiselles du pays, et les chevaliers et les écuyers, qui échapper leur pouvoient, affuir à Meaux en Brie l'un après l'autre, en pures leurs cotes, ainsi comme elles pouvoient; aussi bien la duchesse de Normandie et la duchesse d'Orléans, et foison de hautes dames, comme autres, si elles se vouloient garder d'être violées et efforcées, et puis après tuées et meurtries. »

L'imagination de Froissart s'est donné un libre cours dans ce récit; il représente les *Jacques* comme des antropophages, et lorsque le moment de leur défaite arrive, il triomphe avec les seigneurs dont il partageait tous les sentiments; il raconte avec un extrême plaisir comment le comte de Foix, le captal de Buch et le duc d'Orléans déconfirent les Jacques et mirent le feu en la ville de Meaux : « Si les abattoient à grands monceaux, s'écrie-t-il, et tuoient ainsi que bêtes; et les reboutèrent tous hors de la ville, que oncques en nul d'eux n'y eut ordonnance ni conroy; et en tuèrent tant qu'ils en étoient tous lassés et tannés; et les faisoient saillir en la rivière de Marne. Finalement ils en tuèrent ce jour [2] et mirent à fin plus de sept mille : ni jà n'en fût nul échappé, si ils les eussent voulu chasser plus avant. Et quand les gentils hommes retournèrent, ils boutèrent le feu en la désordonnée ville de Meaux et l'ardirent toute et tous les vilains du bourg qu'ils purent dedans enclorre. Depuis cette déconfiture qui fut faite à Meaux, ne se rassemblèrent-ils nulle part; car le jeune sire de Coucy, qui s'appeloit messire Enguerrand, avoit grand'foison de gentils hom-

ce qu'on appelait alors assez communément en France les paysans *bons hommes*, comme on peut le voir dans plusieurs passages de Froissart.

[1] Les imprimés disent *d'Artois*. Sauvage pense qu'il faudrait lire *Gâtinois*. La leçon du texte paraît préférable. Il est plus naturel que l'historien ait associé La Brie au Pertois, qui n'en est guère éloigné, qu'à l'Artois ou au Gâtinois.

[2] L'auteur des *Chroniques de France* fixe la date de cet événement au samedi 9 juin.

mes avec lui, qui les mettoient à fin partout où ils les trouvoient, sans pitié et sans merci. »

Froissart pouvait poursuivre les Jacques avec cet acharnement, mais nous sommes à un autre point de vue historique, et nous devons bien quelque sympathie à cette classe si longtemps sacrifiée des malheureux paysans.

Le XIIe et le XIIIe siècle se signalèrent par l'esprit d'indépendance qui les anima. Les marchands, les artisans, qui tenaient en leur pouvoir les véritables sources de la richesse nationale, commencèrent à sentir leur puissance ; ils songèrent à défendre leurs intérêts contre les gens d'armes et contre les gens d'église, aussi cupides, aussi despotes, ceux-ci que ceux-là. Rassemblés naturellement à l'église et sur les places des marchés, ils comprirent la force de l'association ; ils jurèrent de se protéger et tâchèrent d'obtenir à prix d'argent quelques libertés de leurs patrons, en attendant qu'ils fussent assez les maîtres chez eux pour en chasser leurs tyrans : de concession en concession ils obtinrent des chartes ; ils se constituèrent en communes, ils nommèrent des échevins, des consuls ; ils construisirent des murailles autour de leurs villes, et menèrent bientôt une espèce d'existence républicaine ; cependant ils ne jouissaient pas d'une grande sécurité. Ce n'était pas pour aller à la procession de la Fête-Dieu, et pour mettre le feu à un monceau de fagots, un jour de réjouissance publique, comme les maires d'aujourd'hui, qu'on se voyait élevé alors aux fonctions d'échevins et de jurés ; il fallait des gens de résolution, capables de revêtir la cotte de mailles, afin de guerroyer contre les évêques et les seigneurs. L'échevin devait entretenir un valet toujours prêt, un cheval toujours sellé, pour que ses ordres fussent exécutés à l'instant. C'est ainsi que la bourgeoisie prit un corps, et prépara les luttes philosophiques du XVIIIe siècle contre le clergé, et les atteintes mortelles portées à la noblesse, ainsi qu'à la monarchie absolue. De leur côté, les paysans, à force de recevoir des coups, se jugèrent bien stupides de ne pas les rendre, d'autant plus qu'ils étaient dix contre un. Ils se levèrent enfin ; ils saccagèrent les châteaux et tuèrent les seigneurs. Lassés d'être moutons et dévorés, ils se firent loups et dévorants : Telles sont les réactions.

Le dauphin n'avait rendu qu'à son corps défendant l'ordonnance de réforme dont nous avons parlé plus haut, et que lui avait imposée la toute-puissance des états. Son orgueil en était profondément humilié. Dès qu'il entrevit l'occasion de rentrer dans la plénitude de son pouvoir, il le fit avec empressement, et déclara au prévôt des marchands Marcel, que désormais il voulait gouverner lui-même et ne plus avoir de tuteurs. C'est alors que Marcel, se sentant trop faible pour lutter contre l'autorité du dauphin, étayé du redoutable concours de la noblesse, appela à son aide le roi de Navarre, Charles le Mauvais, ce même prince que le roi Jean avait arrêté de sa propre main l'année précédente pour le punir de ses nombreux méfaits, et notamment de son opposition séditieuse à tous les actes de l'autorité royale. Charles le Mauvais était l'auxiliaire qui convenait le mieux aux desseins de Marcel; ce dernier, après avoir puissamment concouru à son élargissement, le fit venir à Paris où le dauphin n'osa pas l'empêcher d'entrer. La mise en liberté du roi de Navarre, personnage inquiet, remuant, et qui ne se plaisait qu'au milieu du trouble, raviva singulièrement, à la grande satisfaction de Marcel, la querelle à demi assoupie du pouvoir royal et des états.

Une réconciliation s'opéra cependant entre le roi de Navarre et le dauphin, mais elle n'était pas sincère, et fit place bientôt à la plus vive animosité. Les choses furent poussées si loin que, le 22 février 1358, Marcel pénétra dans le palais à la tête d'une troupe de bourgeois armés, et fit tuer, sous les yeux du dauphin, deux de ses officiers, les maréchaux de Champagne et de Normandie; cette sanglante exécution ne resta pas sans vengeance. Le dauphin, à qui les états avaient fait prendre le titre de régent du royaume, sortit de Paris, où il ne se trouvait plus en sûreté, pour se retirer à Compiègne, et, de cette ville, continua, avec la plus grande vigueur, à battre en brèche la dictature populaire de l'indomptable Marcel. Un traité fut négocié et conclu entre le régent et Charles le Mauvais, par l'entremise de Jeanne, femme de l'un et sœur de l'autre; mais ce traité n'interrompit pas les relations du roi de Navarre avec Marcel, qui s'était engagé à introduire le premier dans Paris, avec le titre de capitaine-général des Parisiens, ce qui lui eût donné un pouvoir égal, pour le moins, à celui du régent. Les choses en étaient à ce point, lorsqu'une conjuration se forma contre Marcel, qu'on soupçonnait véhémentement de trahir la cause du peuple en faveur du roi de Navarre. Marcel fut massacré au moment même où il exécutait la promesse qu'il avait faite à Charles le Mauvais de lui livrer une des portes de la capitale.

La mort de Marcel eut pour conséquence immédiate la rentrée du régent dans Paris, avec une troupe nombreuse d'hommes d'armes. Le fils de Jean le Bon signala le rétablissement de son autorité par le supplice des partisans de Marcel, et par une nouvelle falsification des monnaies. Le roi de Navarre, qui ne trouvait pas son compte à cette pacification, appela sous sa bannière tous les aventuriers avides de gain, qui pullulaient alors en France, et, à leur tête, se mit à exercer des brigandages horribles, qui malheureusement restèrent impunis, par l'inconcevable torpeur du régent. Il serait trop long d'énumérer toutes les villes qui furent pillées et saccagées par ces bandits insatiables et féroces; il nous suffira de dire que lorsque le roi de Navarre fut las de tuer, d'incendier et de faire du butin, il conclut avec son beau-frère, le régent, un nouveau traité de paix, en date du 21 avril 1359 ; mais la joie que causa cet événement fut de courte durée, car en même temps que s'apaisa la guerre civile, la guerre avec l'Angleterre recommença.

Cette guerre, à vrai dire, n'avait pas été un seul instant suspendue. La plupart des brigands qui couraient le pays à la suite du roi de Navarre, et qui se disaient Navarrais, n'étaient autre chose que des Anglais que l'armistice avait réduits à l'inaction, et qui se livraient à la dévastation et au pillage par manière de passe-temps. Le nombre et l'audace de ces étrangers homicides épouvantèrent le roi de Navarre lui-même. Le roi Jean, ennuyé de sa captivité, avait eu la faiblesse de signer un traité qui concédait à Édouard une moitié de la France. Le dauphin Charles refusa de le ratifier. Jean cria à la trahison contre son fils; mais le seul traître était celui qui, mettant son intérêt personnel au-dessus de l'intérêt de la France, portait à l'œuvre si difficile et si glorieuse de l'unité française, un coup dont peut-être elle ne se fût jamais relevée.

Édouard, dès qu'il eut appris la non-ratification du traité, résolut d'envahir une seconde fois cette France qui ne voulait, à aucun prix, être à lui. Vers la fin de 1359, une flotte de onze cents navires transporta à Calais l'armée la plus nombreuse et la mieux équipée que l'Angleterre eût jamais mise sur pied. On croit qu'elle ne montait pas à moins de cent mille hommes. A l'aspect de cette formidable armée, qui s'avançait contre lui comme un ouragan dévastateur, le régent ne se troubla point. Dans l'état d'épuisement où se trouvait le royaume, il ne pouvait songer à résister en rase campagne au roi d'Angleterre. Il se contenta donc de mettre en état de défense les principales villes, et se renferma lui-même dans Paris, où il avait à surveiller les partisans de Marcel et ceux du roi de Navarre. Il n'entre pas dans notre sujet de raconter cette seconde expédition d'Édouard III en France; nous dirons seulement qu'après avoir échoué devant Reims, et commis d'épouvantables ravages en Champagne et en Bourgogne, il saccagea les environs de Paris, et s'achemina vers la Bretagne avec une armée que la famine, le froid et les maladies avaient réduite de moitié. Assailli près de Chartres par un orage épouvantable qui fit périr, dit-on, mille hommes de son armée et six mille chevaux, Édouard crut que le ciel manifestait ainsi sa réprobation contre la guerre impie qu'il faisait à la France. Il descendit de cheval, s'agenouilla à terre, et, tendant les bras vers la cathédrale, dont les tours se dessinaient dans le lointain, il fit vœu à *madame* la Vierge et à *monseigneur* Jésus-Christ, d'accepter telles propositions qui lui seraient faites, pourvu qu'elles fussent honorables. Des conférences s'ouvrirent à Brétigny, et, le 8 mai 1360, fut conclu un traité aux termes duquel le roi d'Angleterre renonça à ses prétentions à la couronne de France. De leur côté, les négociateurs du régent firent abandon à Édouard du duché d'Aquitaine, du Poitou, du Limousin, du Quercy, du Bigorre, de la vallée de Gaure, de l'Angoumois et du Rouergue. La rançon du roi Jean fut fixée à l'énorme somme de trois millions d'écus d'or.

L'exécution du traité de Brétigny n'était pas chose facile pour la France. « Le roi Jean, dit un historien, avait une tâche bien difficile à remplir, s'il voulait faire jouir ses sujets de la paix qu'il avait si chèrement achetée. Dans plusieurs provinces, la population des campagnes était presque détruite ; dans toutes, elle était absolument ruinée... Partout on rencontrait le brigandage, nulle part un gouvernement protecteur. Les gens de guerre licenciés en Picardie, en Champagne, en Bourgogne, se réunirent près de Langres, sous les ordres de Bertrand de Créqui, qui en forma la Compagnie blanche, avec laquelle il recommença à ravager ces mêmes provinces, tandis qu'une autre compagnie, formée près de Lyon, porta ses dévastations dans la Provence et le Languedoc [1]. »

Bientôt éclatèrent simultanément la famine et la peste, qui firent d'innombrables victimes. Dans la seule ville d'Avignon, ces deux fléaux réunis enlevèrent dix-sept mille personnes. Les compagnies d'aventure, non moins redoutables que la peste et la famine, continuèrent avec un redoublement de fureur leurs atroces brigandages. Les plus fameuses, entre toutes celles qui désolaient la France, étaient la grande Compagnie, qui exerçait ses ravages dans le voisinage de Lyon, et qui était forte de plus de quinze mille combattants ; la compagnie des Tard-Venus, en Champagne ; la compagnie de la comtesse de Harcourt, en Provence ; la compagnie des Gascons et celle des Bretons, autour de Paris.

Quelques tentatives furent faites pour purger la France de ces bandes incendiaires et dévastatrices. Nous citerons entre autres le combat livré par Jacques de Bourbon, comte de la Marche, à la grande Compagnie, combat dans lequel Jacques de Bourbon fut blessé à mort et son armée mise en déroute. Après leur victoire, les brigands se trouvèrent entièrement maîtres du pays. Une moitié de la compagnie, sous les ordres de Séguin de Battefol, chevalier de Gascogne, pilla et mit à contribution le Maconnais, le Lyonnais, le Forez et le Beaujolais, tandis que l'autre descendit le Rhône, surprit le pont Saint-Esprit et s'y fortifia ; de là cette dernière étendit ses ravages sur les deux rives du Rhône jusqu'aux portes d'Avignon et de Villeneuve.

Quand le roi Jean eut repris possession de son autorité, que son

---

[1] Matteo Villani, liv. IX et X.

fils, le dauphin, lui rendit intacte et respectée, autant du moins qu'elle pouvait l'être à cette époque d'inexprimable confusion, de graves difficultés se présentèrent à l'accomplissement du traité de Brétigny. Les habitants des provinces cédées à l'Angleterre s'indignèrent avec raison qu'on les eût démembrés de la France sans les consulter, et déclarèrent unanimement qu'ils aimeraient mieux être taxés chaque année de la moitié de leur avoir, et rester Français. Les braves Rochellois disaient : « Qu'ils reconnaîtraient les Anglais des lèvres seulement, mais du cœur jamais. » Les ministres de Jean, et le dauphin lui-même, lui conseillèrent de profiter de cette répulsion générale contre la domination anglaise pour éluder les dispositions les plus rigoureuses du traité de Brétigny. C'est alors que le roi Jean prononça ces belles paroles : « Si la justice et la bonne foi étaient bannies du reste du monde, elles devraient se retrouver dans la bouche et dans le cœur des rois. »

Malgré les impôts dont le vaincu de Poitiers avait accablé ses peuples pour acquitter le prix de sa rançon, il ne put remplir que le tiers de ses engagements envers Édouard. Celui-ci, créancier impitoyable, lui réclamait impérieusement les sommes échues. Pour comble de malheur, un des ôtages livrés par la France à l'Angleterre, le duc d'Anjou, second fils de Jean, se sauva de Calais, et quand le roi Édouard lui enjoignit de reprendre ses fers, il refusa d'obéir.

Le chevaleresque Jean, désespéré de ce manque de foi, et hors d'état d'acquitter intégralement sa rançon, n'imagina rien de mieux que d'aller se remettre à la place de son fils, entre les mains du roi d'Angleterre. Il fut reçu magnifiquement par Édouard, que la folle délicatesse de Jean comblait de joie, car elle privait encore une fois la France d'un chef qui, sans être habile et expérimenté, était du moins une sauvegarde contre le désordre et l'anarchie.

Le roi Jean avait pris terre à Douvres le 4 janvier 1364; le 8 avril suivant il mourut à Londres, après une assez courte maladie. Froissart nous apprend que le roi Édouard vit cette mort avec un extrême déplaisir. Nous le croyons sans peine. Jean, toujours prêt à sacrifier l'intérêt de ses peuples aux lois extravagantes de la chevalerie, était l'homme qui faisait le mieux les affaires du roi d'Angleterre sur le trône de France. Édouard eut grandement raison de le regretter ; il savait qu'il n'aurait pas si bon marché de son successeur Charles V.

CHAPITRE XII.

SOMMAIRE.

État de la France à l'avénement de Charles V. — Batailles de Cocherel et d'Auray. — Fermentation extraordinaire dans les provinces-méridionales de la France. — Rupture du traité de Brétigny par Charles V. — Victoires de Du Guesclin en Guyenne. — Conquête de la Bretagne. — Confiscation de ce duché par Charles V. — Les Bretons rappellent leur duc. — Mort de Charles V. — Minorité de Charles VI. — Paix de Bretagne. — Troubles en France. — Guerre contre les Flamands. — Bataille de Rosbecq. — Trêve entre la France et l'Angleterre. — Démence de Charles VI. — Les dissensions des princes du sang plongent le royaume dans l'anarchie. — Renouvellement des hostilités. — Assassinat du duc d'Orléans par le duc de Bourgogne. — Factions des Armagnacs et des Bourguignons. — Les deux partis font tour à tour alliance avec l'Angleterre. — Horrible guerre civile. — Descente du roi d'Angleterre, Henri V, en Normandie. — Bataille d'Azincourt. — Trêve entre les Bourguignons et les Armagnacs. — Paix de Pouilly. — Meurtre du duc de Bourgogne sur le pont de Montereau. — Traité de Troyes. — Nouvelles victoires des Anglais et des Bourguignons réunis. — Mort de Henri V à Vincennes. — Mort de Charles VI.

La France, après les règnes désastreux de Philippe de Valois et de Jean le Bon, se trouvait dans la situation la plus lamentable. Le traité de Brétigny avait mis un terme à la guerre étrangère, sans arrêter les ravages des grandes compagnies qui vivaient à discrétion dans nos provinces dépeuplées et ruinées, comme en pays conquis. L'énorme rançon du roi Jean, dont plus des deux tiers étaient acquittés, et les rançons de la noblesse, qui s'élevaient à une somme presque aussi considérable, avaient appauvri le pays et rendu le numéraire extrêmement rare. L'Angleterre s'était engraissée à nos dépens, et, comme un vautour rassasié, elle cuvait notre sang et nos trésors.

Il fallait la puissante vitalité de la France pour résister à tant de maux épouvantables; il fallait pour en effacer la trace, l'administration réparatrice de Charles V, ses mesures habiles et prévoyantes, sa prudence consommée, sa patience, sa sagesse, enfin ce grand art de gouverner les hommes dont il donna de si éclatantes preuves pendant un règne de seize années. Charles V était âgé de vingt-sept ans lorsqu'il succéda à son père en 1364. Il avait fait un rude apprentissage du métier de roi durant la captivité du roi Jean; quand il régna pour son propre compte, il sut mettre à profit l'expérience qu'il avait acquise, et fit les plus remarquables efforts pour rendre au royaume de France, nous ne dirons pas seulement son ancien lustre, mais une force, une prospérité, une grandeur inouïes.

Une multitude de soins réclamaient impérieusement l'attention et la sollicitude du nouveau roi. Mais il comprit que le plus urgent était de débarrasser la France du fléau des compagnies qui opposaient un obstacle invincible au rétablissement de tout ordre, de toute sécurité. Il chargea de cette tâche importante deux des plus vaillants capitaines de l'époque, le maréchal Boucicaut et Bertrand Du Guesclin. Ces deux chefs renommés commencèrent par réduire Mantes et Meulan; puis ils gagnèrent sur les brigands des compagnies la bataille de Cocherel, dont la nouvelle parvint à Charles la veille même du jour où il fut sacré à Reims. Ce grand avantage était d'un bon augure pour le règne qui s'ouvrait.

Nous devons quelques pages à la guerre qui, pendant vingt-quatre ans, ravagea la Bretagne, au nom des compétiteurs Charles de Blois et le comte de Montfort. Jean III, mourant sans enfant, avait désiré transmettre ses droits à Jeanne de Penthièvre (la Boiteuse) sa mère, mais son frère consanguin, Jean de Montfort, fils d'Arthur II et de Yolande de Dreux, se leva pour réclamer le duché de Bretagne. Jeanne de Penthièvre avait épousé Charles de Blois, neveu du roi de France et soutenu par lui dans ses prétentions à la souveraineté. Le comte de Montfort, sitôt qu'il apprit la mort de Jean III, se hâta de se rendre à Nantes avec sa femme, « qui bien avait cœur d'homme et de lion, » dit Froissart, et qui joua en effet un rôle guerrier dans cette épopée de vingt-quatre années. Il se rendit de Nantes à Limoges, où étaient les trésors du duc son frère, et son premier soin fut de s'en emparer. De retour à Nantes, il donna des fêtes brillantes, et attendit les barons qu'il avait conviés pour défendre ses droits; mais personne, pas un seul chevalier, ne se présenta. Le comte de Montfort jugea alors à propos de s'appuyer sur les bourgeois, et monta son armée; aussitôt qu'il se vit à la tête d'un certain nombre d'hommes, il prit la route de Brest et emporta le château de cette cité, après un rude assaut. Il s'en vint ensuite devant Rennes, qui lui rendit féauté et hommage, et le reconnut pour seigneur. Il s'empara ensuite, sans coup férir, d'Hennebon, par le moyen de Henri de Pennefort, dont le frère était gouverneur de cette ville, qui fut plus tard le théâtre des exploits de la comtesse de Montfort. Après s'être rattaché Vannes, il s'en alla en Angleterre, où il fit hommage au roi Édouard de la duché de Bretagne, car le patriotisme n'était pas consulté dans ces questions, tout paraissait bon à ces héritiers des trônes pour soutenir leurs droits. Le roi Édouard s'empressa de secourir Jean de Montfort; c'était se ménager une entrée en France; « il regarda et imagina, dit Froissart, que la guerre du roi de France en serait *embellie*, et qu'il ne pouvait y avoir plus belle entrée au royaume, ni plus profitable. »

Cependant Charles de Blois était allé se plaindre au roi de France, et le conseil des douze pairs de France s'étant assemblé, avait ajourné Jean de Montfort devant lui, pour rendre compte de son usurpation, Charles de Blois se tenant, « à cause de sa femme, droit hoir de Bretagne. » Montfort osa se présenter à Paris, mais bien accompagné; il entra dans la ville avec plus de quatre cents chevaux. L'entrevue du roi et du comte est rapportée par Froissart en ces termes :

« Quand le comte de Montfort sçut quelle part il trouveroit le roi et les barons, il se traist vers eux en une chambre où ils étoient tous assemblés. Si fut moult durement regardé et salué de tous les barons; puis s'en vint incliner devant le roi moult humblement, et dit : «Sire, je suis ci venu à votre mandement et à votre plaisir. » Le roi lui répondit et dit : « Comte de Montfort, de ce vous sais-je bon gré; mais je m'émerveille durement pourquoi ni comment vous avez osé entreprendre de votre volonté la duché de Bretagne, où vous n'avez aucun droit; car il y a plus prochain de vous que vous en voulez déshériter; et pour vous mieux efforcer, vous êtes allé à mon adversaire d'Angleterre, et l'avez de lui relevée, ainsi comme on le m'a conté. » Le comte répondit, et dit : « Ha! cher sire, ne le croyez pas, car vraiment vous êtes de ce mal informé ; je le ferois moult envis ; mais la prochaineté dont vous me parlez, m'est avis, sire, sauve la grâce de vous, que vous en méprenez; car je ne sçais nul si prochain du duc mon frère dernièrement mort comme moi ; et si jugé et déclaré étoit par droit que autre fût plus prochain de moi, je ne serais jà rebelle ni honteux de m'en déporter.

« Quand le roi entendit ce, il répondit et dit : « Sire comte, vous en dites assez, mais je vous commande, sur quant que vous tenez de moi et que tenir en devez, que vous ne vous partez de la cité de Paris jusques à quinze jours que les barons et les douze pairs jugeront de cette prochaineté : si saurez adonc quel droit vous y avez ; et si vous le faites autrement, sachez que vous me courroucerez. » Le comte répondit et dit : « Sire, à votre volonté. » Si se partit adonc du roi et vint à son hôtel pour dîner.

« Quand il fut en son hôtel venu, il entra en sa chambre et se commença à aviser et penser que, s'il attendoit le jugement des barons et des pairs de France, le jugement pourroit bien tourner contre lui ; car bien lui sembloit que le roi seroit plus volontiers partie pour messire Charles de Blois, son neveu, que pour lui ; et véoit bien que s'il avoit jugement contre lui, que le roi le feroit arrêter jusques à ce qu'il auroit tout rendu, cités, villes et châteaux, dont lors il tenoit la saisine et possession; et avec tout ce tout le grand trésor qu'il avoit trouvé et dépendu. Si lui fut avis, pour le moins mauvais, qu'il lui valoit mieux qu'il courrouçât le roi et s'en rallât paisiblement devers Bretagne, que il demeurât à Paris en danger et en si périlleuse aventure. Ainsi qu'il pensa ainsi fut fait : si monta à cheval paisiblement et ouvertement, et se partit, à si peu de compagnie, qu'il fut ainçois en Bretagne revenu que le roi ni autres, fors ceux de son conseil, sçussent rien de son département ; mais pensoit chacun qu'il fût dehaité en son hôtel. »

Le comte, de retour à Nantes, se prépara à une vigoureuse résistance, en prenant conseil de sa femme, qui l'encouragea à soutenir vaillamment ses droits. Les douze pairs, pendant ce temps-là, s'assemblaient et déclaraient Charles de Blois héritier de Jean III. Le roi se montra très-courroucé de la conduite du duc de Montfort; il appela Charles de Blois, et lui dit : « Beau neveu, vous avez jugement pour vous de bel héritage et grand; or, vous hâtez et pénez de le reconquérir sur celui qui le tient à tort; et priez tous vos amis qu'ils vous veuillent aider à ce besoin; et je ne vous y faudrai mie; ains vous prêterai or et argent et dirai à mon fils le duc de Normandie qu'il se fasse chef avec vous; et vous prie et commande que vous vous hâtiez, car si le roi anglois notre adversaire, de qui le comte de Montfort a relevé la duché de Bretagne, y venoit, il nous pourroit porter grand dommage, et ne pourroit avoir plus belle entrée pour venir par deçà mêmement, quand il auroit le pays et les forteresses de Bretagne de son accord. »

Charles de Blois remercia son oncle, et fort du secours que lui offrirent les seigneurs de France, entreprit la conquête de la province, du pays qu'il appelait sa duché de Bretagne. Le duc de Normandie, le comte d'Alençon, le duc de Bourbon, et autres barons et seigneurs, ses adhérents, se réunirent dans la cité d'Angers, puis s'en allèrent jusqu'à Ancenis, et y séjournèrent trois jours pour mieux ordonner leur expédition. Leur armée s'élevait à cinq mille hommes, plus trois mille Genevois, sous les ordres d'Antonio Doria et de Charles Grimaldi. Alors la guerre commença; ils mirent bientôt le siége devant Nantes, où se trouvait le comte de Montfort, et après maintes escarmouches, entrèrent dans cette ville qui leur fut livrée par les bourgeois. Le comte de Montfort fut pris, et le prisonnier se vit mené à Paris. Le roi en éprouva une vive satisfaction et le fit mettre dans la tour du Louvre.

La comtesse était à Rennes quand elle apprit que son mari avait été fait prisonnier. Cette nouvelle n'abattit pas un courage au-dessus de son sexe, et dont elle avait déjà donné la preuve par ses mâles conseils...; elle prit son jeune fils, qu'on appelait Jean, dans ses bras, et le présentant à ses amis et à ses partisans, leur dit : « Ha! seigneurs, ne vous déconfortez mie, ni ébahissez pour Monseigneur que nous avons perdu ; ce n'était qu'un seul homme ; véez ci mon petit enfant qui sera si Dieu plaît son restorier, et qui vous fera des biens assez : et j'ai de l'avoir en plenté : si vous en donnerai assez, et vous pourchasserai tel capitaine et tel mainbour par qui vous serez tous bien reconfortés. » Cette noble femme, alla ainsi de ville en ville jusqu'à Hennebon, ville entourée de fortes murailles, avec un château des plus importants.

Laissons parler ici M. de Châteaubriand, qui, dans ses *Études historiques*, a consacré quelques pages à la gloire de la comtesse de Montfort :

« Charles de Blois, dit-il, dans l'espoir de terminer promptement la guerre après la reddition de Rennes, se hâta d'investir Hennebon, la plus forte place de la Bretagne, et où Jeanne, comme on l'a dit, s'était renfermée. Les assiégeants poussèrent vivement les attaques. La comtesse de Montfort, armée de pied en cap, chevauchait de rue en rue, animait, priait, gourmandait les soudoyers, ordonnait aux femmes de dépaver les cours et les passages, de porter les pierres aux créneaux avec des pots de chaux vive, pour les jeter sur l'ennemi. Cependant le beffroi sonne. Guillaume Cadoudal, qui s'était retiré à Hennebon, après la prise de Rennes, Yves de Trézyguidy, le sire de Landremans, le châtelain de Guingamp, les deux frères de Guerich, Henri et Olivier de Spinefort, soutiennent les efforts des assaillants. La comtesse monte au haut d'un donjon pour surveiller le combat : elle s'aperçoit que le camp de Charles est désert ; que seigneurs, chevaliers, communiers, étaient tous à l'assaut. Elle descend de la tour, s'élance sur son palefroi, sort par une poterne éloignée avec trois cents lances, et vient mettre le feu aux tentes des ennemis. Ceux-ci apercevant derrière eux les tourbillons de flammes et de fumée, abandonnent l'escalade et accourent pour éteindre les flammes. La nouvelle Clorinde veut regagner la forteresse ; mais la voie, au retour, lui est fermée : elle pousse son cheval sur le chemin d'Aurai, tenant à la main l'épée et le flambeau, instruments de sa victoire ; Louis d'Espagne la poursuit sans pouvoir l'atteindre. Recueillie dans les murs d'Aurai, Jeanne rassemble cinq ou six cents aventuriers : on la croyait perdue à Hennebon, quand le cinquième jour, au soleil levant,

HISTOIRE DES GUERRES CIVILES.

JEANNE DE MONTFORT

recevant du secours des Anglais.

elle reparaît sous les remparts. Elle heurte avec son escadron à la porte d'une des tours, qu'on lui ouvre; elle rentre dans la ville assiégée, bannières au vent, trompettes sonnantes, à la confusion des soldats émerveillés.

« Charles de Blois divise alors son armée : avec le duc de Bourbon et Robert Bertrand, maréchal de France, il court assiéger Aurai, laissant Louis d'Espagne avec le vicomte de Rohan devant Hennebon.

« Louis, de la maison de La Cerda, brave Espagnol qui combattit pour la France sur terre et sur mer, fit venir douze machines de guerre, et commença à battre les murailles du château. Les habitants et les soudoyers s'épouvantèrent et demandèrent à capituler. L'évêque de Léon, renfermé dans la ville, appela son neveu Henri de Léon, qui, après avoir trahi Montfort, servait dans l'armée du comte de Blois; ils convinrent de la reddition de la place. En vain la comtesse de Montfort conjurait les assiégés d'attendre, leur promettant qu'avant trois jours ils recevraient le secours d'Angleterre, espérance qu'elle-même n'avait pas. Elle passa la nuit dans l'inquiétude et les larmes : elle voyait perdu le fruit de son courage et de ses sacrifices, son mari prisonnier, son fils dépouillé, errant, fugitif; elle se voyait elle-même livrée à son ennemi, et recevant des fers des mains de celui à qui elle avait disputé la souveraineté de la Bretagne. Le lendemain, l'évêque de Léon fit dire à Henri, son neveu, de s'approcher des portes. Déjà celui-ci s'avançait pour recevoir la ville au nom de Charles de Blois, lorsque Jeanne, qui regardait la mer par une fenêtre grillée du château, s'écria dans un transport de joie : « Voilà le secours! » Deux fois elle jette le même cri. On monte aux créneaux, aux donjons, au beffroi; tous les yeux se tournent vers la mer : elle était couverte d'une multitude de grands et de petits vaisseaux qui entraient dans le port à pleines voiles. Le miraculeux secours plonge d'abord la foule dans le silence de l'étonnement; puis elle le salue des plus vives clameurs. L'accommodement est rompu; l'évêque de Léon seul se retire auprès de Charles de Blois; Mauny débarque avec son armée.

« La comtesse fait tapisser des chambres et des salles, et préparer un festin à ses hôtes. Elle descend du château, *s'avance au devant d'eux à joyeuse chère, et vient baiser messire Gauthier de Mauny et ses compagnons les uns après les autres, deux fois ou trois, comme vaillante dame.* Cependant Louis d'Espagne ordonne de redoubler l'attaque : durant toute la nuit qui suivit l'arrivée des Anglais, il frappa les murs avec les plus fortes machines, tandis qu'au dedans on n'entendait que le bruit de la fête. Le surlendemain Mauny fit une sortie, brisa les engins, et incendia une partie du camp français. L'armée s'ébranla pour le repousser. Quand Mauny vit venir la chevauchée, *que jamais, s'écria-t-il, je ne sois baisé de dame, ni de douce amie, si jamais je rentre en chastel ou forteresse, jusque tant que j'aie renversé un de ces venants!* Embrassant sa targe, il se précipite l'épée au poing sur les hommes d'armes de La Cerda, les charge, les met en fuite, *en fait verser plusieurs les jambes contre monts*, et rentre dans la forteresse après avoir accompli son vœu de chevalier. »

Louis d'Espagne fut obligé de lever le siége et de rejoindre Charles de Blois qui était devant Aurai. Charles, qui avait pris cette ville, revint devant Hennebon. Alors se passa un des plus brillants faits d'armes, une des plus touchantes aventures que la chevalerie puisse enregistrer dans ses fastes... Louis d'Espagne, quoique l'un des meilleurs généraux de son temps, après avoir été défait par Mauny sur plusieurs points, était venu retrouver Charles de Blois ; d'un caractère irritable et violent, aigri encore par ses blessures, et brûlant de vengeance, il vint un jour demander à Charles, pour prix de ses travaux, une récompense. Charles la lui octroya d'avance, ignorant tout ce que l'âme de Louis pouvait recéler de cruel : « Monseigneur, lui dit Louis, grand mercis. Je vous prie donc et requiers que vous fassiez cy venir tantôt les deux chevaliers qui sont en votre prison à Faouet, dedans le châtel, messire Jean Le Bouteiller et messire Hubert de Fresnay, et les me donner pour faire ma volonté ; c'est le don que je vous demande. Ils m'ont chassé, déconfit et navré et tué messire Alphonse mon neveu que je tant aimois ; si ne m'en sais autrement venger que je leur ferai couper les têtes pardevant leurs compagnons qui laiens sont enfermés. »

« Ledit messire Charles, ajoute Froissart, à qui nous empruntons ce récit, fut tout ébahi quand il ouït messire Louis ainsi parler; si lui dit moult courtoisement : « Certes, sire, les prisonniers vous donnerai-je volontiers, puisque demandés les avez, mais ce seroit grand'cruauté et peu d'honneur à vous, et grand blâme pour nous tous, si vous faisiez de deux si vaillans hommes comme ce sont, ainsi comme vous avez dit; et nous seroit ce toujours reproché, et auroient nos ennemis bien cause des nôtres faire ainsi, quand tenir les pourroient; et nous ne savons que avenir nous est de jour en jour : pourquoi, cher sire et beau cousin, vous veuillez mieux aviser. » Messire Louis d'Espaigne répondit et dit brièvement qu'il n'en seroit autrement, si tous les seigneurs du monde l'en prioient : « Et si vous ne me tenez convent, sachez que je me partirai, et ne vous servirai ni aimerai jamais tant que je vive. »

« Messire Charles vit bien et aperçut que c'étoit acertes; si n'osa courroucer plus avant le dit messire Louis, ains envoya tantôt certains messages au châtelain de Faouet, pour les dessus dits chevaliers amener en son ost. Ainsi que commandé fut, ainsi fut fait : les deux chevaliers furent amenés un jour assez matin en la tente messire Charles de Blois. Quand messire Louis d'Espaigne les sçut venus, il les alla tantôt voir; aussi firent plusieurs des seigneurs et chevaliers de France qui les sçurent venus. Quand le dit messire Louis les vit, il dit : « Ha! seigneurs chevaliers, vous m'avez blessé
« du corps et ôté de vie mon cher neveu que je tant aimois; si
« convient que votre vie vous soit ôtée aussi; de ce ne vous peut
« nul garantir. Si, vous pouvez confesser s'il vous plaît et prier
« mercy à Notre Seigneur, car votre dernier jour est venu. » Les deux chevaliers furent durement ébahis, ce fut bien raison, et dirent qu'ils ne pouvaient croire que vaillans hommes ni gens d'armes dussent faire ni consentir telle cruauté que de mettre à mort chevaliers pris en faits d'armes, pour guerres de seigneurs; et si fait étoit par outrage, autres gens plusieurs, chevaliers et écuyers, le pourroient bien comparer en semblable cas. Les autres seigneurs qui là étoient et oyoient ces paroles en eurent grand'pitié, mais pour prières ni pour plusieurs bonnes raisons qu'ils pussent faire ni montrer au dit messire Louis, ils ne le purent ôter de son propos qu'il

ne convînt que les dits deux chevaliers ne fussent décolés après dîner : tant étoit le dit messire Louis courroucé et ayré sur eux.

« Toutes les paroles, demandes et réponses qui premiers furent dites entre messire Charles et messire Louis, pour occasion de ces deux chevaliers, sçurent tantôt messire Gautier de Mauny et messire Almaury de Cliçon par espies qui toujours alloient couvertement d'un ost en l'autre; et aussi sçurent toutes ces paroles dernièrement dites, quand les deux chevaliers furent amenés en la tente messire Charles. Et quand messire Gautier et messire Almaury de Cliçon ouïrent ces nouvelles et entendirent que c'étoit acertes, ils en eurent grand'pitié : si appellèrent aucuns de leurs compagnons et leur montrèrent le meschef des deux chevaliers leurs compagnons, pour avoir conseil comment ils se maintiendroient et quelle chose ils pourroient faire : puis commencèrent à penser, l'un çà, l'autre là, et n'en savoient qu'aviser. Au dernier commença à parler le preux chevalier messire Gautier de Mauny et dit : « Seigneurs compagnons, ce seroit grand honneur pour nous, si
« nous pouvions ces deux chevaliers sauver; et si nous en
« mettons en peine et en aventure et nous faillissons, si nous
« en sauroit le roi Édouard notre sire gré : aussi feroient tous
« prud'hommes qui au temps à venir en pourroient ouïr parler,
« puisque nous en aurions fait notre pouvoir. Si vous en dirai mon
« avis, si vous avez volonté de l'entreprendre; car il me semble que
« on doit bien le corps aventurer, pour les vies de deux si vaillans
« chevaliers sauver. J'ai avisé, s'il vous plaît, que nous nous armerons
« et partirons en deux parts, dont l'une des parts istra maintenant
« que on dînera, par cette porte, et s'en iront les compagnons ran-
« ger et montrer sur ces fossés, pour émouvoir l'ost et pour escar-
« moucher; bien crois que tous ceux de l'ost accourront celle part
« tantôt : vous, messire Almaury, en serez capitaine, s'il vous plaît,
« et aurez avec vous mille bons archers pour les survenans détrier
« et faire reculer; et je prendrai cent de mes compagnons et cinq
« cents archers, et istrons par celle poterne couvertement, et vien-
« drons par derrière férir en leurs logis que nous trouverons vuis.
« J'ai bien avec moi tel gent qui savent bient la voie aux ten-
« tes messire Charles où les deux chevaliers sont; si me truirai

« celle part; et je vous promets que je et mes compagnons ferons
« notre pouvoir d'eux délivrer, et les amènerons à sauveté, s'il
« plaît à Dieu. »

« Ce conseil et avis plut bien à tous; et s'en allèrent armer et
appareiller incontinent. Et se partit droit sur l'heure du dîner, messire Almaury de Cliçon à trois cents armures de fer et mille archers, et fit ouvrir la maître porte de la ville de Hainebon, dont le chemin alloit droit en l'ost. Si coururent les Anglois et les Bretons qui à cheval étoient jusques en l'ost, en demenant grands cris et grandshu s; et commencèrent à abattre et renverser tentes et trefs, et à tuer et découper gens où ils les trouvoient. L'ost qui fut tout effrayé se commença à émouvoir, et s'armèrent toutes manières de gens le plus tôt qu'ils purent, et se trairent devers les Anglois et Bretons qui les recueilloient vitement. Là eut dure escarmouche et forte, et maint homme reversé d'un côté et d'autre. Quand messire Almaury de Cliçon vit que l'ost s'émouvoit et que près étoient tous armés et traits sur les champs, il retrait ses gens tout bellement en combattant, jusques devers les barrières de la ville. Adonc s'arrêtèrent-ils là tous cois; et les archers étoient tous rangés sur le chemin d'un côté et d'autre qui traioient sagettes à pouvoir; et Gennevois retraioient aussi efforcément contre eux. Là commença le hutin grand et fort, et y accoururent tous ceux de l'ost que oncques nul ne demeura, fors les varlets. Entrementes messire Gautier de Mauny et sa route issirent par une poterne couvertement, et vinrent par derrière l'ost ès tentes et logis des seigneurs de France. Oncques ne trouvèrent homme qui leur véast, car tous étoient à l'escarmouche devant les fossés; et s'en vint le dit messire Gautier de Mauny tout droit, car bien avoit qui le menoit, en la tente messire Charles de Blois, et trouva les deux chevaliers, messire Hubert de Fresnay et messire Jean le Bouteillier, qui n'étoient mie à leur aise : mais ils le furent sitôt qu'ils virent messire Gautier et sa route : ce fut bien raison. Si furent tantôt montés sur bons coursiers qu'on leur avoit amenés : si se partirent et furent ainsi rescous; et rentrèrent dedans Hainebon par la poterne même par où ils étoient issus; et vint la comtesse de Montfort contre eux, qui les reçut à grand'joie. »

Charles de Blois leva le siége. La comtesse de Montfort obtint bientôt un secours plus efficace encore que celui de Mauny. Le roi d'Angleterre lui-même descendit en Bretagne, et la guerre prit une fatale extension. On est fâché de rencontrer Jeanne de Montfort au milieu des Anglais, mais sa conduite héroïque n'en est pas moins digne des éloges de l'histoire. Montfort n'était plus, Charles de Blois tomba lui-même en captivité ; alors, Jeanne de Penthièvre, imitant la vaillante Jeanne, apparut sur le théâtre de la guerre et se montra digne de sa rivale. Pendant ces luttes eut lieu le fameux combat des Trente, où trente Anglais et trente Bretons combattirent au chêne de Miroa, entre Ploërmel et Josselin. On sait que Beaumanoir, haletant, se plaignit tout-à-coup d'une ardente soif, et que la voix de Veutemai lui répondit : *bois ton sang, Beaumanoir*, et en effet le sang de Beaumanoir coulait à flots, ce qui ne l'empêchait pas de porter des coups terribles aux Anglais. Ce mot sublime peint les héroïques combats de ces hommes de fer. Longtemps après cette mêlée, on disait, en parlant des plus beaux exploits : *On s'y battait comme au combat des Trente*. En ces temps aussi s'éleva Bertrand Du Guesclin, le héros breton, le meilleur champion de Charles de Blois, et la terreur des Anglais.

La Bretagne n'avait point été pacifiée par le traité de Brétigny. Les deux concurrents Charles de Blois et Jean de Montfort, continuaient à se disputer pied à pied ce déplorable héritage qui avait déjà fait couler tant de larmes et tant de sang. Le roi de France envoya Du Guesclin au secours de Charles de Blois. Mais le vainqueur de Cocherel fut battu et fait prisonnier à Auray par Jean de Montfort, aidé d'une armée anglaise aux ordres du fameux Chandos. Charles de Blois périt dans la bataille. Cette victoire et cette mort donnèrent le duché de Bretagne à Montfort, qui déclara qu'après Dieu, c'était à Chandos et aux Anglais qu'il était redevable de ce grand résultat. Peu de temps après fut signé à Guérande un traité qui sanctionna diplomatiquement ce que la bataille d'Auray avait décidé de fait; et cette guerre de Bretagne qui n'avait pas duré moins de vingt-cinq années, fut enfin terminée à la satisfaction générale.

Vers la même époque, Charles V accorda la paix au roi de

Navarre, ce détrousseur de grands chemins, ce chef de brigands, qui avait saccagé et pillé toutes les provinces de France, tantôt de concert avec les Anglais, tantôt seul, et toujours avec une rage impitoyable. Telle était la position difficile du roi de France qu'il se trouva obligé de donner à Charles le Mauvais, malgré ses forfaitures et ses crimes, la seigneurie de Montpellier, afin de l'indemniser apparemment de tout le mal qu'il ne pouvait plus faire maintenant qu'il était réduit à son maigre royaume de Navarre.

Le roi de France, quand il eut ainsi enlevé aux compagnies leur chef le plus habile et le plus redoutable, leur proposa d'aller au delà des Pyrénées détrôner le roi de Castille, Pierre le Cruel, au profit de Henri de Trastamare, frère naturel de ce dernier. Cette expédition avait le double avantage de délivrer notre pays de cette lie immonde, exécrable, des compagnies, et de porter un rude coup à l'Angleterre dans la personne de Pierre le Cruel, cousin et allié d'Édouard III. Du Guesclin, dont la rançon avait été payée par Charles V, prit le commandement de ces bandes formidables, qui ne s'élevaient pas à moins de soixante mille hommes, et les conduisit en Espagne. Tout plia, tout céda devant ce torrent impétueux. Pierre prit la fuite, et Henri se fit couronner roi de Castille à Burgos.

Charles V, du fond de son cabinet, où le retenait sa complexion délicate et maladive, conduisit si bien ses affaires, que la France en vint bientôt, non-seulement à ne plus redouter les armes de l'Angleterre, mais à désirer le renouvellement des hostilités afin de reconquérir tout ce qu'elle avait perdu. Le moment ne pouvait être plus favorable.

Édouard III, jadis si actif, si prompt à combattre, fléchissait sous le poids d'une vieillesse prématurée. Son fils, le héros de Crécy et de Poitiers, était hydropique, et se trouvait, par suite de cette cruelle maladie, dans l'impossibilité de tenir la campagne. Une fermentation extraordinaire régnait chez tous les peuples de l'Aquitaine, que l'arrogance britannique avait profondément ulcérés. Ces populations, naguère françaises, regrettaient amèrement leur nationalité perdue, et appelaient de tous leurs vœux un revirement de fortune qui les ramenât sous les lois de leur ancienne patrie.

Le roi Charles était instruit de tout ; il suivait patiemment de l'œil les progrès de cette effervescence des populations méridionales, se promettant bien de la mettre à profit pour expulser l'Anglais du territoire de la France. Il prépara de longue main, et avec un impénétrable mystère, la rupture du traité de Brétigny, et commença par s'assurer la coopération active de cet Henri de Trastamare sur la tête duquel il avait, pour ainsi dire, posé la couronne de Castille. Sur ces entrefaites, les comtes d'Armagnac, de Périgord et de Comminges, le sire d'Albret et plusieurs autres seigneurs gascons, se rendirent auprès du roi de France, et lui présentèrent, comme à leur suzerain, un appel contre le prince de Galles, à raison des iniquités dont il s'était rendu coupable envers eux dans son duché d'Aquitaine. Charles V, saisissant cette occasion, somma le Prince Noir de comparaître à sa cour pour avoir à se justifier des vexations qu'il avait fait subir aux barons gascons. Le fils d'Édouard, qui ne s'attendait pas à cette injonction de la part d'un roi qu'il croyait exclusivement occupé à réparer les maux que la guerre avait causés à la France, demeura interdit, et ce ne fut qu'après s'être recueilli qu'il adressa aux messagers de Charles V cette fière réponse : « Nous irons volontiers à notre ajournement à Paris, puisque mandé nous est du roi de France ; mais ce sera le bassinet en la tête, et soixante mille hommes en notre compagnie. »

Cette vaine menace n'épouvanta point Charles V ; il avait tout calculé, tout prévu. Il envoya défier le roi d'Angleterre par un valet de cuisine, afin que l'insulte fût plus cruelle, et mit incontinent ses troupes en campagne. Dans le Midi, plus de soixante villes, châteaux ou forteresses, se révoltèrent contre les Anglais, à la voix de l'archevêque de Toulouse et de l'évêque de Cahors ; ce dernier mit en insurrection tout le Quercy. Trois grandes armées, commandées par les trois frères du roi, les ducs de Berry, d'Anjou et de Bourgogne, entamèrent les hostilités sur divers points et remportèrent de nombreux avantages. Quant à Charles V, il ne demeurait point oisif ; lui aussi faisait une rude guerre aux Anglais, mais ce n'était ni avec la lance ni avec l'épée ; sans sortir de son hôtel de Saint-Paul, à Paris, et avec les seules armes de la diplomatie et de la ruse, il les démolissait lentement, à petit bruit, comme la goutte d'eau qui finit par creuser le plus dur rocher. Par lettres patentes, en date du 14 mai 1370, il déclara Édouard III et son fils rebelles, confisqua le duché d'Aquitaine et les autres provinces françaises dont ils étaient en possession, et délia les populations du serment de fidélité qu'elles avaient prêté au roi d'Angleterre et au prince de Galles. Les Anglais, après avoir essuyé défaites sur défaites, furent chassés jusqu'à la Gironde par l'infatigable Du Guesclin, dont le nom seul faisait tomber les plus hautes murailles et pâlir les plus fiers courages.

Dans l'amertume de son cœur, Édouard disait, en parlant de Charles V : « Il n'y eut jamais roi qui si peu s'armât, et qui me donnât tant à faire. » De toutes ses conquêtes sur Philippe de Valois et sur Jean le Bon, il ne lui restait en effet que Calais, Bordeaux et Bayonne. Dans l'impossibilité où il se trouvait de continuer plus longtemps la guerre, il accepta avec reconnaissance la médiation du Saint-Siége, et signa avec Charles une trêve d'une année [1]. On cherchait de part et d'autre à s'entendre, à poser les bases d'un accommodement durable, mais les prétentions respectives des deux rois furent un obstacle insurmontable au rétablissement de la paix ; ce fut dans ces circonstances que la mort surprit le roi d'Angleterre. Le fils du Prince Noir, qui lui-même avait cessé d'exister, succéda à Édouard III, son aïeul, sous le nom de Richard II. La trêve expira trois jours après la mort d'Édouard. Charles, qui en avait profité pour faire des armements considérables, et pour resserrer son alliance avec le roi de Castille, reprit aussitôt les hostilités avec une extrême vigueur ; partout il triompha de ses ennemis. Le duc de Bourgogne, en Picardie, le duc d'Anjou et Du Guesclin, en Poitou et en Guyenne, remportèrent d'éclatants succès. La cour de Londres, consternée de tant de revers, fit à Charles V des ouvertures de paix qu'il repoussa.

Ce monarque était au comble de la gloire et de la puissance,

---

[1] Rymer, *Acta publica*, tom. VII, pag. 55. — Froissart.

lorsqu'il eut la malheureuse idée de porter atteinte à l'indépendance de la Bretagne, en ordonnant la réunion de ce duché au domaine de sa couronne. Les Bretons avaient toujours préféré la France à l'Angleterre, mais ils préféraient encore plus la liberté à la France. Ils déclarèrent qu'ils voulaient rester libres, et rappelèrent même Jean de Montfort, autour duquel ils se groupèrent avec enthousiasme, bien qu'il fût l'humble vassal de l'Angleterre. Cette manifestation patriotique des Bretons, le rappel de leur duc, et leurs préparatifs militaires pour repousser les Français, n'ébranlèrent pas la résolution de Charles V; il persista à vouloir se rendre maître de la Bretagne, afin d'arracher cette importante province au protectorat et à l'influence de l'Angleterre, et fit commencer les hostilités. C'est alors que les Bretons signèrent avec l'Angleterre un traité d'alliance, aux termes duquel les deux peuples promirent de s'assister mutuellement de toutes leurs forces contre Charles V, leur ennemi commun.

Dès que ce traité eut été ratifié par les états de Bretagne, une armée anglaise, forte de quatre mille hommes d'armes et de trois mille archers, prit terre à Calais sous les ordres du duc de Buckingham, le plus jeune des oncles de Richard II, dans le dessein d'aller secourir les Bretons. Charles, en cette occasion, renouvela la tactique qui lui avait déjà si bien réussi, laquelle consistait à éviter tout engagement et à harceler sans relâche l'ennemi. Le grand Du Guesclin n'existait plus. Le duc de Bourgogne à qui, depuis cette perte immense, était confié le commandement des armées françaises, suivit religieusement les instructions de son frère, et peut-être l'armée anglaise eût-elle trouvé son tombeau en France, si Charles, sur ces entrefaites, n'était tombé gravement malade. Il mourut le 16 septembre 1380, et sa mort fut un événement désastreux pour notre patrie, qu'elle livra à toutes les agitations d'une minorité. Son fils aîné, Charles VI, n'avait que douze ans; il lui manquait quatorze mois pour être majeur, aux termes de l'ordonnance de Charles V, son père, qui fixait à treize ans et un jour la majorité des rois de France.

La mort de Charles V fut généralement attribuée à un poison que son beau-frère, le roi de Navarre, lui aurait donné pendant sa jeunesse. Ce qu'il y a de certain, c'est que sa santé fut constamment débile et chancelante. Il n'avait que quarante-trois ans quand il paya son tribut à la nature. On peut réduire à quelques mots le jugement de l'histoire sur ce prince, en disant qu'il emporta avec lui, dans la tombe, la sagesse de la France.

Un vaste champ s'ouvrait à l'ambition des trois oncles paternels de Charles VI : les ducs d'Anjou, de Berry et de Bourgogne se dépêchèrent de porter à Saint-Denis la dépouille mortelle du monarque expiré ; puis, débarrassés de la présence importune de ce royal cadavre qui, tout froid qu'il était, leur inspirait encore le respect et la crainte, ils se mesurèrent fièrement de l'œil en portant une main à la garde de leur épée, et en étendant l'autre vers ce trône laissé vide et que remplissait à peine un roi de douze ans.

Le duc d'Anjou, en sa qualité d'aîné des princes du sang, s'était déjà emparé des joyaux de la couronne et du trésor royal, s'élevant à dix-sept millions de francs. Il voulut, au même titre, se faire déclarer régent, et prendre en main les rênes du pouvoir ; mais il éprouva une vive opposition de la part de ses deux frères et du duc de Bourbon, oncle maternel du jeune roi[1]. La dispute s'envenima. Les ducs de Bourgogne et de Bourbon, que le roi défunt avait investis en mourant de la tutelle et de la garde des enfants royaux, emmenèrent Charles VI à Melun. Le duc d'Anjou resta à Paris. On se préparait de part et d'autre à en venir aux mains, lorsque le chancelier Pierre d'Orgemont, qui avait été l'un des principaux conseillers de Charles V, proposa un moyen terme qui mit tout le monde d'accord, ou du moins qui calma pour un moment ces esprits si prompts à s'irriter ; ce moyen consistait à faire sacrer immédiatement le jeune Charles, et à trancher ainsi la difficulté de la régence. A vrai dire, c'était plutôt éluder la question que la résoudre. Il fut convenu qu'après la cérémonie du sacre, la régence du duc d'Anjou finirait, mais que ce prince demeurerait le chef du conseil, et que les ducs de Bourgogne et de Bourbon resteraient chargés de l'éducation et de la tutelle de Charles VI.

---

[1] La sœur du duc de Bourbon était mère de Charles VI.

Le sacre de Charles VI eut lieu à Reims, le 4 novembre 1380. L'aristocratie féodale déploya en cette occasion un luxe, une magnificence qui firent péniblement contraste avec l'effroyable misère du peuple. Cette misère était telle que des révoltes éclatèrent en plusieurs endroits du royaume, notamment à Paris, où l'émeute assiégea en armes la demeure royale, et força le conseil de régence à rendre une ordonnance qui abolissait *toutes les aides, subsides, fouages, impositions, gabelles, treizième et quatorzième deniers,* qui avaient été établis depuis Philippe le Bel[1].

Des quatre oncles du roi, trois seulement étaient pourvus. Le duc de Berry qui ne l'était pas, se plaignit amèrement de l'égoïsme sordide de ses frères qui l'avaient exclu de toute participation au maniement du pouvoir, et demanda, à titre de compensation, le gouvernement du Languedoc et de la Guyenne, qui lui fut accordé sans difficulté. Les princes du sang conclurent ensuite un traité aux termes duquel le conseil de régence se trouva composé désormais des quatre ducs et de douze conseillers nommés par eux. Ce conseil, sous la présidence du duc d'Anjou, devait gouverner souverainement le royaume, et les affaires les plus importantes devaient y être décidées à la majorité des suffrages.

Ce fut un grand bonheur pour la France que l'Angleterre ne pût tirer parti du déplorable état où la plongeait l'avidité des oncles de Charles VI. L'Angleterre se trouvait dans une position analogue, gouvernée qu'elle était par un roi mineur, dont les oncles, comme ceux du roi de France, se livraient à tous les emportements de leur passion effrénée pour l'or et la domination. Le gouvernement britannique ne put envoyer des secours à Buckingham, en Bretagne. Ce prince, dont l'armée était fatiguée et découragée, assiégea inutilement Nantes, et fit ensuite sa jonction avec le duc de Bretagne, qui se trouvait lui-même réduit à une complète inaction par la ferme volonté de ses barons de ne point tirer l'épée contre la France. Par l'entremise de ces mêmes barons, un traité de paix fut conclu entre Charles VI et Jean de Montfort. Ce dernier reconnut qu'il tenait la Bretagne du roi de France, et s'engagea à lui

---

[1] *Recueil des ordonnances des rois de France,* tom. VI, pag. 527.

en faire hommage. Charles VI, de son côté, lui rendit ses bonnes grâces, et renonça aux prétentions de son père sur le duché de Bretagne. Après un accommodement qui prouvait d'une manière si péremptoire la répulsion des Bretons contre l'Angleterre, et l'ardente sympathie dont ils étaient animés pour la France, il ne restait plus au comte de Buckingham et à ses Anglais qu'à s'en retourner honteusement dans leur île. C'est ce qu'ils firent lorsqu'ils eurent perdu tout espoir d'être secourus [1].

Malheureusement la France ne sut pas mettre à profit cette retraite des Anglais. Le duc d'Anjou gouvernait mal. Après avoir aboli les impôts qui écrasaient le peuple, il voulut en établir de nouveaux, non moins vexatoires, non moins odieux, et provoqua ainsi le terrible soulèvement des *Maillotins*, ainsi appelés des maillets de plomb dont s'armaient les insurgés pour assommer les percepteurs. Le duc d'Anjou fit approcher des troupes et annonça l'intention de mettre Paris et sa banlieue au pillage. Les Parisiens épouvantés composèrent. On supplia le duc d'Anjou d'accepter cent mille francs, et tout rentra dans l'ordre accoutumé.

Le duc de Berry, dans son gouvernement du Languedoc, n'était ni plus habile, ni plus équitable. Ses extorsions et sa tyrannie poussèrent le peuple à la révolte. Au lieu de calmer les esprits par de sages tempéraments, par de judicieuses concessions, il eut recours aux exécutions militaires, et fit périr, par la main du bourreau, tous ceux qui échappèrent au fer de ses hommes d'armes ou aux carreaux de ses arbalétriers.

La fin du quatorzième siècle est une époque d'ébranlement général. Les classes laborieuses et déshéritées font partout effort pour conquérir, sinon la plénitude de leurs droits, leur exigence n'allait pas encore jusque-là, du moins une condition moins précaire et moins dure. Dans presque toutes les provinces de France, il régnait une fermentation sourde qui se manifestait par des mutineries et des soulèvements. En Flandre, où les communes étaient parvenues à un si remarquable développement de richesses et de lumières, les insurrections avaient toujours un caractère extrêmement redoutable.

---

[1] FROISSART. — LOBINEAU, *Histoire de Bretagne*, liv. XIII, pag. 438.

En 1380, éclata un nouveau soulèvement des Flamands. Le comte Louis obtint d'abord de grands avantages sur ses sujets révoltés; mais ayant essuyé à Bruges une sanglante défaite, il se retira à Lille et implora le secours du roi de France. En l'absence du duc d'Anjou, qui s'était rendu en Italie pour revendiquer la couronne de Naples, le duc de Bourgogne avait la haute direction du conseil de régence. Indépendamment de l'intérêt qui le portait, comme gentilhomme, à réprimer l'esprit révolutionnaire des communes, un intérêt plus puissant encore l'excitait à prendre fait et cause pour le comte de Flandre, dont il avait épousé la fille, et dont il devait un jour recueillir le riche héritage. L'expédition de Flandre fut résolue.

L'armée française se mit en marche sous le commandement de Charles VI en personne, et de ses trois oncles, les ducs de Berri, de Bourgogne et de Bourbon. Les Flamands, conduits par Philippe Artevelle, fils du fameux Jacques Artevelle, brasseur de Gand, lui présentèrent la bataille à Rosbecq et furent écrasés. De cinquante mille qu'ils étaient, plus de la moitié succomba. Après cet horrible désastre il ne resta plus aux communes flamandes qu'à se soumettre. Charles VI les traita avec une impitoyable rigueur. Faisant tomber plus particulièrement sa colère sur Courtrai, où Philippe le Bel avait été vaincu par les Flamands, en 1302, il livra cette ville au pillage et la mit à feu et à sang [1].

De retour à Paris, dont les habitants, en son absence, avaient voulu se rebeller de nouveau contre l'autorité royale, Charles VI fit périr dans les supplices plus de cent bourgeois des plus riches et des plus influents. Un plus grand nombre furent plongés dans les cachots, et ne recouvrèrent leur liberté qu'en payant des rançons énormes. Les gabelles furent rétablies ainsi qu'une foule d'autres impôts. Enfin une ordonnance supprima le prévôt des marchands et les échevins qui étaient élus par le peuple. Lorsque le jeune roi eut ainsi dépouillé et décimé sa bonne ville de Paris, et qu'il crut l'avoir suffisamment corrigée, il infligea le même traitement aux principales cités de son royaume, telles que Rouen, Reims, Châlons, Troyes, Sens, Orléans. Dans la première de ces

---

[1] Froissart.

villes, les trois cents bourgeois les plus considérables furent arrêtés. On en fit trois catégories. Ceux qui composaient la première furent mis à mort comme étant les plus coupables; ceux qui se trouvaient compris dans la seconde eurent la vie sauve, mais tous leurs biens furent confisqués. Restaient les bourgeois de la troisième catégorie : on n'avait absolument rien à leur reprocher, aussi respecta-t-on leurs biens et leurs personnes; seulement on leur emprunta des sommes qui équivalaient à la totalité de leur fortune et qui ne leur furent jamais rendues. C'est ainsi que l'on procédait, au xive siècle, à l'égard de ces classes honnêtes et laborieuses, que la royauté et l'aristocratie féodale ne considéraient que comme matière taillable et corvéable à merci.

Les Flamands se relevèrent promptement de leur défaite de Rosbecq. Peu de mois leur suffirent pour remettre sur pied une armée plus considérable encore que celle qui avait été vaincue, et ils en donnèrent le commandement à François Ackermann. Mais alors de nouveaux ennemis, à l'agression desquels ils ne s'attendaient nullement, vinrent augmenter leurs embarrras. Les Anglais, jaloux de la gloire que les Français s'étaient acquise à Rosbecq, et de l'immense butin qu'ils avaient fait dans leur expédition de Flandre, débarquèrent à Calais, conduits par l'évêque de Norwich, et se jetèrent comme des loups affamés sur les riches cités flamandes qu'ils pillèrent et saccagèrent horriblement. Le comte de Flandre, étonné de cette brusque et furieuse invasion, fit demander à l'évêque de Norwich quel pouvait en être le motif. Celui-ci répondit évasivement et continua ses ravages.

La riche et puissante commune de Gand, qui était tout à la fois la tête et le cœur de la Flandre, fit alliance avec l'évêque de Norwich, et l'accepta, sinon comme un libérateur, du moins comme un auxiliaire redoutable dans ses démêlés avec le comte de Flandre. Charles VI, en se portant une seconde fois avec toutes ses forces au secours de ce dernier, eut donc à combattre en même temps les deux ennemis contre lesquels étaient dirigées toutes les haines de la chevalerie à cette époque : l'Anglais d'une part, et la liberté flamande de l'autre, qui, par un accouplement monstrueux, s'efforçaient de balancer la fortune de la France.

Charles VI commença par chasser les Anglais de Bergues, et en fit massacrer les habitants. Les Anglais et les Gantais réunis opposèrent à nos armes une résistance d'autant plus opiniâtre qu'ils savaient que nous ne leur ferions aucun quartier. Cependant, grâce à la médiation du duc de Bretagne, qui se trouvait à l'armée du roi de France avec deux mille lances, une capitulation fut accordée aux assiégés, et, peu de temps après, Charles VI et ses oncles, fatigués de la guerre, depuis surtout que la Flandre épuisée ne leur offrait plus aucun butin à faire, signèrent, le 26 janvier 1384, une trêve avec l'Angleterre. Dans cette trêve furent compris les Gantais, comme alliés de Richard II, et les rois de Castille et d'Écosse, comme alliés de Charles VI.

C'est peu de temps après que le roi de France, âgé de dix-sept ans, épousa Isabeau de Bavière, qui n'en avait que quatorze. Par un hasard qui se rencontre rarement dans les alliances royales, cette union était tout à la fois un mariage d'inclination et un mariage politique, car Charles V avait dit à ses frères en mourant : « Cherchez à marier mon fils Charles en Allemagne; il y trouvera de fortes alliances. Vous savez que notre adversaire (le roi d'Angleterre) veut aussi y prendre une femme dans le même espoir. »

Pendant que d'une part on célébrait le mariage de Charles VI avec une magnificence extraordinaire, de l'autre on faisait de grands préparatifs militaires contre les Anglais; trois armées furent mises sur pied. A la tête de la plus nombreuse, Charles marcha contre les Gantais; mais, après un mois de campagne seulement, il cessa les hostilités et licencia ses troupes. On pense que cette détermination lui fut inspirée par son oncle, le duc de Bourgogne, qui commençait à sentir qu'il valait peut-être mieux accorder aux Gantais une paix honorable, qui les détachât de l'Angleterre, que de continuer plus longtemps une guerre qui absorbait toutes les ressources de son duché de Bourgogne, et qui imposait à la France les plus onéreux sacrifices.

Les Gantais de leur côté, à l'exception d'une faible minorité, inviolablement dévouée aux Anglais, étaient disposés à recevoir les conditions du duc de Bourgogne, si elles ne portaient pas une trop vive atteinte à leurs droits et à leurs libertés. On convint d'abord d'une trêve jusqu'au 1er janvier suivant; avant son expiration la paix fut solennellement conclue à Tournay. Les Gantais jurèrent obéissance et fidélité au duc de Bourgogne, et celui-ci, en retour, pardonna aux Gantais, et confirma toutes leurs anciennes chartes, toutes leurs anciennes franchises. Cet accommodement était un coup de maître de la part du duc de Bourgogne. Si quelqu'un le vit s'accomplir avec rage et désespoir, ce fut l'Anglais qui perdait dans la belliqueuse commune de Gand une alliée formidable, dont l'épée pesait dans la balance autant que celle du plus puissant royaume.

La guerre contre l'Angleterre se poursuivait avec tiédeur. Le gouvernement français eut un moment l'intention d'opérer une descente de l'autre côté du détroit; d'immenses préparatifs furent faits dans ce dessein, une armée de cent mille hommes se rassembla à l'Écluse; mais l'entreprise manqua par la lâcheté ou la trahison du duc de Berry, qui n'arriva au lieu du rendez-vous général que lorsque la saison de l'embarquement était passée.

Ce fut peu de temps après, au retour d'une expédition contre le duc de Gueldre, que Charles VI annonça l'intention de régner par lui-même, et de se passer des conseils et du concours de ses oncles. Ceux-ci, qui étaient loin de s'attendre à une si brusque résolution, en furent profondément ulcérés, bien qu'ils affectassent une extrême indifférence du pouvoir suprême. Le duc de Berry s'en vengea en faisant empoisonner le cardinal de Laon, qui avait vivement exhorté Charles VI à prendre en main les rênes du gouvernement, et à s'entourer d'une administration nouvelle. Charles combla ses deux oncles de présents et les renvoya, l'un dans son duché de Bourgogne, l'autre dans son gouvernement du Languedoc.

Le peuple de France fit éclater les plus vifs transports de joie quand il apprit que les ducs de Berry et de Bourgogne étaient éloignés du timon des affaires, et il crut qu'une ère de bonheur allait s'ouvrir pour lui, parce que son jeune roi était débarrassé de toute tutelle; comme si un monarque de vingt ans, qui avait été élevé par ses oncles à l'école de la vanité, de l'incapacité et de la débauche, et dont tous les vices avaient été développés comme à plaisir, pouvait suffire à l'effrayante tâche de conduire, d'administrer, de régénérer un grand royaume prêt à tomber en dissolution. La révolution de palais, qui avait ôté le pouvoir aux oncles du roi, ne produisit aucun bien; le peuple continua de souffrir; il n'avait fait que changer de misère.

Un des premiers soins de la nouvelle administration, qui sentait la nécessité d'inaugurer son avénement par quelque grande mesure d'intérêt public, fut de travailler à la suspension des hostilités entre la France et l'Angleterre. Le 18 juin 1389, une trêve générale, qui devait durer trente-huit mois, fut conclue entre les deux puissances. Quelque temps avant qu'elle n'expirât, des conférences s'ouvrirent à Amiens pour traiter de la paix ; mais on ne put parvenir à s'entendre, et l'on se borna à prolonger la trêve d'une année.

Ce fut pendant cette prolongation de la trêve, que Charles VI tomba en démence. Au mois de juillet 1392, il quittait Paris pour aller se mettre à la tête d'une armée destinée à agir contre le duc de Bretagne dont il avait à se plaindre. Après un séjour de quelques semaines au Mans, il en repartit malade, malgré les représentations de ses oncles et de ses capitaines qui le suppliaient d'attendre un complet rétablissement. Le soleil était dans toute sa force; il faisait une extrême chaleur. Charles, vêtu d'un simple justaucorps en velours noir, et la tête couverte d'un chaperon d'écarlate, cheminait à cheval à quelque distance en avant de ses gens. Tout à coup, à l'entrée de la grande forêt du Mans, un homme de haute taille et couvert d'une espèce de souquenille blanche, sort de derrière un arbre, saisit le cheval du roi par la bride, et crie d'une voix tonnante : « Roi, ne chevauche pas plus avant, mais retourne, car tu es trahi. » Charles ne répondit rien et continua sa marche; mais ces paroles produisirent un si terrible effet sur son esprit naturellement faible qu'il ne tarda pas à entrer dans un délire furieux, dont il ne sortit que pour tomber dans un accablement si profond que tout le monde crut qu'il allait mourir. Le bruit courut aussitôt qu'il avait été ensorcelé ou empoisonné; le duc de Bourgogne ordonna une enquête qui fut sans résultat. Les médecins déclarèrent que Charles avait depuis longtemps le principe de cette maladie.

Dès que les ducs de Berry et de Bourgogne virent leur royal neveu en ce déplorable état, ils se mirent à donner des ordres, et furent obéis. Le jour ne s'était pas encore écoulé que déjà ils avaient écarté les conseillers ordinaires du roi, qu'ils nommaient, par dérision et par mépris, les *marmousets*, et que la personne royale était confiée par eux à quatre de leurs plus dévoués partisans.

Le lendemain, Charles n'allant pas mieux, ses oncles le firent transporter au château de Cray-sur-Oise, afin qu'il y reçût les soins des gens de l'art. Eux-mêmes retournèrent à Paris, dans le but de prendre en main la direction de l'État, joyeux intérieurement d'un événement qui leur rendait cette souveraine puissance dont ils ne s'étaient dessaisis qu'avec un si amer regret.

Charles VI ne recouvra l'usage de sa raison qu'à de rares intervalles pendant les trente années qui s'écoulèrent jusqu'à sa mort. La France, durant cette longue minorité d'un nouveau genre, n'eut pas de gouvernement à proprement parler. Les destinées de ce noble pays furent le jouet de l'ambition et de la fureur de mille factions contraires. Chacun aspirait à gouverner; nul ne voulait obéir. D'après les antiques lois de la monarchie, il appartenait au plus proche parent du roi de le suppléer, en cas d'empêchement, dans l'administration de la France. Le duc d'Orléans, frère de Charles VI, était âgé de vingt-et-un ans accomplis; c'était à lui que revenait de droit la régence. Mais les ducs de Berry et de Bourgogne n'en tinrent nullement compte, et s'attribuèrent l'autorité royale dans toute sa plénitude. Le dernier surtout exerça une sorte de dictature sans limites et sans frein.

Le 9 mars 1396, furent signés deux traités entre la France et l'Angleterre. Par l'un de ces traités, la dernière trêve, qui avait été prolongée déjà plusieurs fois, le fut encore jusqu'en l'année 1424; par l'autre, Charles VI donna en mariage à Richard II sa fille, madame Isabelle, âgée de sept ans. Ce fut à la faveur de cette longue trêve que les rivalités et les dissensions des princes du sang éclatèrent plus vives que jamais. Une ardente jalousie avait pris naissance entre le duc d'Orléans et le duc de Bourgogne. Le premier prétendait avec juste raison que le pouvoir lui appartenait de droit et que c'était contre toute équité que ses oncles s'en étaient emparés. Sous le prétexte de secourir Venceslas, qui avait été chassé du trône d'Allemagne par les électeurs de l'empire, il réunit quinze cents lances et les conduisit jusque dans le Luxembourg. Mais, après avoir contracté une étroite alliance avec le duc de Gueldre, l'ennemi irréconciliable du duc de Bourgogne, il revint à Paris suivi de son armée, et lui fit prendre position autour de l'hôtel qu'il occupait près de la porte Saint-Antoine. A la nouvelle de ce brusque retour du duc d'Orléans, à la tête de ses hommes d'armes, le duc de Bourgogne, qui avait profité de l'absence de son neveu pour faire un voyage dans ses États, rentra précipitamment dans Paris accompagné de sept cents gentilshommes bien armés et qui lui étaient entièrement dévoués. Il les logea auprès de son hôtel d'Artois. Il n'y avait pas que les deux ducs qui se haïssaient : la duchesse d'Orléans et la duchesse de Bourgogne nourrissaient l'une contre l'autre une aversion profonde, et tout portait à croire que l'animosité de ces deux femmes ferait éclater la guerre civile entre leurs maris. Ces derniers ne se voyaient qu'au conseil, où ils se contredisaient sur toutes choses avec une extrême violence. Chacun d'eux faisait, de son côté, des préparatifs pour attaquer son rival. Journellement, il arrivait à l'un et à l'autre de nouveaux soldats, en sorte que bientôt ils se trouvèrent en état d'entamer les hostilités ; mais le duc de Berry, aidé de la reine et des chefs du clergé et de la magistrature, parvint à les réconcilier pour quelque temps, soit qu'ils fussent intérieurement touchés des maux que leurs démêlés avaient causés à la France, soit qu'ils ne se sentissent pas encore assez puissants pour se ruer l'un contre l'autre dans un duel à mort.

Cette feinte réconciliation dura peu. Le duc d'Orléans s'étant attribué la suprême direction des finances pendant un nouveau voyage qu'avait fait le duc de Bourgogne, celui-ci accusa de malversation le frère du roi, et fut assez habile pour déchaîner contre lui, non-seulement les bourgeois, qui se considéraient comme les premières victimes des concussions vraies ou supposées du duc d'Orléans, mais tous les membres du conseil. A la faveur de ce soulèvement de l'opinion contre son rival, le duc de Bourgogne se fit donner par Charles VI, entre deux accès de frénésie, la présidence du conseil des finances, et la haute direction du gouvernement, qu'il conserva jusqu'à sa mort, arrivée en 1404. Son fils, Jean sans Peur, lui succéda comme duc de Bourgogne, et, non moins ambitieux que son père, aspira à le remplacer au timon de l'État. Mais le duc d'Orléans le prévint, et s'empara de ce pouvoir qu'il convoitait avec tant d'ardeur et depuis si longtemps.

Dès que le frère de Charles VI fut maître du gouvernement par la mort du duc de Bourgogne, il fit provoquer le roi d'Angleterre, et ordonna contre lui de grands armements. Mais la guerre fut poussée mollement. Les Français, à cette époque désastreuse, n'étaient ardents qu'à s'entre-détruire. Le duc d'Orléans avait, dans chacun des princes du sang, un adversaire, sinon déclaré, du moins qui épiait toutes les occasions de lui nuire. Le duc de Bourgogne surtout, surnommé *sans Peur*, à cause de sa bravoure et de son audace que rien n'étonnait, lui faisait une rude et incessante opposition, et se constituait le protecteur des bourgeois, parce que son cousin d'Orléans se proclamait le champion du pouvoir absolu. Jean sans Peur était d'ailleurs, de tous les princes de la maison de Valois, celui qui, par ses richesses et par sa puissance, pouvait le mieux contre-balancer l'influence du duc d'Orléans, et entrer en lutte ouverte avec lui.

Le frère de Charles VI se fût donc trouvé seul contre tous, si la reine Isabeau de Bavière, qu'une ordonnance royale avait tout récemment appelée à la présidence du conseil, ne se fût mise de son côté, afin de l'aider à résister à la coalition des princes du sang, et, notamment, à l'entreprenante ambition du duc de Bourgogne. La reine et le duc d'Orléans étaient en exécration à tout le monde. Jean sans Peur, au contraire, qui ne valait pas mieux qu'eux, mais qui avait su se rendre populaire, était l'idole et l'espoir des bourgeois. Son parti s'augmentait tous les jours. A mesure que le Bourguignon grandissait en ambition et en puissance, les autres princes du sang s'effaçaient, en sorte que bientôt il n'y eut plus que deux grands antagonistes en présence : le duc de Bourgogne et le duc d'Orléans.

Ce qui faisait la force du dernier, c'est qu'il était maître de la personne du roi et de celle du dauphin, et que, gouvernant au nom de l'infortuné Charles VI, ses actes avaient un caractère de légalité que n'avaient pas ceux de son rival, Jean sans Peur. Celui-ci résolut d'arracher cet avantage au duc d'Orléans. Ayant rassemblé à Arras huit cents chevaliers de Bourgogne et de Flandre, il se dirigea à marches forcées sur Paris, où des forces plus considérables encore devaient venir le joindre prochainement. Le duc d'Orléans et la reine, ne se trouvant pas en mesure de faire tête à cet orage, s'enfuirent précipitamment à Melun, laissant le champ libre au duc de Bourgogne, qui fit son entrée à Paris, où il s'empara de toute l'autorité.

La guerre civile était imminente entre les ducs d'Orléans et de Bourgogne. Ils s'y préparaient de part et d'autre avec une extrême activité. Mais le duc de Berry intervint entre ses deux neveux, comme il était intervenu déjà entre ce même duc d'Orléans et le père de Jean sans Peur, et la paix fut conclue à Vincennes le 17 octobre 1405. Après cette nouvelle réconciliation, qui ne fut ni plus sincère ni plus durable que la première, les princes gouvernèrent quelque temps en commun, puis quittèrent la cour pour aller faire la guerre aux Anglais. Le duc d'Orléans, qui prit le commandement de l'armée de Guyenne, forma inutilement le siège des forteresses de Blaye et de Bourg. Son incapacité, jointe aux rigueurs de l'hiver, fit échouer cette double entreprise, et il revint à Paris, couvert du mépris et des malédictions des troupes, lesquelles furent licenciées sans être payées, parce que le duc d'Orléans avait perdu au jeu l'argent qui leur était destiné. Le duc de Bourgogne, de son côté, chargé d'assiéger Calais, ne rassembla pas moins de douze cents canons pour foudroyer les murailles de cette ville; mais l'argent étant venu à manquer, il fallut tout abandonner.

L'inimitié de Jean sans Peur et du duc d'Orléans éclata plus vive que jamais à leur retour de cette campagne, où ils avaient été malheureux l'un et l'autre. Ils recommencèrent à se faire la guerre dans le conseil. C'est en vain que la reine, le duc de Berry, le duc de Bourbon et les autres princes du sang, travaillaient sans relâche à les réconcilier, la haine reprenait toujours le dessus dans ces cœurs implacables.

De graves historiens ont insinué que la jalousie du duc de Bourgogne, Jean sans Peur, contre Louis d'Orléans, qui avait fait mettre dans une galerie consacrée aux portraits de ses maîtresses, celui de Marguerite de Hainaut, femme du duc, était une des causes de leur inimitié. On assure que le duc de Bourgogne, voulant acquérir la certitude de l'injure faite à son honneur, s'était glissé dans l'indiscrète galerie pendant un bal que donnait Louis d'Orléans. Le portrait de sa femme, masquée, mais reconnaissable à certaines marques, avait frappé ses yeux. On peut juger de l'indignation d'un homme aussi violent que le duc de Bourgogne, qui haïssait déjà Louis d'Orléans de toutes les forces de son âme comme son rival en ambition. Les annales de l'histoire, toute remplie de la misère des peuples, présentent rarement un tableau aussi sombre que celui de cette fatale époque. Un roi idiot, pour l'amusement duquel on inventa les cartes et les dés, une reine débauchée, honteuse Messaline, un prince libertin et son compétiteur à la régence; un autre, espèce d'Hercule furieux, tels sont les personnages de cette cour désastreuse, dont la prodigalité entraînait tour à tour tant et de si dures exactions.

Enfin, le mercredi 23 novembre 1407, le duc d'Orléans, dans la soirée, se rendant chez le roi, où il avait été mandé en toute hâte, et n'étant accompagné que de deux écuyers et de quatre à cinq serviteurs portant des flambeaux, car la nuit était sombre, fut attaqué par une troupe d'hommes armés. Le prince *s'ébattait avec son gant*, et chantait gaiement dans la rue : *Amen*, lui criat-on. — *Je suis le duc d'Orléans.* — *C'est ce que nous voulons*, lui fut-il répondu; et, en même temps, on lui asséna un coup de hache qui lui abattit la main gauche; il tomba bientôt sans vie sous les coups qu'on lui porta, et l'on dit qu'un homme, dont le visage était caché sous un chapeau verni, déchargea un dernier coup de massue sur le corps du duc en disant, *avec tous : Allons-nous-en, il est mort.* Était-ce le duc de Bourgogne? on l'a cru; toujours est-il que les assassins se réfugièrent dans son hôtel, situé rue Mauconseil. Jean sans Peur avoua d'ailleurs en plein conseil, le lendemain, que c'était lui qui, *tenté et surpris par le diable*, avait ordonné ce meurtre. Après un tel aveu, qui consterna et épouvanta les princes du sang, il sortit de Paris et gagna rapidement la frontière de Flandre. Ce ne fut qu'après son départ, et lorsqu'il était déjà loin, que les membres du conseil, revenus de leur première stupeur, se reprochèrent les uns aux autres de ne l'avoir pas fait arrêter.

Au mois de février de l'année suivante, c'est-à-dire trois mois seulement après l'assassinat du duc d'Orléans, Jean sans Peur revint à Paris avec mille hommes d'armes, malgré la défense formelle du conseil, qui n'eut pas le courage de s'opposer à sa rentrée dans la capitale. Là, il entreprit non-seulement sa justification, mais l'apologie de son crime, et il prétendit que c'était pour servir le roi qu'il avait fait mettre à mort le duc d'Orléans. Il y avait dans le caractère du duc de Bourgogne tant d'audace jointe à tant d'énergie et de résolution, qu'il s'empara des rênes du gouvernement sans qu'aucun des princes du sang osât y mettre le moindre obstacle. La terreur qu'il inspirait aux oncles, neveux et cousins du roi, était si grande, qu'ils ne surent que prendre la fuite quand ils le virent maître du pouvoir ; et le mannequin couronné, qui avait nom Charles VI, s'empressa de lui donner des lettres de rémission, par lesquelles il déclara « ne conserver aucune déplaisance contre lui, pour avoir fait mettre hors de ce monde son frère, pour le bien et utilité du royaume. »

La réconciliation qui eut lieu entre la cour et le duc de Bourgogne mérite d'être rapportée. Ce fut dans la cathédrale d'Orléans que, le 9 mars, le duc de Bourgogne fut appelé à s'excuser près du roi et des enfants de la maison d'Orléans : « Le roi était assis sur un trône, ayant près de lui son épouse et le dauphin. Derrière eux étaient placés les princes d'Orléans, accompagnés de plusieurs prélats. Le reste de l'assemblée se composait des rois de Sicile et de Navarre, des ducs de Berri et de Bourbon, des membres du conseil et du Parlement, et de plusieurs notables bourgeois de Paris. Le comte de Hainaut fut choisi pour être le garant de la fidélité aux conventions du traité juré par les parties contractantes ; il répondait de la sûreté de toutes, à la tête de quatre cents de ses hommes d'armes. Ainsi, un étranger, un simple comte, se trouvait être le protecteur d'un roi de France, entouré de tous les princes de sa famille et des principaux personnages. »

Lorsque le duc de Bourgogne parut dans l'assemblée, tous les assistans se levèrent, moins le roi, la reine et le dauphin. En s'approchant du trône, il mit un genou à terre, mais en conservant son attitude de fierté. Alors le seigneur d'Ollehaing, officier de sa maison, prenant la parole en son nom, dit au roi :

« Sire, voici monseigneur le duc de Bourgogne, votre serviteur
« et cousin, venu devers vous pour ce qu'on lui a dit que vous êtes
« indigné sur lui pour le fait qu'il a commis et fait faire en la per-
« sonne de monseigneur d'Orléans, votre frère, pour le bien du
« royaume et de votre personne, comme il est prêt à vous faire
« véritablement savoir quand il vous plaira, et pourtant vous prie,
« tant et si humblement comme il peut, qu'il vous plaise ôter votre
« ire et indignation de votre cœur, et le tenir en votre bonne
« grâce. »

Après ce discours, le duc de Bourgogne ajouta :

« Mon très-redouté seigneur, ces paroles viennent de moi, et je
« vous supplie autant que je puis de m'accorder ce qu'elles de-
« mandent. »

Une telle forme d'excuse montrait un prince qui revendiquait le mérite d'une action utile, plutôt qu'un coupable sollicitant son pardon. Lorsque le duc de Bourgogne eut fini de parler, le duc de Berri, après avoir dit quelques mots au roi à voix basse, se prosterna devant lui, ainsi que le dauphin et les rois de Sicile et de Navarre; puis ils dirent en même temps : « Sire, nous vous prions « qu'il vous plaise passer la requête de votre cousin le duc de « Bourgogne. » Alors le roi, s'adressant à ce prince, répondit : « Nous le voulons et accordons pour le bien de notre royaume, « pour l'amour de la reine et des autres du sang royal, et les « bons services que nous espérons trouver en vous. » S'étant ensuite avancé vers les princes d'Orléans, le duc de Bourgogne leur fit dire par le seigneur d'Ollehaing : « Messeigneurs, voici le « duc de Bourgogne qui vous prie qu'il vous plaise ôter de vos « cœurs, si vous avez aucune vengeance ou haine contre lui pour « le fait qui fut perpétré en la personne de monseigneur d'Orléans, « votre père, et que dorénavant vous soyez bons amis ensemble. » Le duc ajouta ces mots : « Et de ce je vous prie. » Mais de touchantes larmes furent la seule réponse des jeunes princes à des paroles qui ne leur rappelaient que d'irréparables malheurs. Cependant, lorsque le roi lui-même les eut invités à pardonner au duc de Bourgogne, ils dirent l'un après l'autre, faisant effort à une visible répugnance : « Sire, puisqu'il vous plaît le commander, « nous lui accordons sa requête et lui pardonnons toute la malveil- « lance qu'avions contre lui : car en rien ne voulons désobéir à « chose qui soit à votre plaisir. »

Le duc de Bourgogne ne séjourna que quelques mois à Paris; la révolte des Liégeois le contraignit, à son grand regret, de se rendre en Flandre afin d'étouffer dans son germe cet incendie qui menaçait de gagner toutes les communes flamandes. Le dimanche 23 septembre 1408, Jean sans Peur livra bataille aux Liégeois dans les champs de Hasbain. Il avait sous ses ordres huit mille soldats d'élite, sans compter un corps d'infanterie légère et d'arbalétriers. Les Liégeois étaient au nombre de quarante mille, braves mais indisciplinés. « Ils s'étaient enfermés, dit un historien, dans une enceinte en forme de triangle, construite avec leurs charrettes de bagage, et flanquée de canons. Ils y soutinrent une sorte d'assaut, dans lequel ils montrèrent beaucoup de bravoure, et pendant la première demi-heure ils paraissaient avoir l'avantage sur les troupes du duc; mais un corps de Bourguignons qui les avait tournés sans qu'ils l'observassent, pénétra par derrière dans leur camp et y répandit le désordre. Les Liégeois, chassés de leur enceinte, essayèrent alors de s'enfuir, mais ils étaient à pied et sans armure défensive; et, lorsqu'une cavalerie toute couverte de fer les poursuivit l'épée dans les reins, ils tombèrent par milliers sans pouvoir se venger. Les chevaliers ne cessèrent de tuer que quand leurs bras fatigués se refusèrent à ce service; alors ils firent plusieurs milliers de prisonniers : mais sur ces entrefaites, on vint leur annoncer qu'on voyait dans le lointain un corps de Liégeois sorti de Tongres, qui semblait marcher à eux; aussitôt la boucherie recommença, et tous les prisonniers furent massacrés. Pendant ce temps même, la division contre laquelle on se mettait en garde par cette mesure atroce, prenait la fuite sans s'être approchée à portée du trait. Ce fut grâce à ce massacre d'hommes sans défense, que le champ de bataille se trouva couvert de vingt-quatre à vingt-six mille morts. »

Cette sanglante victoire apaisa la révolte des Liégeois, et permit au duc de Bourgogne de revenir à Paris, où il recommença à se conduire en maître. Mais un parti formidable s'était formé en son absence, et il eut désormais à compter avec ce parti. Le duc d'Orléans assassiné avait laissé trois fils, dont l'aîné, héritier de son titre et de son éminente position, comme premier prince du sang, épousa, en secondes noces, la fille de Bernard, comte d'Armagnac, seigneur très-puissant et très-considéré de la Gascogne, et qui, par sa bravoure héroïque et son ardente activité, était l'adversaire que l'on pouvait le mieux opposer au terrible duc de Bourgogne. Le comte d'Armagnac devint naturellement le chef du parti d'Orléans, auquel il donna son nom. Ce parti, indépendamment des nombreux partisans du duc défunt, se composait de tous les ennemis de Jean sans Peur, de tous ceux qui redoutaient son ambition, qui détestaient sa cruauté, sa perfidie, son mépris profond des choses les plus saintes. Le 15 avril 1410 fut signé à Gien un traité qui constitua politiquement le parti d'Orléans, plus communément appelé la faction d'Armagnac. Par ce traité, les ducs de Berry et de Bourbon, les ducs d'Orléans et de Bretagne, les comtes d'Alençon, de Clermont et d'Armagnac, tous également impatients de détruire la puissance du duc de Bourgogne, s'engagèrent réciproquement « à tenir le roi en sa royale majesté et franchise, et à *chasser dehors* ceux qui voudraient s'y opposer. » Chacun s'engagea en outre à fournir un certain nombre de soldats : tous les contingents réunis devaient s'élever à dix mille hommes d'armes.

A la nouvelle de cette ligue formidable de la plupart des princes du sang contre lui, le duc de Bourgogne, malgré toute son intrépidité, s'effraya et demanda la paix. Les princes, sans tenir aucun compte de cette ouverture, marchèrent droit sur Paris avec leur armée. Mais, arrivés sous les murs de cette capitale, ils se relâchèrent de leur première fermeté, et signèrent à Bicêtre un traité de

---

[1] ENGUERRAND DE MONSTRELET, tom. II, ch. I. — BARANTE, *Histoire des ducs de Bourgogne*, tom. II, pag. 208. — SISMONDI, tom. XII, pag. 504.

paix avec le duc de Bourgogne. Cette paix ne fut qu'une courte trêve pendant laquelle les deux partis se préparèrent à une lutte opiniâtre et désespérée.

Les hostilités commencèrent enfin. Elles furent atroces. Les Armagnacs et les Bourguignons procédèrent par le meurtre, le pillage et l'incendie. A Paris, le comte de Saint-Pol, l'un des seigneurs les plus dévoués à Jean sans Peur, donna des armes aux bouchers, qui formaient une corporation puissante, et les déchaîna comme des dogues furieux contre les partisans du duc d'Orléans qu'ils assommaient dans les rues et dont ils saccageaient les maisons. Le conseil du roi ayant à opter entre les deux factions sanguinaires qui se disputaient la toute-puissance le fer et la flamme à la main, et délibérant sous la terreur que lui inspirait la redoutable milice des bouchers, invita le duc de Bourgogne à venir défendre la monarchie en danger, et rendit une ordonnance qui déclarait rebelles les enfants d'Orléans et leurs partisans, confisquait leurs biens et autorisait à leur courir sus. Bien que l'autorité royale eût perdu presque tout son prestige, cette ordonnance d'un monarque privé de raison accrut encore l'ascendant du duc de Bourgogne. Néanmoins, comme les Armagnacs avaient sur lui une grande supériorité numérique, il fit alliance avec le roi d'Angleterre, Henri IV, qui lui envoya douze cents lances anglaises, et un corps d'arbalétriers. Les Armagnacs se récrièrent contre l'infâme conduite du duc de Bourgogne qui introduisait au cœur du pays l'éternel ennemi de la France; mais ils ne se rappelaient pas qu'eux-mêmes avaient essayé de nouer des relations avec le monarque anglais, et leur plus grand dépit venait de ce que le roi Henri n'avait écouté que les propositions du duc de Bourgogne, ayant dessein d'accorder aide et protection alternativement aux Bourguignons et aux Armagnacs, afin de détruire ces deux factions l'une par l'autre, et d'asseoir sur leurs débris la prépondérance de l'Angleterre.

A la tête de l'armée anglaise et de six mille Bourguignons, Jean sans Peur força à la retraite les Armagnacs qui ravageaient les environs de Paris; puis, entrant dans cette ville, il y commit des cruautés effroyables et y destitua tous les dignitaires et tous les fonctionnaires appartenant à la faction d'Orléans.

Les Armagnacs renouvelèrent alors leurs demandes de secours au roi d'Angleterre, offrant, pour prix de son alliance, de lui restituer l'Aquitaine. Henri, après avoir longtemps délibéré avec lui-même, signa à Bourges un traité avec les ducs d'Orléans, de Berry et de Bourbon, et les comtes d'Armagnac et d'Alençon; ces derniers mirent leurs personnes et leurs biens à l'entière disposition du roi d'Angleterre, et s'engagèrent non-seulement à lui livrer immédiatement vingt places fortifiées en Aquitaine, mais à l'aider de tout leur pouvoir à recouvrer le reste de cette grande province, promettant de lui faire hommage pour toutes les terres qu'ils possédaient dans la circonscription du duché d'Aquitaine. Henri IV, en retour, prit l'engagement de leur envoyer, pour servir à leur solde pendant trois mois, mille hommes d'armes et trois mille arbalétriers, et promit en outre, de les protéger comme ses fidèles vassaux, et de ne point traiter avec le duc de Bourgogne sans leur consentement.

L'exaspération des Bourguignons fut à son comble quand ils apprirent le traité d'alliance des Armagnacs avec la cour de Londres; ils accusèrent les premiers d'avoir fait serment à Bourges de tuer Charles VI, de détruire Paris et de démembrer la monarchie. Il fut décidé, dans le conseil du roi, composé des créatures du duc de Bourgogne, que deux puissantes armées, commandées, l'une par le roi en personne, l'autre par Louis d'Anjou, roi titulaire de Sicile, seraient dirigées contre les Armagnacs, tandis qu'une troisième armée, aux ordres du connétable de Saint-Pol, attaquerait les Anglais en Picardie.

L'armée royale, forte de cent mille hommes, dit-on, alla mettre le siége devant Bourges où se trouvaient les ducs de Berry et de Bourbon et quelques autres chefs moins importants; ces princes, après une assez longue résistance, firent leur soumission au roi, et lui remirent les clefs de Bourges, mais sans faire la moindre concession à Jean sans Peur. Cette réconciliation, qu'on appela la paix de Bourges, fut confirmée quelques jours après à Auxerre par tous les princes qui jurèrent sur l'Évangile et sur un morceau de la vraie croix de ne plus se faire la guerre. Des peines furent portées contre quiconque prononcerait à l'avenir les noms de Bourguignon ou d'Armagnac en les appliquant à quelqu'un. Enfin, les deux familles rivales convinrent de mettre le sceau à cette pacification par le mariage du comte de Vertus, frère du duc d'Orléans, avec une fille du duc de Bourgogne. Tous les princes rentrèrent ensemble à Paris, après avoir célébré leur hypocrite réconciliation par des fêtes et des réjouissances extraordinaires.

Une des clauses du traité de Bourges imposait aux Armagnacs l'obligation de rompre leurs engagements avec le roi d'Angleterre et de ne plus s'allier à lui. Celui-ci, qui fondait les plus hautes espérances sur ces mêmes engagements, et qui comptait tirer un immense parti des déchirements de la France, vit avec un profond regret le gouffre des discordes civiles se refermer tout à coup dans ce pays. L'armée qu'il avait promise aux Armagnacs était déjà à Calais; elle entra en campagne non plus pour secourir les princes, mais pour ravager la Picardie, la Normandie, le Maine et d'autres provinces encore. L'armée anglaise ne rencontra pas un seul adversaire à combattre. Sous Charles V, c'était tactique de la part du gouvernement français ; sous Charles VI, c'était pénurie d'hommes et d'argent, c'était surtout manque de prévoyance et profonde désorganisation. Les temps étaient bien changés. La France se trouvait dans un péril imminent; rien ne semblait devoir conjurer sa ruine, lorsque la mort de Henri IV, arrivée le 20 mars 1413, arrêta subitement les projets d'invasion des Anglais, qui se disposaient à une nouvelle et plus formidable attaque contre nous.

Henri V, nouveau roi d'Angleterre, employa les premières années de son règne à extirper de ses États l'hérésie des Lollards; après quoi il ne songea plus qu'à reprendre l'œuvre conquérante d'Édouard III. Ainsi que l'historien Hume en fait naïvement l'aveu, le dernier roi s'était contenté d'échauffer la querelle des deux factions françaises en leur envoyant alternativement des secours; mais son successeur, plus ardent, plus ambitieux, voulut pousser ses avantages plus loin, et porter la guerre jusque dans les flancs déchirés de la France.

Il envoya son oncle, le duc d'Exeter, en ambassade extraordinaire à Paris, pour demander, en son nom, la main de la princesse Catherine, cinquième fille de Charles VI, et pour obtenir la cession de la Normandie, du Maine, de l'Anjou, du duché d'Aquitaine, du Périgord, du Rouergue, du Quercy, de la Saintonge, de l'Angoumois, du Limousin et d'une moitié de la Provence. Le duc d'Exeter était chargé en outre de demander deux millions de couronnes pour la dot de la princesse Catherine, et le complément de la rançon du roi Jean, s'élevant à seize cents mille livres sterling. A ces conditions le monarque anglais consentait à nous accorder la paix; mais il déclara en même temps, par l'organe de son ambassadeur, que si ces demandes étaient repoussées, il reprendrait la couronne de France, qui lui appartenait, disait-il, par droit d'hérédité.

Une ambassade française se rendit à Londres dans le but d'obtenir quelque adoucissement aux dures conditions du roi d'Angleterre; mais celui-ci ne voulut rien entendre. Après avoir confié la régence au duc de Bedfort, son frère, il mit à la voile et débarqua, le 14 août 1415, à quelque distance d'Harfleur, avec six mille hommes d'armes et vingt-quatre mille archers. Son premier soin fut d'assiéger Harfleur dont il se rendit maître, malgré l'opiniâtre résistance des sires d'Estouville et de Gaucourt, chargés de défendre cette ville; mais son armée, considérablement diminuée par les combats et par les maladies, ne se trouva plus en état de lutter contre celle du roi de France, et comme il ne voulait pas retourner en Angleterre, dans la crainte de s'exposer au mépris de ses sujets, il prit le parti de conduire ses troupes à Calais afin d'y passer l'hiver.

Chemin faisant, il rencontra l'armée française dans les plaines d'Azincourt, et la mémorable bataille de ce nom s'engagea le 25 octobre 1415. A Azincourt comme à Poitiers, les Anglais eurent la précaution de se rendre maîtres des hauteurs; ils construisirent des palissades en avant de leur ligne de bataille, dans le but d'arrêter le premier choc de l'impétuosité française. Les archers étaient placés derrière ces palissades, et les hommes d'armes derrière les archers, comme à Crécy. Un ordre parfait et la plus sévère discipline régnaient dans les rangs de l'armée anglaise, où prévalait la seule volonté d'Henri V. Il n'en était pas de même dans l'armée française, où tout était désordre et insubordination. Le terrain sur lequel eut lieu la bataille se trouvait tellement détrempé par la pluie, que les chevaux y enfonçaient jusqu'à mi-jambes. L'armée française ne put mettre en ligne que son avant-garde à cause du peu d'étendue de ce terrain. Ce ne furent pas les hommes d'armes d'Angleterre, les brillants chevaliers de la suite de Henri V, qui vainquirent dans cette journée sanglante, mais de pauvres archers appartenant à la dernière classe du peuple, et qui, avec leurs pourpoints déchirés et leurs jambes nues, abattirent à coups de flèches les guerriers les plus braves et les plus renommés de France. Le nombre des prisonniers fut immense; les Anglais leur avaient accordé la vie parce qu'ils comptaient les mettre à rançon. Mais Henri V, sur la fausse nouvelle qu'une troupe de Français attaquait les derrières de son armée, ordonna qu'ils fussent tous massacrés.

Après la victoire d'Azincourt, comme après celle de Crécy et de Poitiers, les Anglais n'osèrent marcher sur Paris; Henri continua sa route vers Calais, et de là passa en Angleterre. Les Bourguignons seuls tirèrent avantage d'un événement qui coûtait la vie à plusieurs milliers d'Armagnacs, et la liberté au duc d'Orléans, fait prisonnier dans la bataille. Mais le comte d'Armagnac, nommé connétable, parvint, à force d'activité et d'énergie, à relever son parti. Jean sans Peur s'étant dirigé à la tête de dix mille chevaux sur Paris, afin de s'en emparer, le chef de la faction contraire, avec plus de célérité encore, y ramena le roi, et mit cette capitale ainsi que les villes environnantes en état de défense.

Les cruelles dissensions des Bourguignons et des Armagnacs se prolongèrent durant toute l'année 1416 et les premiers mois de l'année suivante, sans que les Anglais songeassent à attaquer la France qui, dans l'état d'anarchie où elle était plongée, leur offrait cependant une proie facile. Henri V avait employé ce temps à lever de nouvelles troupes et à recueillir des subsides. Le 1er août 1417, il débarqua en Normandie et soumit rapidement la plus grande partie de cette province. Aucune armée française ne se présenta pour arrêter sa course triomphante. Il importait peu en effet aux Armagnacs et aux Bourguignons que l'étranger envahît le royaume, pourvu qu'ils pussent assouvir les uns contre les autres leurs implacables fureurs. Les premiers se trouvaient maîtres de

Paris et de la personne du roi ; la grande affaire pour eux était moins d'expulser Henri V du sol français que de conserver ces deux importants avantages. Les seconds n'étaient préoccupés que de l'idée de reconquérir la capitale du royaume, faisant bon marché, du reste, de la personne du malheureux Charles VI, depuis surtout que la reine Isabeau de Bavière s'était étroitement liée avec Jean sans Peur, et qu'elle avait renoncé en sa faveur au droit qu'elle prétendait avoir, pendant la maladie du roi et la minorité du dauphin, à l'administration de la France. Fort de cette renonciation de la reine à un droit que, rigoureusement, elle n'avait pas, le duc de Bourgogne se mit à gouverner, sinon la totalité du royaume, puisqu'il était en grande partie occupé, soit par les Armagnacs, soit par les Anglais, du moins les quelques provinces où ses armes étaient prépondérantes.

Une seule chose pouvait conjurer la ruine de la France, c'était la réconciliation des deux factions d'Armagnac et de Bourgogne. Le pape Martin V interposa vainement sa médiation entre elles ; le projet d'accommodement que ses légats rédigèrent à cet effet, fut rejeté par le comte d'Armagnac, qui voyait dans les diverses clauses de ce projet la ruine de son influence et la destruction de son parti.

C'est peu de temps après la rupture des négociations, que Périnet Leclerc, révolté des injustices et des exactions du comte d'Armagnac, introduisit les Bourguignons dans Paris. Le comte et la majeure partie des siens furent emprisonnés, et alors commença une réaction plus horrible, plus sanglante, que toutes celles qui avaient précédé. Le prévôt de Paris, Tannegui Duchâtel, l'un des principaux chefs de la faction d'Armagnac, parvint à se réfugier avec le dauphin dans la Bastille. Il en ressortit bientôt à la tête de seize cents soldats auxquels il faisait crier : Vive le roi, le dauphin et le comte d'Armagnac, et chargea avec fureur les Bourguignons, qui n'étaient que huit cents. Il en aurait aisément triomphé, si les bourgeois, qui craignaient le retour de la tyrannie du comte, ne se fussent joints aux partisans de Jean sans Peur et ne leur eussent donné la victoire. Tannegui se retira à Melun, puis à Bourges, avec le dauphin. Celui-ci devint le chef nominal du parti d'Armagnac dont Tannegui Duchâtel fut le chef réel par suite de la captivité du comte à Paris et du duc d'Orléans en Angleterre.

La capitale ne tarda pas à devenir le théâtre d'un effroyable massacre : le comte d'Armagnac et tous les prisonniers de son parti, au nombre de trois mille, furent mis à mort avec des raffinements de cruauté épouvantables. Après ces excès atroces d'une populace en fureur, qu'animait le cruel génie de Bourgogne, Jean sans Peur et la reine rentrèrent à Paris. Le premier n'était pas satisfait encore. Il tenait le roi en son pouvoir ; il avait pour lui la reine ; mais de quelle utilité pouvait être, à l'accomplissement de ses desseins, un roi privé de sa raison, une reine gourmande et voluptueuse, qui passait son temps à table ou dans les bras de ses amants, et qui d'ailleurs était profondément inepte? Dans cet état de choses, le duc de Bourgogne négocia activement pour faire sa paix avec l'héritier de la couronne. Tannegui Duchâtel, auquel cette réconciliation aurait fait perdre le rang élevé qu'il occupait auprès du dauphin, appliqua tous ses efforts à faire échouer les projets de Jean sans Peur. Pendant ce temps, le roi d'Angleterre assiégeait et prenait Rouen, malgré l'héroïque résistance des habitants de cette ville. Les deux partis, honteux de la guerre qu'ils se faisaient pendant que l'Anglais s'emparait de la capitale de la Normandie, conclurent, le 14 mai 1419, une trêve qui devait être, disait-on, un acheminement à une pacification complète. En même temps que le duc de Bourgogne et le dauphin cessaient momentanément de combattre, ils signaient, chacun de son côté, une suspension d'armes avec Henri V. Ce monarque, tout victorieux qu'il était, se trouvait, par le manque d'argent, dans l'impossibilité de continuer la guerre. Le 29 mai 1419, une conférence eut lieu à Meulan, entre lui et la reine Isabeau, assistée du duc de Bourgogne, le véritable chef du gouvernement français depuis le désastre des Armagnacs. Les prétentions de Henri V furent plus exagérées que jamais : il demanda la Normandie et toutes les provinces qui avaient été cédées à l'Angleterre par le traité de Brétigny, sans être astreint à l'obligation de rendre hommage au roi de France. Le duc de Bourgogne consentait bien à céder la Guyenne et la Normandie, mais il ne voulait aliéner rien de plus.

La conférence dura quatre semaines, pendant lesquelles le duc de Bourgogne eut à essuyer chaque jour les insultants mépris du roi d'Angleterre. Celui-ci s'emporta jusqu'à menacer Jean sans Peur de le chasser du royaume de France s'il refusait de souscrire à ses conditions. Sur ces entrefaites, Tannegui Duchâtel, qui craignait que la paix entre la France et l'Angleterre ne fût conclue sans la participation des Armagnacs, fit proposer au duc de Bourgogne une réconciliation qui mettrait la France en état de tenir tête aux Anglais et de les refouler dans leur île. Jean sans Peur accueillit cette ouverture avec la joie la plus vive, rompit aussitôt la conférence de Meulan, et se rendit à Pouilly, près de Melun, où se trouvait le dauphin. Il signa avec lui une paix aux termes de laquelle ils promirent l'un et l'autre d'oublier toutes les offenses passées. Évidemment c'était promettre plus qu'ils ne pouvaient tenir, comme l'expérience le prouva. Il fut convenu que le dauphin et le duc de Bourgogne gouverneraient de concert le royaume, et, lorsque Jean sans Peur plia le genou devant l'héritier du trône, ce dernier se hâta de le relever et l'embrassa avec effusion, en lui disant que désormais il voudrait tout ce que voudrait *son bon oncle de Bourgogne*. La paix de Pouilly porte la date du 11 juillet 1419. C'était un accommodement sans bonne foi ni sincérité, comme tous ceux qui avaient eu lieu entre les Bourguignons et les Armagnacs depuis le commencement de leurs longues et sanglantes inimitiés. Les deux princes se séparèrent en apparence réconciliés, mais nourrissant l'un contre l'autre, au fond du cœur, une haine inextinguible. Jean sans Peur retourna à la cour, le dauphin à Melun, puis à Tours, en sorte que, malgré la paix de Pouilly, la France resta divisée en deux camps hostiles, en deux factions toujours prêtes à s'entre-détruire.

Tannegui Duchâtel, le nouveau chef des Armagnacs, rompit tragiquement la paix de Pouilly, en assassinant sur le pont de Montereau Jean sans Peur, au moment où celui-ci fléchissait le genou devant le dauphin, dont la personne se trouvait au pouvoir des Armagnacs, comme celle du roi était au pouvoir des Bourguignons. Ce meurtre, sanglante représaille de l'assassinat du duc d'Orléans et du massacre du comte d'Armagnac, et de trois mille de ses partisans dans les prisons de Paris, fut le signal d'une nouvelle et plus terrible guerre civile. Le fils de Jean sans Peur, Philippe, surnommé le Bon, contracta une étroite alliance avec le monarque anglais dans le dessein de venger son père ; et cette alliance, quelque temps après, fut sanctionnée par le fameux traité de Troyes, aux termes duquel Charles VI accorda sa fille à Henri V, institua ce dernier son héritier, au préjudice du dauphin, et le nomma régent du royaume.

La misère était si grande en France, les populations avaient si cruellement souffert, qu'elles accueillirent le traité de Troyes comme un bienfait. Les états du royaume, convoqués à Paris, l'acceptèrent solennellement, et il fut déclaré, dès-lors, loi de la monarchie.

Les Armagnacs, cependant, qui avaient le dauphin en leur pouvoir, et qui agissaient en son nom, refusèrent avec opiniâtreté de le reconnaître, et continuèrent de lutter désespérément contre les Bourguignons et contre les envahisseurs d'outre-mer, dont la cause était commune.

Ils gagnèrent sur ces derniers la bataille de Baugé, où furent tués le duc de Clarence, frère de Henri V, et trois mille de ses soldats étrangers. L'effet moral de cette victoire fut immense ; elle accéléra puissamment le mouvement de répulsion qui, après le traité de Troyes, s'était manifesté contre les Anglais. Ces orgueilleux insulaires se rendaient insupportables à toutes les classes de la population ; on ne voyait en eux que des tyrans dont les violences et les fureurs faisaient presque oublier celles des Armagnacs et des Bourguignons. Chaque jour on établissait de nouveaux impôts ; chaque jour les monnaies subissaient de nouvelles variations ; la plainte même n'était plus permise : on perçait la langue de ceux qui faisaient entendre la moindre plainte.

Le roi d'Angleterre, à la nouvelle du désastre de Baugé et de la réaction menaçante qui s'opérait en France contre la domination anglaise, se hâta de revenir sur le continent avec une armée de trente mille hommes. Son bonheur ordinaire l'accompagna partout ; il soumit toutes les provinces septentrionales du royaume, à l'exception du Maine et de l'Anjou. La levée du siége de Cosne, sur la Loire, que le dauphin investissait en personne, fut son dernier succès ; il mourut d'une fistule au château de Vincennes, le 31 août 1422 ; il n'était âgé que de trente-quatre ans, et en avait régné dix. Avant de rendre le dernier soupir, il recommanda le fils unique que lui avait donné Catherine de Valois, au duc de Bedford, son frère, à qui il laissa la régence du royaume. « A moins, dit-il, que notre frère de Bourgogne ne l'ambitionne pour lui-même ; car sur toutes choses, je vous conjure de n'avoir aucune dissension avec lui. S'il arrivait, par malheur, et Dieu nous en préserve, quelque malveillance entre vous et lui, les affaires de ce royaume, qui semblent fort avancées pour nous, deviendraient mauvaises. Recommandez ceci bien expressément à mon frère, le duc de Glocester, à qui je laisse le gouvernement d'Angleterre ; dites-lui que, pour quelque motif que ce soit, il n'en sorte point, et ne vienne jamais en France. »

Le 21 octobre de la même année, Charles VI expira dans son hôtel de Saint-Paul, à Paris, sans que sa mort produisît la moindre sensation. La détresse des finances était si grande, que l'on fut obligé de vendre les meubles du roi pour subvenir aux frais de ses funérailles. Aucun prince français, pas même le duc de Bourgogne, n'y assista. Ce fut le duc de Bedford qui conduisit le deuil, à la grande confusion des bons et loyaux Français, qui regardèrent comme un dernier outrage à la dignité de leur pays, qu'un étranger présidât aux obsèques du roi de France.

CHAPITRE XIII.

SOMMAIRE.

Avénement de Charles VII. — Situation des choses en France. — Batailles de Crevant et de Verneuil. — Grave différend entre les ducs de Glocester et de Bourgogne. — Le comte de Richemont élevé à la dignité de connétable. — Disgrâce des Armagnacs. — Il fait tuer le sire de Giac et Le Camus de Beaulieu, favoris du roi. — Hostilités entre le connétable et La Trémoille. — Siége d'Orléans par les Anglais. — Apparition de Jeanne d'Arc. — Ses exploits. — Elle tombe au pouvoir des Anglais. — Son procès et sa mort. — Trêve entre Charles VII et le duc de Bourgogne. — Paix d'Arras. — Les Français reprennent Paris. — Succès de Charles VII contre les Anglais et contre ses sujets révoltés. — Conquête de la Normandie et de la Guyenne. — La guerre se poursuit mollement. — Mort de Charles VII.

Tandis que le duc de Bedford faisait proclamer à Paris son jeune neveu roi de France et d'Angleterre, sous le nom de Henri VI, le dauphin, qui se trouvait à Mehun-sur-Yèvres, en Berry, prenait le titre de roi de France, sous le nom de Charles VII. Il se rendit ensuite à Poitiers et s'y fit couronner. Les Anglais, par dérision, le nommaient *le roi de Bourges;* mais pour tous les bons Français, ce prince fut désormais le légitime héritier de Charles VI, le seul et véritable roi de France.

La première ordonnance de Charles VII, datée de Mehun-sur-Yèvres, eut pour objet la réforme des tribunaux, ce qui annonçait chez le nouveau roi l'intention de mettre un terme à l'affreuse anarchie qui désolait le royaume. Le duc de Bedford ne voulut pas de son côté se montrer moins jaloux de rétablir l'ordre et la tranquillité dans un pays si profondément bouleversé par les discordes civiles et par l'invasion étrangère : il publia plusieurs règlements ayant pour but de remédier à l'altération des monnaies; il confirma les priviléges des bouchers de Paris qui, par la puissance de leur organisation, exerçaient une influence à peu près sans bornes dans la capitale, et se trouvaient plus à même que personne de maintenir cette grande cité sous l'influence anglaise; enfin, il prit d'autres mesures encore qui toutes étaient dictées par le vif désir de se populariser et d'implanter à tout jamais, sur le sol français, le drapeau de la vieille Angleterre.

A l'avénement de Henri VI et de Charles VII, la France était divisée en deux portions à peu près égales, dont l'une, au nord de la Loire, se trouvait soumise aux Anglais, à l'exception toutefois d'un certain nombre de places dans la Picardie, le Vexin, le Ponthieu et la Champagne, qui appartenaient encore aux Armagnacs; et dont l'autre, au sud de ce grand fleuve, avait conservé toute son indépendance. Cette dernière se composait du Berry, du Bourbonnais, de l'Auvergne, du Poitou, de la Saintonge, du Limousin, du Dauphiné et du Languedoc. En outre, le Maine et l'Anjou, domaines de la maison de Sicile, restaient attachés à la cause de Charles VII. L'étendard de ce monarque flottait sur les murailles de Blois et d'Orléans, d'où ses troupes faisaient de fréquentes irruptions dans la Beauce, et allaient surprendre des châteaux et des forteresses jusque dans les environs de Paris. Enfin, deux lieutenants du nouveau roi, Bernard d'Armagnac et le sire de Grollée, bailli de Lyon, avaient envahi le Charolais à la tête d'une armée considérable, et faisaient trembler toute la basse Bourgogne.

La cause de Charles VII, comme on le voit, n'était pas désespérée encore. Si ce jeune prince avait montré à vingt ans l'activité et le courage dont il fit preuve à quarante, il est certain que les Anglais ne seraient pas restés si longtemps possesseurs d'une moitié de notre belle patrie; mais Charles VII était amoureux du plaisir et du repos; son indolence, sa mollesse lui rendaient insupportable tout travail de corps et d'esprit. Il n'était heureux que dans les bras de ses maîtresses, et passait à leurs pieds tout le temps qu'il aurait dû consacrer à l'administration de son royaume.

Quant aux Anglais, leur position, en France, était devenue extrêmement difficile. Ils découvraient chaque jour de nouvelles conspirations tramées pour les chasser du territoire français. Ce qui rendait ces symptômes plus alarmants encore, c'est que les conspirateurs appartenaient presque tous à la classe bourgeoise, laquelle s'était montrée jusqu'alors favorable aux envahisseurs étrangers. Le duc de Bedford, effrayé de ce réveil de l'esprit national, fit périr dans les supplices tous ceux qui furent convaincus de conspiration ; et, non content de cette répression sanglante, le régent anglais exigea de tous les habitants de Paris, sans exception de rang ni de fortune, le serment de lui obéir en toutes choses et de faire le plus de mal possible à Charles VII et à ses partisans. Ce serment fut prêté, puisqu'il n'y avait pas moyen de faire autrement, mais il le fut à contre-cœur par le plus grand nombre des Parisiens.

Cette désaffection croissante du peuple de France n'était pas le seul danger que courussent les dominateurs d'outre-mer : l'alliance du duc de Bourgogne, cette alliance si précieuse à laquelle ils étaient redevables de la plupart de leurs succès, ne tenait plus qu'à un fil. Philippe le Bon était fort mécontent des Anglais, qui, malgré les immenses services qu'il leur avait rendus, avaient, en plusieurs circonstances, blessé sa juste susceptibilité, et porté gravement atteinte à ses droits. Le duc de Savoie, oncle du duc de Bourgogne, faisait les plus actives démarches auprès de ce dernier pour l'amener à un accommodement avec Charles VII. Le duc de Bedford comprit alors toute la sagesse des conseils que lui avait donnés en mourant son frère Henri V. Afin de resserrer l'alliance de l'Angleterre avec le duc de Bourgogne, il demanda en mariage à celui-ci, une de ses sœurs, madame Anne de Bourgogne. Philippe la lui accorda, et se montra flatté d'une union qui le rendait beau-frère du prince le plus puissant de l'Europe occidentale. En effet, le duc de Bedford n'était pas seulement régent de France, il l'était encore du royaume d'Angleterre : le parlement britannique n'avait pas voulu reconnaître le duc de Glocester pour régent, ainsi que le roi Henri en avait disposé à sa mort ; il avait décerné ce titre au duc de Bedford, et avait nommé le duc de Glocester son lieutenant, mais pendant son absence seulement.

A l'occasion du mariage d'Anne de Bourgogne avec le duc de Bedford, et d'un autre mariage non moins important, celui de madame de Guyenne, autre sœur de Philippe le Bon, avec le comte de Richemont, frère du duc de Bretagne, une triple alliance fut conclue à Amiens entre ce dernier et les ducs de Bedford et de Bourgogne. Les trois princes jurèrent de vivre entre eux comme frères, parents et bons amis. Il fut convenu en outre que si l'un des trois contractants avait besoin du secours des deux autres, ceux-ci seraient tenus de lui fournir chacun cinq cents hommes d'armes ou de trait, et même un plus grand nombre de soldats, si le cas l'exigeait.

Ce traité était le coup le plus rude qui pût être porté au jeune roi Charles VII. A peine fut-il conclu, que les Anglais, reprenant courage, enlevèrent un grand nombre de villes et de forteresses, et isolèrent complétement les garnisons françaises, qui tenaient encore en Champagne et en Picardie, de la ville de Bourges, que l'on considérait comme le centre du gouvernement de Charles VII. Il fut résolu dans le conseil du roi qu'un grand effort serait tenté dans le but de rétablir cette importante communication, et que l'on commencerait par s'emparer de la forteresse de Crevant, située sur la rive droite de l'Yonne, entre Auxerre et Avallon. L'armée royale, composée de trois mille Écossais, aux ordres du connétable Jean Stuart, et de trois fois autant de Français, auxquels s'étaient joints beaucoup de Lombards, de Gascons et d'Aragonais, le tout commandé par le maréchal de Séverac, marcha rapidement sur Crevant, et en forma le siége. Mais une armée combinée d'Anglais et de Bourguignons arriva bientôt au secours de cette ville, et alors s'engagea une bataille terrible dans laquelle l'armée française fut presque entièrement détruite. Les chefs anglais et bourguignons avaient défendu, sous peine de mort, à leurs soldats, de faire aucun quartier; il en résulta que tous ceux des nôtres qui ne purent prendre la fuite furent massacrés.

Le 17 août 1424, une autre bataille, non moins sanglante, se livra à Verneuil, en Normandie. Les pertes de la noblesse de France, dans cette désastreuse journée, furent presque aussi grandes qu'à Crécy, à Poitiers et à Azincourt. Les Anglais, comme à Crevant, ne firent point de prisonniers. Ce ne fut qu'à la fin de la bataille, et lorsque leurs bras fatigués ne purent plus frapper, qu'ils accordèrent la vie à quelques centaines de Français échappés au carnage. Après cette victoire signalée, le duc de Bedford licencia son armée et revint à Paris, où une nouvelle conspiration contre la domination anglaise venait de faire explosion.

Cette conspiration n'était pas le seul embarras du régent anglais. Un grave différend avait éclaté entre le duc de Glocester et le duc de Bourgogne, au sujet du Hainaut, sur lequel le premier prétendait avoir des droits. Le Hainaut appartenait au jeune duc de Brabant, cousin germain du duc de Bourgogne; le prince anglais ayant envahi ce pays à main armée, Philippe le Bon ne put voir cette agression sans un extrême déplaisir; il envoya en toute hâte des troupes à son cousin, et une guerre cruelle s'engagea entre les Bourguignons et les Anglais. Les deux ducs se défièrent même en combat singulier, mais la rencontre n'eut pas lieu.

On doit comprendre qu'un différend aussi sérieux compromettait gravement l'alliance du duc Philippe avec l'Angleterre. Le duc de Bedford, dont tous les calculs se trouvaient déjoués par ce contre-temps, s'entremit activement pour opérer une réconciliation entre les deux adversaires, mais ses efforts restèrent sans résultat. Cet embarras ne fut pas le seul que le caractère emporté et imprudent du duc de Glocester suscita au gouvernement anglais; ses querelles avec l'évêque de Winchester troublèrent le royaume qu'il était chargé d'administrer, et le duc de Bedford, malgré le mauvais état de ses affaires en France, fut contraint de passer en Angleterre afin d'y rétablir le calme et le bon ordre.

Charles VII profita de cette absence du régent pour réparer ses désastres. Les Anglais étaient en horreur à tout le monde. C'est à eux que l'on attribuait tous les maux qui désolaient la France. La plupart des seigneurs qui avaient eu l'insigne faiblesse de se ranger sous leur bannière, les abandonnaient en foule, ne pouvant supporter leur arrogance et leurs mépris. De ce nombre fut le comte de Richemont, frère du duc de Bretagne, qui, se sentant des talents pour la guerre, s'éloigna d'eux, parce qu'ils lui refusèrent un commandement dans leur armée. Charles VII s'empressa de lui offrir la charge de connétable, laissée vacante par la mort du comte de Buchan; le comte de Richemont l'accepta avec l'agrément du duc de Bourgogne, son beau-frère et son ami. En recevant les insignes de cette haute dignité, au mois de mars 1425, le comte exigea que les assassins de Jean sans Peur, notamment Tannegui Duchâtel, fussent chassés des conseils du roi.

L'éloignement des meurtriers du duc de Bourgogne aplanit tout à coup les difficultés qui s'étaient opposées jusqu'alors à la réconciliation de Philippe le Bon et de Charles VII. Néanmoins cette réconciliation tant désirée, qui devait rétablir la paix dans le royaume, et l'affranchir du joug étranger, ne s'effectua pas tout d'abord. Les choses n'étaient pas mûres encore pour une pacification générale. Il fallait une transition; les Anglais se chargèrent de l'opérer par un redoublement de tyrannie qui fit désirer plus ardemment encore aux populations le retour du gouvernement national.

Lorsqu'on eut donné pleine et entière satisfaction aux exigences du comte de Richemont, ce prince se mit en mesure de rassembler une armée assez nombreuse, assez vaillante, pour rétablir Charles VII sur son trône. Non-seulement il amena au secours du roi ses hommes d'armes de Bretagne, mais toute la noblesse de Poitou, d'Auvergne, de Berry, du Rouergue, qui se rangea autour de lui avec empressement et enthousiasme. En même temps, il réconcilia son frère avec le roi de France. C'était une première brèche faite au traité d'Amiens par lequel les trois ducs de Bedford, de Bourgogne et de Bretagne, s'étaient ligués contre Charles VII.

Malgré l'expulsion de Tannegui Duchâtel et des autres Armagnacs, la puissance du nouveau connétable était loin d'être solidement assise. Maître du roi et du gouvernement quand il était présent, son pouvoir déclinait dès qu'il s'éloignait de la cour. Le sire de Giac, chef du conseil, était son ennemi secret. Ce premier ministre forma une ligue contre lui et contre l'alliance de Bourgogne, et poussa la haine contre le comte de Richemont, jusqu'à faire échouer le siége de Saint-James de Beuvron entrepris par lui, en retenant l'argent destiné à payer ses hommes d'armes. Le connétable se vengea de cette trahison en faisant tuer le sire de Giac. C'était empiéter de la manière la plus inique sur la prérogative du roi, qui seul avait droit de vie et de mort sur ses sujets. Charles n'eut pas la force de réprimer l'audace du connétable, et tout fut dit. Un nouveau ministre, nommé Le Camus de Beaulieu, remplaça le ministre assassiné, et ne tarda pas à périr comme lui victime du ressentiment du connétable, qui ne pouvait lui pardonner d'être plus puissant que lui. Richemont donna alors au roi pour favori et pour premier ministre, le sire de La Trémoille, qui possédait toute sa confiance et qui la perdit plus tard comme ses deux prédécesseurs.

Ces fréquentes révolutions de palais paralysaient le courage des défenseurs de Charles VII et entravaient les opérations militaires. Cependant le bâtard d'Orléans [1], plus connu sous le nom fameux de Dunois, et le brave La Hire, parvinrent à faire lever le siége de Montargis aux comtes de Warwich et de Suffolk, et leur tuèrent quinze cents hommes. Cette déroute fut un avertissement terrible pour les Anglais. Bedford, qu'elle consterna, resserra son alliance avec le duc de Bourgogne, et parvint non-seulement à détacher le duc de Bretagne du roi de France, mais à lui faire jurer une seconde fois le traité de Troyes. Le comte de Richemont demeura fidèle à Charles VII. Mais celui-ci, qui n'avait de volonté que celle qui lui était suggérée par son entourage, bannit le connétable de sa cour, sans égard pour son dévouement et pour ses services, et uniquement parce que son favori, le seigneur de La Trémoille, redoutait l'ascendant du comte, et craignait pour lui-même un sort semblable à celui du sire de Giac et de Le Camus de Beaulieu.

Les hostilités s'engagèrent entre La Trémoille et le connétable. Deux princes du sang, les comtes de Clermont et de la Marche, prirent parti pour ce dernier. Ces déchirements intérieurs mettaient en quelque sorte le royaume à la discrétion des Anglais, qui comprirent que le moment était arrivé de porter un dernier coup à la cause chancelante et presque désespérée de Charles VII.

Dans ce but, le duc de Bedford fit venir d'outre-mer une nouvelle armée, commandée par le comte de Salisbury, l'un des meil-

---

[1] Il était fils naturel du duc d'Orléans assassiné par les ordres du duc de Bourgogne.

leurs capitaines de l'Angleterre. A cette armée se joignirent divers corps aux ordres du comte de Suffolk, de lord Scales et de Talbot. En peu de temps, ces forces considérables réduisirent toutes les places de la Beauce et de la rive droite de la Loire, telles que Nogent-le-Roi, Janville, Meung-sur-Loire, le Puiset, Toury, Beaugency, Marchenoir, Rambouillet, Chartres, Pithiviers, Montpipeau, Sully, La Ferté-Hubert, enfin l'importante cité du Mans. Le 12 octobre 1428, l'armée anglaise ayant franchi la Loire, alla mettre le siége du côté du midi, devant la grande et forte ville d'Orléans.

Une effroyable confusion régnait dans cette partie du royaume, qui reconnaissait nominalement encore l'autorité de Charles VII. Les troupes, découragées par tant de défaites, n'opposaient plus aucune résistance aux Anglais, et se rendaient à eux du plus loin qu'elles les voyaient. L'argent était si rare, que le trésorier Renault de Bouligny disait qu'il n'y avait pas quatre écus, « tant dans la pécune du roi que dans la sienne [1]. »

Dans cette crise suprême, où l'on vit trop souvent les princes du sang et les grands seigneurs trahir leurs devoirs envers la royauté malheureuse, on vit aussi les simples gentilshommes et le peuple faire preuve d'une admirable fidélité à celui en qui se résumait alors la nationalité, la patrie. Ils accouraient du fond des provinces, sans être appelés, pour servir le roi, pour lui faire un rempart de leur corps, et, comme ils le savaient pauvre, c'était gratuitement qu'ils versaient leur sang pour lui. La nouvelle de l'investissement d'Orléans causa dans toute la France un long frémissement de douleur et de colère. Orléans était le dernier boulevard de l'indépendance nationale. Cette ville prise, les Anglais auraient fait irruption dans les provinces d'Outre-Loire, et il ne serait resté au roi Charles d'autre ressource que de se réfugier dans les montagnes de l'Auvergne ou dans celles du Dauphiné, pour y continuer la guerre comme un chef de partisans.

Dans la prévision du siége d'Orléans, le sire de Gaucourt en

---

[1] Charles VII se trouvait réduit au plus strict nécessaire. Un jour que deux de ses plus vaillants capitaines, La Hire et Saintrailles, étaient venus lui rendre visite, il ne put leur donner à dîner que deux poulets et une queue de mouton.

avait été nommé gouverneur, et une foule d'intrépides chevaliers, entre autres le bâtard d'Orléans, Saintrailles, La Hire, le sire de Villars, le sire de Guitry, Pierre de La Chapelle, s'y étaient renfermés avec quinze à seize cents soldats d'élite. De toutes les provinces restées libres, on envoya à la ville assiégée des secours en hommes, en argent et en vivres. Les états généraux, réunis à Chinon, lui votèrent une somme de quatre cent mille francs. Mais ce fut l'héroïque population d'Orléans qui déploya le zèle le plus ardent et se soumit aux plus onéreux sacrifices. Les habitants se taxèrent volontairement à une somme que beaucoup dépassèrent. Ils détruisirent le faubourg de Portereau où l'ennemi aurait pu se loger, et rasèrent les vignes, les arbres et les jardins, dans un rayon de plus d'une lieue autour de leur ville.

Les premières attaques des Anglais furent repoussées avec une extrême vigueur. Ils parvinrent cependant, après plusieurs assauts meurtriers, à emporter le fort des Tournelles; mais un second fort, plus redoutable que le premier, avait été construit en arrière, en sorte que l'ennemi se trouva tout aussi peu avancé qu'auparavant. Salisbury, désespérant alors de prendre la place de vive force, résolut de l'entourer d'une ceinture de bastilles, et de la réduire par famine. Les choses en étaient à ce point, lorsque le général anglais fut blessé d'un éclat de pierre dont il mourut huit jours après, en recommandant à ses lieutenants de ne pas perdre courage et de pousser vivement le siége d'Orléans.

Cette mort fut un véritable événement politique : elle remonta le moral des assiégés, et fut considérée par tous les Français comme une juste punition du ciel pour tous les massacres, tous les pillages, toutes les profanations d'églises dont Salisbury s'était rendu coupable. Les Anglais, de leur côté, consternés de cette catastrophe, virent dans le trépas de leur plus grand capitaine, une marque de la colère divine, un présage de leur ruine prochaine.

De nombreux renforts arrivèrent coup sur coup aux assiégés, et leur prouvèrent que la France ne les abandonnait pas. Ils en avaient le plus extrême besoin; car le comte de Suffolk, qui avait remplacé Salisbury à la tête de l'armée anglaise, les pressait avec une ardeur infatigable, et ne leur accordait ni trêve ni repos.

Après six mois d'un blocus rigoureux, Orléans se trouvait dans une position désespérée, lorsqu'un événement inattendu, qui, à cette époque d'enthousiasme religieux prit, aux yeux de la multitude, tous les caractères d'un miracle, vint changer les choses de face. La fille d'un pauvre paysan, jeune, simple et animée de ce feu patriotique qui brûle dans la poitrine des enfants du peuple, apparut tout à coup sur la scène, et donna le signal d'une immense réaction contre les Anglais. Cette héroïne fameuse, cette vierge sans tache, cette guerrière intrépide, dont le bras seul valait dix armées, c'était Jeanne d'Arc.

Née à Greuze, paroisse de Domremy, sur les confins de la Lorraine, vers l'an 1409, Jeanne avait pour père un simple laboureur. L'enfance de Jeanne fut, d'après la légende, une enfance toute miraculeuse : *Les oiseaux venaient manger son pain dans son giron,* et elle entendait des voix mystérieuses qui lui recommandaient la sagesse et la confiance dans le Seigneur. Il est certain que Jeanne tombait dans un état extatique, et que les visions étaient pour elle une sorte de réalité. Jeanne d'Arc ne saurait être accusée d'imposture; elle avait foi en elle, et ce souffle qui l'inspirait, passa dans d'autres âmes, et fit sa puissance. Ce fut cette profonde conviction qui la rendit si courageuse, et lui permit de sauver son pays; elle entendait réellement les esprits célestes dont le chœur lui répétait sans cesse : *Va en France.....* Jeanne se rendit à Vaucouleurs, afin que Robert de Baudricourt, qui y commandait, lui « *baillât* des gens d'armes pour la conduire au dauphin. » Baudricourt accueillit d'abord la Pucelle en homme peu superstitieux, en chevalier peu courtois, et la jugea folle et bonne à *divertir* ses gens; mais la fierté de Jeanne et sa chaste pudeur en imposèrent aux soldats dont la témérité voulut s'*ébattre en péché charnel.* Baudricourt reconnut quelque chose de peu commun et de surhumain chez cette jeune fille, et céda enfin au désir qu'elle manifestait d'aller vers le roi. Elle coupa ses cheveux, prit des habits d'homme, et la taille ceinte d'une épée, par Baudricourt lui-même, elle partit après avoir embrassé son père triste et plein de doutes amers sur la démarche de sa chère Jeanne. Baudricourt, en la voyant partir, s'écria : « Va, et advienne que pourra. » Baudricourt n'ignorait pas l'empire que les esprits enthousiastes prennent sur la foule, et sans croire à la mission de Jeanne d'Arc, il commençait à penser qu'un grand bien pouvait résulter de sa démarche; il venait d'être témoin de l'effet qu'elle avait produit sur les habitants de Vaucouleurs.

Jeanne affronta tous les périls de la route avec une ardeur vigoureuse qui promettait déjà une guerrière ; elle voulait marcher à son but comme une inspirée, comme si elle tenait à la main un saint talisman qui lui ouvrît les chemins; mais si elle passa au milieu des ennemis et franchit tous les obstacles, elle le dut en grande partie à la prudence de ses gardes, qui tout en subissant son influence et en partageant ses espoirs, ne croyaient pas devoir s'abstenir des précautions humaines. En arrivant à la cour qui se trouvait à Chinon, elle alla droit au roi, quoiqu'il se fût dépouillé de ses insignes royaux pour l'éprouver, car son conseil, en débattant la question de savoir si cette jeune fille était envoyée par le diable ou par Dieu, avait rempli son âme d'irrésolutions. « Je ne suis pas le roi, dit Charles. — Vous êtes le roi, répondit Jeanne ; comme je suis la Pucelle envoyée de par Dieu pour secourir vous et votre royaume, et faire guerre aux Anglais. Pourquoi ne me croyez-vous pas? Je vous dis que Dieu a pitié de vous, de votre royaume et de votre peuple, car saint Louis et Charlemagne sont à genoux devant lui, et lui font des prières pour vous. [1] » Le roi, convaincu que Jeanne était envoyée de par Dieu, comme elle le disait, exprima une satisfaction qui fut partagée aussitôt par les courtisans; le peuple s'était déjà prononcé pour la vierge de Vaucouleurs. Les ecclésiastiques ne se rendirent pas avec la même promptitude. Jeanne fut obligée de passer à Poitiers devant un conseil de théologiens. La *pauvre petite bergerette* se vit forcée de disputer avec eux pour leur prouver qu'elle n'avait pas conclu de pacte avec Satan : « Beau spectacle, dit encore Alain Chartier, que de la voir disputer, femme contre des hommes, ignorante contre des doctes, seule contre tant d'adversaires. » Jeanne, avec son bon sens naturel, réduisit à néant leurs misérables arguties, et fit une superbe réponse à l'un

---

[1] ALAIN CHARTIER.

d'eux, qui lui demandait impertinemment : « Croyez-vous en Dieu? — Mieux que vous! » répliqua la fière jeune fille. Les docteurs, qui, dans leurs minutieuses recherches, n'avaient pas oublié celle de la virginité de Jeanne, se trouvèrent battus sur tous les points. Ils lui donnèrent un certificat, auquel, chose étrange, était attaché le salut de la France. Jeanne, l'héroïque Jeanne, réclama aussitôt une armure et des chevaux. On les lui donna. Elle fut traitée dès lors sur le pied d'un chef de troupes; elle eut écuyer, page, chapelain, héraut. Avant de commencer la guerre, elle crut devoir faire offrir la paix aux Anglais, et son héraut porta aux chefs ennemis ce manifeste avec cette inscription :

« Entendez les nouvelles de Dieu et de la Pucelle,

Jesus Maria :

« Roi d'Angleterre, et vous, duc de Bedford, qui vous dites régent du royaume; vous, Guillaume de la Poole, comte de Suffolk, Jehan, sire de Talabot; et vous, Thomas, sire de Scales, qui vous dites lieutenants dudit duc de Bedford, faites raison au roi du ciel. Rendez à la Pucelle, qui est ci envoyée de par Dieu, le roi du ciel, les clefs de toutes les bonnes villes que vous avez prises et violées en France. Elle, la Pucelle, est toute prête de faire paix si vous lui voulez faire raison, par ainsi que France vous mettrez sus et paierez ce que vous l'avez tenu; et, entre vous archers, compagnons de guerre, gentils qui êtes devant la ville d'Orléans, allez-vous-en en votre pays, de par Dieu, le roi du ciel; pour vous bouter hors de toute France; et, si veulent obéir, je les prendrai à merci. Et n'ayez point en votre opinion que vous tiendrez ce royaume de Dieu, le roi du ciel, fils de sainte Marie, car le tiendra le roi Charles, vrai héritier, lequel entrera à Paris à bonne compagnie. Si ne voulez croire les nouvelles de par Dieu et la Pucelle, en quelque lieu que nous vous trouverons, nous férirons dedans et y ferons si grand *hahay* que encore y a-t-il mille ans qu'en France ne fut si grand. Et croyez fermement que le roi du ciel enverra plus de force à la Pucelle que vous ne lui sauriez mener de tous assauts à elle et à ses bonnes gens d'armes, et aux horions verra-t-on qui aura meilleur droit du roi du ciel ou de vous!

Vous, duc de Bedford, la Pucelle vous prie et vous requiert que vous ne vous fassiez rien détruire. Si vous lui faites raison, encore pourrez-vous venir en sa compagnie, là où les Français feront le plus beau fait que oncques fut fait pour la chrétienté! et faites réponse, si vous voulez faire paix, en la cité d'Orléans; et si ainsi ne le faites de vos grands dommages, vous souvienne brièvement.

« Écrit ce samedi de la semaine sainte, 26 mars 1429. »

Les Anglais rirent de cette missive. Ils répondirent à cette sommation par les plus grossières injures, en l'appelant *ribaude* et *vachère*, et en la menaçant de la faire périr par le feu si elle tombait jamais dans leurs mains : barbare prédiction qu'ils n'exécutèrent que trop.

Le 28 avril 1429, elle quitta Blois, et le lendemain arriva devant les retranchements élevés en face d'Orléans, du côté du midi, par les Anglais. Ceux-ci, frappés de terreur, et croyant avoir à combattre toutes les puissances de l'enfer, s'étaient retirés à son approche. Ne rencontrant aucun obstacle, Jeanne introduisit son convoi et ses troupes dans Orléans, où sa présence fut saluée du plus vif enthousiasme.

Jeanne, dans une suite de rencontres toujours heureuses, débusqua de toutes leurs positions les assiégeants qui, réduits à quatre mille hommes, se décidèrent enfin à la retraite pour éviter une entière destruction. Le 8 mai, neuf jours seulement après l'arrivée de Jeanne, l'armée anglaise décampa, abandonnant ses vivres, ses munitions, son artillerie, ses malades, et jusqu'à ses prisonniers.

Ce mouvement rétrograde des envahisseurs d'outre-mer, commencé sous les murs d'Orléans, ne s'arrêta plus que lorsqu'ils furent entièrement expulsés du royaume de France. L'héroïque Pucelle, accompagnée du bâtard d'Orléans et des principaux chefs de l'armée, alla rendre compte au roi de son premier succès. Elle annonça ensuite l'intention de conduire immédiatement Charles à Reims pour le faire sacrer. L'armée royale, guidée par elle, se mit en marche, et commença le 20 juin, par remporter, à Patay, une éclatante victoire sur les Anglais, dont les deux chefs, Talbot et Scales, furent faits prisonniers, et qui laissèrent sur le champ de bataille deux mille deux cents morts. Après ce grand succès, l'armée continua sa route. Le 9 juillet, Charles VII prit possession de la ville de Troyes où, neuf ans auparavant, avait été conclu, entre les Bourguignons et les Anglais, le traité qui l'excluait du trône.

Le 16 du même mois, il fit son entrée à Reims, et, le lendemain reçut l'onction sacrée dans la cathédrale, après avoir été armé chevalier par le duc d'Alençon. Un de nos excellents historiens, M. Henri Martin a emprunté le tableau de cette cérémonie aux mémoires du temps : « Jeanne était debout près de l'autel, son étendard à la main. Cette céleste figure, illuminée par les rayons mystérieux qui tombaient des vitraux peints, semblait l'ange de la France présidant aux destinées de la patrie. » Jeanne, une fois ce grand acte accompli, se jeta aux genoux de son souverain, et lui demanda la permission de retourner à ses modestes travaux, à son humble condition. Mais ce vœu touchant ne put être exaucé. Les capitaines de Charles VII obtinrent, à force de prières, qu'elle restât au milieu de l'armée, que sa présence remplissait d'une invincible ardeur. L'intrépide jeune fille se dévoua, bien qu'elle eût intérieurement conscience que sa mission était finie, bien que son âme virginale fût secrètement agitée et troublée d'un pressentiment de mort.

Charles VII, après son sacre, se remit en campagne et entra dans l'Ile-de-France, où un grand nombre de villes lui ouvrirent leurs portes. Ce qui alarmait surtout les Anglais, c'étaient moins encore les conquêtes du roi de France que les négociations qui s'entamèrent, à cette époque, entre Charles VII et le duc de Bourgogne. Ces négociations, traversées habilement par Bedford, traînèrent en longueur, et furent même plusieurs fois rompues, mais elles se renouèrent toujours, tant on avait à cœur, de part et d'autre, d'arriver à un accommodement.

L'hiver se passa à guerroyer. Au printemps de l'année 1430, une nombreuse et vaillante armée, à laquelle se joignit la Pucelle, franchit la Loire et s'avança vers Paris. Cette armée obtint de notables avantages, et enleva plusieurs forteresses importantes dans l'Ile-de-France. Les Bourguignons, de leur côté, entrèrent en campagne et mirent le siége devant Compiègne. Jeanne, qui attachait un très-haut prix à la conservation de cette place, s'y renferma avec Saintrailles, Chabannes, Valperga et quelques autres chevaliers.

Le jour même de son arrivée, elle fit une sortie, et tomba avec tant d'impétuosité sur les Bourguignons, qu'elle les mit en fuite. Mais ils revinrent bientôt à la charge, et comme elle n'avait qu'un petit nombre de soldats avec elle, elle fut obligée de battre en retraite. Pendant que ses gens se réfugiaient en foule dans la place, elle fit intrépidement tête à l'ennemi. Elle ne voulait rentrer dans Compiègne que la dernière. Environnée d'assaillants, elle se défendit longtemps avec une forte épée qu'elle avait conquise sur un Bourguignon. A la fin, un archer picard, la saisissant par sa huque de velours, la fit tomber de cheval. Elle se relève et combat encore. Mais déjà il ne lui restait aucun espoir de salut : la porte par laquelle ses compagnons d'armes avaient pourvu à leur sûreté s'était refermée impitoyablement sur elle. Abandonnée, seule au milieu des Bourguignons, qui se pressaient de toutes parts pour l'abattre, elle se rendit à Lionel, bâtard de Vendôme.

Cette capture importante excita la joie la plus vive dans l'armée assiégeante. Dès que la nouvelle en fut parvenue au duc de Bedford, il fit chanter en grande solennité un *Te Deum* d'actions de grâces, comme si l'Angleterre avait remporté une nouvelle victoire de Crécy ou d'Azincourt. La rage des Anglais contre cette merveilleuse fille s'accrut encore après qu'elle eut été faite prisonnière. Ayant résolu, dans leur esprit vindicatif et sanguinaire, la perte de celle qu'ils considéraient comme la cause première de tous leurs désastres, de tous leurs maux, ils la réclamèrent des Bourguignons, qui consentirent à la leur livrer moyennant une somme de dix mille francs. Dès qu'ils l'eurent en leur pouvoir, ils déchaînèrent contre elle les prêtres français qui avaient pris parti pour eux, et son procès s'instruisit. Pierre Cauchon, évêque de Beauvais, fut un des plus ardents à poursuivre, à torturer cette pauvre jeune fille, dont tout le crime était d'avoir sauvé son pays.

Jeanne passa six mois dans les prisons de Beaurevoir, d'Arras et du Crotoy. Puis elle fut transférée à Rouen et renfermée dans la grosse tour du château ; là, on lui mit les fers aux pieds et on la plaça dans une cage de fer. Ce fut ainsi que l'héroïque vierge, dans un calme sublime, attendit la mort. Les archers anglais, commis à sa garde, l'accablaient d'insultes et d'outrages, et tentèrent même plusieurs fois de lui faire violence. Rien ne put altérer la tranquille sérénité de son âme, rien ne put abattre l'indomptable énergie de son caractère. Un jour que des chefs anglais offraient, par une cruelle moquerie, de la mettre à rançon, elle leur répondit : « Ah! mon Dieu! vous vous riez de moi; vous n'en avez ni le vouloir ni le pouvoir. Je sais bien que les Anglais me feront mourir, croyant, après ma mort, gagner le royaume de France; mais, fussent-ils cent mille *Goddem* de plus qu'à présent, ils n'auront pas ce royaume. »

Le 30 mai 1431, Jeanne d'Arc fut conduite au supplice, escortée par huit cents Anglais armés de haches, de lances et d'épées. Arrivée à la place du Marché-Vieux, où le bûcher était dressé, la pauvre vierge s'écria : « Ah! Rouen! Rouen! est-ce ici que je dois mourir? » Puis elle s'agenouilla et pria avec tant de ferveur que les Anglais eux-mêmes ne purent retenir leurs larmes. Quand ses bourreaux l'eurent attachée sur le bûcher, ils placèrent au-dessus de sa tête un écriteau portant ces mots : *hérétique, relapse, apostate, idolâtre.* Elle protesta qu'elle n'avait rien fait que par l'ordre de Dieu, et qu'elle était innocente de tout ce qu'on lui imputait. Quelques cris arrachés par la douleur annoncèrent que le feu commençait à dévorer ce corps qui renfermait une si belle âme. La Pucelle expirante priait encore au milieu des horribles convulsions de la souffrance et de la mort, et le dernier mot qu'elle exhala fut : *Jésus!* Au bout de quelques moments, les Anglais écartèrent les charbons ardents qui servaient de linceul à l'héroïque jeune fille : le cœur seul se trouva entier, dit-on; tout le reste était consumé.

Le duc de Bourgogne, cependant, finit par comprendre que c'était au profit seul de l'Angleterre qu'il épuisait d'hommes et d'argent son duché de Bourgogne et ses autres domaines. Il se plaignit amèrement à Bedford de porter tout le fardeau de la guerre. Bedford lui fit une réponse évasive. Alors se croyant complètement dégagé envers un allié perfide et sans foi, Philippe signa, le 8 septembre 1431, une trêve de deux ans avec le roi de France.

La mort de la duchesse de Bedford, sœur du duc de Bourgogne, et l'empressement que mit le duc de Bedford à se remarier avec la fille du comte de Saint-Pol, sans consulter Philippe, sans même l'en avertir, hâtèrent le moment d'une rupture complète entre ces deux princes, et portèrent un coup irréparable à la domination anglaise en France.

Un congrès s'ouvrit à Arras pour la pacification générale. Les rois de France et d'Angleterre y furent représentés par leurs ambassadeurs. Le duc de Bourgogne s'y rendit en personne, accompagné de ses plus grands seigneurs. Plus de cinq cents personnages marquants se trouvèrent réunis à Arras. Le sujet en valait la peine : il s'agissait de mettre fin à une guerre qui durait depuis un siècle, et qui avait profondément bouleversé la chrétienté.

Dès l'ouverture du congrès, il fut aisé de prévoir que les parties belligérantes ne parviendraient pas à s'accorder. Leurs prétentions respectives étaient si opposées qu'une animosité très-vive éclata entre les négociateurs. Sur le refus formel des Français d'accepter les conditions de l'ambassade anglaise, celle-ci quitta Arras. Les cardinaux légats, qui présidaient aux opérations du congrès, n'ayant pu parvenir à réconcilier la France et l'Angleterre, travaillèrent à rétablir du moins la bonne harmonie entre Charles VII et le duc de Bourgogne. La mort du duc de Bedford, qui survint alors, facilita singulièrement cette tâche. Bedford, beau-frère de Philippe, était le dernier lien qui l'attachât encore à l'Angleterre. Ce lien brisé, aucun obstacle ne s'opposa plus au rétablissement de la paix qui fut signée aux conditions suivantes, toutes à l'avantage du duc de Bourgogne :

Le roi de France reconnut que Jean sans Peur avait été iniquement et mauvaisement mis à mort ; il s'excusa sur son âge de n'avoir pas empêché ce meurtre, et pria Philippe de déposer toute haine contre lui ; il exila du royaume tous ceux qui avaient participé à ce tragique événement, et promit de fonder sur le lieu même du crime une chapelle expiatoire ; il fit abandon au duc de Bourgogne des comtés d'Auxerre et de Mâcon, des châtellenies de Péronne, Roye et Montdidier, des villes de la Somme, et le tint quitte des redevances du comté d'Artois. Par une concession plus grande encore, il le dégagea, sa vie durant, de tout hommage envers la couronne de France. En retour de tant de concessions, le duc de Bourgogne promit d'oublier les injures à lui faites par le roi de

France, et comme s'il avait craint de se trop relâcher de sa rigueur, il en excepta l'assassinat de son père.

Cette paix, bien qu'extrêmement humiliante pour la couronne, fut accueillie avec des transports de joie extraordinaires par toutes les classes de la population en France, et par le roi lui-même, à qui une guerre de quinze années avait appris que le seul moyen de purger la France de la domination étrangère était de réunir en un seul faisceau toutes les forces de la nation.

Les Anglais, à la nouvelle de la paix d'Arras, éclatèrent en injures et en vociférations contre le duc de Bourgogne. Celui-ci, après diverses tentatives pour leur faire accepter sa médiation, tentatives qui furent dédaigneusement repoussées, leur déclara la guerre; et envoya un secours de six cents combattants au connétable et au bâtard d'Orléans, afin de les aider à reconquérir Paris; lui-même se disposa à faire le siége de Calais.

Les habitants de Paris, à qui le connétable avait promis, au nom du roi, un pardon général, ouvrirent leurs portes aux troupes royales, le 13 avril 1436. Le connétable, accompagné du bâtard d'Orléans et d'une foule d'autres seigneurs, Armagnacs et Bourguignons, qui ne reconnaissaient plus désormais qu'une seule bannière, celle de Charles VII, fit son entrée dans Paris aux cris mille fois répétés de : *La paix ! la paix ! Vive le roi ! vive le duc de Bourgogne !* Il y avait dix-sept ans que la capitale de la France était tombée au pouvoir des Anglais.

Ce fut à peu près vers cette époque que s'opéra, dans le caractère et les habitudes de Charles VII, une heureuse révolution. L'amour qui, durant les quinze premières années de son règne, avait rendu ce prince si méprisable, fut précisément ce qui le fit sortir de sa profonde et déshonorante léthargie. Sa maîtresse, la belle Agnès Sorel, enflamma son cœur de la noble passion de la gloire, et profita de l'empire absolu qu'elle exerçait sur son cœur, pour l'arracher à son énervante mollesse, et pour le faire agir en roi.

Charles, dans le courant de l'année 1437, enleva d'assaut Montereau après un siége de six semaines, pendant lequel il paya bravement de sa personne, comme un simple chevalier. Peu de temps après, il fit sa rentrée à Paris. Au commencement de 1437, de nouvelles négociations furent entamées entre la France et l'Angleterre; mais les prétentions follement exagérées de cette dernière puissance empêchèrent, de nouveau, tout accommodement.

Les hostilités continuèrent donc. Grâce aux habiles mesures de Charles VII pour se procurer de l'argent, grâce surtout à l'activité inattendue que déploya ce monarque dans l'administration de son royaume, le connétable, à la tête d'une armée bien équipée, assiégea Meaux et s'en rendit maître par la supériorité seule de son artillerie. Charles VII, quelque temps après, convoqua à Orléans les états généraux, et leur soumit ses vues pour la réorganisation du royaume. Au nombre des mesures qui furent arrêtées dans cette assemblée, se trouva la création de quinze compagnies d'ordonnance, composées chacune de cent lances, et formant en tout un effectif de neuf mille combattants. L'établissement de cette force permanente eut pour résultat de faire cesser les désordres et les brigandages des gens de guerre, qui ne connaissaient plus aucun frein, et qui faisaient autant de mal aux pauvres habitants des campagnes que les Anglais eux-mêmes.

La puissance toujours croissante de Charles VII inspira enfin de sérieuses réflexions au gouvernement d'Angleterre. En même temps que la France reprenait des forces par le rétablissement de l'ordre intérieur, par l'apaisement des vieilles passions féodales, l'Angleterre perdait chaque jour les siennes par l'incapacité de Henri VI, et surtout par l'ambition et la jalousie de ses oncles. Une trêve de deux ans fut d'abord conclue entre l'Angleterre et la France; cette trêve eût été un acheminement à une paix définitive, si une épouvantable guerre civile n'eût tout à coup fait explosion de l'autre côté du détroit entre les deux maisons d'Yorck et de Lancastre. Charles VII voulut mettre à profit les dissensions intestines de l'Angleterre pour ressaisir celles de nos provinces que cette puissance avait encore en sa possession. Quatre armées françaises attaquèrent simultanément la Normandie et en firent la conquête, malgré la résistance désespérée des Anglais. Les Français, victorieux, marchèrent ensuite contre la Guyenne, et s'en emparèrent plus rapidement encore.

La guerre continua, mais avec une extrême tiédeur, ce qui s'explique par la démence de Henri VI, d'une part, et de l'autre par les graves démêlés qui s'élevèrent entre Charles VII et son fils aîné, le dauphin. Charles VII mourut le 22 juillet 1461, de langueur, selon les uns, d'inanition, selon les autres.

CHAPITRE XIV.

SOMMAIRE.

Louis XI succède à Charles VII, son père. — Politique du nouveau roi. — Il applique tous ses efforts à abaisser les grands vassaux. — Ligue du *Bien public*. — Bataille de Montlhéry. — Paix de Conflans. — Louis XI reprend la Normandie à son frère. — Celui-ci se réfugie chez le duc de Bretagne. — Charles le Téméraire, duc de Bourgogne, fait arrêter Louis XI à Péronne. — Prise et incendie de Liége. — Guerre entre Louis XI et Charles le Téméraire. — Le premier détruit la puissance du duc d'Alençon et du comte d'Armagnac, et affaiblit celle de la maison d'Anjou. — L'armée de Charles le Téméraire se fond au siége de Neuss. — Sa rupture avec le roi d'Angleterre. — Traités de Pecquigny, de Soleure et de Senlis. — Supplice du connétable de Saint-Pol. — Revers de Charles le Téméraire en Suisse. — Il assiége Nancy. — Sa défaite et sa mort. — Louis XI, mettant à profit ce grand événement, s'empare des deux Bourgognes, de la Picardie et de l'Artois. — Supplice du duc de Nemours. — Fin de la guerre avec la maison de Bourgogne. — Traité d'Arras. — Réunion de la Provence à la monarchie française. — Mort de Louis XI.

Tout change d'aspect à la mort de Charles VII, et à l'avénement de son fils Louis XI. Le moyen âge finit; l'ère moderne commence; une révolution immense s'opère sur le trône et autour du trône. Avec Louis XI, le despotisme royal est arrivé, sinon à son plus grand développement, du moins à son expression la plus terrible. Après lui, l'inflexible Richelieu et l'indomptable Convention n'auront plus qu'à glaner. Les sentiers que suivront ces deux colosses, dans leur marche audacieuse à travers les décombres du passé, auront été frayés par Louis XI; à chaque pas, ils retrouveront les traces puissantes de ce roi, qui fut le destructeur de la féodalité et l'organisateur du pouvoir central en France; de ce roi qui prépara de loin le triomphe de la liberté, en faisant de la tyrannie un seul pouvoir plus facile à détruire.

Les cinq derniers rois de France avaient moins songé à obtenir ce grand résultat, qu'à occuper l'activité belliqueuse des hauts barons dans des expéditions et des guerres continuelles. La longue et sanglante lutte engagée entre la France et l'Angleterre, qui semblait devoir rendre à l'aristocratie féodale son importance passée, ne fit que hâter le moment de sa ruine. Le sang qui coula à grands flots dans les champs de Crécy, de Poitiers et d'Azincourt, était le plus pur sang de la noblesse. Jamais elle ne se releva de ces terribles défaites; et, dans l'état d'épuisement et de faiblesse où elle se trouvait, quand la main de fer de Louis XI s'appesantit sur elle, elle ne sut que tendre docilement la gorge au couteau.

Louis XI procéda tout autrement que ses prédécesseurs : voyant l'aristocratie féodale désorganisée et décimée, mais toujours ambitieuse, toujours remuante, il résolut d'en finir une bonne fois avec ces turbulents seigneurs qui avaient causé de si cruelles insomnies à la royauté, et alors commença cette terreur monarchique, qui hérissa la France d'échafauds et de gibets.

Le nouveau roi, à son avénement au trône, fit les plus magnifiques promesses au peuple et aux grands, avec la ferme volonté de n'en tenir aucune. « A l'époque de son sacre, dit un historien, il avait protesté de son intention de gouverner légalement, d'abolir les impôts, de renoncer surtout à ceux qui n'auraient point été établis par des assemblées d'états. La Normandie était une des provinces où ils avaient conservé le droit de s'assembler. Les états y furent convoqués dans la première année du règne de Louis XI; ils représentèrent que leurs constituants avaient été accablés d'impôts sous Charles VII; ils lui envoyèrent une députation, et ils reçurent de lui de si bonnes paroles, qu'ils se séparèrent comblés de joie et d'espérance [1]. » Mais Louis XI, à qui il fallait beaucoup d'argent pour arriver aux fins de sa politique, non-seulement maintint tous les anciens impôts, mais en établit de nouveaux, et augmenta surtout d'une manière intolérable ceux qui pesaient sur les vins. Ce manque de foi mécontenta prodigieusement les populations, et des insurrections éclatèrent dans un grand nombre de

---

[1] AMELGARDUS, *Lud. XI*, lib. I, cap. IX et X.

villes, notamment à Reims, à Angers, à Alençon, à Aurillac. Celle de Reims fut la plus violente. « C'était le 1er octobre, jour de saint Remi, qu'on mettait à l'enchère, en France, les fermes des subsides et les gabelles. Les Rémois, qui avaient compté sur leur abolition, en voyant commencer les criées, se soulevèrent, chassèrent les fermiers, brûlèrent leurs registres, et tuèrent même quelques-uns d'entre eux. Louis, à cette nouvelle, dissimula; il fit filer des gens de guerre vers Reims, mais déguisés en marchands et en laboureurs; ils entrèrent dans la ville sans être remarqués; et, lorsqu'ils y furent en force, le sire de Muy y arriva avec un nouveau corps de troupes; Joachim Rouhault, maréchal, et Jean Bureau, trésorier de France, le suivirent. Alors les exécutions commencèrent avec d'autant plus de rigueur qu'elles avaient été plus longtemps suspendues; le premier jour, un homme fut écartelé et six eurent la tête tranchée ; les exécutions continuèrent les jours suivants jusqu'à ce qu'il y eût deux cents personnes de punies. Alors enfin, Louis accorda des lettres de grâce, au mois de décembre, pour le reste de la ville. Le traitement d'Angers et des autres villes rebelles fut à peu près le même [1]. »

Au commencement du règne de Louis XI, et peu de temps après que ces insurrections populaires eurent été noyées dans le sang, une ligue, dite du *bien-public*, se forma contre le nouveau roi. Elle se composait du duc de Berry, propre frère de ce dernier, du comte de Charolais, fils du duc de Bourgogne, du duc de Bretagne, du duc de Bourbon, du comte Dunois et de plusieurs autres seigneurs que Louis XI avait gravement mécontentés en empiétant sur leurs priviléges. Les confédérés livrèrent bataille au roi à Montlhéry, en 1465. Des deux côtés la perte fut égale; mais le champ de bataille resta au comte de Charolais. La paix de Conflans, conclue quelque temps après, mit fin aux hostilités. Aux termes du traité, que signèrent les confédérés d'une part, et Louis XI de l'autre, trente-six personnes des trois ordres du royaume devaient se réunir afin de travailler à la réforme des abus. Le roi, d'après ce même traité de Conflans, donna la Normandie à son frère le

---

[1] AMELGARDUS, *Lud. XI*, lib. I, cap. IX et X. — BARANTE. — SISMONDI.

duc de Berry, rendit au comte de Charolais quelques places sur la Somme; enfin, accorda tout ce qu'on lui demandait, avec l'arrière-pensée de regagner par ruse ce qu'il abandonnait par nécessité.

En effet, il ajourna sous différents prétextes l'exécution du traité de Conflans, sema la division dans les rangs de ses ennemis, gagna le duc de Bourbon, et, quand il vit la ligue du *bien public* entièrement dissoute, il reprit la Normandie à son frère, rentra en possession, par la force, des villes qu'il avait cédées au comte de Charolais, et convoqua les états généraux. Ils se réunirent à Tours en 1468. Louis XI leur soumit la question suivante : La France sera-t-elle démembrée et redeviendra-t-elle une agrégation de petits états particuliers sans unité, sans lien commun entre eux? Les États votèrent pour la conservation de l'unité nationale, et décidèrent que la Normandie ne pourrait être démembrée de la couronne, et ne pourrait devenir l'apanage du duc de Berry.

Charles le Téméraire venait de succéder au duché de Bourgogne. C'était le plus puissant et le plus redoutable des grands vassaux de France. Louis XI, fidèle au système qu'il avait adopté, tourna contre lui tous les efforts de sa politique habile et tortueuse. Il commença par soulever les Liégeois, ses sujets. De son côté le duc de Bourgogne, plus rusé et plus perfide dans cette circonstance que le roi de France lui-même, l'attira dans une conférence à Péronne, le fit prisonnier, et le força non-seulement de conclure un traité désavantageux, mais de le suivre au siége de Liége. Cette ville fut prise et incendiée par les Bourguignons sous les yeux mêmes de Louis XI, qui l'avait excitée à la révolte. Dès que le roi de France eut recouvré sa liberté, son premier soin fut de mettre au néant le traité qui lui avait été imposé par le duc de Bourgogne. Au lieu donc de donner la Champagne et la Brie au duc de Berry, comme il s'y était engagé par ce traité, ce qui eût rendu son frère et Charles le Téméraire trop puissants par la proximité où ils auraient été l'un de l'autre, il lui abandonna la Guyenne. Le duc de Bourgogne n'avait pour unique enfant qu'une fille qui devait hériter de ses vastes États. Le duc de Berry la demanda en mariage. Louis XI, qui redoutait cette union comme le coup le plus terrible qui pût être porté à sa puissance, mit tout en œuvre pour l'empêcher. Craignant que ses intrigues ne restassent sans succès, il eut recours à un crime : son frère mourut empoisonné. Un prêtre, confesseur du duc de Berry, fut gagné, dit-on, par Louis pour commettre ce forfait.

Le 29 décembre 1471, Louis avait écrit au comte de Dammartin : « Madame de Thouars est morte, et ils ont emmené le jeune monsieur de Guyenne qui a les fièvres quartes. Il a fait faire premièrement serment à ses gendarmes de le servir mêmement contre moi ; mais il y en a aucuns qui ne l'ont pas voulu faire et s'en sont venus. » Le 18 mars suivant, Louis écrivait au même Dammartin : « Monsieur le grand-maître, depuis les dernières lettres que je vous ai écrites, j'ai eu nouvelles que monsieur de Guyenne se meurt, et qu'il n'y a point de remède en son fait ; et le m'a fait savoir un des plus privés qu'il ait avec lui, par hommes exprès ; et ne croit pas, ainsi qu'il dit, qu'il soit vif à quinze jours d'ici, au plus qu'on le puisse mener... Afin que soyez sûr de celui qui me fait savoir les nouvelles, c'est le moine qui dit ses heures avec monsieur de Guyenne, dont je me suis fort ébahi, et m'en suis signé depuis la tête jusques aux pieds. » Le moine dont parle ici Louis XI était l'abbé de Saint-Jean-d'Angely, accusé d'être l'empoisonneur du duc de Guyenne. On voit percer dans cette lettre la joie secrète de Louis ; et, en effet, la mort de son frère devait le tirer d'un grand danger. Dès que la nouvelle officielle de la mort du duc de Guyenne fut parvenue à Louis, l'armée royale, qui était préparée depuis longtemps, entra en Guyenne et se saisit des principales places de ce duché [1].

La mort du duc de Guyenne renversait tous les projets du duc de Bourgogne. Dans son ressentiment, celui-ci répandit un manifeste où le roi était accusé d'homicide, de lèse-majesté, de trahison, de parricide, de parjure, et d'autres crimes énormes. Deux ans auparavant il avait tenté, ajoutait-il, de le faire périr lui-même *par glaive ou par venin ;* et à présent il avait fait périr piteu-

---

[1] PHILIPPE DE COMMINES, tom. XI, liv. III, ch. IX.

sement son frère, *par poisons, maléfices, sortilèges et invocations diaboliques*.

Une guerre acharnée s'engagea entre Louis XI et Charles le Téméraire. Ce dernier s'étant emparé de la place de Nesle, en massacra la garnison et les habitants. Philippe de Commines rapporte qu'à la vue du sang et des cadavres qui jonchaient les rues de cette malheureuse ville, Charles le Téméraire se signa en disant : « Qu'il voyait moult belle chose, et qu'il avait avec lui de moult bons bouchers. » Roye tomba ensuite au pouvoir du duc de Bourgogne, qui, fier de ces deux grands avantages, vint mettre le siége devant Beauvais. Mais la résistance héroïque des habitants de cette ville, et surtout de leurs femmes, commandées par Jeanne Lainé, surnommée *Hachette*, fit échouer tous ses efforts. Il battit en retraite et se dédommagea de cet échec en ravageant la Normandie, où il brûla les villes de Neufchâtel, de Longueville, de Fahy, et un grand nombre de villages. L'épuisement de ses finances, et les pertes considérables qu'il avait faites en hommes, le déterminèrent à conclure avec Louis XI une trêve qui fut signée à Senlis le 22 mars 1473.

C'est à la faveur de cette trêve, et pendant que Charles le Téméraire occupait son activité inquiète contre l'empire d'Allemagne, que Louis XI détruisit la puissance du duc d'Alençon et celle du comte d'Armagnac. Le premier fut dépouillé de son duché; le second, assiégé dans Lectoure, se rendit et fut mis à mort au mépris de la capitulation qui lui avait été accordée. La ruine d'un si puissant seigneur entraîna la soumission de tous les petits princes du Midi. La maison d'Anjou, qui portait ombrage au roi de France, devint aussi le point de mire de sa politique; Louis travailla activement à l'abaisser, et y parvint sans guerre et par la seule puissance de sa diplomatie.

Au mois d'octobre 1474, des hérauts d'armes envoyés par Édouard IV, roi d'Angleterre, se présentèrent devant Louis XI, et le sommèrent de restituer à leur maître les deux duchés de Normandie et de Guyenne, ou de se préparer à combattre. Le roi de France ne fut point surpris de cette déclaration de guerre; il était instruit que depuis quelque temps, une étroite alliance s'était formée contre lui entre le roi d'Angleterre, le duc de Bourgogne et le duc de Bretagne. Charles le Téméraire avait pris l'engagement d'aider de tout son pouvoir Édouard IV à recouvrer *son* royaume de France. Édouard lui avait promis, en retour, les comtés de Champagne, de Nevers, de Réthel, d'Eu, de Guise, le duché de Bar, la baronnie de Douzie et les villes de la Somme. De plus, Édouard s'était engagé à envahir la France avec dix mille soldats; en attendant, il envoya deux mille Anglais au duc de Bretagne qui, de son côté, avait promis de faire une puissante diversion en faveur du roi d'Angleterre et du duc de Bourgogne; c'est le souffle de l'Angleterre qui rallume à tout instant les guerres civiles de cette époque, et le sentiment national se trouve blessé par l'appel du parti le plus faible à ces éternels ennemis, enchantés de porter le ravage sur notre territoire, et toujours animés du désir de le posséder un jour.

Nous avons oublié de mentionner un des monuments historiques dans lesquels se peint le mieux l'absence de principes qui régnait alors, et faisait que tout était réduit à des questions d'héritage ou d'ambition ; c'est le traité honteux passé entre Henri et Jean, traité que les archives d'Angleterre ont conservé avec soin, le voici :
« Jean, duc de Bourgogne, petit-fils de France, déclare qu'ayant
« jusqu'alors méconnu la justice des droits du roi d'Angleterre et
« de ses nobles progénitures aux royaume et couronne de France,
« il a tenu le parti de son adversaire en croyant bien faire; mais
« que mieux informé, il tiendra dorénavant le parti dudit roi d'An-
« gleterre et de ses hoirs qui, de droit, est et seront légitimes rois
« de France, qu'il croit être tenu de lui faire, en cette qualité,
« hommage comme à son légitime souverain ; qu'aussitôt qu'à
« l'aide de Dieu et de *Monsieur Saint-Georges,* ledit roi d'Angle-
« terre aura fait la conquête d'une partie notable du royaume de
« France, il s'acquittera des devoirs de vassal ; qu'il emploiera
« toutes les voies et manières secrètes pour que ledit roi d'Angle-
« terre soit mis en possession réelle du royaume de France... Que
« pendant tout le temps que le royaume de France sera pour s'en
« emparer, lui, de son côté, combattra les ennemis, et tous ceux
« de leurs adhérents qui sont désobéissants au roi d'Angleterre;

« qu'il proteste d'avance contre tous les traités qu'il pourrait si-
« gner par la suite, dans lesquels il pourrait, sans exception du
« roi Charles et du dauphin, son fils, déclarant que de semblables
« conventions sont de nulle valeur, puisqu'elles ne pourraient être
« faites que pour mieux tromper. » Et c'est un prince français
qui a osé signer un tel pacte ! c'est un prince français qui, abdi-
quant tous sentiments de patriotisme et d'honneur, s'est mis ainsi
à la discrétion de l'Angleterre !

Charles le Téméraire suivit les errements de ses prédécesseurs.
L'orage formidable qui se préparait aurait épouvanté un cœur
moins ferme et moins intrépide que celui de Louis XI; le sien n'en
fut point ému. Armé de sa ruse et de son habileté ordinaires,
il entra en négociation avec le duc de Bretagne, et parvint à lui
faire renvoyer les deux mille Anglais qui déjà avaient pris terre à
Saint-Malo et à Tréguier. En même temps il députa vers les Allemands et vers les Suisses pour les déterminer à attaquer le duc de
Bourgogne, promettant aux premiers qu'une armée française de
vingt mille hommes se joindrait à eux, et faisant passer aux seconds
une somme de quatre-vingt mille florins du Rhin, destinée à subvenir aux premières dépenses de la guerre qu'ils allaient entreprendre.

Charles le Téméraire avait alors deux grandes armées sur pied.
L'une fut taillée en pièces par les Suisses, l'autre se fondit presque
entièrement au siége de Neuss. Quand Louis XI vit que le duc de
Bourgogne ne pouvait plus tenir la campagne, il entra en Picardie,
et mit à feu et à sang toutes les villes dont il put s'emparer, soit de
vive force, soit par capitulation. Ce fut presque seul que Charles se
rendit auprès d'Édouard, lorsque celui-ci, selon sa promesse, débarqua à Calais. Édouard, dont l'armée n'était composée en grande
partie que de nouvelles levées, et qui avait compté principalement
sur le concours des vieilles bandes de Bourgogne pour triompher
du roi de France, commença à se repentir de la légèreté avec laquelle il avait entrepris son expédition. Louis, instruit de cette disposition d'Édouard, lui fit des ouvertures de paix que le monarque
anglais accueillit avec la plus vive satisfaction, et le résultat le plus
immédiat de ce rapprochement fut la rupture définitive du duc de
Bourgogne et du roi d'Angleterre.

Louis XI conclut alors trois traités : le premier à Pecquigny, avec Édouard IV ; le second à Soleure, avec le duc de Bourgogne ; le troisième à Senlis, avec le duc de Bretagne. Aux termes du traité de Soleure, Charles le Téméraire s'était engagé à livrer à Louis XI le connétable de Saint-Pol, coupable de haute trahison envers le roi de France. Dès que Louis eut le connétable en sa possession, il fit instruire son procès. « Les charges contre lui étaient nombreuses, dit un historien, et ses trahisons contre la France étaient prouvées par plusieurs pièces authentiques, par celles entre autres qu'avaient remises le roi d'Angleterre, le duc de Bourgogne, le duc de Bourbon et Charles du Maine. Le connétable ne pouvait rien nier ; il ne l'essaya pas. On n'avait pas encore vu les juges absoudre ceux que poursuivait la colère royale, et cette fois du moins, le procès fournissait d'amples motifs pour justifier une condamnation. Le chancelier la prononça au connétable le 19 décembre. Il lui annonça qu'il devait être décapité en place de Grève, et tous ses biens confisqués. Par grâce seulement la cour lui accorda que son corps fût enseveli en terre sainte. Peu d'heures après, sa tête tomba en effet sous la hache du bourreau [1]. »

Charles le Téméraire n'avait éprouvé que des revers contre les Suisses qui avaient remporté sur lui les victoires de Morat et de Granson. Tournant ensuite ses armes contre Réné, duc de Lorraine, il fut vaincu et tué devant Nancy, le 5 janvier 1477. Louis XI mettant aussitôt à profit ce grand événement, se saisit des deux Bourgognes, de la Picardie et de l'Artois, et les réunit à son domaine. Sur ces entrefaites, le duc de Nemours, l'un des plus grands seigneurs de France, fut arrêté par l'ordre du roi, condamné à mort et exécuté aux halles de Paris. On lui reprochait d'avoir entretenu des correspondances avec les ennemis de l'État ; son seul crime était d'être prince, et, comme tel, de porter ombrage à l'âme soupçonneuse et inquiète de Louis XI.

La fille unique de Charles le Téméraire, Marie de Bourgogne, épouse de Maximilien d'Autriche, avait transmis à ce dernier tous ses droits à l'immense héritage de son père. Maximilien lutta pen-

---

[1] Jean Molinet. — Amelgardus. — Barante. — Sismondi.

dant plusieurs années pour ressaisir la Bourgogne; mais, après de nombreuses hostilités, il conclut avec Louis XI le traité d'Arras, aux termes duquel Marguerite d'Autriche, sa fille, devait être remise au roi de France, afin qu'il l'élevât comme sa fille et la femme de son fils. Elle lui apportait pour dot les comtés d'Artois et de Bourgogne, les seigneuries de Mâcon, d'Auxerre, de Salins, de Bar-sur-Seine et de Noyon. Tous ces pays, que la France avait déjà conquis, devaient être gouvernés par le dauphin, selon leurs anciens priviléges, et retourner à l'archiduc si le mariage ne s'accomplissait pas. Enfin la haute souveraineté du roi et le droit d'hommage sur la Flandre étaient reconnus. « Ainsi, dit un narrateur, Louis, qui déclinait rapidement vers la tombe, et qui s'affaiblissait chaque jour, voyait tous les soucis qui avaient empoisonné sa vie se dissiper avant que la vie elle-même fût arrivée à son terme. La paix d'Arras était le complément des victoires qu'il avait remportées sur les princes du sang; elle achevait d'anéantir leur ligue si longtemps menaçante; elle assurait à la monarchie les deux Bourgognes et l'Artois; elle garantissait sa frontière au nord et au levant, et elle le réconciliait avec l'empire et la maison d'Autriche. »

Plusieurs autres provinces furent également annexées par Louis XI à la monarchie française, entre autres la Provence, qu'il se fit donner par le dernier comte souverain de cet État, ainsi que l'Anjou et le Maine.

Sur la fin de ses jours, Louis XI, en proie à une cruelle maladie, s'occupait plus activement que jamais des affaires publiques. La législation, l'industrie, le commerce, les arts, l'égalité des poids et mesures, furent les principaux objets qui fixèrent son attention. Voici le portrait que le président Hénault nous a laissé de ce monarque : « Il disait que tout son conseil était dans sa tête, parce qu'en ceci il ne consultait personne; ce qui fit dire à l'amiral de Brézé, en le voyant monter sur un bidet très-faible, qu'il fallait que ce cheval fût plus fort qu'il ne paraissait, puisqu'il portait le roi et tout son conseil. Il était jaloux de son autorité, au point qu'étant revenu d'une grande maladie où il avait perdu connaissance, et ayant appris que quelques-uns de ses officiers l'avaient empêché de s'approcher d'une fenêtre, apparemment dans la crainte qu'il ne se précipitât, il les chassa tous. Avare par goût, et prodigue par politique ; méprisant les bienséances ; incapable de sentiment ; confondant l'habileté avec la finesse, préférant celle-ci à toutes les vertus, et la regardant non comme le moyen, mais comme l'objet principal ; enfin, moins habile à prévenir le danger qu'à s'en tirer ; né cependant avec de grands talents dans l'esprit ; et, ce qui est singulier, ayant relevé l'autorité royale, tandis que sa forme de vie, son caractère et tout son extérieur auraient semblé devoir l'avilir [1]. »

Jamais roi n'eut plus de peine à mourir que Louis XI. Ce monarque rusé croyait pouvoir dissimuler aussi avec la mort et lui échapper longtemps par quelques détours, comme à ses autres adversaires, mais la mort s'avançait à grands pas. Déjà une attaque d'apoplexie l'avait averti des approches de cette inévitable ennemie des hommes, et, par de violentes secousses, était venue hâter le moment où il irait rendre compte à Dieu de son existence de fourberie. Louis XI éprouvait un grand effroi à la pensée de ce moment fatal. Sa superstition se réveillait plus ardente que jamais, car il n'avait plus de ressources du côté de la nature et de l'art. La franchise de son médecin Coictier le rendait furieux, il se serait infailliblement vengé de la brutalité du vieux Coictier, si celui-ci ne lui eût dit en homme prudent : « Je sais bien qu'un matin vous m'enverrez où vous en avez envoyé tant d'autres, mais je jure Dieu que vous ne vivrez pas huit jours après. » N'espérant donc plus rien de lui, il se flattait encore qu'un miracle le sauverait ; il se vouait à tous les saints. Claude de Seyssel le peint comme ayant son chapeau tout chargé d'images, la plupart de plomb ou d'étain, qu'il baisait à tout propos. N'est-ce pas là l'homme qui, si l'on en croit Brantôme, s'écriait quelques années auparavant, devant l'autel de Notre-Dame : « Ah ! ma bonne dame, ma petite maîtresse, ma grande amie, en qui j'ai toujours eu mon reconfort, je te prie d'être mon avocate envers Dieu, pour qu'il me pardonne la mort de mon frère, que j'ai fait empoisonner par ce méchant

---

[1] LE PRÉSIDENT HÉNAULT, *Abrégé chronologique de l'Histoire de France*, tom. II.

abbé de saint Jehan! Mais aussi, qu'eussé-je pu faire? Il ne faisait que me troubler mon royaume. Fais-moi donc pardonner, ma bonne dame, et je sais bien ce que je te donnerai. » Louis XI, jusqu'à la fin de ses jours, espéra entrer de cette façon en accommodement avec le ciel. Il n'importunait pas les saints en leur demandant à la fois la santé de l'âme et du corps, ainsi que dans l'oraison d'Eutrope. Il avait arrangé l'oraison de manière à ne demander que la santé du corps; c'était en vain. Il avait beau se cramponner d'une main crispée aux bords de sa tombe; il fallait y descendre, et il y descendit le 30 août 1483, à l'âge de soixante-et-un ans.

CHAPITRE XV.

SOMMAIRE.

Mouvements de la Bretagne. — Pierre Landais. — Conduite d'Anne de Beaujeu, digne héritière de son père. — Anne de Bretagne, fiancée avec quatre prétendants. — Elle épouse, par procuration, Maximilien, roi des Romains. — Charles VIII forme le projet d'épouser Anne pour finir les guerres de Bretagne, et opérer la réunion de cette province à la France. — Résistance de la jeune souveraine. — Charles VIII fait entrer ses troupes en Bretagne. — La duchesse se réfugie à Rennes. — Siége de Rennes. — Entrevue du duc d'Orléans et de la duchesse. — La duchesse cède enfin à ses conseillers, elle consent à épouser le roi. — Situation intérieure de la France. — Ligue des princes du sang contre Anne de Beaujeu. — Guerre civile. — Bataille de Saint-Aubin du Cormier. — Captivité du duc d'Orléans. — Traité de paix entre la France et l'Angleterre. — Invasion des Français en Italie. — Mort de Charles VIII. — Règne de Louis XII. — Mariage de ce monarque avec Anne de Bretagne. — Sage administration de Louis XII. — Il réconcilie les Vaudois à l'église. — Règne de François Ier. — Conjuration du connétable de Bourbon. — Bataille de Pavie. — Captivité de François Ier — Progrès de la réforme en France. — Le roi la favorise et la persécute tour à tour. — Massacre des Vaudois. — Soulèvement du Périgord. — Règne de Henri II. — Révolte de la Guyenne. — Prise de Calais par le duc de Guise. — Paix de Cateau-Cambrésis. — Mort de Henri II.

Jetons les yeux sur les événements de Bretagne, après la mort de Louis XI. Le duc François, vieil ami de l'Angleterre et constamment opposé à Louis XI, survivait à son antagoniste; qui ne l'eût pas laissé en paix, s'il n'avait eu d'autres affaires ailleurs. Louis XI avait conçu l'idée de la réunion de la Bretagne à la France, que sa fille, Anne de Beaujeu, voulut réaliser plus tard. Louis XI avait même acheté d'une descendante de Charles de Blois, les droits de la maison de Blois Penthièvre au duché de Bretagne, afin de les faire valoir un jour; la mort le surprit avant qu'il eût pu s'en servir.

François II, délivré de son plus mortel ennemi, respira, mais son repos ne fut pas de longue durée ; son trésorier, Pierre Landais, auquel il se confiait entièrement, fit éclater la guerre au milieu de sa cour.

La fortune de Pierre Landais est une des plus curieuses fortunes de ministre dont l'histoire nous ait légué le souvenir. De simple tailleur il devint grand trésorier et maître d'une puissante province ; il lutta de ruse et de finesse avec Louis XI, ce type des princes dissimulés, et, comme s'il eût voulu l'imiter, quoique son adversaire, pendant que le roi de France abaissait autant qu'il dépendait de lui les prétentions de la noblesse, Pierre Landais proscrivait celle de Bretagne et confisquait ses biens. C'était l'heure où la féodalité expirait, où de tous côtés les provinces allaient se réunir dans un même faisceau pour constituer le beau royaume de France. Pierre Landais, sans s'en douter, et malgré ses intrigues avec l'Angleterre, concourait à ce but en détruisant la puissance des seigneurs. Pierre Landais a été injuste et violent, mais il a vécu dans un temps d'injustice et de violence, où l'on ne se faisait aucun scrupule de se défaire de ses ennemis par quelque moyen que ce fût.

Si l'histoire ne fournissait de nombreux exemples de ces méfaits, il en resterait un témoignage curieux dans le serment que Louis XI et le duc François exigèrent l'un de l'autre, lorsqu'ils passèrent un traité après la fameuse guerre dite du *bien public*. Ce serment mérite d'être rapporté : *Je promets,* disaient-ils, *par la vraie croués, ci présente, que tant qu'il vive, je ne le prendrai ni tuerai, ne ne consentré qu'on le preigne ni qu'on le tue.* Telles étaient les précautions que croyaient devoir prendre entre eux l'oncle et le neveu ! Il arriva même en ce temps une histoire assez plaisante : malgré ses serments solennels, la défiance existait entre les deux souverains, et le duc François fit arrêter à Nantes un marchand de Paris qui faisait négoce de bonnets en Bretagne, sous prétexte que ses bonnets, dont quelques-uns avaient été livrés au duc, auraient pu être empoisonnés. On lui fit raser la tête et porter ses bonnets pendant plusieurs jours, et comme il n'en résulta aucun inconvénient, on finit par le relâcher.

Pierre Landais, après avoir fait périr le chancelier Chauvin, rival qui le gênait, en prenant le défense de toutes les victimes du ministre, ne mit plus de bornes à son insolence ; il s'attira l'animadversion des seigneurs bretons. Las de voir le fils d'un faiseur d'habits de Vitré, les dominer, ils résolurent de secouer ce joug. Ils entrèrent un soir dans le château de Nantes avec des armes cachées sous leurs habits ; ils pénétrèrent jusque dans l'appartement du duc ; là, le genou en terre, ils portèrent plainte contre le favori qu'ils accusèrent, malgré leur respectueuse attitude, avec tant de violence que le duc, effrayé pour lui-même, appela ses archers. On cria aux armes par toute la ville, et le château fut bientôt entouré par le peuple qui accourait à la défense du duc. Les seigneurs, effrayés à leur tour, furent obligés de prier François d'intercéder pour eux. Le duc y consentit, et le peuple se retira apaisé. Pendant cette perquisition dans le château ducal, une autre troupe avait été dirigée contre la maison de campagne de Landais, et voici comment un vieil historien raconte cette scène : « Landais, tenant sa porte fermée, ceux qui étaient envoyés frappèrent un peu lourdement à icelle ; quelqu'un des domestiques venant pour voir qui c'estoit, aperceut nombre d'hommes et veid des armes à quelques-uns, qui fut cause que sans ouvrir la porte, courut soudainement vers son maistre, lui rapporta ce qu'il avait veu, et le nombre qui estoit d'environ dix-huit, qui demandoient à entrer. Il estoit lors à table, soupant ; mais il ne fit point l'ospiniâtre et se douta de l'embusche, et sçavoit avoir des ennemis, se leva soudainement, et ayant mis l'œil à un guichet pour voir dehors, il print sa course pour s'enfuir en tel estat qu'il estoit au travers des jardins, sans garder ny a porte ny a fenetre, par sur les fossés, seul et à pied, sans compagnon, et par le travers des champs se sauva sans attendre d'en savoir davantage ; la nuit prochaine lui aida fort à se couvrir. Ainsi, sans suivre le grand chemin, print un guide qui le mena toute nuict à la porte du château de Poencé, où il fut caché plusieurs jours, attendant de savoir d'où lui venait telle secousse. Après quelques jours, il advertit le duc de sa fortune et du lieu où il estoit, qui le renvoya quérir et ramener avec escorte à Nantes. »

On pense bien que Landais, rentré dans sa puissance, n'épargna pas ses antagonistes. Il fit déclarer traîtres et rebelles, tous les seigneurs qui avaient trempé dans cette conspiration. Il fit démolir leurs châteaux et confisquer leurs biens. Ceux-ci, n'espérant plus rien que d'une révolte déclarée, s'enfermèrent dans Ancenis, et demandèrent du secours à Madame Anne de Beaujeu, l'adroite fille de Louis XI, qui semblait attendre ce moment pour remettre en lumière les vieux droits de la famille Penthièvre achetés par son père.

Landais ne s'émut pas, il se sentit assez de force pour tenir tête à l'orage; c'est alors que son génie brilla dans toute sa splendeur. Sa politique sut attirer en Bretagne Louis d'Orléans, qui, furieux de voir la tutelle de Charles VIII lui échapper, s'était déclaré contre Anne de Beaujeu. François II forma dès cet instant le projet d'unir sa fille, Anne de Bretagne, encore enfant, à Louis d'Orléans, bien qu'il fût l'époux de Jeanne, seconde fille de Louis XI; mais Jeanne était destinée à la répudiation. Le duc d'Angoulême et de Bourbon, le comte de Flandre, et le duc Maximilien d'Autriche, à qui Anne de Bretagne était fiancée d'un autre côté, entrèrent dans la ligue de Landais contre la cour de France. Landais se trouvait au comble de la prospérité; mais le retour des choses d'ici-bas allait se faire sentir cruellement pour lui. L'armée qu'il avait envoyée contre les confédérés d'Ancenis pactisa avec les rebelles au moment même du combat, et se tourna contre le ministre de François II.

L'audace ne manqua pas à cet homme, accoutumé à la lutte; et il continua ses proscriptions et ses confiscations. Il n'y eut bientôt plus qu'une voix contre lui. On demanda au duc la tête du favori; le faible François essaya de le défendre; mais ce peuple irrité secondait les seigneurs. Le comte de Foix disait au duc : « Je vous jure, Monseigneur, que j'aimerais mieux être prince d'un million de sangliers que d'un peuple comme tous vos Bretons; il faut de toute nécessité livrer votre prisonnier, autrement je ne réponds de rien. » François céda, Landais fut livré au chancelier, successeur de Chauvin, et qui fut son vengeur. Condamné à la potence, il fut pendu par le bourreau.

La guerre, éteinte un moment dans le sang de Pierre Landais, ne tarda pas à se rallumer entre la Bretagne et la France, sous l'influence de Louis d'Orléans, et la bataille de Saint-Aubin du Cormier, gagnée par la Trémoille, et dans laquelle Louis d'Orléans fut fait prisonnier, accéléra la réunion. Le roi dicta les conditions du traité du Verger au duc François, qui, peu de jours avant sa mort, reconnut les droits de Charles VIII au duché de Bretagne, s'il ne laissait pas d'héritiers mâles, ce qui était bien certain. Dom Lobineau, en racontant la fin de ce dernier des ducs bretons, s'exprime sur son compte d'une façon pleine de naïveté : « L'histoire a de grands reproches à lui faire, dit-il, mais les princes à qui on n'a rien à reprocher sont aussi rares que les corbeaux blancs dont François II faisait ses délices. »

Dès que le duc François II eut expiré, la tutelle des demoiselles de Bretagne fut réclamée par le conseil royal. L'heure où l'indépendance de la Bretagne allait finir était arrivée; il avait été permis encore à François II de s'écrier : « Les rois, ducs et princes de Bretagne n'ont jamais reconnu créateur, instituteur, ni souverain, fors Dieu tout-puissant; » mais il emportait dans son tombeau cet antique privilége. La basse Bretagne ne tarda pas à être envahie par les troupes françaises. Henri VIII d'Angleterre, Maximilien d'Autriche, à qui la jeune Anne de Bretagne, promise à tant de prétendants, avait été fiancée; Ferdinand et Isabelle, malgré la guerre qu'ils faisaient aux Maures, formèrent une ligue pour protéger la nationalité bretonne, ou plutôt abritèrent, sous les apparences généreuses de cette cause, leurs intérêts particuliers. Deux mille Espagnols, six mille Anglais vinrent alimenter la guerre civile. La Bretagne fut dévastée encore une fois. Voici les principaux articles du traité passé entre la duchesse et le roi d'Angleterre.

I. Que le roi et la duchesse se prêteront un mutuel secours contre ceux qui voudraient envahir leurs États, même contre le roi de France.

II. Qu'aucun des deux ne recevra dans ses États les sujets rebelles de l'autre.

III. Le roi d'Angleterre enverra, à ses propres dépens, un secours de six mille hommes à la duchesse, à condition qu'on réserverait un nombre suffisant de ses troupes pour garder les places de sûreté qui seraient livrées au roi jusqu'au remboursement des frais.

IV. Que six mille hommes serviraient en Bretagne jusqu'au premier jour de novembre.

V. Que la duchesse fournira les vaisseaux avec les vivres nécessaires pour le transport de ces troupes en Angleterre.

VI. Les six mille hommes s'embarqueront incessamment à Portsmouth, sur les vaisseaux qui seront fournis par la duchesse.

VII. La duchesse remboursera le roi d'Angleterre de tous les frais qu'il fera tant pour l'entretien que pour le transport et le retour des six mille hommes.

VIII. Que le remboursement se ferait en Angleterre, aux frais et aux risques de la duchesse; qu'il pourrait se faire en plusieurs paiements.

IX. Qu'aussitôt que les six mille hommes seraient arrivés en Bretagne, la duchesse livrera deux des places suivantes, au choix du roi, Concarneau, Hennebon, Aurai, Vannes ou Guérande, avec tous leurs revenus, pour les garder jusqu'à ce qu'elle ait entièrement satisfait au paiement du roi, et alors il sera obligé de les rendre.

X. Si le roi porte la guerre en France et qu'il soit secouru par la duchesse, les frais qu'elle fera pour ce secours seront diminués sur ce qu'elle devra au roi.

XI. Si après l'arrivée des Anglais, la duchesse reprend quelques-unes des places dont le roi de France est en possession, il sera libre à Henri de choisir une ou deux de ses places et de les changer pour celles qui ont été nommées.

XII. Que le roi et la duchesse nommeront des commissaires, chacun de son côté, pour régler les frais qui ont été faits pour le secours de Bretagne.

XIII. Que les places de sûreté, livrées au roi, seront munies d'une quantité suffisante d'artillerie, de poudre et de vivres.

XIV. Qu'aussitôt qu'une partie de l'armée d'Angleterre sera abordée dans un port de Bretagne, la duchesse enverrait des ôtages sur la flotte pour y être gardés jusqu'à ce que les places de sûreté fussent livrées, et que les ôtages seraient les sires de Maure,

Dubois de la Motte, de Kaer, d'Acigné, de Quebriac, de Beuves, de Pont-Callec, de la Sozaie, de la Bouvardière, du Timour, du Faouet, d'Oudon, d'Ust du Pordo, de la Vieille-Vigne, ou au moins quatre d'entre eux.

XV. La duchesse promettra avec serment de ne point contracter de mariage sans le consentement du roi : elle fera promettre la même chose au maréchal de Rieux, et à trois ou quatre des plus grands seigneurs du duché.

XVI. Elle ne pourra faire aucune alliance, ni entretenir des intelligences avec aucun prince, excepté le roi des Romains et le roi d'Espagne, sans le consentement du roi.

XVII. Que le roi et la duchesse ne pourront conclure ni paix ni trêve au delà de deux mois, ni même faire une trêve pour ce temps-là, sans y être compris l'un ou l'autre.

XVIII. Que la trêve marchande qui avait été arrêtée par le feu duc, entre les deux nations, aurait lieu et serait renouvelée.

XIX. Que la monnaie d'Angleterre aurait cours en Bretagne, et que le roi serait obligé de recevoir la même monnaie en paiement sur le pied qu'elle avait eu cours.

Tel est le minutieux traité qui, lorsqu'on y fait attention, ainsi que le dit dom Morice, a moins pour but de secourir efficacement la duchesse que d'aller au-devant du blâme de la laisser opprimer.

Jamais la main d'une royale héritière n'a été disputée avec plus d'acharnement que celle de la fille de François II. Les Anglais soutenaient le sire d'Albret, un des prétendants; les Espagnols, Maximilien ; chacun des partis essayait d'enlever Anne. Le vicomte de Rohan tenta aussi un coup de main pour s'emparer de sa jeune souveraine et la marier à un de ses fils. Au milieu de tous ces prétendants, Anne, douée d'un caractère plus énergique que celui de son père, quoique bien jeune encore, maintenait sa liberté ; elle fut conduite à Rennes par Dunois, et proclamée duchesse de Bretagne. Un traité eut lieu entre Maximilien et Charles VIII. Il y avait été question de la sortie des Espagnols et des Anglais; cependant n'ayant pas été indemnisés, ils continuèrent à vivre en pillant le pays. Les Français n'évacuèrent pas complétement la Bretagne, mais une trêve de quelques mois fut conclue. Anne se décida à épouser Maximilien, roi des Romains, et le mariage se fit par procuration. Ce fut le comte de Nassau qui épousa secrètement la jeune duchesse, au nom de son maître, cérémonie curieuse dont on a conservé les détails. Anne fut mise au lit, et le comte introduisit sa jambe nue dans la couche nuptiale, en tenant à la main la procuration de Maximilien. Ce mariage se fit en secret; il ne devait pas avoir de suites. Si Maximilien, qui, d'après un historien, était le prince le mieux fait de son temps, et n'avait pas encore trente années révolues, ne s'était pas trouvé occupé par la guerre contre la Hongrie, il est probable que sa présence aurait rendu indissoluble ce mariage, qu'on crut pouvoir casser plus tard.

Le sire d'Albret eut, le premier, connaissance de cette bizarre union. Rival jaloux, furieux de la perte de ses espérances, il résolut d'obtenir une éclatante vengeance. Il fit proposer au roi de lui livrer la ville et le château de Nantes. L'importance de cette possession fit accepter avec empressement les offres du sire d'Albret. Un traité fut signé entre le roi et lui. Les conditions du sire d'Albret, tout exorbitantes qu'elles étaient, furent acceptées : il y était convenu que le roi marierait la duchesse au fils du sire d'Albret, en donnant une dot convenable à la princesse; que le roi reconnaîtrait que le tiers de la Bretagne appartiendrait aux enfants du sire d'Albret, du chef de leur mère; que pour payer les dettes qu'il avait faites, le roi lui accorderait dix mille écus; qu'il lui ferait en outre seize mille livres de pension; il y avait encore beaucoup d'autres articles onéreux pour le roi, mais tout fut accordé, et le sire d'Albret, exécutant sa promesse, s'empara de Nantes, et remit cette ville entre les mains des troupes françaises. Le roi se rendit à Nantes et reçut le serment des habitants.

Cette perte fut très-sensible à la duchesse; elle écrivit immédiatement à Maximilien et au roi d'Angleterre; mais Maximilien ne put la secourir immédiatement, et le roi d'Angleterre gardait une certaine circonspection vis-à-vis de la France; Anne se trouva donc dans un état désastreux, mais, bien que livrée à ses propres ressources, elle tint tête à la mauvaise fortune. Le roi avait conçu le projet d'épouser lui-même la princesse Anne, pour mettre fin à tous ces débats; Anne était une des belles princesses de son siècle. Deux promesses s'opposaient à ce mariage : d'abord celle qui liait Anne à Maximilien, puis une autre promesse qui engageait Charles à Marguerite d'Autriche, qu'on élevait en France, et qu'on traitait déjà en reine. Malgré le peu d'empressement de son époux, Anne avait senti naître une inclination pour lui, et il s'agissait de la détacher du roi des Romains. Le roi fit gagner les seigneurs de son entourage, et se concilia les esprits, en rendant la liberté au duc d'Orléans, captif depuis la bataille de Saint-Aubin du Cormier. C'était encore se délivrer d'un prétendant par un acte de générosité, car le duc d'Orléans avait aimé la jeune duchesse, et même en avait été aimé. Le duc d'Orléans reconnaissant entra dans les vues du roi; mais Anne, fière Bretonne, décidée à tenir la parole donnée à Maximilien, s'était réfugiée à Rennes. On conseilla au roi de faire le siége de cette ville, afin de conquérir par la force des armes le cœur qu'il ne pouvait obtenir par la persuasion. L'armée française se dirigea donc vers Rennes, et la duchesse prépara une vigoureuse défense; elle fortifia la ville de Rennes, et fit une levée d'hommes et de deniers; elle supplia de nouveau Maximilien de lui envoyer des troupes; Maximilien ne se pressa pas davantage, persuadé que le roi de France n'oserait pas s'emparer de la Bretagne. Ce prince, si peu désireux de consommer le mariage, ne méritait pas tous les soins que se donnait la duchesse pour lui conserver sa personne et la belle province de Bretagne, deux trésors qu'il aurait dû se montrer plus envieux de posséder. Les conseillers d'Anne lui firent des propositions de mariage de la part du roi Charles VIII, mais elle les rejeta hautement. Elle répondit fermement, dit un historien breton, qu'elle n'épouserait jamais un prince qui lui faisait une guerre injuste, qui avait désolé ses États, et qui voulait la dépouiller de l'héritage de ses pères. La Trémoille, campé à une lieue de Rennes, pressa bientôt le siége, malgré des simulacres de traité, et la duchesse se trouva sans appui, sans secours; les conseillers d'Anne la sollicitèrent plus vivement. Ils redoublèrent d'instances; elle opposa la même fermeté : « Elle ne pouvait surtout soutenir l'idée de rompre des engagements solennels consacrés par ce que la religion a de plus saint, et elle déclara qu'elle était résolue à s'exposer aux dernières extrémités plutôt qu'à violer les lois de l'Église. » Elle résista même aux raisons que lui donna madame de Laval, qui avait été sa gouvernante. « Ne voyez-vous pas, disait cette dame à la duchesse, sur laquelle elle avait conservé une grande influence, ne voyez-vous pas que les souverains se conduisent par d'autres principes que les particuliers? qu'ils se doivent à leurs sujets, qu'ils sont obligés d'accommoder leurs ressentiments et leurs goûts à l'utilité publique? Depuis trois ans que vous régnez, vos peuples ont été exposés à toutes les horreurs de la guerre; la Bretagne est ruinée; elle ne peut se relever de ses pertes que par une paix durable avec la France; cette paix est entre vos mains; si vous la refusez, vous allez replonger vos sujets dans un abîme de misères, dont on ne verra pas le fond. Votre mariage avec Maximilien suffit-il à garantir vos États? Non : outre que le prince est pauvre, n'est-il pas trop occupé en Flandre, et trop éloigné de la Bretagne? Cette province sera toujours exposée aux invasions des Français, pillée et ravagée avant qu'il puisse y apporter du secours; à l'égard de votre mariage, n'ayant point été consommé, existe-t-il bien réellement? L'Église n'a-t-elle pas prononcé souvent la dissolution de mariages faits par procureur, et le Saint-Siége refusera-t-il cette grâce, lorsqu'il s'agit du salut d'une grande princesse, du soulagement de l'État, et de la fin d'une guerre cruelle? ».

Anne de Bretagne soutint ce nouvel assaut sans céder, disposée à laisser prendre la ville avant son cœur; mais ses conseillers, pour vaincre sa résistance, appelèrent à leur aide le duc d'Orléans. C'était charger ce prince d'une mission délicate que de le faire sacrifier d'anciennes espérances aux intérêts du roi; le duc s'acquitta de sa tâche en sujet fidèle; il se tira de cette situation romanesque avec honneur. Entré secrètement à Rennes, il vit la duchesse; il la conjura vivement de prévenir sa perte pendant qu'il en était encore temps. Il lui fit envisager, dit un historien, la couronne de France, par ce qu'elle avait de plus brillant; il lui représenta que le seul moyen de se délivrer des poursuites du sire d'Albret, de recouvrer ses places, de mettre sa personne en sûreté, et de donner la paix à la Bretagne, était de consentir à épouser un grand roi qui se faisait un plaisir de lui donner la main. La duchesse ne put résister à des attaques si vives et si réitérées : sans se rendre encore entièrement, elle remit la décision de cette affaire à son conseil et aux états, ou plutôt à ce qui se trouvait alors de seigneurs renfermés dans Rennes. Le conseil était gagné par le roi, et les seigneurs étaient fatigués par la guerre. Aussi, lorsque l'affaire du mariage fut proposée, elle ne souffrit pas de grandes difficultés. L'état de la Bretagne, les villes ruinées, les campagnes désolées, parlèrent en faveur du roi. L'éloignement de Maximilien, la présence d'une armée redoutable et les pratiques secrètes des partisans de la cour firent conclure pour le mariage du roi avec la duchesse. Anne fut obligée de faire céder la fierté de ses sentiments à la nécessité et aux vœux de ses peuples. Elle consentit enfin à épouser le roi.

Ce mariage se négocia en secret, à la suite d'une entrevue que la duchesse eut avec le roi. Pour tromper les ambassadeurs du roi des Romains, on simula un traité de paix ; le roi s'engagea à faire sortir ses troupes de Bretagne, et les fit sortir en effet. Il se retira en Touraine, où la duchesse se rendit bientôt, au lieu d'aller retrouver Maximilien, comme elle l'avait laissé croire ; le contrat de mariage fut signé, sans même attendre les dispenses du pape, qui n'arrivèrent qu'après. Maximilien, en apprenant cette union, témoigna un vif dépit, et porta ses plaintes à Ferdinand et Isabelle d'Espagne, ainsi qu'au roi d'Angleterre ; Ferdinand et Isabelle parurent touchés de ses intérêts, mais leur but était d'obtenir la Cerdagne et le Roussillon, et ils entrèrent en accommodement. Le roi Henri jeta feu et flammes contre la France, et demanda de l'argent pour faire la guerre ; mais, dominé par son avarice bien plus que poussé par l'esprit des conquêtes, il joua son peuple : une fois maître des sommes qu'il convoitait, il fit un traité de paix avec Charles VIII, sous prétexte que le plus intéressé à la guerre, Maximilien, n'était pas encore prêt à entrer en campagne : Maximilien, toujours en lutte avec ses voisins et sans grandes ressources, se voyant abandonné par ses alliés, fut contraint de s'arranger aussi avec le roi de France ; il obtint les comtés d'Artois et de Bourgogne en dédommagement de la Bretagne et de la main de la duchesse Anne, et parut satisfait. C'était pour Charles VIII acquérir la Bretagne à un prix bien élevé; mais il ne croyait pas pouvoir payer trop cher cette importante province, qui allait devenir un des plus beaux joyaux de la couronne.

Reprenons maintenant les choses aux premiers mois qui suivirent la mort de Louis XI.

Le gouvernement de Charles VIII, au lieu de s'affermir et de se régulariser, se détraquait tous les jours davantage. La reine-mère avait suivi de près son époux dans la tombe. Tous les princes du sang, tous les seigneurs élevaient des prétentions rivales : Maximilien d'Autriche annonçait hautement l'intention de revenir sur le traité d'Arras, et le conseil du roi, afin de se faire bien venir des Flamands, alors en hostilité avec Maximilien, avait consenti à suspendre pour dix ans tout droit de ressort du parlement de Paris sur leur pays. Dans des circonstances aussi difficiles, on invoquait de toutes parts les états généraux, comme seuls capables d'opérer une réforme devenue indispensable, et de mettre un terme aux souffrances du peuple.

Les membres du conseil, cédant au vœu de la nation, convoquèrent les états généraux pour le 5 janvier 1484, à Tours. Il s'agissait de savoir si la régence continuerait à être exercée par Madame Anne de Beaujeu, ou si, des mains de la fille de Louis XI, elle passerait dans celles du duc d'Orléans, premier prince du sang; cette question était des plus importantes. Il se trouva dans l'assemblée des états généraux des députés vendus au duc d'Orléans qui prétendirent que cette assemblée n'avait aucunement le droit de s'occuper de la tutelle ou de la régence; que, par l'essence du gouvernement monarchique, le pouvoir se trouvait dévolu à la famille royale; que si le roi était hors d'état de l'exercer lui-même, c'était aux princes du sang à le remplacer, sans que les députés de la nation eussent d'autres prérogatives à exercer que celle de présenter humblement leurs doléances et de régler la levée des impôts. Ces étranges prétentions furent éloquemment et énergiquement combattues par Philippe Pot, seigneur de La Roche, député de la noblesse de Bourgogne. Son discours, où éclatent à chaque ligne des principes presque républicains, fit une grande impression sur l'assemblée, dont les membres étaient peu accoutumés à entendre un langage si ferme et si sensé. « Avant toute chose, dit-il, je désire que vous soyez bien convaincus que la chose publique n'est que la chose du peuple ; que c'est lui qui l'a confiée aux rois ; que, quant à ceux qui l'ont possédée de toute autre manière, sans avoir eu le consentement du peuple, ils n'ont pu être réputés que des tyrans et des usurpateurs du bien d'autrui. Il est aussi évident que notre roi ne peut point gouverner la chose publique par lui-même ; il est donc nécessaire qu'il la conduise par les soins et le ministère d'autrui. Mais la chose du peuple, dans un tel cas, ne doit point revenir ou à quelqu'un des princes en particulier, ou à plusieurs ; elle appartient à tous. C'est au peuple qui l'a donnée que la chose du peuple doit revenir, pour qu'il la reprenne comme étant sienne ; d'autant plus qu'une longue suspension du gouvernement ou une mauvaise administration occasionne toujours la ruine du peuple. Or, j'appelle peuple, non point la populace ou seulement les sujets du royaume, mais les hommes de tous les états ; aussi, sous le nom d'états généraux, j'entends que les princes eux-mêmes sont compris, et que, entre tous ceux qui habitent le royaume, aucun n'est exclu de ce titre. En effet, personne ne nie, je pense, que les princes sont compris dans la noblesse, dont ils sont seulement les membres les plus distingués [1]. »

Les états généraux confirmèrent la régence à Madame de Beaujeu, malgré la vive opposition du duc d'Orléans. Madame de Beaujeu, il est vrai, n'avait pas le titre de régente, mais elle en exerçait toutes les fonctions, et elle était presque aussi absolue que l'avait été son redoutable père. La dureté, la hauteur avec lesquelles elle exerçait le pouvoir, indisposèrent contre elle tous les princes. L'un d'eux, le comte de Dunois, qui avait pour l'intrigue autant de talent que son père en avait eu pour la guerre, parvint à former contre elle une ligue qui se composait de Maximilien, roi des Romains, de Madeleine de France, sœur de Louis XI, agissant pour le roi et la reine de Navarre, des ducs d'Orléans et de Bourbon, de Bretagne et de Lorraine, du comte et du cardinal de Foix,

---

[1] Sismondi, d'après le manuscrit de Masselin, appartenant à la Bibliothèque royale.

des frères de la duchesse de Brétagne, des comtes d'Angoulême, de Nevers et de Comminges, du prince d'Orange, du sire d'Albret, du maréchal de Rieux, de la comtesse de Laval, des sires de Lautrec, de Pons, d'Orval et de beaucoup de seigneurs bretons. Le but des confédérés était, disaient-ils, « de faire entretenir les ordonnances des trois états, violées par l'ambition et convoitise de ceux qui entourent le roi, qui en ont déchassé et débouté les princes et seigneurs de son sang, et autres grands personnages, ordonnés par les états pour être autour de sa personne, et qui ont émeu la guerre entre lui et le roi des Romains. Au cas, disaient-ils encore, que nous fassions au contraire de ces présentes, nous voulons que tous les autres nous courent sus, et puissent traîner nos armes à la queue de leurs chevaux. »

De tous les personnages qui s'étaient ligués contre Anne de Beaujeu, celui qui inspirait le plus d'inquiétude à la régente était le duc d'Orléans. N'ayant pu s'emparer du pouvoir par les voies légales, ce prince ne se fit aucun scrupule de recourir aux moyens violents, et contracta alliance avec les ennemis de l'État ; c'est ainsi qu'il tendit la main successivement à Maximilien d'Autriche, à Richard III, usurpateur de la couronne d'Angleterre, et au duc de Bretagne, auprès duquel, ainsi que nous l'avons vu plus haut, il alla chercher un refuge, afin de se soustraire au juste ressentiment de Madame de Beaujeu, qui avait donné l'ordre au maréchal de Gié de l'arrêter.

Là, le duc d'Orléans brava pendant quelque temps le ressentiment et la vengeance de sa puissante ennemie. Mais le moment vint bientôt où il fallut compter avec elle. Au printemps de l'année 1488, La Trémoille, à qui Madame de Beaujeu avait confié le commandement de l'armée qui devait agir contre le duc d'Orléans, entra en Bretagne, et tout d'abord, emporta de vive force Châteaubriant, Ancenis et Fougères par la supériorité seule de la nouvelle artillerie française, plus perfectionnée que celle d'aucun autre peuple, et qui abattait en peu d'heures les fortifications qu'on avait crues jusqu'alors inexpugnables. Le duc de Bretagne, comme on le sait, rassembla en toute hâte son armée à Rennes. Elle se composait de quatre cents lances, de huit mille hommes de pied, de huit cents

Allemands et de sept cents archers anglais que lord Scales avait amenés comme volontaires. L'armée bretonne s'avança contre La Trémoille et le rencontra à Saint-Aubin du Cormier où la bataille, ainsi que nous l'avons dit, ne tarda pas à s'engager furieuse et sanglante. L'habileté des dispositions de La Trémoille, et surtout sa puissante artillerie, firent pencher la victoire de son côté. L'armée bretonne fut détruite presque tout entière ; des sept cents Anglais pas un seul ne survécut. Mais le résultat le plus important de cette journée mémorable fut la capture du duc d'Orléans, qui expia, par trois ans de captivité, dans la tour de Bourges, les torts d'une jeunesse ambitieuse et inquiète.

Le soir de la bataille, La Trémoille invita à sa table le duc d'Orléans et les autres prisonniers marquants, parmi lesquels se trouvait un prince d'Orange. A la fin du repas, il fit entrer dans la salle deux franciscains dont la vue produisit sur tous les convives un effet terrible ; ils restèrent comme pétrifiés, et La Trémoille, se levant alors, leur dit : « Pour vous, princes, mon pouvoir ne s'étend pas jusqu'à vous ; et, si vous y étiez soumis, encore ne l'exercerais-je pas. Je renvoie votre jugement au roi. Mais vous, chevaliers, qui autant qu'il était en vous, avez donné occasion à cette guerre, en rompant votre foi, et faussant votre serment de chevalerie, vous paierez aujourd'hui de votre tête votre crime de lèse-majesté. Si vous avez quelque remords sur la conscience, voilà des moines pour vous confesser. » A ces mots, la salle retentit de cris et de sanglots déchirants. Tous ces hommes, qui se trouvent face à face avec la mort, invoquent le duc d'Orléans et lui rappellent que c'est pour lui qu'ils se sont mis en péril ; ils le supplient d'intercéder en leur faveur, d'obtenir leur pardon. Mais le prince, tremblant pour lui-même, était muet d'épouvante. Les chevaliers furent traînés dans la cour et mis à mort, et le duc d'Orléans conduit sous bonne garde en France [1]. La Trémoille continua ses conquêtes en Bretagne jusqu'à la conclusion du traité de Sablé, qui mit fin à cette guerre, au grand désespoir des Anglais, à qui depuis longtemps la Bretagne servait de pied à terre sur le continent.

---

[1]. Lobineau, liv. XXI, pag. 786.

Les Anglais ne furent pas les seuls qui virent d'un œil mécontent et jaloux l'union du roi de France avec la jeune duchesse de Bretagne. Maximilien d'Autriche, dont la fille était fiancée à Charles VIII, et qui avait lui-même épousé par procuration la princesse Anne, en fut profondément blessé. Dans son extrême dépit il se hâta de déclarer la guerre à la France; mais toutes ses ressources se trouvant absorbées par la guerre qu'il faisait aux Hongrois, et par le soulèvement des Pays-Bas, il ne put rien entreprendre contre nos frontières.

Il n'en fut pas de même des Anglais. Cette nation haineuse et vindicative était impatiente de renouveler contre nous les guerres du siècle précédent; elle se persuadait qu'une armée anglaise n'aurait qu'à traverser le détroit pour dicter de nouveau des lois à la France. Une révolution complète s'était opérée chez nous dans l'art militaire; notre artillerie était la première de l'Europe; nos archers ne le cédaient plus à ceux de l'Angleterre, et nous avions à notre disposition la redoutable infanterie des Suisses, toujours prête à venir faire une ample moisson de gloire sous le noble étendard de la France. Henri VII, qui avait longtemps séjourné en France, ne se faisait aucune illusion à cet égard; mais comme sa passion dominante était une sordide avarice, il imagina d'exploiter au profit de sa cupidité les passions implacables du peuple anglais, et demanda au parlement un subside destiné à porter la guerre en France. Le subside fut accordé, et, dans leur enthousiasme belliqueux, un grand nombre d'Anglais s'imposèrent personnellement d'énormes sacrifices pour prendre part à l'expédition.

Le roi d'Angleterre avait atteint le but qu'il se proposait; il ne lui restait plus qu'à dégoûter de la guerre la nation anglaise, ce qu'il fit en choisissant la saison la plus défavorable pour entrer en campagne. Les Anglais furent bientôt rebutés par les mauvais temps et par l'opiniâtre résistance que leur opposa la ville de Boulogne; ils accueillirent avec joie les propositions d'accommodement que leur adressa Charles VIII, et la paix fut signée à Étaples, le 3 novembre 1492. Les conditions en furent onéreuses pour la France : Charles s'obligea de payer aux Anglais, dans l'espace de quinze années, sept cent quarante-cinq mille écus d'or.

Charles VIII avait un puissant motif pour traiter si précipitamment avec l'Angleterre ; il était impatient de faire valoir sur le royaume de Naples les droits que le dernier comte de Provence, unique rejeton de la maison d'Anjou, avait transmis par testament à Louis XI. Ces droits se réduisaient à un titre purement honorifique, puisqu'un bâtard de la maison d'Aragon régnait à cette époque sur le royaume de Naples. Charles, enflammé de l'idée décevante de joindre à ses possessions, déjà si vastes, l'Italie tout entière, s'engagea témérairement dans la plus hasardeuse des entreprises. Il franchit les Alpes à la tête de vingt-cinq mille hommes, sans argent et sans munitions. Ludovic Sforze, qui venait d'usurper le duché de Milan sur son neveu Galéas, fit alliance avec lui contre le pape Alexandre VI. Il traversa le nord de l'Italie avec la rapidité de la foudre, renversa tout sur son passage, s'empara de Florence et de Rome, soumit le pape, acheta d'André Paléologue ses droits à l'empire de Constantinople et se rendit maître presque sans coup férir du royaume de Naples. La terreur du nom français était si grande, que Charles ne rencontra nulle part de résistance sérieuse, et qu'en moins de six mois toute la Péninsule fut en son pouvoir ; mais il la perdit plus rapidement encore qu'il ne l'avait conquise. Ce même Ludovic Sforze, qui avait accueilli à bras ouverts les Français à leur entrée en Italie, organisa, pour les chasser de cette contrée, une ligue formidable composée des Vénitiens, du roi d'Aragon, de Maximilien d'Autriche et de son fils l'archiduc Philippe, du pape et de Henri VIII, roi d'Angleterre. Assaillis par cette multitude d'ennemis, les Français ne pouvaient tenir en Italie ; ils regagnèrent leur patrie ; mais, rencontrant, chemin faisant, l'armée des confédérés, forte de cinquante mille hommes, ils l'écrasèrent à Fornoue, et poursuivirent triomphalement leur retraite.

De retour en France, Charles VIII se préparait à tenter une nouvelle expédition au delà des monts, lorsque la mort le surprit en 1498. Ce monarque était ignorant et borné. Comines dit *qu'il ne fut jamais que petit homme de corps, et peu entendu.* Son père, ombrageux et dénaturé, ne lui avait fait donner aucune instruction dans la crainte qu'un jour il ne s'en servît pour le détrôner.

Le successeur de Charles VIII fut ce même duc d'Orléans qui avait été vaincu et fait prisonnier à la bataille de Saint-Aubin du Cormier, comme nous l'avons vu plus haut; il était petit-fils du frère de Charles VI, et par conséquent de trois générations éloigné du trône. Reconnu roi sans aucune opposition, il prit le nom de Louis XII, et se mit aussitôt à agir en chef d'un grand peuple. Les caisses de l'État étaient vides; Louis XII travailla à réparer le désordre des finances et à réformer les nombreux abus qui s'étaient glissés dans l'administration pendant le règne de Charles VIII. Comme son prédécesseur, Louis XII fut dévoré de l'ardeur des conquêtes, ardeur qui ne fut pas aussi inconsidérée qu'on pourrait le croire communément; car les guerres si longues et si sanglantes qu'il entreprit eurent pour but de tenir constamment en haleine la noblesse, et, par ce moyen, de l'empêcher de conspirer. Comme Charles VIII, Louis XII voulut faire valoir ses droits à la couronne de Naples. Mais il avait un motif de plus pour porter la guerre en Italie : il était petit-fils de Valentine héritière du duché de Milan, que les Sforzes avaient arraché aux Viscontis; il s'en fit donner l'investiture par l'empereur, et se mit en mesure de le reprendre sur Ludovic Sforze.

Son premier soin fut de faire alliance avec le pape Alexandre VI. Par cette alliance avec un pontife abominable qui s'était souillé des plus grands crimes, et qui chaque jour encore se plongeait dans le sang et dans la crapule, Louis XII avait un double but : il voulait d'abord se rendre la conquête de l'Italie plus facile en mettant dans ses intérêts un souverain qui jouissait d'un pouvoir temporel fort étendu, et d'une autorité spirituelle presque sans bornes, que ses infâmes turpitudes n'avaient pu détruire dans l'âme fanatisée des peuples; il voulait ensuite obtenir du chef de l'Église la permission de répudier Jeanne de France, que Louis XI lui avait fait épouser par force et qu'il n'aimait pas, et cela afin de convoler en secondes noces avec Anne de Bretagne.

Bien qu'une tendresse réciproque existât entre Louis XII et la veuve de Charles VIII, la politique eut pour le moins autant de part que l'amour à leur union. Il était de la plus grande importance que la Bretagne, qui avait été réunie à la France par le mariage de l'héritière de ce duché avec le fils de Louis XI, n'en fût point démembrée.

Ce fut sur l'assurance donnée par Louis XII que son mariage avec Anne de France n'avait point été consommé, et malgré l'affirmation du contraire par Jeanne, que l'on prononça le divorce. La cause fut portée devant un tribunal composé de trois prélats, parmi lesquels figurait le nonce du pape, et de trois ecclésiastiques du second ordre. Le procureur du roi, pour opérer la dissolution du mariage de Louis et de Jeanne, invoqua quatre moyens, savoir : la parenté, l'affinité dans les degrés prohibés, la violence faite par Louis XI au duc d'Orléans, pour lui faire épouser sa fille, enfin les infirmités corporelles qui, au dire de Louis XII, rendaient la princesse inhabile aux fins du mariage.

Jeanne opposa aux deux premiers moyens invoqués contre elle les dispenses obtenues à l'époque où le mariage avait été contracté ; au troisième, elle objecta avec beaucoup de raison que depuis dix-huit ans qu'elle était l'épouse de Louis, il n'avait jamais songé à faire valoir contre elle un pareil argument, et que si effectivement il n'avait cédé qu'à la violence en l'épousant, ce n'était pas après un si long temps écoulé qu'il fallait arguer d'un pareil motif de cassation, mais dès les premiers temps de leur union. Enfin, au quatrième moyen, voici ce qu'elle répondit fort sensément : « Je sais bien que je ne suis ni aussi belle ni aussi bien faite que d'autres, mais je ne m'en crois pas moins propre aux fins du mariage et plus incapable d'avoir des enfants. »

Le cadre de cet ouvrage ne nous permet pas d'entrer dans tous les détails de ce scandaleux procès. D'après la tournure que prirent les choses, on peut croire que Louis XII eut tout lieu de se repentir d'avoir voulu rompre son mariage avec Jeanne : il ne s'attendait pas à la résolution, à l'énergie que déploya tout à coup la fille de Louis XI. Si Louis XII l'emporta, c'est que Jeanne consentit au divorce, et que la conscience des juges, affranchie par ce consentement, ne balança plus à le prononcer. Louis céda à son épouse répudiée le Berry et quelques autres domaines. Jeanne se retira à Bourges, où elle créa l'ordre des Annonciades, et passa le reste de ses jours dans la dévotion.

Louis XII, libre des liens qui l'unissaient à cette malheureuse princesse, se hâta d'épouser Anne de Bretagne. La même année, il fit la conquête du duché de Milan. Ludovic Sforze, étant tombé en son pouvoir, il l'envoya en France, où il ne tarda pas à mourir. Nous ne suivrons pas Louis XII dans toutes les alternatives de revers et de succès qu'éprouvèrent ses armes en Italie; nous dirons seulement qu'après bien des batailles gagnées et perdues, il essuya à Novarre une dernière défaite qui lui enleva cette contrée sans retour.

La défaite de Novarre enhardit tellement les ennemis de Louis XII que, sans déclaration de guerre, sans prétexte aucun, les Suisses, l'empereur d'Allemagne et le roi d'Angleterre, firent invasion dans ses États. Si l'unité nationale avait été moins fortement cimentée en France, si l'abaissement de la noblesse n'avait donné au gouvernement royal un surcroît de force et de puissance, cette triple attaque, habilement combinée, eût pu mettre la monarchie française en grand péril. Mais Louis fut assez heureux pour faire tête à l'orage, et parvint à désarmer tous ses ennemis, soit par ruse, soit avec le glaive; en sorte que la paix la plus profonde succéda bientôt à la plus effrayante tempête.

Louis XII, malgré les nombreuses guerres qu'il entreprit ou qu'il eut à soutenir, diminua les charges publiques, et mérita, par sa constante application à soulager les classes pauvres, le beau surnom de *Père du peuple*. Les ordonnances de ce monarque portent à un plus haut degré que celles de ses prédécesseurs un caractère législatif : ce n'est point un intérêt du moment qui les a dictées, c'est une pensée organisatrice, c'est le désir de tirer le royaume du chaos où il avait été plongé jusqu'alors, pour le soumettre à des règles de gouvernement à peu près uniformes, pour fixer des limites précises aux diverses autorités qui se trouvaient si souvent en conflit entre elles. Louis XII donna un exemple de tolérance religieuse bien remarquable à une époque comme celle où il vécut. Dans quelques vallées des Hautes-Alpes habitaient un certain nombre de Vaudois restés fidèles aux doctrines pour lesquelles, trois siècles auparavant, ils avaient été persécutés en commun avec les Albigeois. Les plaintes de ces pauvres gens, que les seigneurs persécutaient cruellement sous prétexte d'hérésie, parvinrent jusqu'au roi. Celui-ci fit partir de Lyon son confesseur Laurent Bureau, évêque de Sisteron, pour les aller visiter. « Il paraît, dit un historien, que celui-ci était un homme tolérant, qui ne désirait point trouver d'hérésie, car il se contenta de la déclaration des habitants, qu'ils croyaient tout ce que croyait l'Église ; il se fit rendre tous les procès commencés par le parlement de Grenoble et par l'archevêque d'Embrun, et il déclara au chancelier qu'il avait trouvé les pauvres Vaudois « fermes en la loi divine, et croyant « en la foi catholique ; » en sorte qu'on les laissa tranquilles [1]. »

Le mariage de Louis XII, veuf de la reine Anne de Bretagne, avec Marie, sœur de Henri VIII, fut le sceau de la paix entre la France et l'Angleterre. Tous les historiens s'accordent à dire que Louis avança de plusieurs années le terme de ses jours en se livrant avec trop peu de mesure aux plaisirs de sa nouvelle union. Les fêtes du mariage et du couronnement durèrent six semaines. A peine eurent-elles cessé, que Louis fut attaqué d'une dyssenterie, qui, en très peu de temps, le fit descendre au tombeau. Il mourut le premier jour de l'année 1515.

A Louis XII succéda François d'Angoulême, duc de Valois, qui régna sous le nom de François Ier. Le nouveau roi n'avait que vingt ans quand il parvint au trône. Il était plein de feu et de courage, et s'entendait beaucoup mieux à briller dans un tournoi ou à faire sa cour aux belles, qu'à régir une grande nation. François Ier manifesta bientôt le désir de recommencer les guerres d'Italie, interrompues pendant les dernières années du règne de son prédécesseur par l'épuisement de la France, et prit le titre de duc de Milan. Quelques mois seulement après son avénement à la couronne, il fit subitement irruption en Italie où il n'avait pour alliés que les Vénitiens. Le Milanais était défendu par une armée de Suisses à laquelle François livra cette terrible bataille de Marignan, qui dura deux jours ; et où les Suisses furent écrasés. Cette journée célèbre le rendit maître du Milanais. Maximilien Sforze lui en fit la cession et vint mourir en France comme son père Ludovic. Le pape,

---

[1] Jean d'Auton, *Histoire de Louis XII*, ch. XLVI, pag. 159.

effrayé des progrès du roi de France, se hâta de conclure la paix avec lui. Dans une entrevue que François eut avec le souverain Pontife à Boulogne, ils jetèrent les bases d'un concordat qui fut confirmé peu de temps après par le concile de Latran.

La mort de Ferdinand le Catholique et celle de Maximilien d'Autriche firent paraître sur la scène politique Charles-Quint, le puissant rival de François Ier. On sait que le roi de France et le roi d'Espagne se mirent sur les rangs pour monter au trône impérial. Le second fut élu. Après son élection, la guerre ne tarda pas à éclater entre Charles et François, et elle fut d'autant plus vive et plus acharnée que le roi de France était profondément blessé de la préférence dont son concurrent avait été l'objet. François avait pour alliés les Vénitiens et les Suisses; Charles, le pape et le roi d'Angleterre. La politique de ces deux derniers souverains consistait à tenir une balance égale entre les deux plus puissants princes de l'Europe, dans la crainte que si l'un des deux venait à triompher de l'autre, il n'usât de sa victoire pour porter atteinte à l'indépendance des puissances secondaires. Pendant toute la durée de la rivalité de François Ier et de Charles-Quint, le souverain Pontife et le roi d'Angleterre restèrent fidèles à cette politique d'équilibre.

L'un des événements les plus considérables du règne de François Ier fut la conjuration du connétable de Bourbon, qui avait gravement à se plaindre de Louise de Savoie, mère du roi. Cette princesse, malgré ses quarante-sept ans, s'était mis dans la tête d'épouser le connétable, qui n'en avait que trente-trois ou trente-quatre. On assure que Bourbon répondit à ses avances qu'il n'épouserait jamais une femme sans pudeur. Louise de Savoie en conçut un profond ressentiment contre lui. Avide de vengeance, elle intenta aussitôt au connétable un procès qui n'allait à rien moins qu'à lui ravir tous ses biens. Le parlement n'osa pas se prononcer entre la mère de François Ier et le personnage le plus puissant du royaume après le roi. Il laissa à ce dernier le soin de résoudre une si grave question. Mais le connétable, qui se doutait bien que le roi ne donnerait pas tort à sa mère, n'attendit pas sa décision. Il était orgueilleux, et regardait la vengeance comme un devoir; il se plaisait à répéter la réponse d'un chevalier gascon, à qui Charles VII demandait si quelque chose pourrait le déterminer à lui manquer de foi. « Non pas l'offre de votre royaume, avait-il dit, mais bien un affront de votre part. » La France, la patrie, n'était rien pour le connétable de Bourbon ; il ne connaissait que le roi, personnage capricieux, ingrat, injuste, qui voulait ruiner un parent trop puissant. N'osant pas lever l'étendard de la révolte contre le roi son seigneur, il n'éprouva aucun scrupule à trahir la nation, à détruire son indépendance, et il s'engagea dans le complot le plus odieux, le plus infâme, qui jamais ait été formé contre notre belle nationalité. Son plan consistait à se joindre aux Impériaux et aux Anglais, qui faisaient alors une guerre opiniâtre à notre patrie. Mais avant de passer à l'ennemi, il stipula ses conditions, et demanda à l'empereur et au roi d'Angleterre que le royaume de France fût démembré. Son apanage se composait du Bourbonnais et de l'Auvergne ; il voulait que la Provence et le Dauphiné y fussent annexés, et que le tout formât un royaume à sa convenance. Il demandait en outre que la sœur de Charles-Quint, reine douairière de Portugal, lui fût donnée en mariage. De son côté, il promettait d'aider de tout son pouvoir Charles à s'emparer du Languedoc, de la Bourgogne, de la Champagne et de la Picardie, tandis que Henri VIII, également avec son assistance, soumettrait toutes les autres provinces du royaume.

Ce complot ne put recevoir son exécution, grâce à un concours de circonstances qui déjouèrent tous les calculs d'une ambition criminelle et impie. Le connétable de Bourbon, instruit que le roi savait tout, trembla pour sa tête, et se sauva de France. Charles-Quint le reçut avec les plus grands honneurs, le créa généralissime de ses armées, et l'opposa à François Ier. Ce monarque, au moment de l'épouvantable défection du connétable, se trouvait dans une position des plus critiques. L'ennemi le menaçait sur toutes ses frontières, et il manquait d'argent pour organiser une vigoureuse défense. Le royaume était désolé par les gens de guerre qu'il laissait sans paye, et qui commettaient en tous lieux les plus affreux ravages. « Ces soldats, dit Ferronius, erraient par bandes dans le royaume ; ils pillaient les petites villes, ils ravageaient les champs, ils enlevaient le bétail, ils déshonoraient les femmes et les filles, en sorte que plusieurs n'osant plus vivre dans les villages, se retiraient dans les villes. Les bourgeois de Meaux, voyant les campagnes voisines pillées de cette manière, se rassemblèrent en armes, et marchèrent contre les brigands; ils avaient des canons, mais point de boulets; pour effrayer cependant leurs adversaires, ils en firent de carton. Mais les soldats, avertis, à ce qu'on prétendit, par un boucher de Meaux, bravèrent ces armes impuissantes et repoussèrent les bourgeois dans la ville, après en avoir fait un grand massacre. La férocité des soldats qui ravageaient la Guyenne n'eut pas le même succès. Après avoir pillé quelques villages, sans pouvoir se rendre maîtres d'aucune ville, ils s'arrêtèrent à Montpaon, bourgade du Périgord. Là, comme ils dormaient accablés par le vin, ils furent dépouillés et massacrés, pendant la nuit, par les bourgeois qui avaient appelé les paysans à leur aide; c'étaient pourtant des hommes dans la fleur de l'âge et de leurs forces; ils appartenaient à la troupe de Chaudieu, et ils avaient longtemps ravagé la province sous le nom de *Mille-Diables*. Si on leur demandait d'où ils venaient, ils répondaient : — Du diable; où ils allaient : — Au diable. Plusieurs croyaient cependant qu'un ennemi secret et puissant les avait excités [1]. »

La défection du connétable de Bourbon ne tarda pas à porter ses fruits; ce chef qui connaissait le fort et le faible des armées françaises, et qui commandait aux plus valeureuses troupes de Charles-Quint, vainquit François Ier à la bataille de Pavie. On sait que, traîné captif à Madrid, François, impatient de recouvrer sa liberté, y signa un traité extrêmement désavantageux par lequel il renonça à ses droits sur le royaume de Naples et le Milanais, et céda à son heureux rival, la Bourgogne, la Flandre et l'Artois. Ce traité, qui lui avait été imposé par la force des circonstances, ne pouvait, en bonne conscience, être considéré comme obligatoire. Aussi, dès que François Ier eut recouvré sa liberté, il refusa de le ratifier et entra immédiatement dans la sainte ligue formée contre Charles-Quint par le pape Clément VIII, et dont le roi d'Angleterre et tous les princes d'Italie faisaient partie. Cette ligue avait

---

[1] ARNOLDI FERRONI, liv. V, pag. 96.

pour but d'imposer un frein à l'ambition effrayante de l'empereur et de l'expulser de l'Italie. Les coalisés furent malheureux dans une première campagne ; mais dans la campagne suivante les Français reprirent leur supériorité en Italie et s'avancèrent jusqu'à Naples. Charles-Quint, pressé par la sainte ligue d'un côté, et par les Turcs de l'autre, se vit dans la nécessité de faire la paix avec la première. Cette paix fut moins avantageuse au roi de France que ses récentes victoires ne le mettaient en droit de l'espérer : il dut renoncer au Milanais, au comté d'Ast, et aux comtés de Flandre et d'Artois. C'est ce que l'on appela la paix de Cambrai ; elle fut de courte durée. Le roi de France, bien qu'il eût renoncé deux fois au Milanais, profita de la mort de François Sforze pour en réclamer l'investiture. La guerre se ralluma donc, et François, ayant pénétré dans les États du duc de Savoie, y exerça les plus affreux ravages. On sait que la guerre continua avec des chances diverses jusqu'en 1544, époque à laquelle elle se termina par le traité de Crespy, en Valois.

Ce fut sous le règne de François Ier que la réforme, dont l'Allemagne avait été le berceau, s'introduisit en France, où elle fit en peu de temps de très-rapides progrès. François favorisa et persécuta tour à tour les réformés, selon que ses intérêts lui conseillèrent l'une ou l'autre politique. Allié des protestants d'Allemagne, le roi de France était bien obligé de ménager ceux de ses sujets qui avaient embrassé la religion réformée; mais, à plusieurs reprises, son zèle excessif pour la religion catholique l'emporta sur toute autre considération, et il livra à d'atroces supplices les malheureux protestants français. En 1534, une diatribe contre les principaux mystères du catholicisme ayant été placardée dans différents quartiers de Paris, et jusque sur la porte de la chambre à coucher du roi, celui-ci entra dans la plus violente colère, et ordonna que les protestants fussent poursuivis avec la dernière rigueur. En même temps, il fit préparer, en expiation de ce sacrilége, une procession solennelle pour le 21 janvier 1535. En tête de la procession, on porta les corps et les reliques de tous les martyrs conservés dans les sanctuaires de Paris, tels que saint Germain, saint Merry, saint Marceau, sainte Geneviève, sainte Opportune, saint Landry, saint Honoré. La procession parcourut lentement tous les quartiers de la ville; et, dans les six principales places, un reposoir pour le saint sacrement, un échafaud et un bûcher avaient été préparés d'avance, « où furent très-cruellement brûlés vifs six personnages, avec merveilleuses huées du peuple, tellement ému, que peu s'en fallut qu'il ne les arrachât des mains des bourreaux pour les déchirer; mais si sa fureur était grande, la constance des martyrs fut encore plus grande [1]. »

Si le peuple avait mis en pièces ces infortunés, leur sort eût été moins affreux que celui qui leur était réservé; car François Ier les avait fait attacher à une solive placée en balançoire, laquelle, en s'abaissant, les plongeait dans la flamme du bûcher, et en se relevant aussitôt prolongeait leur supplice, jusqu'à ce qu'enfin la flamme, gagnant les cordes qui les liaient, les fît tomber dans le gouffre de feu au-dessus duquel ils étaient suspendus. On attendait l'arrivée du roi et de la procession pour faire jouer cette effroyable machine. A chaque station, François Ier remettait sa torche au cardinal de Lorraine, se prosternait humblement, et implorait la miséricorde divine sur son peuple, jusqu'à ce que la victime eût péri dans d'épouvantables tourments [2]. La procession se termina à l'église de Sainte-Geneviève. La messe y fut chantée par l'évêque de Paris. Le roi et les princes dînèrent ensuite chez ce prélat. Après le dîner, François Ier harangua sa cour, et déclara en présence de tous ceux qui la composaient, que si son bras était atteint d'hérésie, il voudrait le séparer de son corps, *c'est-à-dire,* comme il l'expliqua lui-même, *que si ses propres enfants étaient si malheureux que de tomber en telles exécrables et maudites opinions, il les voudrait bailler pour faire sacrifice à Dieu* [3]. Après cette déclaration fanatique, le roi ordonna que tous les protestants incarcérés fussent livrés aux flammes, et le 29 janvier un édit fut rendu par lui « pour l'extirpation et extermination de la secte luthérienne, et autres hérésies... dont les sectateurs et imitateurs se sont rendus

---

[1] Théodore de Bèze, *Histoire ecclésiastique,* liv. Ier, pag. 21.
[2] Garnier, *Histoire de France,* tom. XII, pag. 552.
[3] J. Bouchet, *Annales d'Aquitaine,* tom. IV, pag. 272.

fugitifs, cachent, et latinent en aucunes parties de notre royaume. Pour quoi statuons et ordonnons, par édit perpétuel et irrévocable, que tous ceux et celles qui ont recélé ou recéleront par ci-après sciemment lesdits sectateurs, pour empêcher qu'ils ne fussent pris et appréhendés par justice seront punis de telle et semblable peine que lesdits sectateurs; sinon que d'eux-mêmes, et par leur diligence, ils amenassent et représentassent à justice iceux sectateurs... et, en outre, avons aussi ordonné que tous ceux et celles qui révéleront et dénonceront à justice aucuns desdits délinquants, soit des principaux sectateurs ou de leurs recéleurs... auront la quarte partie des confiscations et amendes sur ce adjugées. »

Les protestants ne furent pas les seuls qui eurent à souffrir de la cruelle intolérance de François Ier; les Vaudois, que la magnanime bonté de Louis XII avait réconciliés avec l'Église, se trouvèrent en butte aux plus atroces persécutions sous le règne de son successeur. Le 18 novembre 1540, le parlement de Provence rendit contre les Vaudois un arrêt qui condamnait tous les pères de famille au feu, les femmes et les enfants à l'esclavage, et qui ordonnait en outre que leurs maisons fussent rasées et leurs biens confisqués. Cet effroyable arrêt n'avait pu recevoir son exécution par une circonstance assez bizarre : le président du parlement d'Aix, Chassanée, avait dans sa jeunesse été chargé de plaider devant une cour ecclésiastique à Autun, à laquelle on demandait une bulle d'excommunication contre les rats qui ravageaient le pays. On avait donné au jeune avocat la cause des rats à défendre, et Chassanée, saisissant cette occasion de faire briller son éloquence, avait plaidé avec tant de chaleur sur l'injustice de condamner des accusés sans les entendre, que les rats n'avaient pas été excommuniés. Lorsque longtemps après le même homme, en sa qualité de président du parlement d'Aix, rendit contre les Vaudois le terrible arrêt de 1540, un de ses amis lui dit : « Quoi donc? vous qui avez voulu faire entendre des rats dans leur défense, vous allez faire périr des hommes sans les entendre. » Ces mots firent rentrer Chassanée en lui-même, et, tant qu'il vécut, il empêcha le parlement d'Aix de s'acharner à la poursuite des Vaudois.

En même temps, le roi qui se trouvait alors en guerre avec

Charles-Quint, et qui pour cette raison avait le plus grand intérêt à ne pas s'aliéner les protestants d'Allemagne, ajourna presque indéfiniment l'exécution de l'arrêt du 18 novembre 1540. Mais après la paix de Crespy, aux termes de laquelle Charles et François s'étaient mutuellement engagés à détruire l'hérésie, les choses changèrent de face. Le roi de France était déjà atteint de la honteuse maladie dont il mourut; les prélats qui l'entouraient en prirent occasion pour le solliciter de faire sa paix avec Dieu. Le cardinal de Tournon, entre autres, lui remontra qu'il ne pouvait mieux témoigner sa piété qu'en sévissant avec une impitoyable rigueur contre les hérétiques. Le comte de Grignan, gouverneur de Provence, et parent de ce cardinal, avait été appelé à la cour, parce que le roi voulait l'envoyer à la diète de Worms, où des mesures rigoureuses devaient être prises contre les sectateurs des idées nouvelles. Grignan exposa au roi que les Vaudois s'étaient tellement multipliés dans son gouvernement, qu'on prétendait qu'ils pourraient mettre quinze mille hommes sous les armes; qu'ils correspondaient avec les cantons suisses dont ils voudraient peut-être adopter la constitution politique, et que choisissant le moment où la France serait en guerre, il ne leur serait pas impossible de s'emparer d'Aix ou de Marseille. L'archevêque d'Arles, l'évêque d'Aix, et quelques abbés, prieurs et chanoines de Provence, se trouvaient alors assemblés à Avignon. Ils firent de leur côté solliciter le roi, pour le salut de son âme, de révoquer l'amnistie qu'il avait accordée aux hérétiques. Le roi céda; il écrivit, le 1er janvier 1545, au parlement de Provence, de mettre à exécution l'arrêt rendu quatre ans auparavant contre les Vaudois, nonobstant les lettres de grâce que lui-même leur avait accordées six mois auparavant, lui recommandant « de faire en sorte que le pays de Provence fût entièrement dépeuplé et nettoyé de tels séducteurs, » selon ses propres expressions.

Cette lettre de François Ier était adressée au baron d'Oppède, successeur de Chassanée, et qui était en même temps chef du parlement d'Aix et lieutenant du comte de Grignan, en Provence. D'Oppède, avant de communiquer la lettre du roi au parlement, rassembla des troupes et se tint prêt à porter le fer et la flamme dans les cantons habités par les malheureux Vaudois. Dès que le parlement eut connaissance de la missive royale, il se hâta d'ordonner que son arrêt du 18 novembre 1540 fût exécuté selon sa forme et teneur. En même temps, des ordres furent adressés à toutes les communautés afin qu'elles fournissent des milices et des vivres pour une expédition dont on ne divulguait pas encore le but.

Le 13 avril 1545, d'Oppède se mit en marche avec sa petite armée, franchit la Durance, et entra par le Pertuis dans le pays des Vaudois. Le lendemain matin, il parvint aux villages de Pupin, de La Motte et de Saint-Martin, les pilla, les brûla et en massacra tous les habitants avant que ceux-ci eussent le moindre soupçon des desseins formés contre eux par le gouvernement auquel ils étaient soumis. La lueur des flammes qui consumaient ces premiers villages, et peut-être aussi quelques fuyards, avertirent les habitants de Villelaure, de Lourmarin, de Gensson, de Trezemines et de La Roque, de la calamité dont ils étaient menacés ; ils s'enfuirent dans les bois, emportant leurs enfants et leurs objets les plus précieux. Les soldats, qui arrivèrent bientôt, pillèrent tout le reste, brûlèrent les maisons et les récoltes, détruisirent les arbres fruitiers, et égorgèrent tous ceux des habitants qu'ils purent atteindre. L'exécrable d'Oppède ne rencontra aucune résistance. Voyant cela, il divisa sa troupe en deux colonnes, dont l'une suivit la montagne et l'autre la rivière, afin d'exercer ses ravages sur une plus vaste échelle. Tous les villages étaient abandonnés à l'approche des égorgeurs catholiques ; les vieillards, les femmes, les enfants, restaient sur la route. A mesure que les satellites de d'Oppède les atteignaient, ils les massacraient sans pitié.

Du 13 au 18 avril, la marche de l'armée fut retardée par la constante répétition dans chaque village des scènes atroces que nous venons de rapporter. Ce fut le 18 seulement que d'Oppède arriva devant Mérindal, petite ville abandonnée de tous ses habitants ; un jeune idiot de dix-huit ans y était seul demeuré, il fut attaché à un arbre et fusillé. Le lendemain, l'armée parut devant une autre ville, nommée Cabrières, dans laquelle il ne restait que soixante hommes et trente femmes, qui firent mine de vouloir se défendre afin d'obtenir une capitulation. On leur promit la vie sauve ; mais comme les orthodoxes professaient la singulière doctrine qu'aucune promesse n'est valable envers les hérétiques, tous les Vaudois qui se trouvaient dans la ville périrent égorgés ; ceux qui s'étaient enfuis de Cabrières furent bientôt découverts dans les retraites où ils avaient cherché un refuge. « On prétend, dit l'historien de Thou, qu'il y en eut huit cents de tués, tant dans la ville que dehors. Pour les femmes, elles furent enfermées, par ordre du président, dans un grenier plein de paille, où l'on mit le feu, et comme elles tâchaient de se jeter par la fenêtre, elles furent repoussées avec des crocs et des piques. Les troupes allèrent de là à La Coste, où le seigneur du lieu avait promis une entière sûreté aux habitants, pourvu qu'ils portassent leurs armes dans le château, et qu'ils abattissent leurs murailles en quatre endroits. Ce peuple, trop crédule, exécuta ce qu'on lui avait ordonné ; mais à l'arrivée du président, les faubourgs furent brûlés, la ville fut prise et tous les habitants taillés en pièces jusqu'au dernier. Les femmes et les filles qui, pour se dérober aux premiers emportements du soldat, s'étaient retirées dans un jardin voisin du château, furent violées par ces furieux, et traitées ensuite si cruellement que plusieurs d'entre elles, qui se trouvaient grosses, et la plupart même des filles, moururent ou de douleur, ou de faim, ou des tourments qu'on leur fit souffrir ; ceux qui s'étaient cachés dans Mus furent enfin découverts, et eurent le même sort que les autres... Il y eut vingt-deux villages qui essuyèrent ainsi toute la rigueur d'Oppède [1]. »

On porte à trois mille le nombre des personnes qui avaient déjà péri, mais un nombre beaucoup plus grand errait encore dans les bois et dans les montagnes ; ils tombèrent presque tous au pouvoir du baron d'Oppède qui avait nommé des commissaires pour faire le procès à ceux que le glaive avait épargnés. Six cent soixante-six des plus jeunes et des plus vigoureux furent choisis pour travailler sur les galères du roi. Mais sur ce nombre, au bout de quelques semaines, deux cents étaient déjà morts de chagrin ou

---

[1] DE THOU, *Histoire de France*, liv. VI, pag. 543.

par suite des mauvais traitements. Deux cent cinquante-cinq prisonniers furent condamnés à mort par les commissaires, et exécutés. Afin de pouvoir atteindre ceux des Vaudois qui jusqu'alors avaient échappé à toutes les recherches, le parlement d'Aix et le gouvernement pontifical firent proclamer, le 24 avril, par toute la province « que nul n'osât donner retraite, aide, secours, ni fournir argent ni vivres à aucun Vaudois ou hérétique, et ce, sous peine de la vie. D'où s'ensuivit, poursuit l'historien de Provence, que les habitants, hommes, femmes et enfants, ne pouvant nullement être hébergés dans les villages et les villes, étaient contraints de demeurer dans les bois ou la campagne, et n'y vivre, à faute de bons fruits dans les mois d'avril et de mai, que de l'herbe ; ce qui en tua une très-grande quantité, mourant d'une faim enragée... Les plus forts et les plus robustes se retirèrent à Genève et au pays des Suisses [1]. »

Le massacre des Vaudois excita une profonde horreur dans toute l'Europe, ce qui n'empêcha pas François Ier d'approuver, par sa déclaration du 18 août suivant, cette exécution épouvantable de toute une population qui ne s'était point défendue, qui n'avait provoqué aucune attaque ; et lorsque les cantons Suisses écrivirent au roi pour intercéder en faveur de ceux de leurs frères qui vivaient encore, le monarque français répondit que les Vaudois n'avaient reçu que le juste châtiment de leurs crimes, et que les Suisses ne devaient pas plus se mêler de ce qui se passait dans son royaume, que lui-même ne s'occupait de ce que faisaient les Suisses dans leur pays.

François Ier, pendant les dernières années de sa vie, devint un tyran capricieux et cruel. Presque toujours souffrant des suites de ses honteuses débauches, aigri par les revers qu'il essuyait de toutes parts, il se trouvait dans un état d'irritation continuel. Afin de subvenir à ses dépenses, qui étaient toujours excessives, il écrasait ses peuples d'impôts. Ne pouvant suffire à toutes ses profusions avec les tailles ordinaires, et avec une taxe de douze cent mille francs sur les villes closes, qu'il nommait la taxe de cin-

---

[1] Bouche, *Histoire chronologique de Provence*, liv. X, pag. 620.

quante mille hommes, il augmenta d'un quart toutes les impositions perçues en France. En même temps, il frappa un emprunt forcé sur *les gens aisés à ce faire*, et il établit des greniers à sel dans les provinces qui n'avaient pas jusqu'alors été soumises à la gabelle, en leur donnant l'espoir, qu'en retour, il diminuerait la taille, espoir qui ne se réalisa point. »

Le mécontentement du peuple était à son comble. Dans le Périgord, il se souleva et maltraita cruellement Ponce Brandon, conseiller au parlement de Paris, qui avait été envoyé dans cette province pour juger les délinquants contre la gabelle. A la nouvelle de ces troubles, un corps de troupes fut envoyé dans le Périgord pour vivre à discrétion chez les habitants, et en même temps un conseiller vint commencer des informations contre eux. Les violences commises par ces troupes dans le Périgord trouvèrent bientôt des imitateurs; plusieurs capitaines entrèrent dans le Poitou afin d'y vivre de même à discrétion. « Des meurtres, dit un chroniqueur, voleries, détroussements, rançonnements et autres grands et exécrables maux étaient chacun jour perpétrés par eux. »

Le roi se trouvait alors au Plessis-les-Tours; il donna l'ordre à son prévôt de l'hôtel de se rendre sur les lieux avec les archers de la garde, et de convoquer encore le ban et l'arrière-ban « pour rompre et mettre en pièces lesdits criminels tenant les champs sans commission du roi; lesquels il déclare ennemis de la chose publique, et comme tels les abandonne leurs personnes et leurs biens, sans ce qu'on pût aucune chose imputer à ceux qui les auront tués, blessés et saccagés [1]. »

François Ier mourut en 1547, et eut pour successeur son fils, Henri II. La France se trouvait alors en paix avec toutes les nations de l'Europe; mais la guerre ne tarda pas à se rallumer plus ardente, plus terrible que jamais. Le règne de Henri II serait un des plus insignifiants de l'ancienne monarchie, si ce monarque ne s'était appliqué à continuer la politique de son père, dont il ne fut qu'un pâle reflet. Charles-Quint trouva en lui un rival plus jeune, plus actif, plus entreprenant que François Ier, et qui, sans avoir

[1] *Annales d'Aquitaine.*

des talents politiques et militaires de premier ordre, lui suscita néanmoins de nombreux et graves embarras. Impatient de se signaler, le nouveau roi de France forma contre Charles-Quint une ligue dans laquelle entrèrent Maurice, électeur de Saxe, et Albert de Brandebourg. Le but avoué de cette ligue était de protéger la liberté germanique contre le despotisme de l'empereur. En Italie, Henri prit sous sa protection le duc de Parme, attaqué par les Impériaux, et envoya une armée commandée par le duc de Guise au secours de ce prince, tandis que lui-même, à la tête de forces imposantes, ouvrit la campagne du Nord. Les villes de Metz, de Toul et de Verdun furent conquises par lui. Après quoi, il s'avança en Alsace, jusqu'aux portes de Strasbourg, et demanda au sénat de cette ville la permission de la traverser pour entrer en Allemagne; c'était par un stratagème à peu près semblable qu'il s'était emparé de Metz. Les Strasbourgeois, craignant que le roi de France n'en usât de même à leur égard, refusèrent l'entrée de leur ville à l'armée française, et comme ils voyaient Henri II se disposer à y pénétrer de vive force, ils firent des préparatifs de défense. Plusieurs princes voisins, ainsi que les cantons suisses, intercédèrent en leur faveur auprès du monarque français. « Quelque puissante que fût cette intercession, dit Robertson, elle n'aurait pu déterminer Henri à renoncer à une conquête si importante, s'il avait été en état de se l'assurer; mais on connaissait peu dans ce siècle le moyen de faire subsister de nombreuses armées loin des frontières de leur pays, et les revenus des princes, ainsi que leur habileté dans la guerre, étaient au-dessous des efforts vigoureux et compliqués qu'exigeait une pareille entreprise [1]. »

Ajoutez à ces considérations que la reine de Hongrie, gouvernante des Pays-Bas, avait mis sur pied une armée qui ravageait la Champagne. Henri, forcé d'abandonner son entreprise sur Strasbourg, voulut du moins s'en faire un mérite auprès des Suisses ses alliés, à qui il fit dire que s'il battait en retraite c'était par déférence à leurs sollicitations [2]. Pendant que le roi de France

---

[1] ROBERTSON, *Histoire de Charles-Quint.*
[2] BRANTOME, tom. VII, pag. 39.

poussait ses conquêtes jusqu'au Rhin, Charles-Quint, profondément affecté de la prise des trois évêchés de Toul, de Verdun et de Metz, signa avec les princes protestants d'Allemagne le célèbre traité de Passau, dont Henri II fut excepté, et marcha à la tête de cent mille hommes pour reconquérir les pays que le roi de France avait soumis à sa domination. Il assiégea, dans toutes les formes, la ville de Metz, dont la défense avait été confiée à François de Guise. Ce chef intrépide rendit impuissants tous les efforts des Impériaux, et Charles, après cinquante-six jours du siége le plus meurtrier, se vit contraint de décamper avec une armée à moitié détruite. Afin de réparer cet échec désastreux, l'empereur entra de bonne heure en campagne l'année suivante, et prit d'assaut Térouane et Hesdin, deux villes importantes, dont la perte fut pour la France une véritable calamité publique. Ce double revers ne pouvait être attribué qu'à l'imprévoyance de Henri II, lequel, honteux d'avoir laissé l'ennemi reprendre sur lui l'avantage, rassembla une armée considérable, et alla présenter la bataille à l'empereur, que celui-ci refusa prudemment.

En 1554, les hostilités se rallumèrent dans les Pays-Bas et en Italie, mais elles traînèrent en longueur et n'aboutirent qu'à un résultat assez mince, la victoire de Renti, remportée par les Français sur les Impériaux. La campagne de 1555 fut languissante. L'abdication de Charles-Quint, qui survint au milieu de la complication des choses, fut suivie peu de temps après de la trêve de Vaucelles conclue entre Philippe II et Henri II. Cette trêve devait durer cinq ans, et il fut convenu que les parties belligérantes garderaient respectivement ce qu'elles possédaient au moment de sa conclusion. La France apprit avec des transports de joie la suspension des hostilités; ses maux étaient à leur comble; elle espérait que pendant ce laps de cinq années Henri II appliquerait tous ses efforts à la faire jouir d'une paix définitive; cet espoir fut cruellement déçu : la trêve de Vaucelles ayant été presque aussitôt rompue que signée, Philippe II entra en Picardie et assiégea Saint-Quentin, qui fut vaillamment défendu par l'amiral Coligny. Le connétable de Montmorency, ayant essayé de ravitailler la place, essuya une déroute complète. Si Philippe II avait su profiter de sa victoire, il aurait mis la France à deux doigts de sa ruine. Mais au lieu de marcher sur Paris, il s'amusa à continuer le siége de Saint-Quentin, et donna le temps aux Français de se remettre de leur défaite. Le duc de Guise, rappelé d'Italie, et nommé par Henri II lieutenant-général du royaume, força les Espagnols à la retraite, reprit toutes leurs conquêtes, et s'empara de Calais sur les Anglais, au pouvoir desquels cette ville était depuis deux cent dix ans. Les victoires du héros de Metz furent interrompues par la paix de Cateau-Cambrésis, conclue en 1559. Le président Hénault dit que les conditions de cette paix furent hautement désapprouvées par les Guises. « Les Guises avaient raison, ajoute cet historien, et ce fut contre l'avis de tout son conseil que Henri II, qui commençait à reprendre ses avantages sur l'Espagne, perdit par ce traité ce que les armes espagnoles n'auraient pu lui enlever après trente ans de succès. »

La paix de Cateau-Cambrésis fut en partie l'ouvrage du connétable de Montmorency, jaloux des brillants succès du duc de Guise. L'alliance du connétable avec Diane de Poitiers, maîtresse de Henri II, lui donnait une influence très-grande, dont il usa pour faire conclure une paix humiliante et désavantageuse. Diane de Poitiers, qui exerçait un souverain empire sur le cœur de Henri II, avait donné en mariage sa petite-fille, Henriette de La Mark, à Damville, fils du connétable, et de ce mariage sortit la honte de la France. Mais ce n'est pas dans cette circonstance seule que Diane de Poitiers fit sentir sa calamiteuse influence dans les affaires de la France; en toute occasion, Henri la consultait, et c'est d'après les avis de cette femme qu'il prenait toutes ses déterminations. Le pouvoir de la favorite était si grand que Catherine de Médicis elle-même, femme du roi, recherchait sa faveur et s'estimait heureuse de vivre en bonne intelligence avec elle. Henri II, comme on le voit, avait hérité des vices de son père, avec cette différence que François Ier papillonnait de belles en belles, et que son fils resta toute sa vie l'esclave docile d'une seule maîtresse.

Sous le règne de Henri II, les protestants furent persécutés avec le même acharnement et la même fureur que sous le règne précédent. Henri essaya même d'introduire l'inquisition dans ses États, et ne renonça à ce projet que dans la crainte d'un soulèvement général. En 1548, une révolte redoutable fit explosion en Guyenne, et fut étouffée dans le sang et dans les supplices. Elle avait pour cause les ordonnances de François Ier sur le sel. La province de Guyenne, où cette denrée semblait presqu'un présent de la nature, où des priviléges anciens, solennellement jurés, garantissaient aux habitants l'exemption de la gabelle, et où l'industrie du pays s'était mise en rapport avec cette franchise, ne pouvait se résigner à payer un impôt qu'elle considérait comme illégal. L'indignation que cet impôt avait allumée dans tous les cœurs était encore augmentée par les fraudes que le peuple, à tort ou à raison, reprochait aux gens de la gabelle; on assurait que le sel, dont ils exerçaient le monopole, contenait une grande quantité de sable, et les châtiments arbitraires qu'ils infligeaient à ceux qui contrevenaient aux ordonnances, exaspéraient au plus haut degré la multitude.

Bientôt les paysans de plusieurs villages refusèrent absolument d'aller s'approvisionner de sel aux greniers qui leur étaient assignés. Dans plusieurs autres, les officiers qui venaient intimer l'ordre aux paysans de prendre le sel tel qu'on voulait le leur fournir furent massacrés; le peuple en tua huit à Conzé en Saintonge. Dans d'autres villes, telles que Périgueux, Barbezieux, Jonzac, il se contenta de les mettre en fuite. Le gouverneur de la province de Guyenne, Henri, roi de Navarre, se hâta d'envoyer contre les révoltés une compagnie de gendarmes qui fut chassée de la contrée par les paysans insurgés; ceux-ci, à mesure que leur nombre augmentait, sentaient s'accroître leur courage et leur audace. Au nombre de cinquante mille, ils assaillirent la ville de Saintes et s'en rendirent maîtres après une vive résistance. Tous les employés de la gabelle qui tombèrent en leur pouvoir expirèrent dans d'atroces supplices. Les villes de Cognac et de Ruffec furent livrées au pillage, et la fureur des révoltés se fit sentir dans beaucoup d'autres lieux.

Pendant que la Saintonge était le théâtre de ces graves désordres, une insurrection formidable éclatait à Bordeaux. Tristan de Moneins, lieutenant du roi de Navarre, s'était particulièrement rendu odieux aux paysans de Guyenne par sa sévérité et ses violences. Ayant rassemblé le peuple de Bordeaux, qui jusqu'alors était resté parfaitement calme, il chercha à l'effrayer, en lui annonçant les châtiments terribles que le gouvernement réservait aux révoltés; mais sa harangue produisit un effet diamétralement opposé à celui qu'il attendait; ses auditeurs, sentant leur force, demeurèrent unis afin d'en tirer vengeance. La multitude, enflammée de colère, se porta à l'arsenal, en enfonça les portes, et, se procurant ainsi des armes, vint assiéger le château Trompette, où Moneins, effrayé du tumulte qu'il avait soulevé, s'était renfermé. La Chassagne, président du parlement de Bordeaux, intervint alors, et essaya de calmer le peuple. Comme il savait que Moneins n'avait rien de ce qu'il fallait pour soutenir un siége dans le château Trompette, il obtint pour lui une capitulation honorable, et le fit sortir de cette retraite, croyant que sa vie serait épargnée; il avait trop présumé de son influence. A peine Moneins eut-il franchi le seuil du château qu'il tomba sous les coups du peuple; son corps fut livré à mille outrages. La Chassagne, épouvanté, craignant pour lui-même un sort semblable, se réfugia dans le couvent des Dominicains [1]. Mais le peuple de Bordeaux avait pour La Chassagne une grande vénération; il se porta en foule à ce couvent, en fit sortir La Chassagne et déclara qu'il ne voulait avoir que lui pour chef. Le président accepta cet office, mais avec l'intention de rétablir l'ordre dans la ville de Bordeaux; or, comme il ne concevait l'ordre que dans l'obéissance la plus absolue, il ne se préoccupa que du rétablissement de l'autorité royale, sans songer à garantir les intérêts de ce peuple qui avait mis toute sa confiance en lui. Il fit fermer les portes de Bordeaux après avoir renvoyé tous les habitants de la campagne, afin de priver les insurgés de leur appui; il arma ensuite la bourgeoisie et il établit des postes dans toutes les rues. Quand il se vit maître de la ville et en état de faire la loi aux insurgés, il rouvrit les tribunaux, et ordonna des poursuites sévères contre tous ceux qui avaient pris part à la révolte.

Le connétable s'avançait avec des forces considérables dans le

---

[1] De Thou, liv. V, pag. 456.

but de châtier les rebelles. Les Bordelais, fort effrayés, lui envoyèrent une députation pour l'assurer de leur soumission, lui demander grâce, et le supplier de ne pas faire entrer dans la place ses troupes allemandes qui la mettraient infailliblement au pillage. Le connétable fit une réponse qui annonçait les cruelles intentions dont il était animé; il leur dit, entre autres choses, qu'il n'avait pas besoin de leurs clefs pour ouvrir des portes que ses boulets sauraient bien abattre. Les Bordelais auraient pu, par une résistance intrépide, obtenir des conditions, sinon avantageuses, du moins sortables. Ils ouvrirent leurs portes, mais le connétable n'en tint nullement compte; il fit abattre une partie des murailles, et il entra par la brèche. Après avoir distribué ses troupes dans tous les quartiers de la ville, il procéda au désarmement des habitants, et fit transporter leurs armes au château Trompette. Alors commencèrent les informations, que l'on poursuivit avec la plus impitoyable rigueur. « Le peuple de Bordeaux, dit l'historien de Thou, fut déclaré atteint et convaincu du crime de sédition, de rébellion et de lèse-majesté, et privé en conséquence de tous ses priviléges, du droit d'élever un maire et des jurats, de faire des assemblées de ville, de tenir des sceaux, d'exercer aucune juridiction, d'avoir un trésor commun et des possessions publiques. La maison de ville devait être rasée, et toutes les cloches des églises transportées dans les châteaux, qui seraient fortifiés aux dépens du peuple. Il fut condamné encore à équiper à ses frais deux galères, pour servir à la défense des gouverneurs de la province contre les entreprises des citoyens mêmes. Enfin, pour expier l'horrible attentat qu'ils avaient commis contre la personne de Moneins, la sentence portait qu'ils le déterreraient eux-mêmes, non avec le secours d'aucun instrument, mais avec leurs propres ongles, et que le corps de ce seigneur serait conduit de nouveau à la sépulture par les jurats, et six-vingts bourgeois en habit de deuil, et le flambeau à la main. »

Ceux des insurgés qui étaient le plus compromis furent mis à mort avec des raffinements de cruauté qui épouvantent l'imagination. Les uns furent brûlés à petit feu, les autres rompus vifs; il y en eut que l'on pendit aux battants des cloches avec lesquelles ils avaient sonné le tocsin. Les juges se montraient ingénieux à inventer des supplices nouveaux : on infligeait aux justiciables les mêmes tourments que le peuple, dans sa rage, avait fait éprouver aux employés des gabelles. Juges et bourreaux faisaient assaut d'invention pour prolonger les douleurs et l'agonie des patients.

Les protestants ne furent pas plus épargnés sous Henri II que sous François Ier. Un grand nombre d'entre eux furent brûlés à Agen, à Troyes, à Lyon, à Nîmes, à Paris, à Toulouse, à Bourg en Bresse et à Saumur. « Le roi, comme le fait observer Théodore de Bèze, tandis qu'il entrait en intelligence avec Maurice de Saxe, voulait ôter tout soupçon qu'il pût favoriser ceux de la religion. » Dans le même but, il avait publié à Châteaubriand un édit en quarante-six articles pour renouveler les persécutions.

Après avoir rappelé dans le préambule tout ce que son père et lui avaient fait pour anéantir l'hérésie, il ajoutait : « Et n'y voyons aucun amendement, ni espérance d'y pouvoir remédier, sinon par un extrême soin et diligence, et avec toutes les rigoureuses procédures dont on doit user pour repousser vivement l'injure et obstination d'une telle malheureuse secte, et en purger et nettoyer le royaume. » Dans cette vue, Henri II attribua, tant aux cours souveraines qu'aux juges présidiaux, la connaissance des procès intentés aux hérétiques. Les précautions les plus sévères furent prescrites contre l'introduction des livres venant des lieux mal famés, et surtout de Genève, qui était regardée comme le foyer de l'hérésie calviniste. Tous les livres imprimés devaient être soumis à la censure de la Sorbonne. Les imprimeries clandestines étaient prohibées; tout manuscrit devait être préalablement soumis au censeur; celui-ci devait être appelé à l'ouverture de tout ballot contenant des livres; il était tenu de visiter plusieurs fois par année les imprimeries et les librairies, et il était enjoint aux libraires de tenir exposé dans leur boutique un catalogue des livres prohibés qu'on ne pouvait acheter ni vendre sans crime, et un autre catalogue des livres qu'ils avaient en vente. D'autres précautions étaient prises pour empêcher l'introduction de l'hérésie dans les écoles ou dans les tribunaux. Personne désormais ne pouvait plus être reçu dans la magistrature ni dans l'enseignement, sans une attestation d'orthodoxie. Des peines sévères étaient portées contre tous ceux qui intercéderaient devant les tribunaux en faveur des hérétiques; d'autres peines étaient prononcées contre ceux qui enverraient de l'argent aux protestants français réfugiés à Genève, ou dans d'autres pays séparés de l'Église. Tous les biens de ces réfugiés étaient confisqués au profit du roi. Enfin, pour encourager la délation, le tiers des biens meubles et immeubles des condamnés était assuré aux délateurs. Chose étrange, ce fut après avoir pris de si rigoureuses mesures contre les protestants de ses propres États, que Henri II marcha au secours des protestants d'Allemagne. Considérant la réforme comme un fléau destructeur de la puissance royale, plus il la craignait dans son royaume, plus il se croyait intéressé à la soutenir, à la propager chez ses ennemis.

Aux termes du traité de Cateau-Cambrésis, Élisabeth de France, fille de Henri II, fut fiancée au roi d'Espagne. C'est pendant les fêtes auxquelles ce mariage donna lieu que le roi de France fut blessé mortellement en rompant une lance avec Montgommery. Il expira le 10 juillet 1559.

CHAPITRE XVI.

SOMMAIRE.

Avénement de François II. — La reine-mère et les Guises s'emparent des rênes du gouvernement. — Mécontentement des Bourbons. — Conjuration de La Renaudie. — Le duc de Guise est nommé lieutenant-général du royaume. — L'amiral Coligny présente au roi une requête en faveur des protestants. — Arrestation du prince de Condé. — Mort de François II. — Minorité de Charles IX. — États-généraux d'Orléans et de Pontoise. — Formation du triumvirat. — Colloque de Poissy. — Édit de janvier. — Massacre de Vassi. — Première guerre civile. — Le prince de Condé se rend maître d'Orléans. — Conférences infructueuses. — Les catholiques reçoivent un secours de six mille Suisses. — Siége de Bourges et de Rouen. — Mort du roi de Navarre. — D'Andelot amène aux calvinistes neuf mille Allemands. — Nouvelles conférences sans succès. — Bataille de Dreux. — Coligny rallie l'armée protestante vaincue. — Siége d'Orléans. — Assassinat du duc de Guise par Poltrot. — Fin de la première guerre civile.

A Henri II, dont la mort imprévue apporta de si grands changements dans les affaires intérieures de la France, succéda François II, son fils aîné, âgé de quinze ans. D'après l'ordonnance de Charles V qui fixait à quatorze ans la majorité des rois de France, François II était majeur ; mais d'après les lois de la nature, il se trouvait incapable de régner : faible, sans volonté, accablé d'infirmités physiques, ce fantôme couronné n'avait que le sentiment de ses souffrances. Catherine de Médicis, sa mère, prit en main les rênes de l'État, et exerça dès-lors, en son nom, une dictature sans règle ni sans frein. L'astuce, la ruse, une cruauté froide et réfléchie, une ambition insatiable, une sécheresse, une insensibilité de cœur qui se trouvent rarement chez une Italienne, tel était le fond du caractère de Catherine de Médicis ; elle tenait tout à la fois d'Agrippine, par l'empire absolu qu'elle exerçait sur ses enfants, de Louis XI par sa politique tortueuse et perfide, par sa profonde dissimulation, de Philippe II enfin, par cette férocité sombre et implacable qui lui faisait verser le sang à flots pour la plus grande gloire du catholicisme.

Catherine, mariée en 1533, au second fils de François Ier, était restée dix ans stérile; au bout de ce temps, elle donna le jour à quatre fils et à trois filles. Cette femme, qui devait influer si puissamment sur les destinées de notre patrie, ne jouit d'aucun pouvoir, d'aucun crédit tant que vécut Henri II, qui, comme on le sait, se laissait gouverner par Diane de Poitiers, sa maîtresse. La fin prématurée de ce monarque ouvrit à Catherine une longue carrière de grandeur et de puissance : la mère de François II, de Charles IX et de Henri III, fut pendant trente années l'âme et le centre du gouvernement.

La royauté se trouvait alors dans une de ces crises terribles d'où elle ne pouvait sortir qu'à force d'habileté et de savantes manœuvres. Malgré les bûchers de François Ier et de Henri II, la réforme s'était prodigieusement développée en France. La méthode du libre examen n'avait pas seulement pour résultat d'affaiblir la religion catholique, elle sapait à coups redoublés les fondements du vieux trône de Capet; elle infiltrait dans tous les cœurs l'esprit de sédition et l'amour des nouveautés; elle enfantait enfin autant de protestants politiques que de novateurs religieux. Ajoutez à cela que la vieille querelle de la royauté et des seigneurs n'était pas éteinte. Le bras de fer de Louis XI avait fait une irréparable brèche à l'édifice féodal, mais ne l'avait pas complétement renversé; il avait décimé les grands vassaux sans les abattre entièrement. L'impulsion vigoureuse donnée par lui à l'institution monarchique lui survécut et tint longtemps en respect l'aristocratie des manoirs. Mais quand, après un siècle d'abaissement, les seigneurs virent sur le trône un enfant moribond, ils pensèrent que le moment était arrivé de faire valoir leurs prétentions si longtemps étouffées, et se dressèrent de toute la hauteur de leur orgueil contre la royauté que la lance de Montgommery avait presque réduite à l'état de cadavre.

Catherine ne s'effraya pas de l'orage formidable amoncelé sur sa tête; elle comprit le danger et mit tout en œuvre pour le conjurer; elle recommença à certains égards la tâche de Louis XI. Non moins atroce que lui, ses efforts comme les siens furent couronnés d'un plein succès.

La noblesse française, à la mort de Henri II, se fractionna en deux partis hostiles, dont les intérêts au fond étaient identiquement les mêmes, mais qui, chacun, suivaient un chemin différent pour arriver au même but. Les Guises, les Montmorency, le roi de Navarre, le maréchal de Saint-André, se constituèrent les champions de la religion catholique, tandis que le prince de Condé, l'amiral Coligny, d'Andelot, adoptèrent avec enthousiasme les dogmes calvinistes. Autour de ces chefs renommés se groupèrent des têtes moins illustres qui occupaient le second rang. Dans ce grand et mémorable conflit d'ambitions rivales, quelle fut la conduite de Catherine de Médicis? Elle avait à craindre que les chefs protestants et les chefs catholiques n'abjurassent leurs inimitiés pour se liguer contre le trône; tous ses efforts tendirent donc à empêcher ce rapprochement entre deux factions qui, considérées isolément, n'étaient pas fort redoutables, mais qui, par leur fusion, se seraient trouvées en état de faire la loi au gouvernement. Catherine, n'étant pas assez forte pour les vaincre toutes les deux, résolut de les abattre l'une par l'autre; elle se servit donc tour à tour des protestants pour diminuer l'influence des catholiques, et des catholiques pour annihiler les protestants.

Catherine accorda d'abord sa faveur aux Guises qu'elle redoutait moins que les princes du sang, lesquels, à l'avénement de François II, avaient voulu s'emparer des rênes du gouvernement. Les princes du sang, désappointés et mécontents, convoquèrent à Vendôme une assemblée de protestants, dans laquelle il fut résolu que l'on adresserait à la cour et particulièrement à la reine-mère, d'énergiques remontrances sur la tournure que prenaient les choses. Le roi de Navarre se chargea de porter ces remontrances au pied du trône; mais il fut reçu d'une manière indigne de son rang, et ses observations ne furent point écoutées. Ce prince, d'un esprit faible et sans énergie, s'abandonna dès-lors au découragement et ne tenta plus rien désormais pour arrêter la puissance toujours croissante de la maison de Lorraine.

La reine de Navarre a publié un fait qui a été rapporté par de Thou et par d'autres historiens, et que nous croyons devoir reproduire. Les Guises auraient conçu le projet de se débarrasser du roi de Navarre d'une manière aussi atroce qu'extraordinaire : ce prince, mandé par François II, aurait reçu le coup mortel de la main même du jeune monarque, qui, gagné par les perfides insinuations des Lorrains, aurait consenti à jouer ce rôle exécrable. Le roi de Navarre, averti du complot tramé contre lui, ne laissa pas que de se rendre à l'ordre de François. Avant d'entrer dans l'appartement royal, il dit à un officier qui l'accompagnait : « Si je meurs, portez à ma femme et à mon fils ma chemise sanglante, et qu'ils l'envoient aux princes chrétiens étrangers pour venger ma mort. » Le roi avait une dague cachée à sa ceinture, et devait en frapper le Navarrais. Il recula devant ce crime et ne put le consommer. Le duc et le cardinal de Guise, qui étaient présents, sortirent indignés, en disant : *Le pauvre roi que nous avons !*

Le roi de Navarre, peu de temps après, ayant été éloigné, sous le prétexte honorable de conduire en Espagne la princesse Élisabeth à son royal époux, Philippe II, le prince de Condé resta seul en présence des Guises. Le prince Louis de Condé, frère du roi de Navarre, était le septième et dernier fils de Charles de Bourbon, duc de Vendôme. Doué de facultés supérieures et d'une grande activité d'esprit, ce prince manquait de prudence. Galant, aimable, plein d'agréments auprès des femmes, il en était aimé malgré sa taille petite et peu avantageuse [1]. Ambitieux, bouillant, opiniâtre, le prince de Condé, qui avait reçu tout récemment de nouveaux sujets de mécontentements, se retira à son château de la Ferté-sous-Jouarre, et y rassembla tous les princes et tous les sei-

---

[1] Les vers suivants furent composés sur son compte :

> Ce petit homme tant joli,
> Qui toujours cause et toujours rit,
> Et toujours baise sa mignonne,
> Dieu gard' de mal ce petit homme.

Plusieurs grandes dames, entre autres la maréchale de Saint-André, lui sacrifièrent tout ce qu'elles possédaient.

gneurs de son parti, afin de les entraîner dans une révolte ouverte contre les Lorrains. Voici en substance le discours qu'il leur adressa :

« Les ménagements que, jusqu'à ce jour, nous avons gardés avec les Guises et avec la cour doivent avoir un terme. Assez longtemps nous avons courbé nos fronts devant ces tyrans de la France, qui ne tendent qu'à détruire la famille royale pour élever leur fortune sur ses débris. Ne nous ont-ils pas assez abreuvés de dégoûts et de mépris ? Ils bannissent les princes du sang de la cour ; ils proscrivent tous ceux qui ne leur sont pas dévoués corps et âmes, et ne laissent approcher personne du roi, qu'ils retiennent dans une véritable servitude. Charges, emplois, dignités, ils disposent de tout ; et quel usage en font-ils ? Des étrangers, vils suppôts de leur tyrannie, jouissent de tous ces biens qui devraient n'appartenir qu'à nous, Français, à nous seuls qui ne sommes animés que du saint amour de la patrie. Et nous tarderions à employer la force pour faire valoir nos droits, pour purger la France d'une race impure et détestée ? Suivons l'exemple de ce Pierre, duc de Bretagne, et de ce Robert, comte de Dreux, qui protestèrent contre la régence de la reine Blanche, pendant la minorité de saint Louis ; imitons Philippe, comte de Valois, et Louis, duc d'Orléans, qui agirent de même dans des occasions semblables. Les exemples ne nous manquent point, non plus que les moyens de nous venger ; manquerions-nous de résolution pour entreprendre ? Sauvons François II de sa propre insuffisance, sauvons-le de lui-même ; brisons ses fers, rendons-lui la liberté, et à nous-mêmes le rang qui nous appartient. Hâtons-nous donc, car si nous tardions plus longtemps encore, le mal serait peut-être sans remède. Une volonté ferme, une résolution inébranlable, nous feront surmonter tous les obstacles. Pas d'hésitation, pas de crainte ; remettons notre sort, notre espoir, notre honneur à nos épées, et comptons sur un succès certain et glorieux. »

Coligny parla à son tour, et alla plus loin encore que le prince de Condé : « Une religion nouvelle, dit-il, a éclaté en Europe et s'est répandue en France, où tous les rangs, toutes les conditions, sont imbus de ses dogmes, et où, malgré les persécutions et les supplices, le nombre de ses sectateurs s'accroît tous les jours.

Poussés au désespoir par les rigueurs inouïes que l'on déploie contre eux, ils n'attendent que des chefs pour lever l'étendard de la révolte. Sachons exploiter leur mécontentement, et efforçons-nous de les rattacher à notre cause. Ceux qui les persécutent nous oppriment; réunissons donc nos efforts contre l'ennemi commun. Dès que nous nous serons déclarés ouvertement, nous pourrons compter sur le secours de la reine d'Angleterre et des princes protestants d'Allemagne. En nous couvrant du manteau de la religion, nous éviterons le reproche d'ambition que l'on ne manquerait pas de nous adresser, nous donnerons à cette guerre un caractère sacré, nous déroberons nos véritables motifs, et nous aurons des chances assurées de succès [1]. »

L'avis de Coligny fut adopté unanimement, et Condé voulut le mettre sur le champ à exécution. On forma donc un grand complot contre la cour; mais par les sages conseils de l'amiral, le prince n'en fut que le *chef muet*, comme dit le président Hénault; il eut pour chef ostensible un certain La Renaudie, homme entreprenant et adroit, et qui, sous le rapport de la réputation et de la fortune, n'avait rien à perdre. La Renaudie passa d'abord en Angleterre, afin de se rendre favorable la reine Élisabeth, qui l'encouragea vivement à poursuivre son entreprise. De retour en France, il donna des armes et des chefs aux calvinistes, et fixa le rendez-vous général des conjurés à Nantes, pour le commencement de février 1560. On devait se diriger par petites troupes sur Blois, où se trouvait alors la cour, et présenter au roi deux requêtes, l'une en faveur des calvinistes, l'autre contre les Guises. Si ces deux requêtes étaient repoussées, on devait avoir recours aux armes, et nommer le prince de Condé lieutenant général du royaume.

La conjuration fut éventée par un avocat calviniste, à qui La Renaudie s'en était ouvert, et qui découvrit tout au duc de Guise. La cour se retira aussitôt à Amboise, ville fortifiée, et prit les mesures les plus actives pour paralyser l'entreprise. Comme on soupçonnait Coligny d'en être le chef, la reine-mère lui écrivit une lettre des plus affectueuses pour l'engager à venir l'éclairer de ses

---

[1] Davila, *Histoire des Guerres civiles de France*, liv. Ier.

conseils dans une si difficile occurrence. Coligny, accompagné de ses deux frères, se rendit immédiatement auprès de Catherine de Médicis, et lui fit entendre que pour rappeler les protestants à leurs devoirs, il fallait cesser les persécutions dirigées contre eux, et leur accorder la liberté de conscience, en attendant qu'un concile eût prononcé sur les différends en matière de religion. Le chancelier Olivier appuya fortement l'avis de l'amiral, et proposa de rendre, en faveur des réformés, un édit par lequel on leur accorderait non-seulement pleine et entière amnistie pour le passé, mais la permission de professer librement leur religion. Dans la situation grave où l'on se trouvait, il n'y avait pas à balancer : l'édit fut rendu. Les conjurés, qui se trouvaient seuls exceptés de l'amnistie, poursuivirent leur entreprise avec un redoublement d'ardeur. On les avait adroitement isolés, en séparant leur cause de celle des protestants. Beaucoup de ces derniers, qui trempaient dans le complot, mais qui n'étaient pas encore compromis, se séparèrent de La Renaudie. Les conjurés, trahis de nouveau par un gentilhomme nommé Lignières, furent cernés et presque tous tués ou pris. Leur chef périt en cherchant à les rallier. « De ceux qui furent pris aux environs d'Amboise, dit Davila, on réserva les chefs, pour tirer de leur aveu les particularités de la conjuration. Les autres furent pendus aux arbres de la campagne ou aux créneaux du château. Les supplices de ces malheureux tourmentés par les soldats, déchirés par les bourreaux, formèrent un spectacle horrible, et devinrent la source du carnage et des flots de sang qui pendant le cours de tant d'années, inondèrent la France d'une manière tragique et déplorable [1]. »

Nommé lieutenant général du royaume, le duc de Guise se trouva investi d'un pouvoir sans bornes. Une assemblée ayant été convoquée à Fontainebleau pour délibérer sur l'état présent des choses, Coligny y présenta au roi, en faveur des protestants, une requête dont voici le titre : *Supplications de ceux qui, en diverses provinces, invoquent le nom de Dieu selon la règle de piété* [2]. Cette

---

[1] Davila, *Histoire des Guerres civiles de France*, liv. Ier.

[2] *Mémoires de l'amiral Chatillon.*

requête, qui contenait la demande d'élever des temples où les réformés pussent exercer publiquement et en toute liberté leur religion, fut lue à haute voix par le secrétaire d'État L'Aubépine, et causa un grand étonnement dans l'assemblée. Le jeune roi nourrissait une violente haine contre le protestantisme ; mais, instruit dans l'art de feindre, il accueillit favorablement en apparence la requête des protestants, et se montra disposé à y faire droit. Il invita les assistants à donner leur avis chacun selon son rang. Montluc, évêque de Valence, parla le premier, et, contre le caractère dont il était investi, il pencha pour les calvinistes : son discours est un modèle de tolérance et de raison. Il s'éleva contre la conduite licencieuse du clergé catholique, rendit justice à la pureté de mœurs et à la sagesse des ministres réformés, et conclut à la convocation prochaine d'un concile national où seraient discutés les points de controverse par les docteurs catholiques et les théologiens protestants. Marillac, archevêque de Vienne, appuya avec véhémence tout ce que Montluc avait dit, et insista en outre sur la nécessité d'assembler les états généraux.

Coligny s'exprima dans le même sens que les deux préopinants, et affirma que dans la seule province de Normandie plus de cinquante mille hommes étaient prêts à signer la requête qu'il avait présentée. Il termina en demandant la convocation des états généraux, le licenciement de la garde étrangère qui veillait autour du roi, et la suspension des édits contre les réformés.

Le duc de Guise prit la parole pour répondre à l'amiral. Son frère, le cardinal de Lorraine, parla ensuite, et s'éleva avec une fougueuse éloquence contre la requête des protestants, la trouvant séditieuse et attentatoire à l'autorité royale ; cependant il opina pour que l'on traitât avec douceur les réformés qui ne se réuniraient que dans la seule intention de prier. Enfin, il appuya la proposition qui avait été faite de convoquer les états généraux, comme le seul moyen de mettre dans tout leur jour les bonnes intentions du roi et de ses ministres. Après quoi, l'assemblée fut dissoute, et l'on convoqua les états généraux à Meaux pour le 10 décembre suivant.

C'est environ à cette époque, et peu de temps après la conjuration d'Amboise que les protestants reçurent le nom de *huguenots*, auquel on donne diverses étymologies. La plus probable et la plus accréditée est celle de *egnots*, du mot *eidgenossen*, qui veut dire en suisse alliés par serment. Les protestants de Genève prirent le nom de *egnots*; ceux de France, par corruption, se donnèrent celui de *huguenots*.

Une nouvelle conjuration formée contre les Guises par le roi de Navarre et le prince de Condé, fut découverte comme la première ; toutes les mesures furent aussitôt prises pour en arrêter les effets. Condé, loin de se décourager, tenta de s'emparer de la ville de Lyon. L'entreprise échoua. Les Guises prirent occasion de ces nouveaux mouvements des princes du sang pour augmenter leur garde, et pour transférer les états généraux de Meaux à Orléans, ville plus forte et plus en état de résister à un coup de main. Le roi de Navarre et le prince de Condé, sur l'injonction du roi, s'étant rendus à la cour, qui se trouvait déjà à Orléans, le dernier fut arrêté, jugé et condamné à mort comme coupable de haute trahison. Son exécution aurait eu lieu infailliblement, sans une circonstance fortuite, la mort de François II, qui changea les choses de face.

Charles IX, âgé de dix ans, succéda à son frère. Ce changement de règne apporta de notables modifications dans le gouvernement de l'État. Les Guises furent détrônés. Catherine de Médicis, qui, pendant toute la durée de leur puissance, n'avait joui que d'une autorité restreinte, devint la maîtresse souveraine. Elle confia la lieutenance générale du royaume au roi de Navarre, rendit au prince de Condé sa liberté, se réconcilia avec le connétable, et non-seulement accorda toute sa confiance à Coligny, mais se fit presque aussi protestante que lui.

La mort de François II n'empêcha par la réunion des états généraux. Le nouveau roi et sa mère en firent l'ouverture le 13 décembre 1560, mais cette assemblée ne fit rien d'important, et une nouvelle fut convoquée à Pontoise. Un incident digne de remarque fut la réparation que Coligny se crut en droit d'exiger de l'orateur qui parla au nom du clergé, et qui s'était exprimé à son égard en termes peu mesurés. Du reste, à l'exception d'une amnistie en faveur de ceux qui avaient trempé dans la conjuration d'Amboise, et de la séparation éternelle établie entre la robe et l'épée, les états généraux d'Orléans furent complétement insignifiants.

C'est sur ces entrefaites que se forma le fameux *triumvirat* entre le connétable de Montmorency, le duc de Guise et le maréchal de Saint-André, association formidable qui fit pâlir un moment l'astre de Catherine de Médicis. Cette reine s'effraya à juste titre, et revint au roi de Navarre, dont elle s'était séparée. Ce rapprochement donna à Coligny l'espoir de faire parvenir au roi une nouvelle requête en faveur des protestants. Le roi de Navarre s'en chargea, et l'édit de juillet fut promulgué à Saint-Germain-en-Laye, où la cour séjournait alors. Cet édit était loin de remplir les espérances des réformés, et de Coligny, en particulier, qui s'en montra fort mécontent; la reine-mère appliqua tous ses soins à le calmer, et l'assura que si l'édit n'était pas plus favorable aux calvinistes, c'était au parlement qu'il fallait s'en prendre.

De nouveaux états généraux s'étant assemblés à Pontoise, l'amiral fut chargé par la reine-mère de faire confirmer, dans cette assemblée, le traité par lequel l'administration du royaume lui avait été confiée. Coligny s'acquitta de cette mission avec une dextérité peu commune, et plaida si chaleureusement la cause des réformés devant les états, que ceux-ci demandèrent la révocation de l'édit de juillet, et la permission pour les protestants de tenir publiquement leurs assemblées.

On ouvrit à Poissy une conférence dans laquelle les théologiens protestants et les docteurs catholiques discutèrent différents points de religion. C'est ce qu'on appela le colloque de Poissy. Le jeune roi, la reine-mère et toute la cour y assistèrent. Théodore de Bèze, disciple et coadjuteur de Calvin, parla au nom des protestants, et se laissa entraîner à une aigreur, à une véhémence qui mécontenta tous les assistants, sans en excepter les protestants eux-mêmes. Le cardinal de Lorraine lui répondit par une profession de foi catholique qui fut unanimement goûtée des prélats orthodoxes. De Bèze reprit la parole. De violentes discussions s'engagèrent. On se querella, on s'injuria pendant trois mois. Au bout de ce temps, le colloque fut rompu, et chaque parti, comme dans un jour de bataille, s'attribua la victoire.

Le roi de Navarre, depuis longtemps, flottait irrésolu entre les deux religions. Après le colloque de Poissy, son incertitude redoubla. Cependant, le légat du pape, par des sollicitations pressantes, dans lesquelles il eut l'habileté d'intéresser son ambition, le fit pencher pour la religion romaine. Le roi de Navarre se fit catholique, et s'attacha au triumvirat contre les protestants. La reine-mère, effrayée de cette défection, s'unit à Coligny et à son parti, et convoqua à Saint-Germain des députés de tous les parlements du royaume, qui, formés en assemblée extraordinaire, rendirent l'*édit de janvier* en faveur des calvinistes. Par cet édit, on leur accorda le libre exercice de leur religion, en réglant toutefois la tenue de leurs prêches, afin d'éviter les désordres. Le parlement de Paris refusa d'enregistrer cet édit, et fit des remontrances; on y répondit par des lettres de jussion. Il l'enregistra enfin, le 6 mars 1562, mais en déclarant que c'était pour obéir à la volonté absolue du roi.

Au point d'irritation et d'effervescence où étaient parvenus les esprits, une collision était imminente. D'un côté, le triumvirat, auquel s'était joint le roi de Navarre, se faisait le champion de la religion catholique; de l'autre, le prince de Condé et Coligny, pour qui Catherine de Médicis avait pris parti, soutenaient énergiquement les droits des réformés. Les chefs protestants ne crurent pas devoir se montrer plus scrupuleux que leurs adversaires, qui avaient conclu un traité d'alliance avec l'Espagne, contre les sectateurs des idées nouvelles en France; ils demandèrent des secours aux princes protestants d'Allemagne, et particulièrement au duc de Wirtemberg. Le duc de Guise, voulant paralyser leurs démarches auprès de ce prince, alla le trouver à Saverne et parvint à le détourner de secourir ses coreligionnaires. Passant, à son retour d'Allemagne, dans la petite ville de Vassi, où se tenaient des prêches protestants qu'il espérait faire cesser par sa seule présence, quelques-uns de ses gens insultèrent des calvinistes à la porte d'un prêche. Une querelle s'engagea. Il y eut d'abord des injures, puis des voies de fait. Le duc de Guise lui-même, qui voulut s'interposer dans ce désordre, reçut un coup de pierre qui lui ensanglanta le visage. Alors ses gens ne connurent plus de bornes à leur fureur; ils firent main basse sur tous les huguenots, en massacrèrent soixante et en blessèrent plus de deux cents.

A la nouvelle de cet attentat, le prince de Condé et Coligny portèrent leurs plaintes à la cour; mais que pouvait la cour contre le puissant duc de Guise? Ce dernier arriva bientôt à Paris accompagné, dit-on, de deux mille gentilshommes. A la tête de ce brillant cortége, il fit son entrée dans la capitale de la France, en triomphateur, en roi. Le prévôt des marchands le harangua; un peuple ivre de joie à sa vue, fit retentir les airs de mille acclamations.

Les chefs calvinistes, voyant le peu de cas que l'on faisait de leurs plaintes, et jugeant à l'insolence des catholiques qu'ils levaient définitivement le masque, résolurent de ne plus garder aucune mesure eux-mêmes, et de se tenir prêts à repousser la force par la force. Il leur était facile de mettre sur pied une armée; leur parti était considérable; « chacune de leurs églises, dit un historien, avait choisi un capitaine, enrôlé certain nombre de soldats, et cotisé chaque réformé à certaine taille, qu'ils payaient tous de si bon courage qu'ils la portaient eux-mêmes chez le receveur, et bien souvent plus que leur cotisation [1]. »

L'édit de janvier, comme on le voit, avait donné une force immense aux réformés. C'en était fait, la religion protestante avait droit de bourgeoisie en France. Catherine commença alors à craindre que le parti calviniste ne devînt trop puissant, et ne mît sous ses pieds tous ses ennemis. Sans se rapprocher trop ouvertement des Guises, elle s'éloigna de Coligny et du prince de Condé, et flotta quelque temps entre la faction protestante et la faction catholique, les redoutant l'une autant que l'autre, et ne sachant à laquelle des deux elle devait se fier.

Pendant que la reine-mère était dans cette indécision, les triumvirs et le roi de Navarre la forcèrent de ramener le roi à Paris,

---

[1] MÉZERAY, *Histoire de France*.

où, étant arrivés, ils se saisirent de toute l'autorité. La reine ne fut plus qu'un vain fantôme ; blessée à l'endroit le plus sensible de son cœur, Catherine de Médicis, qui avait prévu cet orage sans pouvoir le conjurer, écrivit, dit-on, au prince de Condé des lettres pressantes pour qu'il vînt l'arracher des mains de ses oppresseurs.

Le prince était trop habile pour laisser échapper une aussi belle occasion d'entamer les hostilités contre ses ennemis ; il leva des troupes et s'empara d'Orléans dont il fit sa place d'armes ; puis il publia un manifeste dans lequel il déclara n'avoir pris les armes que pour maintenir l'autorité du roi et l'inviolabilité de ses édits à l'égard des huguenots. Les troupes qui arrivaient de tous les points de la France pour se réunir à l'armée protestante, la portèrent bientôt à un chiffre redoutable. Le prince de Condé en fut déclaré le généralissime, et Coligny le lieutenant général. Le prince fit battre monnaie avec les vases et les autres meubles d'or et d'argent dont il dépouilla les églises. Poursuivant ses avantages, il se rendit maître de plusieurs villes sur la Loire, telles que Tours, Blois et Beaugency ; Rouen même tomba en son pouvoir.

Le parti catholique, effrayé de ses progrès, et ayant rejeté la proposition que le prince lui avait faite de déposer les armes à condition que les triumvirs s'éloigneraient de la cour, rassembla aux environs de Paris une armée, dont le roi de Navarre prit le commandement, ayant sous ses ordres le connétable et le duc de Guise. Le Navarrais marcha sur Orléans. L'armée protestante, forte de six mille hommes d'infanterie et de deux mille chevaux, prit position en avant de cette ville et s'y retrancha avec soin. Sa fière contenance imposa au roi de Navarre qui renonça à l'attaquer. La reine-mère arriva bientôt au milieu de l'armée catholique. Il entrait bien dans les calculs de cette princesse rusée et ambitieuse d'entretenir des divisions entre les protestants et les catholiques, mais elle ne voulait pas qu'ils en vinssent à une action décisive ; elle travailla donc activement à suspendre les hostilités, bien moins pour empêcher l'effusion du sang français, dont elle ne se montra jamais avare, que pour prévenir le triomphe de l'un des deux partis sur l'autre.

Une entrevue fut ménagée par elle, dans la petite ville de Touri, entre les parties belligérantes. Elle s'y rendit accompagnée du roi de Navarre, de Henri de Montmorency, duc de Damville, et d'une escorte de trente-six cavaliers. De leur côté, le prince et Coligny y vinrent avec un pareil nombre de soldats. La reine adressa à Condé un discours artificieux qu'elle interrompit plusieurs fois de ses larmes, et dans lequel elle le conjura de ne point allumer en France les feux de la guerre civile. Le prince de Condé protesta de son respect pour le roi et pour elle-même; il jura que c'était le désir de secourir son souverain indignement traité par les triumvirs, et non la haine ni l'ambition, qui lui avait mis les armes à la main. Ils s'embrassèrent tendrement les uns les autres, et s'entretinrent longtemps sur le ton de l'amitié et de la franchise. Mais à la fin, le prince, qui, à travers toutes ces démonstrations, ne perdait pas de vue l'objet principal de la conférence, insista sur l'éloignement des triumvirs et sur l'exécution de l'édit de janvier. La reine déclara ne pouvoir rien accorder sur ces deux points; et comme elle paraissait rejeter la cause de ce refus sur le roi de Navarre, le prince de Condé lui parla aigrement; il répondit avec hauteur et la conférence fut rompue sans aucun résultat.

Les hostilités étaient sur le point d'éclater, lorsque la reine-mère parvint, à force d'activité et d'intrigues, à renouer les négociations : une trêve de six jours fut conclue. Le prince de Condé renouvela sa proposition de désarmer, pourvu que les triumvirs s'éloignassent de la cour. Cette proposition fut acceptée, mais avec une arrière-pensée. Nous avons vu Catherine de Médicis requérir secrètement l'assistance du prince de Condé contre les triumvirs; nous allons la voir maintenant s'unir à ces mêmes triumvirs pour faire tomber le prince dans un piége perfide. Elle convint avec eux qu'ils s'éloigneraient de la cour, et elle promit de ne rien faire, en leur absence, sans leur assentiment; puis elle fit proposer au prince de Condé une nouvelle entrevue, avec l'intention de se saisir de sa personne. Condé se rendit auprès d'elle accompagné d'une faible escorte, et Catherine se croyait au moment de réaliser son odieux projet, lorsque Coligny, à la tête d'un nombreux corps de cavalerie, parut inopinément au milieu de la conférence. Une lettre interceptée lui avait tout appris. A son aspect, la reine se troubla; mais elle reprit bientôt toute sa dissimulation, et fit à Coligny l'accueil le plus amical et le plus gracieux. Le prince, dans cette entrevue, s'engagea trop légèrement à sortir du royaume pour faire cesser toute animosité de la part des catholiques. Il s'en repentit bientôt. Lorsque Catherine le pressa d'exécuter sa promesse, il lui répondit par des reproches sur sa mauvaise foi et sa fausseté. Un second écrit, qui tomba entre les mains du prince, et par lequel le duc de Guise engageait le roi de Navarre à agir de trahison et de perfidie à l'égard des protestants, acheva de rendre toute espèce d'accommodement impossible, et l'on se prépara de part et d'autre aux hostilités.

Les ravages de l'armée catholique en Anjou et sur la Loire, les représailles des calvinistes sur la ville de Beaugency, abandonnée au pillage et livrée aux excès d'une soldatesque effrénée, furent le commencement des horreurs dont la France devint le sanglant théâtre, et qui durèrent quarante années. Le lendemain de la rupture des conférences, les protestants faillirent surprendre l'armée du roi de Navarre; mais les renforts considérables que reçut cette armée, entre autres six mille Suisses, vingt enseignes de lansquenets et six cornettes de reitres, donnèrent aux triumvirs, qui avaient rejoint le roi de Navarre, une grande supériorité sur les huguenots. Le prince de Condé, n'étant plus assez fort pour tenir la campagne, fut obligé de se renfermer dans Orléans, afin de donner le temps d'arriver aux secours qu'il attendait de toutes parts.

Le vidame de Chartres et Briquemant allèrent implorer l'appui de la reine d'Angleterre, d'Andelot se rendit en Allemagne pour y lever des troupes, et les Montgommery, les Soubise, les Duras, les La Rochefoucault, se dispersèrent dans différentes provinces de France avec une mission semblable, tandis que Coligny et le prince de Condé restèrent dans Orléans à la défense de ce boulevard de leur parti.

Les triumvirs croyaient les réformés perdus. Afin d'accélérer leur ruine, ils publièrent une amnistie en faveur de tous ceux qui abandonneraient leurs drapeaux, ce qui produisit une assez grande défection dans les rangs calvinistes. En outre, les triumvirs obtinrent du parlement de Paris un arrêt qui déclara rebelles au roi et criminels de lèse-majesté divine et humaine, tous ceux qui s'étaient rendus coupables de profanation en pillant les églises et les maisons des catholiques. Le même arrêt permettait au peuple de les massacrer impitoyablement. En réponse à cet acte d'hostilité, les chefs huguenots publièrent un manifeste par lequel ils déclarèrent nul et non avenu tout ce qui était fait par le parlement pendant la minorité du roi. Un second arrêt du parlement, plus rigoureux que le premier, suscita de la part des protestants un second manifeste, qu'ils répandirent dans toute la France et dans les pays étrangers, particulièrement en Allemagne, en Suisse et en Angleterre.

Les catholiques assiégèrent Bourges, dont ils espéraient avoir meilleur marché que d'Orléans, qui renfermait deux capitaines expérimentés. Bourges leur opposa une opiniâtre résistance, et peut-être cette ville serait-elle parvenue à lasser leur constance, si le calviniste Yvoi, qui en était gouverneur, n'avait accepté une capitulation, bien qu'il fût en état de tenir plus longtemps.

Le succès des catholiques ayant occasionné une nouvelle défection parmi les protestants, on convoqua à Saintes un synode dans lequel il fut décidé par plus de soixante ministres assemblés qu'il était permis, selon l'Écriture, de faire usage de la force pour garder la liberté de conscience. Alors les protestants tombèrent d'un excès dans un autre; du refroidissement ils passèrent à l'exaltation : d'effroyables désordres éclatèrent en France, et nos malheureuses provinces se trouvèrent livrées aux fureurs du fanatisme.

Après la prise de Bourges, les catholiques formèrent la résolution de s'emparer de Rouen avant d'assiéger Orléans. Les Rouennais se défendirent pendant un mois avec une intrépidité admirable, et refusèrent constamment de se rendre. La place succomba enfin à un assaut général. Le sang ruissela à grands flots; pendant plusieurs jours les malheureux habitants éprouvèrent toute la rage d'un vainqueur furieux. Un incident mémorable fut la mort du roi de Navarre; blessé au commencement de l'assaut, il expira quelque temps après. Prince faible, et dont l'esprit étroit et médiocre était incapable d'une volonté ferme et indépendante, le roi de Navarre se fit protestant quand sa femme, Jeanne d'Albret, était catholique, ainsi que le fait remarquer Brantôme, et redevint catholique quand elle eut embrassé le protestantisme. Méprisé par elle à cause de l'instabilité de son caractère, souvent imprudent et malhabile, quelquefois pusillanime, et toujours dominé, toujours esclave, le plus beau ou plutôt le seul titre de ce prince à l'attention de la postérité, c'est d'avoir été le père de Henri IV [1].

Les revers s'accumulaient sur les réformés. Montluc dispersa un corps de cinq mille hommes que Duras avait levés en Guyenne, et qu'il conduisait au prince de Condé. On craignait que pareille chose n'arrivât à d'Andelot, qui revenait d'Allemagne avec trois mille cavaliers et six mille fantassins. Mais ce digne frère de Coligny parvint heureusement à dérober sa marche au maréchal de Saint-André et au duc de Nevers, chargés de le combattre; il entra dans Orléans avec son puissant renfort.

Les hommes ne manquaient plus dans le parti protestant, mais le nerf de la guerre manquait : le besoin d'argent s'y faisait vivement sentir. Comme l'inaction ne pouvait qu'accroître cette pénurie, les protestants se mirent en marche sur Paris, laissant d'Andelot avec une forte garnison dans Orléans. Le prince espérait pouvoir s'emparer de la capitale de la France au moyen des intelligences qu'il avait dans son sein. Plusieurs villes tombèrent en son pouvoir. Condé marchait rapidement à son but, lorsqu'il apprit la mort du roi de Navarre, son frère. Ambitionnant alors la lieutenance générale du royaume, il chercha à entamer des négociations. La reine était disposée à traiter, mais elle mettait toujours pour condition à la paix les restrictions énoncées plus haut relativement à l'exercice de la religion réformée. Des conférences s'ouvrirent sous les murs de Paris. On parla beaucoup sans pouvoir s'entendre, et protestants et catholiques se séparèrent plus ennemis que jamais.

[1] Ce prince reçut un coup d'arquebuse à l'épaule gauche, étant dans la tranchée. On fit à cette occasion l'épitaphe suivante :

> Ami Français, le prince ici gisant
> Vécut sans gloire et mourut en pissant.

Le manque de vivres obligea les premiers de décamper des environs de Paris, et d'aller s'établir à Saint-Arnou en Beauce. Les catholiques les suivirent de près afin de les engager à une bataille. D'après le conseil de Coligny, les protestants se dirigèrent vers le Havre où ils devaient recevoir d'Angleterre des renforts d'infanterie et surtout de l'argent, qui leur faisait grandement faute. L'armée catholique, qui les suivait à deux journées de distance, les rejoignit auprès de Dreux. Les deux partis se trouvèrent en présence alors, n'étant plus séparés que par l'Eure.

Les catholiques brûlaient du désir de combattre; les protestants partageaient cette bouillante ardeur, mais ils auraient voulu, avant d'en venir aux mains avec leurs adversaires, recevoir les secours du Havre; les circonstances furent plus fortes que leur volonté. Le connétable, qui avait le commandement de l'armée triumvirale, ayant, à la faveur de la nuit, fait passer l'Eure à ses troupes avec son canon et son bagage, sans que les huguenots se fussent aperçus de cette opération, il s'empara d'une colline et de plusieurs villages qui avoisinent Dreux, et rangea ses gens en bataille en les formant par gros bataillons carrés entremêlés de cavalerie. Cette disposition habile et formidable étonna le prince de Condé, et le confirma dans la résolution d'éviter le combat : il fit un mouvement de conversion à gauche; mais il était trop tard. Montmorency, qui pénétra son dessein, lui envoya quelques décharges d'artillerie qui mirent le désordre dans sa cavalerie allemande. Par suite de leur changement de position, les calvinistes présentaient leur flanc droit à l'ennemi. Condé n'avait plus à balancer; forcé de combattre, il tomba impétueusement avec sa cavalerie sur les Suisses et les culbuta; mais son ardeur l'emportant trop loin, il se trouva bientôt débordé par l'aile droite des catholiques que commandait le duc de Guise, laquelle était restée jusqu'alors inactive, cachée derrière des arbres et des maisons.

C'est dans ce moment que Coligny s'ébranla à la tête de son régiment, de deux cornettes de reitres et de l'escadron du prince de Porcian; son choc fut si impétueux qu'il enfonça la cavalerie catholique et la mit dans une affreuse déroute. Quelques fuyards arrivèrent, dit-on, le soir même à Paris, et y donnèrent la nouvelle que les triumvirs avaient perdu la bataille. Le connétable blessé, tenta inutilement de rétablir le combat; il fut fait prisonnier. Les Suisses, qui s'étaient ralliés, soutinrent longtemps avec un courage indomptable les charges réitérées de la cavalerie protestante; ils se défendirent jusqu'à la dernière extrémité, et quand le fer manqua à leur valeur, pour repousser leurs assaillants ils firent usage de pierres et de tronçons de lance. Les calvinistes l'emportèrent enfin.

Faut-il attribuer l'inaction du duc de Guise, pendant les furieux combats qui viennent de donner la victoire aux protestants, à sa jalousie contre Montmorency, ou à son habileté consommée, qui lui fit attendre l'occasion favorable de charger les calvinistes? Son expérience dans le grand art de la guerre, et la rivalité du commandement qui existait entre lui et le connétable, pourraient faire penser l'un et l'autre. Quoi qu'il en soit, les ordres réitérés de Montmorency au duc de Guise, pour que celui-ci mît son aile en mouvement, restèrent sans effet. L'adroit et jaloux triumvir demeura spectateur impassible de la défaite de son collègue.

Cependant les huguenots se trouvaient dans le désordre de la joie et de la victoire. Le duc de Guise saisit ce moment pour les attaquer. Il commença par faire charger un corps de reitres presque débandé, et, quand il l'eut entièrement dispersé, il fondit sur l'infanterie calviniste et l'écrasa. D'Andelot, arrivé depuis peu d'Orléans avec un détachement de lansquenets, et que la fièvre dévorait en ce moment, courut aux reitres pour les arrêter dans leur fuite, et les ramener au combat; mais ses efforts furent inutiles, et il se trouva entraîné par le torrent des fuyards. Condé, revenant de la poursuite des catholiques, fut attaqué soudain par le maréchal de Saint-André. N'ayant avec lui qu'une poignée de soldats, blessé à la main, le prince voulut battre en retraite; mais son cheval, tué sous lui, le fit tomber au pouvoir de ses ennemis. Le duc de Guise et le maréchal se réunirent alors pour achever d'accabler l'armée calviniste. Coligny les prévint. Il avait rassemblé derrière un bois treize cents cavaliers, à la tête desquels il se prépara à disputer vigoureusement la victoire aux catholiques. Le choc fut terrible. Le maréchal de Saint-André fut tué dès les premiers coups. Rien ne put résister à Coligny. Déjà les troupes du duc de Guise pliaient de toutes parts, et se renversaient les unes sur les autres, lorsque Sébastien de Luxembourg arriva promptement à leurs secours, à la tête des vieilles bandes de l'infanterie française, et, par un feu épouvantable, rétablit l'égalité du combat. La grande supériorité numérique des catholiques obligea enfin l'amiral de faire sonner la retraite. Il se retira en bon ordre, et toujours en combattant. Les ténèbres de la nuit séparèrent les deux partis acharnés. Le duc de Guise resta maître du champ de bataille, et ce fut le seul avantage qu'il retira de cette journée, car le nombre des morts et des blessés était plus considérable du côté des catholiques que du côté des protestants. Le lendemain, l'amiral, qui avait rallié sous ses drapeaux toutes les troupes dispersées pendant l'action, rangea son armée en bataille, afin de montrer à ses adversaires qu'il lui restait encore assez de forces pour tenir la campagne. Puis il se dirigea vers Dangeau, où les protestants lui décernèrent à l'unanimité le commandement de l'armée pendant la captivité du prince de Condé.

Telle fut la célèbre bataille de Dreux, qui se donna le 19 décembre 1562, et dans laquelle les deux généraux ennemis furent faits prisonniers. Ce fut la première affaire générale que se livrèrent les catholiques et les huguenots. D'après la tardive coopération du duc de Guise à la bataille, la victoire devait se fixer sous les drapeaux calvinistes, sans les fautes du prince de Condé. Le triumvirat se trouvait rompu par la mort du maréchal de Saint-André et par la captivité du connétable. Le duc de Guise se fit nommer par le roi généralissime des troupes catholiques, et se disposa à faire le siège d'Orléans. Coligny n'oublia rien pour mettre cette place sur un pied formidable de défense. Il s'y rendit lui-même avec toutes les forces du parti réformé, et tint conseil avec son frère sur la marche qu'ils avaient à suivre. Le résultat de cette délibération fut que l'amiral, laissant l'infanterie à d'Andelot pour défendre Orléans, se mettrait à la tête de la cavalerie allemande, que le manque de solde portait sans cesse à la mutinerie, et se dirigerait à grandes journées vers la Normandie afin de recevoir les secours d'hommes et d'argent de l'Angleterre.

Le pillage de plusieurs églises, que l'amiral abandonna à ses troupes, n'ayant pu apaiser leurs murmures, il attaqua et prit la ville de Pont-l'Évêque, afin de leur procurer de l'argent et des vivres; il se disposait à faire subir le même sort à la ville d'Honfleur, lorsque les habitants prévirent ce dessein en lui fournissant tout ce qui était nécessaire à la subsistance de son armée. Coligny reçut enfin d'Angleterre ce secours si impatiemment attendu. Plusieurs milliers de soldats, une bonne artillerie et une somme considérable, qu'il devait à la généreuse sollicitude d'Élisabeth, le mirent en état de reprendre l'offensive contre les ennemis du protestantisme. Caen se trouvait au pouvoir des catholiques; sur la demande de ses habitants, il canonna cette ville, qui lui ouvrit ses portes après une molle résistance.

Un grand événement venait de changer la face des choses : le duc de Guise était mort assassiné devant Orléans, au moment où de nombreux avantages remportés sur cette place lui faisaient espérer qu'elle se rendrait bientôt à lui. Un certain Poltrot, gentilhomme, lui tira, presque à bout portant, un coup de pistolet dont il mourut le sixième jour.

Poltrot avait depuis peu embrassé la religion réformée avec toute l'ardeur du fanatisme. Exalté, enthousiaste à l'excès, il avait voué à ce chef du parti catholique une haine tellement implacable qu'il se vanta hautement, dit-on, que le duc de Guise ne périrait que de sa main. « Il faut une grande victime, disait-il, c'est le duc de Guise. » Puis il ajoutait, en montrant son bras : « Voilà le bras qui fera beaucoup. » Connu comme un zélé protestant qui brûlait de se signaler pour la cause de la religion, il fut adressé par Soubise à Coligny, lequel ignorait probablement ses homicides intentions. L'amiral le chargea de s'introduire dans le camp des catholiques afin d'épier leurs démarches. Poltrot, pour mieux remplir le rôle qui lui était confié, ou plutôt dans le but d'exécuter plus sûrement son affreux dessein, s'insinua auprès du duc de Guise, captiva ses bonnes grâces, et finit par trouver l'occasion de le tuer. Arrêté et interrogé, il avoua son crime, et affirma l'avoir commis à l'instigation de Coligny et de Théodore de Bèze. Le premier publia un mémoire pour sa justification et l'envoya à la reine-mère, accompagné d'une longue lettre dans laquelle il protesta, dans les termes les plus forts, de son innocence; il descendit jusqu'à demander une confrontation avec le coupable; mais, loin de faire droit à sa demande, on hâta le procès et l'exécution de Poltrot. Condamné au même supplice que les criminels de lèse-majesté, il fut tenaillé avec des tenailles ardentes et tiré à quatre chevaux, à Paris, en place de Grève; sa tête fut plantée au bout d'une pique en face de l'Hôtel-de-Ville; son corps fut brûlé et ses quatre membres attachés à autant de potences, aux principales portes de la capitale. Avant et pendant son supplice, Poltrot avait fait les dépositions les plus contradictoires : tantôt il chargeait Coligny, de Bèze, La Rochefoucault et même d'Andelot, dont il n'avait point parlé dans ses premiers interrogatoires; tantôt il les déclarait tous innocents, et affirmait n'avoir agi que d'après ses seules inspirations.

« La mort du duc de Guise, dit l'historien Davila, accéléra la conclusion de la paix, qu'on avait toujours négociée, malgré les hostilités. La reine n'avait plus pour obstacles ni le roi de Navarre, ni le duc de Guise, qui lui étaient également suspects, l'un par ses prétentions à la couronne, l'autre par le nombre de ses partisans et par la grande réputation qu'il s'était acquise. Le prince de Condé et le connétable ne lui donnaient plus de jalousie; leurs divisions et leurs animosités mutuelles les avaient depuis longtemps rendus irréconciliables. La reine jugeait donc la paix et la réunion des partis indispensables dans la conjoncture présente; et elle était disposée à accorder des dispositions très-avantageuses. Un autre motif la déterminait encore à la paix : c'est qu'après la mort du duc de Guise et la prise du connétable, l'armée royale n'avait plus de généraux dont le courage et la réputation pussent égaler la prudence de l'amiral et la valeur de d'Andelot. Les dépenses excessives qu'entraînait la guerre avaient épuisé le trésor royal, et tellement, que bien loin de pouvoir acquitter les intérêts des anciennes dettes, la reine elle-même avait été contrainte, par la nécessité urgente, d'emprunter du grand-duc de Toscane des sommes immenses, et cent mille ducats de la république de Venise. Elle ne pouvait continuer la guerre sans argent, et jugea à propos de profiter des circonstances pour conclure la paix[1]. »

Il faut dire que si Catherine de Médicis soupirait après la cessation des hostilités, le prince de Condé et d'Andelot ne la désiraient pas moins vivement. Le premier était ennuyé de sa captivité; le second, dont les ressources étaient épuisées, et qui se trouvait réduit à la nécessité de rendre Orléans par capitulation, préférait un accommodement général à une transaction particulière. L'amiral seul était d'un sentiment contraire : il savait que le roi et la reine-mère le haïssaient au fond du cœur, et qu'ils ne cherchaient qu'à le tromper. Les catholiques ayant perdu leurs meilleurs généraux, il pensait qu'il était plus avantageux aux protestants de continuer la guerre, que de conclure une paix sans solidité ni sans garantie. « On n'eut aucun égard, dit encore Davila, à l'avis de l'amiral, qui était alors en Normandie. On signa la paix aux conditions suivantes : Que les seigneurs haut-justiciers, qui relevaient immédiatement de la couronne, auraient le libre exercice de la religion réformée dans l'étendue de leurs villes et seigneuries; que les autres nobles jouiraient du même privilége pour leur maison seulement et leurs domestiques, pourvu qu'ils demeurassent dans leurs châteaux et non dans les villes murées; que dans chaque province on assignerait aux huguenots un certain nombre de villes dans les faubourgs desquelles ils pourraient tenir leurs assemblées et faire le prêche; qu'il n'y aurait d'exercice public d'autre religion que de la religion catholique dans toutes les autres villes, bourgs et châteaux, surtout dans Paris et dans sa banlieue, ni partout où se trouverait la cour; que chacun dans son particulier vivrait et penserait comme il le jugerait à propos, sans qu'on pût à ce sujet l'inquiéter ni le rechercher; que les ministres calvinistes observeraient les fêtes marquées dans le calendrier romain, et les formalités prescrites par les ordonnances des rois pour les mariages; que les seigneurs, princes, gentilshommes, officiers et soldats auraient amnistie générale pour tous les excès commis pendant la guerre ou à son occasion ; que le roi déclarerait que tout avait été fait à bonne intention, et sans préjudice de son autorité; qu'en conséquence

---

[1] Davila, *Histoire des Guerres civiles de France*, liv. III.

chacun serait rétabli dans ses charges, dignités, biens, priviléges et prérogatives; que les Allemands seraient renvoyés hors du royaume avec une escorte, et que le roi pourrait reprendre ses places et forteresses sur quiconque oserait les retenir [1] : »

Ce traité de paix fut promulgué le 19 mars 1563 [2]. Coligny en désapprouva hautement les conditions, et voulut le faire annuler afin d'en obtenir de plus avantageuses; mais Condé s'y opposa : las de la guerre, avide des plaisirs d'une cour voluptueuse où il espérait tenir le même rang que le roi de Navarre, son frère, ce prince se contenta du demi-résultat que les protestants avaient obtenu par leur glorieuse prise d'armes. Son ambition de prince du sang était satisfaite; il ne voulait rien de plus.

---

[1] DAVILA, *Histoire des Guerres civiles de France*, liv. III.
[2] DE THOU, liv. XXXIV. — *Mémoires de Condé*, tom. IV, pag. 314.

CHAPITRE XVII.

SOMMAIRE.

Violation de l'édit de pacification par les catholiques. — Les protestants reprennent les armes, et tentent inutilement de s'emparer du roi à Meaux. — Négociations infructueuses sous les murs de Paris. — Bataille de Saint-Denis. — Paix de Longjumeau. — Le prince de Condé et l'amiral se rendent à La Rochelle. — Troisième guerre civile. — Bataille de Jarnac. — Mort du prince de Condé et de d'Andelot. — Jeanne d'Albret présente son fils, le prince de Béarn, à l'armée protestante, dont Coligny demeure le véritable chef. — Jonction de l'armée allemande du duc de Deux-Ponts avec l'armée calviniste. — Combat de la Roche-Abeille. — Siége de Poitiers par Coligny. — Bataille de Moncontour. — L'amiral, blessé et vaincu, bat en retraite. — Longue marche des calvinistes à travers le Toulousain, le Languedoc, le Vivarais, le Forez, la Bourgogne. — Combat d'Arnay-le-Duc. — Paix *boiteuse* ou *mal assise*. — Efforts de Charles IX et de Catherine de Médicis pour attirer Coligny à la cour. — On l'accueille magnifiquement. — Profonde dissimulation de Charles et de sa mère. — Mort de la reine de Navarre. — Mariage de son fils avec Marguerite de Valois. — Fêtes splendides. — Massacre de la Saint-Barthélemy.

Une paix apparente et mensongère entre les catholiques et les protestants donnait quelque relâche aux maux dont la France était obsédée. Mais ce calme de courte durée vit éclore de nouveaux débats : les Guises, ardents et implacables, accusaient hautement Coligny d'avoir trempé dans l'assassinat du duc François de Guise. Coligny s'en défendait énergiquement, et publia un second mémoire apologétique qui n'eut pas plus de succès que le premier. Le prince de Condé prit sa défense avec chaleur en plein conseil, et déclara formellement que toute accusation dirigée contre l'amiral l'était contre lui-même. Le maréchal de Montmorency, fils du connétable, se joignit à lui au nom de son père et de sa maison. D'Andelot assura la reine que, sans les circonstances qui retenaient son frère éloigné de Paris, il serait venu lui-même détruire les préventions injurieuses qui accablaient sa vertu. Il ajouta que si l'on voulait trop approfondir l'affaire, « Il y en avait qui n'auraient plaisir d'avoir été cause d'un tel remuement de ménage. » Le roi interposa son autorité entre les parties, et défendit expressément, par arrêt du conseil, de donner suite à ce différend.

Mais les Guises ne se tinrent pas pour battus. Malgré la défense du roi, ils renouvelèrent bientôt leurs accusations, et parurent à la cour en habits de deuil pour demander justice de l'assassinat du chef de leur famille. La cour, afin de sortir de l'embarras où la jetait cet acharnement de la maison de Lorraine, offrit aux parties, mais sans succès, un tribunal à leur choix. Après bien des pourparlers, les Guises finirent par s'en remettre au roi et à la reine-mère. En conséquence, il fut rendu un arrêt royal, en date du 5 janvier 1564, portant « qu'il était sursis pour trois ans à l'affaire concernant le meurtre du duc de Guise; et qu'au bout de ce temps le roi en rendrait un jugement définitif. » Vers la même époque, quelques difficultés s'élevèrent entre le connétable et le prince de Condé au sujet du gouvernement. Le premier se targuait de l'importance et de l'ancienneté de ses services; le second faisait valoir sa naissance pour obtenir la lieutenance générale du royaume que son frère, le roi de Navarre, avait possédée au même titre. Catherine de Médicis, qui ne songeait qu'à retenir le pouvoir, ne crut mieux faire, pour y parvenir, que de proclamer majeur son fils Charles IX, sous le nom duquel elle continuerait d'exercer sa toute-puissance. Elle fut affermie dans cette résolution par les conseils du chancelier de L'Hôpital et de l'évêque de Valence. La cour se trouvait alors à Rouen. Ce fut le parlement de cette ville qui reconnut la majorité du roi, âgé de treize ans et un jour seulement; et, en cela, on n'eut point égard à l'ordonnance de Charles V, qui fixait la majorité des rois de France à quatorze ans accomplis. Catherine eut soin de faire déclarer par son fils, en plein parlement, que l'administration du royaume lui serait toujours confiée.

Cette solennité eut lieu devant les pairs et les grands officiers de la couronne, et ce fut avec un extrême mécontentement que le parlement de Paris vit l'arrêt de la majorité du roi publié par un parlement de province. Il protesta, mais cette protestation, regardée comme une jalousie de corps, n'eut aucune suite. Le roi, dans sa quatorzième année, se faisait déjà remarquer par sa dissimulation, et par la sauvage et haineuse énergie qui se manifesta si cruellement plus tard. Sombre et farouche, il ne témoignait d'affection à aucune personne de son entourage, et n'éveillait aucune sympathie. Le caractère de sa mère projetait sur lui une ombre sinistre. Plus polie que lui, mais inquiète et soupçonneuse, elle l'avait mis en garde contre ses parents, ses instituteurs, ses compagnons. Elle aurait voulu seulement que l'hypocrisie dominât dans sa conduite, car la violence du jeune roi, et surtout ses blasphèmes, ne laissaient pas de lui causer quelque peine. En cela échouait son pouvoir. Charles IX était vis-à-vis d'elle, d'ailleurs, un fils soumis et craintif.

« Brantôme, dit M. de Lacretelle, dans son *Histoire des guerres de religion*, nous représente ce Charles IX, qu'il ose comparer à Charlemagne, comme poussant sa curiosité pour les arts mécaniques jusqu'au point de faire de la fausse monnaie; son goût pour les tours de subtilité jusqu'à faire venir dans son palais des filous auxquels il permettait de voler ses courtisans en sa présence; enfin, la licence de sa gaîté jusqu'à courir dans les rues, la nuit, avec des compagnons de débauche, et jusqu'à commettre les plus indignes attentats chez des particuliers dont la frayeur le réjouissait. Si Brantôme oppose à de tels dérèglements quelques qualités brillantes, elles sont douteuses et mal attestées. Il le loue d'un courage impétueux, que le prince ne montra jamais; d'un esprit vaste, qu'il ne signala que par des combinaisons terribles. Ainsi, même les apologistes de Charles IX l'ont représenté sous des traits fâcheux. »

Dans la correspondance de Catherine de Médicis avec Charles IX, on voit tout le caractère astucieux de la reine; tantôt elle engage son fils à *nettoyer le royaume des mauvais et à recouvrer par là son autorité entière;* tantôt elle lui recommande, après de minutieux détails sur son lever, de ne *passer les dix heures sans aller à la messe;* d'autres fois elle veut qu'il donne des bals; elle a ouï dire au grand-père de Charles qu'*il fallait, pour vivre en repos avec les Français*, et qu'ils aimassent leur roi, *les tenir joyeux et occupés à quelque service*; enfin, elle ajoute : « J'ai oublié un point qui est bien nécessaire, et cela se fera aisément si vous le trouvez bon. C'est qu'en toutes les principales villes de votre royaume, vous y gagniez trois ou quatre des principaux bourgeois et qui ont le plus de pouvoir en la ville, et autant de principaux marchands qui aient bon crédit parmi leurs concitoyens, les favorisant par bienfaits et autres moyens, sans que le reste s'en aperçoive et puisse dire que vous trompiez leurs priviléges, tellement qu'il ne se fasse et dise rien au corps de ville, ni par les maisons particulières, dont vous ne soyez averti. » Voilà ce que Catherine de Médicis appelait la science de régner ! C'est à cette école de corruption qu'elle élevait son fils.

De Rouen, où l'arrêt de la majorité avait été rendu, la cour se rendit à Fontainebleau, où arrivèrent bientôt des ambassadeurs de l'empereur, du roi d'Espagne et du duc de Savoie, auxquels s'était joint le nonce du pape. Ces personnages supplièrent Charles IX, au nom de leurs maîtres, de faire mettre à exécution dans ses États les décisions du concile de Trente touchant les calvinistes, d'abolir l'édit de pacification, de sévir rigoureusement contre ceux qui avaient combattu pour le triomphe de la religion réformée, enfin d'instruire avec activité l'affaire qui concernait la mort du prince lorrain, offrant de lui fournir tous les secours nécessaires à l'accomplissement de cette tâche. La cour, dans la crainte de porter ombrage aux protestants, reçut froidement, en apparence, cette députation; mais tout en refusant ostensiblement de faire droit à l'objet qui l'amenait, il y a tout lieu de croire que Catherine de Médicis fit part aux ambassadeurs étrangers de ses projets ultérieurs contre les calvinistes. Et, ce qui vient à l'appui de cette assertion, c'est le voyage qu'elle entreprit peu de temps après, dans le but apparent de calmer, par la présence du roi, l'irritation de certaines parties du royaume, mais en réalité afin de reconnaître par elle-même le côté fort et le côté faible du protestantisme dans les provinces, et d'ouvrir des conférences avec le duc de Savoie, en Dauphiné, avec les envoyés du pape, à Avignon, et avec Philippe II, sur les confins de la France et de l'Espagne.

Les calvinistes, alertes et vigilants, s'aperçurent que l'on tramait quelque chose contre eux ; ils furent confirmés dans cette pensée par une levée d'argent ordonnée sur les ecclésiastiques, et dont le produit était destiné, soi-disant, au rachat du domaine de l'Église. Un synode nombreux de ministres protestants s'assembla à la Ferté-sous-Jouarre, dans le but de délibérer sur les moyens de résister aux entreprises des catholiques. La reine, qui n'était pas prête encore pour une rupture, s'alarma de cette réunion, et supplia Coligny de rassurer les huguenots sur ses intentions. On verra bientôt si cette assurance royale était digne de foi.

En passant par la Lorraine, la cour fit d'actives démarches auprès du vieux duc de Wirtemberg et des autres princes d'Allemagne, afin de les détourner de secourir dorénavant leurs coreligionnaires de France ; mais ces démarches restèrent sans résultat. Le duc et les princes refusèrent une entrevue que la reine leur fit proposer, et ne voulurent pas accepter les pensions qu'elle leur offrit pour se les attacher. Arrivée à Lyon, Catherine y fit élever une redoutable citadelle dans le but de contenir l'esprit remuant des Lyonnais qui, dans la dernière guerre civile, avaient été les premiers à se soulever et les derniers à poser les armes ; une forteresse fut également bâtie par ses ordres à Valence.

Charles IX et sa mère eurent une conférence avec le duc de Savoie, au château de Roussillon, en Dauphiné ; c'est du château de Roussillon que fut rendu l'édit qui est revêtu de ce nom, et qui porte une si violente atteinte à l'édit de pacification ; il défend toute assemblée, synode, prêche, à dix lieues à la ronde de l'endroit où réside la cour, même dans les villes où il est permis aux protestants de tenir leurs assemblées ; toute espèce de levée d'argent est interdite. L'édit de Roussillon enjoint de plus aux religieux des deux sexes qui, durant les discordes civiles, se sont mariés après avoir quitté leur cloître, d'y rentrer au plus tôt, sous peine des galères ou d'une prison. Des murmures s'élevèrent de toutes parts. Les chefs calvinistes adressèrent des remontrances au roi, qui n'y répondit point et poursuivit sa marche jusqu'à Avignon. Là, il vit le légat du pape et l'assura qu'il était fermement résolu à détruire l'hérésie en France, mais qu'il ne voulait y parvenir qu'à la faveur du temps et sans recourir à la force. D'Avignon, la cour se transporta à Carcassonne, puis à Bayonne, où la reine d'Espagne, fille de Catherine de Médicis, arriva bientôt accompagnée du fameux duc d'Albe. Sous l'apparence d'une entrevue de famille, au milieu des fêtes, des réjouissances, les intérêts les plus graves furent mis en discussion. Une ligue secrète fut conclue entre la France et l'Espagne pour l'extermination du protestantisme. Cette convention était due principalement au génie sanguinaire et impitoyable du duc d'Albe. Il en transpira quelque chose aux oreilles de Condé et de Coligny, et ces deux chefs du parti huguenot crurent devoir, à tout événement, se tenir sur leurs gardes.

Les esprits commençaient à fermenter extraordinairement. Si l'édit de pacification avait été ponctuellement exécuté par les deux partis rivaux, la tranquillité n'aurait pas été de nouveau troublée; mais les protestants voulaient avoir plus que l'édit ne leur accordait; les catholiques voulaient qu'ils eussent moins; il en résultait un état permanent d'hostilité entre les deux religions.

Un grave différend venait d'éclater entre le cardinal de Lorraine et le maréchal de Montmorency : le premier avait eu l'audace d'entrer, suivi d'une troupe de gens armés, dans la ville de Paris, dont le maréchal était gouverneur; celui-ci s'était porté à sa rencontre, et avait tué quelques-uns de ses gardes et dispersé le reste. Les Guises paraissaient vouloir venger ce qu'ils considéraient comme une insulte, et ce qui n'était en effet que l'exécution de la loi sur le port d'armes. Montmorency ayant engagé Coligny à se rendre auprès de lui avec ses amis, l'amiral arriva bientôt à Paris suivi de cinq cents gentilshommes, et y fut reçu avec les plus grands égards par le maréchal, qui lui avait fait préparer un logement au Louvre. Coligny fut complimenté par l'Université, par le prévôt des marchands, par les députés de la ville, et, chose plus étrange encore, par le chapitre de Notre-Dame. En l'année 1566, les états généraux furent convoqués à Moulins, dans le but d'amener à une réconciliation les grands du royaume, dont les funestes dissensions étaient le principal obstacle au rétablissement d'une paix solide et durable.

L'accusation des Lorrains contre Coligny, au sujet de l'assassinat du duc de Guise, fut mise au néant dans cette assemblée. Le roi y proclama d'une manière éclatante l'innocence de Coligny, et enjoignit aux Guises de l'absoudre de ce crime imaginaire, de cesser toute poursuite et de bannir tout désir de vengeance contre lui ; il exigea de plus que les parties cimentassent leur réconciliation par des embrassements et se jurassent réciproquement amitié. Selon Castelnau, la veuve du duc de Guise et le cardinal de Lorraine furent seuls présents aux états de Moulins ; mais Davila, Varillas, Mézeray et d'autres auteurs encore rapportent que les fils du duc assassiné s'y trouvèrent aussi, et que le jeune Henri de Guise, témoin de la réconciliation de sa famille avec Coligny, laissa assez entrevoir qu'il n'y prenait aucunement part, et qu'il saisirait ardemment l'occasion de venger la mort de son père sur celui qu'il croyait son meurtrier. Catherine vit avec joie ce mouvement.

Des désordres et des troubles de toute espèce éclataient chaque jour en France au sujet des édits, et la nouvelle du soulèvement des Pays-Bas contre Philippe II, qui survint alors, loin de calmer l'effervescence des calvinistes français, la porta à son comble. La cour, jugeant que le moment d'exécuter ses projets était arrivé, engagea six mille Suisses à son service, et ordonna des levées considérables. Les réformés, de leur côté, prirent les armes, après toutefois s'être assuré l'appui de la reine d'Angleterre et des princes d'Allemagne, et avoir contracté alliance avec leurs coreligionnaires des Pays-Bas.

Leur dessein était de s'emparer de la personne du roi, qui se trouvait à Monceaux avec toute la cour ; ils se mirent donc en marche vers cette résidence, mais ayant fait une trop longue halte à Lagny, ils donnèrent le temps au roi de se renfermer dans Meaux, ville qui pouvait opposer quelque résistance. Les Suisses reçurent l'ordre de venir en toute hâte protéger la cour ; et, dans la crainte que les huguenots ne parvinssent avant eux à Meaux, la reine leur envoya le maréchal de Montmorency pour retarder leur marche. Le maréchal les trouva rangés en bataille à peu de distance de Lagny ; il adressa à leurs chefs de vifs reproches sur cette prise d'armes ; Condé et Coligny protestèrent de la droiture de leurs intentions, et de leur désir ardent d'asseoir la paix sur des bases solides et durables. Pendant cette conférence, que Montmorency fit à dessein traîner en longueur, les Suisses arrivèrent à Meaux. Il fut décidé que la cour se rendrait à Paris; elle se mit donc en marche au milieu de la nuit, escortée par les Suisses qui formaient un gros bataillon au milieu duquel marchait Charles IX avec sa nombreuse suite. Cette petite armée avait déjà fait quatre lieues lorsque le jour vint éclairer l'espèce de fuite du roi de France. Les protestants ne tardèrent pas à paraître; leur cavalerie se mit à harceler les Suisses dans l'espoir de les entamer; mais ce fut en vain; *les Suisses,* dit Lanoue, *retournaient souvent la tête, comme fait un sanglier que les aboiements poursuivent.* Les chefs calvinistes demandèrent à parler au roi et à lui présenter des requêtes; le jeune monarque refusa fièrement d'entendre des sujets qui lui demandaient audience l'épée à la main.

Un secours de deux cents chevaux étant arrivé au parti royal, le connétable chargea cette troupe de conduire le roi à Paris, tandis qu'il ferait tête aux huguenots avec les Suisses. Charles IX n'arriva que le soir à jeun dans la capitale. Quand les huguenots apprirent que le roi leur avait échappé, ils cessèrent leur poursuite, mais continuèrent de cheminer vers Paris, qu'ils voulaient affamer. Dans cette intention, ils s'emparèrent de Montereau, de Charenton et de Saint-Denis, interceptèrent les arrivages par terre et par eau, et brûlèrent tous les moulins à vent qui environnaient Paris. Par ce moyen, la famine se fit bientôt sentir dans cette grande cité, dont les habitants furent réduits aux plus dures extrémités.

Catherine de Médicis, dans ce pressant danger, appela la noblesse catholique au secours du roi, et entama des négociations avec les réformés afin de les désarmer, s'il était possible, ou, tout au moins, de gagner du temps. Une députation, dont faisait partie le chancelier de l'Hôpital, se rendit auprès de Condé et de Coligny dans le but de sonder leurs intentions et de les amener à un accommodement. Les chefs calvinistes demandèrent le licenciement des troupes étrangères, l'exécution pleine et entière de l'édit de pacification, un même droit pour les protestants comme pour les catholiques de parvenir aux places et aux dignités; enfin ils insistèrent avec force sur la convocation des états généraux pour alléger les impôts, et pour déterminer d'une manière équitable leur répartition et leur perception. A ces demandes, parfaitement justes, les réformés en ajoutèrent une dernière, celle d'avoir trois places de sûreté : Metz, Calais et le Havre.

La cour rejeta avec hauteur ces propositions; et les calvinistes, par amour de la paix ou par crainte de la guerre, se réduisirent à ne demander que la liberté de conscience et l'exécution des édits. Le connétable, accompagné de son fils aîné et du maréchal de Cossé, sortit de Paris, et, sans quitter la selle, eut avec Condé, Coligny et plusieurs autres chefs protestants, qui, ainsi que le vieux Montmorency, restèrent à cheval, une entrevue que la pluie abrégea et qui fut sans résultat. Il ne restait plus qu'à combattre : on s'y prépara de part et d'autre.

La cour avait reçu des renforts considérables. Le connétable, à la tête des troupes catholiques, fortes de dix-huit à vingt mille hommes, alla camper à La Chapelle, village situé entre Paris et Saint-Denis. Les protestants, qui étaient tout au plus sept à huit mille combattants, occupaient Saint-Denis, Saint-Ouen et Aubervilliers. Leur gauche était protégée par les hauteurs de Romainville, leur droite par la Seine; mais ils n'avaient pas une seule pièce de canon à opposer à la formidable artillerie des catholiques.

C'est le 10 novembre 1567 que l'action eut lieu. Le maréchal de Cossé, qui commandait l'aile droite des catholiques, ayant ouvert, avec quatorze pièces de campagne, un feu épouvantable sur l'aile gauche des protestants, aux ordres de Genlis, celui-ci s'élance en avant, et, après plusieurs charges furieuses, parvient à mettre en désordre les troupes de Cossé. Ce vaillant maréchal courait le plus grand danger; il allait succomber, lorsque les ducs de Longueville et de Nemours tombèrent à leur tour sur Genlis et le firent reculer. Coligny voit ce mouvement rétrograde; il s'avance aussitôt à la tête de sa cavalerie entremêlée d'arquebusiers, attaque l'ennemi avec son impétuosité ordinaire, le culbute, en fait un horrible carnage, et, sans s'amuser à poursuivre les fuyards, se précipite d'une même haleine sur le corps de bataille du connétable, qu'il ébranle, qu'il enfonce de toutes parts. Ici, le prince de Condé renouvela la faute qui lui avait fait perdre la bataille de Dreux. Voyant Coligny charger victorieusement le connétable, et craignant qu'il ne retirât tout l'honneur de la journée, il part de toute la vitesse de sa cavalerie pour tomber sur les troupes royales, laissant derrière lui son infanterie, que sa fougue imprudente met à découvert. Le maréchal de Montmorency, rapide comme l'éclair, se jette entre la cavalerie de Condé et l'infanterie protestante, qui fait de vains efforts pour rejoindre son chef. Prenant cette manœuvre habile du maréchal pour une simple diversion, Condé fait faire volte-face à une partie de sa cavalerie, et, avec le reste, continue sa marche au pas de course vers le connétable, qu'il choque avec furie et achève de mettre en déroute. Le vieux Montmorency rappelle vainement le feu de ses jeunes années pour rétablir le combat. On voit ce vieillard presque octogénaire, atteint de huit blessures mortelles, briser du pommeau de son épée rompue la mâchoire à Stuart, qui venait de lui percer les reins d'un coup de pistolet : « Me connais-tu? avait dit fièrement Montmorency à Robert Stuart, en se voyant l'objet de son point de mire. — C'est parce que je te reconnais, avait répondu Robert, que je te veux tuer. » Montmorency, tout en se défendant avec vigueur, tomba de cheval. L'espace qui séparait le champ de bataille de la capitale fut bientôt couvert d'une nuée de fuyards cherchant à éviter la mort. Coligny les poursuit jusqu'à leurs campements de La Chapelle, puis revient vers les siens; mais en son absence l'aspect du combat a changé : l'infanterie protestante a été défaite par le maréchal de Montmorency; la cavalerie opposée par Condé à ce dernier a éprouvé un sort semblable. Au moment où le prince victorieux se dispose à charger les Suisses, il est attaqué lui-même en tête et en flanc par le duc d'Aumale et par le maréchal d'Anville. Coligny veut porter secours à Condé; mais différents corps catholiques qui s'étaient ralliés fondent sur lui de toutes parts, et l'obligent à la retraite. Le prince de Condé, qui a eu un cheval tué sous lui, et qui ne peut résister plus longtemps aux efforts des assaillants, le suit de près. Les ténèbres de la nuit, qui surviennent alors, mettent fin à la poursuite des catholiques.

Ces derniers, comme on le voit, restèrent maîtres du champ de bataille, et ce fut, comme à Dreux, leur seul avantage ; ils rentrèrent dans Paris au milieu de la nuit, et refusèrent, le lendemain, une nouvelle action que leur offrirent les calvinistes. Le connétable de Montmorency, transporté à Paris, y mourut deux jours après l'affaire de Saint-Denis; il endura des souffrances aiguës pendant ces deux jours ; son corps, sur le champ de bataille, avait été horriblement disputé par les deux partis. Il montra jusqu'au dernier moment une courageuse fermeté. « Laissez-moi, mon père, disait-il au religieux qui lui offrait les consolations de l'Église, il serait bien honteux qu'ayant vécu quatre-vingts ans, je ne susse pas mourir un quart d'heure. » Ainsi finit un des plus braves guerriers de ce temps, lequel, on ne doit pas l'oublier, avait sauvé la France d'une invasion de Charles-Quint.

Nous avons dit que la victoire de Saint-Denis avait à peine mérité ce nom, et l'on se demandait quel profit en retirerait le parti catholique. Charles IX interrogea le maréchal de Vieuville à ce sujet, et le maréchal lui répondit avec beaucoup de sens : *Ce ne sont ni les catholiques ni les protestants qui ont gagné la bataille; c'est le roi d'Espagne.* Beaucoup de Parisiens, attirés par la curiosité, avaient assisté à cette bataille, comme à un spectacle, en se répandant dans la plaine de Saint-Denis. Parmi les personnages avides de jouir de la vue d'un combat, se trouvaient des dames vêtues en amazone, des magistrats, des docteurs, des ambassadeurs, au milieu desquels on remarquait l'envoyé du grand-seigneur. Celui-ci avait vivement admiré l'intrépidité des protestants : « Ah ! s'écriait-il au retour, si mon maître avait six mille de ces casaques blanches, il ferait la conquête de l'Asie. »

Condé et Coligny brûlèrent le village de La Chapelle, et, pendant trois jours, firent des courses jusqu'aux portes de la capitale. Après quoi, ils se dirigèrent vers la Lorraine dans le but d'y recevoir un puissant secours que leur envoyaient les princes d'Allemagne. Ce secours s'élevait à dix mille hommes; mais il n'arrivait pas, et l'armée protestante, sans subsistance, sans vêtement, éprouvait de dures privations. Condé, doué d'une intarissable gaîté, Condé, le type le plus brillant du courage français, spirituel et insouciant au milieu des horreurs de la guerre, empêchait le découragement par sa verve militaire, plus encore que la patience héroïque de Coligny. « On s'était flatté, dit Lanoue, qu'à peine arrivés en Lorraine, on entendrait chanter les coqs des reîtres; » mais les reîtres, ces troupes de pillards, se faisaient bien attendre. On n'osait prononcer le mot de fuite à l'étranger, bien que l'on fût sur le point d'être attaqué à tout instant par vingt-six mille hommes. « Que ferons-nous, demandait-on à Condé, si nous ne trouvons pas de reîtres à Épinal ? — Mes amis, nous soufflerons dans nos doigts, car le froid est bien vif, répondait le prince en riant. » Cependant les reîtres paraissent; on court à eux, on se félicite, on oublie dans ces transports qu'une somme considérable leur a été promise, attendu qu'ils ne sont guidés que par l'appât de la solde; il s'agit de trouver cent mille écus. Cent mille écus, et l'armée de Condé et de Coligny n'est pas payée elle-même ! Comment faire ? Ici se passa une scène d'un rare désintéressement. Les chefs, les officiers, les soldats offrirent tous ce dont ils pouvaient disposer. Chacun se cotisa avec enthousiasme; on vit même les pillards, tolérés à la suite de l'armée, apporter leur tribut. Ce fut assurément un beau spectacle que celui d'une armée sacrifiant ses dernières ressources pour attacher des alliés à son parti. Mais ce dévouement ne put arriver à produire qu'une somme de trente mille écus; il en fallait cent mille. Heureusement les reîtres s'attendrirent à l'espect de tant d'abnégation; ils se joignirent aux protestants; ils marchèrent sous les ordres de Coligny et de Condé. Quand la jonction eut été opérée, on fit un long circuit pour s'emparer de Blois et de Beaugency, et on alla investir Chartres, ville qui ne semblait pas en état d'offrir une longue résistance. Mais, ainsi que le dit Lanoue, *il n'est muraille que de bons hommes*. Chartres, où commandait Lignières, se défendit vaillamment.

Pendant que les protestants étaient occupés à ce siége, l'armée catholique, aux ordres du duc d'Anjou, frère de Charles IX, les serrait de très-près. Il fallait que cette armée se résignât à laisser prendre Chartres, ou qu'elle livrât une bataille dont l'issue effrayait Catherine de Médicis. Dans cette alternative, la reine recourut à son moyen ordinaire, elle offrit la paix. Le prince de Condé et Coligny, voulurent d'abord s'y refuser, mais ils trouvèrent une vive opposition dans leur armée. « Eh quoi, disait Coligny à ses compagnons, ne voyez-vous pas que cette paix sera une longue suite d'assassinats? Dormirez-vous tranquilles dans vos châteaux, vous qui avez failli surprendre le roi dans le sien? Oublie-t-on de semblables entreprises? Est-ce la reine, est-ce le cardinal de Lorraine qui oublient? » On lui répondait : Nous sommes bien plus sûrs encore de mourir ici de misère; et il fut obligé de céder au désir de paix qui se manifestait de tout côté parmi les gentilshommes.

Condé et Coligny pouvaient à peine d'ailleurs contenir les Allemands, qui, l'enthousiasme passé, se mutinaient pour être payés; leurs propres soldats, manquant de pain, désertaient par bandes. On conféra de la paix à Longjumeau. Elle fut conclue aux conditions suivantes : que les deux partis feraient sortir du royaume les troupes étrangères qu'ils avaient à leur solde; que les calvinistes restitueraient les places dont ils étaient en possession; que l'édit de pacification, rendu cinq ans auparavant, serait remis en vigueur, et celui de Roussillon annulé; qu'il y aurait amnistie entière pour tous les désordres auxquels la seconde guerre avait donné naissance; enfin que les deux religions jouiraient d'un libre exercice dans toute la France.

Un édit royal, en date du 23 mars 1568, confirma les différents articles dressés et signés par les négociateurs. Cette paix porte le nom de Longjumeau. Elle est aussi appelée *paix petite*, parce qu'elle fut de courte durée. En effet, quand on en vint à remplir les conditions du traité de paix, de part et d'autre on s'exécuta de fort mauvaise grâce. Les protestants gardèrent le plus grand nombre des places qu'ils devaient rendre, notamment La Rochelle. L'attitude hostile des catholiques les autorisait à en agir ainsi. La cour n'avait point licencié les Suisses ni les troupes italiennes; elle laissait subsister l'édit de Roussillon, et se montrait peu disposée à faire revivre celui de pacification; les calvinistes étaient tous les jours victimes des fureurs des catholiques; enfin Charles IX, mettant le comble à son injustice, à sa tyrannie, avait ordonné une levée de trois cent mille écus d'or sur ceux des calvinistes qui avaient trempé dans la dernière guerre civile. Une telle exaction porta le désespoir dans le parti protestant.

Ce n'est pas tout. La cour, se doutant bien que les chefs calvinistes n'accepteraient pas la position humiliante qui leur était faite, et qu'ils appelleraient une troisième fois leurs coreligionnaires aux armes, résolut de les faire arrêter : quatre enseignes d'infanterie et quatorze compagnies d'hommes d'armes s'approchèrent de la résidence de Condé et de Coligny dans cette intention. Mais ces deux chefs ne les attendirent pas : sous l'escorte de cent cinquante chevaux, ils marchèrent en toute hâte vers La Rochelle où ils arrivèrent à la fin de septembre 1568, et, dès lors, cette ville devint le centre de la puissance calviniste. En peu de temps Condé et Coligny se trouvèrent à la tête d'une nouvelle armée avec laquelle ils entrèrent en campagne, et s'emparèrent d'Angoulême.

La cour, instruite de cette troisième levée d'armes, se hâta d'envoyer contre les protestants le duc d'Anjou, à la tête de douze mille hommes de pied et de quatre mille chevaux. Après diverses opérations de peu d'importance, les deux partis se virent contraints, par la rigueur de la saison, de suspendre les hostilités. La campagne de 1569 commença par un mouvement du duc d'Anjou sur la Charente pour empêcher la jonction des calvinistes avec le prince Volfang de Bavière, duc de Deux-Ponts, lequel avait pénétré en France, à la tête d'une armée, afin de secourir ses coreligionnaires. Dans cette intention, le duc d'Anjou se rendit maître de Jarnac et de Châteauneuf, franchit la Charente sur le pont de cette dernière ville, et tomba à l'improviste sur les huguenots, qui se trouvaient dispersés en ce moment. Coligny les rallie et fait tête aux catholiques ; le prince de Condé, averti de cette brusque attaque, accourt avec sa cavalerie. Le prince, blessé de la veille par une chute de cheval, avait le bras en écharpe ; tandis qu'il range ses cavaliers, le cheval de La Rochefoucauld se cabre et vient lui fracasser la jambe ; le prince se contente de dire avec sang-froid : *Vous voyez comme un cheval fougueux est dangereux un jour de bataille*, puis un moment après il ajoute, en s'adressant à ses soldats : « Cet accident ne nous retardera pas ; c'est le bras en écharpe et la jambe cassée que je vais vous conduire à travers les bataillons ennemis. Voyez, mes compagnons, combien je compte sur vous : tout mutilé que je suis, j'ai encore assez de force, puisque j'ai même courage, et que le vôtre me secondera. Qu'on sonne la charge. » Il fait ensuite retirer ses enfants, ne voulant pas qu'ils prissent part à l'action, comme si son génie l'avertissait que sa dernière heure était venue, et qu'il eût besoin de laisser quelqu'un derrière lui pour le remplacer et le venger. Il s'élance ensuite, avec la plus grande intrépidité, sur les escadrons du duc de Guise, et ne tarde pas à les enfoncer. La furie (la *furia francesca*) rétablit le combat. Mais que pouvaient ses héroïques efforts contre la multitude des catholiques qui, comme à la bataille de Saint-Denis, avaient sur les protestants une effrayante supériorité numérique? Après avoir attaqué comme un lion, il a son cheval tué sous lui, et il tombe sur un genou; il combat encore; il se défend longtemps. Il aperçoit parmi ses adversaires d'Argence, qui avait servi sous ses ordres, et témoigne enfin le désir de se rendre à lui; mais, au moment où il va lui remettre son gantelet, Montesquiou, capitaine des gardes suisses du duc d'Anjou, lui tire lâchement par derrière un coup de pistolet, en s'écriant : Tue, tue. Il l'étend mort. Le bruit de cet'événement s'étant répandu parmi les calvinistes, à demi vaincus, acheva de les décourager, et la bataille de Jarnac fut perdue pour eux sans retour. Il ne resta plus à Coligny qu'à sauver, par une prompte retraite, les restes de l'armée calviniste.

L'amiral se retira à Saint-Jean-d'Angely; et bientôt, au chagrin qu'il ressentait de ce grave échec, vint se joindre celui de la mort de son vaillant frère d'Andelot, qui fut emporté par une fièvre maligne. Resté seul à la tête du parti protestant, Coligny ne se montra pas au-dessous d'une si grande tâche. A force d'activité et d'énergie, il parvint à le relever de son abaissement momentané, et à le rendre plus formidable que jamais.

Jeanne d'Albret, veuve du roi de Navarre, présenta pour chefs aux troupes calvinistes, son fils, le prince de Béarn, âgé de seize ans, et Henri de Condé, fils du prince assassiné, âgé de dix-sept. Cette princesse, d'un caractère viril, adressa aux soldats un discours énergique pour ranimer leur courage abattu, et les exhorta à venger le meurtre exécrable du prince de Condé. Elle termina en disant qu'elle confiait à leur dévouement et à leur valeur le prince de Béarn et Henri de Condé, et en les engageant à continuer à l'amiral la même obéissance et la même soumission que par le passé.

Après cette solennité, à la fois auguste et touchante, les opérations militaires, quelque temps interrompues, reprirent leur cours. Les calvinistes firent leur jonction avec l'armée allemande, et ne tardèrent pas à en venir de nouveau aux mains avec les catholiques, qui, de leur côté, avaient reçu des secours du pape et du duc d'Albe. L'action s'engagea dans un lieu nommé la Roche-Abeille, et les protestants furent vainqueurs, ce qui ne les empêcha pas d'adresser à leurs adversaires des propositions de paix. Charles IX les repoussa, connaissant bien la situation précaire des calvinistes, et ne doutant pas que leur parti, qui manquait d'argent et de vivres, ne se consumât de lui-même en peu de temps. Le duc d'Anjou, dans le dessein manifeste d'accélérer leur ruine en les forçant à l'inertie, jeta une partie de ses troupes dans les places fortes et licencia le reste jusqu'au mois d'octobre. Mais Coligny était trop habile pour ne pas comprendre que l'inaction serait la perte des siens. D'ailleurs le pillage et les contributions forcées étaient indispensables à la subsistance de ses troupes, et surtout à l'entretien des Allemands, qui n'entendaient nullement raisonner cet article. L'amiral se vit donc réduit, faute de mieux, à la guerre des siéges ; il prit Châtellerault et Lusignan, et investit Poitiers, dont il croyait pouvoir se rendre maître facilement. Mais cette entreprise présentait d'immenses difficultés. Le comte de Lude, gouverneur du Poitou, défendait Poitiers avec une garnison qui ne montait pas à moins de sept mille hommes, et la fleur de la noblesse catholique s'y était jetée dans la ferme intention de s'ensevelir sous ses ruines. Tous les efforts de Coligny pour s'emparer de cette place importante échouèrent, et il fut contraint de décamper après quarante-cinq jours d'un siége opiniâtre et terrible.

Les catholiques et les protestants étaient également impatients d'en venir à une nouvelle bataille rangée, les premiers afin de ne pas laisser leurs adversaires se remettre de l'échec qu'ils avaient essuyé devant Poitiers, les seconds pour trouver un terme à leurs fatigues et à leurs misères. Les deux partis se rencontrèrent à Moncontour, le 3 octobre 1569, et engagèrent une des plus sanglantes actions dont nos annales aient conservé le souvenir. L'armée catholique avait pour chef nominal le duc d'Anjou; mais ses chefs réels étaient les maréchaux de Tavannes et de Cossé, dont les savantes dispositions, non moins que la supériorité numérique des catholiques, obtinrent gain de cause dans cette mémorable journée. Coligny, grièvement blessé au plus fort du combat, fut forcé de se retirer; et cette circonstance ne dut pas peu contribuer à faire perdre la bataille aux protestants. D'Aubigné raconte d'une manière touchante la retraite de Coligny. « Comme on portait l'amiral en une litière, L'Estrange, vieux gentilhomme et de ses principaux conseillers, cheminant en même équipage et blessé, fait, dans un chemin large, avancer sa litière au front de l'autre, et puis passant la tête à la portière, regarde fixement son chef, et la larme à l'œil lui adresse ces paroles : *Si est-ce que Dieu est très-doux;* là-dessus, ils se dirent adieu, bien unis de pensée, sans en pouvoir dire davantage. Ce grand capitaine a confessé à ses privés que ce petit mot d'ami l'avait relevé, et remis au chemin des bonnes et fermes résolutions pour l'avenir. »

Les protestants exécutèrent leur retraite sans trop de désordre, en se dirigeant sur Niort, où ils trouvèrent un secours de cent hommes d'armes envoyés par la reine d'Angleterre. Des propositions d'accommodement furent faites, dit-on, par la cour, aux huguenots; ceux-ci envoyèrent aux catholiques deux des leurs, Charles de Téligny et La Nocle de Beauvais, avec mission de discuter les articles de la paix. Mais les deux envoyés calvinistes, trouvant la cour trop exigeante, revinrent sans avoir rien conclu. C'était à regret que Coligny avait fait cette démarche; car dans un conseil des chefs protestants où fut agitée la question de cesser les hostilités, il soutint énergiquement qu'il fallait à tout prix continuer la guerre. « Sommes-nous donc abattus par la perte d'une bataille, s'écria-t-il? Mais après celles de Dreux, de Saint-Denis et de Jarnac, on nous a vus lever une tête menaçante. Beaucoup de places importantes nous restent; l'Angleterre, l'Allemagne, nous envoient des secours; de nombreuses levées se font pour nous de tous côtés ; bientôt une nouvelle armée nous donnera les moyens de conquérir une paix qui fermera les plaies de la France et assurera notre liberté, une paix que je désire et que nous ne pourrions obtenir maintenant qu'au prix des plus onéreuses concessions. »

Il fut résolu qu'on abandonnerait le Poitou pour se replier sur les provinces méridionales. En conséquence, les princes et Coligny se rendirent, avec les débris de l'armée protestante, à La Rochelle, laissant Niort et Saint-Jean-d'Angely en état de défense. La première de ces places, investie par le duc d'Anjou, tomba bientôt en son pouvoir, et la cour s'y transporta, afin de se trouver plus près du théâtre de la guerre. L'armée royale, au lieu de poursuivre ses avantages, s'amusa à faire le siége de Saint-Jean-d'Angely, que Piles, l'un des plus braves lieutenants de Coligny, défendit vaillamment, et rendit par capitulation. La longue résistance de cette ville donna le temps aux calvinistes de se refaire de leurs pertes, et de se réunir à Mongommery, qui avait levé une petite armée dans les pays arrosés par la Garonne. Après quoi, ils se rendirent dans le Toulousain, et y exercèrent mille ravages, en représailles du meurtre d'un gentilhomme protestant, nommé Rapin, à qui le parlement de Toulouse avait fait trancher la tête comme hérétique. L'armée calviniste s'était tellement accrue par l'activité et les soins infatigables de Coligny, qu'elle était en état de combattre victorieusement le duc d'Anjou. Mais Coligny avait conçu un autre projet. Par une marche savante et profondément calculée, il traverse le Languedoc et le Vivarais, entre dans le Dauphiné, repasse le Rhône et pénètre dans le Forez, puis se dirige sur Paris, en passant par la Bourgogne, où il se rend maître de la petite ville d'Arnay-le-Duc. Les catholiques ignoraient si le but de l'amiral était de se rapprocher de la frontière d'Allemagne pour y recevoir des renforts, ou de s'emparer de Paris : c'était l'un et l'autre tout à la fois. Le maréchal de Cossé, chargé de couvrir la capitale, l'atteignit à Arnay-le-Duc et lui livra combat. L'avantage resta aux protestants. Mais comme ces derniers étaient exténués par une longue marche, pendant la saison la plus rigoureuse de l'année, et qu'ils n'avaient pas de canon, ils se replièrent vers

La Charité, où, s'étant renforcés de quelques troupes et pourvus de plusieurs pièces d'artillerie, ils reprirent leur projet de marcher sur Paris.

Coligny était las de la guerre; il était profondément ému des nombreux excès que les deux partis commettaient, et la voix de la patrie déchirée par ses propres enfants se faisait entendre à lui. Il appela le jeune prince de Béarn et le jeune prince de Condé, qui avaient fait leurs premières armes de la manière la plus brillante dans la dernière affaire, et leur dit : « Je serais coupable de ne pas modérer votre courage ; ne me demandez point si nous avons pris beaucoup de canons, si nous avons tué beaucoup d'hommes. Ces hommes sont des Français ; j'espère que ni vous, ni moi, nous n'aurons plus à verser pour notre défense le sang de nos compatriotes. Si je connais bien la reine-mère et le roi, la paix est dans nos mains. Qu'il me tarde de la signer, de la rendre durable, et de ne plus tirer mon épée que pour mon roi !... Jeunes princes, que dans mon cœur j'ose nommer mes enfants, si je vous ai enseigné par ma constance à triompher des plus cruelles adversités, vous avez encore à recevoir de moi une leçon plus précieuse, c'est celle d'éviter à tout prix les guerres civiles. Oui, je signerais une paix utile à mes frères, nécessaire à ma patrie, même avec la certitude d'en être la victime, et de subir un nom ignominieux. »

La grande âme de Coligny, tout en présageant un sombre avenir, en était venue à ce point de lassitude, quand la cour fit proposer une trêve de dix jours ; pendant cette trêve, des négociations s'ouvrirent, et la paix fut signée au mois d'août 1570, à Saint-Germain-en-Laye. Il fut stipulé que les protestants jouiraient de la liberté de conscience, qu'ils pourraient tenir des assemblées publiques, et qu'ils auraient quatre places de sûreté : La Rochelle, Montauban, Cognac et La Charité. Cette paix fut appelée *boiteuse*, et *mal assise*, comme la précédente paix, ainsi nommée parce que l'un des plénipotentiaires était boiteux, et que l'autre s'appelait Malassise. Le roi, la reine-mère, tous les grands de l'État, jurèrent solennellement de l'observer.

Lorsque la tranquillité eut été rétablie, tranquillité qui était plus apparente que réelle, et qui cachait un piége abominable,

Catherine et son fils mirent tout en œuvre pour attirer Coligny et ses deux pupilles à la cour, dans le but de les immoler à leur implacable ressentiment; cela est trop prouvé. Coligny résista à toutes leurs instances; il nourrissait sur les desseins des catholiques des soupçons que les événements n'ont que trop justifiés. Ce qui contribuait surtout à exciter sa défiance, c'étaient les avantages considérables que la cour avait accordés aux protestants; elle était en position de leur faire des conditions moins brillantes, et ce miel perfide, pensait l'amiral, devait couvrir un subtil poison.

Charles IX et Catherine ne se rebutèrent point; ils annoncèrent l'intention de déclarer la guerre au roi d'Espagne, et de l'attaquer surtout en Flandre; c'était un des moyens les plus capables de bannir la défiance des protestants; car ceux-ci pouvaient-ils douter encore de la ferme résolution du roi de maintenir la paix dans ses États, lorsqu'il tournait ses armes contre ce Philippe qui avait été l'un des principaux instigateurs de la guerre civile en France? Coligny fut un des premiers à se laisser prendre à cette ruse habile. L'ardent désir de combattre les ennemis de son pays et de purifier dans leur sang un glaive qu'il avait tiré contre ses compatriotes, mit en défaut sa prudence ordinaire.

Mais ce qui acheva de dissiper toute défiance chez les calvinistes, ce fut la proposition que fit Charles IX à Jeanne d'Albret d'unir son fils, le prince de Béarn, avec sa sœur, Marguerite de France, et de cimenter à jamais, par cette union, l'amitié des protestants et des catholiques.

La conduite de la cour étonnait tout le monde. Philippe II, si fin, si rusé, ne se doutait de rien. Le pape lui-même croyait tellement à la sincérité de Charles et de sa mère, qu'il refusa un bref de dispense pour l'union de Marguerite et du prince de Navarre. Le roi de France et Catherine, soutenant leur rôle jusqu'au bout, déclarèrent que puisque le pape refusait une dispense, ils sauraient s'en passer, et qu'ils n'étaient point disposés à troubler de nouveau la paix du royaume par l'obstination du saint-père.

Enfin Charles IX ayant écrit à Coligny deux lettres très-pressantes dans lesquelles il lui mandait que, voulant lui confier la conduite de la guerre des Pays-Bas, il était nécessaire qu'il vînt en conférer avec lui, Coligny, vaincu, partit de La Rochelle, suivi de cinquante gentilshommes, escorte dont le roi lui-même lui avait conseillé de se faire accompagner, et arriva à Blois où la cour séjournait alors; rien ne fut oublié pour augmenter sa confiance. Les Guises, trompés comme les autres par le jeu habile du roi, firent éclater leur mécontentement de voir Coligny en faveur; Charles les éloigna. L'amiral, en paraissant devant le roi, se jeta à ses pieds; Charles le releva et le pressa tendrement entre ses bras, en le nommant son père. « Nous vous tenons bien maintenant, lui dit-il, vous ne nous échapperez plus. » Catherine et le duc d'Anjou lui prodiguèrent également les marques de la plus vive affection. Le roi le réhabilita dans toutes ses charges, lui fit présent de cent mille livres afin de le dédommager de toutes les pertes qu'il avait éprouvées pendant la guerre, et lui fit rendre les meubles de son château de Châtillon. Charles IX parait sa victime pour le sacrifice; ceux qui accompagnaient l'amiral eurent également part aux faveurs du roi. Tout ce que demandait Coligny lui était sur le champ accordé, et Charles affectait de le mettre dans son cœur bien au-dessus des personnes avec lesquelles il était uni par les plus étroites liaisons du sang. Un jeune gentilhomme, nommé Villandri, avait été condamné à mort pour avoir offensé le roi en jouant avec lui; Charles demeura inflexible aux prières de sa mère, de ses frères, de sa jeune épouse, qui imploraient sa grâce. Coligny ouvre la bouche, et Charles pardonne à Villandri.

Ce ne fut qu'après une longue hésitation que la reine de Navarre se décida à venir à la cour; pendant qu'elle était en route pour se rendre à Blois, Charles IX reçut le cardinal Alexandrin, neveu du pape, qui venait de la part du saint-siége, pour rompre les mesures de la cour à l'égard des protestants, et surtout pour empêcher le mariage de Marguerite avec un hérétique. Charles répondit au cardinal d'une manière ambiguë, et l'assura que bientôt le pape n'aurait plus à douter de *sa piété et de son zèle ardent pour la religion*. Peu après, Pie V mourut. Grégoire XIII, nouveau pontife, accorda la dispense que son prédécesseur avait refusée.

L'arrivée de la reine de Navarre à la cour fut signalée, de la part du roi et de la reine-mère, par les mêmes caresses et les mêmes transports que celle de l'amiral. Charles dit en particulier à sa mère : *N'ai-je pas bien joué mon rôle?* Sa mère lui ayant répondu que ce n'était pas tout, et qu'il fallait achever. *Laissez-moi faire,* s'écria-t-il, *je vous les amènerai tous au filet.* Il tint parole.

La reine de Navarre s'étant rendue à Paris, au commencement de juin 1572, pour les apprêts des noces de son fils, tomba malade et mourut au bout de cinq jours. Cette mort fut attribuée par les uns à la fatigue que se donna Jeanne d'Albret pour les préparatifs du mariage, par les autres à des gants empoisonnés que lui avait vendus un parfumeur, gagné par Catherine de Médicis pour commettre ce forfait. Quoique que le caractère de Catherine semble autoriser cette dernière supposition, il est vrai de dire que l'autopsie ne fit découvrir aucune trace de poison. Le prince de Béarn prit le titre de roi de Navarre. Son mariage, qui avait dû avoir lieu en juin, fut remis au mois d'août à cause de la mort de sa mère. Coligny recevait de toutes parts des avertissements sur les dangers qui l'entouraient. A plusieurs reprises les Rochelois le supplièrent de songer à sa sûreté, et de ne point compromettre une tête sur laquelle reposaient les destinées du parti protestant.

Parmi les avertissements donnés à Coligny, on cite ceux-ci, qui tout éloquents qu'ils étaient, ne purent rien sur son âme fatiguée [1]. « O Coligny! qu'avez-vous fait de votre prudence? vous à Paris! vous dans une ville qui, depuis douze ans, est devenue l'apanage des Guises; vous dans une ville où le catholicisme est plus invétéré, plus furieux qu'à Rome, Lisbonne et Madrid, est-ce avec huit cents gentilshommes que vous braverez les coups d'une population immense et tout entière acharnée à votre ruine? Vous qui saviez si bien nous défendre à la tête des armées, pouvez-vous nous livrer aux poignards des catholiques? n'êtes-vous plus pour nous un père vigilant? On vous entend répondre pour toute chose à nos alarmes, à nos avertissements : *j'aime mieux être traîné dans les rues de Paris, que de recommencer la guerre civile.* C'est ainsi que nos pères ont parlé pendant quarante ans, et tous ont péri dans l'exil, la prison ou les flammes. Grâce à vous, nous avions obtenu un meilleur

---

[1] LACRETELLE, *Guerres de religion.*

sort; mais c'est par des moyens qu'un roi généreux et qu'une cour loyale auraient encore bien de la peine à nous pardonner; et nous vivons auprès de la plus infâme des cours, sous le plus fourbe des rois. Ses serments vous rassurent, ses caresses vous ont subjugué. O Coligny, pouvez-vous vous fier aux serments d'un roi qui fatigue jusqu'à ses plus vils courtisans par ses continuels blasphèmes? La foi de gentilhomme de François Ier était plus sûre que les exécrables jurements de son petit-fils. Est-ce quand on outrage le ciel qu'on peut inspirer de la confiance aux hommes, et à un homme comme vous, Coligny? Mais il vous serre dans ses bras, il vous appelle son père; il se montre impatient d'accomplir vos grandes pensées, il semble vous livrer son royaume. J'aimerais cent fois mieux qu'il promît moins; plus il affecte d'oublier nos guerres civiles et sa fuite de Meaux, plus il se souvient, croyez-moi, qu'avec le prince de Condé vous avez été sur le point d'enlever sa personne : que vous avez évité longtemps chacune de ses embûches; qu'inépuisable en ressources, vous vous êtes en quelque sorte joué de ses armées victorieuses; enfin que vous l'avez fait souscrire à la paix la plus humiliante que jamais un monarque ait reçue de l'un de ses sujets. Mais comment, dites-vous, prêter une infernale dissimulation à un roi de vingt ans? C'est dans les temps de guerres civiles, Coligny, que le vice mûrit promptement. Tout s'est réuni pour donner à Charles IX une corruption anticipée, une scélératesse précoce. L'exécrable Gondi est l'ami de son cœur; c'est Philippe II qu'il prend pour modèle; le duc d'Albe, à Bayonne, lui a enseigné sa politique. Mais d'où vient qu'il se déclare contre Philippe II et contre le duc d'Albe? Voilà des effets, dites-vous? et cependant le brave Genlis est battu; Lanoue et Nassau ont échoué dans des entreprises dont le succès vous semblait infaillible. Les Rochelois, loin de s'applaudir des armements qu'on prépare si près de leurs rivages et qu'on vous dit destinés contre l'Espagne, les regardent comme dirigés contre nous, et vous l'écrivent. On nous trompe, on veut nous égorger non plus comme autrefois séparément, mais tous ensemble. Notre mort serait moins douce à Catherine de Médicis, si elle ne nous faisait frapper dans une fête; il faut qu'elle s'amuse de notre crédulité, de notre joie. Plus d'obstacles au mariage du roi de Navarre; le poison a délivré la cour d'une reine qui veillait sur les dangers de son fils et sur les nôtres. O Coligny, avez-vous pris assez d'informations sur cette mère, sur celle de votre frère, Odet de Châtillon. Pourquoi le chancelier de l'Hôpital, malgré vos instances, vit-il encore dans une retraite qui est un exil, et pourquoi les Guises reparaissent-ils à la cour? Rien ne vous est suspect, pas même le zèle du cardinal de Lorraine à solliciter une dispense du pape pour le mariage d'un prince huguenot avec la sœur du roi. Vous supposez donc tous les cœurs changés? à vos yeux Guise et Tavannes n'ont plus de haine! la reine-mère et le cardinal de Lorraine agissent avec droiture! Coligny, pourquoi n'écoutez-vous plus la voix des pasteurs? ils vous apprendraient quelles horribles maximes on prêche aujourd'hui dans les églises catholiques de Paris. C'est un devoir, disent les curés, les moines et surtout les jésuites, de manquer de foi aux hérétiques. Puisque tout traité avec eux est un crime envers le ciel, il n'est qu'un moyen de salut, c'est de les poursuivre, de les frapper, de les égorger à la faveur des traités. Ils le disent, ils seront obéis, les poignards sont prêts; le tocsin va sonner, nul de nous n'échappera, puisque Coligny veut toujours s'aveugler, et que nous n'avons pas la force d'abandonner Coligny. »

Ce mémoire offre un résumé fidèle de la situation. Coligny s'amusa à le réfuter dans toutes ses parties, mais ses raisonnements ne convainquirent personne; son gendre seul, l'aimable et généreux Téligny, et le comte de La Rochefoucauld, partageaient ses illusions.

Les craintes des protestants redoublèrent à l'approche du mariage de Marguerite et du roi de Navarre. Il entrait continuellement de nouvelles troupes dans Paris, et Charles, afin d'endormir les soupçons de Coligny, l'assurait qu'elles étaient destinées à réprimer les désordres que les fêtes et les réjouissances publiques pourraient occasionner.

Il paraît que le massacre avait longtemps à l'avance été fixé au jour de la Saint-Barthélemy, car Strozzi, commandant des troupes catholiques autour de La Rochelle, reçut de la reine-mère une lettre cachetée, qu'il ne devait ouvrir que le 24 août, et dont la date était antérieure de plusieurs mois; laquelle lettre lui enjoignait de faire main basse sur les huguenots à ce jour déterminé.

Pendant que tout se préparait pour un effroyable drame, les Guises, de leur côté, complotèrent la mort de l'amiral. Ils apostèrent un certain Maurevert, homme de sang et de crimes, dans la maison d'un chanoine de Saint-Germain-l'Auxerrois, devant laquelle Coligny devait passer en revenant du Louvre. L'assassin tira sur lui un coup d'arquebuse et l'atteignit de deux balles, dont l'une lui brisa l'index de la main droite, et l'autre le blessa grièvement au bras gauche. Charles IX, à la nouvelle de cet attentat, fit éclater une violente colère. Il se rendit aussitôt chez l'amiral, et lui dit avec la plus vive affliction : *Mon père, la blessure est pour vous et la douleur pour moi.* Puis il l'assura, avec des jurements, des imprécations épouvantables, qu'il infligerait à l'assassin un châtiment terrible. Coligny ayant demandé au roi des gardes pour la sûreté de sa personne, Charles s'empressa de lui envoyer cinquante arquebusiers commandés par un nommé Cosseins. Cet homme était l'ennemi déclaré de Coligny, et Charles le savait. Un pareil choix étonna les protestants et redoubla leurs craintes.

Dans une dernière conférence qui eut lieu entre Catherine, Charles IX, le duc d'Anjou et les principaux chefs catholiques, on agita la question de savoir si le roi de Navarre et le prince de Condé seraient enveloppés dans le massacre ; car Charles IX avait dit : *Je consens au massacre des huguenots, mais qu'il n'en reste pas un seul pour me le reprocher.* Après mûre délibération, on décida qu'ils seraient épargnés, soit que l'on respectât encore le sang des rois, soit qu'on voulût les réserver comme ôtages. Le duc Henri de Guise fut chargé de conduire à terme cette exécrable machination. Sa haine contre les protestants, le désir de venger le meurtre de son père, l'ambition de se signaler comme le personnage le plus important du parti catholique, lui firent embrasser avec joie et enthousiasme le rôle d'égorgeur en chef qui lui fut décerné. Il plaça autour du Louvre des troupes qui devaient, à un signal convenu, tomber sur les huguenots. Il ordonna au prévôt des marchands d'armer les bourgeois de Paris, et de leur déclarer que la volonté du roi était que l'on passât au fil de l'épée tous les huguenots, sans qu'il en échappât un seul. On donna des armes à tous les citoyens, en leur recommandant de mettre un linge blanc à leur bras gauche et une croix blanche à leur chapeau, afin de se reconnaître dans le tumulte. On fit illuminer toutes les fenêtres. Enfin l'on prit toutes les mesures les plus propres à assurer le succès de l'entreprise. Tout s'exécuta avec un ordre parfait; une fête ne se prépare pas avec plus de calme et de tranquillité; il semblait qu'un seul esprit animât tous ces êtres qui ne respiraient que meurtres et carnage. Quand tout fut prêt, on attendit en silence que le formidable tocsin fît vibrer la mort aux oreilles des victimes.

Les protestants se livraient au repos; les principaux d'entre eux avaient passé la soirée auprès de Coligny; ne voyant nul danger, ils s'étaient retirés, laissant l'amiral avec deux gentilshommes, Cornaton et Labonne, avec Yolet, son écuyer, un ministre protestant, le premier chirurgien du roi, et ses serviteurs. La porte de l'hôtel était gardée par Cosseins et ses cinquante arquebusiers, qui devaient prendre part au massacre. Coligny se trouvait hors de péril; ses plaies étaient belles et promettaient une heureuse et prompte guérison.....

Cependant Charles IX, à l'aspect de l'exécrable forfait qu'il va commettre, recule épouvanté. Ce jeune monarque, perverti par sa mère, nourri par elle à l'école de la cruauté et de la perfidie, sent, néanmoins, son cœur défaillir au moment de l'exécution. Une sueur froide coule le long de ses membres, son sang se glace, la nature se réveille en lui. Mais Catherine est là, et la nature doit être étouffée, et la férocité doit seule prévaloir. Effrayée de l'irrésolution et des remords de son fils, elle le presse, elle le conjure; elle lui représente que la faiblesse, dans un pareil moment, est la ruine de son trône et le triomphe des protestants. Elle lui fait entendre qu'il est trop avancé pour reculer, et que s'il hésite, il est perdu. Charles cède enfin, et Catherine, craignant que de nouveaux remords ne viennent assiéger le cœur de son fils, fait avancer le terrible signal.

Le tocsin sonne. Soudain tout un peuple en démence et en fureur se lève, armé de crucifix et de coutelas, en proférant mille imprécations contre les calvinistes. Voilà le duc de Guise; il apparaît comme le génie de la mort; il s'avance, l'œil étincelant, vers le logis de Coligny ; D'Aumale et d'Angoulême sont avec lui, et il est accompagné d'une bande d'assassins, qui tous ont soif de sang. Le duc de Guise est reconnu par Cosseins; celui-ci frappe à la porte de l'hôtel en disant que c'est un message du roi pour l'amiral. Le gentilhomme Labonne ouvre et tombe poignardé. Cosseins pénètre dans la cour avec ses arquebusiers et fait feu sur les gens de Coligny; ceux-ci se renferment et se barricadent. Cosseins leur crie d'ouvrir *de par le roi*. Coligny, au premier bruit, avait cru que c'était un mouvement du peuple, dont les gardes du roi auraient facilement raison. Mais quand ses gens l'eurent instruit de ce qu'il en était, il leur dit : « Sauvez-vous, mes amis ; pour moi je suis préparé à mourir; je recommande mon âme à la miséricorde de Dieu. » La seconde enceinte est aussitôt forcée, et les meurtriers se répandent dans la maison en massacrant tout ce qu'ils rencontrent. La porte de l'appartement de l'amiral est enfoncée. Besme entre le premier; c'est à lui qu'est réservé l'honneur de frapper le coup mortel. Coligny est assis dans un fauteuil; son front est calme et assuré. « N'es-tu pas l'amiral ? lui crie Besme. — C'est moi-même, dit Coligny; jeune homme, tu devrais respecter mes cheveux blancs ; mais tu n'abrégeras pas de beaucoup ma vie. » Pour toute réponse, Besme lui plonge son épée dans la poitrine, et lui en assène encore plusieurs coups sur la tête. Ceux qui l'ont suivi, frappent à leur tour Coligny, qui tombe mort à leurs pieds. Guise s'impatientait dans la cour. Besme l'avertit que l'amiral est tué. *Jette-le par la fenêtre*, lui crie-t-il; et aussitôt le cadavre du grand Coligny tombe avec fracas dans la cour. Le duc de Guise, voulant s'assurer que c'est bien lui, essuie avec son mouchoir le visage ensanglanté de l'amiral, et dit : *Je le reconnais, c'est lui-même.* Après quoi, il lui donne un coup de pied dans le visage, lui fait couper la tête, qu'il envoie au roi, et s'éloigne avec les siens. Les maisons voisines sont bientôt forcées comme celle de l'amiral, et les protestants qu'elles renferment, massacrés. Téligny, gendre de Coligny, tombe un des premiers sous les coups des catholiques, et avec lui périssent La Rochefoucault, Renel, Soubise, Guerchi, La Chataigneraye, La-

HISTOIRE DES GUERRES CIVILES.

MASSACRE DE LA SAINT-BARTHELEMY.

Publié par la Société de l'Industrie Fraternelle.

vardin, Piles, Clermont, et tant d'autres dont les noms nous échappent. Le Louvre même regorge du sang des calvinistes; on les poursuit jusque dans l'appartement du roi de Navarre, qui voit briller autour de lui mille glaives tout sanglants du meurtre de ses coreligionnaires. Ceux qui essayaient de se soustraire à la mort en montant sur les toits, étaient atteints par les arquebusades, et tombaient dans la rue. Tous périssent sans défense, les uns surpris dans leur lit, les autres se sauvant à demi nus. Le carnage avait lieu dans tous les quartiers de Paris en même temps. *Saignez! saignez!* criait le maréchal de Tavannes en parcourant les rues, *la saignée est aussi bonne au mois d'août qu'au mois de mai.* Le massacre ne commença dans le faubourg Saint-Germain que vers la fin de la nuit. La Seine alors n'était couverte d'aucun pont; cette circonstance retarda la marche des bourreaux. Plusieurs calvinistes parvinrent à s'échapper; de ce nombre furent Montgommery et le vidame de Chartres. Dans l'effroyable désordre de cette nuit cruelle, beaucoup de catholiques même furent sacrifiés à la cupidité et à des intérêts particuliers. « C'était être huguenot, dit Mézeray, que d'avoir de l'argent, ou des charges enviées, ou des héritiers affamés. » En périssant, les malheureux protestants imploraient leur Dieu, et c'est au nom de ce Dieu qu'on les égorgeait; ils imploraient leur roi, et ce roi lui-même trempait ses mains homicides dans le sang de ses sujets....... Armé d'une arquebuse, Charles IX, aposté à une fenêtre du Louvre, tirait sur les huguenots épouvantés. Catherine était à ses côtés, lui soufflant son infernal génie et jouissant de son ouvrage.

Au premier bruit de la mort de Coligny, une populace furieuse s'était portée chez lui. Son corps, qui était gisant dans la cour, devint l'objet de mille outrages. Il fut traîné dans tout Paris pendant trois jours; puis, tout souillé de fange et presque en lambeaux, il fut jeté dans la Seine. La frénésie, lasse un moment, se ranime bientôt. On le retire de la rivière, et on va le suspendre par les pieds avec une chaîne de fer au gibet de Montfaucon; là il servit de spectacle à Charles IX lui-même, qui vint en repaître ses yeux, et répéta, dit-on, ce mot de Vitellius, qu'*un ennemi mort ne sent pas mauvais.*

Charles IX avoua le massacre de la Saint-Barthélemy, et déclara par un édit qu'il en était venu à cet acte de rigueur afin d'étouffer une conjuration de Coligny et des protestants contre l'État. On frappa des médailles pour éterniser cette sainte boucherie; et le parlement ordonna de faire tous les ans une procession solennelle en commémoration d'un événement si agréable à Dieu.

CHAPITRE XVIII.

—

SOMMAIRE.

Résultat du massacre de la Saint-Barthélemy. — Les protestants reprennent les armes. — Siéges de La Rochelle et de Sancerre. — Paix de La Rochelle. — Le duc d'Anjou élu roi de Pologne. — Les hostilités se rallument entre les catholiques et les protestants. — Remords de Charles IX. — Sa mort. — Régence de Catherine de Médicis pendant l'absence de Henri III. — Paix dite de *Monsieur*, conclue le 6 mai 1576. — Défiance des protestants. — Ils se tiennent sur leurs gardes et se cantonnent dans leurs provinces. — Formation de la *Ligue* par les Guises. — Premiers états de Blois. — Les catholiques ne veulent souffrir qu'une seule religion en France. — La guerre recommence. — Paix de Bergerac. — Guerre des *Amoureux*. — Prise de Cahors par le roi de Navarre. — Siége de La Fère. — Belle défense et capitulation de cette ville. — Campagne de Turenne dans le Haut-Languedoc. — Surprise de Saint-Émilion par le roi de Navarre. — Conclusion du traité de Fleix qui met fin à la guerre des Amoureux.

Dans cet affreux massacre qui montra la nature humaine sous un si vilain jour, on ne cite qu'un trait de grandeur d'âme. La générosité ne se réfugia que dans le cœur d'un ennemi personnel, lequel dédaigna d'abriter sa rancune sous le voile du fanatisme religieux. D'Aubigné rapporte ce fait honorable, accompagné de certains détails romanesques qui lui donnent un intérêt de plus. Un gentilhomme du Quercy, nommé Vesins, détestait profondément un autre gentilhomme nommé Regnier. Vesins était catholique, Regnier était protestant; tous deux se trouvaient à Paris dans la nuit fatale de la Saint-Barthélemy. Vesins, à la tête de plusieurs compagnons armés, se hâta de courir chez Régnier. « Homme cruel, s'écria celui-ci, c'était vous que j'attendais; profitez d'un moment si favorable pour satisfaire votre ressentiment, ne prolongez pas mon agonie; j'ai recommandé mon âme à Dieu; tuez-moi. » Vesins lui répondit : « Suivez-moi, j'ai là un cheval pour vous. » Regnier, non sans un grand étonnement, se laissa conduire ; il prit le cheval qu'on lui avait amené. Vesins avait reçu du roi une commission pour se rendre à Cahors ; il fit passer Regnier pour un des hommes de sa suite, sortit de la capitale, et durant cent quarante lieues, garda avec son ennemi un silence terrible. Régnier, voisin de Quercy, se vit ramené jusqu'aux portes de son propre château, sans savoir quelle vengeance on voulait tirer de lui. Était-ce pour le faire périr aux yeux des siens qu'on l'avait tiré de la capitale ? Au moment où ils entraient dans l'avenue du château, Vesins s'arrêta, et parla enfin à l'homme contre lequel il n'avait éclaté en chemin que sourdement et par de sinistres regards : « Il est temps de terminer votre incertitude, lui dit-il, vous m'avez offensé ; je ne me venge point en assassin, mais en homme d'honneur. Maintenant que vous êtes en sûreté et près de votre château, nous pouvons vider nos débats ; je vous en laisse le maître. — Qui, moi, mon cher Vesins, lui répondit Regnier, que j'abuse ainsi de votre générosité ! Puis-je encore voir un ennemi dans mon libérateur ? O Vesins ! Mettez le comble à vos bienfaits en me donnant votre amitié. » Il lui tendit la main, mais Vesins la repoussa avec un reste d'animosité. Regnier insista sur sa reconnaissance, et son ennemi finit par lui dire : « Adieu. Tout ce que je vous demande, c'est de reconnaître que vous m'aviez mal jugé. » Il s'éloigna au galop de son cheval.

Cinquante mille Français périrent dans les journées de la Saint-Barthélemy ; le massacre se continua en province ; la cour ne trouva que des exécuteurs trop faciles de ses volontés. Un gouverneur, celui de Bayonne, montra une noble résistance, le vicomte d'Orthez ; sa réponse au roi, comme l'action de Vesins, repose le cœur du spectacle de ces horreurs. « Sire, dit-il, j'ai communiqué le commandement de Votre Majesté à ses fidèles habitants et gens de guerre de la garnison. Je n'y ai trouvé que bons citoyens et braves soldats, mais pas un bourreau. C'est pourquoi, nous prions humblement Votre Majesté de vouloir bien employer nos bras et nos vies en chose faisable. » Le vicomte d'Orthez, pour prix de sa belle conduite, mourut empoisonné. Ainsi périrent la plupart des gouverneurs et commandants, qui attachés à la famille de Montmorency, firent honneur ainsi qu'elle à l'humanité, en arrachant des victimes à la rage catholique. Meaux, Orléans, Angers, Bourges, Lyon, Rouen, Bordeaux, furent les villes où le fanatisme répandit le plus de sang.

Le massacre de la Saint-Barthélemy eut un résultat diamétralement opposé à celui qu'en attendaient ses exécrables auteurs. Les catholiques avaient cru abattre le parti protestant, et ce parti en devint plus fort, plus énergique, plus redoutable, comme tout parti indignement décimé. La cour, épouvantée elle-même de l'énormité de son crime, ne montra plus qu'irrésolution et stupeur. Le roi et ses infâmes conseillers ne savaient quel parti prendre. « Ils tuèrent, dit un historien, ils firent tuer pour le plaisir du massacre; mais ils n'avaient préparé ni forces, ni argent, ni projets pour le temps qui devait venir, et leur conduite fut aussi pleine de contradictions après l'événement qu'elle l'avait été auparavant. »

Le chancelier Michel de l'Hôpital, cet intègre et grand magistrat, ne survécut pas longtemps à cet horrible massacre, dont il avait failli être victime; lorsqu'il l'apprit, il s'écria : « Je reconnais les conseils qu'on donnait au roi depuis longtemps; il faut mourir quand on n'a pu prévenir de tels malheurs. Les assassins de l'amiral de Coligny s'approchent bien tard de la demeure du chancelier de l'Hôpital. » Et une troupe d'assassins s'étant enfin présentée à la porte de son château, il voulait qu'on la leur ouvrît. Un sauf-conduit de la reine retarda de quelques jours sa mort que la douleur de voir les maux dont la France était accablée, accéléra.

Bientôt arrivèrent les félicitations de la cour de Rome pour le massacre de la Saint-Barthélemy. C'est le cardinal Fabio Orsini que le pape envoya en France comme légat, afin de remercier Charles IX de cette action sainte et méritoire, et de le presser en même temps de profiter de sa *victoire*, pour faire publier dans tous ses États les canons du concile de Trente, malgré l'opposition de ceux qui les repoussaient encore. A son passage à Lyon, Orsini félicita publiquement un nommé Bordon, qui s'était signalé dans les massacres de la manière la plus effroyable. Outre les huguenots qui avaient été tués dans les rues par une populace frénétique, plus de huit cents protestants se trouvaient renfermés dans les prisons de Lyon, sous la foi du gouverneur Mandelot. Celui-ci n'osant souiller ses mains du sang de tant de braves gens, laissa agir Bordon, lequel, après avoir vainement demandé l'assistance des soldats de la citadelle, et même celle du bourreau, recruta enfin un petit nombre de bourgeois, fanatisés par les prêtres, et, avec leur assistance, égorgea les huit cents prisonniers, dont les corps furent jetés dans le Rhône. Le légat, non content de féliciter Bordon, lui donna, de sa pleine autorité, une absolution générale pour tout ce qu'il avait pu y avoir d'irrégulier dans sa conduite [1].

Arrivé à Paris, Orsini fut très-étonné de ne pas y voir régner l'enthousiasme du triomphe. Les ministres lui recommandèrent de s'exprimer avec réserve sur le massacre ; le roi lui-même semblait vouloir désavouer cette atroce hécatombe ; il affirmait ne l'avoir point ordonnée en haine du protestantisme, mais seulement pour sa propre défense, et être très-fâché que les autres villes de son royaume eussent suivi l'exemple de Paris.

Philippe II, roi d'Espagne, approuva hautement le massacre de la Saint-Barthélemy ; en recevant la nouvelle de cet événement, il témoigna la joie la plus vive, et fit dire à Charles IX que le monde, en lui voyant abattre cinquante mille de ses ennemis, avait appris enfin à connaître combien il était grand et puissant, et qu'une si noble action ne devait lui laisser qu'un seul regret, celui d'avoir tardé si longtemps à l'accomplir. Mais pour rendre justice à qui de droit, nous devons dire que la grande masse des catholiques n'adopta point ces maximes horribles, et que presque dans tous les pays catholiques ou non catholiques la nouvelle de la tuerie du 24 août fut reçue avec autant d'horreur que d'étonnement. L'empereur Maximilien II, les princes d'Allemagne, les souverains du Nord, la reine d'Angleterre et les Suisses ne dissimulèrent pas leur profonde indignation. Genève invita toutes les églises protestantes de la Suisse à un jeûne solennel, qui se célèbre encore chaque année à la même époque.

Tous les protestants n'avaient pas été enveloppés dans le massa-

---

[1] De Thou. — D'Aubigné.

cre de la Saint-Barthélemy ; ceux qui échappèrent à la fureur des catholiques se sauvèrent les uns chez des amis fidèles, les autres en pays étranger. La veuve et les enfants de Coligny se réfugièrent à Genève ; le plus grand nombre des huguenots se retirèrent dans les villes de sûreté les plus voisines de leur demeure, à Montauban, à Nîmes, à Sancerre, à La Rochelle. Ce fut dans la première de ces villes que la résistance commença à s'organiser, et d'Aubigné nous apprend que l'exemple des habitants de Montauban fit prendre les armes à tous les huguenots du haut Languedoc et de la Guyenne. Mais des quatre cités que nous venons de nommer, celle où affluèrent principalement les calvinistes proscrits, fut La Rochelle, qui n'avait jamais reçu ni gouverneur, ni garnison royale, et qui avait conservé entièrement l'administration d'une république. D'abord les huguenots y arrivèrent glacés de terreur et ne songeant qu'à se cacher ; mais bientôt, réunis par un danger commun, ils résolurent de ne compter que sur leur seule valeur pour se soustraire à la mort.

Cette nouvelle prise d'armes des calvinistes inquiéta vivement Charles IX. Il chargea La Noue de se rendre auprès des Rochellois pour les exhorter à ne pas renouveler la guerre. La Noue était calviniste ; pendant le massacre de la Saint-Barthélemy, il se trouvait dans le Hainaut, où il avait été envoyé par l'amiral Coligny pour y remplir une mission de confiance, et c'est à cette circonstance seule qu'il dut de n'avoir pas succombé avec ses frères. Les Rochellois refusèrent d'entendre les propositions royales dont La Noue était porteur, et ils lui déclarèrent qu'il fallait, ou qu'il se retirât en Angleterre, ou qu'il vécût en simple citoyen dans leur ville, ou qu'il devînt leur général. Ce fut ce dernier parti que prit le brave La Noue, mais avec la résolution de travailler de tout son pouvoir à rétablir la paix entre les protestants et les catholiques. Bientôt, une armée catholique aux ordres du duc d'Anjou, vint mettre le siége devant La Rochelle. « La Noue, dit un historien, mit au service des Rochellois toute sa vaillance, sa vigilance, et sa vigueur de caractère ; plus actif que tout autre pour défendre la ville, il évitait d'attaquer les assiégeants, pour ne pas aigrir une querelle déjà trop envenimée. Toutefois, il souffrait plus qu'il ne pouvait supporter, du double rôle qu'il était contraint de jouer. « Irrité, dit d'Aubigné, de faire à la fois l'homme de guerre et le « pacificateur, il cherchait la mort en toute occasion [1]. »

Le siége de La Rochelle, malgré cette modération de La Noue, fut très-meurtrier pour les troupes royales. Les habitants de cette ville héroïque déployèrent un courage extraordinaire, et annoncèrent l'intention de s'ensevelir sous les ruines de leur cité plutôt que de se rendre. La position des catholiques devenait singulièrement difficile. Les protestants n'avaient point mis d'armée en campagne, ils n'avaient point de chefs reconnus, mais une résistance toute locale s'était organisée dans plusieurs parties du royaume, et le siége de La Rochelle, où l'on assurait que le roi avait perdu quarante mille hommes, n'était pas le seul qui épuisât son armée et ses finances. Sancerre, où les huguenots du Berry et de la haute Loire avaient cherché un refuge, fut investi le 3 janvier 1573, par l'armée royale que commandait Claude de La Châtre, gouverneur du Berry. Il avait sous ses ordres cinq cents chevaux et cinq mille fantassins seulement. Les assiégés se défendirent avec intrépidité, et La Châtre, étonné d'une résistance aussi opiniâtre, et effrayé de ses pertes, se décida, après un grand nombre d'attaques inutiles, à convertir le siége en blocus. Bientôt la famine fit sentir ses plus cruelles rigueurs aux malheureux habitants de Sancerre, qui luttèrent contre ce fléau terrible avec non moins de constance et d'héroïsme que contre les troupes catholiques.

En Dauphiné, Louis du Puy-Montbrun et François de Lesdiguières, se mirent à la tête des protestants et se fortifièrent dans quelques châteaux et dans quelques vallées des montagnes. En Guyenne, les protestants, qui se trouvaient en plus grand nombre, se soulevèrent plus universellement. Mais ils étaient abandonnés par le roi de Navarre, gouverneur de la province, dont le lieutenant Honoré de Villars, les traita en ennemis. Le Languedoc était la province du royaume où il y avait le plus de calvinistes. Le maréchal Damville, qui en était gouverneur, se crut obligé de leur faire la guerre afin de conserver son crédit à la cour; mais il ne

---

[1] D'AUBIGNÉ. — DE THOU. — DAVILA. — AMIRAULT, *Vie de La Noue.*

s'attaqua point aux villes importantes, telles que Montauban, Nîmes et Montpellier, et laissa les protestants tenir campagne sans les presser trop vivement [1].

Telle était la situation des huguenots dans tout le royaume, lorsque la nouvelle de l'élection du duc d'Anjou au trône de Pologne parvint à la cour de France. Aussitôt les résolutions de cette cour changèrent, et elle fit partir Villeroi pour La Rochelle avec ordre d'offrir aux habitants de cette ville, non pas une capitulation, mais une paix pour tout le parti, à des conditions, toutefois, moins avantageuses que celles qui avaient suivi les autres guerres civiles. Comme dans les précédents traités, le roi accordait à tous ses sujets la liberté de conscience, mais il ne permettait le culte public des huguenots que dans les trois villes de La Rochelle, de Montauban et de Nîmes; toutes les offenses étaient pardonnées; tout ce qui avait été fait en violation des lois depuis le 24 août 1572, devait être oublié, et il était interdit sous des peines sévères de se le rappeler mutuellement; tous les prisonniers devaient être mis en liberté de part et d'autre, et toutes les sentences rendues par les tribunaux pour fait de religion devaient être abolies; on accordait aux huguenots la permission de célébrer dans leurs maisons leurs baptêmes et leurs mariages, mais on leur défendait expressément de s'assembler plus de dix pour ces cérémonies.

La paix fut conclue, d'après ces bases, le 6 juillet 1573, à La Rochelle, et elle fut confirmée par un édit du roi, et enregistrée en parlement le 11 août suivant. Les habitants de Sancerre se trouvèrent seuls exceptés des bénéfices de cette paix; ils furent, en conséquence, contraints de capituler le 19 août, après avoir éprouvé toutes les horreurs de la famine.

Cette paix n'eut qu'une très-courte durée : les hostilités se rallumèrent bientôt avec une nouvelle fureur. Les protestants du midi avaient vu du plus mauvais œil cette nouvelle pacification qui ne leur paraissait pas assise sur des bases plus solides que les précédentes. Profitant toutefois de la liberté restreinte qu'elle leur accordait, des députés de toutes les églises du midi se réunirent à Montau-

---

[1] LA POPELINIÈRE — D'AUBIGNÉ. — DE THOU.

ban, et ouvrirent leur assemblée le 24 août 1573, jour anniversaire de la Saint-Barthélemy. Un tel souvenir n'était pas fait pour les disposer à la patience et à la résignation. Ils déclarèrent qu'ils étaient convaincus que de mauvais conseillers avaient surpris l'esprit du roi, lorsque celui-ci avait eu la faiblesse de se proclamer l'auteur d'une action si atroce ; ils ne doutaient point que le roi ne la détestât au contraire ; mais comme les mêmes conseillers étaient toujours autour de sa personne, ils avaient besoin de demander non-seulement des libertés plus étendues, mais plus de sûreté que le roi ne venait de leur en accorder par la paix de La Rochelle. Ils nommèrent des députés pour se rendre auprès du roi et lui présenter leurs demandes ; en même temps ils donnèrent aux huguenots de la province une organisation plus régulière. Le vicomte de Paulin fut nommé par l'assemblée de Montauban gouverneur de cette ville, de la Guyenne et du Quercy, et Saint-Romain, gouverneur de Nîmes, des Cévennes, du Rouergue et du Vivarais. Ils furent autorisés à se saisir du revenu des bénéfices ecclésiastiques dans la province, à y joindre les contributions volontaires des villes huguenotes, et celles que paieraient les districts catholiques pour être garantis de toute vexation. Ces chefs se trouvèrent bientôt en état de mettre sur pied une armée de vingt mille hommes.

Les députés calvinistes furent présentés au roi à Villers-Coterets, et déposèrent humblement à ses pieds leurs demandes. Lorsque Catherine de Médicis en eut pris connaissance, elle s'écria : « Si Condé était encore en vie, et s'il était encore au cœur de la France à la tête de vingt mille chevaux et de cinquante mille hommes de pied ; si de plus il était maître des principales villes du royaume, il ne demanderait pas la moitié de ce que ces gens ont l'insolence de nous proposer [1]. » Les protestants ne pouvaient, il est vrai, mettre sur pied une force aussi imposante, mais le gouvernement, de son côté, n'avait nul moyen de les réduire ; ses finances étaient ruinées et son armée dispersée, et, pour comble de disgrâce, il ne restait plus à la tête de l'administration personne qui eût une volonté ferme ou un plan de conduite arrêté. D'après le conseil de sa

---

[1] De Thou.

mère, Charles IX répondit évasivement aux députés calvinistes, et ajourna jusqu'au mois de décembre suivant une réponse plus précise. D'ici là, Charles avait l'espoir de se rendre maître de La Rochelle par surprise, et, une fois cette ville en son pouvoir, il regardait le parti protestant comme perdu. Une tentative eut lieu, en effet, sur La Rochelle, mais elle échoua, et les Rochellois condamnèrent à d'affreux supplices ceux des leurs qui, gagnés à prix d'argent par les catholiques, devaient livrer à ces derniers une des portes de la ville. Le roi s'empressa d'écrire aux Rochellois qu'il était étranger à cette trahison, et qu'il approuvait le châtiment terrible infligé aux coupables. Les protestants, comme on le pense bien, ne furent point dupes de cette assurance, pas plus qu'ils ne l'avaient été des promesses vagues faites par Charles IX à leurs députés. Ceux du Languedoc tinrent à Milhau une seconde assemblée dans laquelle ils se lièrent par un nouveau serment à « une union, association et fraternité plus intime avec tous ceux qui professent la religion réformée, dans tout le royaume et ses enclaves, » et ils instituèrent une forme de gouvernement qui tendait toujours plus ouvertement à la république. Ce n'étaient plus des princes et des grands seigneurs qui devaient exercer la souveraine puissance dans leur parti, mais des états généraux assemblés tous les six mois et composés de députés élus dans chaque généralité, lesquels devaient représenter par égale portion, la noblesse, la bourgeoisie et la magistrature.

Charles IX, cependant, était en proie aux plus cruels remords. « Depuis la Saint-Barthélemy, dit l'historien de Thou, son sommeil était souvent interrompu par un frisson d'horreur, qui le saisissait tout-à-coup. Pour le rendormir, on faisait chanter ses pages. » Mais pendant les premiers mois de l'année 1574 un mal extraordinaire s'empara de lui, et ce mal semblait être une expiation du grand forfait auquel il s'était associé : il ne voyait que du sang autour de lui; et non-seulement le sang lui sortait par la bouche, mais par tous les pores. Laissons parler d'Aubigné : « Je reviens à ce que j'ai vu, dit-il, quoique laissé par les autres, c'est qu'aux extrêmes douleurs il sortait du sang par les pores de sa peau, presqu'en tous endroits. » Sully dit aussi que : « durant l'excès de ses douleurs, il se voyait tout baigné de sang dans son lit. »

A mesure que son mal empirait, ses remords devenaient plus intenses et plus poignants. Dans la nuit qui précéda le jour de sa mort, « comme il ne restait plus dans sa chambre, dit l'Étoile, que La Tour, Saint-Pris et sa nourrice, qu'il aimait beaucoup, encore qu'elle fût huguenote, et que celle-ci se fut mise sur un coffre, où elle commençait à sommeiller, elle entendit le roi se plaindre, pleurer et soupirer ; elle s'approcha tout doucement du lit, et tirant sa custode, le roi commença à lui dire, jetant un grand soupir, et larmoyant si fort que les sanglots lui interrompaient la parole. « Ah ! ma nourrice, ma mie, ma nourrice, que de sang et que de meurtres ! Ah ! que j'ai suivi un méchant conseil ! O mon Dieu ! pardonne-les-moi, et me fais miséricorde, s'il te plaît ! Je ne sais où j'en suis, tant ils me rendent perplexe et agité. »

Avant de rendre le dernier soupir, Charles IX conféra la régence à sa mère jusqu'à l'arrivée de son frère Henri qui régnait en Pologne. Il mourut le 30 mai 1574. On rapporte que son convoi s'achemina solitairement vers Saint-Denis, et que sa dépouille mortelle ne fut accompagnée jusqu'à sa dernière demeure que par Brantôme, quatre autres gentilshommes de la chambre et quelques archers.

A Charles IX succéda Henri III, qui, à la nouvelle de la mort de son frère, s'évada de la Pologne comme d'une prison, et vint recueillir l'héritage du monstre couronné qui avait ordonné le massacre de la Saint-Barthélemy. Avec Henri III commença le règne des mignons. L'époque de Charles IX avait été une époque de sang et de meurtres, celle de son successeur fut une époque de débauches honteuses et de crapuleuses orgies. La même année qui vit Henri III monter au trône, vit se former le parti des *politiques*, qui avait pour chefs le duc d'Alençon, dernier fils de Catherine, et les Montmorency. Ce nouveau parti prêchait la modération, et faisait cause commune avec les huguenots ; il joua un très-grand rôle par la suite, et se recruta de plusieurs personnages éminents, entre autres du roi de Navarre et du prince de Condé.

La nouvelle guerre entre les protestants et les catholiques ne fut signalée que par une action importante, la bataille de Dormans, que gagnèrent les catholiques. Après quoi, les deux partis signèrent la paix dite de *Monsieur*, aux termes de laquelle Henri III céda à son frère, le duc d'Alençon, indépendamment de ce qu'il possédait déjà, les trois duchés d'Anjou, de Touraine et de Berry, avec tous les patronages d'église, tous les droits régaliens sans exception, et toutes les nominations aux offices ordinaires et extraordinaires, *le tout afin de parvenir à quelque grand et heureux mariage.* En sorte que si le duc avait épousé la reine Élisabeth d'Angleterre, comme il en était fortement question, et s'il en avait eu des enfants, cette cession de Henri III à son frère aurait eu pour conséquence le démembrement de la France.

La paix de Monsieur n'était pas moins avantageuse aux protestants. Le roi leur accordait le libre exercice de leur religion dans tout le royaume, excepté à Paris et à deux lieues à la ronde. Il rendait une entière liberté à leurs écoles, à leurs synodes et à leurs consistoires. Il reconnaissait la légalité du mariage des prêtres qui s'étaient faits protestants; tous les arrêts rendus contre eux étaient annulés; les plus illustres victimes du parti huguenot étaient nominativement réhabilitées; les enfants de ceux qui avaient péri à la Saint-Barthélemy se trouvaient pour six ans exempts d'impôts; de nombreuses villes de sûreté leur étaient accordées en Languedoc, en Guyenne, en Auvergne, en Provence et en Dauphiné; enfin le roi prenait l'engagement de convoquer pour le 15 novembre suivant les états généraux du royaume à Blois, afin d'asseoir la paix sur des bases durables.

Cette paix, la plus avantageuse que les huguenots eussent encore obtenue, eut pour résultat de dissoudre la confédération des huguenots avec les politiques, ou catholiques modérés. Le frère du roi, Monsieur, qui renonça au titre de duc d'Alençon pour prendre celui de duc d'Anjou, avait obtenu tant de richesses et d'honneurs, qu'il paraissait ne pouvoir plus rien désirer. « Toutefois, dit un historien, la France ne se livrait point à l'espérance d'une pacification réelle; chacun sentait trop qu'il n'y a point de paix pour un royaume quand les esprits ne sont point réconciliés; chacun éprouvant que les haines étaient plus acharnées que jamais, ne pouvait croire qu'à une suspension d'armes de peu de durée. Les concessions obtenues par les huguenots dépassaient tellement celles qui leur avaient été accordées par de précédents traités, ou celles qu'ils pouvaient attendre dans la proportion de leur nombre et de leurs forces réelles, qu'elles leur inspiraient à eux-mêmes de la défiance, et à leurs adversaires de l'indignation. »

Les huguenots, en conséquence, se tinrent sur leurs gardes et demeurèrent cantonnés en France comme en pays ennemi, toujours prêts à rentrer en campagne au premier signal. La prudence la plus vulgaire leur conseillait d'en agir ainsi, car les catholiques étaient animés contre eux des plus mauvaises intentions, et parlaient hautement de renouveler le massacre de la Saint-Barthélemy. Mais les circonstances n'étaient plus les mêmes, et, à défaut d'une nouvelle boucherie, ils conclurent sous le nom de *sainte Ligue*, une confédération formidable, qui, non-seulement porta les plus rudes coups au protestantisme, mais qui mit en péril le trône même des Valois. Il paraît que l'idée de la ligue avait été conçue par le génie des Guises; elle était venue au cardinal de Lorraine au concile de Trente. La mort de François de Guise en avait empêché l'accomplissement sous Charles IX; elle fut reprise par son fils, Henri de Guise, surnommé le Balafré, à cause d'une blessure qu'il avait reçue au visage à la bataille de Dormans. La première pièce officielle de la ligue porte la signature de la noblesse de Picardie et des magistrats de Péronne; elle fut recueillie par Maimbourg qui l'a publiée à la fin de son *Histoire de la Ligue*.

Les états généraux réunis à Blois, au lieu de travailler à pacifier le royaume, y rallumèrent la guerre civile en y défendant l'exercice de toute autre religion que la catholique. Après bien des délibérations on révoqua l'édit de pacification, et la ligue fut signée par le roi et par le duc d'Anjou. La guerre se ralluma aussitôt. Le 21 décembre 1576, le roi de Navarre adressa d'Agen à la noblesse de Guyenne un appel aux armes. Cet appel fut entendu; les huguenots surprirent un grand nombre de villes; le capitaine Jean Favas s'empara de Bazas et de La Réole; Langoireau se rendit maître de Périgueux; le roi de Navarre lui-même assiégea Marmande sur la Garonne, tandis que La Noue, d'Aubigné et Saint-Gelais forçaient diverses places du Poitou.

Les catholiques, de leur côté, ayant à leur tête le duc d'Anjou, prirent La Charité et Issoire. Une autre armée, sous les ordres du duc de Mayenne, frère du duc de Guise, s'empara de Tonnai-Charente, de Rochefort, de Marans et de Brouage, sans que les protestants fissent le moindre effort pour sauver ces villes. Le parti calviniste tombait dans une désorganisation complète. La discorde était parmi ses chefs, le désordre dans ses conseils. Il ne donnait plus aucun signe de vie en Normandie, en Champagne, en Bourgogne, en Bretagne, dans l'Orléanais, provinces où il avait été autrefois si puissant; et il se mourait dans l'Ile-de-France, la Picardie, le Lyonnais, la Provence et le Dauphiné. Il ne se maintenait réellement que dans les deux grands gouvernements de Guyenne et de Languedoc, auxquels les sénéchaussées de Poitou et de Saintonge étaient annexées. L'île d'Oléron avait été prise par les troupes catholiques, en même temps que Brouage et Marans; et La Rochelle, cette capitale du protestantisme français, se trouvait resserrée de toutes parts [1].

Mais Henri III, qui commençait à comprendre que la ligue et les Guises pourraient un jour devenir plus redoutables pour lui que les huguenots eux-mêmes, n'était nullement disposé à laisser écraser sans retour leurs adversaires. D'ailleurs, il avait appris par sa propre expérience que la persécution retrempait le courage des protestants, et qu'ils n'étaient jamais plus à craindre que lorsqu'ils se trouvaient menacés dans leur liberté de conscience. Le roi entama donc des pourparlers avec eux, et une nouvelle paix fut conclue. C'était la sixième depuis le commencement des guerres de religion. « Henri III, qui la confirma par un édit donné à Poitiers, et qui en jura l'observation le 5 octobre avec sa mère et son frère, parut attacher son amour-propre à la modération qui en avait réglé les conditions, et en parlant de cette paix de Bergerac, il l'appelait toujours sa paix [2]. »

Deux traités furent conclus à Bergerac, l'un patent, l'autre secret; par le premier la liberté de conscience était assurée aux pro-

---

[1] D'Aubigné. — De Thou.
[2] De Thou.

testants dans tout le royaume. Le prêche était conservé à toutes les villes et bourgs qui s'en trouvaient en possession à la date du traité. Aucun culte hérétique ne devait être toléré ni à la cour, ni à deux lieues à la ronde, ni à Paris, ni à dix lieues à l'entour. Nulle part en France un protestant ne pouvait être recherché dans sa maison pour ses opinions religieuses, ni astreint à faire une chose contraire à sa conscience. Quant aux articles secrets, ils déterminaient dans quels bailliages et quels lieux le culte réformé serait permis; ils confirmaient le mariage des prêtres qui avaient rompu leurs vœux, et appelaient leurs enfants à l'héritage de leurs biens meubles. En outre, ce traité secret garantissait aux habitants de La Rochelle tous leurs priviléges; il assurait au roi de Navarre la solde de huit cents hommes, que celui-ci était autorisé à maintenir dans ses places de sûreté, et il donnait au prince de Condé la ville de Saint-Jean-d'Angely pour sa place de sûreté et sa demeure [1].

Nous devons signaler ici les progrès de la ligue, établie par les Guises, et qui se répandait de province en province. Le parti catholique formait aussi un corps compacte. Voici, selon Davila, les formalités qui accompagnaient la réception des ligueurs; on leur présentait un écrit conçu dans ces termes :

« Au nom de la très-sainte Trinité, le Père, le Fils et le Saint-Esprit, notre seul et vrai Dieu auquel soit honneur et gloire. La confédération des princes, seigneurs et gentilshommes catholiques, doit être faite et le sera.

« Premièrement, pour rétablir la loi de Dieu en son vrai état et en remettre le saint service dans la forme et manière de la sainte-Église catholique, apostolique et romaine, abjurant et renonçant à toute erreur contraire à sa foi.

« Secondement pour conserver le roi Henri III de ce nom, et les rois très-chrétiens qui lui succéderont en l'État, splendeur, autorité, devoir, service et obéissance que ses sujets sont obligés de lui rendre; suivant le contenu des articles qui lui seront présentés en l'assemblée des états, qu'il jure et promet d'observer d'ordinaire

---

[1] *Traités de paix*, tom. II, pag. 587-590. — Davila, liv. VI.

lors de son sacre et couronnement, avec protestation de ne rien faire contre les choses prescrites et ordonnées par les états.

« Troisièmement pour remettre les provinces et autres états qui dépendent de ce royaume, aux mêmes droits, prééminences, franchises et libertés qu'ils avaient anciennement au temps de Clovis, premier roi chrétien, et pour les rendre encore meilleures et plus utiles, s'il est possible, sous la même protection.

« En cas qu'il y ait empêchement, opposition ou rébellion aux choses susdites, de quelque nature qu'elles soient, et de quelque part qu'elles viennent, les confédérés seront tenus et obligés d'employer tous leurs biens et leurs propres personnes jusqu'à la mort, pour punir et persécuter ceux qui en seront auteurs, et l'employer sans relâche, jusqu'à ce que les choses sus-mentionnées aient eu leur plein et entier effet. Si ceux de l'union, ou leurs amis de dépendants sont recherchés, molestés ou oppressés pour ce sujet, par quelque personne que ce puisse être, ils seront tenus d'employer leurs biens et leur vie à se venger de ceux qui auront fait cette injure, et d'y procéder par les voies de la justice, ou par celle des armes sans exception de personne.

« S'il se trouve quelques-uns qui, après s'être obligés par serment à cette union, s'en veuillent départir et séparer sous quelque excuse ou prétexte (ce que Dieu ne permette pas), tels parjures et réfractaires seront maltraités en leurs corps et en leurs biens par toutes les voies imaginables, comme ennemis de Dieu, rebelles et perturbateurs du repos public, sans que les susdits confédérés puissent être cités ou recherchés, ni en public, ni en particulier pour le sujet de cette vengeance.

« Ceux de cette ligue jureront de rendre une prompte obéissance et un fidèle service au chef qui sera député, de le suivre partout, et de l'assister de leurs conseils et de leur aide, tant pour la conservation de la même union, que pour la ruine de ceux qui s'y voudront opposer, sans avoir égard aux personnes ni en faire exception, et en cas qu'ils s'en départent ou qu'ils viennent à faillir, ils seront privés par l'autorité du chef et suivant son ordre, auquel tout confédéré sera tenu de se soumettre.

« Tous catholiques des villes et villages seront avertis et sommés secrètement par les gouverneurs des lieux particuliers, d'entrer en cette ligue et de contribuer aux levées de gens de guerre, et aux autres nécessités, selon les conditions et les moyens d'un chacun.

« Défenses seront faites à ceux de l'union d'émouvoir aucuns différends entre eux sans la permission du chef, au jugement duquel on se remettra de toutes sortes de conventions, tant de robe que d'épée, et tous les confédérés seront obligés de prêter le serment comme il s'ensuit :

« Je jure à Dieu le créateur, touchant le texte des évangiles, et sur peine d'excommunication et de peine éternelle, que je suis entré dans cette sainte ligue catholique, suivant la forme de l'écrit qu'on vient de me lire, et que je l'ai fait fidèlement et sincèrement, en intention ou de commander ou d'obéir et de servir comme il me sera enjoint, et promets, sur ma vie et sur mon honneur, de m'y conserver, jusqu'à la dernière goutte de mon sang, sans m'en départir ni sans y contrevenir, pour quelque commandement, prétexte, excuse, ou sujet qui s'en puisse présenter [1]. »

La paix de Bergerac ne fut, comme les précédentes, qu'une simple trêve. La guerre des *amoureux* vint mettre au néant le volumineux traité dont nous avons, plus haut, reproduit les principaux articles. On appelait *amoureux* les jeunes seigneurs de la cour du roi de Navarre, à Nérac, que leurs maîtresses, les belles dames de cette cour galante, poussaient à la guerre. Les hostilités éclatèrent au commencement de l'année 1580. Dans cette nouvelle prise d'armes, le roi de Navarre, alors âgé de vingt-sept ans, et qui avait fait preuve de valeur, mais pas encore des talents d'un grand capitaine, se chargea de surprendre Cahors. Cette ville était défendue par trois mille arquebusiers aux ordres de ce même Vésins, qui s'était signalé par tant de générosité envers son ennemi Regnier, lors de la Saint-Barthélemy. Vésins opposa au roi de Navarre la plus terrible résistance. Elle dura six jours et six nuits. Les arquebusiers et les bourgeois se défendirent de maison en maison, de barricade en barricade. « A plusieurs reprises, dit

[1]. DAVILA, liv. VI.

un historien, les capitaines du roi de Navarre le pressèrent d'abandonner une attaque qui n'offrait plus de chance de succès; mais il soutint seul leur constance, jurant qu'il ne ressortirait point de Cahors qu'il n'en fût maître. Il souffrait de la faim et de la soif; ses pieds étaient tout en sang; il était harassé de fatigue; mais il continuait à pousser en avant, abattant une barricade après l'autre. Enfin, les défenseurs s'échappèrent de la ville par-dessus les murs. Les assaillants n'avaient plus la force de les poursuivre; ils en retrouvèrent cependant pour le pillage, auquel, selon Sully, ils ne s'épargnèrent pas; lui-même ayant, dit-il, gagné par le plus grand bonheur du monde, un petit coffre en fer, où il trouva quatre mille écus en or [1]. »

L'indomptable constance que déploya en cette occasion le roi de Navarre, annonça un grand homme, et dut faire comprendre aux Guises et aux ligueurs qu'ils avaient trouvé en lui un adversaire qui leur ferait crier merci. La prise de Cahors fut, du reste, le seul fait d'armes important de la guerre des amoureux. Les catholiques assiégèrent et reprirent La Fère, dont s'était emparé par surprise le prince de Condé. La garnison de cette place opposa aux troupes royales une valeureuse résistance, et elle ne capitula que lorsqu'elle se trouva réduite à trois cents et quelques soldats. Dans tout le reste du royaume, les gouverneurs des provinces furent abandonnés par le roi à leurs propres ressources pour faire la guerre aux huguenots. En Guyenne, Biron était opposé au roi de Navarre; dans le haut Languedoc, Joyeuse au vicomte de Turenne; dans le bas Languedoc, Damville, devenu duc de Montmorency, à Châtillon, son petit-neveu. C'est dans cette dernière province que les deux partis se ménageaient le plus, car, d'un côté, la plupart des huguenots s'étaient refusés à prendre les armes pour un caprice de la cour de Nérac; et de l'autre, Montmorency, qui se défiait de Catherine et de son fils, ne voulait pas écraser des adversaires dont il serait peut-être obligé d'implorer bientôt l'appui.

Bien que le roi de Navarre, dans cette petite guerre, ne parvînt

---

[1] *Économies royales de Sully*, tom. Ier, pag. 291. — D'AUBIGNÉ. — DE THOU. — DAVILA.

pas à réunir autour de lui plus de deux cents gentilshommes et autant de soldats aventuriers, il trouva néanmoins l'occasion de signaler sa bravoure, sa présence d'esprit, et surtout cette gaîté gasconne qui lui gagnait tous les cœurs. Mais ses exploits se bornaient le plus souvent à la prise de quelques châteaux de peu d'importance. La campagne du vicomte de Turenne, dans le haut Languedoc, fut plus active et plus fructueuse. A la tête de deux cents chevaux et de sept à huit cents fantassins, il remporta plusieurs avantages contre Joyeuse, et fit trembler Toulouse, dont la population fanatique avait déployé beaucoup de cruauté contre les huguenots.

La prise de Saint-Émilion, par le roi de Navarre, fut le dernier exploit de cette guerre singulière, qui n'avait, à proprement parler, aucun but. La paix fut signée à Fleix le 26 novembre 1580, et le nouveau traité ne changea presque rien à celui de Bergerac, dont il fut la confirmation pure et simple[1].

---

[1] *Traités de paix*, tom. II, pag. 443-446. — DE THOU. — DAVILA. — *Histoire générale du Languedoc.*

CHAPITRE XIX.

SOMMAIRE.

Habitudes efféminées et crapuleuses de Henri III. — Mort du duc d'Anjou. — Les huguenots deviennent royalistes et les ligueurs républicains. — Traité de Joinville entre les Guises, le cardinal de Bourbon et Philippe II. — Prise d'armes de la ligue. — Manifeste du cardinal de Bourbon. — Tentative des ligueurs pour s'emparer des principales villes du royaume. — Traité de Nemours entre la ligue et Henri III. — Entrevue du roi de Navarre et de Catherine de Médicis. — Supplice de Marie Stuart. — Bataille de Coutras. — Bravoure du roi de Navarre. — Joie des huguenots. — Entrée d'une grande armée allemande en France. — Elle est détruite par les catholiques. — Mort du prince de Condé. — Faction des Seize. — Arrivée du duc de Guise à Paris. — Journée des barricades. — Fuite de Henri III. — Édit d'union. — Seconds états de Blois. — Discours d'ouverture du roi. — Plan de conduite des princes lorrains. — Haine de Henri III contre le duc de Guise. — Il le fait mettre à mort ainsi que son frère le cardinal de Lorraine. — Réponse de Catherine de Médicis à son fils lorsque celui-ci vint lui annoncer ce double meurtre.

Le trône de saint Louis, de Philippe le Bel, de Charles V, de Louis XI, était occupé alors par un prince qui surpassait ses contemporains en mollesse et en corruption, comme Charles IX, son frère, les avait surpassés en dissimulation et en cruauté. Les progrès de l'âge, loin d'apporter quelque changement dans la manière de vivre de Henri III, n'avaient fait que développer son effrayante dépravation, et lui avaient ôté toute retenue et toute pudeur. Ses habitudes devenaient de jour en jour plus efféminées et plus crapuleuses. Il ne manquait point d'habileté, et surtout de finesse, quand il se donnait la peine de s'appliquer; mais son indolence, son aversion pour les affaires, le rendaient en quelque sorte impropre à gouverner. Entouré de petits chiens et de perroquets dont les gentillesses le charmaient, il passait dans leur société les moments qu'il ne consacrait pas aux plus infâmes débauches.

Tel est le monarque sous l'autorité duquel la France était obligée de courber son noble front. Les ducs de Joyeuse et d'Épernon, favoris de Henri III, non-seulement absorbaient tout l'argent qui entrait dans les coffres de l'État, mais accaparaient tout ce qui restait à leur maître de l'autorité royale. Au milieu de la désorganisation profonde où était tombée la société, le pouvoir monarchique s'était en quelque sorte anéanti. Le peuple ne savait plus obéir; et le roi, par son incurie et ses dilapidations, avait perdu tous moyens d'action sur les masses. La féodalité relevait partout sa tête hideuse et menaçante. La plupart des gouverneurs de provinces s'étaient rendus en quelque sorte indépendants. Damville, devenu duc de Montmorency, le roi de Navarre, les ducs de Guise, de Mayenne, de Mercœur, d'Aumale, étaient maîtres et souverains seigneurs dans leurs gouvernements.

Le 10 juin 1584, mourut le duc d'Anjou, frère de Henri III, prince qui emporta dans la tombe toute la haine de ceux qui le connurent, s'il faut en croire d'Aubigné. Par cette mort, le roi de Navarre, chef des huguenots, devint l'héritier présomptif du trône. C'est alors qu'il s'opéra un changement des plus bizarres dans la situation relative des deux opinions religieuses qui, depuis vingt-cinq ans, se livraient un combat à mort en France. « Au commencement de la prédication de la réforme, dit un historien, le parti de l'examen et de l'indépendance en matière de foi était aussi le parti de la liberté politique. Des opinions très-hardies et presque républicaines avaient été développées dans plusieurs écrits du parti réformé. L'organisation des églises avec leurs consistoires, leurs colloques, leurs synodes provinciaux et nationaux, était toute représentative et républicaine... Mais la perspective prochaine de monter sur le trône de France avait développé dans le roi de Navarre, et dans ceux qui s'attachaient à sa personne, des principes politiques fort opposés à ceux de leur parti. Pour assurer sa succession, il lui importait d'établir le droit illimité, indestructible du sang royal, en opposition à toute loi, à toute condition, à tout intérêt populaire; il fallait que la France reconnût qu'un monarque étranger, même en guerre avec la patrie, même proscrit ou condamné pour rébellion, même excommunié comme hérétique et relaps, conservait son droit entier à la couronne, s'il était le plus proche par le sang... Tandis que Henri de Navarre commençait à professer les doctrines du pouvoir absolu, Henri de Guise faisait adopter à la ligue celles de la liberté et de l'intérêt des peuples. Il réclamait au nom de l'honneur national, au nom des mœurs, au nom de l'ordre, au nom de la richesse publique, contre le honteux gouvernement de Henri III, qui prodiguait à ses mignons, toutes les dignités, tous les commandements, tout le produit des finances de la France. »

Il en résultait donc que si les huguenots étaient devenus insensiblement royalistes par dévouement au roi de Navarre, les catholiques, et surtout les ligueurs, s'étaient transformés en d'intraitables républicains par aversion pour Henri III. Toutefois, ce n'était pas la république qu'ils voulaient implanter en France ; ils formèrent le projet de porter au trône le cardinal de Bourbon, oncle du roi de Navarre, en attendant qu'ils pussent y faire monter le duc de Guise. Le cardinal de Bourbon avait passé sa vie dans le libertinage et la mollesse, et n'avait jamais montré ni talents ni vertus. Toujours dominé par des favoris, il se trouvait à cette époque sous l'empire d'André de Rubempré, que les princes lorrains avaient gagné à leur cause.

Le duc de Guise, qui entretenait une correspondance très-active avec le roi d'Espagne, et qui l'informait exactement de tous les projets de la ligue, l'engagea vivement à reconnaître le cardinal de Bourbon comme successeur de Henri III, ne fût-ce qu'afin que l'on ne pût dire que les Guises travaillaient pour eux-mêmes en sapant le trône des Valois. Philippe II s'empressa d'accréditer auprès du Balafré deux négociateurs qui conclurent avec lui et avec le sieur de Maineville, chargé de pouvoirs du cardinal de Bourbon, le traité de Joinville, célèbre dans les fastes de la ligue comme ayant été le premier acte diplomatique de cette redoutable confédération. Ce traité porte la date du 31 décembre 1584. Dans le préambule, les parties contractantes déclarent qu'elles s'unissent « pour la seule tuition, défense et conservation de la religion catholique, restauration d'icelle, et pour l'entière extirpation de toutes sectes et hérésies de la France et des Pays-Bas. Elles s'engagent à faire déclarer le cardinal de Bourbon successeur à la couronne, après la mort de Henri III, comme prince catholique le plus proche du sang royal, en excluant du tout, pour toujours et à jamais, tous les princes du sang de France, étant à présent hérétiques et relaps... sans que nul puisse jamais régner qui soit hérétique, ou qui permette, étant roi, impunité publique aux hérétiques. » Le cardinal de Bourbon promettait, une fois parvenu au trône, de ratifier et de faire exécuter fidèlement le traité de Cateau-Cambrésis, conclu entre la France et l'Espagne, de proscrire tout culte hérétique, et de poursuivre à toute outrance, jusqu'à leur entier anéantissement, ceux qui ne se soumettraient pas à l'Église romaine; de faire publier et observer dans toute la France le concile de Trente; de rompre tout traité et toute alliance avec l'empire ottoman; et d'interdire enfin aux Français tout commerce, toute navigation et toute piraterie dans les mers des Indes, dont l'Espagne s'attribuait la propriété exclusive. En retour, Philippe II prenait l'engagement d'assister les princes catholiques de cinquante mille écus par mois, pour subvenir aux frais de la guerre.

Quoique le traité de Joinville n'eût été signé que par le duc de Guise et par le duc de Mayenne, son frère, le nombre des seigneurs secrètement associés à la ligue, et sur le concours desquels elle pouvait compter, était immense. Cette confédération comptait dans ses rangs, outre les sectateurs enthousiastes du catholicisme, tous ceux qui aspiraient à une plus haute fortune que celle à laquelle ils étaient parvenus, tels que La Châtre, gouverneur du Berry; Mandelot, gouverneur de Lyon; d'Entragues, gouverneur d'Orléans; Fervaques, que l'on avait vu précédemment attaché au roi de Navarre, puis au duc d'Anjou; l'archevêque de Lyon, que le clergé avait choisi pour son président aux derniers états de Blois; le comte de Brissac, général de l'infanterie, et un nombre infini d'autres fonctionnaires publics. Enfin la ligue se composait surtout des créatures de la maison de Lorraine, lesquelles ne poursuivaient qu'un seul but, la grandeur de cette famille déjà si puissante et si redoutable; tels étaient le cardinal Pellevé, le commandeur de Cé, le baron de Senecey, Bassompierre, Jeannin, président au parlement de Dijon, Autraguet, Riberac, Bois-Dauphin, Maineville, Saint-Paul et Sacramoro Birago [1].

Ce qui donna à la ligue le caractère républicain qui, au commencement des guerres civiles, appartenait au parti contraire, ce fut l'ardeur avec laquelle elle fut embrassée par les diverses corporations du royaume. Nicolas Poulain, lieutenant de la prévôté de l'Ile-de-France, qui, après s'être engagé dans la ligue, la trahit pour se faire, dans ses assemblées, l'espion de Henri III, a laissé une déposition dans laquelle il raconte qu'il fut admis au sein du comité directeur de Paris dès le 2 janvier 1585. Ce comité était encore secret, et il ne tenait jamais deux séances de suite dans le même lieu, mais alternativement à la Sorbonne, au collége de Fortet, qui fut appelé le berceau de la ligue, au couvent des Jésuites de la rue Saint-Antoine, et dans les maisons des principaux conjurés [2]. Le comité directeur se composait de tous ces bourgeois fanatiques qu'on désigna plus tard sous le nom des Seize, lorsque s'étant emparés du pouvoir municipal, ils devinrent les représentants des seize quartiers de Paris; ils étaient présidés par Maineville, qui, au congrès de Joinville, avait été chargé de soutenir les intérêts du cardinal de Bourbon.

La ligue n'attendait qu'une occasion pour éclater; cette occasion se présenta bientôt. Henri III ayant donné audience aux ambassadeurs des Provinces-Unies qui vinrent lui offrir de reconnaître sa souveraineté et de se soumettre à lui sans aucune réserve, il n'en fallut pas davantage pour que les ligueurs, avant même de savoir quelle réponse le roi ferait à cette ouverture, levassent l'étendard de la révolte. Le 21 mars 1585, le duc de Guise se rendit maître de la ville de Châlons-sur-Marne, et y convoqua la noblesse de Champagne qui s'était engagée dans la ligue; son frère, le duc de Mayenne, imita cet exemple en Bourgogne; le cardinal de Bourbon rassembla autour de lui, à son magnifique château de Gaillon, près de Rouen, toute la noblesse liguée de Normandie et de Picardie; le colonel Pfiffer, qui s'était chargé de lever des

---

[1] Davila, liv. VII.

[2] Dulaure, *Histoire de Paris*, tom. III, pag. 323.

Suisses dans les cinq cantons catholiques, Bassompierre et Othon Plott, qui avaient mission d'enrôler des reîtres en Allemagne, reçurent l'ordre d'amener immédiatement leurs troupes en France par la Lorraine. Enfin, le 1ᵉʳ avril, le cardinal de Bourbon publia un manifeste que l'on peut considérer comme la déclaration de guerre de la ligue. Cet écrit se terminait ainsi : « Nous, Charles de Bourbon, premier prince du sang, à qui il touche de plus près de prendre en sauvegarde et protection la religion catholique en ce royaume, assisté des princes cardinaux, pairs, prélats, officiers de la couronne, gouverneurs de provinces, seigneurs, gentilshommes, capitaines, villes et autres, faisant la meilleure et plus saine partie du royaume, déclarons avoir juré tous, et saintement promis de tenir la main forte et armée, à ce que la sainte Église soit réintégrée en sa dignité et en la seule et vraie religion catholique; que la noblesse jouisse comme elle doit de sa franchise tout entière, et le peuple soit soulagé, que les parlements soient remis en la plénitude de leur connaissance et en l'entière souveraineté de leurs jugements; que tous deniers qui se lèveront sur le peuple soient employés à la défense du royaume, et que désormais les états généraux soient libres et sans aucune pratique, toutes les fois que les affaires le requerront, avec entière liberté à chacun d'y faire ses plaintes [1]. »

Immédiatement après la publication de ce manifeste, la ligue tenta de s'emparer des principales places du royaume. Le 9 avril, de Vins, créature des Guises, essaya de se rendre maître de Marseille, mais il ne put y parvenir. A Lyon, au contraire, la ligue triompha. Le 20 avril, le duc de Guise s'empara en personne de Verdun, puis de Toul; mais s'étant présenté devant Metz, il échoua. Henri III comprit tout le danger de sa position; il se rapprocha un moment des huguenots, qu'il détestait, car ce n'était qu'avec leur appui qu'il pouvait résister à la ligue; mais cette démarche même lui fut imputée à crime par ceux qui l'avaient mis dans la nécessité de la faire. Bientôt son aversion naturelle pour les protestants reprenant le dessus, il chargea sa mère d'entamer

---

[1] *Mémoires de Nevers*, tom. 1ᵉʳ, pag. 641.

une négociation avec les ligueurs. Le 7 juillet 1585 fut conclu, par l'entremise de Catherine de Médicis, le traité de Nemours qui stipulait l'interdiction de toute autre religion que la catholique en France, l'expulsion hors du royaume, dans le délai d'un mois, de tous les prédicateurs de l'hérésie, et dans le délai de six mois de tous les huguenots qui ne feraient pas abjuration, la restitution de toutes les places de sûreté qui leur avaient été données, la peine de mort décernée contre tout hérétique qui, après l'expiration du délai de six mois, oserait rentrer en France. Le roi, en outre, après avoir déclaré dans le traité qu'il approuvait tout ce qu'avaient fait les ligueurs contre l'autorité royale, prenait leurs troupes à sa solde, s'engageait à leur payer leurs arrérages, à rembourser aux chefs les avances qu'ils avaient faites, à leur conserver à tous leurs honneurs et leurs gouvernements, à donner enfin, comme places de sûreté, au cardinal de Bourbon, Soissons; au duc de Mercœur, Dinan et le Conquest ; au duc de Guise, Verdun, Toul et Saint-Dizier; au duc de Mayenne, le château de Dijon et Beaune; au duc d'Aumale, Saint-Esprit-de-Rue; au duc d'Élbeuf, le gouvernement de Bourbonnais, et à chacun de ces chefs une garde à pied et à cheval payée par le roi.

Henri III avait en quelque sorte abdiqué, au profit de la ligue, en signant le traité de Nemours; il était impossible à un roi de descendre plus bas que ne l'avait fait en cette occasion ce misérable monarque. La guerre, conséquence inévitable du traité de Nemours, éclata bientôt; c'était la huitième depuis le commencement de la grande rivalité des catholiques et des protestants; elle fut appelée guerre des Trois-Henri, du nom des trois chefs principaux, Henri III, Henri de Navarre et Henri de Guise. Les premières hostilités furent sans importance. Dans une conférence qui eut lieu à Saint-Bris, entre le roi de Navarre et le duc de Nevers, le premier protesta de son amour pour la paix, et déclara qu'il désirait vivement que Henri III le mît à la tête de ses armées pour châtier les ligueurs. Une autre entrevue eut lieu quelque temps après entre le roi de Navarre et Catherine de Médicis elle-même. « Je vous laisse à penser, dit un témoin de cette conférence, s'il y eut des plaintes de tous côtés. La reine lui reprochait sa désobéissance, et passant par-dessus les actions précédentes, s'arrêtait principalement sur les malheurs présents. Elle lui fit entendre que le roi avait été contraint de faire la paix avec la ligue pour sauver son État; que sans cet expédient tout était perdu; qu'il fallait ôter le prétexte de la religion pour ôter la guerre de ce royaume. Le roi de Navarre, au contraire, se plaignait de ce qu'il n'avait eu mal que pour avoir obéi à Leurs Majestés; que la ligue s'était rendue seulement forte pour ce qu'il était demeuré faible; qu'il avait hasardé sa vie pour garder sa foi; et, ramenant les malheurs présents à leur source, il rapportait à la paix faite avec la ligue la misère de ce royaume. » — « Dans une seconde entrevue, la reine, dit un autre auteur, détrempait en ses larmes ses belles raisons... Elle le supplie, conjure, exhorte de se ranger à l'Église et à la croyance du roi, quitter ses erreurs et passer condamnation... Et comme la reine le voulait assurer de la bonne volonté du roi et de la sienne, et que tous deux avaient plus d'envie de le voir converti, sous une si belle et assurée espérance de la première couronne des princes chrétiens, que de le laisser plus longuement le prétexte des guerres, le mépris de la plus grande partie de la France, et la principale occasion des regrets de ses amis : en réponse, le roi de Navarre récapitula ce qu'il avait déjà souffert pour s'être trop fié aux promesses de la cour, et ce que l'expérience lui enseignait à craindre de sa mauvaise foi. « Madame, dit-il enfin, vous ne me pouvez accuser que de trop de fidélité; je ne me plains point de votre foi, mais je me plains de votre âge qui, faisant tort à votre mémoire, vous fait facilement oublier ce que vous m'avez promis. »

Une seconde conférence, aussi infructueuse que la première, eut lieu entre la reine-mère et le roi de Navarre; après quoi, de part et d'autre, on se prépara à combattre.

Henri de Bourbon témoignait dès alors des belles qualités qu'il manifesta si noblement plus tard; on ne pouvait lui reprocher qu'un peu de facilité dans ses amours, mais au milieu d'une société si dépravée et si débauchée, ses amours n'avaient rien de honteux. De sages conseillers entouraient Henri, et nous prenons plaisir à citer une lettre de Duplessis-Mornay, chef-d'œuvre de haute raison et d'élévation de sentiments. Pendant qu'il était en ambassade à la cour d'Henri III, Duplessis-Mornay écrivit la lettre suivante au prince qui devait porter si haut l'honneur du nom français : « Sire, c'est Dieu lui-même qui vous inspira lorsque vous prîtes à Pau la résolution de découvrir au roi les complots formés contre son État, malgré les considérations politiques qui auraient pu vous arrêter. Vous avez mérité toute sa confiance dans ces temps où Monsieur (le duc d'Anjou était malade), frappé d'une maladie mortelle et désespérée, vous laisse la place d'héritier présomptif de la couronne ; mais songez qu'à partir de cette époque, la France entière et l'Europe même vont avoir les yeux fixés sur Votre Majesté. C'est à vous, sire, à composer tellement votre vie à vos actions que non-seulement le public n'y trouve rien à reprendre, mais encore tout à louer. J'entends, sire, que le roi y reconnaisse une révérence envers lui, les princes une fraternité, les parlements un amour de la justice, la noblesse une magnanimité, le peuple un soin de son soulagement, le clergé une modération, vos ennemis une clémence et facilité, tous en général un naturel débonnaire, éloigné de perfidie, de dissimulation, de vengeance et d'animosité, vertus à la vérité qui ne vous sont pas acquises, mais naturelles. Il faut qu'en votre maison on voie quelque splendeur, en votre conseil de la dignité, en votre personne de la gravité, en vos actions de la constance et de l'égalité. Je dis ceci, sire, parce que Votre Majesté s'est contentée jusqu'ici du témoignage de sa conscience contre la calomnie ; à un particulier qui n'a à répondre que de lui-même, cette façon de vivre serait propre et convenable ; à vous qui êtes né pour tous, non-seulement la vertu et la prudence, mais la réputation de prudence est nécessaire. Pardonnez encore un mot, sire, à votre fidèle serviteur. Ces amours, si découverts, auxquels vous donnez tant de temps, ne sont plus de saison ; il convient maintenant que vous fassiez l'amour à la France ; vous en recueillerez des faveurs honnêtes et légitimes, quand Dieu, le droit et l'ordre de la succession vous appelleront au trône. »

Tel était le digne langage qu'on tenait à Henri de Bourbon, et il prit en main les destinées de la France.

Il survint à cette époque, en Angleterre, un événement qui influa d'une manière assez notable sur la marche des affaires en France ; nous voulons parler du supplice de Marie Stuart, qui eut lieu le 8 février 1587.

Il fallait que le sang d'une victime coulât en expiation de tout le sang que les catholiques français avaient répandu dans la nuit fatale de la Saint-Barthélemy. Cette victime fut Marie Stuart, nièce des Guises, reine catholique, veuve de François II, roi de France. La haine des réformés d'Angleterre, avides de représailles, ne pouvait mieux choisir ; ils s'acharnèrent sur cette lamentable proie, et ne cessèrent de la torturer que lorsque son cœur si noble, si français, eut cessé de battre. En elle, la jalouse et vindicative Élisabeth frappa une rivale abhorrée qui l'effaçait autant par les grâces touchantes de sa personne que par les séductions aimables de son esprit ; mais en elle aussi elle frappa la France, et le coup de hache qui fit tomber cette tête charmante dut retentir dans les entrailles de tous les Français, comme un autre Crécy, comme un autre Azincourt.

On ne peut prononcer le nom de Marie Stuart sans réveiller les plus doux et les plus tristes souvenirs. Qu'on nous pardonne de nous y arrêter un moment. Marie Stuart trouva la royauté, mais en même temps, le malheur au fond de son berceau ; Henri VIII, roi d'Angleterre, qui convoitait l'Écosse, voulut marier la jeune reine à son fils, enfant comme elle. Les Écossais, redoutant la domination d'Henri VIII, s'opposèrent à cette union. Henri VIII envahit et ravagea l'Écosse, singulière démarche, qui fit craindre plus que jamais un beau-père de cette humeur. Marie fut fiancée au fils aîné du roi de France. Marie, lorsque de si grands intérêts s'agitaient autour d'elle, reposait encore sur le sein de sa nourrice. Elle traversa la mer dans les bras de cette femme ; elle était plus heureuse alors qu'à son retour, lorsque appuyée sur la poupe de la galère qui l'emportait vers l'Écosse, elle s'écriait en fondant en larmes, toute saisie d'un funeste pressentiment. « Adieu, France ! chère France, adieu ! »

Le temps que Marie Stuart passa en France fut, en effet, la plus belle époque de sa vie ; elle avait bien raison de regretter le doux climat qu'elle quittait ; comme elle frissonna, en sentant, pendant la traversée, s'appesantir sur son beau front les brouillards de l'Angleterre! Marie Stuart, chantée et fêtée par les poëtes, poëte elle-même, n'avait que dix-huit ans lorsque, reine de France, elle devint reine d'Écosse. Elle a laissé sur la mort de son premier mari, des vers touchants, rapportés par Brantôme, qui a tracé un portrait extrêmement flatteur de cette malheureuse princesse. Cependant elle oublia bientôt François II. Le tort de Marie fut de mal choisir les objets de ses affections. Darnley et Bothwell, ses deux autres époux, ne furent que des misérables indignes d'elle. Marie, au milieu d'un peuple révolté, s'appuya sur des ambitieux sans âme et sans cœur. Il manqua à la pauvre reine un homme qui sût la défendre et l'honorer.

Nous avons parlé de Brantôme, et c'est dans ses *Dames illustres* qu'il faut lire le récit du départ de Marie Stuart pour l'Écosse, des regrets qu'elle exhalait en quittant la terre de France, du sinistre accueil qu'elle reçut dans son royaume, et du terrible destin qui l'attendait en Angleterre, lorsque la virginité jalouse et irritée d'Élisabeth fit périr, sur l'échafaud de Fortheringai, la reine aux poétiques amours. Brantôme, fidèle chevalier de Marie, et mieux inspiré que Froissard, n'aimait ni l'Écosse ni l'Angleterre, et sa haine contre ces deux pays se manifeste à tout instant d'une façon curieuse et originale. Tantôt il attaque la langue anglaise, qui « *de soy est fort rurale, barbare, mal sonnante à séant*; mais que « *la royne parloit de si bonne grâce, qu'elle la faisoit très-belle et très-agréable, en elle, mais non en autres*; » tantôt il s'écrie : « *qu'étant habillée à la sauvage et barbaresque mode des sauvages de son pays, elle n'en paraissoit pas moins en eux, corps mortel et en habit barbare et grossier, une vraye déesse..* » Ainsi disait Brantôme, et sur le chapitre des amours de Marie Stuart, il se montre d'une extrême discrétion ; il n'est pas éloigné même, lui, l'auteur des *Dames galantes*, de célébrer la haute vertu de sa dame et souveraine, en son nom et en celui de son ami Ronsard, prince des poëtes français.

On ne saurait lire les lettres de Marie Stuart, et il en est resté beaucoup, sans se prendre de vive affection pour elle : à toute page on trouve une âme élevée, généreuse, et de poétiques instincts. Dès l'enfance on écrivait d'elle, qu'elle croissait en grandeur, bonté, sagesse, et, sauf quelques galantes aventures, le caractère de Marie Stuart ne s'est pas démenti. Combien elle était supérieure à cette froide hypocrite d'Élisabeth et à tout ce qui régnait alors. Jetée au milieu des troubles de l'Écosse, esclave d'une noblesse brutale et impérieuse, elle est toujours restée fidèle à sa dignité comme à ses principes religieux.

Dans l'année de la mort de Marie Stuart, le roi de Navarre et le duc de Joyeuse se livrèrent bataille à Coutras. Le premier n'avait que deux mille cinq cents chevaux et quatre mille hommes de pied; son artillerie ne se composait que de deux canons et d'une coulevrine, que les Rochellois lui avaient prêtés. Joyeuse, au contraire, avait douze mille hommes au moins et une nombreuse artillerie. L'armée catholique était brillante d'or, l'armée calviniste étincelante de fer. Dans la première, on remarquait une foule de jeunes seigneurs pâles et énervés de débauches, qui pliaient sous le poids de leurs armes; dans la seconde, il n'y avait que de rudes et intrépides soldats, accoutumés à toutes les fatigues, à tous les dangers. Joyeuse, cet infâme mignon de Henri III, donna l'exemple du plus admirable courage : ses bataillons étaient enfoncés; sa brillante chevalerie avait mordu la poussière, un de ses lieutenants lui cria : *Général, que nous reste-t-il à faire? — A mourir*, répondit Joyeuse; et il mourut en effet de la mort des braves. Henri de Navarre combattit en héros dans cette journée fameuse. Avant la mêlée, apercevant à sa droite le prince de Condé, et à sa gauche le comte de Soissons, tous les deux ses cousins, il leur adressa ces mots : *Je ne vous dirai qu'une chose, c'est que vous êtes de la maison de Bourbon, et, vive Dieu! je vous montrerai que je suis votre aîné*. Il tint parole. L'action ne dura qu'une heure, mais elle fut terrible. Aucune bataille, proportionnellement au nombre des combattants et à la brièveté de sa durée, ne fut plus meurtrière. Près de la moitié de l'armée catholique succomba sous les coups des huguenots rendus implacables par la cruauté que les catholiques avaient déployée contre eux depuis la reprise des hostilités.

La bataille de Coutras fut la première que gagnèrent les protestants. « La joie de leur succès fut sans mélange, dit un historien, car ils n'avaient à pleurer aucun guerrier distingué, et à peine trente soldats; le nombre des blessés, il est vrai, fut considérable. Le roi de Navarre, rentré au château de Coutras, trouva qu'on lui avait apprêté son souper dans la salle même où le corps de Joyeuse était étendu sur une table. Il donna ce corps, ainsi que celui de Saint-Sauveur, à Turenne, leur parent, pour leur assurer une honorable sépulture. Puis il fit transporter son couvert dans un autre appartement, où, pendant le repas, on lui présenta successivement les principaux prisonniers, qu'il reçut tous d'une manière affable. Les soldats vinrent aussi lui offrir cinquante-six enseignes et vingt-deux guidons et cornettes, trophées de sa victoire, qu'ils avaient enlevés à l'armée royale. Dans toutes les provinces du midi, les huguenots célébrèrent avec enthousiasme la victoire de Coutras; c'était à leurs yeux, non-seulement le plus brillant fait d'armes de leurs longues guerres, mais aussi une preuve de l'habileté supérieure de leur chef [1]. »

En même temps que les huguenots remportaient sur leurs adversaires cette remarquable victoire, une grande armée allemande pénétrait en France pour les secourir, et s'avançait jusqu'à la Loire. Mais battue une première fois à Vimory et une seconde fois à Auneau, par le duc de Guise, elle voulut opérer sa retraite, et fut presque entièrement exterminée avant d'avoir pu regagner l'Allemagne.

Sur ces entrefaites mourut le prince de Condé, dont la fin subite fut attribuée à un poison que lui aurait donné sa femme Charlotte-Caroline de La Trémoille. La princesse fut incarcérée, et elle n'échappa au supplice qu'en se déclarant grosse. En effet, ce fut durant sa captivité, et six mois après la mort de son mari, qu'elle mit au monde le fils qui devait continuer sa famille, et qui fut le père du grand Condé. Le roi de Navarre fit suspendre la procédure; et, dans la suite, l'innocence de la princesse fut reconnue par le parlement de Paris qui ordonna sa mise en liberté.

---

[1] Péréfixe, *Histoire de Henri le Grand*. — D'Aubigné. — Sully. — Davila.

A Paris, la faction des Seize devenait chaque jour plus redoutable. Henri III était le point de mire de tous ses complots. Suivant la confession de Nicolas Poulain, les Seize ne cherchaient que l'occasion de se soulever contre le roi, soit afin de se rendre maîtres de sa personne et de l'enfermer dans un monastère, soit dans l'espoir qu'il serait tué au milieu du tumulte et de la confusion. Henri III, alarmé des projets subversifs des Seize, donna l'ordre à quatre mille Suisses, qui tenaient garnison à Lagny, de se rendre auprès de lui; en même temps il enjoignit au duc de Guise de s'abstenir pour le moment de venir à Paris. Le duc de Guise se trouvait alors à Soissons. A peine eut-il reçu cette injonction du roi, qu'il partit avec sept cavaliers seulement pour venir braver Henri III jusque dans sa capitale. Voici comment Davila raconte l'entrée du prince lorrain à Paris :

« Quoique Guise n'eut dans ce moment autour de lui que sept cavaliers, entre gentilshommes et serviteurs, son cortége, comme une boule de neige qui descend de la montagne, grossissait à chaque pas, chacun abandonnant sa maison ou sa boutique pour le suivre avec des applaudissements et des cris de joie. Il ne fut pas à moitié de la cité, qu'il avait autour de lui trente mille personnes, et la foule était si grande que lui-même pouvait à peine avancer. Les cris du peuple retentissaient jusqu'au ciel : jamais on n'avait tant crié vive le roi qu'on criait alors vive Guise. L'un l'embrassait, un autre le remerciait, un autre se courbait devant lui; on baisait les plis de ses vêtements, et ceux qui ne pouvaient l'atteindre s'efforçaient du moins, en élevant les mains, et par tous les mouvements de leurs corps, de témoigner leur allégresse. Pour lui, le sourire sur la bouche, montrant à tous un visage prévenant, il répondait à chacun d'une manière affectueuse, ou par des paroles, ou par le geste, ou par le regard. Il traversait la foule la tête découverte, et n'omettait rien pour se concilier toujours plus la bienveillance et l'applaudissement populaires. »

Le duc de Guise se présenta devant le roi; c'était une belle occasion pour celui-ci de punir un insolent sujet; mais il n'eut pas le courage de le faire arrêter. Une fermentation extraordinaire régnait dans Paris; le roi, craignant un soulèvement, fit entrer des troupes dans cette capitale et se prépara à dompter les Parisiens par la force. Mais ses ennemis le prévinrent. Le duc de Guise, averti des projets de la cour, fit annoncer dans tous les quartiers de Paris que le roi se proposait de faire mourir cent vingt des principaux catholiques, au nombre desquels il se trouvait. Il n'en fallut pas davantage pour que les Parisiens se portassent aux résolutions les plus extrêmes. Le jeudi 12 mai 1588, une insurrection formidable éclata dans Paris. En moins de quelques heures toutes les rues furent barricadées jusqu'à trente pas du Louvre, et les troupes royales obligées de mettre bas les armes. Henri III, dans cette extrémité cruelle, envoya sa mère pour conférer avec le duc de Guise, le chef, le moteur de ce grand mouvement. Le duc fit ses conditions; il demanda que la lieutenance générale du royaume lui fût déférée comme elle l'avait été à son père sous François II; que les états généraux fussent incessamment convoqués à Paris afin de lui confirmer cette haute charge; que le roi de Navarre et tous ses adhérents fussent déclarés déchus de toute prétention à la couronne; que tous les impôts fussent réduits; que deux armées fussent mises sous ses ordres pour continuer la guerre contre les huguenots, l'une en Poitou, l'autre en Dauphiné; qu'enfin six places de sûreté fussent mises entre les mains des ligueurs.

Catherine de Médicis se récria contre la dureté de ces conditions. Pendant qu'elle les discutait avec le duc de Guise, le roi se sauva du Louvre comme un fugitif et se réfugia à Chartres. Par cette fuite impolitique Henri III laissa le duc de Guise seul maître de la capitale, où les Seize s'emparèrent aussitôt du pouvoir municipal et de presque toute l'autorité. Des négociations s'ouvrirent entre le roi et la ligue; elles aboutirent à une réconciliation. Henri III employa tour à tour dans ces négociations Miron, son médecin, en qui il avait une grande confiance, Schomberg et Villeroi. Un traité fut conclu sous le nom d'*Édit d'union*, et le duc de Guise reçut la lieutenance générale du royaume qu'il ambitionnait depuis si longtemps. Dans la pensée du prince lorrain, cette charge n'était qu'un acheminement à une charge plus éminente encore, celle de connétable, qu'il se flattait d'obtenir des états généraux.

« Ce traité, dit le président Hénault, en parlant de l'édit d'union, était à la honte de la royauté ; il enchérissait encore sur celui de Nemours, et l'objet principal était d'empêcher que la couronne ne tombât à un prince protestant. On croit que le roi fut déterminé à cette paix par la crainte que lui donnait la flotte de Philippe II, surnommée l'*Invincible*, qui était en mer, et qui menaçait également la France et l'Angleterre. »

Les seconds états de Blois s'ouvrirent le 16 octobre 1588. Le roi leur adressa un long discours tout rempli d'expressions dévotes, et dans lequel il les pria humblement de l'aider à rétablir l'ordre dans son royaume. « La harangue du roi, dit le journal de *L'Estoile*, prononcée avec une grande éloquence et majesté, ne fut guère agréable à ceux de la ligue ; le duc de Guise en changea de couleur et perdit contenance, et le cardinal encore plus, qui suscita le clergé à en aller faire grande plainte à Sa Majesté. » Les députés des trois ordres étaient presque tous du parti des Guises. Le plan du Balafré était d'offrir au roi sa démission de lieutenant général du royaume, de demander à se retirer, afin d'obtenir des états l'épée de connétable ; alors, devenu maître de toutes les forces du royaume, de déposer Henri III et de l'enfermer dans un couvent.

Henri III n'ignorait pas les projets du Lorrain ; il savait qu'il était sur un volcan ; ses favoris les plus aimés étaient tombés sous les coups des partisans de Guise ; Quélus et Maugiron tués en duel, et qu'il avait tant pleurés, lui revenaient souvent en mémoire ; il avait baisé leurs têtes après leur mort, et serré leur blonde chevelure ; il leur avait fait élever de magnifiques tombeaux. L'assassinat de Saint-Mégrin était venu renouveler sa douleur ; il avait aussi érigé à ce favori une statue de marbre sur son tombeau, *de sorte*, dit Brantôme, *que quand on en voulait à un favori*, le proverbe était : *Je le ferai tailler en marbre comme les autres*. Ce n'était qu'assassinats et empoisonnements. On n'a vu sous aucun règne, une telle variété, une telle impunité de crimes. A côté des horreurs de la guerre une violente colère grondait au fond de son cœur et surtout contre Guise, qui aspirait plus ouvertement que jamais à le détrôner. C'est alors qu'il conçut l'audacieuse résolution de le faire périr.

Pour arriver plus sûrement à son but, il se conduisit avec une profondeur de dissimulation qui ne semblait plus possible dans une âme aussi énervée, aussi avilie que la sienne. Le 23 décembre, le duc de Guise, mandé auprès du roi de grand matin, s'y rendit, malgré les avertissements qu'il recevait de toutes parts. Henri avait tout ordonné avec le sang-froid d'un général qui va donner une bataille décisive. Ses gardes avaient reçu l'ordre de faire main basse sur le duc dès qu'il aurait franchi le seuil de l'appartement royal. Ils obéirent ponctuellement. Le duc tomba frappé de mille coups. Henri III, informé que la chose était faite, sortit de son cabinet pour voir la victime : il lui donna un coup de pied au visage, comme le duc de Guise en avait donné un à l'amiral Coligny, lors du massacre de la Saint-Barthélemy. Après avoir contemplé le prince, il s'écria : « Mon Dieu ! qu'il est grand ! il paraît encore plus grand mort que vivant. »

Les courtisans ne tarissaient pas en moqueries; ils appelaient le duc *le beau roi de Paris*, nom que lui avait donné Henri III lui-même. L'un des secrétaires d'Etat, nommé Beaulieu, ayant reçu l'ordre de fouiller le prince lorrain, il lui trouva autour du bras une petite clé attachée à des chaînons d'or, dans les poches de son haut-de-chausse une bourse qui contenait douze écus d'or, et un billet sur lequel étaient écrits ces mots de la main du duc : *Pour entretenir la guerre en France, il faut* 700 *mille livres tous les mois.* Beaulieu s'apercevant que le duc respirait encore, lui dit : « Monsieur, pendant qu'il vous reste un peu de vie, demandez pardon à Dieu et au roi. » Le prince ne répondit rien, et, quelques instants après, rendit le dernier soupir.

Le lendemain, 24 décembre, le cardinal de Lorraine, frère du duc assassiné, fut tué à coups de hallebarde dans la prison où le roi l'avait fait conduire aussitôt après la mort de son frère. Henri III, quand il eut accompli ce double exploit, alla voir sa mère qui se mourait, et lui dit : « Madame, je suis maintenant seul roi, je n'ai plus de compagnons. » Catherine de Médicis lui répondit : « C'est bien coupé, mon fils, mais il faut coudre. »

CHAPITRE XX.

SOMMAIRE.

Soulèvement de Paris et des provinces contre Henri III. — Ce dernier s'allie au roi de Navarre et aux protestants. — Le duc de Mayenne entame les hostilités contre les deux rois. — Henri III et le roi de Navarre marchent sur Paris et en forment le siège. — Le jacobin Jacques Clément tue Henri III. — Le roi de Navarre succède à ce dernier, sous le nom de Henri IV. — L'armée royale se dissipe et celle de la ligue augmente. — Le cardinal de Bourbon est proclamé roi de France par les ligueurs. — Henri IV se retire en Normandie. — Le duc de Mayenne le poursuit. — Combat d'Arques. — Mayenne, vaincu, bat en retraite à son tour. — Henri IV s'avance sur Paris et s'empare des faubourgs de cette capitale. — Il les évacue ensuite et se rend à Tours. — Campagne de 1590. — Bataille d'Ivry. — Henri, vainqueur de Mayenne, assiége une seconde fois Paris. — Effroyable famine dans cette ville. — Procession de la ligue. — Le roi lève le siége à l'approche du duc de Parme. — Celui-ci refuse la bataille et se retire en Flandre. — La guerre languit après sa retraite. — Les Seize offrent la couronne de France à Philippe II. — Siége de Rouen par Henri IV. — Cette ville est délivrée par le duc de Parme. — Négociations entre les partis. — Henri IV embrasse la religion catholique. — Fin de la ligue.

Catherine de Médicis ne tarda pas à suivre le duc de Guise dans le tombeau, mais cette femme cruelle et perfide mourut de sa belle mort, à l'âge de soixante-dix ans. Elle a trouvé des historiens qui l'ont louée, et entre autres Davila; il a vanté ses vertus, les vertus de Catherine de Médicis! Rien de plus curieux que la manière dont l'auteur s'y prend pour pallier ce qu'il appelle les défauts de cette reine : « Ce n'est pas que je veuille dire, s'écrie-t-il dans son panégyrique, que parmi tant d'excellentes vertus ne soit glissée quelque imperfection, comme il n'est point de si bon grain où il n'y ait de l'ivraie. Car on voit qu'il n'y avait point de foi dans ses paroles, vice qui a toujours été fort commun, mais qui l'était particulièrement en ce siècle-là ; qu'elle se plaisait à voir répandre le sang humain, plus qu'il n'était convenable à la tendresse de son sexe, comme en effet elle l'avait donné à connaître en plusieurs occasions, et que pour venir à bout de ses desseins, elle estimait honnêtes tous les moyens qui l'y pouvaient conduire, quelque pernicieux et méchants qu'ils fussent eux-mêmes. » Quels aveux ! cependant Davila conclut que ses vertus l'emportaient sur ses défauts.

A la nouvelle de la mort du duc de Guise et du cardinal de Lorraine, la population parisienne s'était insurgée. Autant en avaient fait celle de Chartres et celle d'Orléans. L'insurrection gagnant de proche en proche toutes les provinces, le royaume fut bientôt tout en feu. A Paris, la Sorbonne rendit un décret par lequel le peuple fut délié du serment de fidélité prêté à Henri III. Dès que ce décret eut été publié, le peuple, donnant carrière à sa haine contre le meurtrier des Guises, brisa ses statues et détruisit tous les insignes de la royauté. Le parlement, violenté par les ligueurs, confirma le décret de déchéance de la Sorbonne, et l'insurrection devint alors, aux yeux de tout bon catholique, le plus saint des devoirs.

Le 15 février suivant, le duc de Mayenne entra à Paris à la tête de cinq cents gentilshommes et de quatre mille soldats. Il venait y recueillir l'héritage de gloire et de puissance que lui laissait son frère le Balafré. Son premier soin fut de convoquer dans la grande salle de l'Hôtel-de-Ville une assemblée générale, composée des échevins, des conseillers de la ville, des députés des cours souveraines, des corps, colléges, chapitres et communautés, etc. ; cette assemblée, sur la proposition du duc de Mayenne lui-même, créa un conseil d'union qui prit en main les rênes du gouvernement et dont le premier acte fut de nommer Mayenne lieutenant général du royaume, titre qui lui conférait les prérogatives les plus étendues. « Mayenne, dit un historien, fit bientôt voir que ce n'était point un vain titre qui lui avait été déféré, et qu'un gouvernement complet, doué de vigueur et de prévoyance, était déjà organisé. Tandis qu'il s'occupait de rassembler des troupes, de mettre de l'ordre dans les finances de la ligue, et d'assurer la rentrée des impôts, il rattachait toutes les provinces au conseil de l'union et à lui-même, en leur donnant des gouverneurs. »

Henri III essaya de regagner le duc de Mayenne en lui offrant des conditions qui auraient rendu les Lorrains plus puissants que le roi en France. Mais le duc de Mayenne ne voulut rien entendre, et il ne resta plus à Henri qu'à se jeter entre les bras du roi de Navarre. Celui-ci réunit ses forces à celles de Henri III, et les deux rois, contre lesquels le duc de Mayenne avait déjà entamé les hostilités, marchèrent sur Paris à la tête de quarante mille hommes, et en formèrent le siége.

« Considerez un peu, dit un vieil historien, le different estat où ces deux rois s'estoient mis par leur conduite differente. L'un, pour avoir souvent manqué de foy, estoit abandonné de ses sujets, et ses plus grands sermens ne trouvoient pas de croyance parmi eux. L'autre pour l'avoir toûjours exactement gardée, estoit reclamé, mesme par ses plus grands ennemis. En toutes occasions il donnoit des marques de sa valeur, de son experience au faist de la guerre, et sur tout de sa prudence, et des nobles inclinations qu'il avoit à bien faire, et à obliger tout le monde. On le voyoit à toute heure aux endroits les plus dangereux haster les travaux, animer les soldats, les soustenir dans les sorties, consoler les blessez, et leur faire distribuer quelque argent. Il remarquoit tout, s'enqueroit de tout, et vouloit faire avec les mareschaux de camp, tous les logemens de son armée : Il observoit adroitement ceux qu'on faisoit dans l'armée de Henry III, où souvent reconnoissant des defauts, il n'en disoit rien, de peur d'offenser ceux qui les avoient faits, en découvrant leur ignorance ; et quand il se croyait obligé de les marquer, il le faisoit avec tant de circonspection, qu'ils ne lui en sçavoient point mauvais gré. Il n'estoit point chiche de loüanges pour les belles actions, ni de caresses et de bon accueil envers tous ceux qui l'approchoient ; il s'entretenoit avec eux, quand il en avoit le temps, ou du moins les obligeoit de quelque bon mot, de sorte qu'ils s'en alloient toûjours satisfaits. Il ne craignoit point de se rendre familier ; parce qu'il estoit asseuré, que plus on le connoistroit, plus on auroit d'estime et d'affection pour luy. Enfin la conduite de ce prince estoit telle, qu'il n'y avoit point de cœur qu'il ne gagnast, et qu'il n'avoit point d'ami, qui n'eust volontiers esté son martyr. »

Le roi de France campa au nord de Paris, et le roi de Navarre au midi; le premier se chargea d'attaquer cette ville par le faubourg Saint-Honoré, le second par le faubourg Saint-Marceau et le faubourg Saint-Germain. Selon Davila, Henri III avait résolu de détruire Paris. « Dans peu de jours, s'écria-t-il en montrant cette ville malheureuse, il n'y aura plus là ni murs ni maisons, mais seulement des ruines. » Un assaut général était annoncé pour le 2 août, et l'on croyait dans l'armée royale que la ligue ne le soutiendrait pas, que la bourgeoisie était découragée, et que les sujets fidèles n'attendaient que cette occasion pour se déclarer. Mais si la multitude, en effet, tremblait à la seule idée de soutenir un siége, ceux que le fanatisme enflammait ne reculaient devant aucune privation, aucun danger. Le roi leur avait été représenté par les prêtres comme un monstre qui outrageait à la fois la religion, la patrie et la nature. Sa vie était condamnée : il ne fallait plus que trouver un homme qui consentît à se sacrifier pour purger la France d'un tyran. Cet homme fut Jacques Clément.

C'était un jeune moine jacobin, âgé seulement de vingt-deux ans, à qui la fière duchesse de Montpensier, sœur des Guises, avait prodigué ses caresses pour l'exciter au meurtre. Muni de lettres de recommandation que lui avaient données le comte de Brienne et le premier président de Harlay, tous deux prisonniers dans Paris, Jacques Clément sortit de cette ville le 31 juillet au soir, pour se rendre au quartier du roi à Saint-Cloud. Il ne put être introduit auprès de Henri III que le lendemain 1ᵉʳ août. « Il était environ huit heures du matin, dit L'Estoile, quand le roi fut averti qu'un moine de Paris voulait lui parler; il était sur sa chaise percée, ayant une robe de chambre sur ses épaules, lorsqu'il entendit que ses gardes faisaient difficulté de le laisser entrer, dont il se courrouça, et dit qu'on le fît entrer; et que si on le rebutait, on dirait qu'il chassait les moines et ne les voulait voir. Incontinent le jacobin entra, ayant un couteau tout nu dans sa manche; et ayant fait une profonde révérence au roi, qui venait de se lever, et n'avait encore ses chausses attachées, lui présenta des lettres de la part du comte de Brienne, et lui dit qu'outre le contenu des lettres il était chargé de dire en secret à Sa Majesté quelque chose d'importance. Lors le roi commanda à ceux qui étaient près de lui de se retirer, et commença à lire la lettre que le moine avait apportée, pour l'entendre après en secret. Lequel moine voyant le roi attentif à lire, tira de sa manche son couteau, et lui donna droit dans le petit ventre, au-dessous du nombril, si avant qu'il laissa le couteau dans le trou; lequel le roi ayant retiré à grande force, en donna un coup de la pointe sur le sourcil gauche du moine, et s'écria : Ha! le méchant moine, il m'a tué; qu'on le tue. Auquel cri étant vitement accourus les gardes et autres, ceux qui se trouvèrent les plus près massacrèrent cet assassin de jacobin aux pieds du roi [1]. » — « Vous pouvez juger, monsieur, écrit un témoin oculaire, quel était ce piteux et misérable spectacle de voir d'un côté le roi ensanglanté, tenant ses boyaux entre ses mains, de l'autre ses bons serviteurs qui arrivaient à la file, pleurant, criant, se déconfortant [2]. »

Le roi de Navarre arriva bientôt. Henri III lui tendit la main et lui adressa ces mots prophétiques : « Mon frère, vous voyez comme vos ennemis et les miens m'ont traité, *il faut que vous preniez garde qu'ils ne vous en fassent autant.* » Henri déclara ensuite que le roi de Navarre était son légitime successeur, et invita les seigneurs présents à le reconnaître. Il mourut le mercredi 2 août, à deux heures du matin, ayant pardonné à ceux *qui avaient pourchassé sa blessure.*

Une joie frénétique éclata parmi les ligueurs lorsque leur parvint la nouvelle de l'assassinat. « Je ne suis marrie que d'une chose, s'écria madame de Montpensier, c'est qu'il n'ait pas su, avant de mourir, que c'est moi qui l'ai fait tuer. » Madame de Nemours, sa mère, harangua le peuple du haut des degrés du grand hôtel des Cordeliers. On fit des feux de joie; les prédicateurs canonisèrent Jacques Clément; on vendait à la foule le portrait du moine avec des vers dignes de celui qui les avait inspirés :

> Un jeune jacobin, nommé Jacques Clément,
> Dans le bourg de Saint-Cloud une lettre présente.

---

[1] L'Estoile, *journal de Henri III*, pag. 407.
[2] Lettre de La Guesle.

A Henri de Valois, et vertueusement,
Un couteau fort pointu dans l'estomac lui plante.

Après la mort de Henri III, le roi de Navarre fut salué roi de France sous le nom de Henri IV. L'armée qui assiégeait Paris se divisa. Une partie des catholiques resta attachée à Henri IV; une autre, sous la conduite de Vitry et d'Épernon, l'abandonna. L'armée de la ligue s'augmenta de presque tous ceux qui désertèrent les drapeaux du Béarnais. Le cardinal de Bourbon fut proclamé roi par les ligueurs sous le nom de Charles X.

Henri IV, obligé de lever le siége de Paris, à cause de la diminution de son armée, se retira à Dieppe, pour recevoir des secours qu'il attendait d'Élisabeth. Le duc de Mayenne se mit à sa poursuite avec une armée bien supérieure en nombre, et lui livra combat à Arques. Henri remporta sur lui une victoire complète et le poursuivit à son tour. Un renfort de cinq mille hommes qu'il avait reçu d'Angleterre, l'avait mis en état de reprendre vigoureusement l'offensive; il reparut bientôt sous les murs de Paris et livra au pillage les faubourgs de cette capitale; après quoi, ne se sentant pas assez fort pour assiéger dans les règles une ville aussi considérable, et apprenant que Mayenne y était rentré avec toutes ses troupes, il prit sa route par Montlhéry et Étampes, et se rendit à Tours, où il ne resta que deux jours. Il alla investir Vendôme, ville de son patrimoine, à laquelle il ne pouvait pardonner de s'être déclarée pour la ligue. Il la prit d'assaut et la livra au pillage. Il se rendit maître par capitulation du Mans, où les ligueurs avaient établi un grand dépôt de munitions de guerre. Au mois de décembre il enleva d'assaut Falaise, et avant la fin du même mois presque toutes les villes de la basse Normandie se trouvaient en son pouvoir.

Malgré tous ces succès, la position de Henri IV n'était pas brillante. Dans toutes les provinces de France, les politiques et les ligueurs étaient aux prises; chaque ville se gouvernait comme une république, chaque seigneur se conduisait comme un prince indépendant : Henri IV ne pouvait ni lever des troupes, ni recueillir des impôts; il n'essayait pas même de donner des ordres, heureux quand il pouvait obtenir de ses amis qu'ils se concertassent avec lui pour agir. Il disait lui-même qu'il était un roi sans royaume, un mari sans femme, un guerrier sans argent. A l'exception des Cantons suisses et de la république de Venise, qui l'avaient reconnu, les autres puissances européennes persistaient à ne voir en lui qu'un aventurier et un usurpateur.

Au commencement de la campagne de 1590, Henri IV et Mayenne se rencontrèrent à Ivry, et s'y livrèrent une furieuse bataille. Au moment d'engager l'action, le Béarnais, se tournant vers les siens, leur adressa ces paroles mémorables : « Gardez bien vos rangs ; si vous perdez vos enseignes, cornettes ou guidons, ce panache blanc que vous voyez en mon armet vous en servira tant que j'aurai goutte de sang ; suivez-le ; vous le trouverez toujours au chemin de l'honneur et de la gloire. » Au plus fort du combat, l'officier qui portait l'étendard royal ayant été blessé, se retira de la mêlée ; les troupes royales commençaient à fuir. Henri les arrête et leur crie : « Tournez visage, si non pour combattre, du moins pour me voir mourir. »

Plusieurs traits qui peignent admirablement le noble caractère de Henri IV, précédèrent cette bataille. Nous citerons celui qui se rapporte à Théodoric de Schomberg, commandant de quelques compagnies de reîtres. La veille de la bataille il avait été forcé par ses troupes de demander au roi un paiement arriéré, et Henri IV, qui se trouvait sans argent, avait répondu d'un ton brusque : « Comment, colonel, est-ce le fait d'un homme d'honneur de demander de l'argent quand il faut prendre les ordres pour combattre ? » Le colonel s'était retiré confus. Le roi avait senti sur-le-champ toute la portée de ses paroles, et le lendemain, en voyant le colonel à la tête de son régiment, il lui dit : « Colonel, nous voici dans l'occasion, il se peut faire que j'y demeurerai ; il n'est pas juste que j'emporte l'honneur d'un brave gentilhomme comme vous : Je déclare donc que je vous reconnais pour homme de bien et incapable de faire une lâcheté ! » Après ces mots il l'embrassa. Le colonel ému lui répondit : — « Ah ! sire, me rendant l'honneur que vous m'aviez ôté, vous m'ôtez la vie, car je serais indigne si je ne la mettais aujourd'hui en votre service ; si j'en avais mille, je voudrais toutes les répandre à vos pieds. » Et il se fit tuer. C'est ainsi que Henri IV savait se concilier les cœurs et se créer des partisans.

Davila fait monter la perte de l'armée de la ligue dans la journée d'Ivry à six mille hommes. Depuis le commencement des guerres civiles, aucune victoire aussi éclatante n'avait encore été remportée. La bataille d'Ivry fut le coup de grâce de la ligue. Elle s'était donnée le 14 mars; moins de deux mois après, le 9 mai, mourut le cardinal de Bourbon, ce prétendu roi des ligueurs, qui n'avait jamais eu aucune part au gouvernement que le duc de Mayenne exerçait en son nom. C'est alors que Henri IV vint pour la seconde fois assiéger Paris avec une armée qui n'allait pas au delà de quinze mille hommes. Ce siége est fameux par les dernières folies de la sainte union, par une famine effroyable, et par la générosité du Béarnais.

L'enthousiasme de la population parisienne était entretenu par les sermons fanatiques des prédicateurs de la ligue. Aux sermons, ces derniers joignaient l'exaltation produite par les processions et les litanies. A plusieurs reprises le légat du saint siége conduisit des processions solennelles dans lesquelles figuraient tous les prélats, tous les prêtres et tous les moines, revêtus de corselets, et armés d'arquebuses, d'épées et de pertuisanes. Ces processions se rendaient à Sainte-Geneviève, et là, ceux qui les composaient faisaient vœu de défendre la cité jusqu'à la mort, et de se soumettre à toutes les privations, à toutes les souffrances, plutôt que de traiter avec un prince herétique [1].

Ces burlesques misères, comme les appelle un auteur moderne [2], aidèrent quelque temps le peuple à supporter la faim; mais bientôt le fléau se fit sentir dans toute son horreur. Paris comptait alors dans ses murs deux cent vingt mille habitants. Ces deux cent vingt mille bouches dévorèrent, en moins de deux mois, tous les vivres qui se trouvaient dans la ville assiégée. Après quoi, on mangea les chats, les chiens et les animaux les plus immondes. Quand ces ressources furent épuisées, on en vint à moudre des os

---

[1] L'Estoile. — Davila. — De Thou.
[2] Chateaubriand.

de morts, dont on fit de la poussière et non de la farine; ce pain faisait mourir ceux qui s'en nourrissaient. Trente mille personnes succombèrent. Les rues étaient jonchées de cadavres. Si la famine ne fit pas un plus grand nombre de victimes, c'est que Henri IV laissait ses soldats monter au bout de leurs piques des vivres aux Parisiens; il faisait relâcher des paysans qui avaient conduit des charrettes de pain à une poterne; il leur distribuait quelque argent et leur disait : « Allez en paix; le Béarnais est pauvre, s'il avait davantage il vous le donnerait. »

Une armée espagnole, conduite par le duc de Parme, s'étant approchée de Paris, Henri IV fut contraint de lever le siége, afin de ne pas se trouver pris entre deux feux; il alla présenter la bataille au duc de Parme qui la refusa. Le général espagnol, après avoir pris Lagny et Corbeil, regagna la frontière de Flandre sans avoir été entamé.

La guerre languit après cette retraite du duc de Parme. La discorde s'étant mise dans le parti de la ligue, les Seize offrirent la couronne de France à Philippe II. Le duc de Mayenne, qui n'y trouvait pas son compte, se hâta de revenir à Paris, il fit pendre quatre des Seize, et ressaisit l'autorité qui avait un moment échappé de ses mains. Henri IV cependant ne s'était pas laissé décourager par le mauvais succès de son entreprise sur Paris; il investit Rouen, et poussa le siége de cette ville avec une vigueur extraordinaire; mais le duc de Parme entra une seconde fois en France, et, à son approche, le Béarnais dut encore une fois décamper. Toutes ses combinaisons se trouvaient déjouées par le capitaine espagnol, et il perdait tout le fruit d'une campagne d'hiver qui lui avait coûté la moitié de son armée.

Malgré la non-réussite du siége de Rouen les affaires de Henri IV s'amélioraient sensiblement de jour en jour. Le duc de Parme avait été grièvement blessé, et le duc de Mayenne était tombé malade à Rouen. Dans cette situation des choses, des négociations s'ouvrirent entre le roi et la portion modérée du parti de la ligue; elles traînèrent en longueur, et l'on fut plusieurs mois sans pouvoir s'entendre; mais enfin, dans une dernière conférence qui eut lieu à Surêne, Henri s'engagea formellement à embrasser la religion catholique, et remplit sa promesse le 25 juillet 1593 ; il fut ensuite sacré à Chartres.

A dater de ce moment, Henri IV ne rencontra plus aucune résistance sérieuse. Le parti de la ligue s'en allait en poussière, et finit bientôt par s'éteindre comme un feu privé d'aliment. Il ne resta plus à Henri qu'à marchander, un à un, les capitaines qui commandaient dans les villes. Paris lui ouvrit ses portes le 22 mars 1594.

FIN DU PREMIER VOLUME.

TABLE DES MATIÈRES.

CHAPITRE Ier. — Page 1.

État de la Gaule sous Clovis et sous ses successeurs immédiats. — Première guerre civile. — Mort de Chramne. — Rivalité des Francs austrasiens et des Francs neustriens. — Guerres des fils de Clotaire Ier entre eux. — Sigebert, roi d'Austrasie, envahit à plusieurs reprises la Neustrie à la tête des hordes germaniques. — Théodebert, fils de Chilpéric, est vaincu et tué en Aquitaine. — Grande détresse de Chilpéric réfugié dans Tournai. — Sa femme, Frédégonde, le tire d'embarras en faisant assassiner Sigebert. — Lutte de Frédégonde et de Brunehault. — La première, après avoir triomphé de tous ses ennemis à force de crimes, meurt au comble de la gloire et des prospérités. — La lutte continue, ardente et opiniâtre, entre la Neustrie et l'Austrasie. — Warnachaire, maire du palais de Bourgogne, livre Brunehault à Clotaire II, qui la fait périr dans des tourments affreux.

CHAPITRE II. — Page 24.

Progrès de l'aristocratie chez les Francs. — Ses luttes contre le pouvoir royal enfantent de nombreuses guerres civiles. — Règnes de Dagobert Ier, de Sigebert III et de Clovis II. — Efforts du maire Ebroin pour abaisser les grands de Neustrie. — Il gagne sur eux la bataille de Loixi. — Après sa mort la guerre continue entre le parti populaire et le parti aristocratique. — Bataille de Testry où Pépin d'Héristal, duc d'Austrasie, écrase les Neustriens. — Les seigneurs francs, dans un but d'ambition personnelle, remettent en vigueur les assemblées du Champ-de-Mars. — La lutte entre les Neustriens et les Austrasiens se renouvelle sous Charles Martel. — Bataille de Vincy où les premiers sont défaits. — Soumission de la Neustrie à Charles Martel. — Guerre de Carloman et de Pépin contre Hunold, duc d'Aquitaine. — Déposition de Childéric III, dernier descendant de Clovis.

CHAPITRE III. — Page 52.

Avénement de la seconde dynastie franque. — Caractère de cette révolution. — Pépin le Bref fait une guerre acharnée aux Aquitains. — Guaifer, leur duc, périt assassiné par son ordre. — Réunion de l'Aquitaine à l'empire franc. — Pépin partage cet empire entre ses deux fils Charles et Carloman. — Révolte de l'Aquitaine. — Mort de Carloman. — Ses fils sont frustrés de leur héritage par Charles qui étend sa domination sur la totalité de l'empire. — Absence complète de guerre civile pendant le long et glorieux règne de Charlemagne. — Rétablissement de l'empire d'Occident. — Les premiers symptômes de dissolution de cet empire se font sentir sous Louis le Débonnaire. — Conspiration de Bernard, roi d'Italie, et cruel châtiment qui lui est infligé. — Les fils de Louis le Débonnaire se révoltent contre leur père, et le privent de toute autorité. — Ils se brouillent entre eux. — Profonde anarchie engendrée par leurs dissensions. — Mort de Louis le Débonnaire. — Louis le Germanique et Charles le Chauve s'unissent contre Lothaire. — Sanglante bataille de Fontenai. — Lothaire, vaincu, renonce à la prééminence impériale. — Traité de Verdun qui consacre le démembrement de l'empire en trois grandes monarchies.

CHAPITRE IV. — PAGE 79.

L'empire carlovingien continue de se démembrer. — Guerre de Charles le Chauve et de Pepin pour la possession de l'Aquitaine. — Ravages des Normands. — Partage de la succession de Lothaire entre ses trois fils. — Les Francs neustriens et les Aquitains implorent l'appui de Louis le Germanique contre les Normands. — Louis et Charles sont sur le point d'en venir aux mains. — Déplorable situation de la France. — Révolte des fils de Charles le Chauve. — Ce dernier conclut un traité honteux avec les Normands. — Les évêques font arracher les yeux à son fils Carloman. — Charles le Chauve envahit l'Italie et se fait couronner empereur à Rome. — Mort de Louis le Germanique. — Charles le Chauve vaincu par Louis de Saxe. — Il envahit une seconde fois l'Italie et en est chassé par Carloman. — Il meurt en 877. — Louis le Bègue, son fils et son successeur, ne règne que sur une partie de ses États. — Alain le Grand secoue son autorité en Bretagne. — Après la mort de Louis le Bègue, les grands se partagent entre ses fils, Louis III et Carloman d'une part, et Louis de Saxe de l'autre. — Boson est élu roi de Provence. — Louis III s'empare de la Neustrie et Carloman de l'Aquitaine. — Prééminence de Charles le Gros, empereur, sur les rois, ses neveux. — Il règne après eux sur la totalité de l'empire carlovingien. — Sa déposition et sa mort. — Nouveau partage de l'empire carlovingien.

CHAPITRE V. — PAGE 106.

Établissement du régime féodal. — Élection du roi Eudes. — Avénement de Charles le Simple. — Guerre civile entre Charles le Simple et Eudes. — Le premier concède la Normandie à Rollon. — Révolte des grands vassaux contre Charles le Simple. — Captivité de ce monarque. — Guerre des grands vassaux entre eux. — Puissance de Hugues le Blanc, comte de Paris. — Il place sur le trône de France Louis d'Outre-Mer, fils de Charles le Simple. — Partage du duché de Bourgogne entre Hugues le Blanc, Hugues le Noir et Giselbert. — Règne de Louis d'Outre-Mer. — Hugues le Grand fait couronner Lothaire. — Tentative de Hugues pour s'emparer de l'Aquitaine. — Thibaud le Tricheur brouille Lothaire avec les Normands. — Guerres de Lothaire et d'Othon II. — Louis V, surnommé le Fainéant, succède à Lothaire, son père. — Brouille de ce roi avec sa mère. — Mort de Louis V. — Charles de Lorraine, dernier rejeton de la race carlovingienne, est écarté du trône. — Avénement d'une troisième dynastie dans la personne de Hugues Capet. — Caractère de cette révolution.

CHAPITRE VI. — PAGE 150.

Consolidation du régime féodal par le changement de dynastie. — Charles de Lorraine s'empare de Laon et de Reims. — Expédition de Hugues Capet contre Guillaume Fier-à-Bras. — Hugues Capet assiége Laon sans succès. — Charles est livré par trahison à Hugues Capet. — Il meurt captif à Orléans. — Hugues Capet réduit à l'obéissance les grands vassaux soulevés. — Guerre des Bretons et des Angevins. — Ils se livrent deux fois bataille dans la lande de Conquéreux. — Robert succède à son père Hugues Capet. — Croyance universelle à la fin prochaine du monde. — Soulèvement des paysans de Normandie contre leurs seigneurs. — Commencement de l'hérésie albigeoise. — Robert s'empare du duché de Bourgogne et le donne en apanage à son fils Henri. — Longue rivalité d'Eudes de Champagne et de Foulques d'Anjou. — Révolte des fils de Robert. — Ce monarque laisse, en mourant, la couronne à son fils Henri déjà investi du duché de Bourgogne. — Henri cède ce duché à son frère Robert. — Guerres civiles entre les grands vassaux. — Trêve de Dieu. — Mort de Henri 1er.

CHAPITRE VII. — PAGE 157.

Chevalerie. — Minorité de Philippe Ier. — Puissance de Guillaume le Bâtard. — Il fait la conquête de l'Angleterre. — Contre-coup de cet événement en France. — Commencement de la révolution communale. — Commune du Mans. — Guerre de Philippe Ier contre Robert le Frison. — Bataille de Cassel où le roi de France est vaincu. — Rupture de Philippe Ier et de Guillaume le Conquérant. — Mort de ce dernier. — Guerres civiles en Normandie. — Philippe Ier frappé d'excommunication par le concile national d'Autun. — Prédication de la croisade. — Départ des croisés. — Dernières années du règne de Philippe Ier. — Il est remplacé sur le trône par Louis le Gros, son fils. — L'autorité royale reprend quelque vigueur sous ce prince. — Les habitants de Laon achètent de Louis une charte pour leur commune. — Louis, peu de temps après, retire cette charte à la sollicitation de l'évêque et des seigneurs de Laon. — Fondation de la commune d'Amiens. — Opposition du seigneur de Coucy. — Louis prend la commune d'Amiens sous sa protection et se déclare contre celle de Laon. — Il délivre les bourgeois d'Amiens de la tyrannie de Thomas de Marle. — Guerre de Louis contre les grands vassaux. — Commencement des démêlés d'Étienne de Blois et de Mathilde. — Histoire des communes de Cambrai, de Noyon, de Beauvais, de Saint-Quentin, de Laon, d'Amiens, de Soissons, de Sens, de Reims et de Vezelay. — Mort de Louis le Gros.

CHAPITRE VIII. — PAGE 219.

Avénement de Louis VII, dit *le Jeune*. — Il continue l'œuvre de son père. — Ses guerres contre le comte de Toulouse et le comte de Champagne. — Controverse entre Abailard et saint Bernard. — Louis le Jeune se met à la tête de la seconde croisade. — Régence de l'abbé Suger. — Intrigues de Robert de Dreux en l'absence de Louis le Jeune. — Brouille de ce dernier avec Éléonore de Guyenne, sa femme. — Éléonore fait prononcer son divorce par le concile de Beaugency. — Elle épouse en secondes noces Henri, duc de Normandie, et lui apporte en dot ses immenses domaines. — Rivalité de Henri, devenu roi d'Angleterre, et de Louis le Jeune. — Déclin de l'autorité du roi de France. — Le roi d'Angleterre en profite pour étendre sa domination en France. — Persécutions contre les hérétiques. — Dernières années du règne de Louis le Jeune. — Philippe-Auguste, son fils, monte sur le trône après lui. — Ligue des grands vassaux contre le nouveau roi. — Guerres civiles en Languedoc. — Conquête du Mans et de Tours par Philippe-Auguste. — Troisième croisade à laquelle prend part le roi de France. — Rivalité de Philippe-Auguste et de Richard Cœur de Lion. — Réunion de la Normandie au domaine de la couronne. — Croisade contre les Albigeois. — Prise de Béziers. — Massacre général des habitants. — Cruautés de Simon de Montfort. — Guerre de Philippe-Auguste contre les Flamands. — Bataille de Bouvines.

CHAPITRE IX. — PAGE 259.

Fin du règne de Philippe-Auguste. — Continuation de la guerre contre les Albigeois. — Avénement de Louis VIII au trône de France. — Conquête du Poitou par le nouveau roi. — Bulle du pape Honorius III contre Raymond VII. — Concile de Bourges. — Louis VIII acquiert tous les droits de la maison de Montfort. — Nouvelle croisade contre les Albigeois. — Siége et prise d'Avignon. — Mort de Louis VIII. — Minorité de Louis IX sous la régence de Blanche de Castille, sa mère. — La régente, malgré le déchaînement des grands vassaux contre elle, poursuit la conquête de l'Albigeois. — Traité de Paris qui assure le Languedoc à la France. — Établissement de l'inquisition dans cette province. — Progrès de l'esprit républicain dans les villes libres du midi de la France. — Ligue de plusieurs grands feudataires contre Louis IX. — Ils sont vaincus à Taillebourg. — Soumission des comtes de Toulouse, de Foix et de la Marche. — Croisade de Louis IX. — Nouvelle régence de Blanche de Castille. — Soulèvement des Pastoureaux. — Guerre civile en Flandre. — Retour du roi. — Lois promulguées par Louis IX sous le nom d'*Establissements*. — La France passe du régime féodal au régime absolu. — Seconde croisade de Louis IX. — Il meurt devant Tunis. — Avénement de Philippe III, surnommé *le Hardi*. — Réunion du comté de Toulouse à la couronne. — Soumission du comté de Foix. — Mort de Philippe III.

CHAPITRE X. — Page 286.

La France se monarchise de plus en plus. — Oppression croissante des paysans. — Avénement de Philippe IV, dit *le Bel*. — Persécution des Juifs. — Édouard Ier, roi d'Angleterre, cité devant le parlement de Paris. — Saisie judiciaire du duché d'Aquitaine. — Philippe le Bel fait emprisonner le comte de Flandre et sa fille. — Exactions de ce monarque. — Altération des monnaies. — Émeute des Parisiens. — Philippe le Bel fait ravager la Flandre. — Soulèvement des Flamands. — Bataille de Courtray. — Paix conclue à Paris entre la France et l'Angleterre. — Querelles de Philippe le Bel et du pape Boniface VIII. — Continuation de la guerre de Flandre. — Bataille de Mons-en-Puelle. — Philippe traite avec les Flamands et reconnaît leur indépendance. — Arrestation, procès et supplice des Templiers. — Réformes et innovations de Philippe le Bel. — Caractère de son règne. — Sa mort. — Avénement de Louis X, surnommé *le Hutin*. — Réaction féodale. — Influence de Charles de Valois, oncle du nouveau roi. — Condamnation d'Enguerrand de Marigny. — Louis le Hutin fait étrangler sa femme, Marguerite de Bourgogne. — Affranchissement des serfs dans tous les domaines de la couronne. — Renouvellement de la guerre contre les Flamands. — Mort de Louis le Hutin. — Philippe V, dit *le Long*, lui succède. — Nouveau soulèvement des pastoureaux. — Persécution des lépreux. — Philippe le Long est remplacé sur le trône par son frère Charles IV, dit *le Bel*. — Brigandages de Jourdain de l'Isle. — Il est condamné à mort et exécuté. — Conquête de l'Agénois sur l'Angleterre. — Mort de Charles le Bel.

CHAPITRE XI. — Page 317.

Avénement de Philippe de Valois. — Guerre contre les Flamands. — Bataille de Cassel. — Édouard III, roi d'Angleterre, rend hommage à Philippe de Valois. — La guerre éclate entre la France et l'Angleterre. — Invasion d'Édouard III. — Bataille de Crécy. — Siége et prise de Calais. — Peste, dite de Florence. — Mort de Philippe de Valois. — Son fils, Jean *le Bon*, lui succède. — Arrestation du roi de Navarre. — Les Anglais envahissent de nouveau la France. — Bataille de Poitiers. — Captivité du roi Jean. — Horrible situation de la France. — Le dauphin Charles prend en main la direction des affaires. — Efforts d'Étienne Marcel et de Robert *le Coq* pour restreindre les prérogatives royales. — Meurtre des maréchaux de Champagne et de Normandie. — Soulèvement de la Jacquerie. — Mort d'Étienne Marcel. — Brigandages des grandes compagnies. — Nouvelle invasion d'Édouard III. — Traité de Brétigny. — Réunion de la Champagne et de la Bourgogne au domaine royal. — Le roi Jean accable ses sujets d'impôts pour acquitter sa rançon. — Jacques de Bourbon est défait et blessé à mort dans un combat contre les grandes compagnies. — Mort du roi Jean.

CHAPITRE XII. — Page 343.

État de la France à l'avénement de Charles V. — Batailles de Cocherel et d'Auray. — Fermentation extraordinaire dans les provinces méridionales de la France. — Rupture du traité de Brétigny par Charles V. — Victoires de Du Guesclin en Guyenne. — Conquête de la Bretagne. — Confiscation de ce duché par Charles V. — Les Bretons rappellent leur duc. — Mort de Charles V. — Minorité de Charles VI. — Paix de Bretagne. — Troubles en France. — Guerre contre les Flamands. — Bataille de Rosbecq. — Trêve entre la France et l'Angleterre. — Démence de Charles VI. — Les dissensions des princes du sang plongent le royaume dans l'anarchie. — Renouvellement des hostilités. — Assassinat du duc d'Orléans par le duc de Bourgogne. — Factions des Armagnacs et des Bourguignons. — Les deux partis font tour à tour alliance avec l'Angleterre. — Horrible guerre civile. — Descente du roi d'Angleterre, Henri V, en Normandie. — Bataille d'Azincourt. — Trêve entre les Bourguignons et les Armagnacs. — Paix de Pouilly. — Meurtre du duc de Bourgogne sur le pont de Montereau. — Traité de Troyes. — Nouvelles victoires des Anglais et des Bourguignons réunis. — Mort de Henri V à Vincennes. — Mort de Charles VI.

CHAPITRE XIII. — PAGE 386.

Avènement de Charles VII. — Situation des choses en France. — Batailles de Crevant et de Verneuil. — Grave différend entre les ducs de Glocester et de Bourgogne. — Le comte de Richemont élevé à la dignité de connétable. — Disgrâce des Armagnacs. — Il fait tuer le sire de Giac et Le Camus de Beaulieu, favoris du roi. — Hostilités entre le connétable et La Trémoille. — Siége d'Orléans par les Anglais. — Apparition de Jeanne d'Arc. — Ses exploits. — Elle tombe au pouvoir des Anglais. — Son procès et sa mort. — Trêve entre Charles VII et le duc de Bourgogne. — Paix d'Arras. — Les Français reprennent Paris. — Succès de Charles VII contre les Anglais et contre ses sujets révoltés. — Conquête de la Normandie et de la Guyenne. — La guerre se poursuit mollement. — Mort de Charles VII.

CHAPITRE XIV. — PAGE 406.

Louis XI succède à Charles VII, son père. — Politique du nouveau roi. — Il applique tous ses efforts à abaisser les grands vassaux. — Ligue du *Bien public*. — Bataille de Montlhéry. — Paix de Conflans. — Louis XI reprend la Normandie à son frère. — Celui-ci se réfugie chez le duc de Bretagne. — Charles le Téméraire, duc de Bourgogne, fait arrêter Louis XI à Péronne. — Prise et incendie de Liége. — Guerre entre Louis XI et Charles le Téméraire. — Le premier détruit la puissance du duc d'Alençon et du comte d'Armagnac, et affaiblit celle de la maison d'Anjou. — L'armée de Charles le Téméraire se fond au siége de Neuss. — Sa rupture avec le roi d'Angleterre. — Traités de Pecquigny, de Soleure et de Senlis. — Supplice du connétable de Saint-Pol. — Revers de Charles le Téméraire en Suisse. — Il assiége Nancy. — Sa défaite et sa mort. — Louis XI, mettant à profit ce grand événement, s'empare des deux Bourgognes, de la Picardie et de l'Artois. — Supplice du duc de Nemours. — Fin de la guerre avec la maison de Bourgogne. — Traité d'Arras. — Réunion de la Provence à la monarchie française. — Mort de Louis XI.

CHAPITRE XV. — PAGE 418.

Mouvements de la Bretagne. — Pierre Landais. — Conduite d'Anne de Beaujeu, digne héritière de son père. — Anne de Bretagne, fiancée avec quatre prétendants. — Elle épouse, par procuration, Maximilien, roi des Romains. — Charles VIII forme le projet d'épouser Anne pour finir les guerres de Bretagne, et opérer la réunion de cette province à la France. — Résistance de la jeune souveraine. — Charles VIII fait entrer ses troupes en Bretagne. — La duchesse se réfugie à Rennes. — Siége de Rennes. — Entrevue du duc d'Orléans et de la duchesse. — La duchesse cède enfin à ses conseillers, elle consent à épouser le roi. — Situation intérieure de la France. — Ligue des princes du sang contre Anne de Beaujeu. — Guerre civile. — Bataille de Saint-Aubin du Cormier. — Captivité du duc d'Orléans. — Traité de paix entre la France et l'Angleterre. — Invasion des Français en Italie. — Mort de Charles VIII. — Règne de Louis XII. — Mariage de ce monarque avec Anne de Bretagne. — Sage administration de Louis XII. — Il réconcilie les Vaudois à l'église. — Règne de François Ier. — Conjuration du connétable de Bourbon. — Bataille de Pavie. — Captivité de François Ier. — Progrès de la réforme en France. — Le roi la favorise et la persécute tour à tour. — Massacre des Vaudois. — Soulèvement du Périgord. — Règne de Henri II. — Révolte de la Guyenne. — Prise de Calais par le duc de Guise. — Paix de Cateau-Cambrésis. — Mort de Henri II.

CHAPITRE XVI. — Page 458.

Avénement de François II. — La reine-mère et les Guises s'emparent des rênes du gouvernement. — Mécontentement des Bourbons. — Conjuration de La Renaudie. — Le duc de Guise est nommé lieutenant-général du royaume. — L'amiral Coligny présente au roi une requête en faveur des protestants. — Arrestation du prince de Condé. — Mort de François II. — Minorité de Charles IX. — États généraux d'Orléans et de Pontoise. — Formation du triumvirat. — Colloque de Poissy. — Édit de janvier. — Massacre de Vassi. — Première guerre civile. — Le prince de Condé se rend maître d'Orléans. — Conférences infructueuses. — Les catholiques reçoivent un secours de six mille Suisses. — Siége de Bourges et de Rouen. — Mort du roi de Navarre. — D'Andelot amène aux calvinistes neuf mille Allemands. — Nouvelles conférences sans succès. — Bataille de Dreux. — Coligny rallie l'armée protestante vaincue. — Siége d'Orléans. — Assassinat du duc de Guise par Poltrot. — Fin de la première guerre civile.

CHAPITRE XVII. — Page 482.

Violation de l'édit de pacification par les catholiques. — Les protestants reprennent les armes, et tentent inutilement de s'emparer du roi à Meaux. — Négociations infructueuses sous les murs de Paris. — Bataille de Saint-Denis. — Paix de Longjumeau. — Le prince de Condé et l'amiral se rendent à La Rochelle. — Troisième guerre civile. — Bataille de Jarnac. — Mort du prince de Condé et de d'Andelot. — Jeanne d'Albret présente son fils, le prince de Béarn, à l'armée protestante, dont Coligny demeure le véritable chef. — Jonction de l'armée allemande du duc de Deux-Ponts avec l'armée calviniste. — Combat de la Roche-Abeille. — Siége de Poitiers par Coligny. — Bataille de Moncontour. — L'amiral, blessé et vaincu, bat en retraite. — Longue marche des calvinistes à travers le Toulousain, le Languedoc, le Vivarais, le Forez, la Bourgogne. — Combat d'Arnay-le-Duc. — Paix *boiteuse* ou *mal assise*. — Efforts de Charles IX et de Catherine de Médicis pour attirer Coligny à la cour. — On l'accueille magnifiquement. — Profonde dissimulation de Charles et de sa mère. — Mort de la reine de Navarre. — Mariage de son fils avec Marguerite de Valois. — Fêtes splendides. — Massacre de la Saint-Barthélemy.

CHAPITRE XVIII. — Page 511.

Résultat du massacre de la Saint-Barthélemy. — Les protestants reprennent les armes. — Siége de La Rochelle et de Sancerre. — Paix de la Rochelle. — Le duc d'Anjou élu roi de Pologne. — Les hostilités se rallument entre les catholiques et les protestants. — Remords de Charles IX. — Sa mort. — Régence de Catherine de Médicis pendant l'absence de Henri III. — Paix dite de *Monsieur*, conclue le 6 mai 1576. — Défiance des protestants. — Ils se tiennent sur leurs gardes et se cantonnent dans leurs provinces. — Formation de la *ligue* par les Guises. — Premiers états de Blois. — Les catholiques ne veulent souffrir qu'une seule religion en France. — La guerre recommence. — Paix de Bergerac. — Guerre des *Amoureux*. — Prise de Cahors par le roi de Navarre. — Siége de La Fère. — Belle défense et capitulation de cette ville. — Campagne de Turenne dans le Haut-Languedoc. — Surprise de Saint-Émilion par le roi de Navarre. — Conclusion du traité de Fleix qui met fin à la guerre des Amoureux.

CHAPITRE XIX. — Page 529.

Habitudes efféminées et crapuleuses de Henri III. — Mort du duc d'Anjou. — Les huguenots deviennent royalistes et les ligueurs républicains. — Traité de Joinville entre les Guises, le cardinal de Bourbon et Philippe II. — Prise d'armes de la ligue. — Manifeste du cardinal de Bourbon. — Tentative des ligueurs pour s'emparer des principales villes du royaume. — Traité de Nemours entre la ligue et Henri III. — Entrevue du roi de Navarre et de Catherine de Médicis. — Supplice de Marie Stuart. — Bataille de Coutras. — Bravoure du roi de Navarre. — Joie des huguenots. — Entrée d'une grande armée allemande en France. — Elle est détruite par les catholiques. — Mort du prince de Condé. — Faction des Seize. — Arrivée du duc de Guise à Paris. — Journée des barricades. — Fuite de Henri III. — Édit d'union. — Seconds états de Blois. — Discours d'ouverture du roi. — Plan de conduite des princes lorrains. — Haine de Henri III contre le duc de Guise. — Il le fait mettre à mort ainsi que son frère le cardinal de Lorraine. — Réponse de Catherine de Médicis à son fils lorsque celui-ci vint lui annoncer ce double meurtre.

CHAPITRE XX. — PAGE 546.

Soulèvement de Paris et des Provinces contre Henri III. — Ce dernier s'allie au roi de Navarre et aux protestants. — Le duc de Mayenne entame les hostilités contre les deux rois. — Henri III et le roi de Navarre marchent sur Paris et en forment le siége. — Le jacobin Jacques Clément tue Henri III. — Le roi de Navarre succède à ce dernier, sous le nom de Henri IV. — L'armée royale se dissipe et celle de la ligue augmente. — Le cardinal de Bourbon est proclamé roi de France par les ligueurs. — Henri IV se retire en Normandie. — Le duc de Mayenne le poursuit. — Combat d'Arques. — Mayenne, vaincu, bat en retraite à son tour. — Henri IV s'avance sur Paris et s'empare des faubourgs de cette capitale. — Il les évacue ensuite et se rend à Tours. — Campagne de 1590. — Bataille d'Ivry. — Henri, vainqueur de Mayenne, assiége une seconde fois Paris. — Effroyable famine dans cette ville. — Procession de la ligue. — Le roi lève le siége à l'approche du duc de Parme. — Celui-ci refuse la bataille et se retire en Flandre. — La guerre languit après sa retraite. — Les Seize offrent la couronne de France à Philippe II. — Siége de Rouen par Henri IV. — Cette ville est délivrée par le duc de Parme. — Négociations entre les partis. — Henri IV embrasse la religion catholique. — Fin de la ligue.

CLASSEMENT DES GRAVURES DE CE VOLUME.

En regard des pages

Clotaire.	6
Bernard.	61
Massacre de l'évêque.	194
Soulèvement de la Jacquerie.	332
Jeanne de Montfort.	349
Massacre de la Saint-Barthélemy.	509

FIN DE LA TABLE DU PREMIER VOLUME.

www.ingramcontent.com/pod-product-compliance
Lightning Source LLC
Chambersburg PA
CBHW060749230426
43667CB00010B/1490